계시록 해석과 강해설교

계시록 해석과 강해설교

최철광 지음

성서침례대학원대학교출판부

계시록 해석과 강해설교

초판발행 2024년 4월 2일
지 은 이 최철광

발 행 인 김택수
기획총괄 김광모
편집총괄 김광모
발 행 처 성서침례대학원대학교출판부
등록번호 제2015-4호
등 록 지 경기도 이천시 대월면 대평로 548-123
전화번호 031) 634-1258
누 리 집 bbts.ac.kr

ISBN   979-11-89118-21-1 93230

판   권 성서침례대학원대학교출판부, 2023
인 쇄 처 영진문원

차례

계시록 내용   ··· 49

I. 서문(1:1~8)—요한은 주권자와 통치자로서 재림하시는 예수
   님의 계획을 증거하라는 명령을 받았다.

II. 본 것, 요한의 사명(1:9~3:22)—요한의 사명은 영화로우신
    그리스도께서 보여 주신 계시를 기록하여 일곱 교회에 보
    내는 일이다.

  A. 영광스러운 주 그리스도(1:9~20)—영광스러운 주 그리스
     도는 요한에게 그가 본 것과 미래의 일을 기록해 일곱
     교회에 보내라고 명령하신다.

  B. 일곱 교회에 보낸 편지(2:1~3:22)—사명을 받은 요한은 일
     곱 교회에게 그들 현재 상황을 언급하면서 믿음을 잘 지키라
     고 권면한다.

III. 장차 될 일(4:1~22:5)—그리스도, 곧 어린 양의 주권은 심
     판 주로서 재림하여 천년왕국과 새 하늘과 새 땅을 건설
     하시는 모습에서 확인된다.

  A. 하늘의 보좌(4:1~5:14)—하나님의 주권 그리고 어린 양이
     신 그리스도의 권위는 심판의 인을 뗄 수 있는 유일한
     능력으로 묘사되고 있다.

  B. 인 심판 시리즈(6:1~8:5)—일곱 인 심판은 세상에 대한
     하나님의 심판 가운데서 당신 백성을 신원하시는 하나님
     의 은혜를 보여 준다.

  C. 나팔 심판 시리즈(8:6~11:19)—일곱 나팔 심판은 하나님께
     서 우주와 회개하지 않는 자들에게 쏟으시는 심판이다.

  D. 대접 심판 시리즈(12:1~18:24)—일곱 대접 심판은 사악한
     자들, 특히 음녀 바벨론에게 내려진다.

E. 재림과 어린양의 혼인 잔치(19:1~21)—예수님의 재림은
　어린양의 혼인 잔치를 위한 것이며, 짐승과 그의 추종자
　들을 파멸하시려 함이다.

F. 천년왕국과 백 보좌 심판(20:1~15)—천년왕국 통치는 사탄
　이 무저갱에 갇힘과 함께 시작해 백 보좌 심판 이전에 그리
　스도의 통치에 대항하려고 사탄이 놓이는 때까지 지속한다.

G. 새 하늘과 새 땅(21:1~22:5)—새 하늘과 새 땅, 새 예루
　살렘은 에덴동산의 회복이다.

IV. **결말(22:6~21)**—요한은 이 책에 기록된 예언을 신실하게
　지키라고 권면한다.

요약

※ 일러두기

❑ **문체**는 설교 부분에 '입말체'에 '하십시오체'를 쓰지만, 그 밖에는 '글말체'를 씁니다.

❑ 가독성을 높이려고 히브리어와 헬라어 **발음**을 한글로도 표기하기도 하지만, 표기 한계로 정확히 일치하지 않을 수가 있습니다.

❑ **한글 성경**은 주로 『새번역』을 인용하고, 헬라어 성경 설명에 적절한 역본도 인용하는데, 요즘 우리말 쓰임에 따라 지르잡기도 합니다.

❑ 직접 인용하더라도, 요즘 **우리말** 쓰임에 따라 지르잡기도 합니다.

추천하는 말

곽철호 명예교수(성서학)
성서침례대학원대학교

계시록은 매우 중요한 책입니다. 계시록은 정경의 마지막 책이자 성경 드라마를 완성하는 책입니다. 주님 예수 그리스도에 대한 계시로 시해서 모든 것의 구속과 회복을 묘사하는 웅대한 피날레로 끝납니다. 그렇기에 우리는 모두 계시록을 알아야 하고 배워야 합니다.

그렇지만, 설교자가 계시록 전체 본문을 강해설교하는 경우는 드뭅니다. 계시록 설교가 쉽지 않은 데다가 시리즈 설교는 더더욱 어렵기 때문입니다. 또한 열심 있는 성도라도 계시록 전체를 공부하는 경우는 정말 흔치 않습니다.

이 책은 쉽지 않은 계시록 전체 본문을 강해한 설교집인데, 특히 학문적 연구를 기반으로 한 설교집입니다(학문적 자료는 각주에 실음). 이것만으로도 가치가 매우 큽니다.

또한 독특한 책입니다. 계시록 주석도 아니고, 계시록 강해서도 아닙니다. 서론 부분에 계시록 전체에 관한 요약적 강해가 실렸어도, 강해서라기보다는 '학문적인 자료를 제시한 계시록 설교집'입니다. 지금까지 이런 유형의 책이 있었을까 생각해 보면, 거의 보지 못했습니다. 그런 면에서 매우 독특한 책입니다.

'구성'도 독특합니다. 일반적으로, 본문 의미를 밝히는 작업은 책의 석의나 강해 부분에서 하고, 그것을 바탕으로 신학적 원리나 설교 대지를 뒷부분에 제시합니다. 그러나 이 책은 본론에서 본문을 바탕으로 설교를 해 나가면서 설교 중 제시하는 본문의 의미 설명에 관해 각주에서 학문적 논의(설교 내용이 기초하는 학문적 연구와 연구 자료)를 제시하기에 매우 특이한 구성입니다.

'서론'도 독특합니다. 계시록의 저자, 기록 연대, 기록 목적 등등을 설명하는 '비평적 개론'을 핵심적으로 짤막하게 언급하고서, '전체 개요'를 제시합니다. 여기까지는 여러 주석서나 강해서 형식과 비슷합니다. 그러나 그 후에 계시록 전체에 관한 '요약적 강해'를 제시하는데, 계시록 전체 내용을 문단 별로 설명하되 근거를 각주에 달면서 논리적 연관성을 설득력 있게 제시합니다. 설교자가 성경의 한 책을 설교할 때는 먼저 책 전체 내용을 숙지하고서 개개 설교 단위 본문을 설교함이 바람직한데, 이 요약 강해 부분은 설교자가 계시록 전체 내용을 파악·숙지하고서 설교할 수 있게 큰 도움을 줍니다.

본론은 설교 단위 본문별 강해설교 시리즈로 구성합니다. 각 설교는 본문 중심으로 하고, 설교 대지를 아주 명쾌하게 제시합니다. 각 대지를 통일성 있게 핵심적으로 요약한 '중심 내용(설교 중심 문장, 메인 아이디어 문장)'이 있으며, 그것을 반영한 설교 제목, 설교 서론, 설교 결론도 있습니다. 매우 체계적인 설교이며, 이 모든 조화로운 구성은 학문적 연구를 바탕으로 합니다. 앞에서 말했듯이, 학문적 논의는 각주에 제시합니다. 각 본문 설교의 대지를 그대로 따르든 약간의 수정을 가해서 활용하든, 각 설교는 계시록 본문의 연속 강해설교, 또는 특정 본문을 설교하는 데 큰 도움을 줍니다.

어떤 부분의 해석과 설명에 여러 가지 견해가 있으면, 저자는 이에 독단적인 태도를 보이지 않습니다. 저자 자신의 견해가 있지만, 그것만 강요하지 않고 독자가 스스로 자기 견해를 선택하도록 맡깁니다. 저자가 여러 견해 중 자기 견해를 취한 근거를 각주에 밝히기도 하지만, 굳이 그렇게 하지 않고 여러 견해 내용과 출처를 열거한 채 그냥 넘어가는 경우도 많습니다. 그게 단점일 수도 있겠지만, 그렇게 함으로써 최종 판단과 선택을 궁극적으로 독자에게 넘김은, 독자가 각주에 제시한 학문적 자료들을 출발점으로 삼아 스스로 연구를 해보라는 의미이기도 하기에, 풍성한 각주 자료는 설교자 또는 독자에게 제공하는 학문적 자극제이자 연구 자료입니다.

이 책은 계시록을 설교하는 설교자에게 큰 도움을 준다고 확신합니다. 게다가 계시록을 더 잘 알고 삶에 적용하려는 평신도와 성경 교사에게도 큰 유익을 준다고 확신합니다. 이에 계시록을 귀히 여기는 성도, 성경 교사, 설교자 모두에게 이 책을 기쁨으로 추천합니다.

시작하는 말

필자는 1992년 8월에 미국에 유학해 2011년에 귀국했다. 미국으로 유학을 떠날 즈음에는 종말론과 요한계시록에 관심이 팽배했고, 많은 설교자가 종말론이나 요한계시록을 설교했다. 그런데 귀국했을 때는 종말론이나 요한계시록 설교를 거의 들어보지 못했다.

1992년쯤, 종말론이나 요한계시록 설교를 꺼린 배경에는 다미선교회 영향이 있었을 테다. 다미선교회는 "1992년 10월 28일에 휴거한다"라는 시한부 종말론을 주장했다. 그래서 그 시기에 종말론이나 요한계시록을 설교하면 다미선교회와 관련이 있다고 여길까 해서, 또는 종말론으로 미혹한다는 오해받을까 두려워한 나머지, 요한계시록과 종말론 설교가 거의 사라졌을 가능성도 있다. 그 후 신천지가 요한계시록으로 많은 성도를 유혹하고 포교하는 상황에서, 목사님들은 종말론과 요한계시록에 관해 잘 가르쳐야 한다는 사명으로 다시 설교하기 시작했다.

필자는 성서침례대학원대학교에서 요한계시록을 강의하면서도 더 연구해 많은 목사님과 사역자 그리고 성도에게 도움을 주고 싶었다. 그래서 요한계시록 설교를 준비할 때 여러 학자의 견해나 해석을 각주에 기록해서, 다른 교파에서 사역하시는 목사님과 사역자 그리고 성도가 읽고서 이해하는 폭을 넓힐 기회를 만들고자 했다. 따라서 독자는 각주에서 자기가 속한 교단에서 가르치는 내용을 접하고, 잘 활용할 수 있다.

요한계시록을 해석하는 방법은 몇 가지이다. 과거주의 견해, 역사주의 견해, 미래주의 견해, 관념주의 또는 이상주의 견해, 절충주의 견해 등이다. '과거주의 견해'는 요한계시록이 1세기 사건에만 관련이 있다고 주장하는데, 두 가지 형태이다. 하나는 요한계시록을 주후 70년에 예루살렘 멸망에 관한 기록이라는 견해이고, 다른 하나는 로마 제국 멸망에 관한 예언이라는 견해이다. '역사주의 해석'은 요한계시록이 예수님의 초림부터 재림까지 교회 역사에서 중요한 사건 발전을 상징적으로 묘사한다고 주장한다.

'미래주의 견해'는 요한계시록 4장에서부터 22장까지를 마지막 미래에 일어날 사건으로 해석한다. 미래주의 견해에는 '세대주의적 미래주의'와 '온건주의적 미래주의'가 있다. 세대주의적 미래주의는 4~22장에 있는 환상 순서를 미래 사건의 역사적 순서로 해석한다. 이 책에 언급하는 세대주의적 미래주의자는 Buist M. Fanning과 Robert L. Thomas이다. 그리고 온건주의적 미래주의는 엄격한 연대주의적 견해에 거리를 두며, 교회가 참된 이스라엘이라고 믿는다. 온건주의적 미래주의자를 대표하는 학자는 Robert H. Mounce, Craig R. Koester, David E. Aune 등이다.

'관념주의 또는 이상주의 견해'는 요한계시록이 예수님의 초림에서 시작하여 재림 때까지 역사에서 전체 교회의 특별한 사건들을 상징한다고 주장한다. '절충주의 견해'는 계시록을 예언한 대로 역사적 사건이 아니라, 예수님의 초림부터 재림 때까지 교회 역사에서 특별한 사건들을 상징하며, 또한 구원과 심판 그리고 완전한 새 창조를 세우는 과정으로 이해한다. G. K. Beale이 대표자이다.

학자들이 요한계시록 주석에 '교회'라는 용어를 자주 쓴다. 독자는 학자마다 교회라는 용어를 어떤 의미로 쓰는지를 알아야 한다. Fanning과 Thomas는 '오늘날 교회'를 지칭하지, 대환란 기간에 있는 성도를 지칭하지는 않는다. 하지만, Mounce, Koester, Aune는 교회 시대에 존재하는 교회가 아니라, '환난 시기에 성도인 교회'를 말한다. 물론 그들은 오늘날 교회가 대환란을 통과한다고 주장한다. 그러나 대환란 시대에 교회는 오늘날 교회가 아니고, 대환란에 들어간 교회를 말한다. 이상주의자인 Beale이 교회라는 용어를 사용할 때는 '오늘날 교회와 대환란 기간에 교회'를 통틀어서 사용한다. 이런 미세한 차이를 이해하지 못하면 그들 주석을 읽을 때 혼돈을 겪을 수 있기에, 먼저 언급한다.

우리가 요한계시록을 읽고 이해할 때야 비로소 하나님의 마지막 계획을 알 수 있다. 어떤 사람은 "계시록이 환난 기간에 일어날 일이라면 우리와 관련이 없지 않은가?"라고 질문할 수 있다. 이 질문에 대답은 선지서, 특히 요나서나 대선지서에서 찾을 수 있다. 요나서나 대선지서의 청중은 이방인이 아니고, 하나님의 백성인 이스라엘 사람이다. 그런데 선지서가 이방인 멸망을 기록한다. 이방인 멸망에 관한 기록은 청중인 이스라엘 백성에게 하나님이 이스라엘의 하나님이실 뿐 아니라 우주 만물의 주인이시라고 강조한다. 그러면서 이방 강대국을 두려워하거나 의지하지 말고 오직 하나님만 의지하면서 섬기라고 강조한다.

요한계시록도 비슷한 맥락에서 이해해야 한다. 분명히, 요한계시록은 교회 시대가 아니라, 마지막 대환란 시대에 관해 말한다. 그 기록으로, 독자와 청중은 하나님께서 우주의 창조자이시며 주관자이심을 깨닫고, 현시대를 살아갈 때 이 땅의 힘이나 권세를 두려워하지 말고, 하나님께서 모든 것 주장하심을 신뢰하고 하나님만은 경배하라고 권면한다. 독자가 요한계시록을 읽으면서 하나님의 미래 계획과 주권을 이해하면서 오직 하나님만 섬기겠다고 결심하기를 바란다.

이 책을 출판하기까지 큰 도움을 주신 분들께 고마운 마음을 전한다. 총장 김택수 박사님께서는 연구를 독려하셨다. 출판부장 김광모 교수님은 독자가 더 쉽게 읽고 이해하도록 깁고 다듬으셨다. 김효경 자매님은 표지로 계시록 교훈을 도드라지게 하셨다. 동서로교회 모든 성도님은 집필 시간을 허락하셨다. 아내 희정, 딸 은비, 아들 성현은 사랑으로 함께했다. 이 책으로 하나님을 영화롭게 하는 일이 더 풍성하길 간절히 바란다.

2024년에 봄날을 맞으며

지은이 **최철광**

계시록 서론

저자

계시록 저자는 자기를 "요한"이라고 소개한다(1:1, 4, 9; 22:8). 이 '요한'은 누구를 가리키는가? 가능한 후보는 여러 명이다. 곧, 1) 사도 요한, 2) 장로 요한, 3) 마가 요한, 4) 침례자 요한, 5) 쎄린투스(Cerinthus), 6) 요한이라는 이름을 사용하고 있는 익명 등이다.[1] 전통적으로, 이 요한은 '사도 요한'이라고 한다.

---

[1] Grant R. Osborne, *Revelation*, Baker Exegetical Commentary on the New Testament, ed. Moisés Silva (Grand Rapids: Baker Academic, 2002), 2. 요한계시록 저자에 관한 자세한 논의는 Donald Guthrie, *New Testament Introduction*, rev. ed. (Downers Grove, IL: InterVarsity Press, 1990), 932-948; Osborne, *Revelation*, 2~6; Robert L. Thomas, *Revelation 1~7: An Exegetical Commentary* (Chicago: Moody Press, 1992), 2~19; David E. Aune, *Revelation 1~5*, Word Biblical Commentary, ed. David A. Hubbard and Glenn W. Barker, vol. 52 (Dallas, TX: Word Books, 1997), xlvii~lvi; Robert H. Mounce, *The Book of Revelation*, rev. ed., New International Commentary on the New Testament, ed. Gordon D. Fee (Grand Rapids: Wm. B. Eerdmans Publishing Company, 1997), 8~15; D. A. Carson, Douglas J. Moo, and Leon Morris, *An Introduction to the New Testament* (Grand Rapids: Zondervan Publishing House, 1992), 468~73을 보라.

외적 증거

초대 교회 거의 모든 지도자는 세베대의 아들 사도 요한이 계시록을 기록했다고 주장했다. 순교자 유스티노스(Justine Martyr)는 사도 요한이 계시록을 기록했다고 주장했다(*Dial. Tryph.* 81.4; cf. Eusebius, *Hist. Eccl.* 4.18.8). 사도 요한의 제자인 폴뤼카르포스(Polycarp)를 어릴 때 잘 알고 있었던 이레나이우스(Irenaeus)는, 여호와의 종인 사도 요한이 계시록을 기록했다고 주장했다(*Adv. Haer.* 4.14.1; 5.26.1). 알렉산드리아의 클리멘스(Clement of Alexandria)는 여러 부분에서 계시록을 인용하면서 계시록을 사도 요한이 쓴 작품으로 인정했다(*Paed.* 2.119; *Quis Div. Salv.* 42; *Strom.* 6.106~07). 1945년에 상부 이집트 체노보스키온(Chenoboskion in Upper Egypt)에서 발견한 영지주의 자료(the Gnostic materials)인 「요한의 아포크리폰(*Apocryphon of John*)」은 계시록을 야고보의 형제 사도 요한이 쓴 작품으로 인정한다. 별로 알려지지는 않았지만, 이레니우스에 의하여(*Adv. Hear.* 5.33.4) 사도 요한의 청종자(an "auditor of the apostle John)로 알려진 파피아스(Papias)는 계시록을 잘 알고 있었고, 세베대의 아들 요한이 저자라고 믿었다.[2] 오리게네스(Origen)도 사도 요한을 계시록 저자로 인정했다(*De Principiis* 1.2.10). 사도 요한이 저자라는 강력한 증거에도, 초대 교회 지도자 몇몇은 이를 여전히 의심했다. 첫째 반대는 마르키온(Marcion)이 제기했는데, 그는 2세기 이단이었다. 3세기에 알렉산드리아의 감독 디오니시우스(Dionysius)[3]도 사도 요한의 저작권을 부인하면서 다른 요한이 기록했다고 주장했다. 그의 주장을 지지하는

---

[2] Aune, *Revelation 1~5*, li에 따르면, 가이사랴 감독 유세비우스(Eusebius, bishop of Caesarea)는 파피아스가 장로 요한을 계시록 저자로 언급했다고 믿는다(*Eccl. Hist.* 3.39.2~4)고 했다.

[3] 그의 영향력으로, 알렉산드리아인은 요한계시록이 사도 요한에 의한 기록임을 거부했다. 디오니시우스와 그의 주장에 관한 더 자세한 내용은 Thomas, *Revelation 1~7*, 2~11을 참조하라.

근거는 요한복음과 요한계시록이 저자의 성품, 사고, 스타일, 언어 등에
차이가 있다는 점이다.[4]

내적 증거

계시록 자체에서 사도 요한이 저자라고 밝히지는 않지만, 여러 부분
이 사도 요한이 저자임을 암시한다. 저자가 자기에 관해 어떤 주장도
하지 않는다는 사실은, 그가 독자에게 잘 알려진 인물임을 나타낸다.
사도 요한은 1세기 후반부에 요한이라는 이름으로 소아시아에 있는 7
교회에게 잘 알려져 있었다. 초대 교회의 믿을 만한 전통에 따르면, 사
도 요한은 생애 말기에 에베소에서 살았다.[5] 사도 요한의 저작설을 지
지하는 또 다른 증거는 계시록과 요한복음의 유사점이다. H. B. Swete
는 요한계시록에 쓰인 단어 913개 중에서 약 416개가 요한복음에도 쓰
인다고 주장했다.[6] 또 다른 증거는 요한복음과 요한계시록에서 예수님
에 관한 묘사이다. 요한복음에서 예수님은 세상 죄를 지고 가는 어린
양으로 묘사되고(요 1:29), 유월절을 준비하는 날(the Day of Preparation
of Passover Week)에 희생제물 어린양으로 죽임을 당한다고 묘사된다(요
19:14, 31, 42). 반면에 요한계시록에서 책에 인봉 된 인을 뗄 수 있는
권위를 가진 어린양은 바로 죽임을 당한 어린양이다(계 5:6, 12; 13:8;
참고. 7:14; 12:11).[7] 저자가 자기 예언 말씀에 권위가 있다고 주장함(계

---

4 각주 1에 있는 여러 주석을 참조하라.

5 Guthrie, *New Testament Introduction*, 935.

6 H. B. Swete, *The Apocalypse of St John*, 3rd ed. (London: Macmillan
Company, 1917), cxxvii. 요한복음과 요한계시록의 용어, 문맥, 문체 유사성에
관한 내용은 Thomas, *Revelation 1~7*, 12~17을 보라. 신학적, 문체적, 언어학
적 차이에 관한 내용은 Carson, Moo, and Morris, *An Introduction to the
New Testament*, 469~72를 참조하라.

7 요한복음에서 어린양과 요한계시록에서 어린양 관계에 관한 내용은 Charlie

22:17~18)도 자기에게 사도 권위가 있음을 증명한다.

결론

요한복음과 요한계시록이 몇몇 차이점을 보이지만, 이것이 사도 요한의 저작을 부인할 정도로 중대하지는 않다. 많은 외적 증거와 내적 증거를 고려하면 전통적 견해, 곧 사도 요한이 밧모섬에서 죄수로 있는 동안에 계시록을 기록했다는 주장을 따름이 합리적일 수 있다.

기록 시기

Carson, Moo, and Morris는 초기 교회 저자들이 계시록 기록 시기를 네 가지로 제시했다고 정리한다. 곧, 1) 클라우디우스(Claudius, AD 41~54, by Epiphanius, *Haer.* 51.12), 2) 네로(Nero, AD 64~68, by *Syriac versions of Revelation*), 3) 도미티아누스(Domitian, AD 81~96, by Irenaeus, *Adv Haer.* 4:30.3; Victorinus, *Apoc.* 10.11; Eusebius, *H.E.* 3.18; Clement of Alexandria, *Quis div.* 42; Origen, *Matt.* 16.6), 4) 타이쟌 (Tajan, AD 98~117, by Dorotheus; Theophylact, *Matt.*20.22).[8] 이 중에서 두 가지 견해, 곧 네로와 도미티아누스 시대에 기록됐다는 견해를 현대 학자들이 지지하지만, 가장 폭넓게 지지를 받는 견해는 도미티아누스 황제의 통치 시기(AD 81~96)에 기록되었다는 견해이다.[9]

K. Choi, "Interpretation of the Lamb of God in John 1:29, 36" (S.T.M. thesis, Dallas Theological Seminary, 2001), 45~57을 보라.

8 Carson, Moo, and Morris, *An Introduction to the New Testament*, 473~74.

9 요한계시록 기록 시기에 관한 내용은 Carson, Moo, and Morris, *An Introduction to the New Testament*, 473~76; Osborne, *Revelation*, 6~9; Mounce, *The Book of Revelation*, 15~21; Aune, *Revelation 1~5*, lvi~lxx;

도미티아누스 황제 통치 시기를 지지하는 몇 가지 이유가 있다.[10] 1) 황제 숭배(Emperor worship) 사상. 요한계시록은 그리스도인들이 황제 우상 제단에 예배하도록 요구를 받았다고 기록하고 있다(참고. 13:4~8, 15~16; 14:9~11; 16:2; 19:20). 황제 숭배 사상은 기독교가 일어나기 전에도 있었다. 도미티아누스 황제 때는 이를 거부하는 사람들을 혹독하게 핍박하면서 황제 숭배를 요구했다.[11] 2) 그리스도인 핍박(Persecution of Christians). 요한계시록은 그리스도인이 상대적 평안을 누리면서도 산발적 핍박을 받았지만(1:9; 2:3, 9, 13; 3:8), 가까운 미래에 거대하면서도 폭넓은 핍박이 기다리고 있음을 기록한다(13장; 17:6; 18:24; 19:2; 20:4). 네로 황제가 로마에 있던 그리스도인은 핍박했지만, 소아시아 전역으로 확장해 핍박했다는 증거는 없다. 하지만 계시록은 소아시아 전반에 걸친 핍박이 일어난다고 예상한다. 3) 네로 신화(The Nero myth). 많은 학자는 계시록 13장과 17장의 짐승 두 마리와 바벨론에 관한 예언 배경에는 네로 신화가 있다고 주장한다. 네로 신화에 따르면, 네로 황제가 실제는 아니지만, 동쪽으로 도망을 갔고 그가 잃은 왕좌를 다시 찾으려고 파르티아 군대(Parthian army)를 이끌고 로마와 싸운다는 설이 있다. 요한계시록 13장 본문—치명적인 상처를 입은 짐승이 이제 회복했다는 본문—이 당시 네로 신화를 반영한다면, 후기 연대가 더 가능성이 크다. 4) 소아시아에 있는 교회들 상황(The condition of the churches in Asia Minor). 에베소 교

Guthrie, *New Testament Introduction*, 948~62; G. K. Beale, *The Book of Revelation: A Commentary on the Greek Text*, New International Greek Testament Commentary, ed. I. Howard Marshall and Donald A. Hagner (Grand Rapids: Wm. B. Eerdmans Publishing Company, 1999), 4~27; Thomas, *Revelation 1~7*, 20~23을 참조하라.

10 다섯 가지 견해는 주로 Beale, *The Book of Revelation*, 4~20; Guthrie, *New Testament Introduction*, 948~57을 참조했다.

11 네로 황제는 자기 신격화를 요구했지만, 그것을 반대한다고 해서 결코 사람들을 핍박하지는 않았다.

회, 사데 교회, 라오디게아 교회에서 영적인 타락은 폭넓게 퍼져 있었는데, 이는 영적 타락이 이미 오래전부터 전개하고 있었음을 의미한다. 서머나 교회는 주후 60~64년까지는 세워지지 않았고, 라오디게아 교회는 부자 교회로 불렸다. 이 도시가 주후 60~61년에 지진으로 파괴됐고, 그 영향은 3~4년 동안 지속하고서야 회복됐다. 5) 바벨론이라는 상징 사용 (The use of the symbol 'Babylon'). 요한계시록에서는 용어 '바벨론'이 많은 바다와 붉은 빛을 입은 짐승 위에 앉은 거대한 음녀를 상징한다 (17:1~18). 주후 70년 이후 유대 문학에 따르면, 용어 '바벨론'은 로마를 지칭했다. 왜냐하면 주전 6세기경에 신-바벨론이 예루살렘과 솔로몬 성전을 멸망시켰듯이, 로마 군인들이 예루살렘과 예루살렘 성전을 주후 70년에 멸망시켰기 때문이다.[12] 6) 초기 전통(The early tradition). 이레니우스(Irenaeus, *Adv. Haer.* 5.30.3), 페타우의 픽도리아누스(Victorinus of Pettau, *Apoc.* 10.11), 유세비우스(Eusebius, *H.E.* 3.17~18), 아마 알렉산드리아의 클레멘스(possibly Clement of Alexandria, *Quis Dives Salvetur* 42), 그리고 오리게네스(Origen, *Matt* 16.6) 등은 도미티아누스 황제 통치 기간에 요한계시록이 기록되었다고 증언한다. 이레니우스는 "이것(요한계시록)은 매우 오래전에는 없었지만, 거의 오늘날, 곧 도미티아누스 황제 통치 말년에"(Eusebius, *H.E.* 3.18.3; 5.8.6)라고 기록했다.

결론적으로, 요한계시록은 도미티아누스 황제 통치 말년인 주후 95~96년경에 기록됐다고 여김이 타당하다.

청중

예수 그리스도께서는 미래에 속히 이뤄질 일을 그의 종들에게 보이시려고 사도 요한에게 당신 계시를 보여 주셨다(1:1). 1절에서, "그의 종들"은 믿음 공동체, 곧 "제한된 선지자의 그룹"이 아닌 "그리스도인들"

---

12 Beale, *The Book of Revelation*, 19.

을 지칭하는 용어이다.13 2:1~3:22에서, 이 책은 소아시아의 일곱 교회
에 보내졌다고 기록한다. 그러므로, 청중은 소아시아에 있는 일곱 교회
일 테다. 요한은 로마의 지방 영지인 소아시아에 있는 교회들의 필요에
관심을 가지고 서신을 보낸 듯하다. 하지만 이 서신은 단순히 일곱 교
회만이 아니라, 많은 그리스도인에게 보낸 서신인 듯하다.14

목적과 동기

소아시아에 있는 일곱 교회는 영적 타락의 길로 가는 경향이 있었다.
이 경향은 부도덕한 환경의 영향, 교회에서 거짓 교사들의 영향, 물질
적 번영의 결과로 파생한 듯하다.15 부도덕 영향과 거짓 교사들 영향은
몇몇 그리스도인이 종교 혼합주의(syncretism)에 빠지게 했다. 물질적 번
영이 교회를 종교 혼합주의로 빠지게 했다. 경제와 사회 제도는 그리스
도인이 로마 생활이었던 무역 조합(trade union)에 가입하게 했을 것이
다. 무역 조합은 황제 숭배 사상은 물론 로마 다신교와 지역 신들 축제
등을 지원하며 참가했다.16 그리스도인 상인들은 무역 조합의 신들을
경외하는 매년 축제에 참석함으로 무역 조합에 조합비를 납부하도록 요
구를 받았을 것이다. 어떤 그리스도인은 무역 조합의 신들에게 충성을
표시함이 큰 죄임을 느끼며 고민했을 것이다. 문화적으로 무역 조합의
수호신들(patron deities)은 로마 황제 숭배 사상과 관련이 있었다. 황제
숭배 사상은 천천히, 하지만 확실하게 팽창하고 있었다. 특히 도미티아
누스 황제 통치 기간에는 넓게 퍼졌다.17 만약 그리스도인들이 황제 숭

---

13 Beale, *The Book of Revelation*, 183; Thomas, *Revelation 1~7*, 53.

14 Guthrie, *New Testament Introduction*, 965.

15 Guthrie, *New Testament Introduction*, 963.

16 Osborne, *Revelation*, 11.

17 Beale, *The Book of Revelation*, 30.

배 사상을 거부할 경우, 로마 제국 정부에게 핍박받았다. 거짓 교사들 (니골라당, the Nicolaitans)은 그리스도인도 이방 제의나 황제 숭배 제의에 동참할 수 있다고 가르쳤다(2:14~15, 20~24). 교회들은 유대주의와 로마 제국 정부에게서 점점 강도 높은 핍박을 받았다. 하지만 로마 정부는 유대인 공동체(Judaism)에게는 로마 신을 경배하지 않아도 되고 그리스-로마 제사 의식에 참여하지 않아도 되는 종교 자유를 누리는 특권을 부여했다.18

로마가 공식적으로 핍박하지는 않았어도, 그리스도인들은 경제적 · 사회적 압박과 국가로부터 핍박을 받았다(2:9, 13).19 기독교는 주후 70년까지는 유대주의의 한 분파로 인식됐다. 하지만 유대주의는 기독교를 자기들에게서 공식적으로 분리하고자 노력했다. 그 이유의 하나는 로마 정부가 유대인에게 황제 숭배 의식에 참가하지 않아도 되는 특권을 주는 대신, 캐피토린 신전(옛 로마 일곱 개 언덕의 하나)을 재건축하려고 유대인에게 세금을 부과했는데, 그리스도인들은 납부를 거부했기 때문이다.20 다른 요인은 그리스도인들이 예루살렘 멸망의 원인이 '유대인들이 예수님을 십자가에 못 박은 죄의 대가'라고 주장했기 때문이다.21 또 다른 이유는 기독교(Christianity)가 과거에는 유대인 회당 예배에 참석한, 하나님을 경외하는 이방인들(God fearers)의 상당수를 흡수했기 때문이

---

18 Osborne, *Revelation*, 11. Beale, *The Book of Revelation*, 31은 "로마법에 따르면, 모든 종교는, 종교 행위가 명백하게 사회적으로 부정한 행위와 연관되지 않는 한 강제로 금지되지는 않았어도, 종교가 시작된 나라 밖에서는 불법으로 간주가 되었다. 하지만 이 법에 예외가 있는데, 그것은 유대교이다. 유대교는 로마 모든 지역에서 허락이 되었다"라고 한다.

19 Beale, *The Book of Revelation*, 28~29는 도미티아누스 황제의 핍박으로 배도할 수 있었다고 주장한다.

20 Osborne, *Revelation*, 11. 유대주의자들은 그리스도인이 유대교의 분파가 아니라, 문제를 일으키는 파당이라고 비난했다.

21 Beale, *The Book of Revelation*, 31.

다.[22] 이러한 이유로, 유대인은 로마 제국 정부에게 기독교가 유대주의의 합법적 분파가 아님을 인식하도록 요구했다.

이러한 배경에서, 사도 요한은 네 가지 기록 목적 밝힌다. 1) 하나님께서 고난 중에 그들을 보호하신다는 약속을 보여줌으로, 그리스도인 공동체가 고난에 인내하도록 격려하려고, 2) 그들이 참된 종교와 우상을 타협하지 않게 하려고, 3) 어려운 가운데서 그리스도의 신실한 증인으로 사역하라고 격려하려고, 4) 그리스도인 공동체에게 그리스도의 성품, 능력, 미래 계획을 계시하려고 등이다. 요한계시록은 요한이 이미 본 예수 그리스도의 계시에 관하여, 그가 당시에 보고 있던 일곱 교회의 상황에 관하여, 그리고 미래에 이뤄질 일에 관하여 기록한다(1:19).[23] 미래에 이뤄질 일에서 가장 중요한 핵심은 '어린양'이다. 이 어린양은 전에 죽임을 당하신 어린양으로 묘사되며, 사탄과 세상을 정복하시는 주권자로 표현된다.

주요 해석 문제

1:19 해석

계시록 1:19은 요한계시록 전체를 해석하고 구조를 이해라는 데 가장 중요한 핵심 구절의 하나이다. 이 구절을 해석하는 견해가 여러 가지이

---

22 Beale, *The Book of Revelation*, 31.

23 참고로, Richard Shalom Yates, "Analysis of New Testament Books," (Dallas, TX: Dallas Theological Seminary, Spring 2001), 575에서는 요한계시록의 세 가지 목적을 다음 내용으로 진술한다. "역사적으로는 로마 황제의 핍박에서 소아시아에 있는 성도에게 그리스도의 승리 관점에서 그리스도께 신실하라고 요구하고, 종말론적인 관점으로는 모든 예언이 예수님의 재림과 그 전의 기간에 어떻게 성취되는지를 보여 주며, 기독론적인 관점에서는 교회 가운데 역사하는 그리스도, 보좌에 앉으신 그리스도, 그리고 재림과 천년왕국 그리고 영원한 세상에서 심판하고 통치하는 그리스도의 전반적인 묘사를 제공해 주려고 기록했다."

다.[24] 1) 세 개 연속 사건(three consecutive view)으로 여기는 견해: 과거(1장), 현재(2~3장), 미래(4~22장),[25] 2) 두 개 사건으로 여기는 견해(twofold view): 이미 이루어진 일(already, 1~3장)과 아직 이뤄지지 않은 일(not yet, 4~22장),[26] 3) 연속 사건의 순서를 강조하는 게 아니라, 마지막 시대의 절정을 묘사하려고 여러 사건에 초점을 맞춘다는 견해이다. 계시록 1:19은 다니엘 2:28~29, 45의 '장래 일'을 언급한다.[27] 이 견해에 따르면, 요한계시록 1:19은 환상(vision)이나 사건의 연대기 순서에 초점이 있는 게 아니라, 마지막 시대에 최고 절정을 묘사하려고 구절을 연속해서 구성했다.

세 개 연속 사건 견해에 따르면, 계시록 1장은 영광스러운 예수님을 본(ἃ εἶδες) 과거 환상이다. 2~3장은 일곱 교회의 현재 상황(ἃ εἰσὶν)을 설명한다. 4장~22장은 미래 사건(ἃ μέλλει γενέσθαι μετὰ ταῦτα)을 묘사한다. 두 개 사건 견해에 따르면, 19절 명령은 11절 명령, 즉 "네가 보는 것을 책에 써서 … 일곱 교회에 보내라(ὃ βλέπεις γράψον εἰς βιβλίον καὶ πέμψον ταῖς ἑπτὰ ἐκκλησίαις)"을 다시 진술하고 있으며, 19절의 "네가 본 것은" 12~18절의 환상을 언급한다."라고 주장한다.

해석 방법

요한계시록을 해석하는 방법은 크게 다섯 가지이다. 곧, 1) 과거주의(Preterist), 2) 역사주의(Historicist), 3) 관념주의(idealist), 4) 미래주의(Futurist), 5) 절충주의(Eclecticism) 등이다.[28] 1) '과거주의 해석'은 요한

---

24 Beale, *The Book of Revelation*, 152~70은 계시록 1:19을 해석하는 견해에 관한 많은 토론을 제시하니, 참고하라.

25 Thomas, *Revelation 1~7*, 113~16.

26 Mounce, *The Book of Revelation*, 62.

27 Beale, *The Book of Revelation*, 152~61, 168~70.

28 Beale, *The Book of Revelation*, 44~49; John F. Walvoord, *The*

계시록이 1세기 사건에만 관련이 있다는 주장이다. 요한계시록이 교회에 대한 로마 정부의 핍박을 상징적으로 묘사한다고 주장한다. 과거주의 견해에는 두 가지 형태가 있다. 한 형태는 요한계시록이 주후 70년 예루살렘 멸망을 예언한다고 주장하고, 또 한 형태는 계시록이 로마 제국 멸망을 예언한다고 주장한다.[29] 2) '역사주의 해석'은 요한계시록이 예수님의 초림부터 재림까지 교회 역사, 특별히 서양 교회 역사의 중요한 사건 발전을 상징적으로 묘사한다고 주장한다. 3) '관념주의 해석'은 요한계시록을 선과 악, 특히 하나님과 사탄 간 전쟁을 상징적으로 묘사하는 책으로 여긴다. 그래서 요한계시록이 역사 사건이 아니라, 분쟁(전쟁)의 시간제한 없는 사건을 묘사한다고 여긴다. 4) '미래주의 해석'은 요한계시록에 두 개 또는 세 개의 독특한 구분이 있고, 요한계시록 4~22장은 전적으로 역사 마지막에 일어날 미래 사건과 관련이 있다고 해석한다(1:19; 4:1). 세대주의 미래주의자(Dispensational futurist)는 환상 순서를 문자적으로 해석해 미래 사건의 역사적 순서로 믿는다.[30] 온건한 미래주의자(moderate futurist)는 환상이 미래 역사를 엄격한 연대 순서를 표현한다고는 주장하지 않는다. 또한 그들은 교회가 참된 이스라엘이라고 믿는다. 5) '절충주의 해석'은 Beale이 주장했는데, '수정 관념주의의 구속적-역사적 형태(redemptive-historical form of modified idealism)'로 불린다.[31] 이 견해에 따르면, 요한계시록은 예수님의 초림부

Revelation of Jesus Christ (Chicago: Moody Press, 1966), 15~23; Mounce, *The Book of Revelation*, 24~30; Osborne, *Revelation*, 15~22; John F. Walvoord, "Revelation," in *Bible Knowledge Commentary: An Exposition of the Scriptures by Dallas Seminary Faculty*, ed. John F. Walvoord and Roy B. Zuck, New Testament ed. (Wheaton, IL: Victor Books, 1983), 926~27.

29 Beale, *The Book of Revelation*, 44~45.

30 교회의 휴거, 인종적 이스라엘의 고토로 귀환, 7년 대환란, 적그리스도의 통치, 예루살렘을 정복하려고 악한 나라의 연합, 그리스도의 재림, 천년왕국, 천년왕국 마지막에 벌어질 사탄의 반란, 그리고 새 하늘과 새 땅에서 성도들과 함께 영원히 그리스도의 통치가 연대적으로 일어난다고 믿는다.

터 재림 때까지 교회 역사의 특별한 사건들을 상징한다. 따라서 Beale 은 계시록의 사건을 문자적으로 특별히 예언된 역사적인 사건으로 여기지 않고, 구원과 심판 그리고 완전한 새 창조, 곧 왕국의 최종 단계를 세우려고 오시는 예수님의 최후 오심(the final coming of Christ) 과정으로 여긴다.32

필자는 '세대주의 미래주의자 견해'를 옹호하지만, 요한이 때때로 1세기에 일어났던 여러 사건을 상징적으로 사용하면서 미래 사건에 그림자로 사용했음을 부인하지는 않는다. 그래서 요한계시록 4~22장은 완전히 미래 사건만을 예언한다기보다는, 때때로 과거 사건과 현재 사건(4~5장 참조)을 포함한다고 믿는다.

---

31 Beale, *The Book of Revelation*, 48.

32 Beale, *The Book of Revelation*, 48.

계시록 구조

중심 내용—'**어린 양의 절대 주권**(The Sovereignty of the Lamb)'

어린 양의 절대 주권은, 우상과 타협하지 않고 주님의 재림을 바라보며 고난을 인내하며 믿음을 지키게 한다.

구조

어린 양의 절대 주권															
과거, 현재 (1~3장)		미래 사건 (4:1~22:5)													결말 (22:6~21)
		하늘 보좌	대환란 (6:1~18:24)									예수님 재림	천년왕국	새 하늘과 새 땅	3번 권면과 축도
			인 심판 (6:1~8:5)			나팔 심판 (8:6~11:19)			대접 심판 (12:1~18:24)						
과거에 본 것: 그리스도의 영광	현재 보는 것: 7교회에 보낸 7 편지들		6개 인 심판	144,000과 구원 받은 성도	7번째 인 심판	6개 나팔 심판	작은 책을 가진 천사와 두 증인	7번째 나팔 심판	7개 징조	7개 대접 심판	바벨론 멸망				
1:1~20	2:1~3:22	4:1~5:14	6:1~17	7:1~17	8:1~5	8:6~9:21	10:1~11:13	11:14~19	12:1~15:4	15:5~16:21	17:1~18:24	19:1~21	20:1~15	21:1~22:5	22:6~21

구조 개요

I. 예수님의 계시는 일곱 교회에서 편지를 보내는 요한에게 계시했
다(1:1~8).

  A. 예수님의 계시는 미래에 일어날 일을 믿는 자에게 주어질 복
    을 선포한다(1:1~3).

    1. 예수님의 계시는 가까운 미래에 일어날 일을 요한에게 계
      시했다(1:1).

    2. 요한은 하나님의 말씀과 자기가 본 예수님의 증언을 기록
      했다(1:2).

    3. 이 책을 읽고 지키는 이들에게 때가 가까이 왔기에 복이
      임한다(1:3).

  B. 요한은 구속 사역으로 믿는 사람을 새로운 사람으로 만드신
    성삼위 하나님께 영광을 돌린다(1:4~8).

    1. 요한은 일곱 교회에게 성삼위 하나님으로부터 은혜와 평
      강이 있기를 기원한다(1:4~5a).

      a. 요한은 영원하신 하나님으로부터 아시아에 있는 일곱
        교회에게 은혜와 평강이 있기를 기원한다(1:4).

      b. 요한은 보좌 앞에 있는 일곱 영으로부터 아시아에 있는
        일곱 교회에게 인사한다(1:4).

      c. 요한은 통치자이신 예수 그리스도로부터 아시아에 있는
        일곱 교회에게 인사한다(1:5a).

    2. 요한은 믿는 자들을 나라와 제사장으로 삼으신 예수 그리
      스도의 구속 사역을 찬양한다(1:5b~6).

3. 요한은 예수님의 왕권과 주권을 강조한다(1:7~8).

    a. 예수님은 이 땅의 모든 나라를 통치하시는 분으로 구름을 타고 오신다(1:7).

    b. 하나님은 과거, 현재, 미래의 주이신 전능하신 주이다 (1:8).

II. 영광을 받으신 그리스도께서는 요한에게 일곱 교회에게 당신 계시를 기록하라고 명령하신다(1:9~3:22).

A. 영광을 받으신 그리스도께서는 요한에게 그가 본 것과 보고 있는 것, 그리고 후에 일어날 일들을 기록하여 일곱 교회에게 보내라고 명하신다(1:9~20).

1. 요한은 그가 본 것을 일곱 교회에게 편지를 하라는 사명을 받았다(1:9~11).

    a. 요한은 복음 때문에 밧모섬에 감금됐다(1:9).

    b. 요한은 주일 날에 성령 안에서 주님의 음성을 들었다(1:10).

    c. 주님의 음성은 요한에게 그가 본 것을 기록하여 일곱 교회에게 보내라고 명령했다(1:11).

2. 요한은 인자와 같은 분의 영광스러운 모습을 묘사한다 (1:12~16).

    a. 요한은 일곱 금 촛대 가운데 있는 인자와 같은 분을 봤다(1:12~13).

    b. 요한은 인자와 같은 분의 모습을 묘사한다(1:13~16).

3. 영광을 받으신 그리스도는 요한에게 다시 기록하라고 명하신다(1:17~20).

    a. 요한은 인자를 보았을 때 위로를 받는다(1:17).

    b. 예수님은 당신 정체를 요한에게 보이신다(1:17~18).

    c. 인자는 요한에게 본 것과 보고 있는 것, 그리고 그 후에 일어날 일들을 기록하라고 명하신다(1:19).

    d. 일곱 별은 일곱 교회의 천사이며, 일곱 금 촛대는 일곱 교회를 지칭한다(1:20).

B. 요한은 소아시아에 있는 일곱 교회 현실을 언급하면서 그리스도의 권면을 기록한다(2:1~3:22).

  1. 에베소 교회: 그리스도는 에베소 교회에게 영원한 생명나무를 받으려면 첫사랑의 부족을 회개하라고 명하신다(2:1~7).

    a. 받는 이: 수신자는 에베소 교회의 천사이다(2:1).

    b. 보내는 이: 예수님은 오른손에는 일곱 별을 쥐고 일곱 금 촛대 사이로 다니는 분으로 묘사된다(2:1).

    c. 칭찬: 에베소서 교회는 그리스도의 이름을 위해서 고난을 겪을 것이다(2:2~3).

    d. 비난: 에베소 교회는 첫사랑을 버렸다(2:4).

    e. 권면: 첫사랑을 잃어버린 일을 회개하고 회복하라(2:5~6).

    f. 약속: 그리스도는 승리자에게 생명나무를 주신다(2:7).

  2. 서머나 교회: 그리스도는 서머나 교회에게 고난을 이겨내며 영원한 생명을 얻으려면 신실하라고 요구하신다(2:8~11).

    a. 받는 이: 수신인은 서머나 교회의 천사이다(2:8).

    b. 보내는 이: 그리스도는 처음이요 나중이고, 죽었다가 살아나신 이로 묘사된다(2:8).

    c. 권면: 고난을 두려워하지 말고 신실하라(2:10).

    d. 약속: 그리스도는 승리하는 이에게 생명의 면류관을 주실 것이다(2:10).

3. 버가모 교회: 그리스도는 버가모 교회에서 감추어 둔 만나와 흰 돌을 받으려면 우상 숭배를 조장하는 가르침을 따르는 일에서 회개하라고 명령하신다(2:12~17).

   a. 받는 이: 수신인은 서머나 교회 사자이다(2:12).

   b. 보내는 이: 예수님은 날카로운 양날 칼을 가지신 분으로 묘사된다(2:12).

   c. 칭찬: 고난에서도 믿음을 저버리지 않았다(2:13).

   d. 비난: 서머나 교회는 발람과 니골라당의 우상 숭배를 조장하는 가르침을 용납했다(2:14~15).

   e. 권면: 심판을 받지 않으려면 회개하라(2:16).

   f. 약속: 그리스도는 승리하는 이에게 감추어진 만나와 흰 돌을 주실 것이다(2:17).

4. 두아디라 교회: 그리스도는 두아디라 교회에게 메시아 통치를 받으려면 거짓 가르침을 관용하지 말고, 가지고 있는 바를 굳게 지키라고 명하신다(2:18~29).

   a. 받는 이: 수신인은 두아디라 교회의 사자이다(2:18).

   b. 보내는 이: 그리스도는 불꽃 같은 눈과 놋쇠 같은 발을 가지신 분으로 묘사된다(2:18).

   c. 칭찬: 두아디라 교회는 행위가 훌륭한 교회이다(2:19).

   d. 비난: 두아디라 교회는 이세벨의 거짓 가르침에 관용했다(2:20~23).

   e. 권면: 가지고 있는 바를 지키고, 거짓 가르침에 물들지 말라(2:24~25).

   f. 약속: 그리스도는 이기는 이에게 나라를 다스리는 권세와 샛별을 주신다(2:26~29).

5. 사데 교회: 그리스도는 사데 교회에서 생명책에서 지워지지 않으려면 일어나 받은 말씀을 굳게 지키라고 명하신다(3:1~6).

   a. 받는 이: 받는 이는 사데 교회의 사자이다(3:1).

   b. 보내는 이: 그리스도는 하나님의 일곱 영과 일곱 별을 가지신 분으로 묘사된다(3:1).

   c. 비난: 살이 있다고 하지만 죽은 교회이다(3:1).

   d. 권면: 일어나 죽어가는 자들을 굳게 하라(3:2~3).

   e. 약속: 그리스도는 이기는 이의 이름을 생명책에 쓰셔서 그 이름을 인정하실 것이다(3:4~6).

6. 빌라델비아 교회: 그리스도는 빌라델비아 교회에게 하나님의 능력과 성전의 기둥이 되려면 가지고 있는 바를 굳게 지키라고 명하신다(3:7~13).

   a. 받는 이: 받는 이는 빌라델비아 교회의 사자이다(3:7).

   b. 보내는 이: 예수님은 거룩하고, 참되고, 다윗의 열쇠를 가진 이로 묘사된다(3:7).

   c. 칭찬: 힘이 적어도 주님의 말씀을 지켰다(3:8).

   d. 약속과 권면: 그리스도는 능력을 주시고 승리하는 이에게 하나님 성전의 기둥이 되게 하실 것이다(3:9~13).

7. 라오디게아 교회: 그리스도는 라오디게아 교회에게 하늘 보좌에 예수님과 함께 앉으려면 회개하고 그들 마음을 주님께 열라고 명령하신다(3:14~22).

   a. 받는 이: 받는 이는 라오디게아 교회의 사자이다(3:14).

   b. 보내는 이: 그리스도는 아멘이시요, 신실하고 참되신 증이이요, 창조하신 분으로 묘사된다(3:15).

c. 비난: 라오디게아 교회는 미지근하고, 가난하고, 헐벗고, 보지 못한다(3:15~18).

d. 권면: 회개하고 그리스도의 책망에 마음의 문을 열라(3:19~20).

e. 약속: 그리스도는 승리자에게 자기 보좌에 앉게 하실 것이다(3:21~22).

Ⅲ. **일어날 사건: 요한이 본 미래 환상은 어린양이신 그리스도의 주권과 대환란, 그리스도의 재림, 천년왕국, 그리고 새 하늘과 새 땅이 연속적으로 일어나는 일이다**(4:1~22:5).

A. 하늘 보좌: 하나님께서는 주권으로 역사하시고 어린 양이신 그리스도는 봉인된 두루마리를 열 권세가 가지셨다(4:1~5:14).

1. 요한은 하늘 보좌에 앉아 있는 하나님을 묘사한다(4:1~11).

a. 요한은 하늘 보좌에 앉아 있는 이를 묘사한다(4:2~3).

b. 요한은 24개 하늘 보좌에 앉은 24 장로를 묘사한다(4:4).

c. 요한은 하늘 보좌 앞에서 불타는, 하나님의 일곱 영을 묘사한다(4:5).

d. 요한은 하늘 보좌 앞에 유리 바다와 같은 것을 묘사한다(4:6a).

e. 요한은 네 생물을 묘사한다(4:6b~8a).

f. 하늘의 수행원들은 하늘 보좌에 앉은 하나님을 경배하고 찬양한다(4:8b~11).

2. 죽임당한 어린양은 인 심판을 뗄 수 있는 권세를 가지셨다(5:1~14).

a. 요한은 하나님의 오른손에 들려 있는 책을 봤다(5:1~3).

b. 요한 그 책을 열고 읽을 수 있는 사람이 없어서 슬펐다(5:4).

c. 유다의 자손, 곧 다윗의 뿌리가 일곱 인을 뗄 수 있는 분이다(5:5).

d. 어린양이신 메시아는 책과 인을 열 수 있는 권세를 지니셨다(5:6~7).

e. 우주는 통치하시는 어린양의 권세를 찬양한다(5:8~14).

B. 인 심판 시리즈: 일곱 인 심판이 계시되다(6:1~8:5).

1. 인 심판 처음 네 개 : 처음 네 명의 말 탄 자들은 인류에게 고난을 준다(6:1~8).

a. 인 심판 첫째: 흰 말을 탄 자는 면류관을 쓰고 활을 가지고 세상을 정복하려고 나아갔다(6:1~2).

b. 인 심판 둘째: 붉은 말을 탄 자는 땅에서 평화를 제거할 수 있는 능력이 있다(6:3~4).

c. 인 심판 셋째: 검은 말을 탄 자는 손에 저울을 들고 기근을 일으켰다(6:5~6).

d. 인 심판 넷째: 청황색 말을 탄 자는 사분의 일을 죽일 권세를 가진 사망이라는 이름을 가졌다(5:7~8).

2. 인 심판 그다음 두 개: 하나님은 우주적 징조로 핍박자들을 심판하심으로 성도들의 기도를 응답하실 것이다(6:9~17).

a. 인 심판 다섯째: 하나님은 미래에 마지막 심판으로, 순교당한 성도들이 보복해달라는 기도에 응답하신다(6:9~11).

b. 인 심판 여섯째: 하나님은 지진과 대격변으로 핍박자를 심판하심으로 당신 백성을 지켜주실 것이다(6:12~17).

3. 간주 첫째, 두 개 환상: 하나님은 수많은 믿음의 성도를

대환난으로부터 구하실 것이다(7:1~19).

    a. 하나님의 심판은 이스라엘 12지파로부터 14만 4천을 인 칠 때까지 유보된다(7:1~8).[1]

    b. 수많은 성도는 구원받고 하나님과 구속의 주이신 어린 양께 찬양할 것이다(7:9~17).

  4. 인 심판 일곱째: 인 심판 일곱째는 나팔 심판 시리즈이다 (8:1~5).

    a. 인 심판 일곱째는 나팔 심판 시리즈를 포함한다(8:1~2).

    b. 하나님은 환란 가운데 있는 성도의 기도를 들으신다(8:3~4).

    c. 하나님은 성도의 기도에 응답으로 지상에 심판을 내리신다(8:5).

C. 나팔 심판 시리즈: 일곱 나팔 심판과 두 개 환상이 계시된다 (8:6~11:19).

  1. 나팔 심판 처음 네 개는 우주 삼분의 일을 파괴하는 데 초점을 둔다(8:6~12).

    a. 일곱 천사가 나팔을 불려고 일곱 나팔을 들고 있다(8:6).

    b. 나팔 심판 첫째: 우박과 피에 젖은 불이 땅에 떨어져 땅 삼분의 일을 태운다(8:7).

    c. 나팔 심판 둘째: 바다, 바다에 사는 생물, 배 등 삼분의 일을 파괴한다(8:8~9).

    d. 나팔 심판 셋째: 쑥이라고 불리는 큰 횃불이 강과 샘물

---

[1] 14만 4천 명의 정체에 관한 토론은 G. K. Beale, *The Book of Revelation: A Commentary on the Greek Text*, New International Greek Testament Commentary, ed. I. Howard Marshall and Donald A. Hagner (Grand Rapids: Wm. B. Eerdmans Publishing Company, 1999), 416~23을 참조하라.

들 삼분의 일을 파괴하고 많은 사람을 죽인다(8:10~11).

e. 나팔 심판 넷째: 해, 달, 별 등 삼분의 일을 어둡게 하고 타격을 입힌다(8:12).

2. 나팔 심판 그다음 두 개, 곧 두 개 재앙은 사람 삼분의 일을 멸하는 데 초점이 있다(8:13~9:21).

a. 다른 천사가 마지막 나팔, 곧 남은 나팔을 불었다(8:13).

b. 나팔 심판 다섯째, 곧 재앙 첫째: 무저갱에서 나온 사탄의 세력인 메뚜기는 다섯 달 동안 믿지 않는 사람들을 괴롭혔다(9:1~12).

c. 나팔 심판 여섯째, 곧 재앙 둘째: 네 천사가 정해진 날에 사람 삼분의 일을 죽였다(9:13~21).

3. 간주 둘째, 두 개 환상: 요한은 작은 책을 가진 힘센 천사와 두 증인이 하는 사역을 봤다(10:1~11:13).

a. 힘센 천사는 작은 책을 요한에게 주면서 일곱 천둥이 말한 바는 기록하지 말라고 권면했다(10:1~11).

b. 두 증인은 성전이 마흔두 달 동안 짓밟힐 때 예언하다 죽임을 당한 후 부활할 것이다(11:1~13).2

4. 나팔 심판 일곱째, 곧 재앙 셋째: 나팔 심판 일곱째는 다가올 하나님 나라와 마지막 심판을 선언한다(11:14~19).

a. 둘째 재앙은 지났고, 셋째 재앙은 곧 다가온다(1:14).

b. 하늘에서 큰 소리는 주님의 나라가 도래했다고 선언한다(11:15).

---

2 Beale, *The Book of Revelation*, 572에서는 3~6절이 1~2절에서 측정한 주요 목적을 설명하며, 예언하는 증인의 사역 효과를 보증하려고 측정했다고 이해한다.

      c. 하나님의 나라는 악인을 심판하고 백성을 보상함으로 시작한다(11:16~18).

      d. 마지막 심판은 하늘에 있는 하나님 성전으로부터 올 것이다(11:19).

D. 대접 심판 시리즈: 일곱 대접 심판은 악한 세상, 특히 창녀 바벨론에 대한 심판에 대한 것이다 (12:1~18:24)

  1. 일곱 환상: 일곱 환상은 하나님께서 불신자는 심판하시나 신자는 보호하심을 나타낸다(12:1~15:4).

    a. 하나님은 어린 예수와 믿는 유대인을 사탄으로부터 보호하신다(12:1~17).

    b. 바다에서 온 짐승, 곧 적그리스도가 성도들을 정복하고 불신자들에게 경배받는 특권을 가진다(13:1~10).

    c. 땅에서 나온 짐승, 곧 거짓 선지자는 정치, 종교, 경제를 통제한다(13:11~18).

    d. 어린 양은 첫 열매로 구속된 14만 4천 명과 함께 시온 산에 서 있다(14:1~6).

    e. 세 천사는 하나님께서 불신 세계를 심판하시나, 신실한 성도에게는 보상하신다고 선언한다(14:6~13).

    f. 천사들은 땅에서 곡식과 포도주를 수확한다(14:14~20).

  2. 대접 심판 시리즈: 일곱 대접 심판은 거짓 삼위일체와 그들을 따르는 악한 세계에 하나님의 마지막 심판을 실행한다(15:5~16:21).

    a. 준비: 일곱 대접 심판을 실행하려고 준비한다(15:5~8).

    b. 일곱 대접 심판: 일곱 대접 심판은 악한 세계에 하나님의 마지막 심판을 실행한다(16:1~21).

1) 하늘의 음성이 일곱 천사에게 땅에 하나님 진노의 일곱 대접을 쏟으라고 명령한다(16:1).

2) 대접 심판 첫째: 짐승의 표를 받은 사람들에게 악한 종기가 생기게 한다(16:2).

3) 대접 심판 둘째: 바다를 피로, 바다에 있는 모든 생물을 죽인다(16:3).

4) 대접 심판 셋째: 강과 샘물을 피로 물들게 한다(16:4~7).

5) 대접 심판 넷째: 태양이 사람들을 불로 태우게 한다 (16:8~9).

6) 대접 심판 다섯째: 짐승의 나라를 어둡고 괴롭게 한다(16:10~11).

7) 대접 심판 여섯째: 거짓 셋 영이 마지막 전쟁에 참여할 여러 왕을 아마겟돈으로 모으게 한다(16:12~16).

8) 대접 심판 일곱째: 부패한 세계에 하나님의 마지막 심판을 선고한다(16:17~21).

3. 바벨론 멸망: 음녀 바벨론은 짐승과 그의 열 왕에게 살해되고, 그 경제·종교 시스템은 파괴된다(17:1~18:24).

a. 빨간 짐승을 탄 큰 음녀는 짐승과 그의 열 왕에게 살해된다(17:1~18).

1) 서론: 천사는 땅의 왕들과 백성을 유혹하는 음녀에게 심판을 선언한다(17:1~2).

2) 요한은 음녀 바벨론을 묘사한다(17:3~6a).

3) 천사는 짐승과 열 뿔에 관한 비밀을 설명한다(17:6b~14).

4) 음녀 바벨론은 짐승과 그의 추종자 열 왕(열 뿔)에게 멸망된다(17:15~18).

b. 바벨론 경제·종교 시스템 파괴로, 성도는 즐거워한다
(18:1~24).

1) 천사들은 바벨론이 종교·경제 시스템으로 사람들을
유혹했기에 바벨론에 심판을 선언한다(18:1~3).

2) 하늘의 음성은 백성에게 바벨론의 재앙을 겪지 않게
하려고 그들 죄에 참여하지 말라고 권고했다(18:4~8).

3) 바벨론과 무역한 세 그룹이 바빌론 멸망에 슬퍼하며
탄식한다(18:9~19).

4) 성도는 바벨론 멸망에 즐거워하라는 부르심을 받는
다(18:20~24).

E. 할렐루야 찬양대 찬양에 이어, 예수님은 짐승과 거짓 선지자
와 그의 군대를 심판하시는 주님으로서 재림하신다(19:1~21).

1. 할렐루야 찬양대는 음녀 바빌론에 대한 하나님의 심판과
어린 양의 혼인 잔치를 찬양한다(19:1~10).

a. 할렐루야 찬양대는 음녀에 대한 하나님의 의롭고 영원
한 심판을 찬양한다(19:1~5).

b. 할렐루야 찬양대는 하나님의 통치와 어린 양의 혼인 잔
치를 찬양한다(19:6~10).

2. 예수님의 재림은 짐승과 그를 추종하는 자들의 군대를 멸
하면서 그분 신실하심과 주권을 나타낸다(19:11~21).

a. 백마를 탄 자의 성품과 사역은 그리스도의 심판자로서
자격과 능력을 나타낸다(19:11~16).

b. 그리스도와 그의 군대는 짐승, 거짓 선지자, 그리고 그
들 군대를 물리치신다(19:17~21).

F. 그리스도의 천년 통치는 사탄을 감금함과 함께 시작하고, 사탄이 풀려남과 함께 끝맺는다(20:1~15).

　1. 용인 사탄은 잡혀 무저갱에서 천 년 동안 갇힌다(20:1~3).

　2. 환란 기간에 순교한 사람들은 천 년 동안 그리스도와 함께 다스린다(20:4~6).

　3. 사탄은 천 년 후에 잠시 풀려난 후 영원한 불 못으로 영원히 던져진다(20:7~10).

　4. 믿지 않는 자들은 백보좌 심판에서 자기 행위에 따라 심판받고, 지옥으로 던져진다(20:11~15).

G. 새 하늘, 새 땅, 새 예루살렘은 하늘에서 내려온다(21:1~22:5).

　1. 새 하늘과 새 땅이 도래할 때, 신실한 사람은 여러 가지 축복에 참여한(21:1~8).

　2. 요한은 새 예루살렘과 그에 딸린 지역을 묘사한다(21:9~22:5).[3]

IV. **결론: 신실한 사람은 기록된 말씀을 잘 지켜야 한다**(22:6~21).[4]

A. 천사는 성도에게 이 책에 기록된 말씀을 잘 지키라고 권면한다(22:6~11).

　1. 천사는 그리스도의 종들에게 예언의 말씀에 신실하라고 권면한다(22:6~7).

　2. 천사는 요한에게 이 계시 말씀을 지키며, 마지막이 다가오기에 봉하지 말라고 명령한다(22:8~11).

---

3 한 스타디움은 600 feet이다.

4 Beale, *The Book of Revelation*, 1122~56은 계시록 22:6~20에 다섯 가지 권면을 제시한다고 제안하고, Robert L. Thomas, *Revelation 8~22: An Exegetical Commentary* (Chicago: Moody Press, 1995), 493~21에서는 세 개 증거로 구성한다고 주장한다.

B. 그리스도는 당신 명령을 지키는 사람에게 보상하실 것이다 (22:12~17).

C. 그리스도는 계시 말씀에 더하거나 빼지 말라고 권고하신다(22:18~19).

D. 요한은 그리스도께서 곧 오신다는 말씀에 "아멘, 주님, 어서 오십시오"라고 대답한다(22:20).

E. 주 예수님의 은혜는 모든 사람에게 임할 것이다(22:21).

계시록 내용

요한계시록은 사탄과 모든 나라를 통치하시는 그리스도의 주권(어린 양의 주권)을 강조한다. 그리스도의 주권은 그리스도인 공동체가 겪는 고난을 인내하며 믿음으로 대처하게 하는 능력이다. 요한계시록 구조는 1:19에 기초를 두는데, 19절은 요한이 본 것, 지금 보고 있는 것, 미래에 일어날 사건을 기록하라는 명령을 받는 대목이다. "요한이 이미 본 것"은 1장에 나오는 영화를 입은 그리스도 사건을 언급하며, "지금 보는 것"은 2~3장에 나오는 일곱 교회에 보낸 일곱 편지를 말한다. 하지만 11절과 20절을 보면 "그리스도의 영광스러운 모습과 2~3장의 일곱 교회에 보내는 서신은 서로 연결되며 요한이 본 것(보는 것)으로 여길 수 있다. "미래에 일어난 일"은 4~22장에 묘사되는 일반 사건들을 지칭한다.[1] 미래 사건은 하늘 보좌(4~5장), 대환란(6~18장), 그리스도 재림(19장), 천년왕국(20장), 그리고 새 하늘과 새 땅(21~22장)으로 구분할 수 있다. 대환란 기간은 인 심판(6:1~8:5), 나팔 심판(8:6~11:19), 그리고 대접 심판(12:1~18:24) 구조로 분석할 수 있다. 그래서 필자는 요한계시록을 두 개 구조 형태(twofold structural frame)에 근거해 분석한다.

---

[1] 계시록 1:11에 따르면, 사도 요한이 '본 것'을 '보고 있는 것'으로 표현하기에, 두 개로 구분해도 무방하다.

I. 서문(1:1~8) 요한은 주권자와 통치자로서 재림하시는 예수님의 계획
   을 증거하라는 명령을 받았다.

　요한계시록 1장은 서문(1:1~8)과 그리스도의 영광스러운 모습과 명령
(1:9~20)으로 구성한다. 서문 1:1~8절은 1~3절 그리고 4~8절로 나눌
수가 있는데, 1~3절에서는 사도 요한이 이 책 제목('계시', 1:1), 수신자
('종들', 1:1), 계시 내용('속히 될 일', 이는 요한이 본 모든 것, 1:1~2), 이
책 저자('요한', 1:2), 그리고 예언적 권면('본 것', 곧 하나님의 말씀과 예수
그리스도의 증거를 증언하기, 1:3)을 포함한다.

　4~8절에서는 수신자('아시아에 있는 일곱 교회', 1:4), 인사('은혜와 평강',
1:4~5a),2 예수님의 구속 사역에 감사하는 찬양(1:5b~6),3 그리고 이 책
의 주요 주제인 주권자로서 예수님의 재림(1:7~8)4을 포함한다.

II. 본 것, 요한의 사명(1:9~3:22)—요한의 사명은 영화로우신 그리스
   도께서 보여 주신 계시를 기록하여 일곱 교회에 보내는 일이다.

---

　2 4~5절은 '은혜와 평강'이 생기는 원천을 표현한다. 이 은혜와 평강은 하나
님("이제도 계시고, 전에도 계시고 장차 오실 이")으로부터, 하나님의 보좌 앞에 있
는 일곱 영으로부터, 그리고 죽음으로부터 부활하시고 왕의 통치자이신 그리스
도로부터 온다.

　3 1:5~6은 예수님이 우리를 죄로부터 구속하시고, "나라와 제사장으로 삼으
셨다"라고 표현한다. '나라'와 '제사장'이 동격('나라, 곧 제사장')으로 사용되었는
지, 또는 제사장의 나라 아니면 예수님이 우리를 나라로 삼으시고 또 제사장으
로 삼으셨다는 뜻인지 분명하지 않다. 동격으로 사용했다면, 베드로전서
2:9~10을 참고해야 한다. 나라와 제사장을 삼으신 목적은 하나님 아버지를 섬
기게 하려 함이다.

　4 예수님이 초림 때는 구속 사역을 하시려는 구속자라면, 재림 때는 만물을
통치하시려는 전능한 자이시다. 곧, 전능자로서 오시는 예수님을 묘사한다.

A. 영광스러운 주 그리스도(1:9~20)—영광스러운 주 그리스도는 요
한에게 그가 본 것과 미래의 일을 기록해 일곱 교회에 보내라고
명령하신다.

사도 요한은 하나님의 말씀과 예수의 증인으로 살았다는 이유로, 밧
모섬에 유배돼 죄수로 있는 동안에, 그가 보고 있는 것(ὃ βλέπεις, 현재)
을 기록하여 일곱 교회에 서신을 보내라는 '사명(commission)'을 받는다
(1:9~11). 요한은 그 사명을 받은 다음, 자기에게 '명령하신 이(divine
commissioner)'를 보려고 몸을 돌이킬 때, 일곱 금 촛대를 봤다(εἶδον,
aorist). 요한은 자기가 본 신적 명령자를 자세히 묘사한다(1:12~16). 이
신적 사명을 말한 이는 일곱 금 촛대 사이에 있는 인자(a son of man)[5]
같은 인물이었다(1:12~13; 참고. 슥 4:2; 출 25:31~40). 이 인자 같은 이
는 하늘의 영광을 입은 자와 같은 모습을 하고 있었다(1:14~16).[6] 이 영
광스러운 인자와 같은 이는 죽었다가 다시 살아나신 예수 그리스도를
지칭한다. 예수님은 사망과 음부의 열쇠를 가지고 계신다(1:17~18). 이
영광스러운 주님이신 그리스도께서 요한에게 본 것, 이제 있는 것, 장
차 이뤄질 일을 기록하라고 다시 한번 사명을 주셨다. 사도 요한이 본

---

[5] '인자'라는 용어가 에스겔서에서는 사람을 지칭하지만, 다니엘 7:13에서는
세상을 심판하시는 메시아를 지칭한다(행 7:56; 계 14:14 참조).

[6] "그 머리와 털의 희기가 흰"은 다니엘 7:9에 따르면 옛적부터 항상 계신
이, 곧 하나님 아버지를 지칭하는 표현이다. 인자와 같이 이는 하나님 아버지처
럼 순수하고 깨끗하며 영원한 존재임을 알 수 있다. "그의 눈은 불꽃 같고"라
는 표현은 죄를 심판하시는 날카로움을 묘사한다(계 2:18). "발은 풀무에 단련
한 빛난 주석 같고"에서 성전에서 주석 단은 죄를 속죄하는 제사 그리고 하나
님의 심판과 관련이 있다. 특히 "그의 오른손에 일곱 별이 있다"라는 표현에서,
일곱 별은 1:20에 따르면 일곱 교회의 사자를 언급한다. 이 사자가 하나님께
붙들려 있는 모습이다. 결국, 12~16절에서 인자 같은 이의 모습은 심판자로서
오시는 모습을 묘사한다. 베들레헴에서 아기 예수 모습도 아니고, 십자가에서
가시 면류관을 쓰시고 돌아가신 모습도 아니고, 영광스러운 주요 심판자로서
오시는 모습을 묘사한다.

것은 일곱 금 촛대와 일곱 별이었다. 이는 일곱 교회와 일곱 사자를 지칭한다(1:19~20).

B. 일곱 교회에 보낸 편지(2:1~3:22)—사명을 받은 요한은 일곱 교회에게 그들 현재 상황을 언급하면서 믿음을 잘 지키라고 권면한다.

요한은 예수님께 사명을 받은 대로, 소아시아에 있는 일곱 교회에 서신을 보낸다(2:1~3:22). 각 서신은 수신인, 그리스도 묘사, 칭찬, 고발, 권면, 약속 등으로 구성한다. 또한 각 서신은 잘못을 이기는 이에게 그리스도의 영원한 생명을 상속받는다는 약속으로 끝을 맺는다. 일곱 교회에 편지하는 주요 목적은 교회들에게 그들 잘못을 비난하기보다는, 그리스도께서 하신 약속을 받으려면 영광스러운 주님을 믿는 믿음을 지키라고 격려하려 함이다. 일곱 교회에 보내는 서신은 대칭 구조, 곧 ABCB'A'이다.

첫째 편지(에베소 교회에 보낸 편지)와 마지막 편지(라오디게아 교회에 보낸 편지)는 첫사랑을 잃고 미지근한 믿음을 가진 교회에게 보낸 편지로, 하나님의 심판(God's discipline)을 피하고 약속을 유산으로 받으려면 죄를 회개하라고 격려하고 있다(2:1~7; 3:14~22). 두 번째(서머나 교회에 보낸 편지)와 여섯 번째 편지(빌라델비아 교회에 보낸 편지)는 유대인과 이방인에게 핍박받을 때 믿음을 지킨 교회들에 보낸 편지로, 영광의 약속을 받으려면 고난에도 계속 인내하라고 격려하고 있다(2:8~11; 3:7~13). 가운데 있는 세 개 편지(버가모 교회에, 두아디라 교회에, 사데 교회에 보낸 편지)는 믿음을 지켰지만, 거짓 가르침이나 이방 문화와 어느 정도 타협하고 절충한 교회들에게 보내졌다. 요한은 그들에게 그들이 타협하는 마음을 회개하고 이기는 자에게 주어지는 약속을 유산으로 받으려면, 그들이 이미 가지고 있는 것을 잘 지키라고 격려하고 있다(2:12~17; 2:18~29; 3:1~6).[7]

---

7 G. K. Beale, *The Book of Revelation: A Commentary on the Greek Text*,

일곱 편지의 주요 내용은 다음이다. 1) **에베소 교회에 보낸 편지.** 그리스도는 오른손에 일곱 별을 잡고 일곱 금 촛대 사이에 다니시는 이로 묘사되고 있다. 에베소 교회는 생명의 나무의 과실을 먹기 위해서 어디서부터 떨어진 것을 생각하고 첫사랑을 회복해야 한다. 그렇지 않으면 그리스도께서 촛대를 그 자리에서 옮기실 것이다. 하지만 잘한 일은 니골라당 행위를[8] 거절함이다(2:1~7).

2) **서머나 교회에 보낸 편지.** 그리스도는 처음이요 나중이요 죽었다가 살아나신 이로 묘사된다. 서머나 교회는 환란과 궁핍 가운데 있었는데 생명의 면류관을 유업으로 받으려면 그 어려움을 인내하면서 죽도록 충성해야 한다. 이기는 자는 둘째 사망의 해를 받지 않는다(2:8~11).

3) **버가모 교회에 보낸 편지.** 그리스도는 양면에 날카롭고 날 선 검을 가진 이로 묘사되고 있다. 버가모 교회는 주님의 충성된 증인[9] 안디바가 순교를 당할 때 믿음을 저버리지 않았지만, 감추었던 만나와 새 이름이 새겨진 흰 돌을 받으려면 발람의 교훈(민 22~24장; 31:16 참조)과 니골라당의 교훈을 따르는 행위를 회개해야 한다(2:12~17).

4) **두아디라 교회에 보낸 편지.** 그리스도는 불꽃 같은 눈을 가진 분으로 그리고 빛난 주석과 같은 발을 가진 분으로 묘사되고 있다. 두아

New International Greek Testament Commentary, ed. I. Howard Marshall and Donald A. Hagner (Grand Rapids: Wm. B. Eerdmans Publishing Company, 1999), 226.

8 니골라당 정체는 분명하지 않다. 한 가지 해석은 니골라당이 이단으로 초대 예루살렘교회의 일곱 명의 일군 중 하나인 니콜라우스(Nicolaus)를 추종하는 자들이 형성한 분파라는 것이다. 발람의 교훈을 가진 이단이 아마 니골라당의 한 분파일 것이다. 이들은 이방의 우상 숭배나 음란한 생활을 도입했으며 종교 혼합주의(syncretism)를 행했던 것 같다. 그들은 율법으로부터 자유를 그들이 보기에 좋은 대로 사용하는 도덕 폐기론적인 사상을 가지고 있었던 것 같다(계 2:14~15 참조).

9 용어 '증인'은 헬라어로 μάρτυς이다. 이 용어는 증인 혹은 순교를 뜻한다. 그렇다면 "내 충성된 순교자 안디바"로 해석이 가능하다.

디라 교회는 믿음과 사랑의 행위가 처음보다 낮지만, 이세벨[10]을 용납하기에 그 행위를 회개하고 메시아 왕국에서 만국을 다스릴 권세를 얻기 위해서는 있는 것을 굳게 잡아야 한다(2:18~29).

5) **사데 교회에 보낸 편지.** 그리스도는 하나님의 일곱 영과 일곱 별을 가진 분으로 묘사되고 있다. 사데 교회는 '살았다'라는 이름을 가졌지만, 실제로는 죽었다. 교회는 주님의 재림을 준비하기 위해 들은 것을 기억하고 죄를 회개해야 한다. 이기는 자는 흰옷을 입겠고 이름이 생명책에 기록된다(3:1~6).

6) **빌라델비아 교회에 보낸 편지.** 그리스도는 거룩하고 진실하며 다윗의 열쇠를 가진 절대적인 주권자로 묘사되고 있다. 빌라델비아 교회는 하나님이 주신 능력을 소유하려면 그리고 하나님의 성전 기둥이 되려면 가지고 있는 것을 굳게 지켜야 한다(3:7~13).[11]

7) **라오디게아 교회에 보낸 편지.** 그리스도는 아멘이시요, 충성되고 참된 증인이시요, 하나님의 창조의 근본이신 이(모든 창조물을 통치하는 자)로 묘사되고 있다. 라오디게아 교회가 하나님의 보좌에 앉기 위해서는 주님을 향한 미지근한 마음을 회개하고 열심을 내야 한다 (3:14~22).

---

10 계시록 2:20의 '이세벨'은 이스라엘 아합왕의 우상 숭배에 심취해 있는 사악한 왕비를 말한다(왕상 16:31; 18:1~5; 9:1~3; 21:5~24). 그녀는 바알과 아세라 숭배 사상을 북이스라엘에 도입했고 부도덕한 삶과 마술적인 관행들과 관련이 있었다(Swete).

11 계시록 3:10, 곧 "너를 지키어 시험의 대를 면하게 하리니"는 두 가지로 해석한다. 1) 시험의 때를 면하게 한다. 2) 시험의 때에 너를 잘 보호한다. 둘째 해석 약점은 대환란 기간에 살아 있는 성도는 위험으로부터 면제되지 않는 것이다. 그들 중 몇몇은 순교하게 될 것이다. 또 다른 약점은 보호를 의미한다면, 전치사 $\dot{\epsilon}\nu$(in)이나 $\delta\iota\acute{\alpha}$(through)를 사용하지 않고 $\dot{\epsilon}\kappa$(from)를 사용했다는 점이다. 첫째 해석 장점은 빌라델비아 교회는 기록 당시에 이미 심각한 시련에 있었다. 그래서 대환란 동안에 그들을 보호한다는 것은 절대 격려가 되지 않는다는 점이다. 또 장점은 요한복음 12:27에서 비롯한다. 예수님은 이 시간으로부터 "나를 구원하여 주소서(면하게 하여 주소서)"라고 기도했지, 보호해 주소서라고 기도하지 않았다.

이 일곱 편지에서 그리스도에 관한 묘사는 사실 계시록 1:12~16에 나타난 영광의 주에 관한 묘사와 똑같음을 알 수 있다.

III. 장차 될 일(4:1~22:5)—그리스도, 곧 어린 양의 주권은 심판 주로서 재림하여 천년왕국과 새 하늘과 새 땅을 건설하시는 모습에서 확인된다.

사도 요한은 영광의 주 예수 그리스도의 환상과 그의 일곱 교회에 보낸 일곱 서신을 언급한 후, 이제 종말적 환상의 연속성을 보여 준다. 이 종말적 환상의 연속성은 하늘 보좌(4~5장), 인 심판(6:1~8:5), 나팔 심판(8:6~11:19), 대접 심판(12:1~18:24) 등을 포함하는 대환란(6~18장), 예수님 재림(19장), 천년왕국(20장), 그리고 마지막으로 새 하늘과 새 땅(21:1~22:5)을 포함한다. 장차 될 일의 환상에서 가장 중요한 인물은 어린양이신 영광의 주 그리스도이시다(the glorified Christ the Lamb). 이 어린 양은 일찍 죽임을 당했으나, 현재 살아나서 주권적인 능력(the sovereign power)을 지니신다. 또한 이 어린 양은 연속적인 심판의 인을 뗄 수 있는 권위를 가진 유일한 분으로, 사탄, 적 그리스도, 거짓 선지자, 그리고 그들의 추종자들을 정복하신 정복자로, 1,000년 동안 지상 왕국을 건설하시는 분으로, 새 하늘과 새 땅을 통치하시는 군주로 묘사가 되고 있다. 마지막 정복자로서 영광스러운 어린 양의 묘사는 고통받고 있는 청중(믿는 자들)에게 이 세상 마지막에 어린 양이신 예수님께서 그들은 보호하고 신원하시기에 핍박과 환란 가운데서 인내해야 한다는 도전의 메시지를 전한다.

A. 하늘 보좌(4:1~5:14)—하나님의 주권 그리고 어린 양이신 그리스도의 권위는 심판의 인을 뗄 수 있는 유일한 능력으로 묘사되고 있다.

하늘 보좌 환상에서, 가장 중심인물은 창조자이신 하나님과 구속자이신 그리스도이시다. 4장이 창조자이신 전능하신 하나님께 초점을 두고 있다면, 5장은 인봉한 책을 떼기에 합당하신 어린양께 강조점을 두고 있다. 천상 보좌에 관한 환상은 대환란 기간에 일어나는 연속적인 심판을 소개하는 기능을 할 뿐 아니라, 이 심판이 합당함을 설명한다. 이 두 장에서 하나님과 어린양의 통일성(unity)을 강조하는데, 이 두 분이 하나이심을 강조한다(참조. 요 10:30).

계시록 2~3장에서 영광의 주께서 소아시아에 있는 일곱 교회에게 권고하셨는가를 보여준 후, 이제 하늘에서 벌어지고 있는 일을 소개한다(4:1). 요한은 하늘로부터 초청으로 천상 보좌에 앉으신 전능하신 하나님(4:2~3)과 하나님을 찬양하는 24 장로와 네 생물을 보았다(4:4~11). 하나님의 보좌 주위로 24 보좌가 있었는데 그 위에 24 장로가 앉아 있었다(4:4). 보좌로부터 번개와 음성 그리고 뇌성이 나오고, 보좌 앞에는 일곱 등불, 곧 하나님의 일곱 영이 있었으며(4:5), 보좌가 있는 지역 가운데와 그 주위에는 앞뒤에 눈이 가득한 네 생물이 있었다(4:6b~8a; 참조. 겔 1:4~21). 이들(24 장로와 네 생물)이 행하는 모든 일은 모든 만물을 창조하신 창조주시요, 천상 보좌에 앉으신 분이신 전능하신 하나님을 찬양하는 일이었다(4:8b~11).

또 그는 보좌에 앉으신 분의 오른손에 책이 일곱 인으로 인봉한 것을 보았다(5:1). 누구도 이 책을 펴거나 볼 수가 없었다(5:2~3). 이 세상에서 이 책을 인봉한 인을 뗄 수 있는 사람은 유다 지파의 사자 다윗의 뿌리인 어린양이었다. 이 어린양은 일찍 죽임을 당한 존재로, 보좌 가운데 있었으며 그 주위에 네 생물과 24 장로가 있었다. 그는 온 땅에 보내심을 입은 하나님의 일곱 영인 일곱 뿔과 일곱 눈을 가지고 있었다(5:4~6). 어린양이 보좌에 앉으신 분의 오른손에서 책을 취할 때(5:7), 네 생물과 24 장로 그리고 그들 주위에 둘러싼 수많은 천사, 그리고 모든 창조된 만물들이 보좌에 앉으신 분과 어린 양에게 찬송과 존귀와 영광과 능력을 돌리고 있었다(5:8~14). 어린양이 책에 인봉한 인을 떼기에 합당한 이유는 일찍 죽임을 당했기 때문이며, 자기 피로 모든 사람을 구속하셨기 때문이다(5:9). 어린양은 모든 사람을 피로 구속하셨을 뿐 아니라 그들을 하나님을 섬기는 나라와 제사장(kingdom and priests)으로 삼으시고 땅에서 왕으로서 다스리게 하셨다(5:10). 결국, 요한이 본 것(4~5장)은 보좌에 앉으신 하나님과 먼저 죽임을 당하신 어린양의 영광과 존귀였으며, 하나님의 권위가 어린양에게 양도됨이었다.

B. 인 심판 시리즈(6:1~8:5)—일곱 인 심판은 세상에 대한 하나님의 심판 가운데서 당신 백성을 신원하시는 하나님의 은혜를 보여 준다.

영광의 주 이신 하나님의 환상이 일곱 교회에 일곱 편지를 보내게 했듯이(2~3장), 하나님과 어린양의 영광과 하나님의 권위가 어린양에도 양도되는 천상 환상(4~5장)이 대환란 기간에 일어나는 인 심판, 나팔 심판, 대접 심판으로 이어지게(6~18장) 고안됐다. 일곱 인 심판은 인 심판 처음 네 개(6:1~8), 인 심판 두 개(6:9~17), 간주(the interlude): 144,000명과 수많은 믿는 사람의 구원에 관한 두 환상(7:1~17), 그리고 인 심판 일곱째(8:1~5)로 구성된다. 책에 봉인한 인을 떼는 분은 바로 어린양이다.

인 심판 처음 네 개는 말을 탄 네 사람이 실행하는데, 인간의 고통과 환란에 초점을 맞춘다(6:1~8). 인을 떼시는 분은 어린양이며, 명령하는 이는 네 생물이다. 여기에는 일정한 패턴이 있다. 곧, 1) 어린양이 인을 떼심, 2) "내가 (네 생물이 각각 말 탄 자들에게 나오라고 명령하는 소리를) 들었다", 3) "내가 (심판을) 보았다." 사도 요한이 본 것(심판)은 아마 전쟁과 정복으로 발생한 환란의 결과들을 말하는 듯하다. 첫째는 흰말,[12] 둘째는 붉은 말, 셋째는 검은 말, 넷째는 청황색 말이다.

---

12 계시록 6:2에 '흰 말을 탄 정복자'는 누구를 지칭하는가? 1) 일부 학자는 흰말을 탄 자가 그리스도라고 주장한다. 계시록 19:11에서는 예수님께서 대적을 물리치시려고 흰 말을 타고 재림하신다고 기록하고 있다(19:15~16). '정복한다'는 이미지는 복음서에서 승리를 묘사하기 때문이다(마 24:14). 하지만 계시록

그리고 이어지는 인 심판 두 개는 하나님께서 당신 백성을 신원하시는 보호(God's vindication)에 초점을 맞춘다. 곧, 인 심판 다섯째는 순교자들이 하나님께서 정의로 보복해 달라는 기도에 초점을 맞춘다(6:9~11).13 순교자들이 하나님의 공의에 호소하자(9~10절), 하나님은 그들에게 다른 순교자들의 수가 찰 때까지 잠시 기다리라고 말씀하신다. 인 심판 여섯째는, 인 심판 다섯째에서 성도들이 하나님께 공의로 보복해 달라는 간청에 응답으로 신원하시는 모습을 보여 준다. 하나님은 성도들을 핍박하는 자들을 우주적인 기적으로 심판하시면서 당신 백성들을 신원하신다(6:12~17). 12~14절은 하늘 이변(천체 이변)을 기록한다. 하나님은 하늘을 지금 심판하신다. 하나님께서 우주를 심판하신 결과는 이 땅에 있는 분

6:2과 계시록 19:11 문맥은 서로 다르다. 6장은 정복에 관한 문맥이나, 19장은 최후 심판에 관한 문맥이다. 또한 6장에서는 말을 탄 자가 활을 가지고 있지만, 19장에서 예수님은 칼을 가지고 있다. 면류관을 표현하는 용어도 다르다(στέφανος/διαδήματα). 계시록 19:12에 사용한 용어는 일반적으로 통치자가 쓰는 면류관으로 높은 권위의 상징으로 사용되는 관으로 때때로 왕권과 관련이 있다. 즉, 왕관일 수 있다. 하지만 6:2에서 면류관은 영광이나 승리의 상징으로 쓰는 것으로 값비싼 보석이나 잎의 장식이 있는 화관과 같다. 그리고 6장에서 나오는 말 네 마리는 서로 밀접하게 관련이 있다. 첫 번째 말과 나머지 말들이 다르다고 주장함은 이치에 맞지 않는다. 2) 다른 학자들은 이 말을 탄 자는 사탄적인 인물로 적그리스도(Antichrist)라고 주장한다. 처음 네 인 심판은 우주적인 전쟁과 정복에 관계가 있기에 네 말을 탄 자들은 파괴하려고 준비된, 악마의 대리인들(demonic agents for destruction)일 것이다. 이 주장은 에스겔 38~39장의 곡의 전쟁과 잘 대비될 수 있고, 계시록 13:7에서 하나님은 짐승에게 성도와 전쟁을 하여 그들을 정복하도록 허락한 것과 일치한다. 3) 다른 학자들은 인간이라고 주장하는데, 전쟁에서 승리하는 세계의 인간 지도자를 지칭한다는 견해이다. 이 외에도 여러 설—로마 황제, 세상을 통치하는 하나님의 말씀, 로마 제국의 초기에 로마를 침공한 파르티아 사람들(Parthian), 하나님 백성의 대적들을 심판하는 하나님의 도구들—이 있다.

13 계시록 6:9~10은 순교자들의 부르짖음을, 6:11은 여호와께서 그들 부르짖음에 응답하심을 기록한다.

신들의 두려움으로 나타난다(15~17절). 이 장면은 일반 고난의 장면은 아닌 듯하다. 세계 역사상 가장 가혹한 고통의 시간을 표현한다.

인 심판 일곱째와 그 결과를 설명하기 전에, 사도 요한은 두 개의 다른 환상을 소개한다(7:1~19). 이 두 개의 다른 환상은 인 심판 여섯째와 일곱째 사이에 '여담/삽입구(parenthesis)' 또는 드라마에서 잠깐 쉬었다 가는 '막간', 음악으로 하면 '간주곡(dramatic interlude)'으로 불린다.14 7장에서 두 개 환상은 6:17에서 "그들 진노의 큰 날이 이르렀으니, 누가 능히 서리요"라는 질문에 대답일 수 있다. 죄인들은 하나님의 심판, 특히 대환란 기간에 실행하시는 심판을 능히 설 수가 없다, 하지만 신실한 종들(성도들)은 이 심판에도 어린양이신 그리스도의 피로 능히 설 수 있다. 7장은 유대인 남은 자(Jewish remnant) 144,000명에게 인으로 찍는 것(7:1~8), 환란 기간에 수많은 믿은 자들의 구원(7:9~17)에 관한 환상으로 이루어져 있다. 이 두 환상은 대환란 동안, 그리스도에게 돌아오는 수많은 유대인과 이방인 중에 믿는 이들을 보호하시는 하나님의 역사를 보여 준다.

144,000명의 인 맞는 유대인 남은 자에 관한 환상은 네 천사가 땅의 바람을 사방에서 붙잡아 땅이나 바다에 불지 못하게 함으로 시작한다.15 여기서 "살아계신 하나님의 인"은 인 심판(일곱 인 심판에서 보듯이)이 아니라, 하나님의 구원 징표로서 인을 말한다(참조. 겔 9장; 딤후 2:9). 곧, 하나님께서 당신 사람들을 보호하시려고 인을 칠 때까지 심판의 대행자

---

14 Beale, *The Book of Revelation*, 405~06는 계시록 7장은 6장 이후 마지막 환란 기간에 발생하는 미래 사건의 새로운 연속을 의미하는 게 아니라, 오히려 6장의 환상을 더 깊게 그리고 넓은 배경에서 설명하는 삽입구(parenthesis)와 같은 역할을 한다고 주장한다. 그리고 7:1~8은 6:1~8과 7:9~17보다 먼저 일어나는 사건으로 마지막 심판 이후 시점에 초점을 두고 있다고 주장한다.

15 묵시문학에서 '네 바람은' 하나님의 심판 도구(agents)로 자주 사용됐다. Robert H. Mounce, *The Book of Revelation*, rev. ed., New International Commentary on the New Testament, ed. Gordon D. Fee (Grand Rapids: Wm. B. Eerdmans Publishing Company, 1997), 155를 보라.

들을 잠시 멈추게 하신다. 이 인 맞은 이는 이스라엘의 12지파 사람 중
에 선택된 사람들이다(7:4, 1~8).16 요한이 또 다른 환상을 보았는데, 셀
수 없는 수많은 사람이 여러 지역과 나라에서 보좌 앞과 어린양 앞에
서서 하나님과 어린양을 찬양하는 모습이다. 이들은 대환란에서 나왔는
데, 어린양의 피로 구속됐다(7:14). 어린양이 그들 목자로서 보호하시기
에, 슬픔과 눈물의 고통은 그들에게 더는 없다(7:15~17).17

하나님께서 성도를 보호하신다고 보여준 후에, 심판 주제로 돌아간
다. 인 심판 일곱째의 실제 내용은 나팔 심판 시리즈와 대접 심판 시리
즈 모두를 포함한다(8:1~5).18 그렇다면 인 심판 일곱째는 요한계시록

---

16 이 144,000명이 누구인가? Thomas F. Glasson, *The Revelation of John*,
Cambridge Bible Commentary (Cambridge: University Press, 1965), 52;
Walvoord, *The Revelation of Jesus Christ*, 141; Robert L. Thomas,
Revelation 1~7: An Exegetical Commentary (Chicago: Moody Press, 1992),
473~78에서는 144,000명을 이스라엘 민족이라고 여긴다. 하지만 Mounce, *The
Book of Revelation*, 158~59; Beale, *The Book of Revelation*, 416~23에서는
144,000명을 상징적으로 해석을 한다.

일반적으로 이스라엘 12지파를 말할 때, 레위 지파를 포함하면 요셉 지파는
한 지파로 간주하고, 레위 지파를 포함하지 않으면 요셉 지파는 두 지파, 곧 에
브라임과 므낫세 지파로 간주해서 12지파이다. 계시록 7장은 레위 지파를 포함
하기에, 요셉 지파를 한 지파로 이해할 수 있다. 그런데 요셉 지파와 므낫세 지
파를 포함하지만, 에브라임 지파와 단 지파는 생략한다. 단 지파 생략에 관한
논의가 많다. *Testament of Dan* 5:6에서는 사탄이 단 지파의 우두머리라고 한
다. 그래서 이레나이우스는 단 지파를 생략한 이유를 적 그리스도가 단 지파에
서 나온다는 전통 때문이라고 주장했다. 창세기 49:17에 요셉은 단 지파를 뱀
과 연관을 지어 예언했다 다른 주장은 자료 부주의(textual corruption)로 단이
므낫세로 대체됐다고 한다.

17 어떤 학자들은 이들이 144,000명의 전도로 나왔다고 주장한다. 하지만
Thomas, *Revelation 1~7*, 483~84에서는 7:1~8 환상과 7:9~17 환상이 동시
발생이나 연속 사건이 아니라고 주장한다.

18 Mark Bailey and Tom Constable, *The New Testament Explorer:
Discovering the Essence, Background, and Meaning of Every Book in the*

8:1~18:24 내용을 포함한다. 어린양이 일곱째 인을 떼실 때, 하늘이 반 시간쯤 고요했다(8:1). 그 후 하나님 앞에선 일곱 천사가 일곱 나팔을 받는다 (8:2). 사실, 이때부터 나팔 심판이 시작한다. 천사들은 제사장처럼 제단 곁에 서서 보좌 앞 금 제단에서 성도들의 기도와 함께 향을 드린다(8:3~4; 참조. 5:8; 6:9~12). 하나님은 당신 백성의 기도에 응답하여 땅에 당신 심판을 쏟으신다(8:5).[19] 이것으로 볼 때, 인 심판 일곱째도 여섯째와 마찬가지로 성도들이 신원해 달라는 기도에 하나님께서 응답하심으로 볼 수 있다.

  C. 나팔 심판 시리즈(8:6~11:19)—일곱 나팔 심판은 하나님께서 우주와 회개하지 않는 자들에게 쏟으시는 심판이다.

  인 심판 시리즈처럼, 나팔 심판 시리즈도 처음 네 개 나팔 심판(8:6~12), 이어지는 두 개 나팔 심판(8:13~9:21), 막간: 두 개 환상(10:1~11:13), 그리고 마지막 일곱째 나팔 심판(11:14~19)으로 구성이다. 막간인 두 개 환상은 나팔 심판 여섯째(7장)와 나팔 심판 일곱째(10:1~11:13) 사이에 삽입구이다.[20] 나팔 심판은 하나님께서 불신자들을 심판하셔도 그들이 회개하기는커녕 점점 더 악해짐을 보여 준다(참조. 9:20~21).[21] 그리고 나팔 심판 처음 네 개는, 모세가 이집트인들에게 보여준 다섯 가지 이적과 유사하다.[22]

New Testament, Swindoll Leadership Library, ed. Charles R. Swindoll and Roy B. Zuck (Nashville, TN: Word Publishing, 1999), 621.

  [19] Beale, The Book of Revelation, 445~46은 인 심판 일곱째가 마지막 심판을 계속하려고 여섯째 심판이 마친 그곳에서 시작하며, 인 심판 여섯째처럼 (6:12~17) 인 심판 일곱째는 하나님께 성도들을 신원해 달라는 요구에 하나님께서 응답하심으로 본다.

  [20] Mounce, The Book of Revelation, 177; Osborne, Revelation, 349.

  [21] 참고로, Beale, The Book of Revelation, 467은 나팔 시험은 믿지 않는 이교도들을 회개로 인도하려는 게 아니라, 그들에게 하나님의 유일하고 비교할 수 없는 전능하심을 보여 주려고 고안되었다고 주장한다.

처음 네 개 나팔 심판은 우주 삼분의 일 멸망과 관련이 있다. 삼분의 일은 땅, 바다, 우주 모두를 포함한다. 땅에는 피가 섞인 우박과 불로 심판(8:6~7), 바다와 그 일체에는 불붙는 큰 산과 같은 것으로 심판 (8:8~9), 강과 여러 샘물에는 횃불 같이 타는 큰 별로 심판(8:10~11), 우주, 곧 해, 달, 별들에 심판(8:12) 등을 포함한다.

이어지는 나팔 심판 두 개는, 곧 '화 선언 심판' 처음 두 개이다. 이 둘은 사악한 자들에게 쏟아짐에 초점을 맞춘다(8:13~9:21). 나팔 심판 다섯째, 곧 화 선언 첫째 심판은 하나님께서 황충으로 믿지 않는 자들에게 다섯 달 동안 내리시는 심판이다. 특징은 이 심판으로 믿지 않는 자들이 고통은 받지만, 죽지는 않는다는 점이다. 이 심판의 도구인 황충은 사탄의 능력을 지니고 무저갱에서 올라와서 불신자들(하나님의 인을 받지 않은 사람들, 계 7장 참조)만을 해하는 임무를 맡았다. 이름은 히브리 음으로 '아바돈'이요 헬라 이름으로는 '아볼루온'으로 무저갱의 사자(천사, 귀신)가 바로 이 황충들의 임금이다(9:1~12). 두 이름은 모두 '파괴자 또는 멸망자'라는 뜻이다. 요한은 이 황충의 모습을 9~10절에서 묘사해도 그 특징을 정확히 파악하기가 어려운데, 요한이 설명하지 않기 때문이다. 분명한 점은 이 묘사들이 사탄의 초자연적인 능력과 귀신의 영역에 속한 것으로 불신자들과 연관이 있다는 점이다(11절 참조).

---

22 Beale, *The Book of Revelation*, 465에서는 다섯 개 나팔 심판과 모세가 이집트에 행한 다섯 가지 재앙을 다음 내용으로 비교한다. 첫째 나팔 심판(8:7) 은 우박 재앙(출 9:22~25)과 관련이 있다. 둘째 나팔 심판과 셋째 나팔 심판 (8:8~11)은 강물이 피가 되는 재앙(출 7:20~25)과 관련이 있다. 넷째 나팔 심판 (8:12)은 하늘에 짙은 어둠이 내리는 재앙(출 10:21~23)과 관련이 있다. 다섯째 나팔 심판(9:1~11)은 메뚜기 재앙(출 10:12~15)과 관련이 있다. 그러나 다섯째 나팔 심판은 여덟째 재앙, 곧 메뚜기 재앙과 아주 다르다. 출애굽기 10:12~15 의 메뚜기 재앙은 땅에서부터 나왔지만, 계시록 9:1~12의 메뚜기 심판은 무저 갱에서 나왔다. 그리고 무저갱에서 나온 메뚜기 모양은 일반 메뚜기와 다르며, 메뚜기, 전갈, 그리고 전투 준비를 한 말과 같은 기이한 형상이다. 그리고 마귀의 힘을 가진 초자연적이고 두려운 동물 형상이다.

나팔 심판 여섯째, 곧 화 선언 둘째 심판은 군대 2억 명으로 땅에 살고 있는 사람 삼분의 일을 멸하는 심판이다. 이것은 대접 심판 여섯째(계 16:12~16; 단 11:40~45 참조)와 관련된 마지막 군인들의 전쟁일 수 있다. 인 심판 넷째(계 6:7~8)에서, 지구에 사는 인구 사분의 일이 죽는다고 기록한다. 그렇다면 이 전쟁은 살아남은 자 중에 삼분의 일이 죽는다는 뜻일 수 있다. 때가 되었을 때, 하나님은 전쟁을 억제하는 영(천사)에게 전쟁을 더는 억제하지 않게 하실 테고, 그 결과 대대적인 전쟁이 일어나 전쟁으로 사람 삼분의 일이 죽임을 당할 것이다(9:13~21). 하지만 이 전쟁에서 살아남은 자들은 그들 죄를 회개하기보다는 오히려 더 우상을 섬김으로 하나님의 화를 자초할 것이다(9:20~21).

인 심판에서처럼, 요한은 나팔 심판 마지막 두 개, 곧 여섯째 나팔 심판과 일곱째 나팔 심판 사이에 두 개 환상을 삽입한다(10:1~11:13). 이 삽입구는 두 가지 점에서 독특하다. 첫째는 요한 자신이 주인공으로 행동하고 있다는 점이다. 둘째는 이것이 미래 사건이 아니라 현재 사건이라는 점이다. 이 삽입구는 하나님께서 사악한 사람들을 심판하심을 강조하고, 하나님께서 사악한 사람들을 심판하심이 타당한 이유를 설명한다. 그 이유는 그들이 자기들 악한 행동을 회개하지 않았기 때문이다(9:20~21). 이 삽입구는 두 개 환상—작은 책을 가진 천사 환상(10:1~11) 그리고 두 증인 환상(11:1~13)—으로 구성이 되어 있다.

작은 책을 가진 천사 환상(10:1~11)에서, 요한은 힘센 천사가 손에 작은 책을 들고 하늘로부터 내려와 바다와 땅을 밟고[23] 예언하는 것을 듣고 예언을 막 기록하려 할 때, "기록하지 말라"라는 명령을 받는다(10:1~4). 그 천사가 세세토록 살아 계신 분이시자 창조자를 향하여 맹세하면서 "지체하지 아니하리니 일곱째 천사가 나팔을 불 때 하나님의 비밀,[24] 곧 하나님의 구속 역사(참조, 롬 16:25~26)가 완성이 될 것이다"

---

23 "바다와 땅을 밟는다"라는 표현은 하나님의 주권(God's sovereignty)을 강조하기에, 하나님은 우주를 통제하시는 분이시라는 뜻이다.

라고 맹세한다(10:5~7).25 그 후에 요한은 다시 예언하라는 사명을 받는
다(10:8~11). 이때, 그는 작은 책을 먹을 때 입에는 꿀같이 다나 먹은
다음에는 배에서 쓰다는 점을 안다. 이 작은 책이 단 이유는 하나님의
비밀인 구속 사역의 완성이 일곱째 나팔이 불 때 또는 불기 전에 이뤄
지기 때문이며, 쓴 이유는 곧 닥칠 핍박 때문이다(일곱째 나팔 심판).26

  두 증인 환상(11:1~13)에서, 요한은 하나님의 성전과 제단을 측량하
고 성전에서 예배하는 사람의 수를 세도록 명함을 받았으나, 성전 밖
마당은 측량하지 말라는 명을 받았다. 왜냐하면 이것은 42개월간 이방
인에게 짓밟히도록 허락이 되었기 때문이다(11:1~2).27 두 증인(두 감람
나무와 두 촛대)이28 42개월간(1,260일) 사역할 텐데, 무저갱으로부터 올

---

24 하나님의 비밀에 관한 내용은 Beale, *The Book of Revelation*, 541~46;
Thomas, *Revelation 1~7*, 70~71을 보라.

25 천사가 하나님께 맹세하는 이 장면은 다니엘서 12장 사건을 암시할 수
있다. 다니엘 12:1~4은 마지막 때에 하나님의 백성이 영원히 구원됨을 선언하
면서 다니엘에게 마지막 때까지 이 두루마리(책)를 봉하라고 명한다. 6절에서
강물 위에 있는 한 사람이 "이 기사의 끝이 어느 때까지냐?"라고 질문하자, 7
절은 이 질문에 대답으로 다른 강물 위에 있는 자가 하늘을 향하여 영생하는
자를 가리켜 "반드시 한 때 두 때 반 때를 지나서 성도의 권세가 다 깨어지기
까지니 그렇게 되면 이 모든 일이 다 끝나리라"라고 맹세한다(계 12:14 참조).
계시록 6:10에서 하나님의 백성이 "우리 피를 신원하여 주지 아니하시기를 어
느 때까지 하시려 하나이까?"라는 질문에 대답이 바로 다니엘서 12:7과 계시록
10:7절의 내용이다. 즉, "기다려라, 곧 이루어진다." Mounce, *The Book of
Revelation*, 205; Buist M. Fanning, 『강해로 푸는 요한계시록』, 정옥배 옮김, 존
더반신약주석 (서울: 도서출판 디모데, 2022), 330~31을 참조하라.

26 Mounce, *The Book of Revelation*, 200~01.

27 Mounce, *The Book of Revelation*, 214에 따르면, 솔로몬 성전에는 뜰이
두 개인데, 이방인의 뜰이라고 불리는 바깥뜰 그리고 안뜰로 구성이 되어 있다
(왕상 6:26). 하지만 헤롯 성전에서 안뜰은 세 개, 곧 여인의 뜰, 이스라엘의
뜰, 그리고 제사장의 뜰이다.

28 두 증인 정체에 관해서는 Grant R. Osborne, *Revelation*, Baker

라오는 짐승(적 그리스도)에게 살해되고서 삼일 반 후에 부활하여 하늘로 올라간다. 두 증인이 누구인가에 관해서는 의견이 분분하나, 가장 가능성이 있는 견해는 모세와 엘리야라는 견해이다.[29] 6절에 기록된 두 증인의 사역은 모세와 엘리야의 사역과 유사하며, 이들은 변화산에서 예수님과 함께 나타난 인물이다(막 9:4).

삽입구에 이어, 요한은 일곱째 나팔 심판을 말한다. 이 심판은 마지막이자 셋째 화 선언 심판이다. 일곱째 나팔 심판은 계시록 9:21이 끝나는 부분과 11:14 언급, 곧 "둘째 화가 지나갔으나 보라 셋째 화가 속히 이르는도다"에서 시작한다. 일곱째 나팔 심판의 주요 내용은 하나님과 예수 그리스도의 나라 도래이다(11:15). 하나님의 나라 도래는 대적들에게 쏟으시는 마지막 화 선언 심판이다. 그 이유는 하나님의 나라 도래가 결국 세상에 대한 하나님 심판의 완성이자 최종 심판이기 때문이다. 일곱째 나팔 심판이 (모든 믿지 않는) 죽은 자들과 사람들이 심판받고 멸망하며 믿는 사람이 보상받는다는 점에서 마지막 심판이며 심판의 절정이다(11:18; 참조. 10:7). 그래서 천사는 하나님의 나라 도래를 찬양으로 환영한다(11:15~18).

D. 대접 심판 시리즈(12:1~18:24)—일곱 대접 심판은 사악한 자들, 특히 음녀 바벨론에게 내려진다.

일곱째 나팔 심판이 11:15에 기록되었지만, 심판에 관한 자세한 설명은 계시록 16장에서야 한다. 대접 심판 시리즈는 작은 단락으로 나뉘

Exegetical Commentary on the New Testament, ed. Moisés Silva (Grand Rapids: Baker Academic, 2002), 417~18을 보라.

29 John F. Walvoord, "Revelation," in *Bible Knowledge Commentary: An Exposition of the Scriptures by Dallas Seminary Faculty*, ed. John F. Walvoord and Roy B. Zuck, New Testament ed. (Wheaton, IL: Victor Books, 1983), 956; Thomas, *Revelation 8~22*, 88; Mounce, *The Book of Revelation*, 216.

는데, 심판의 서론적인 배경(12:1~14:20), 일곱 대접 심판 (15:1~16:21), 바벨론의 멸망(17:1~18:24)으로 구성이다. 일곱 대접 심판 구조에서 보 듯이, 이 대접 심판은 처음 두 개 심판 시리즈(인 심판 시리즈, 나팔 심판 시리즈)와는 다른 구조이다. 처음 두 개 심판 시리즈에는 삽입구가 있지 만, 마지막 대접 심판 시리즈는 서론적인 배경을 언급하면서 곧바로 일 곱 심판을 언급한다. 대접 심판은 하나님께서 사악한 자들에게 쏟으시 는 마지막 심판이자 하나님의 나라 도래를 알리는 신호이다.

요한은 일곱 대접 심판을 말하기에 앞서, 먼저 이적 일곱 개를 묘사 한다(12:1~14:20).[30] 이것들은 대접 심판을 소개하는 서론이다.[31] (물론 일곱 대접 심판에 관한 자세한 준비 과정은 15:1~8에 기록됐다). 일곱 이적의 핵심은 하나님께서 사악한 자들을 심판하시지만, 당신 백성은 보호하신다는 내용이다.

첫째 이적은 큰 용에게 핍박받는 여인에 대한 것으로(12:1~17), 이는 하나님이 그리스도와 믿는 유대인 공동체를 핍박하는 사탄의 세력으로 부터 보호하신다는 뜻이다. 첫째 이적은 세 가지의 작은 장면으로 구성 되어 있는데 1~6, 7~12, 13~17절이다. 첫째 작은 장면은 해와 달과 열두 별로 옷 입은 한 여인(참조. 창 37:9~11)[32]이 큰 붉은 용을 피하여 광야로 도망하여 그곳에서 1,260일 동안 보호는 받는 장면이다(12:1~6).

---

[30] 학자들은 대체로 이적이라고 여기지만, 그 구조나 수에 관해서는 다르게 생각한다. Walvoord, "Revelation," 957; Beale, *The Book of Revelation*, 621; Osborne, *Revelation*, 453을 보라.

[31] Thomas, *Revelation 1~7*, 115.

[32] 창세기 37:1~11에 따르면, 해와 달은 요셉의 부모인 야곱과 라헬을, 열두 별은 야곱의 열두 아들을 지칭한다. 계시록 12장에서 해와 달, 그리고 열두 별로 구성된 여인은 이스라엘 민족으로 여길 수 있다. Walvoord, "Revelation," 257~58; Thomas, *Revelation 8~22*, 120을 보라. Mounce, *The Book of Revelation*, 231~32; Osborne, *Revelation*, 456; Beale, *The Book of Revelation*, 626~27 등에서는 이 여인을 하나님의 백성인 교회를 지칭한다고 주장한다.

이 여인은 만국을 다스릴 남자(그리스도)의 어머니이다. 이 장면은 '하나님이 당신 백성 이스라엘을 사탄으로부터 보호하심'을 보여 준다. 다음 장면은 미가엘과 그의 천사들이 큰 용 그리고 그의 악한 천사들과 싸움을 묘사한다. 이 싸움에서 큰 용과 그의 추종자들은 패배하여 하늘에서 땅으로 내쫓긴다(12:7~12). 둘째 장면은 첫째 장면에서 왜 사탄(큰 용)이 여자와 그의 아들 만국을 다스릴 자에게 분노했는가에 관한 또 다른 설명일 수 있다. 이 사건이 언제 발생했는가에 논쟁이 있다.[33] 발생 시간은 분명하지 않지만, 사탄과 그의 세력들이 전쟁에서 패하고 하늘로부터 이 땅으로 쫓겨 내려왔다는 점과 그 결과 이 땅에 화가 임했다는 점은 분명이다.[34] 셋째 장면은 사탄이 여자와 그녀의 후손들을[35] 핍박하는 장면이다(12:13~17). 큰 용은 자신이 내어 쫓긴 화풀이를 여자에게 한다. 여자는 준비된 장소에서 하나님의 보호를 경험한다. 그러자 큰 용은 여자의 후손들과 큰 전쟁을 시작할 준비를 한다. 결국 12장에서 이적 배경은 하늘, 땅, 하늘, 땅 순서로 전환한다.

　둘째 이적과 셋째 이적은 바다와 땅에서 올라오는 한 짐승에 대한 것이다(13:1~10; 11~18). 이 이적은 첫째 이적과 관련이 있다. 12:17에서 큰 용인 사탄은 여자의 후손과 싸우려고 바다 모래 위에 서 있는 것으로(Καὶ ἐστάθη ἐπὶ τὴν ἄμμον τῆς θαλάσσης) 끝을 맺는다.[36] 자

33　이 사건이 언제 발생했는가에 대한 주장은 Thomas, *Revelation 8~22*, 128~29를 보라.

34　계시록 12:12에 따르면, 이 땅에 화가 임한 이유는 1) 사탄이 이 땅에 내려왔고, 2) 사탄이 자기 때가 얼마 남지 않았음을 알았기 때문이다.

35　여자의 후손은 누구를 지칭하는가? 1) 예루살렘교회(모교회)로부터 나온 이방 그리스도인들, (2) 예수님의 패턴을 따라 핍박을 겪는 믿는 공동체의 선택된 구성원들, 3) 믿는 남아 있는 자(a believing remnant), 4) 계시록 7장에서 인맞은 144,000명 등이라는 견해가 있다.

36　한글 성경에는 이 구절이 12:17에 포함되어 있다. 하지만 헬라어 성경과 일부 영어 성경(NRS, NET, NJB)에는 이 부분이 12:18에 기록되어 있다. 다른

신이 여자와 그 후손에게 어떻게 할 수 없음을 깨닫자, 자기 악한 동료들(두 짐승)을 불러 여자의 후손을 멸하고자 한다.

첫 번째 나온, 사탄의 동료(둘째 이적)는 뿔이 열이요, 머리가 일곱인 짐승으로,37 용에게서 능력과 보좌와 큰 권세를 물려받는다. 머리 중 하나가 죽은 것같이 된 후에 살아나자 많은 사람이 이 짐승을 따른다 (13:1~4).38 짐승은 용의 권세를 받아 42개월 동안 일을 하는데, 먼저 하나님께 대항하여 훼방하고(13:5~6), 하나님의 백성들과 싸우는 동시에 모든 나라와 민족에 대한 권위를 행사하는데, 그 결과 어린양의 생명책에 기록되지 못하고 이 땅에 사는 자들은 모두 이 짐승에게 경배한다 (13:7~8). 그래서 성도는 고난에도 믿음으로 견뎌내야 한다(13:9~10).

셋째 이적은 땅에서 올라온 다른 짐승이다. 이 다른 짐승(거짓 선지자)은 처음 짐승(적그리스도)의 모든 권위를 사용하여 정치, 종교, 경제의 모든 시스템을 통제하면서 땅에 거하는 자들이 첫째 짐승을 경배하도록 하고 첫째 짐승의 우상을 만들어 섬기도록 한다(13:11~18). 경제 시스템을 통제하려고 어떤 표를 사용하는데, 이 표는 666으로 짐승의 이름, 짐승의 수, 또는 사람의 수로 표현된다.39

영어 성경인 KJV, NKJC, NIV, NAS에는 이 부분이 13:1에서 시작한다.

37 다니엘 7:7~8, 16~21에 따르면, 네 번째 짐승(로마 제국을 지칭)에게는 열 개 뿔이 있다. 계시록 13장과 17장에서는 이 짐승이 세계의 지도자로 묘사되고 있는데, 다니엘 7장은 이 짐승에서 나온 작은 혼이 세계의 지도자로 묘사되고 있다.

38 이 표현들이 그리스도의 모습을 모방하는 듯하다. 그리스도는 죽었다가 살아나셨고, 계시록 4~5장에 따르면 하나님의 모든 권세와 보좌가 그에게 주어진다. 비슷하게 바다에서 올라온 짐승이 용인 사탄으로부터 능력과 권세를 부여받고 거짓 부활을 통하여 자신이 자칭 그리스도처럼 행동한다.

39 숫자 666은 짐승의 이름과 수이면서, 한 사람의 수이고, 사람의 오른손이나 이마에 있는 표이다. 이 숫자는 한 인간을 지칭하는 제한된 의미로도 사용되지만, 적그리스도가 나타났을 때 그를 인식할 수 있는 숫자일 것이다. 그렇다면 이 숫자는 누구를 지칭하는가? 1) 이 숫자는 미래의 개개인을 나타낸다. 특

넷째 이적은 시온산에 서 있는 어린양과 144,000명이다. 144,000명
의 이마에 어린양의 이름과 그 아버지의 이름이 기록돼 있다.[40] 이들은
구속함을 받은 처음 익은 열매로 하나님과 어린양에게 속한 자들(구속받
은 유대인?)이며 하나님의 보좌와 네 생물과 장로들 앞에서 새 노래
(15:3)를 부를 수 있는 자들이다(14:1~5).

다섯째 이적은 축복과 심판에 대한 세 천사의 선언이다(14:6~13). 첫
째 천사는 하나님의 복음을 땅에 살고 있는 모든 사람에게 선언하면서
하나님을 두려워하며 하나님을 경배하라고 선언한다. 그 이유는 하나님
의 심판 시간이 이르렀기 때문이다(14:6~7). 둘째 천사는 바벨론의 멸
망을 선언하고 있다(14:8). 이 바벨론의 멸망은 계시록 17~18장에서 더
자세히 설명하고 있다. 셋째 천사는 짐승과 그 우상을 따르며 이마에
또는 손에 짐승의 표를 받는 자들에게 주어질, 하나님의 진노 잔을 선
포하고 있다(14:9~11). 그러므로 성도는 인내하면서 하나님과 예수님에
게 신실해야 한다(13:12~13).

히 미래의 적그리스도를 상징하는 로마 제국의 황제나 로마 교황을 지칭한다.
2) 미래에 나타날 적 그리스도에 대한 상징적인 표현이다. 3) 신약을 통하여
반기독교적인 힘을 국제적으로 가진 사람, 곧 세계의 지도자들에 대한 상징적
인 표현이다. 4) 이 숫자는 짐승(적그리스도)의 통치 기간이나 그것과 관련된 제
국을 나타내는 연대기적인 숫자다(로마, 이슬람, 나찌 독일).

The NET Bible은 666이란 숫자는 한 사람 개개인을 나타내는 숫자보다는 모
든 일류를 나타내는 숫자로 인식하다. 그래서 적그리스도가 바로 그리스도 없이
인류의 대표자로서 완벽하지 않다는 것을 의미하는 것으로 해석한다(666/777).

[40] 인을 받는다는 표현이 계시록에 자주 나타난다. 7:3~4에서 하나님의 인
을 맞은 144,000명 이야기가 나오고, 13:16~18에서는 짐승의 표를 사람들이
오른손에나 이마에 받는다는 표현이 나오며, 14:1~5은 다시 어린양과 하나님
의 이름을 이마에 인 맞은 144,000명 그리고 14:9~11에서는 짐승의 인을 받은
자들이 받는 하나님의 진노 잔에 관한 이야기가 나온다. 결국, 계시록은 하나님
과 어린양의 이름으로 인을 맞으면 영생이지만, 짐승의 인을 맞으면 죽음이라
고 반복해서 선언한다.

여섯째 이적은 추수에 관한 내용이다(14:14~20). 여섯째 인처럼, 여섯째 이적에 대한 환상은 이 땅의 마지막에 일어날 심판을 묘사하고 있다. 이 환상은 두 개의 다른 추수를 언급하고 있다.41, 곧 이삭 추수(14~16)와 포도 추수(17~20)이다.42 이삭 추수는 구름 위에 앉은 사람의 아들과 같은 이―그는 면류관과 날카로운 낫을 가짐―가 수행한다(14:14~16). 다른 천사는 포도송이를 거두어 하나님 진노의 큰 포도주 틀에 던진다(14:17~20). 첫째 추수와 둘째 추수의 차이점은 추수할 이삭과 포도가 익은 것은 같은데, 하나는 곡식이 거두어지나 다른 하나는 거두어지고서 하나님 진노의 큰 포도주 틀에 던져지고 그 틀에 밟혀 피가 1,600 스다디온(200마일, 또는 320Km)에 퍼진다는 점이다.

일곱째이자 마지막 이적은 승리한 성도가 부르는 찬양이다(15:2~4). 15:2~4은 15:1부터 시작하는 마지막 일곱 대접 심판 중간에 나와 있다. 이것이 일곱째 이적을 의미하면서도 일곱 대접의 마지막 재앙의 서론 부분으로 하나님의 마지막 심판의 합당함을 선포하려고 삽입구로 기록됐다. 이 환상은 짐승과 그의 우상과 그 이름의 수를 이기고 벗어난 자들이 모세의 노래인 어린양의 노래를 부르면서 하나님의 의로운 심판을 찬양하고 있다. 이 성도가 누구인지는 분명하지 않다. 순교자들인지, 아니면 살아서 환란을 통과한 자들인지 분명하지 않다.43

---

41 구약에서 추수는 하나님의 심판(호 6:11; 요일 3:13), 특히 바벨론 심판(렘 51:33)으로 사용됐다. 예수께서도 마지막 심판을 이 땅에서 추수와 연결한다(마 13:30, 39).

42 두 개 추수가 악인들에 대한 추수인지 아니면, 의인(14~16)과 악인의 심판(17~20)인지에 논쟁이 있다. 14절의 "인자와 같은 이"가 다니엘 7:13~14에 나오는 "인자와 같은 이"와 같다면, 요한이 본 이는 메시아, 곧 예수님일 가능성이 크다. 14:14에서 면류관은 στέφανον으로 전쟁에서 승리자에게 주어지는 면류관이다. 이 "인자"는 성경에서 예수 그리스도의 메시아 칭호로 사용이 된다(계 1:13; 단 7:13~14; 마 8:20; 24:30; 26:64; 요 5:27). 그렇다면 의인과 악인 심판이 오히려 더 타당한 듯하다. 이 견해는 Osborne, *Revelation*, 549~53; Mounce, *The Book of Revelation*, 277~78을 보라.

일곱 이적을 선포한 후, 요한은 이제 대접 심판 시리즈를 설명한다(15:1, 5~16:21). 대접 심판의 정확한 소개는 1절에서 시작했다가, 5절에서 재개한다. 일곱 천사가 하늘의 성전으로부터 일곱 재앙과 함께 내려온다. 이것이 하나님의 마지막 진노의 재앙이다(15:5~6). 그리고 살아있는 네 생물 중 하나가 일곱 천사에게 하나님이 진노를 담은 일곱 금 대접을 주면서 이를 행하도록 명한다(15:7~8). 일곱 대접 심판은 악한 세상, 곧 악한 사람들에게 주어진다. 일곱 나팔 심판과 일곱 대접 심판 사이에는 차이점과 아울러 유사점이 있다.[44] 유사점은 1) 처음 네 개 심판은 땅(16:1~2; 비고. 8:6~7), 바다(16:3; 비고. 8:8~9), 강과 물 근원(16:4~7; 비고. 8:10~11), 그리고 하늘, 곧 우주(16:8~9; 참조. 8:12)에 심판이다.[45] 2) 다섯째 대접 심판은 어두움과 고통의 심판이다(16:10~11; 비고. 9:1~12). 3) 여섯째 심판은 유브라데강과 인간 군대를 통한 심판이다(16:12~16; 비고. 9:13~31). 악의 삼위일체(용, 짐승, 거짓 선지자)가 세상 왕들을 아마겟돈에 모아 큰 전쟁을 시작한다. 4) 일곱째 심판은 하나님으로부터 내려오는 음성이다(16:17~21; 비고. 11:14~19).[46] 음성이 들리는 점은 같으나, 내용은 차이가 있다. 나팔 심판은 하나님의 심판이 합당함을 선언하지만, 대접 심판은 큰 성 바벨론의 멸망을 선언한다 (16:19). 이 심판은 부패한 사람에게 쏟는 마지막 심판이다.

---

[43] Mounce, *The Book of Revelation*, 285는 이들을 일곱 편지에서 이기는 자들과 동일시한다(2:7, 11, 17, 26; 3:5, 12, 21).

[44] 차이점은 다음과 같다. 1) 처음 네 개 나팔 심판은 자연에 영향을 주지만, 처음 네 개 대접 심판은 악한 사람들에게 영향을 준다. 2) 처음 여섯 나팔 심판은 지역적이며 부분적인 파괴이지만, 처음 여섯 대접 심판은 우주적인 심판을 내리는 듯하다. 3) 나팔 심판은 삽입구가 있지만, 일곱 대접 심판은 여섯째와 일곱째 사이에 어떤 삽입구도 없다.

[45] 셋째 심판 이후에 천사가 하나님의 심판 당위성을 선언하고 있다. 심판의 이유는 저들이 성도들과 선지자들의 피를 흘리게 했기에 그 피의 대가를 받음이 당연하다는 것이다(16:5~7).

[46] Mounce, *The Book of Revelation*, 291; Beale, *The Book of Revelation*, 809~10.

그러고서 17~18장은 14:8과 16:19에서 선언한 바벨론 멸망을 더 자세히 설명한다. 바벨론 멸망은 로마의 정치, 경제, 종교의 힘에 고통을 겪던, 1세기 시대에 믿는 사람들에게는 용기를 줬다. 17장에 나오는 바벨론은 정치, 경제, 종교의 막강한 힘을 가진 존재로서 짐승과 그의 열왕에게 멸망됨을 강조한다. 하지만 18장에 나오는 큰 도시 바벨론은 세상을 통치하는 지도자 자리에서 하나님에 의하여 멸망된다고 선포한다.

큰 음녀로 표현되는 바벨론은 땅에 사는 왕들과 거주민들을 유인해 정치, 경제, 종교적으로 자신과 동맹을 맺게 한다(17:1~2).[47] 바벨론은 일곱 머리와 열 뿔이 있는 붉은 빛 짐승을 통제하며,[48] 성도들의 피 그리고 예수님의 증인들 피에 취한 자로 표현된다(17:3~6). 천사는 짐승, 일곱 머리, 열 뿔을 설명한다(17:6b~14). 짐승은 과거에 있었고 현재는 없으나 장차 무저갱으로부터 올라오는 멸망을 위해 준비된 존재이다(17:6~8; 계 13:1). 짐승의 몸에는 일곱 머리가 있는데 이것은 일곱 왕을 지칭한다(17:9~11). 다섯은 이미 망했고, 여섯째는 현재 요한 시대에 존재하고, 일곱째는 아직 이르지 아니했지만 때가 되면 잠깐 존재한다. 이 짐승은 여덟째 왕으로 일곱 중에 속한 자이다(17:11/17:8). 이 여덟째 왕은 마지막 세계의 통치자이며 그리스도에 의하여 멸망될 제국의 황제일 것이다. 그는 아마 적 그리스도일 것이다.[49] 열 뿔은 열 왕으로[50] 아직 왕국을 얻지

---

47 Beale, *The Book of Revelation*, 849. 그러나 Osborne, *Revelation*, 609은 정치적 경제적 동맹이 있다고 본다. "음녀 혹은 음행" 이미지는 구약에서는 자주 부도덕이나 우상 숭배와 관련되어 사용됐다(호 2:5; 4:10, 12, 18; 5:3~4; 6:10; 9:1). 하지만 때때로 군사 동맹을 맺는 데도 이 표현이 사용됐다(사 28:18; 호 2:2~7).

48 Osborne, *Revelation*, 610에서는 음녀는 국가와 경제 제도를 세상적 부로 인도하는 불경건한 종교로, 짐승은 제국의 정치적인 지도자와 동일시한다. 곧 종교 집단인 음녀가 일곱 머리와 열 뿔을 통제하는 제국의 지도자인 짐승을 통제하는 모습을 계시록 17:3~6이 묘사한다. 이 짐승은 13:1에서 바다에서 나온 짐승이다. 구약에서 바다는 때때로 '이방 민족들'을 지칭한다(사 8:7; 17:12~13; 렘 46:7~8; 47:2: 참조, 계 10:11; 11:9; 13:7; 14:6; 17:15).

49 여덟째 왕으로서 짐승은 예수 그리스도의 부활을 모방하는 적그리스도이

는 못했지만, 짐승과 더불어 임금처럼 다스리면서 짐승에게 자기들 권위를 줄 것이다. 그리고 만왕의 왕이요 만주의 주이신 어린양과 마지막 날에 전쟁하겠고, 결국에는 패한다(17:12~14). 짐승과 열 뿔은 나중에 음녀인 큰 바벨론(큰 성)을 미워하고51 멸망시킨다(17:15~18).

계시록 18장에서 요한은 바벨론 멸망을 묘사한다. 18장은 17:16에서 선언한 바벨론 멸망에 대한 세부 설명으로 간주할 수 있다(17:1 참조). 18장은 네 부분, 곧 1) 바벨론의 멸망(경제와 종교) 선언과 이유 (18:1~3), 2) 성도들이 바벨론 멸망으로 고통을 경험하지 않도록 도망하라는, 하늘로부터 내려온 음성(18:4~8), 3) 바벨론 멸망에 대한 세 그룹의 탄식 (18:9~19), 4) 바벨론 멸망에 기뻐하라는 초청(18:20~24)으로 이뤄진다.

하늘에서 내려온 다른 천사는 큰 성 바벨론의 멸망을 선포한다(18:1~3). 바벨론은 귀신들이 모이는 장소가 되었는데, 그 이유는 1) 바벨론이 음행의 중심지가 되었기 때문이다. 2) 바벨론과 모든 민족이 그녀 음행의 진노 포도주를 마셨기 때문이다(우상 숭배). (3) 땅의 왕들이 그녀로 더불어 음행했기 때문이다. 이것은 아마 종교적 배도를 말하는지, 아니면 이익을 챙기

다(계 13장 참조). 예수님은 7일 다음인 8일에 부활하셨는데, 유대 사상에 따르면 8일은 새로운 창조(new creation)의 날이었다(2 Enoch 33:1~2; Barn. 15.9; Sib. Or. 1.280~81). 예수님이 8일에 부활하신 것처럼(주의 첫날), 짐승은 여러 민족이 자기를 신으로 예배하게 하려고 8일에 부활할 것이다(he was, is not, is to come).

50 이 열 뿔은, 다니엘 7:7~8, 20~25에 따르면 마지막 왕국에서 나오며 이 열 뿔에서 작은 뿔이 나온다. 이들은 작은 뿔이 권세를 얻도록 돕는다. 어떤 학자들은 로마가 10개 작은 주(provinces)로 나뉘었기에 이 작은 주의 주지사나 총독일 것이라고 주장하고, 다른 학자들은 로마가 자신들이 정복한 지역이나 주에 가신들을 왕으로 임명했기에 가신 왕들이라고 주장한다. 가신 왕(헤롯 왕과 같음)들은 총독보다는 높은 지위로 여겨 존경받는 직위이다. 하지만 여전히 로마에 보고해야 하고 로마 정부의 권위 아래서 활동했다.

51 악한 권력자들이 그의 추종자들을 미워했다는 언급은 나팔 심판 다섯째와 여섯째에서 이미 보여줬다. 귀신의 힘을 얻은 황충들이 그들 추종자들을 5개월간 괴롭혔고, 말을 탄 자들이 인구 삼분의 일을 죽였다(에스겔 38장에서 곡의 전쟁을 참조).

려고 경제적인 상업 활동을 했다는 의미 인지는 분명하지 않다. (4) 땅의 상인들이 그 사치의 세력으로 부를 축적했기 때문이다. 여기서 경제적인 목적으로 로마와 무역한 것을 지칭하고 있다. 로마 제국 당시 무역은 상인들이 부를 획득했지만, 더 많은 부는 세금이나 관세를 통하여 로마 정부에 더하여졌다. 로마 정부는 부를 통하여 백성들을 통제했고, 상인들은 부요에 기대어 통제할 수 없는 방탕한 생활을 했다. 반면, 백성은 생활을 영위하려고 대부(loan)에 의존하다 결국 빚에 허덕였다.

또 다른 음성이 하늘에서 나와 하나님의 백성에게 스스로 이 세상의 것에서 멀어지라고 선포한다. 바벨론의 죄가 하늘에 사무쳤으며, 하나님께서 그 불의한 일을 기억하시고 그녀가 한 대로 심판하시기 때문이다 (18:4~8). 궁극적인 원인은 하나님만이 심판하실 수 있는 분이시기 때문이다(18:8).

바벨론 멸망으로 세 그룹이 탄식하는 내용이 이어진다(18:9~19). 이 그룹은 땅의 왕들, 상인들, 그리고 상품을 운반하는 배에서 일하는 직원들이다. 이들은 바벨론(로마)의 부로 직접 많은 유익을 얻은 자들이다. 이들이 바벨론 멸망에 탄식한 이유는 자기들 죄 때문이 아니라, 풍부한 삶, 유익을 잃었기 때문이다.

하나님의 백성에게 하나님이 신원하시는 심판에 즐거워하라고 선언한다(18:20). 하나님께서 바벨론을 심판하심은 21~24절에 설명한다. 24절은 심판하시는 분명한 이유를 다시 한번 제시하는데, 바벨론이 성도의 피를 흘리게 했기 때문이다.

E. 재림과 어린양의 혼인 잔치(19:1~21)—예수님의 재림은 어린양의 혼인 잔치를 위한 것이며, 짐승과 그의 추종자들을 멸하시기 위함이다.

계시록 18:20에서 하늘과 성도들은 큰 음녀 바벨론에 대한 하나님의 심판을 기뻐하라는 요청을 받는다. 이 요청은 할렐루야 합창단의 찬양으로 이어진다. 할렐루야 합창단은 음녀에 대한 하나님 심판의 합당함을 찬양한 후(19:1~5)에 하나님의 통치와 어린양의 혼인 잔치를 찬양하고 있다(19:6~10).

할렐루야 찬양 후에 요한은 예수님의 재림을 묘사한다(19:11~21). 예수님은 백마를 타신 분으로 묘사되며, 그분 이름은 신실함과 진실함이다(19:11~13). 그는 하나님의 전사(divine warrior)로서 하늘에 있는 군대들을 이끌고 만국을 치려고 강림하시며 악한 왕들과 나라와 백성을 심판하신다(19:14~16). 다른 천사가 모든 새에게 하나님의 큰 잔치에 모여 왕들과 장군들의 고기 등 사악한 자들의 고기를 먹으라고 초청하고 있다. 하늘에서 예수님이 하늘의 군대와 함께 내려올 때 땅에서는 짐승과 그의 추종자들이 예수님과 그의 군대를 대적하려고 모여서 전쟁한다. 그리고 그들은 예수님과 그의 군대에게 패하고 짐승과 그의 거짓 선지자는 산채로 유황이 타오르는 불바다에 던져진다(19:17~21). 이 장면은 에스겔 39:17~20의 내용과 유사하다. 차이점은 에스겔은 곡의 패배와 장사 후에 주어진 초청이고, 계시록 20장은 여러 사건 전에 초청이다.

F. **천년왕국과 백 보좌 심판(20:1~15)—천년왕국 통치는 사탄이 무저갱에 갇힘과 함께 시작해 백 보좌 심판 이전에 그리스도의 통치에 대항하려고 사탄이 놓이는 때까지 지속한다.**

예수님의 천년왕국은 짐승과 그 추종자들을 멸하시고 짐승과 거짓 선지자를 불못에 던지신 다음에 시작한다. 20:1에 따르면, 하나님의 천사가 용을 잡아 무저갱에 천 년 동안 감금한다. 결국 천년왕국은 용, 짐승(적 그리스도), 거짓 선지자, 곧 악의 삼인방이 무저갱과 불못에 갇혀 있는 동안(20:1~3/19:20) 땅에서 이루어지는 왕국으로, 이때 짐승과 그의 우상에게 경배하지도 않고 이마와 손에 표를 받지 아니한 환란 중에 순교한 자들이 부활하여 그리스도와 함께 천 년 동안 통치한다(20:4~6).[52] 이 부활을 첫째 부활이라고 부른다. 첫째 부활에 참여한 자는 둘째 사망이 그들을 다스리지 못하고 그리스도의 제사장이 되어 천

년 동안 그리스도와 더불어 왕으로서 통치한다. 천 년이 지나고 사탄은 잠시 무저갱으로부터 놓인다. 그는 곡과 마곡을 유혹하여(겔 38~39장)53 성도들과 사랑하는 성에 맞서 전쟁하는데, 결국 패하여 짐승과 거짓 선지자가 있는 불못으로 던져져 영원히 괴로움을 받는다(20:7~10). 결국, 모든 불신자는 백보좌 심판대 앞에서 생명책과 또 다른 책이 있고 자신들의 행위를 기록한 책에 따라 심판을 받고, 결국 사탄, 적그리스도, 그리고 거짓 선지자들이 있는 불못에 던져진다. 성경은 이것을 둘째 사망이라고 부른다(20:11~15).

G. 새 하늘과 새 땅(21:1~22:5)—새 하늘과 새 땅, 새 예루살렘은 에덴동산의 회복이다.

백 보좌 심판 후에 요한은 새 하늘과 새 땅 그리고 새 거룩한 성을 말한다.54 거룩한 성은 새 예루살렘으로 하나님께부터 하늘에서 내려온

---

52 4절에 따르면, 이 순교자들 외에 그리스도와 함께 통치하는 그룹이 있다. 이들은 누구인가? 1) 24 보좌에 앉은 24 장로들(4:4; 11:16), 2) 하나님의 신원을 입은 순교자들(6:9~11; 16:6; 18:20, 24; 19:2), 3) 그리스도의 몸인 교회, 모든 성도(눅 22:30; 고전 6:2)이다.

53 계시록 20장과 에스겔 38~39장에는 유사점이 있다. 물론 세부적인 부분들은 차이가 있지만, 일반적으로 관련이 있다. 아마 요한은 계시록 20:7~10을 에스겔 38~39 예언의 성취로서 본 듯하다. 에스겔에서 선지자는 북왕국 왕인 곡이 염려 없이 평안히 거하는 이스라엘 백성을 침략하여(겔 38:11) 땅을 노략질한다. 그들은 많은 국가와 조약을 맺어(38:5~6) 강한 군대와 함께(38:15~16) 이스라엘 땅을 침략한다. 하나님께서 모든 것을 통제하시기에, 모든 민족은 하나님이 여호와이심을 안다(38:16, 23; 39:6~7, 22, 28). 계시록 19장에서 짐승과 연합하고, 20장에서는 사탄과 연합한다.

54 계시록 19~22장에는 여러 번의 "내가 보았다(Καὶ εἶδον, then I saw)"가 나타난다(19:11, 17, 19; 20:1, 4, 11, 12; 21:1). 여기는 이 용어는 마지막 환상, 곧 영원한 상태(eternal state)의 환상을 소개하는 것이다. 지금 요한은 마지막 상태, 곧 새 하늘과 새 땅, 그리고 새 예루살렘을 보여 준다.

것으로, 신부가 신랑을 맞으려고 단장하듯이 아름답게 단장했다(21:1~2). 그때 보좌에서 한 음성이 "하나님께서 당신 백성을 모든 고통을 제거하시고 그들과 친밀히 교제를 나누신다"라고 선언한다(21:3~4). 이 선언은 구약에서 예언한 메시아 시대의 성취이다(사 65:17~25). 보좌에 앉으신 이가 여섯 가지 가르침을 명하신다. 1) 만물을 새롭게 하는 시간이 다가옴(20:5), 2) 하나님의 말씀은 신실함(20:5), 3) 하나님께서 당신 사역을 마치심(21:6), 4) 하나님이 역사의 주관자이심(21:6), 5) 목마른 자에게 생명수를 주시겠다고 약속하심(21:6), 6) 두려워하는 자가 아니라, 이기는 자가 되라고 도전21:7~8) 등이다.[55] 이기는 자는 생명수를 유업으로 받지만 두려워하거나 믿지 않는 악한 사람들은 둘째 사망, 곧 불과 유황으로 타는 못을 유업으로 받는다.

일곱 대접 심판을 실행한 천사 중 하나가 요한에게 하나님으로부터 하늘에서 내려오는 새 예루살렘을 어린양의 신부로 소개한다(21:9~10).[56] 새 예루살렘(21:11~21)은 하나님의 영광과 아름다운 빛이 나오는 도시이며(12:11), 성의 문들과 기초석은 12지파의 이름과 12사도의 이름으로 구

---

55 Osborne, *Revelation*, 728.

56 계시록 21:2에서는 직유법으로, 곧 새 예루살렘을 신부처럼(like a bride)으로 표현하고, 21:9에서는 은유법(metaphor)으로, 곧 새 예루살렘을 신부(I will show you the bride)로 표현한다. 직유법에서 은유법으로 바꾸는 다른 두 경우는 15:2(유리 바다처럼, 유리 바다)와 21:11, 18(벽옥과 같이, 벽옥으로)이다. 이 두 경우에 의미의 차이는 없다. 여기서도 마찬가지인 듯하다. 새 예루살렘이 도시인가, 아니면 어린양의 신부인가? 이사야 61:10에서도 이스라엘을 직유법(신부처럼)으로 표현한다. 이사야 62:1~5에서도 시온을 직유법으로 묘사한다. 고린도전서 3:16~17에서 교회를 하나님의 성전으로, 곧 하나님의 도시로 묘사한다. 계시록 19:7~8에서는 성도(교회)를 어린양의 신부로 묘사하고, 21:9~10에서는 새 예루살렘을 어린양의 아내인 신부로, 21:13~14에서는 12지파와 12사도를 성전의 문과 기초로 묘사한다. 하지만 21:3은 하나님이 그의 성도들과 함께 거주하는 곳, 21:7~8에서는 독자들이 거주하는 곳, 21:24, 25에서는 민족의 영광이 가지고 오는 곳으로 묘사한다. 결국, 새 예루살렘은 성도(신부)이면서 그들이 거주하는 장소이다. 본문에서는 아마 바벨론과 새 예루살렘을 비교하고자 한다(음녀와 신부).

성됐으며(21:12~14), 성 모양은 정사각형이고(21:15~17), 성곽은 아름다운 보석으로 성곽의 기초석은 12가지 보석으로 단장됐다(21:18~21). 성 내부는 성전과 해와 달이 필요가 없었는데, 하나님과 어린양이 성전과 빛이 되시기 때문이다. 그곳은 어린양의 생명책에 기록된 자들만이 출입할 수 있고(악인은 출입 금지) 성문은 항상 열려 있다(21:22~27).

이 새 예루살렘은 에덴동산이다(22:1~5/겔 47:1~12 참조). 생명수의 강이 하나님과 어린양의 보좌로부터 흘러나와 길 가운데로 흐르며, 그 강 좌우에 생명의 나무가 있어 달마다 열두 가지 실과를 맺고, 잎사귀는 만국을 소성하는 힘이 있다(22:1~3a). 어린양의 종들이 어린양을 섬기며 그분 얼굴을 볼 것이다(22:3b~5). 이 새 예루살렘은 창세기 2~3장의 에덴동산을 대체하면서도 한층 좋은 형태의 낙원이다. 이곳에는 선악을 알게 하는 나무가 없다는 점이 특이하다.

IV. 결말(22:6~21)—요한은 이 책에 기록된 예언을 신실하게 지키라고 권면한다.

어린양이신 그리스도께서는 새 하늘과 새 땅, 그리고 새 예루살렘을 요한에게 보여주신 후에 신앙 공동체에게 하나님의 복을 받으려면 이 책에 기록된 예언의 말씀을 신실하게 지키라고 명령하신다. 결말은 세 차례 권면(22:6~11; 12~17; 18~19)과 요한의 응답(22:20), 그리고 마지막 축도(22:21)로 이뤄졌다. 6절은 새 예루살렘의 환상에 관한 결론 부분이다(21:1~22:5). 첫째 권면은 기록된 예언의 말씀에 신실하라는 내용이다. 그 이유는 주님의 때가 가까웠기 때문이다(22:6~11). 둘째 권면은 "거룩하라"이다. 주님은—알파와 오메가요 처음과 나중이요 시작과 끝이며 다윗의 뿌리요 광명한 새벽 별—은 속히 와서 사람들이 일한 대로 모든 이에게 보상하신다. 거룩한 자는 생명나무에 그리고 거룩한 성에 들어가지만, 악한 자들에게는 하나님의 심판이 기다리고 있다(22:12~17). 셋째 권면은 이 책의 예언 말씀에 어떤 것도 더하거나, 예언 말씀을 제하지 말라는 내용이다(22:18~19). 이 모든 예언을 주신 주께서 "속히 오시겠다"라고 약속하자 요한은 "아멘"으로 응답한다(22:20). 그러고서 축도로 마친다, "주 예수의 은혜가 모든 자에게 있을지어다. 아멘!"(22:21).

요약

요한계시록은 사탄과 이 세상보다 뛰어나신 어린양이신 그리스도의 주권과 우월성을 강조한다. 편지는 초대 일곱 교회에게 보내졌으며 핍박과 어려운 가운데 있는 성도들에게 인내하면서 극복하도록 용기를 북돋아 주고자 보내졌다. 사탄이나 이 세상 왕국 위에 뛰어나신 그리스도의 주권과 우월성은 고통 가운데 있는 성도들에게 신실하면서 그리스도 안에서 믿음으로 살아가도록 힘을 주었다. 그리스도의 재림은 1세기 그리스도인 공동체뿐 아니라 현재 신앙 공동체에도 희망을 주며 인내하면서 신앙을 지키도록 힘을 준다. "아멘. 주 예수여, 어서 오시옵소서!"

계시록 1:1~8, '계시록 서문'

순종으로 복을 누리고, 구원자 주님께 영광을 돌리자

중심 내용: 복은 예언의 말씀을 순종하는 자에게 주어지며, 영광은 구원자이시자 주님이신 예수님께 있다.

I. 복은 미래에 일어날 일에 관한 예수님의 계시 말씀을 순종하는 자에게 주어진다(1:1~3).

  1. 예수님의 계시는 가까운 미래에 일어날 일에 관한 예언의 말씀이다(1:1~2).

  2. 복은 이 계시의 말씀을 지키는 자에게 주어진다(1:3).

II. 영광은 구속의 사역을 통하여 왕 같은 제사장으로 삼으신 주님께 주어진다(1:4~7).

  1. 은혜와 평강은 삼위 하나님에게서 온다(1:4~5a).

  2. 영광은 구속의 사역을 통하여 왕 같은 제사장으로 삼으신 예수님에게 주어진다(1:5b~6).

  3. 예수님의 재림은 심판주로 오시기에 믿음으로 반응해야 한다(1:7).

결론(1:8)

서론

요한계시록은 인류의 마지막에 관한 계시입니다. 이 계시의 주인공은 사도 요한이 아니고, 삼위 하나님, 곧 성부 하나님, 성자 하나님, 성령 하나님입니다. 특히 예수 그리스도가 주인공이십니다. 1:1~8은 '서문'입니다. 이 서문에서는 주인공이 예수님이라는 사실을 잘 설명합니다. 오늘은 계시록 1:1~8을 본문으로, 「순종으로 복을 누리고, 구원자 주님께 영광을 돌리자」라는 제목으로 말씀을 드리겠습니다.

I. 복은 미래에 일어날 일에 관한 예수님의 계시 말씀을 순종하는 자에게 주어진다(1:1~3).

1. 예수님의 계시는 가까운 미래에 일어날 일에 관한 예언의 말씀이다(1:1~2).

요한계시록은 예수 그리스도의 계시를 기록한 책입니다. **"예수 그리스도의 계시"**는 두 가지의 의미가 있습니다. 하나는 '예수 그리스도에 관한 계시'라는 뜻입니다.[1] 요한계시록은 예수 그리스도에 관한 이야기로 구성됐습니다. 요한계시록의 목적이나 내용은 예수님에 관한 것입니다. 예수님께서 하나님의 보좌에 앉으셔서 만물과 인류를 심판하시고, 이 땅에 다시 오셔서 하나님의 나라, 영원한 나라를 세우신다는 이야기

---

[1] "예수 그리스도'의' 계시('Ἀποκάλυψις Ἰησοῦ Χριστοῦ)"를 '속격 목적어 용법'으로 해석하면, 예수 그리스도'에 관한' 계시로 번역이 된다. John F. MacAthur, 『존 맥아더, 계시록을 해설하다—때가 가깝기에』, 김광모 옮김 (이천: 성서침례대학원대학교출판부, 2017), 27에서 이 견해를 지지한다. Walter Bauer, eds. Kurt Aland, Barbara Aland, and Viktor Reichmann, 『바우어 헬라어 사전—신약성경과 초기 기독교 문헌의 헬라어-한국어 사전』, 이정의 옮김 (서울: 생명의말씀사, 2017), 174에서는 '창시자' 용법이라고 한다.

를 기록합니다. 그래서 요한계시록은 예수 그리스도에 관한 계시라고 말할 수 있습니다. 다른 하나는 '예수 그리스도로부터 온 계시'라는 뜻입니다.2 1b절에 예수님께서 당신 종 사도 요한에게 계시를 알려 주셨다고 했습니다. 하나님께서 말세 계획을 예수님에게 말씀하셨습니다. 이 계획, 곧 계시를 예수 그리스도께서 직접 사람에게 주셨습니다. 그렇기에 계시록은 예수 그리스도로부터 온 계시입니다. 사실, 요한계시록은 예수 그리스도에 관한 계시이면서도, 예수 그리스도로부터 온 계시입니다.3 왜냐하면 계시록의 내용은 예수님에 관한 것임과 동시에 예수님이 사도 요한에게 준 계시이기 때문입니다.

계시(ἀποκάλυψις)는 이전에 감춰졌던 바가 드러난다는 뜻입니다.4 이

---

2 '속격 주어 용법'으로 해석하면, 예수 그리스도께서 직접 계시하셨다는 뜻이다. 이 견해는 Craig R. Koester, 『요한계시록 I—서론, 1~9장』, 최흥진 옮김, 앵커바이블 시리즈 (서울: 기독교문서선교회, 2019), 317; G. K. Beale, 『요한계시록 (상)』, 오광만 옮김, NIGTC (서울: 새물결플러스, 2020), 319; George E. Ladd, *A Commentary on the Revelation of John* (Grand Rapids: Wm. B. Eerdmans Publishing Company, 1972), 21; Robert L. Thomas, *Revelation 1~7: An Exegetical Commentary* (Chicago: Moody Press, 1992), 52에서 지지한다.

3 Daniel B. Wallace, *Greek Grammar Beyond the Basics: An Exegetical Syntax of the New Testament* (Grand Rapids: Zondervan Publishing House, 1996), 118~21; Daniel B. Wallace, 『월리스 중급 헬라어 문법: 신약 구문론의 기초』, 김한원 옮김 (서울: 한국기독학생회출판부, 2019), 69에서는 속격 '총체적 용법'이라고 하는데, 이는 주어 개념과 목적어 개념을 동시에 뜻하는 용법이다. 두 개념이 서로 충돌하지 않고 보완하면, 총체적 용법이다.

4 Grant R. Osborne, 『요한계시록』, 김귀탁 옮김, BECNT 시리즈 (서울: 부흥과개혁사, 2019), 78; Buist M. Fanning, 『강해로 푸는 요한계시록』, 정옥배 옮김, 존더반신약주석 (서울: 도서출판 디모데, 2022), 75~76. Ladd, *A Commentary on the Revelation of John*, 19에 따르면, 계시를 뜻하는 아포칼립시스(ἀποκάλυψις)는 다니엘의 Theodotion 헬라어 버전에 여러 차례 쓰이는데, 모두 선지자를 통하여 일어나도록 계획한 바를 왕에게 보여주는 하나님의 계시로 번역한다. 신약에서는 예수 그리스도를 통한 하나님의 구속 계획과 그 계획이 마지막 시대에 이루어짐을 하나님의 백성에게 알리는 신적 계시로 사용되었다고 했다. 이런 의미에서 계시는 하

구절에서 계시는 미래에 반드시 일어날 일들을 의미합니다. 하나님께서 미래에 일어날 일들을 계획하셨지만, 인간에게 알려 주시지 않고 감춰두셨습니다. 그런데 감춰두신 계획을, 이제는 알려 주셨습니다. "곧"이라는 용어는 "속히, 곧바로, 또는 머지않아"라는 뜻입니다.5 이 용어는 어떤 일이 갑작스럽게 발생함을 의미할 수도 있지만, 곧바로, 가까운 미래에 일어남도 의미합니다.6 미래에 일어나야 할 일은 예수님의 재림 그리고 재림을 알리는 일련의 사건들을 말합니다. 재림과 재림을 알리는 사건들은 인간 시간표가 아니라 하나님의 시간표에 따라 지체 없이 이루어집니다.7

이 계시는 네 단계로 인간에게 주어졌습니다. 계시의 근원은 하나님이십니다(계 22:6). 하나님께서 모든 일을 계획하셨습니다. 하나님은 이 계획, 즉 계시를 예수님에게 주셨습니다. 예수님은 사도 요한에게 주셨고요(계 22:16). 사도 요한은 이것을 기록하여 종들, 즉 교회에 알게 했습니다.8 요한계시록이 교회에게 주어졌다는 의미는 계시록이 믿지 않

나님께서 계획하신 바를 감춰뒀다가 시간이 되어 종을 통하여 드러남을 의미한다.

5 Bauer, 『바우어 헬라어 사전』, 1499.

6 Koester, 『요한계시록 I』, 318~19. Fanning, 『강해로 푸는 요한계시록』, 77 에서는 '곧(ἐν τάχει)'은 미래 사건들이 시작된 후 '곧바로'라는 의미도 있지만, 사건들이 가까이 왔다는 의미도 있다고 했다. 1절에서는 연대순으로 곧바로 일어난다는 견해보다는 예언적 시간 구조에서 지체하지 않고 어느 시간에도 일어날 수 있다는 의미로 본다. Osborne, 『요한계시록』, 81에서는 이 단어를 요한 시대에 이미 시작해서 마지막 완성을 기다리는 뜻으로 해석한다. Beale, 『요한계시록 (상)』, 317~18에서도 같은 의미를 강조하면서 요한은 완성이 아니라 시작, 곧 요한 시대에 시작됨을 강조한다고 말한다. 이 구절이 로마서 16:20에서는 '확실히'라는 의미로 쓰인다. Kenneth L. Gentry Jr., *Before Jerusalem Fell: Dating the Book of Revelation* (2010), 133, 142~45에서는 '과거주의 견해'에 입각에 이 사건이 1세기에 이미 성취되었다고 보지만, '곧 일어나야 할 일들'은 '1세기에 일어났다'는 것보다는, '확실히 일어난다'는 개념으로 이해가 더 타당하다.

7 MacAthur, 『존 맥아더, 계시록을 해설하다』, 29; Ladd, *A Commentary on the Revelation of John*, 22~23; Fanning, 『강해로 푸는 요한계시록』, 77.

는 사람을 위한 책이 아니라, 성도를 위한 책이라는 뜻입니다. 하나님의 시간표에 따라서 정해진 미래에 일어날 사건들을 성도에게 알리려고 기록한 책이 요한계시록입니다. 요한계시록을 통하여 성도들은 인류에 대한 하나님의 계획을 알고 준비할 수 있습니다. 예수님께서 미래 사건을 계시하실 때 사용한 도구는 '환상'입니다. 요한은 환상으로 본 미래 사건을 하나님의 말씀과 예수 그리스도의 증거로 표현하고 있습니다. 하나님의 말씀과 예수 그리스도의 증거는 두 가지 다른 내용이 아니라, 같은 내용입니다. 하나님께서 말씀하셨고, 그것을 예수님께서 요한에게 환상을 통하여 증언하셨습니다.[9] 그래서 둘은 다른 내용이 아니라 같은 내용입니다.

2. 복은 이 계시의 말씀을 지키는 자에게 주어진다(1:3).

이 기록된 예언의 말씀을 읽고, 듣고, 순종하는 자에게 복이 있습니다. 고대는 하나님의 말씀을 조용히 읽지 않고, 모든 사람이 들을 수 있는 목소리로 읽는 것이 관행이었다고 합니다.[10] 이유는 종이가 없던 시절이라 성경이 귀했기 때문입니다. 또 다른 이유는 글을 읽을 수 있는 사람이 많지 않았기 때문입니다. 그래서 회당이나 교회 예배 때 성

---

8 Beale, 『요한계시록(상)』, 319; Osborne, 『요한계시록』, 80에 따르면, 종들은 제한된 사람이라기보다는 믿음 공동체, 곧 교회이다.

9 Fanning, 『강해로 푸는 요한계시록』, 80.

10 Robert H. Mounce, 『요한계시록』, 장규성 옮김, NICNT (서울: 부흥과개혁사, 2019), 71; Koester, 『요한계시록 I』, 322. Fanning, 『강해로 푸는 요한계시록』, 80은 읽는 사람은 단수(ὁ ἀναγινώσκων)이며 듣고(οἱ ἀκούοντες) 순종하는 사람(τηροῦντες)은 복수인데, 단수와 복수의 결합은 고대 세계에서 청중이 들을 수 있도록 낭독하는 사람이 크게 읽는 관행에서 나왔다고 말한다. Osborne, 『요한계시록』, 84에 따르면, 1세기 유대교 관습은 축제일에는 다섯 명이, 속죄일에는 여섯 명이, 안식일에는 일곱 명이 읽었다. 첫 번째 읽는 자는 제사장, 두 번째 읽는 자는 레위인, 그리고 다른 읽는 자는 일반 회중이었다고 한다.

경을 크게 읽어 청중이 들을 수 있게 했습니다. 그런데 3절의 강조점은 그 계시를 읽고 듣는 사람보다는 순종하는 사람들에 있습니다.11 "**이 예언의 말씀을 읽는 사람과 듣는 사람들과 그 안에 기록되어 있는 것을 지키는 사람들은 복이 있습니다.**" 요한계시록은 단순히 정보를 교환하려고 기록한 책이 아닙니다. 미래에 관심이나 호기심을 자극하려고 기록된 책도 아닙니다. 요한계시록은 예언의 말씀을 지키게 하려고 기록했습니다. 그래서 윤리적으로 반응하는 사람, 곧 순종하는 사람에게 복이 있습니다. 우리는 말씀을 읽고 듣는 수준에 머물러 있어서는 안 됩니다. 지키는 수준으로 나아가야 합니다. 하나님의 말씀을 듣고 윤리적으로 반응할 때 하나님의 복이 임하기 때문입니다.

그 이유는 하나님의 때가 가까이 왔기 때문입니다(ὁ γὰρ καιρὸς ἐγγύς). 하나님의 때를 언급하는 때(καιρὸς)는 정확한 시간을 의미하기보다는, 적합한 기간이나 시기를 강조하는 용어입니다.12 즉, 예수님의 재림과 재림에 관련된 시기가 점점 가까이 오고 있다는 뜻입니다.13 주

---

11 Philip E. Hughes, *The Book of the Revelation* (Grand Rapids: Wm. B. Eerdmans Publishing Company, 1990), 17. Fanning, 『강해로 푸는 요한계시록』, 81에서도 읽고, 듣고, 순종에서 강조점은 순종, 즉 읽고 들은 것을 순종할 때 하나님의 복이 임한다고 말한다. 하지만 Osborne, 『요한계시록』, 85에서는 듣는 것(οἱ ἀκούοντες)과 지키는 것(τηροῦντες)은 성경에서 자주 결합하여 나타나며, 두 개념이 나뉘지 않는다고 말한다. Thomas, *Revelation 1~7*, 60에서는 순종은 들음에서 기인한다고 말한다. 듣기가 하나님의 복을 받는 첫 단계라면, 순종은 다음 단계이다. 그런데 듣기와 순종은 분리되어 있지 않고, 같은 단계라고 말한다. 하나님의 복을 받으려면 듣기와 순종이 하나로 합쳐져야 한다고 주장한다.

12 Bauer, 『바우어 헬라어 사전』, 751-53.

13 Thomas, *Revelation 1~7*, 61에서는 계시록에 예언한 사건들의 성취가 가까이 왔다는 의미로 해석한다. Fanning, 『강해로 푸는 요한계시록』, 81에서는 마지막 기간에 일어나는 중요한 사건들과 동의어로 쓰였다고 말한다. David E. Aune, 『요한계시록 1~5』, 김철 옮김, WBC 성경주석, 52상 (서울: 솔로몬, 2003), 343에서도 호 카이로스(ὁ καιρὸς)는 1절의 반드시 속히 될 일, 즉 예수

님의 재림과 재림의 징조가 점점 선명하게 다가오고 있습니다. 이 징조를 통하여 재림을 준비하는 사람에게 하나님의 복이 임합니다. 성경은 예수님이 언제 재림하시는지 분명하게 말씀하지 않습니다. 예수님도 **"그날과 그 시각은 아무도 모른다. 하늘의 천사들도 모르고, 아들도 모르고, 오직 아버지만이 아신다"**라고 하셨습니다(마 24:36). 단지 예수님은 징조를 말씀하시면서 깨어 있어 재림을 준비하라고 하셨습니다. 재림의 날과 시간은 아무도 모르기에, 초대교회는 언제나 올 수 있다는 임박한 재림설을 주장했습니다. 오늘날 우리도 주님이 언제라도 오실 수 있다는 임박한 재림설을 믿고 살아가야 합니다. 주님께서 말씀하신 재림 징조가 곳곳에서 일어나기 때문입니다.

II. 영광은 구속의 사역을 통하여 왕 같은 제사장으로 삼으신 주님께 주어진다(1:4~7).

1. 은혜와 평강은 삼위 하나님에게서 온다(1:4~5a).

요한계시록 수신자는 소아시아에 있는 일곱 교회입니다. 일곱 교회는 모든 교회를 대표합니다. 왜냐하면 2장과 3장에서 일곱 교회에게 보낸 편지에 **"귀가 있는 사람은, 성령이 교회들에게 하시는 말씀을 들어라"**라는 말로 끝맺기 때문입니다. 에베소교회나 서머나교회 등 개교회에 서신을 보내면서 "귀가 있는 사람은 성령이 에베소 교회에게 하시는 말씀

그리스도의 임박한 재림과 연결되는데, 종말 자체보다는 종말에 앞선 시기를 특징지을 사건을 나타낸다고 말한다. 하지만 Beale, 『요한계시록(상)』, 322~23에서는 요한은 오랫동안 기다려 왔던 종말의 나라가 그리스도의 죽음과 부활로 시작되었다는 측면을 말하면서, 미래의 시점보다는 현재 이미 시작되었다는 점을 강조한다고 말한다. 그는 '이미와 아직 아니(already, but not yet)' 관점에서 하나님의 때를 설명한다. Koester, 『요한계시록 I』, 324에서도 Beale과 비슷한 견해를 주장한다. 때는 이미 그리스도께서 승천하시고 사탄이 하늘로부터 쫓겨남으로 시작했으며, 그리스도의 재림까지 계속한다고 말한다.

을 들어라"라고 하지 않고, "교회들에게 하시는 말씀을 들어라"로 되어 있습니다. 다시 말해, 교회를 단수형이 아니라 복수형으로 표현합니다. 이 표현은 일곱 교회에게 보내지만, 청중은 단지 일곱 교회만이 아니라 모든 교회라는 뜻입니다.[14] 요한은 순종하는 모든 교회에게 은혜와 평화가 있기를 기원합니다. 은혜와 평화, 즉 평강은 히브리인의 통상적인 인사말입니다. 그런데 신약성경은 은혜와 평강을 하나님이 주시는 영적 복과 연결합니다. 은혜는 하나님께서 베풀어 주시는 호의를 말하며, 평화 또는 평강은 그 결과로 따라오는 영적으로 행복한 상태를 말합니다.[15] 이 영적 복은 당시 청중에게는 아주 필요했습니다. 왜냐하면 그들은 환란, 특히 신앙을 타협하도록 위협을 받고 있었기 때문입니다. 하나님께서 주시는 영적 복, 곧 은혜와 평강은 당시 청중뿐 아니라 오늘날 우리에게도 여전히 필요합니다.

이 영적 복은 삼위 하나님으로부터 주어집니다. 첫째, 영적 복은 하나님으로부터 주어집니다. 보통 하나님은 아버지 하나님 혹은 하나님 아버지로 표현합니다. 그런데 4절에서는 **"지금도 계시고, 전에도 계셨고, 또 앞으로 오실 분"**으로 표현합니다. 이 표현은 출애굽기 3:14의 "나는 스스로 있는 자이다"를 상기하게 합니다.[16] 하나님은 과거에서

---

14 "당시 소아시아에 많은 교회가 있었는데 왜 일곱 교회에만 보냈을까?"라고 질문할 수 있다. 아마 일곱은 모든 교회에 대한 대표의 의미로 뽑았을 가능성이 있다(Osborne, 『요한계시록』, 87; Beale, 『요한계시록(상)』, 323~25; Fanning, 『강해로 푸는 요한계시록』, 81). Aune, 『요한계시록 1~5』, 354에 따르면, 일곱은 완전수로 보편적 교회를 상징하기보다는 요한이 전하는 메시지의 신적 기원과 권위를 강조한다. Mounce, 『요한계시록』, 74에서는 일곱에 관한 몇 가지 견해를 제시한다.

15 Mounce, 『요한계시록』, 74.

16 Fanning, 『강해로 푸는 요한계시록』, 82. Beale, 『요한계시록(상)』, 326~28은 이 표현의 배후가 구약성서라고 한다. 이사야서와 출애굽기 3:14에 나오는 여호와의 이름을 유대 전통에서 2중적, 3중적 방법으로 확장했다고 자세히 설명하며 주장한다. 하지만 Koester, 『요한계시록 I』, 325~26에서는 유대 전통뿐 아니라 그리스-로마의 신들에 관한 주장과 대조하려고 사용했다고 주장한다. Mounce, 『요

계셨고, 지금도 계시고, 앞으로 오실 분, 곧 항상 스스로 있는 분입니다. 이 말씀의 뜻은 하나님은 과거와 현재 그리고 미래를 주관하시는 분이라는 뜻입니다. 이스라엘을 이집트의 종으로부터 구원하신 하나님은 지금도 구원을 베푸시고, 미래 고통이나 불확실성으로부터 주의 백성을 구원하실 수 있는 전능하신 분입니다. 하나님은 이 세상을 통치하시는 주권자이시기 때문입니다.

둘째, 영적 복인 은혜와 평강은 성령님으로부터 옵니다. 성령님을 "그의 보좌 앞에 있는 일곱 영"으로 표현합니다.17 그분 보좌는 하나님 아버지, 우주를 통치하시고 주관하시는 하나님의 보좌를 말합니다. 보좌 앞에 있다는 말은 하나님과 협력하면서 우주를 다스리신다는 뜻입니다. 이사야 11:2에서는 성령님을 미래 다윗 왕, 메시아에게 지혜와 총명, 모략과 권능을 주시는 영으로 묘사하고 있습니다.18 그렇다면 성령님은 하나님과 함께 세상을 통치하는 분이시며, 지혜와 총명의 주님입니다. 이 성령님께서 계시를 읽고, 듣고, 순종하는 교회에게 은혜와 평강을 부어주십니다.

셋째, 은혜와 평강은 예수 그리스도를 통하여 옵니다. 예수 그리스도를 '신실한 증인이요, 죽은 사람들의 첫 열매이시요, 땅 위의 왕들을 지배하시는 만왕의 왕'으로 표현하고 있습니다. 예수님은 신실한 증인(ὁ μάρτυς)이신데, 죽으심과 사역을 통하여 하나님이 누구시며 이 세상에서 무엇을 하시는 분인지를 공개적으로 증언하셨기 때문입니다.19 예수님은 하나님의 진리를 타협하지 않고 전파하셨습니다. 어떤 역경이 와

한계시록』, 75; Aune, 『요한계시록 1~5』, 357~59도 보라.

17 Beale, 『요한계시록(상)』, 329~30; Koester, 『요한계시록 I』, 327; Osborne, 『요한계시록』, 89; Thomas, *Revelation 1~7*, 67~68; Fanning, *Revelation*, 80~81. 하지만 Aune, 『요한계시록 1~5』, 362~64에서는 일곱 영을 일곱 천사로 해석한다.

18 Thomas, *Revelation 1~7*, 68에서는 스가랴 4:2, 10에서 일곱 등잔대는 주님의 일곱 눈을 지칭하는데, 이것은 계시록에서 일곱 영과 동의어로 사용되고 있다면서 일곱 영을 성령이라고 말한다. Beale, 『요한계시록(상)』, 329~30에서도 스가랴와 이사야 11:2를 연결해 요한계시록 1:4에서 일곱 영, 즉 성령과 연결 짓는다.

도 말씀의 진리를 증언하는 신실한 증인이십니다. 그래서 그분은 어려운 환경에서도 복음을 전하는 사람에게 은혜와 평강을 주십니다.

그리고 예수님은 죽은 사람들의 첫 열매입니다. 죽은 자의 첫 열매는 모든 믿는 사람들의 부활의 첫 열매가 되셨다는 뜻입니다. 죽음에서 부활할 뿐 아니라 하늘나라로 승천한다는 것을 보여주고 있습니다. 예수님의 부활은 믿는 자의 부활을 보증합니다.[20] 더 나아가 승천하여 하나님과 함께하신다는 뜻이 있습니다. 이 표현은 당시 예수님을 따르는 사람에게 중요했습니다. 왜냐하면 그들 중 일부는 예수님을 따른다는 이유로 육체적인 죽음을 직면했기 때문입니다. 예수님은 또한 모든 왕의 지배자이신 만왕의 왕입니다. 다시 오실 예수님은 이 세상의 모든 왕을 다스리는 다윗 왕입니다.[21] 요한 당시에, 이 땅 임금의 머리는 최고 칭

19 Fanning, 『강해로 푸는 요한계시록』, 84. Beale, 『요한계시록(상)』, 330에서는 예수님을 신실한 증인으로 묘사한 이유가 소아시아의 교회들이 박해 중에서 그리스도를 증언하는 일에 타협하려는 유혹을 받고 있었는데, 교회가 그리스도의 모델로 삼아 유혹을 이기게 하려고 고안했다고 말한다. Mounce, 『요한계시록』, 77~78에서도 비슷한 견해를 한다. 마르튀스를 순교자로 번역할 수 있는데, 진리를 증언한 결과 자연스럽게 따라오는 것이 죽음이기 때문이다. 박해 시기에 충성스러운 증인이신 예수님을 그리스도인에게 소개하면서 진리를 절대 타협하지 않게 하려 함이라고 말한다. Koester, 『요한계시록 I』, 328에서는 마르튀스를 죽음과 연결함은 무리라고 말한다. 증인은 단순히 죽음만을 뜻하지 않고 진리를 증언하는 역할을 강조하기에 증인과 죽음을 단순히 연결함에 반대한다. Thomas, *Revelation 1~7*, 69에서는 신실한 증인을 시편 89:37과 연결하면서 다윗의 보좌에 앉는 다윗 왕에 대한 표현이라고 말한다. Osborne, 『요한계시록』, 90에서는 박해와 인내 주제와 연결하면서, 악의 세력에 반대하는 증언을 끝까지 유지하는 신실한 증인으로서 그리스도를 묘사한다고 말한다. 박윤선, 『정암 박윤선의 요한계시록 강해—참 교회의 승리와 구원의 완성』 (수원: 영음사, 2019), 23에서는 증인과 첫 열매를 연결해서 십자가에서 죽으셨다가 다시 살아나셨다는 뜻으로 해석한다.

20 Fanning, 『강해로 푸는 요한계시록』, 84.

21 예수님의 왕권은 다윗 왕과 관련이 있다. Osborne, 『요한계시록』, 91; Beale, 『요한계시록(상)』, 333; Fanning, 『강해로 푸는 요한계시록』, 85를 참조하라.

호였습니다. 로마 황제는 최고 지도자로 군림했습니다. 로마 황제는 복종하는 봉신들에게 임금이라는 칭호를 줬습니다. 그래서 로마 황제는 많은 왕을 다스리는 왕 중의 왕이었습니다.[22] 하지만 요한은 로마 황제가 아니라 예수님이 임금 중의 임금이라고 선포합니다.

예수님은 충성스러운 증인에서 부활 승천하여 첫 열매가 되셨으며 만왕의 왕이 되셨습니다. 그래서 예수님은 충성하는 이에게 이와 같은 은혜를 베푸십니다. 박해 상황에서 충성스럽게 주님을 섬기면, 그리스도와 함께 왕으로서 다스립니다. 그러므로 성도들은 어려움에서 타협하지 말고, 믿음을 지키며 영적으로 승리해야 합니다. 어려움에서도 신실한 증인 역할을 할 때, 우리는 주님과 함께 영광스러운 왕으로서 다스립니다.[23]

　"요한계시록에서 주인공은 예수님이십니다."

　2. 영광은 구속의 사역을 통하여 왕 같은 제사장으로 삼으신 예수님에게 주어진다(1:5b~6).

예수님께 영광을 돌리는 찬양을 합니다. 5b~6절입니다. **"예수 그리스도께서는 우리를 사랑하시며, 자기의 피로 우리의 죄에서 우리를 해방하여 주셨고, 우리로 하여금 나라가 되게 하시어 자기 아버지 하나님을 섬기는 제사장으로 삼아 주셨습니다. 그에게 영광과 권세가 영원무궁하도록 있기를 빕니다. 아멘."** 예수님께서 찬양받으시는 이유를 설명합니다. 그것은 예수님의 사랑과 사역 때문입니다. 예수님은 우리를 사랑하시는 분입니다(Τῷ ἀγαπῶντι ἡμᾶς). 우리를 사랑하신다는 표현은 분사 현재

---

22 Koester, 『요한계시록 I』, 329에 따르면, 로마 황제의 공적인 칭호는 지도자 혹은 왕이라고 불리지 않았지만, 사적으로 지도자와 왕으로 불렸다. 그리고 황제들은 봉신들에게 로마에 복종하는 한 왕이라는 칭호를 사용하도록 허락했다.

23 Mounce, 『요한계시록』, 78에서는 예수님의 삼중적 칭호는 예수 때문에 극심한 박해의 때를 눈앞에 둔 믿는 성도들을 격려하고 지탱하려는 의도에서 주어졌다고 말한다.

형입니다. 분사 현재형은 예수님이 언제나 지속해서 우리를 사랑하신다는 뜻입니다. 과거에도 우리를 사랑하셨고, 지금도 우리를 사랑하시며, 미래에도 우리를 사랑하십니다. 어떤 상황에도 우리를 버리지 않으시고 사랑하십니다.

"예수님의 사랑은 어떻게 나타났습니까? 예수님의 사역으로 나타납니다."

예수님의 사역은 희생적 죽음으로 나타났습니다. 예수님은 우리를 위해 죽음으로 당신 사랑을 나타내셨습니다. 죄로부터 해방하시려고 당신을 내어주셨다는 분사 부정과거형(λύσαντι)으로 표현합니다. 부정과거형으로 표현은 반드시 죄로부터 해방했다는 의미가 있습니다. 우리를 사랑하신다(현재형)는 근거는, 우리를 죄로부터 해방하셨다(부정과거형) 입니다. 사랑은 반드시 희생을 통하여 나타납니다. 예수님은 우리를 위해 죽음으로 당신 사랑을 나타내셨습니다. 성도들이 예수님 때문에 겪는 고통에서도 예수님께 충성을 다하는 이유는, 예수님이 우리를 위해 십자가에서 죽으셨기 때문입니다. 자녀는 부모가 자기를 사랑하심을 알 때, 부모를 사랑합니다. 가끔, 결손 가정에 태어난 아이들이 할머니나 할아버지께 강한 애착을 느끼곤 합니다. 할머니, 할아버지께서 자기를 사랑하심을 알기 때문입니다. 마찬가지입니다. 예수님이 우리를 위해 십자가에서 죽으셨다는 사실은, 우리가 예수님을 사랑하게 합니다. 우리 죄로부터 해방해 주셨다는 말은 또한 우리 주인이 되셨다는 뜻입니다. 우리를 새로운 피조물로 만드셨다는 뜻입니다. 우리는 죄의 종이었습니다. 그런데 예수님이 당신 피로 우리 죗값을 지불하셨습니다. 그렇게 우리를 구속하셔서 하나님의 자녀가 되게 하셨습니다. 그래서 예수님의 사랑은 단순히 우리를 위해 십자가에서 죽은 사건이 아닙니다. 십자가에 죽음으로 우리 죄를 구속하시고 하나님의 자녀가 되게 하셨습니다. 죄의 종에서 하나님의 자녀로 삼으심이 바로 예수님의 사랑입니다.

예수님의 사랑은 우리를 속량하셨을 뿐 아니라 나라와 제사장으로 삼으신 사건으로 나타납니다. 따라서 구원받았다는 말은 사명도 받았다는 뜻입니다. 자녀가 태어났다는 말은 사람으로 살아갈 사명이 있다는 뜻입니다. 물론 처음에는 그 사명이 무엇인지 모릅니다. 그러나 성장하면서 사람이 무엇을 해야 하는지를 배우고 행합니다. 마찬가지로 구원받았음은 사명도 받았다는 의미입니다. 하나님은 이스라엘 백성을 이집트에서 구원하시고 제사장의 나라로 삼으셨습니다. 출애굽기 19:6입니다. "너희의 나라는 나를 섬기는 제사장 나라가 되고, 너희는 거룩한 민족이 될 것이다.' 너는 이 말을 이스라엘 자손에게 일러주어라." 제사장 나라의 임무는 섬김과 증인으로서 사역입니다. 이스라엘 백성은 하나님을 예배하고, 하나님과 다른 민족 사이에서 중재하는 역할을 해야 했습니다. 이것이 섬김입니다. 그리고 하나님이 진실하며 살아 계신 여호와라는 사실을 다른 민족에게 증거하는 일이 제사장 나라로서 이스라엘이 해야 할 역할이었습니다.

제사장 나라가 할 이 놀라운 사역은 이제 교회가 맡았습니다.[24] 이 사실을 베드로전서 2:9이 잘 설명합니다.[25] "그러나 여러분은 택하심을 받은 족속이요, 왕과 같은 제사장들이요, 거룩한 민족이요, 하나님의 소유가 된 백성입니다. 그래서 여러분을 어둠에서 불러내어 자기의 놀라운 빛 가운데로 인도하신 분의 업적을, 여러분이 선포하는 것입니다." 예수님의 사랑과 구속 사역의 결과로 교회는 왕 같은 제사장이 됐습니다.[26] 교회는 왕 같은 제사장으로서 예배를 통하여 하나님께 나아갈 수 있습니다. 게다가 하나님의 사랑과 은혜를 믿지 않는 사람에게 전하는 증인

---

24 Osborne, 『요한계시록』, 95; Fanning, 『강해로 푸는 요한계시록』, 86.

25 베드로전서 2:9~10은 출애굽기 19:5~6; 이사야 43:20~21을 반영한다.

26 Osborne, 『요한계시록』, 93; Beale, 『요한계시록(상)』, 336; Ladd, *A Commentary on the Revelation of John*, 27에서는 교회가 이스라엘의 기능을 하는 것보다는 교회가 새 이스라엘, 참 이스라엘로 대체됐다고 말한다. 하지만 박윤선, 『정암 박윤선의 요한계시록 강해』, 26; Mounce, 『요한계시록』, 79; Fanning, 『강해로 푸는 요한계시록』, 86에서는 하나님을 섬기는 기능적인 측면, 즉 섬기는 직분의 역할을 맡았다는 점을 강조한다고 말한다.

으로서 사역을 감당합니다. 이것이 바로 놀라운 특권입니다. 우리를 사랑하셔서 죄로부터 구원하시고 왕 같은 제사장으로 삼으신 예수님께 영광과 존귀가 있기를 찬양하고 있습니다.

3. 예수님의 재림은 심판주로 오시기에 믿음으로 반응해야 한다(1:7).

찬양받기에 합당하신 예수님은 다시 이 땅에 다시 오십니다. "**보아라, 그가 구름을 타고 오신다. 눈이 있는 사람은 다 그를 볼 것이요, 그를 찌른 사람들도 볼 것이다. 땅 위의 모든 족속이 그분 때문에 가슴을 칠 것이다." 꼭 그렇게 될 것입니다. 아멘**"(7절). 예수님이 재림하실 때, 모든 사람은 재림을 목격합니다. 예수님은 은밀하게 재림하시지 않습니다. 모든 사람이 볼 수 있도록 구름 타고 재림하십니다.27 모든 사람이 목격하는 가운데, 예수님은 영광과 능력으로 이 땅에 재림하십니다. 예수님께서 심판주로 재림하실 때, 믿는 사람은 기쁨과 회개의 눈물을 흘리고, 불신자는 심판과 절망의 눈물을 흘릴 겁니다.28 "땅 위의 모든 족속이 그분 때문에 가슴을 칠 것이다"라는 표현은 두 가지 의미가 있습

---

27 Koester, 『요한계시록 I』, 332에서는 구름을 천상적 대리인 또는 신적 대리인을 의미한다고 말한다. 박윤선, 『정암 박윤선의 요한계시록 강해』, 28에서는 구름을 영광과 권능으로 표현한다.

28 계시록 1:7은 마태복음 24:30과 비슷하다. 마태복음은 다니엘 7장과 스가랴 12장을 같이 사용한다. 마찬가지로, 요한도 다니엘 7장과 스가랴 12장을 조합했을 것이다. "땅 위의 모든 족속이 그분 때문에 가슴을 친다"라는 표현은 두 가지 뜻이다. 회개의 눈물과 임박한 심판을 직면한 절망의 눈물이다. 땅 위의 모든 족속이 이스라엘 민족을 비롯하여 믿는 사람을 가리키면, 회개를 의미한다(슥 12:10). 그러나 이방 민족, 즉 믿지 않는 사람을 가리키면, 심판이나 절망의 의미이다(계 6:15~17; 9:20~21; 16:9, 11, 21; 마 24:30). Koester, 『요한계시록 I』, 334; Beale, 『요한계시록(상)』, 341~44; Fanning, 『강해로 푸는 요한계시록』, 89~90은 회개 개념을 선호한다. 하지만 Osborne, 『요한계시록』, 100; MacArthur, 『존 맥아더, 계시록을 해설하다』, 36; Thomas, *Revelation 1~7*, 78~79에서는 심판 개념으로 이해하고 선호한다.

니다. 하나는 믿은 성도들은 감사와 기쁨의 눈물을 흘린다는 뜻입니다. 스가랴 12:10에 성도의 회개를 말하기 때문입니다. 반대로 믿지 않은 사람의 경우는 후회의 눈물, 절망의 눈물을 흘린다는 뜻입니다. 요한계시록에 불신자가 흘리는 절망의 눈물을 자주 이야기하기 때문입니다(계 6:15~17). 사랑하는 성도 여러분, 주님의 재림 때 후회하면 이미 늦습니다. 지금이 구원의 날이고 은혜의 날입니다. 후회하기 전에 우리는 제사장의 사명을 감당해야 합니다. 하나님께 예배로 영광 돌리며, 예수님을 전해야 합니다.

결론(1:8)

이 계시의 주인은 하나님이십니다. 하나님은 지금도 계시고, 전에도 계셨고, 앞으로도 존재하시는 오실 전능하신 주님이십니다. 그분은 알파이자 오메가, 처음이자 마지막입니다. 이 하나님께서 요한계시록을 통하여 마지막 시기에 일어날 사건을 말씀하십니다. 그래서 우리는 이 예언의 말씀을 읽어야 하며, 또한 들어야 합니다. 게다가 이 말씀을 삶에 적용하면서 순종해야 합니다. 왜냐하면 예언의 말씀을 단순히 지적인 호기심을 자극하려고 기록한 것이 아니라, 순종하면서 주님의 재림을 준비하라고 주신 말씀이기 때문입니다. 순종할 때, 하늘의 복이 임하기 때문입니다.

계시록 1:9~20, '심판주 명령'

교회를 돌보시는 심판주 예수님을 따르자

중심 내용: 영광과 심판의 주님은 미래의 주인이시고, 교회를 돌보시는 분이시다.

I. 미래에 관한 계시는 고난과 핍박을 인내하면서 견딜 때 주어진다(1:9~11).

II. 계시하시는 분은 교회를 돌보시는 영광과 심판의 주님이시다(1:12~16).

　1. 계시의 주인은 세상에 빛을 비추는 교회를 돌보시는 주님이시다 (1:12~13a).

　2. 주님에 대한 묘사는 영광과 심판의 사역과 관련이 있다(1:13b~16).

III. 이유는 부활을 통하여 죽음과 사망의 열쇠를 가지신 살아계신 하나님이시기 때문이다(1:17~20).

서론

　요한계시록 1:1~8에서, 하나님께서 복은 계시의 말씀을 듣고 순종하는 이에게 주신다고 하셨습니다. 그리고 영광은 우리를 왕 같은 제사장으로 삼으신 주님께 돌립니다. 왜냐하면 주님은 다시 재림하시고 영원한 나라, 곧 하나님 나라를 세우시기 때문입니다. 오늘 본문은 미래에 관하여 계시하신 분이 누구신지를 보여줍니다. 그분은 무엇을 하시는 분이며, 어떻게 영광의 주시요, 심판의 주가 될 수 있는가를 보여줍니다. 그분이 영광과 심판의 주님이 될 수 있었던 이유는 부활의 주님이시기 때문입니다. 부활을 통하여 죽음과 사망의 열쇠를 가지신 하나님이시기 때문입니다. 이 부활의 주님은 교회를 돌보시고, 교회를 능력의 손으로 붙잡아 주십니다. 오늘 설교 제목은 「교회를 돌보시는 심판주 예수님을 따르자」입니다.

I. 미래에 관한 계시는 고난과 핍박을 인내하면서 견딜 때 주어진다(1:9~11).

요한계시록 1:9~11은 요한이 계시받을 때 배경과 상황을 설명합니다. 사도 요한이 계시받았을 때는 밧모라는 섬에 유배 상태였습니다.[1] 밧모섬은 에게해에 있으며, 암석으로 이루어진 돌섬으로 유명합니다. 에베소 근처의 항구 도시인 밀레도(밀레투스)에서 남서쪽으로 약 60km 떨어진 곳에 있습니다. 섬의 길이는 약 16km, 넓이는 10km 정도입니다. 밧모섬은 무인도는 아니고 많은 사람이 거주한 곳입니다. 체육관이 있었고, 아데미 여신과 황제숭배를 위한 신전이 있었습니다.[2]

---

[1] 유배에는 일시적 유배와 종신 유대가 있는데, 사도 요한의 경우는 일시 유배 상태이다. 초기 교회 전통에 따르면, 요한은 도미티아누스 황제에 의하여 밧모섬에 유배됐다가, 네르바 황제(Nerva/클라디우스[Claudius?])의 사면으로 밧모섬을 떠나 에베소로 돌아와 트라이언(Trajan) 황제 통치까지 에베소교회 목사로 섬기면서 살았다. 자세한 내용은 David E. Aune, 『요한계시록 1~5』, 김철 옮김, WBC 성경주석, 52상 (서울: 솔로몬, 2003), 434~35; Scott T. Carroll, "Patmos," in *The Anchor Bible Dictionary*, ed. David Noel Freedman, vol. 5 (New York: Doubleday, 1992), 178~79를 참조하라.

[2] 밧모섬에 관한 자세한 설명은 Grant R. Osborne, 『요한계시록』, 김귀탁 옮김, BECNT 시리즈 (서울: 부흥과개혁사, 2019), 115; Craig R. Koester, 『요한

사도 요한이 유배당한 이유는 복음을 전했기 때문입니다. 9절이 그 사실을 설명합니다. "나 요한은, 하나님의 말씀과 예수에 대한 증언 때문에 밧모라는 섬에 갇혀 있게 되었습니다." 복음을 전했기에, 사도 요한은 로마 당국에 의하여 밧모섬으로 유배당했습니다.3 복음을 전하는 일에는 언제나 반대와 핍박이 따르기 마련입니다. 오늘날도 복음을 전한다는 이유로 감옥에 갇히거나 추방되는 나라가 있습니다. 그때는 지금보다 더 심했을 것입니다. 요한이 밧모섬에 유배되었던 동안, 성도들도 복음 때문에 고난을 겪었습니다. 9절입니다. "예수 안에서 여러분의 형제요 예수 안에서 환난과 그 나라와 인내에 여러분과 더불어 참여한 사람인 나 요한은, 하나님의 말씀과 예수에 대한 증거 때문에 밧모라는 섬에 갇혀

계시록 I─서론, 1~9장』, 최흥진 옮김, 앵커바이블 시리즈 (서울: 기독교문서선교회, 2019), 372~77; Aune, 『요한계시록 1~5』, 432~38; Carroll, "Patmos," 278~79를 보라.

3 일부 학자는 요한이 자발적으로 밧모섬에 갔을 가능성을 제기한다. 그 이유는 헬라어 전치사 διά[디아] 해석 때문이다(διὰ τὸν λόγον τοῦ θεοῦ καὶ διὰ τὴν μαρτυρίαν Ἰησοῦ χριστοῦ). διά를 원인으로 해석하면, 말씀과 증언 '때문에' 유배돼 밧모섬에 있었다. Osborne, 『요한계시록』, 116; Robert H. Mounce, 『요한계시록』, 장규성 옮김, NICNT (서울: 부흥과개혁사, 2019), 85~86, 349에서는 복음 때문에 유배됐다는 견해를 지지한다. Robert L. Thomas, *Revelation 1~7: An Exegetical Commentary* (Chicago: Moody Press, 1992), 88~89에서는 διά가 계시록 6:9과 20:4에서 원인으로 해석하기에, 1:9에서도 원인으로 해석해야 한다고 말한다. Buist M. Fanning, 『강해로 푸는 요한계시록』, 정옥배 옮김, 존더반신약주석 (서울: 도서출판 디모데, 2022), 99~100에서도 자발성의 가능성을 배제할 수는 없지만, 추방의 견해를 지지한다.

하지만, Aune, 『요한계시록 1~5』, 435, 440에서는 복음을 위하여 자발적으로 갔을 가능성도 배제하지 않는다고 말한다. 특히 아우내는 계시록 6:9과 20:4이 원인으로 해석이 되어야 하기에 유배 가능성이 있지만, 밧모섬이 로마의 범죄자를 위한 유배지라는 역사적 증거가 없기에, 자발적으로 갔음을 배제해서는 안 된다고 말한다. Koester, 『요한계시록 I』, 377, 379에서는 밧모섬이 유배지라는 역사적 근거는 없지만, 사도 요한이 죄수로서 밧모섬에 간 유일한 사람이라고 말한다.

있게 되었습니다." 요한은 환난을 겪고 있는 성도들을 형제요, 그들이 당하는 고난에 동참했다고 표현합니다. 요한은 고난받는 형제들과 동일 시합니다. 먼저, 요한은 그리스도 때문에 고난을 겪는 성도를 자기 형제 라고 말합니다.4 형제란 한 부모 밑에서 피와 삶을 나눈 형제자매를 말 합니다. 요한은 복음을 전했다는 이유로 핍박받는 성도를 형제라고 하면 서, 자기도 그리스도 때문에 고난을 받는다는 사실을 강조합니다.

또한 사도 요한은 자기를 환난과 나라와 인내에도 성도와 함께하는 이라고 소개합니다. 환난, 나라, 인내는 관사 하나로 연결돼 있습니다.5

---

4 Koester, 『요한계시록 I』, 371에 따르면, '형제'는 이스라엘 사람들 사이에 사회적 유대를 강화하는 관점에서 쓰는 용어이다. 이 용어는 기독교 공동체의 모든 사람을 지칭함과 동시에 기독교 선지지의 하위 집단을 가리킨다. John F. MacAthur, 『존 맥아더, 계시록을 해설하다―때가 가깝기에』, 김광모 옮김 (이 천: 성서침례대학원대학교출판부, 2017), 41에서도 자기를 '네 형제'로 낮춰서 말했다고 한다. 하지만 형제가 기독교 선지자의 하위 집단을 가리키는 용어라 는 주장에 동의할 수 없음은, 사도 요한과 바울이 형제라는 용어를 사용할 때 가족이라는 이미지에서 사용했지, 선지자의 하위 집단으로 생각하고 사용하지 않았기 때문이다. Fanning, 『강해로 푸는 요한계시록』, 97에서는 '형제'는 신약 에서 일반적으로 그리스도를 통하여 하나님을 아버지로 섬기는 믿음 공동체의 하나 됨을 지칭하는 가족 이미지를 의미한다고 말한다.

5 "환난과 그 나라와 인내(τῇ θλίψει καὶ βασιλείᾳ καὶ ὑπομονῇ)" 관사 (τῇ)는 맨 처음에만 있다. 관사가 세 단어를 모두 수식한다면, 환난, 나라, 인내 등은 서로 하나를 이루며 밀접하게 연결된다는 뜻이다. Beale, 『요한계시록(상)』, 348; Fanning, 『강해로 푸는 요한계시록』, 98은 관사가 세 단어를 수식한다고 말한다. Osborne, 『요한계시록』, 114~15에서는 관사가 세 단어 모두를 수식하 고, 또한 ABA 구조라고 주장한다.

하지만 Thomas, *Revelation 1~7*, 86에 따르면, 관사가 첫 단어인 환난만 수식하고, 나라와 인내가 환난을 수식한다. 그래서 강조점은 환난이다. 환난, 나 라, 인내에 그랜빌 샤프의 법칙을 적용할 수 있다. 그랜빌 샤프의 법칙을 적용 하면, 세 단어는 서로 연합이 되며 밀접하게 관련이 있다는 뜻이다. 그랜빌 샤 프의 법칙에 관해서는 Daniel B. Wallace, *Greek Grammar Beyond the Basics: An Exegetical Syntax of the New Testament* (Grand Rapids:

관사 하나로 환난, 나라, 인내를 연결한다는 의미는 세 단어가 서로 밀접하게 연결된다는 의미입니다. 여기서 환난은 그리스도 때문에 받는 일반적인 어려움이나 스트레스, 또는 핍박을 말합니다. 그리스도를 적대시하는 이 세상에서, 그리스도께 충성한다는 이유로 받는 핍박과 어려움을 말합니다. 물론 환난의 절정인, 그리스도께서 오시기 직전에 있을 대환난도 포함합니다.6 환난은 하나님 나라를 받는 데 가장 필요한 요소입니다. 하나님의 나라는 하나님께서 통치하시는 나라입니다.7 통치의 완성은 예수님께서 이 땅에 오실 때 이루어집니다. 그래서 성도는 하나님 나라의 완성을 기다립니다. 환난을 경험하는 성도는 완성된 하나님 나라에서 예수님과 함께 왕으로서 이 세상을 통치합니다. 이 하나님 나

Zondervan Publishing House, 1996), 270~90; Daniel B. Wallace, 『월리스 중급 헬라어 문법: 신약 구문론의 기초』, 김한원 옮김 (서울: 한국기독학생회출판부, 2019), 148~58을 보라.

6 Mounce, 『요한계시록』, 85; Fanning, *Revelation*, 93~94; George E. Ladd, *A Commentary on the Revelation of John* (Grand Rapids: Wm. B. Eerdmans Publishing Company, 1972), 29~30에 따르면, 환난은 이 세상에서 성도가 받는 일반 환난을 이야기하며, 마지막 시대에 경험할 대환난을 포함한다. 하지만 Koester, 『요한계시록 I』, 371에 따르면, 현재 환난, 가난, 투옥, 배척을 뜻한다.

7 Beale, 『요한계시록(상)』, 148; Osborne, 『요한계시록』, 114; Fanning, 『강해로 푸는 요한계시록』, 98 등에서는 하나님 나라를 '이미 그러나 아직 아니(already, but not yet)' 틀로 이해한다. 하나님 나라는 예수님의 오심과 함께 시작했고, 그 완성은 재림 때에 이뤄진다고 말한다. 하지만 Osborne과 Fanning의 관점은 Beale의 관점과 약간의 차이점이 있다. Beale은 하나님 나라의 통치는 이미 시작했고 신자가 그리스도의 나라에서 예수와 함께 왕으로서 다스린다고 이해하지만, Osborne과 Fanning은 하나님이 왕으로서 통치하는 성도가 '나라'(Christ has made His people to be a kingdom)라는 관점을 견지한다. 하나님 나라로서 성도는 악의 나라에 살면서, 만왕의 왕께서 악의 나라에 진노를 퍼붓고 영원한 나라로 교체하시기를 기다린다고 말한다.

하지만 Mounce, 『요한계시록』, 85; Thomas, *Revelation 1~7*, 87에 따르면, 하나님 나라는 다가올 메시아적인 축복 기간, 곧 천년왕국이라고 말한다. 물론 Mounce는 천년왕국이라는 용어를 사용하지 않는다.

라를 기다리며 인내해야 합니다. 왜냐하면 우리는 현재 고난을 겪으며 핍박받으며 살기 때문입니다. 세상이 주는 시험이나 적의, 그리고 사회적인 배척을 겪으며 살아가고 있습니다. 이런 어려운 환경에서, 성도는 인내해야 합니다.

인내한다는 말은 어려운 환경을 피한다는 말이 아닙니다. 고난에 굳게 맞서고, 어려운 환경에서도 굳건하게 신앙생활을 지켜낸다는 뜻입니다.[8] 핍박을 받을 때 인내할 힘이 우리에게는 없습니다. 이를 가능하게 하는 힘은 예수님에게 있습니다. 그래서 사도 요한은 "예수 안에서" 인내하라고 권면했던 것입니다. "예수 안에"는 '믿음 안에서'라는 의미이기도 합니다. 성도는 믿음을 굳게 붙잡고 예수님을 의지할 때, 인내할 수 있습니다. 세 단어 중 핵심은 하나님 나라입니다. 하나님 나라를 위해 고난과 환난을 동시에 경험합니다. 이때 인내함으로 견디어 내야 합니다. 하나님 나라를 위해 세상의 유혹과 핍박에 저항하면서, 성도는 믿음 안에서 인내하며 살아야 합니다.

동료 성도가 하나님 나라를 위해 고난과 핍박을 인내하며 맞서고 있을 때, 요한 사도는 밧모섬에서 유배 생활하고 있었습니다. 밧모섬에서 유배 생활을 하는 중에 성령의 강력한 힘에 사로잡혔습니다. 10절입니다. **"주님의 날에 내가 성령에 사로잡혀 내 뒤에서 나팔 소리처럼 울리는 큰 음성을 들었습니다."** 요한이 계시받은 날은 '주님의 날'입니다.[9]

---

8 '인내'는 어려움을 직면했을 때 견디어 내는 능력을 뜻합니다. Walter Bauer, eds. Kurt Aland, Barbara Aland, and Viktor Reichmann, 『바우어 헬라어 사전 —신약성경과 초기 기독교 문헌의 헬라어-한국어 사전』, 이정의 옮김 (서울: 생명의말씀사, 2017), 1571~72; Fanning, 『강해로 푸는 요한계시록』, 98, n. 7을 보라.

9 '주의 날'에 관한 세 가지 견해가 있다. 1) 종말론적인 주의 날, 2) 부활절 예배, 3) 주일날이다. 계시록 1:10에서 주의 날은 안식 후 첫날, 곧 주님께서 부활하신 날을 기념하여 모이는 주일(일요일)을 의미한다. 그렇다면 주일예배를 드릴 때 성령이 임했을 가능성이 있다(Beale, 『요한계시록(상)』, 351; Mounce, 『요한계시록』, 86; Osborne, 『요한계시록』, 118; Fanning, 『강해로 푸는 요한계시록』, 101).

주의 날은 예수님께서 부활하신 날을 기념하여 모인 주일을 의미합니다. 주일예배를 드리는 중에 계시가 임한 듯합니다. 계시는 성령의 역사로 임했습니다. 요한은 아마 성령에 감동이 되어 황홀한 상태에 있었을 것입니다. 황홀한 상태에 있을 때, 계시는 나팔 소리와 같은 큰 음성으로 들립니다.[10] 그 음성은 요한에게 보는 것을 책에 기록하여 소아시아의 일곱 교회에게 보내라고 명령합니다.[11]

"요한은 자신에게 명령한 음성이 누구의 음성인지 알아보려고 뒤로 돌아봅니다."

II. 계시하시는 분은 교회를 돌보시는 영광과 심판의 주님이시다(1:12~16).

1. 계시의 주인은 세상에 빛을 비추는 교회를 돌보시는 주님이시다 (1:12~13a).

요한은 일곱 금 촛대를 봤고, 그 가운데 인자와 같은 이가 계시는 모습을 봤습니다. 요한계시록 1:20에 따르면, 일곱 금 촛대는 일곱 교회를

---

10 구약시대에 나팔 소리 용도는 크게 세 가지였다. 1) 전쟁 신호이다(삿 3:27; 6:34; 겔 7:14). 2) 왕의 즉위식을 통보한다(삼하 15:10; 왕상 1:34~35), 3) 축제 기간에 의식적인 경배 또는 속죄 제사에서 쓰였다(삼하 6:115; 느 12:35~36; 대하 29:27~28). Osborne, 『요한계시록』, 118에 따르면, 요한계시록에서는 이 세 가지를 모두 포함한다. 이 구절에서는 2)와 3) 용도가 핵심이고, 후반부로 갈수록 1) 용도가 두드러진다고 말하면서, 요한이 들은 음성은 예수 그리스도의 음성이라고 한다. 하지만 Beale, 『요한계시록(상)』, 352에 따르면, 나팔 소리는 여호와께서 시내산에서 모세에게 계시하실 때 모습을 떠올리게 한다. 그는 음성은 인자를 소개하는 천사의 음성이라고 한다. Aune, 『요한계시록 1~5』, 445~46에서는 요한이 들은 음성을 하나님의 현현이라고 말한다.

11 일곱 교회가 선택된 이유는 그 도시들이 소아시아에서 편지를 분배하는 중요한 중심 도시였기 때문이라는 견해를 Beale, 『요한계시록(상)』, 353; Mounce, 『요한계시록』, 87~88; Osborne, 『요한계시록』, 119; Fanning, 『강해로 푸는 요한계시록』, 102에서 주장한다.

지칭합니다. 그렇다면 인자와 같은 이가 일곱 교회 가운데 계셨습니다.

"그렇다면, 인자와 같은 이는 누구일까요?"

다니엘 7:13~14은 인자와 같은 이를 언급합니다. "내가 밤에 이러한 환상을 보고 있을 때에 인자 같은 이가 오는데, 하늘 구름을 타고 와서, 옛적부터 계신 분에게로 나아가, 그 앞에 섰다. 옛부터 계신 분이 그에게 권세와 영광과 나라를 주셔서, 민족과 언어가 다른 뭇 백성이 그를 경배하게 하셨다. 그 권세는 영원한 권세여서, 옮겨 가지 않을 것이며, 그 나라가 멸망하지 않을 것이다." 다니엘 7장에서 "인자와 같은 이"는 인간의 몸을 입은 신적 존재입니다.12 그는 옛적부터 계신 전능하신 하나님 앞으로 구름을 타고 와서 나아갑니다. 전능하신 하나님은 인자와 같은 이에게 권세, 영광, 나라를 주어 모든 민족을 통제하게 하십니다. 이 말은 인자와 같은 이가 모든 만물을 주관할 수 있는 능력과 권세를 받았다는 뜻입니다. 이 권세를 받고 이방 제국을 물리치고, 영원히 멸망하지 않는 나라, 영원한 하나님 나라를 세우고 통치합니다. 다니엘 7장에서 "인자와 같은 이"는 영원한 권세를 가지신 메시아를 지칭합니다.

신약에서도 "인자와 같은 이"는 메시아 칭호로 쓰입니다.13 사도행전 7:55~56은 인자를 예수님으로 지칭합니다. "그런데 스데반이 성령이 충만하여 하늘을 쳐다보니, 하나님의 영광이 보이고, 예수께서 하나님의 오른쪽에 서 계신 것이 보였다. 그래서 그는 '보십시오, 하늘이 열려 있고, 하나님의 오른쪽에 인자가 서 계신 것이 보입니다' 하고 말했다." 이 구절은 스데반이 이스라엘 지도자들에게 붙잡혀 그들에게 심문받을 때 한 말입니다. 스데반이 순교를 당하기 직전에 이스라엘 백성에게 한 말인데요. 스데반은 성령이 충만하여 하나님의 영광을 보고, 하나님 오른

---

12 계시록 1:13에서 인자와 같은 이가 다니엘 7:13~14에서 인자와 같은 이의 이미지라고 대부분 학자는 주장한다(Osborne, 『요한계시록』, 123; Mounce, 『요한계시록』, 88~89; Fanning, 『강해로 푸는 요한계시록』, 103~04).

13 Thomas, *Revelation 1~7*, 98.

쪽에 서 계신 예수님을 봤습니다. '하나님 오른쪽에 시 계신 예수님'을 가리켜 '하나님 오른쪽에 인자와 같은 이"라고 부릅니다. 마태복음, 마가복음, 누가복음, 요한복음에서 예수님은 당신을 자주 인자라고 표현합니다. 사복음서에서 인자라는 용어는 약 80번 이상 쓰입니다. 거의가 예수님을 지칭합니다. 요한복음 3:13입니다. **"하늘에서 내려온 이, 곧 인자 밖에는 하늘로 올라간 이가 없다."** 요한복음 6:62입니다. **"인자가 전에 있던 곳으로 올라가는 것을 보면, 어떻게 하겠느냐?"** 그렇다면 사도 요한이 본 인자와 같은 이는 부활해 승천하신 예수님을 가리킵니다.

"인자와 같으신 이는 부활·승천하신 예수님이신데, 무슨 일을 하십니까?"

일곱 금 촛대 가운데 계십니다. 이는 무슨 뜻일까요? 일곱 금 촛대는 일곱 교회를 지칭합니다. 교회를 금 촛대에 비유한 이유는 교회의 목적과 관계가 있습니다. 촛대와 등잔대는 세상에 빛을 비추려고 존재합니다. 마찬가지로 교회는 어두운 세상에서 하나님의 능력의 빛, 임재의 빛을 비추려고 존재합니다.[14] 그렇다면 인자와 같은 이가 일곱 교회 사이에 계신다는 말은 부활·승천하신 예수님이 교회 가운데 계신다는 뜻입니다. 예수님은 교회를 지지하고 돌보십니다.[15] 고난과 박해를 당하며 살아가는 교회를 돕고 계십니다. 예수님은 어려움에서도, 핍박과 고난에서도 세상의 빛과 소금의 역할을 감당하는 교회를 기억하시고, 돌보시며, 보호하십니다. 성도 여러분, 어려운 가운데서도 복음의 빛을 전할 때 예수님은 우리를 기억하십니다. 어려움에서도 타협하지 않고 빛과 소금의 역할을 감당할 때, 하나님은 기억하시고 돌보아 주십니다.

13~16절에서 요한은 인자와 같은 이, 즉 부활·승천하신 예수님의 모습을 은유적으로 묘사합니다. 예수님의 모습을 은유하는 표현은 예수님이 누구신지를 보여줍니다.

---

14 Mounce, 『요한계시록』, 88.

15 Osborne, 『요한계시록』, 122.

2. 주님에 대한 묘사는 영광과 심판의 사역과 관련이 있다(1:13b~16).

첫째 묘사에 따르면, 예수님은 **"발에 끌리는 긴 옷을 입고, 가슴에 금
띠를 띠고"**(13절) 계셨습니다.16 발에 끌리는 긴 옷이나 가슴에 금띠를
띤다는 대제사장이 입는 옷을 지칭할 수 있습니다(출 28:4, 31; 29:5).
혹은 고관대작이나 왕이 입는 옷을 지칭할 수도 있습니다. 만약 대제사
장이 입는 옷을 의미한다면, 대제사장의 임무가 촛대를 돌보는 일이듯
이, 예수님께서 교회를 돌보신다는 의미입니다. 왕이 입는 옷을 지칭한
다면, 예수님의 왕권, 위엄과 고귀한 신분을 나타낼 수 있습니다. 그리
고 만약 대제사장과 왕 둘 다를 의미한다면, 예수님께서 위엄과 왕의
권세로 교회를 돌보신다는 의미입니다.

둘째 묘사는 **"머리와 머리털은 흰 양털과 같다"**(14a절)입니다. 다니
엘 7:9에서 흰 양털은 옛적부터 계신 분, 하나님을 묘사합니다.17 때때
로 백발 머리는 존경을 받을 만한 지혜와 위엄을 상징합니다(레 19:32;

---

16 MacAthur, 『존 맥아더, 계시록을 해설하다』, 44~45; Mounce, 『요한계
시록』, 89에서는 그리스도의 대제사장 기능을 강조하려고 사용했다고 말한다.
하지만 Aune, 『요한계시록 1~5』, 459~60에서는 높임을 받은 그리스도께서 제
사장의 옷을 입으셨다는 근거가 없다면서, 에스겔 9:2과 다니엘 10:5을 연결해
계시의 천사라고 말한다. Thomas, *Revelation 1~7*, 100에서도 천사 견해를 지
지하면서 대접 심판을 선언하는 천사라고 말한다. Osborne, 『요한계시록』, 125
에서는 고관이나 통치자 견해를 주장하면서 그리스도의 고귀한 신분을 나타낸
다고 말한다. Ladd, *A Commentary on the Revelation of John*, 33은 그리스
도의 제사장 기능을 이야기하는지, 아니면 그리스도의 고귀함을 이야기하는지
분명하지 않다고 말한다. Fanning, 『강해로 푸는 요한계시록』, 104에서는 두
가지 모두 가능하다고 본다. Beale, 『요한계시록(상)』, 360~61에서도 두 가지
가능성을 말하면서, 대제사장이라면 제사장의 역할 중 하나가 촛대를 돌보는
일이듯이, 어두운 세상에 빛을 전하는 교회를 돌보신다는 의미라고 말한다.

17 Mounce, 『요한계시록』, 90; Fanning, 『강해로 푸는 요한계시록』, 104~05;
Thomas, *Revelation 1~7*, 100~01.

잠 16:31). 그렇다면, 예수님은 하나님께서 받으시는 영광을 받는 분이십니다. 하나님처럼 존경받으시며 지혜와 위엄을 지니십니다.

셋째 묘사는 **"눈과 같이 희고, 눈은 불꽃 같다"**(14b절)입니다. 다니엘서 10:6에서는 이 표현으로 천사와 같은 한 사람을 묘사합니다. 천사와 같은 이는 초자연적인 지적 능력을 지닌 신적 존재입니다. 그렇다면 **"눈과 같이 희고, 눈은 불꽃 같다"**라는 말은 예수님이 모든 것을 꿰뚫어 보시는 신적 통찰력을 지니셨다는 뜻입니다.[18] 예수님은 교회뿐 아니라, 세상의 모든 것을 가장 정확히 아시는 신적 통찰력을 지니셨습니다. 그래서 예수님은 모든 것을 아시기에, 성도의 형편을 살피십니다.

넷째 묘사는 **"발은 풀무불에 달구어 낸 놋쇠와 같다"**(15a절)입니다. 금속이나 금속을 포함한 돌을 풀무불에 달구면 용해되어 불순물은 제거되고 순수한 금속이 나옵니다. 그렇게 달궈낸 놋쇠는 불순물이 제거된 순수한 상태이기에, 이 묘사는 그리스도의 순수함을 지칭합니다.[19] 예수님은 죄가 없는 깨끗한 분, 순수한 분이십니다. 그래서 이 세상의 죄를 결코 간과할 수 없고, 죄악 세상을 심판하실 수 있습니다.

다섯 번째 묘사는 **"음성은 큰 물소리와 같다"**(15b절)입니다. 이는 폭포에서 떨어지는 물줄기 소리나 밧모섬 연안으로 몰아치는 에게해 파도를 연상하게 합니다.[20] 떨어지는 폭포나 해안으로 몰아치는 파도는 강

---

18 Mounce, 『요한계시록』, 90; MacArthur, 『존 맥아더, 계시록을 해설하다』, 45; Osborne, 『요한계시록』, 126; Thomas, *Revelation 1~7*, 101; Ladd, *A Commentary on the Revelation of John*, 33.

19 Fanning, 『강해로 푸는 요한계시록』, 105~06; Thomas, *Revelation 1~7*, 101. Mounce, 『요한계시록』, 91에서는 힘과 안정감으로 표현하고, Osborne, 『요한계시록』, 126~27에서는 발은 그리스도의 힘이나 안정감 그리고 절대 순수함을 지칭하는데, 이는 심판 문맥에서 경건하지 않은 자들이나 배교자들에 대한 하나님의 심판 경고도 포함한다고 말한다.

20 Osborne, 『요한계시록』, 127; Mounce, 『요한계시록』, 91.

력함을 표현합니다. 음성이 큰 물소리와 같다는 예수님의 강력한 음성, 곧 초자연적인 능력이나 권위를 상징합니다.[21]

여섯째 묘사는 "**오른손에는 일곱 별을 가지고**"(16a절)입니다. 일곱 별은 일곱 교회의 사자를 의미합니다(1:20).[22] 그리고 성경 전체에서 오른손은 능력과 권세를 상징합니다(시 110:1; 마 26:64). 예수님은 교회와 당신 사자들에 대한 절대 권위와 주권을 가지셨습니다.[23] 예수님이 교회에 대한 절대 권위와 주권을 가지시기에, 누구도 교회를 넘볼 수 없습니다.

일째 묘사는 "**입에는 날카로운 양날 칼이 나오고**"(16b절)입니다. '칼(ρομφαία)'은 길고 넓은 칼을 말합니다.[24] 신약에서 칼은 일반적으로 하나님의 말씀이나 심판의 의미로 쓰입니다(엡 6:27; 히 4:12; 잠 12:18; 사 49:2). 여기서는 심판 의미입니다. 예수님은 심판의 검을 가지고 계십니다. 입에서 날카로운 양날 칼이 나옴은 예수 그리스도께서 모든 사람에게 죄의 유무를 판결하는 사법 권위를 가지고 계심을 나타냅니다.[25]

---

21 Osborne, 『요한계시록』, 127; Thomas, *Revelation 1~7*, 103; Fanning, 『강해로 푸는 요한계시록』, 106.

22 Osborne, 『요한계시록』, 127. 하지만 Aune, 『요한계시록 1~5』, 465~66에서는 일곱 별을 실제 별자리를 지칭한다고 주장한다. 고대에는 일곱 별을 1) 일곱 행성, 2) 일곱 별을 갖고 있는 별자리인 큰곰 자라, 3) 일곱 개의 별을 갖고 있는 다른 별자리인 황소자리를 나타낼 수 있다고 본다.

23 Mounce, 『요한계시록』, 91; Osborne, 『요한계시록』, 127; Fanning, 『강해로 푸는 요한계시록』, 106. Thomas, *Revelation 1~7*, 103~04에 따르면, 오른손은 절대적 권위와 통제력을 뜻하고 보호 개념도 뜻한다. 그런데 계시록 2:1; 3:1에서 두 교회는 문제가 있는 교회이기에, 보호 개념보다는 권위나 통제 개념이 더 강하다고 말한다. Ladd, *A Commentary on the Revelation of John*, 33에서는 교회를 돌보시는 점을 강조한다.

24 Bauer, 『바우어 헬라어 사전』, 1373~74. 그런데 짧은 칼은 헬라어로 ράχαιρα[흐라카이라]라고 한다.

25 Osborne, 『요한계시록』, 128; Thomas, *Revelation 1~7*, 104. Fanning, 『강해로 푸는 요한계시록』, 106~07은 심판 개념을 이야기하면서 또한 하나님

여덟째 묘사는 "**얼굴은 해가 강력하게 비치는 것과 같다**"(16c절)입니다. 얼굴은 영광, 특히 하늘의 영광을 의미합니다.[26] 모세가 시내산에서 하나님의 영광스러운 광채를 봤듯이, 요한은 예수 그리스도의 영광스러운 광채를 봤습니다.

종합하면, 인자와 같은 이, 곧 부활·승천하신 예수님은 영화로운 분이며, 모든 것을 꿰뚫는 통찰력을 가지고 계시며, 인간 세상을 판결하는 사법권을 가지신 절대적인 권위의 하나님입니다.

예수님을 영광과 심판의 주님으로 묘사하고 있습니다. 예수님이 영광과 심판의 주님이신 이유는 무엇일까요? 예수님은 부활의 주님이시고, 죽음과 사망의 열쇠를 가지신 살아계신 하나님이시기 때문입니다.

III. 이유는 부활을 통하여 죽음과 사망의 열쇠를 가지신 살아계신 하나님이시기 때문이다(1:17~20).

영광스러운 인자와 같은 분이신 예수님을 보았을 때, 요한은 엎드려 죽은 사람과 같이 됩니다. 당연합니다. 영광의 주님을 보았으니, 그가 얼마나 두려웠을까요? 요한은 전능하신 분을 만났기에, 이제 죽었구나 하고 두려워했을 것입니다.[27] 이때 인자와 같은 분이신 예수님이 오른손을 요한에게 얹으시고, 두려워 말라고 말씀하십니다. 따스하면서도 능

의 말씀이 심판에 강력한 영향을 줌으로도 해석할 수 있다고 한다.

26 Osborne, 『요한계시록』, 129; Mounce, 『요한계시록』, 92; Thomas, *Revelation 1~7*, 105; Fanning, 『강해로 푸는 요한계시록』, 107. Beale, 『요한계시록(상)』, 366에서는 얼굴을 승리자, 즉 메시아적인 용사의 예표로 여긴다. Aune, 『요한계시록 1~5』, 468에서는 얼굴은 은유적인 표현으로 신 현현이나 천사의 현현에서 존엄, 신성, 초월성을 나타낸다고 한다.

27 Osborne, 『요한계시록』, 129~30에 따르면, 요한이 두려워한 반응을 두 가지로 해석한다. 1) 천계의 힘을 느꼈기에 나타나는 자연스러운 반응이며, 2) 말씀의 전달자에게 보여주는 경배하는 모습이다.

력의 목소리로 두려워하지 말라고 권면합니다. 그리고 당신을 "**처음이요 마지막**"이라고 소개하십니다.[28] 계시록 1:8에서 처음이요 마지막이라는 말은 하나님께 쓴 표현입니다.[29] 이 표현은 하나님의 영원하심을 의미합니다. 그런데 예수님이 당신을 처음이요 마지막이라고 소개하십니다. 그렇다면 예수님이 창조자이시며 만물을 근원이신 하나님이시라는 뜻입니다. 예수님은 영원하신 하나님이시며, 모든 역사의 시작임과 마지막을 통치하시는 주님이십니다. 그러면서 당신을 "살아 있는 자"라고 말씀합니다. 예수님은 영원히 살아계신 하나님이십니다. 생명이 없는 우상과 다릅니다. 사람의 손으로 만들어진 우상이 아니라, 생명의 근원이신 하나님입니다.

"예수님께서 영원히 살아있는 하나님이라는 증거는 무엇일까요?"

예수님의 죽으심과 부활입니다. 예수님은 죽으셨고, 죽음을 이기고 다시 살아나셨습니다. 18절입니다. "**살아 있는 자다. 나는 한 번은 죽었으나, 보아라, 영원무궁하도록 살아 있어서, 사망과 지옥의 열쇠를 가지고 있다.**" 예수님의 죽으심과 부활은 예수님이 영원히 살아있는 하나님이심을 증명합니다.[30] 예수님은 유월절 어린양으로 돌아가셨습니다. 3일 후에 다시 살아나셨습니다. 왜냐하면 죽음과 사망이 살아 있는 예수님을 붙잡을 수 없었기 때문입니다. 예수님의 부활은 예수님이 사망과 죽

---

28 Beale, 『요한계시록(상)』, 368에 따르면, 처음이요 마지막이라는 표현은 이사야 41:4; 44:6; 48:12에 언급된, 여호와의 자기표현인데, 이는 역사를 주관하시는 하나님의 주권, 특히 예언의 성취와 구원과 심판을 이행하시는 주권을 언급한다.

29 Osborne, 『요한계시록』, 131~32; Thomas, *Revelation 1~7*, 111에 따르면, 구약과 신약에서, '살아 있는 이'는 하나님을 묘사하는 일반 표현이다. 구약에서는 이 명칭은 생명을 전혀 가지고 있지 못하는 우상이나 이방 신과 대조되는 말로서, 오직 하나님만이 생명의 근원이시고, 생명이심을 말한다.

30 Beale, 『요한계시록(상)』, 370; Osborne, 『요한계시록』, 132; Fanning, 『강해로 푸는 요한계시록』, 108에서는 예수님의 부활이 그분 영원성을 입증하는 증거라고 말한다.

음의 영역을 지배하는 힘과 권세를 지니심을 증명합니다. 그래서 예수님은 당신이 사망과 죽음의 열쇠를 가지셨다고 말씀하십니다. 유대 문학에 따르면, 생명과 죽음의 열쇠를 가진 분은 하나님이십니다.[31] 계시록에서 요한은 생명과 죽음의 주인, 주권을 가지신 분이 예수님이라고 말합니다. 예수님이 생명과 죽음의 열쇠를 가지고 계시기에, 죽음에서 부활할 수 있었습니다. 이 말을 달리 표현하면, 예수님은 생명과 죽음의 열쇠를 가지고 계심을 부활로 증명하셨습니다. 예수님은 부활을 통하여, 사망과 음부의 세력을 파괴하시고, 모든 세상을 주관하시는 하나님이심을 증명하셨습니다. 그 결과, 예수님 안에 있는 사람은 죽음과 사망을 더는 두려워할 필요가 없습니다. 그래서 예수님은 죽은 나사로를 죽었다고 표현하지 않고, "잠자고 있다"라고 말씀하셨습니다(요 11:13). 이 예수님 안에 있을 때, 우리도 악과 죽음의 세력을 정복합니다. 죽음과 사망의 두려움에서 이길 수 있습니다.

죽음과 사망의 열쇠를 가지신 예수님께서 요한에게 본 것과 지금 일들과 앞으로 일어날 일을 기록하라고 명령하십니다. 19절입니다. "**그러므로 너는, 네가 본 것과 지금의 일들과 이 다음에 일어날 일들을 기록하여라.**" 예수님께서 요한에게 준 명령의 내용은 세 가지입니다. 네가 본 것, 지금 보고 있는 것, 그리고 미래에 일어날 일들입니다. 그런데 이것을 이렇게 해석할 수 있습니다. "**네가 본 것, 즉 지금 보고 있는 것과 미래에 일어날 일들을 기록하라.**"[32] 요한은 예수님의 계시를 통하여

31 참고로, Aune, 『요한계시록 1~5』, 474~77을 보면, 고대 그리스-로마 신화에서 음부 열쇠는 여인인 헤카테에게 있다고 말한다.

32 *The Net Bible*, Rev. 1:19, n. 60. Mounce, 『요한계시록』, 94~95에서도 이중으로 구분한다. "그러므로 네가 본 것을 쓰라. 즉, 지금 있는 일들과 미래에 있을 일을 쓰라." 그는 요한계시록 전체가 현재와 미래에 속한다고 말한다. 예를 들면, 4장과 5장에서 하늘 보좌 환상, 12장에서 남자아이를 출산하는 여인, 17장에서 많은 부분이 과거와 현재, 그리고 미래 모두에 속한다고 말한다. Aune, 『요한계시록 1~5』, 477~78에서도 비슷한 견해이다. 그는 요한이 과거,

현재와 미래에 일어날 일들을 봤습니다. 이것을 교회에게 알리라고 명령하십니다.

요한 사도가 본 것은 예수님의 오른손에 있는 일곱 별과 일곱 금 촛대입니다. 일곱 별과 일곱 금 촛대의 비밀에 관해서는 계시록 2장과 3장에 다시 나옵니다. 일곱 금 촛대는 일곱 교회를 의미합니다. 그리고 일곱 별은 일곱 교회의 사자들을 의미합니다.[33] 예수님은 교회와 교회

현재, 미래를 언급하는 듯하지만, 실제는 현재와 미래만 언급한다고 말한다.

하지만 John F. Walvoord, 『예수 그리스도의 계시』, 전준식 옮김 (서울: 교회연합신문사, 1987), 62; Thomas, *Revelation 1~7*, 115; Ladd, *A Commentary on the Revelation of John*, 34에서는 본 것은 1장의 환상, 보는 것은 2~3장의 일곱 교회에게 보낸 편지, 그리고 미래의 일은 4~22장으로 해석한다. Fanning, 『강해로 푸는 요한계시록』, 110은 "지금 일들"을 하나님의 구속 계획에서 일어날 미래 사건의 관점에서 요한이 본 것이 구체적으로 무엇을 의미하는가로 해석한다. 그래서 그는 1:19은 계시록의 개요를 말함이 아니고, 요한이 그의 환상을 설명하는 문학적 패턴이라고 말한다. Beale은 계시록 1:19은 다니엘 2:28~29, 45을 암시하며, 19절에 세 개 목적절은 요한계시록 전체를 언급한다고 주장한다. 그런데 Beale의 견해는 난해하다. 그는 6가지 견해를 제시하고서, 마지막 견해를 선호한다고 말한다. 비일이 제시한 6가지 견해와 그의 결론은 Beale, 『요한계시록(상)』, 275~302, 73을 보라. Osborne, 『요한계시록』, 134에서는 Beale의 주장이 가장 개연성이 크다고 말하면서도 자기 견해를 지지하는 근거를 제시하지 않는다.

33 일곱 별에 관한 해석은 다양하다. 1) 교회들의 수호천사(Beale, 『요한계시록(상)』, 375; Osborne, 『요한계시록』, 136; Aune, 『요한계시록 1~5』, 481; Fanning, 『강해로 푸는 요한계시록』, 111~12), 2) 의인화된 교회의 영 또는 교회의 천상 파트너(Mounce, 『요한계시록』, 95~96; Ladd, *A Commentary on the Revelation of John*, 85), 3) 유대교와 기독교 일부 분파의 천사 숭배 사상을 반영한 개념, 4) 메신저로 교회 지도자, 곧 목사나 감독(박윤선, 『정암 박윤선의 요한계시록 강해—참 교회의 승리와 구원의 완성』 [수원: 영음사, 2019], 40; Walvoord, 『예수 그리스도의 계시』, 63; Philip E. Hughes, *The Book of the Revelation* [Grand Rapids: Wm. B. Eerdmans Publishing Company, 1990], 31), 그리고 5) 지도자가 아니라 일반 전령 등을 의미한다(Thomas, *Revelation 1~7*, 119). "일곱 별은 일곱 교회의 심부름꾼이요"에서 심부름꾼은 헬라어로 앙겔로

의 사자들을 돌보시는 분입니다. 죽었다가 부활하신 살아계신 예수님이 요한에게 기록하라고 하셨습니다. 예수님이 교회를, 교회의 사자를 돌보신다는 사실은, 예수님께서 어떤 어려움에 부닥친 성도들, 교회를 돌보신다는 사실을 말씀하고 있습니다.

결론

예수님은 영광을 받으시기에 합당하신 분으로, 심판의 주님으로 묘사가 됩니다. 예수님께서 영광을 받으시기에 합당하시며, 심판의 주님이신 이유는 죽으시고 살아나셨기 때문입니다. 부활을 통하여 죽음과 사망의 열쇠를 가지신 하나님으로 입증되셨기 때문입니다. 그래서 예수님은 악을 심판하실 수 있습니다. 예수님은 악을 심판하시지만, 세상에 빛을 비추는 교회를 돌보시는 분이십니다. 그분께서는 성도들이 어려움을 당할 때 내버려 두시지 않습니다. 성도의 고난과 핍박을 기억하십니다. 그리고 인내하도록 도와주십니다. 예수님은 능력의 오른손으로 교회를 보호하십니다. 그러므로 성도들이 힘들고 어려울 때 이 주님께 의지하시기를 바랍니다. 의지할 때 주님께서 여러분을 도와주십니다.

이($\alpha\gamma\gamma\epsilon\lambda\text{o}\iota$)이다. 앙겔로이는 하나님의 대리인이나 도구로 사용됐고, 때때로 사람의 보호자로서 천상의 존재를 지칭하기도 한다(마 18:10; 행 12:15). 하지만 앙겔로이는 인간 사자를 가리키는 경우는 극히 드물고, 요한계시록에서 앙겔로이는 다른 복수 앙겔루스와 함께($\alpha\gamma\gamma\epsilon\lambda\text{o}\upsilon\varsigma$) 여러 번 쓰였는데 모두 천상의 존재를 가리킨다(계 1:20; 7:1, 11; 8:2, 6; 9:14, 15; 12:7, 9; 15:1, 6; 21:12). 그래서 어떤 견해를 주장해도 만족할 만한 대답이 없지만, 천사의 존재, 즉 교회를 대표하는 수호천사 견해가 타당하다고 말한다. 단지 수호천사라면 Osborne이 지적했듯이 계시록 2장과 3장의 편지들이 교회의 문제점을 지적하면서 회개를 촉구하는데, 어떻게 가능하냐는 문제가 남는다.

계시록 2:1~7, '에베소 교회에 보내는 편지'
첫사랑을 회복하자

중심 내용: 칭찬받는 교회의 특징은 첫사랑 위에 신실한 믿음을 세운다.

I. 예수님은 교회를 사랑하시고 지키시는 분이시다(2:1).

II. 예수님의 책망은 사랑 없이 교리 잣대로만 살아가는 교회가 받는다
(2:2~3, 4, 6).

　1. 칭찬은 이단의 공격을 말씀에 굳게 서서 대항하면 받는다(2:2~3, 6).

　2. 책망은 하나님 사랑과 이웃 사랑을 버릴 때 받는다(2:4).

III. 첫사랑 회복은 회개함으로 경험하며, 보상도 받는다(2:5, 7).

서론

　사역자를 뽑을 때, 탁월한 능력이 있고 여러 나라 언어를 구사해도 사랑이 없는 냉랭한 사람이라면, 어떻게 하시겠습니까? 성경 지식이 탁월하고 믿음은 있는데, 사랑이 없다면 어떻게 하시겠습니까? 자기가 가지고 있는 것을 나누고 섬기는 일을 잘하는데, 사랑이 없다면 어떻게 하시겠습니까? 바울은 무엇이라고 대답할까요? 그런 사역자를 뽑지 않

겠다고 대답합니다. 그는 고린도전서 13장에서 사랑이 없으면 아무런 유익도 없다고 대답했습니다. 예수님은 무엇이라고 대답하실까요? 사도 요한이 에베소 교회에 보낸 편지에, 예수님의 대답이 들어 있습니다. 오늘 저는 「첫사랑을 회복하자」라는 제목으로 말씀을 전하겠습니다.

I. 예수님은 교회를 사랑하시고 지키시는 분이시다(2:1).

에베소는 소아시아에서 가장 크고 중요한 도시였습니다. 세 개의 큰 교역로가 통과하는 교통 중심지였기에, 소아시아에서 가장 큰 상업 도시였습니다.[1] 고대 세계의 7대 불가사의 중 하나인 아데미 신전도 이곳에 있었습니다(행 19:24, 27~28, 34~35).[2] 아데미 신전에 보관한 자금 규모가 엄청났는데, 이 자금이 에베소를 금융 중심지로 만들었습니다. 또한 황제를 숭배하는 신전들이 있었으며, 황제숭배가 번성한 곳입니다. 이곳이 항구 도시였기에, 노예 상인들이 노예들을 매매하여 로마와 다른 지역으로 이송했습니다. 그러다 보니 에베소에는 의료인들, 어부들, 양털 중개인들, 빵 굽는 사람들, 은세공업자들 등 다양한 직종에 종사하는 사람이 있었습니다.[3] 이런 이유로 에베소는 상업 도시이면서 종교 중심지였습니다.

---

1 Grant R. Osborne, 『요한계시록』, 김귀탁 옮김, BECNT 시리즈 (서울: 부흥과개혁사, 2019), 147; Robert H. Mounce, 『요한계시록』, 장규성 옮김, NICNT (서울: 부흥과개혁사, 2019), 101에 따르면, 에베소를 통과하는 교역로 세 개는 1) 유프라테스에서 라오디게아와 골로새를 통과하는 길, 2) 갈라디아에서 사데를 통과하는 길, 3) 로마 제국 치하에서 소아시아의 가장 중요한 길인 메안더 계곡에서 남쪽과 동쪽으로 이어지는 길 등이다.

2 Mounce, 『요한계시록』, 101에 따르면, 아데미 신전은 건축가인 티노크라테스(Dinocrates)가 세웠는데, 길이는 130m, 너비는 70m, 높이 18m인데, 127개 기둥으로 세워진 거대한 신전이다.

3 에베소에 많은 신전이 있었는데, 신전이나 종교 행사에 관한 자세한 내용은 Craig R. Koester, 『요한계시록 I—서론, 1~9장』, 최흥진 옮김, 앵커바이블 시리즈 (서울: 기독교문서선교회, 2019), 403~10; David E. Aune, 『요한계시록 1~5』,

에베소 교회는 바울이 개척했습니다. 2차 선교 활동에서, 바울은 브리스길라와 아굴라와 함께 에베소 교회를 개척했습니다(주후 52~53년경). 바울이 에베소를 떠난 후, 브리스길라와 아굴라는 아볼로를 도와 에베소 교회를 섬겼습니다(행 18:18~25). 3차 전도 활동 때, 바울은 다시 에베소로 돌아와 2년 3개월 동안 머물면서 에베소 전 지역에 복음을 전했습니다. 그 후 디모데가 그곳에서 사역했습니다(딤전 1:3).

"나중에 사도 요한이 에베소에 거주하며 영향을 끼쳤습니다. 그리고 밧모섬에 유배됐을 때 에베소에 편지를 보냅니다."

에베소 교회에 보내는 편지는 오른손에 일곱 별을 붙잡고, 일곱 금 촛대 사이를 거니시는 분에게서 왔습니다. 일곱 별과 일곱 금 촛대는 1:12, 13, 20에서 언급합니다. 단지 차이가 있다면, 12절, 13절, 20절에 없는 "붙잡다"와 "사이를 거닐다"라는 표현이 첨가된 점입니다. "**붙잡다**(κρατῶν)"는 '소유하다, 움켜잡고 있다, 꽉 붙들고 있다'라는 뜻입니다.[4] 예수님께서 에베소 교회를 꽉 붙잡고 계시기에, 누구도 주 예수님으로부터 교회를 빼앗아 가지 못한다는 뜻입니다. 그리고 "**사이를 거닐다**(ὁ περιπατῶν ἐν μέσῳ)"는 '걸어 다니다, 또는 돌아다니다'라는 뜻입니다.[5] 이 표현은 주님께서 교회 사이를 걸어 다니시고 돌보신다는 의미인데, 그리스도께서 성도와 교회 가운데 거하심, 곧 그리스도의 임재를 뜻합니다.[6] "붙잡고, 거닐고 다닌다"라는 표현은 예수님이 교회 가운데 거하시며 교회를 붙잡고 계시는 모습을 보여주고 있습니다. 예수님은 교회를 지키시며, 언제나 교회와 함께하십니다. 그래서 아무도 교회를 예수님의 손에서 빼앗지 못합니다.

김철 옮김, WBC 성경주석, 52상 (서울: 솔로몬, 2003), 527~34를 참조하라.

4 Walter Bauer, eds. Kurt Aland, Barbara Aland, and Viktor Reichmann, 『바우어 헬라어 사전—신약성경과 초기 기독교 문헌의 헬라어-한국어 사전』, 이정의 옮김 (서울: 생명의말씀사, 2017), 855~56.

5 Bauer, 『바우어 헬라어 사전』, 1219~21.

6 Aune, 『요한계시록 1~5』, 536.

"예수님께서 이렇게 교회를 돌보시며, 친히 에베소 교회를 칭찬하십니다."

II. 예수님의 책망은 사랑 없이 교리 잣대로만 살아가는 교회가 받는다(2:2~3, 4, 6).

1. 칭찬은 이단의 공격을 말씀에 굳게 서서 대항하면 받는다(2:2~3, 6).

에베소 교회는 교리에 굳건히 섰다는 간증이 있는 교회였습니다. 예수님은 에베소 교회를 아신다고 말씀하셨습니다. **"나는 네가 한 일과 네 수고와 인내를 알고 있다"**(2:2). 무엇을 안다는 말인가요? 에베소 교회의 행위(τὰ ἔργα σου)를 아신다는 뜻입니다. 에베소 교회가 지금까지 한 일, 수고, 그리고 인내를 알고 계신다는 말입니다. 그런데 이것은 이렇게도 해석할 수 있습니다. **"나는 네가 한 일, 곧 네 수고와 인내를 알고 있다."**[7] 예수님은 에베소 교회가 한 행위, 즉 수고와 인내를 아셨습니다.

"수고와 인내는 다른 것 같으면서도 서로 관련이 있습니다. 그러면 구체적으로 수고와 인내는 무엇을 말할까요?"

2b절은 수고를 설명하고, 3절은 인내를 설명합니다. 에베소 교회가 한 수고는 교리에 충실한 삶입니다. 2절입니다. **"또 나는, 네가 악한 자들을 참고 내버려 둘 수 없었던 것과, 사도가 아니면서 사도라고 자칭하는 자들을 시험하여 그들이 거짓말쟁이임을 밝혀낸 것도, 알고 있다."** 에베소 교회가 한 수고는 이단의 공격을 대항한 일입니다. 에베소 교회는 이단들의 공격을 직면하고 있었습니다. 바울은 3차 여행을 마치고 예루살렘으로 돌아가면서, 에베소 교회 장로들을 불러놓고 고별설교를 할 때, 이단을 조심하라고 권면했습니다. 사도행전 20:29~31입니다. **"내가 떠난 뒤에, 사나운 이리들이 여러분 가운데로 들어와서, 양 떼를 마구 해**

---

7 Osborne, 『요한계시록』, 152; Aune, 『요한계시록 1~5』, 537; Buist M. Fanning, 『강해로 푸는 요한계시록』, 정옥배 옮김, 존더반신약주석 (서울: 도서출판 디모데, 2022), 120~21.

하리라는 것을 나는 압니다. 바로 여러분 가운데서도, 제자들을 이탈시켜서 자기를 따르게 하려고, 어그러진 것을 말하는 사람들이 나타날 것입니다. 그러므로 여러분은 깨어 있어서, 내가 삼 년 동안 밤낮 쉬지 않고 각 사람을 눈물로 훈계하던 것을 기억하십시오." 바울은 두 가지를 경고합니다. 하나는 거짓 교사들이 교회에 들어와 교회를 어지럽힌다는 경고입니다. 다른 하나는 지도자 중 일부는 자기 영향력을 극대화하려고 이단 교리를 따른다는 경고입니다. 그래서 깨어 조심하라고 경고합니다.

바울이 경고하고서 약 35년이 지났을 때, 바울이 한 예언이 정확하게 들어맞았습니다. 소아시아에 많은 이단, 곧 사나운 이리들이 교회에 들어와서 성도들을 잘못된 길로 인도하기 시작했습니다. 그런데 에베소 교회는 그런 악한 이단들이 교회에 들어오는 것을 내버려 두지 않았습니다. 자칭 사도라 하면서 거짓 가르침을 가르치는 거짓 교사들을 시험했습니다.[8] 그리고 그들의 교리적인 모순을 발견하고, 교회에 들어오지 못하도록 했습니다.

어떻게 시험했을까요? 예수님은 마태복음에서 **"너희는 그 열매를 보고 그 사람들을 알아야 한다"**라고 하셨습니다(마 7:20). 참 사도인지, 아니면 거짓 사도인지를 아는 방법은 간단합니다. 그들 가르침과 삶이 일치하는가를 보면 알 수 있습니다. 참된 사도라면, 가르침이나 삶이 주님의 말씀과 행하심에 일치합니다. 그들 가르침이 주님의 말씀과 일치하지 않으며 그들 행동이 주님의 행하심과 일치하지 않으면, 그는 거짓

---

8 Aune, 『요한계시록 1~5』, 539~41에서는 거짓 사도를 이단 교리를 가르치는 순회 교사라고 말한다. 모든 순회 교사가 다 거짓 사도라는 뜻이 아니라, 일부가 교회를 순회하면서 거짓 가르침을 가르쳤을 것이다. 에베소 교회는 순회 전도자들의 가르침을 하나님의 말씀에 근거하여 시험할 정도로 말씀에 서 있는 교회였다는 것을 알 수 있다. Fanning, 『강해로 푸는 요한계시록』, 121에서도 사도는 12사도를 지칭하는 게 아니라, 지역과 지역을 돌아다니면서 가르침을 전하는 전도자나 교사들을 지칭하는데, 거짓 교사는 거짓 가르침을 전함으로 성도들을 잘못된 곳으로 인도하는 자라고 말한다.

사도이며 그들 가르침은 거짓 교훈입니다. 에베소 교회는 거짓 사도들의 가르침을 바른지 그른지를 그들 삶을 보고 시험했습니다.

그들은 또한 니골라당의 가르침도 거짓 가르침임을 가려낼 수 있었습니다. 6절입니다. **"그런데 네게는 잘하는 일이 있다. 너는 니골라당이 하는 일을 미워한다. 나도 그것을 미워한다."** 니골라당 정체는 알려진 바가 없습니다. 니골라당 언급이 버가모 교회에 보낸 편지에도 나타납니다(계 2:15). 이들은 아마 이 땅의 우상 문화를 어느 정도 받아들임을 허락하는 교리를 주장한 듯합니다.[9] 에베소 도시의 경제적 번영은 상당 부분이 신전과 관련된 상업 때문이었습니다. 에베소는 아데미 여신의 신전이 있는 곳으로, 수많은 사람은 아데미와 관련된 상업에 종사했습니다. 사도행전 19장에서 바울이 에베소에서 사역하고 있을 때, 은으로 아데미 여신상을 만드는 사업가들에게 고소당한 적이 있었습니다. 그들은 바울 때문에 아데미 여신과 관련된 사업이 어려움에 부닥치자, 바울을 고발했습니다(행 19:21~41). 이것으로 유추해 볼 때, 에베소 도시에 아데미 신전이나 황제숭배에 봉헌된 신전과 관련된 사업이 많았음을 알 수 있습니다. 그러다 보니 자연히 에베소 교회 성도들은 우상 숭배 의식에 참여해야 한다는 압박을 받았을 것입니다. 왜냐하면 신전 의식에 참여가 도시 생활에 기본이었기 때문입니다.

니골라당은 사업을 하려거나 에베소라는 도시에서 살려면, 아데미 신전이나 우상 제사에 참석해도 한다고 가르쳤을 것입니다.[10] 그들은 에

---

9 G. K. Beale, 『요한계시록(상)』, 오광만 옮김, NIGTC (서울: 새물결플러스, 2020), 400.

10 Watson, "Nicolaitans," in *The Anchor Bible Dictionary*, ed. David Noel Freedman (New York: Doubleday, 1992), 1106~07에 따르면, 니골라당은 이방 종교나 사회에 관대한 교리를 가르쳤으며, 우상에 제사 지낸 음식을 먹는 일이나 음행에도 관대했다. 그래서 성도가 우상 축제에 참여나 시장에서 파는 제사 음식 먹기에 참여에 반대하지 않고, 오히려 권장했다. 니골라당 기원에 관한 자세한 내용은 Aune, 『요한계시록 1~5』, 545~48; Koester, 『요한계시

베소 성도들에게 신전에서 드려진 제물을 먹는 일 그리고 행음히는 행위를 어느 정도는 융통성을 발휘하여 참여해야 한다고 가르쳤습니다. 이런 니골라당의 사상을 에베소 교회는 강하게 반대하면서 교리 문제를 두고서는 어떤 타협도 하지 않았습니다. 그들은 어려움과 핍박에서도 믿음을 신실하게 지키면, 사업하는 데 어려움이 올 수 있음을 알면서도 믿음을 지켰습니다.

인내는 이러한 상황에서 나옵니다. 믿음의 순수함을 지키려면, 인내해야 합니다. 3절입니다. "너는 참고, 내 이름을 위하여 고난을 견디어 냈으며, 낙심한 적이 없다."11 그리스도의 이름을 위해서, 복음의 순수성을 지키고자, 에베소 교회는 핍박과 고통 그리고 어려움을 참아냈습니다. 고난을 견디어 냈으며, 믿음 때문에 받는 고난에도 낙심하지 않았습니다. 믿음의 순수성을 지키려고 하면, 삶의 현장에서 많은 고통을 받습니다. 이것을 이겨내야만, 복음의 순수성을 지킬 수 있습니다. 에베소 교회는 전통 진리를 수호하려고 굳게 섰습니다. 이단과 사회의 핍박에 맞서 인내하면서 영적으로 승리하는 삶을 살았습니다. 예수님이 에베소 교회를 칭찬하심은 이단이 복음의 순수성을 해치려고 공격할 때 바른 교리에 굳게 서서 물리쳤기 때문입니다. 그 과정에서 발생하는 모든 고난을 인내하면서 견뎠습니다. 그래서 예수님은 네가 한 일, 즉 복음을 위해서 수고하고 인내한 사실을 아시고 칭찬하십니다.

"에베소 교회는 행위, 즉 이단 사상을 철저하게 대처하면서 핍박을 이겨 낸 교회였습니다. 하지만 부족한 점도 있었는데, 그것은 사랑입니다."

록 I』, 413~16도 참조하라.

11 "참고(ἔχεις)"는 현재형이고, "견디어 냈으며(ἐβάστασας)"는 부정과거형이고, "낙심한 적이 없다(οὐ κεκοπίακες)"는 과거완료형이다. Aune, 『요한계시록 1~5』, 542에서는 현재형은 현재 상황을 설명하고, 부정과거형은 과거 행동을 의미하며, 과거완료형은 그들이 지금까지 신실했음을 설명한다고 말한다.

2. 책망은 하나님 사랑과 이웃 사랑을 버릴 때 받는다(2:4).

4절입니다. "그러나 너에게 나무랄 것이 있다. 그것은 네가 처음 사랑을 버린 것이다." "버렸다(ἀφῆκες)"는 '면제하다, 사면하다, 혹은 법적으로 관계를 해체하다, 이혼하다'를 뜻합니다.12 헬라어에서는 강조 용법인데, "네 **첫사랑을 네가 버렸다**(ὅτι τὴν ἀγάπην σου τὴν πρώτην ἀφῆκες)"입니다. 요한계시록은 에베소서와 대조를 이룹니다. 약 35년 전, 바울이 에베소 교회에 보낸 서신에는 그들 사랑을 칭찬하면서 감사한다고 했습니다. 에베소서 1:15~16절입니다. "**이를 인하여 주 예수 안에서 너희 믿음과 모든 성도를 향한 사랑을 나도 듣고 너희를 인하여 감사하기를 마지 아니하고 내가 기도할 때에 너희를 말하노라.**" 바울은 기도할 때마다 에베소 교회 때문에 감사했습니다. 그 이유는 에베소 교회의 사랑 때문이었습니다. 에베소 교회는 하나님을 믿는 믿음과 형제자매를 사랑함에 일치하는 교회였습니다. 그런데 한 세대가 지나고, 믿음의 2세대들은 믿음의 선배들이 지켜온 교리의 순수성은 유지했으나, 그들이 가진 깊은 사랑은 잃어버렸습니다. 모순인 듯하지만, 사랑 없이도 봉사할 수 있습니다. 사랑 없이도 선한 행실을 할 수 있습니다. 사랑 없이도 선교와 구제 사업을 할 수 있습니다. 사랑 없이도 믿음의 수고를 할 수 있습니다. 사랑 없이도 고난을 인내할 수 있습니다. 사랑 없이도 이단이나 악이 교회에 들어오지 못하게 할 수 있습니다.

"그러면 본문에서 말하는 첫사랑이란 무엇일까요?"

첫사랑은 하나님 사랑과 사람 사랑을 말합니다.13 하나님께서 우리를

---

12 Bauer, 『바우어 헬라어 사전』, 237~39.

13 첫사랑이 무엇을 지칭하는가에 관한 견해가 다양하다. 학자들의 다양한 견해를 요약·제시한다. 1) 이웃 사랑(Mounce, 『요한계시록』, 104; George E. Ladd, *A Commentary on the Revelation of John* [Grand Rapids: Wm. B. Eerdmans Publishing Company, 1972], 39), 2) 하나님 사랑(박윤선, 『정암 박윤선의 요한계시

사랑하셨습니다. 우리를 사랑하셔서 우리를 위해서 당신을 희생하셨습니다. 이 사랑에 감사하여 마음에서 우러나오는 사랑, 하나님을 사랑하고 이웃을 사랑함이 첫사랑입니다. 성경은 자주 백성에게 하나님을 사랑하고, 이웃을 사랑하라고 명령합니다. 하나님을 사랑하고, 이웃을 사랑함이 바로 순종이고 신실한 행동입니다. 신명기 6:4~5입니다. "들으십시오. 주님은 우리의 하나님이시요, 주님은 오직 한 분뿐이십니다. 당신들은 마음을 다하고 뜻을 다하고 힘을 다하여, 주 당신들의 하나님을 사랑하십시오." 요한복음 13:34~35입니다. "이제 나는 너희에게 새 계명을 준다. 서로 사랑하여라. 내가 너희를 사랑한 것 같이, 너희도 서로 사랑하여라. 너희가 서로 사랑하면, 모든 사람이 그것으로써 너희가 내 제자인 줄을 알게 될 것이다." 그런데 에베소 교회는 교리에 충실하다가, 정작 중요한 사랑은 잃어버렸습니다. 이단들의 공격과 증오하는 사회에서 믿음을 지키려다, 하나님 사랑과 사람 사랑은 하지 않고 이성에 치우쳤습니다. 우리는 믿음과 교리를 잘 지켜야 합니다. 그러나 하나님을 사랑하고, 사람을 사랑하는 마음을 잃어버려서는 안 됩니다. 마음이 없는 차갑고 냉철한 머리와 행동은 조심해야 합니다.

마음은 없고, 이성적 머리와 행동만 있음은 마치 결혼한 후 사랑이 식고 의무감으로 살아가는 부부와 같습니다. 부부 도리는 지킵니다. 그

록 강해—참 교회의 승리와 구원의 완성』[수원: 영음사, 2019], 47; John Stott, 『내가 사랑하는 교회에게—소아시아 일곱 교회에 보내는 주님의 편지』, 윤종석 옮김 [서울: 포이에마, 2012], 44), 3) 하나님 사랑과 이웃 사랑(Fanning, *Revelation*, 118). 4) 하나님을 향한 열정적인 전도(Beale, 『요한계시록(상)』, 395), 5) 하나님 사랑과 사람 사랑의 열정과 흥분(Osborne, 『요한계시록』, 156~57), 6) 다른 사람의 평안을 위한 헌신(Koester, 『요한계시록 I』, 412), 7) 주님께 헌신(Philip E. Hughes, *The Book of the Revelation* [Grand Rapids: Wm. B. Eerdmans Publishing Company, 1990], 36), 8) 영적 관심(John F. MacAthur, 『존 맥아더, 계시록을 해설하다—때가 가깝기에』, 김광모 옮김 [이천: 성서침례대학원대학교출판부, 2017], 61), 9) 2세대 구원(Robert L. Thomas, *Revelation 1~7: An Exegetical Commentary* [Chicago: Moody Press, 1992], 141~42) 등이다.

러나 사랑은 사라졌습니다. 비록 부부로서 도리는 지키나 사랑이 없다면, 행복하지 않습니다. 에베소 교회는 사랑을 잃어버리고 외적인 일에만 치중했습니다. 즉, 사랑의 내적 동기가 사라지고 외적 활동에 바빴다는 뜻입니다. 그래서 예수님은 에베소 교회를 책망하셨습니다. 교회는 신앙과 사랑이 잘 어우러지게 해야 합니다. 신앙이 성숙해야 합니다. 하나님의 말씀 교육 잘 받아야 합니다. 그래야, 어려움이나 이단의 공격을 잘 대처할 수 있습니다. 그러나 사랑이 부족해서는 안 됩니다. 사랑이 없는 열정, 사랑이 없는 교회 생활을 조심해야 합니다.

"오늘날 한국 교회에는 사랑 없는 듯합니다. 그러면 어떻게 하면 사랑하면서 복음에 올바로 서는 교회가 될 수 있을까요?"

III. 첫사랑 회복은 회개함으로 경험하며, 보상도 받는다(2:5, 7).

첫사랑은 잃어버린 것을 회개하고 처음 행위를 할 때 회복합니다(2:4~5). 먼저, 어디서 떨어졌는가를 생각해야 합니다. 5절입니다. **"그러므로 네가 어디에서 떨어졌는지를 생각해 내서 회개하고, 처음에 하던 일을 하여라."**14 문제가 무엇이었는지를 먼저 생각해야 합니다. 과거 어느 시점에서 문제가 생겨서 지금까지 왔는지를 정확히 알아야 합니다. 회개한 다음에는 그 잘못을 바로잡아야 합니다. 이것이 첫사랑을 회복하는 순서입니다. '회개하고, 처음 하던 일을 하라'는 말은 새로운 일을 하라는 말이 아닙니다. 처음 일로 복귀하라는 말입니다. 하나님을 사랑하고, 형제자

---

14 "생각하라(μνημόνευε)"는 현재형이고, "어디서 떨어졌는지(πέπτωκας)"는 완료형이며, "회개하라(μετανόησον)"와 "하라(ποίησον)"는 부정과거형이다. 이 표현은 과거 어디에서부터 사랑을 잃어버리고 지금까지 왔는지를 반복적으로 생각하여, 철저하게 회개하고, 반드시 원래 자리로 돌아가라는 의미이다. 때때로 부정과거형은 과거에 일어난 한 번의 사건을 의미하기도 하지만, 강조 용법으로 '철저하게, 반드시'라는 의미가 있다. Osborne, 『요한계시록』, 157~59; Fanning, 『강해로 푸는 요한계시록』, 123, n. 34를 참조하라.

매를 사랑했던 그 시절로 돌아가라는 명령입니다. 어려웠던 시절에, 하나님을 사랑해서 희생할 줄 알았습니다. 가난하여 먹을거리가 없던 그 시절에, 형제자매를 사랑해서 가정에 초청하여 많이 없어도 서로 나눴습니다. 그런데 지금은 과거보다 훨씬 살기 좋아졌습니다. 그런데 하나님을 향한 사랑은 옛적만 못합니다. 형제자매를 사랑하는 마음이 식었습니다.

"예수님은 회개하고 첫사랑을 다시 회복하라고 명령하십니다. 왜 회개하고 첫사랑을 회복해야 할까요?"

회개하지 않고, 첫사랑을 회복하지 않으면, 촛대를 옮기시겠다고 하셨기 때문입니다. **"네가 그렇게 하지 않고, 회개하지 않으면, 내가 가서 네 촛대를 그 자리에서 옮기겠다"**(5절). 촛대를 옮기시겠다는 말씀은 더는 사역을 감당하지 못하게 하겠다는 경고입니다.[15] 이는 무서운 경고

---

15 "내가 네게 가서 네 촛대를 그 자리에서 옮기겠다"에서 "내가 네게 가서 (ἔρχομαί σοι)"가 주님의 재림 때를 가리키는지, 아니면 하나님의 지역적인 심판이 임박했음을 가리키는지는 해석에 따라 다를 수 있다. 그 이유는 '에코마이(ἔρχομαι, 내가 간다)'가 계시록에서는 하나님께서 구원과 심판을 완성하시려고 영광 가운데 재림하심을 의미하기 때문이다(계 3:11; 16:15; 22:7, 12, 20). Osborne, 『요한계시록』, 159~60; Fanning, 『강해로 푸는 요한계시록』, 123에서는 둘 다를 의미한다고 말한다. Mounce, 『요한계시록』, 105에서는 재림보다는 현재 즉각적인 심판을 의미한다고 말한다. Thomas, *Revelation 1~7*, 144에서는 재림으로 해석한다.

'촛대를 그 자리에서 옮긴다'를, Aune, 『요한계시록 1~5』, 544에서는 교회가 더는 존재하지 못한다는 의미로 받아들인다. 하지만 Koester, 『요한계시록 I』, 413에서는 교회의 존재가 사라진다는 의미보다는 교회의 위치를 상실한다는 의미, 즉 에베소 교회가 교회들 중에 첫째가 되지 못한다는 의미로 이해한다. Beale, 『요한계시록(상)』, 398에서는 교회를 옮기는 일이 재림 이전에 발생한다고 이해한다. 왜냐하면 교회는 재림 이전에 활동하지만, 재림 이후에는 활동하지 않기 때문이다. Osborne, 『요한계시록』, 160은 교회의 위치 상실 쪽에 무게를 두면서도, 이 경고는 회개하라는 명령을 강조하려 함이라고 말한다. Fanning, 『강해로 푸는 요한계시록』, 123에서도 2:2~3 관점으로 Osborne의 견해에 동의하면서 회개하라고 강력하게 경고한다고 이해한다. Thomas, *Revelation 1~7*, 146에서는 교회가 간증을 잃었다고 해석한다. MacAthur, 『존 맥아더, 계시록을 해설하다』, 62에서는 우주적 심판이 아니라, 지역적 심판이라고 말한다.

입니다. 이 경고는 두 가지 의미일 수 있습니다. 하나는 교회가 간증을 잃는다는 의미요, 다른 하나는 교회가 존재하지 않는다. 즉 교회가 사라진다는 의미입니다. 사실, 이 두 견해는 어느 정도 관련이 있습니다. 오늘날 교회는 간증을 잃고 있습니다. 한국에서 교회는 사람들에게 더는 매력적이지 않습니다. 사람들은 교회가 더는 특별하지 않다고 말합니다. 교회 다니는 사람과 교회 다니지 않는 사람 사이에 차이점이 별로 없다고 말합니다. 그들 생각이나 행동에 어떤 차이점도 없다고 말합니다. 교회도 성도도 간증을 잃고 있습니다. 그 결과, 교회 존립 자체가 위협받습니다. 이는 이스라엘 상황과 유사합니다. 하나님께서 이스라엘을 이방에게 빛을 전하는 역할을 하라고 제사장 나라로 선택하셨습니다 (사 42:6~7; 49:6). 그런데 제사장으로서 사역을 감당하지 못하자, 이스라엘은 간증을 잃었고 제사장 나라로시 특권도 빼앗겼습니다. 한국 교회가 간증을 잃는다면, 주님의 재림 전에 많은 교회는 사라집니다.

하지만 예수님은 이기는 이에게 하나님의 낙원에 있는 생명나무의 과실을 먹게 하시겠다고 약속하셨습니다(7절).[16] 7절입니다. **"귀가 있는 사람은, 성령이 교회들에 하시는 말씀을 들어라. 이기는 사람에게는, 내가 하나님의 낙원에 있는 생명 나무의 열매를 주어서 먹게 하겠다."** 이기는 사람은 회개하고 첫사랑을 회복한 사람을 말합니다.[17] 어디서 떨어졌는

---

[16] Osborne, 『요한계시록』, 166~67에서는 생명나무를 그리스도의 십자가와 연결한다. 그리스도의 십자가를 통하여 새 하늘과 새 땅을 상속받는다는 의미로 생각한다. Beale, 『요한계시록(상)』, 401~02에서는 생명나무의 열매를 먹음은 죄 용서와 그에 따르는, 하나님의 임재를 경험함으로 이해한다. Thomas, *Revelation 1~7*, 153에서는 새 예루살렘에서 누리는 영원히 죽지 않는 삶을 지칭한다고 말한다. Ladd, *A Commentary on the Revelation of John*, 41에서는 하나님의 완성된 왕국에서 누리는 영원한 삶을 지칭한다고 말한다. Ladd 견해는 Thomas 견해와 비슷하다. 왜냐하면 Ladd의 하나님의 완성된 왕국은 하늘의 예루살렘이기 때문이다. Fanning, 『강해로 푸는 요한계시록』, 126에서는 생명의 나무는 그리스도에게 순종하고, 그리스도와 교제하는 삶을 사는 데 필요한, 인간의 모든 필요를 공급하시는 하나님의 공급을 상징한다고 말한다.

지 생각하고 회개하는 교회를 말합니다. 회개하고 첫사랑을 회복하는 교회와 성도에게 생명 나무의 열매를 먹게 하십니다. 생명 나무는 창세기 3:22에 나오는 에덴동산에 있는 나무를 의미합니다. 요한계시록 22:2절에 풍성한 열매를 맺는 생명 나무로 언급되고 있습니다. 하나님의 낙원18은 천국을 이르는 말이며(눅 23:43; 고후 12:4), 생명 나무의 열매는 보상을 의미합니다. 회개하고 첫사랑을 회복해야 합니다. 회개하지 않으면, 촛대, 즉 교회는 옮겨지기 때문입니다. 하지만 회개하고 첫사랑을 회복하면, 생명 나무의 열매, 곧 하나님 나라에서 보상이 주어지기 때문입니다. 그러므로 우리는 회개한 후, 첫사랑을 회복해야 합니다.

결론

교리에 충실하다가 중요한 사랑을 잊어버리는 교회가 되어서는 안 됩니다. 말씀과 교리에 충실하면서도, 사랑에도 충실해야 합니다. 옳고

---

17 Fanning, 『강해로 푸는 요한계시록』, 126에 따르면, 이기는 사람은 그리스도 안에서 참으로 믿는 사람, 우상과 핍박에 대항하여 믿음을 지키면서 인내하는 사람이다. Thomas, *Revelation 1~7*, 151~53에서는 구원받는 모든 사람을 지칭한다고 이해한다. Mounce, 『요한계시록』, 106; Osborne, 『요한계시록』, 165에서는 끝까지 그리스도를 향하여 신실함을 지키는 사람이라고 한다. Ladd, *A Commentary on the Revelation of John*, 41에서도 그리스도인의 특별한 그룹이 아니라, 모든 그리스도인을 지칭한다고 본다.

18 Osborne, 『요한계시록』, 167에 따르면, 하나님의 낙원은 새 하늘과 새 땅을 암시한다. Aune, 『요한계시록 1~5』, 555에서는 낙원을 하늘 영역이지만 본문에서는 새 땅을 의미한다고 말한다. Thomas, *Revelation 1~7*, 153에서도 낙원을 하나님이 거주하는 곳이지만, 본문에서는 새 하늘과 새 땅을 지칭한다고 말한다. Mounce, 『요한계시록』, 107에서는 죄가 들어오기 전에 존재했던 완벽한 교제를 지칭한다고 이해한다. 박윤선, 『정암 박윤선의 요한계시록 강해』, 53에서는 구원받은 사람들이 장차 들어갈 내세, 즉 오는 세상으로 표현한다. Fanning, 『강해로 푸는 요한계시록』, 126에서는 낙원을 미래에 모든 것이 하나님에 의하여 새롭게 회복하는 최초 에덴이라고 말한다.

그름의 문제에만 집착하지 말아야 합니다. 사랑, 배려, 덕의 문제를 생각해야 합니다. 사랑 없이 교리에만 충성은 성도를 난도질할 수 있습니다. 조금 차이가 난다고 성도를 정죄하고 추방하는 일이 일어날 수 있습니다. 간음한 여인이 붙잡혀 왔을 때, 예수님은 옳고 그름의 문제뿐 아니라 사랑의 마음도 보여주셨습니다. 죄 없는 자가 정죄받는 사람을 먼저 돌로 치라고 하십니다. 여인에게 나도 너를 정죄하지 않겠노라고 하셨습니다. 이는 사랑하는 마음에서 나왔습니다. 그러면서도 여인에게 다시는 죄를 짓지 말라고 하셨습니다. 이것은 옳고 그름의 문제입니다. 예수님은 옳고 그름의 문제뿐 아니라 사랑하는 모습을 보여주셨습니다. 예수님의 모습을 닮은 성도가 되고 교회가 되길 예수님의 이름으로 축복합니다.

계시록 2:8~11, '서머나 교회에 보내는 편지'
참된 부자로 살자

중심 내용: 참된 부자는 고난을 극복하여 생명의 면류관을 쓰는 사람이다.

서론(2:8)

I. 성도의 자세는 극심한 고난에서도 충성을 다함이다(2:9~10a).

II. 충성해야 하는 이유는 영원한 생명의 면류관을 받기 때문이다(2:10b~11).

서론(2:8)

　에베소 교회에 보낸 편지에서, 예수님은 첫사랑을 회복하라고 권면하셨습니다. 에베소 교회는 교회를 보호하고, 이단이 교회에 들어와 문제를 일으키는 일에 엄격하게 대처했습니다. 그러나 사랑을 잃었습니다. 그래서 예수님은 첫사랑을 회복하라고 권면하셨습니다. 그 교회에 첫사랑을 회복하라고 권면하시고서, 서머나 교회에게 편지를 보냅니다. 서머나 교회에 편지를 보내면서, 예수님은 당신을 이렇게 묘사하십니다. **"처음이며 마지막이요, 죽으셨다가 살아나신 분이 이렇게 말씀하신다"**(8절).

예수님은 당신을 "처음이요 마지막"으로 묘사하십니다. 처음이요 마지막이라는 칭호는 요한계시록에 3번 쓰이는데, 모두 예수님께만 쓰입니다.[1] 이 용어는 이사야에서는 하나님께 쓰는 호칭이었습니다(사 44:6; 48:12). 그렇다면 예수님은 하나님과 동일하게 영원한 하시며, 역사 주관자이십니다. 역사 주관자이신 예수님은 죽으셨다가 살아나셨습니다.

예수님이 죽으셨다가 부활하셨다는 점을 강조하는 이유는, 서머나 역사와 관련이 있습니다. 서머나는 주전 600년에 파괴되었고, 주전 290년에 재건되었습니다.[2] 이러한 역사를 겪었기에, 서머나 사람은 자기 도시 파괴와 재건 역사를 통해 예수님의 죽음과 부활의 의미를 잘 이해할 수 있었습니다. 죽으셨다가 살아나신 분이신 예수님께 쓰는 호칭은 서머나 교회처럼 어렵고 궁핍한 가운데 있는 성도에게, 현재는 어려워도 밝은 내일이 있다는 희망찬 메시지를 전합니다.

---

[1] Grant R. Osborne, 『요한계시록』, 김귀탁 옮김, BECNT 시리즈 (서울: 부흥과개혁사, 2019), 172에 따르면, 계시록 2:8에서 처음과 마지막은 헬라어로 각각 프로토스와 에스카토스(ὁ πρῶτος καὶ ὁ ἔσχατος)인데, 요한계시록에서 3회 모두 예수님 호칭으로 쓰인다(1:17; 2:9; 22:13). 하지만 계시록 1:8에서 처음과 마지막으로 번역되는 알파와 오메가(τὸ ἄλφα καὶ τὸ ὦ)도 3회 하나님 호칭으로 쓰인다(1:8; 21:6; 22:13). 그런데 계시록 22:13에서는 프로토스와 에스카토스 그리고 알파와 오메가가 같이 쓰이면서 예수님께 쓰는 호칭이다. 처음과 마지막이란 칭호의 뿌리는 이사야 44:6과 48:12이다. 이사야에서 처음과 마지막이란 칭호는 하나님께 쓰였다. 그렇다면, 이 두 칭호는 하나님과 예수님 모두에게 적용할 수 있는 칭호이며, 두 분이 주권자로 과거뿐 아니라 미래의 주관자이심을 의미한다.

[2] David E. Aune, 『요한계시록 1~5』, 김철 옮김, WBC 성경주석, 52상 (서울: 솔로몬, 2003), 565에서는 아리스티데스를 인용하면서 서머나가 세 차례 창건됐다고 기록한다. 첫 번째는 펠롭스(Pelops)가, 두 번째는 데수스(Thesus)가, 그리고 세 번째는 알렉산더 대왕이 창건했다. Osborne, 『요한계시록』, 170; Aune, 『요한계시록 1~5』, 566~67에 따르면, 주전 600년에, 서머나는 리디아 왕인 알리아테스(Alyattes)의 침략을 받아 파괴됐다. 300년 후인 주전 334년에 알렉산더 대왕은 서머나 재건을 명했고, 290년에 완성됐다.

I. 성도의 자세는 극심한 고난에서도 충성을 다함이다(2:9~10a).

서머나 교회는 빌라델비아 교회와 함께 책망은 받지 않고, 칭찬만 받는 교회입니다. 빌라델비아 교회와 마찬가지로, 서머나 교회도 규모나 영향력에 있어서, 일곱 교회 가운데 작은 교회였습니다. 그들은 환난을 겪으며 신앙생활을 했기에 궁핍하게 살았습니다. 가난한 교회였습니다. 9절이 그 사실을 증언하고 있습니다. "**나는 네가 당한 환난과 궁핍을 알고 있다. 그런데 사실 너는 부요하다. 또 자칭 유대 사람이라는 자들에게서 네가 비방을 당하고 있는 것도, 나는 알고 있다. 그러나 사실 그들은 유대 사람이 아니라 사탄의 무리다.**" 서머나 교회는 환난을 겪으며 궁핍한 삶을 살았고, 비방을 당하고 있었습니다. 칭찬만 받은 서머나 교회가 환난을 겪고 궁핍한 삶을 살면서 왜 비방받았을까요? 두 가지 이유가 있습니다. 로마 정부와 유대인 때문입니다.

첫째 이유는 서머나의 환경이나 배경과 관련이 있습니다. 서머나의 현재 이름은 터키의 서부에 위치한 이즈미르(Izmir)입니다. 에베소에서 북쪽으로 약 60km 떨어진 아름다운 항구 도시입니다. 항구에서 150m 정도 떨어진 곳에 파구스산이 있습니다. 항구와 산을 중심으로 발전한 도시가 서머나입니다. 파구스산 둘레를 도는 도로는 황금 도로로 불릴 정도로 아름다웠습니다. 이 도로 양 끝에는 도시의 수호신인 키벨레(Cybele) 신전이 있었고, 다른 끝에는 제우스 신전이 있었습니다. 그 가운데 많은 신전이 있었습니다. 그래서 서머나는 종교 도시로 불렸습니다.

서머나는 로마 황제와 특별한 관계를 유지했습니다. 로마 제국이 카르타고 제국과 패권 경쟁을 벌이면서 어려움을 당할 때, 서머나는 로마 편에 섰습니다. 그래서 주전 195년에는 로마 여신을 섬기는 신전을 세우는 특권을 가졌습니다. 주후 26년경에 티베리우스(Tiberius) 황제를 위한 신전을 짓는 일에 10여 개 도시가 신청했을 때, 서머나가 건축 허가를 받아냈습니다. 그래서 로마 황제숭배 중심지가 됐습니다. 로마에 강한 충성심을 가진 서머나 시민은 로마 황제를 경배하지 않는 그리스도인들에게는 매우 적대적이었습니다. 서머나에서 지도자 위치에 있는 시민은 여러 신들 제의나 로마 황제 제의에 사비로 비용을 부담함으로 경제적 번영과 사회적 지위를 보장받았습니다. 시 관리들은 모든 시민이 황제숭배에 참여하게 하는 법률을 제정했습니다. 그리스-로마 관행을 수용하라는 사회적 압력으로, 신전 의식에 참여하지 않고는 공적 생활을 하기는 거의 불가능했습니다. 황제숭배 의식에 참여하지 않는 그리스도인은 황제에게 충성하지 않고, 애국심이 없는 사람으로 여겨졌습니다. 그래서 로마법에 따라 체포되어 투옥되고, 재산은 압류당했습니다.[3] 특히 서머나 교회 성도는 그리스-로마 신들을 후원하는 상인 조합에 참여하기를 거절했기에, 수입이 크게 줄어들었습니다.[4] 이러한 상황에서 그리스도인은 핍박받았으며, 경제적으로 궁핍한 삶을 살면서도 신앙을 지켰습니다.

둘째 이유는 유대인입니다. 서머나에 많은 유대인이 살았습니다. 유대인 공동체는 서머나에서 확고하게 자리를 잡았습니다. 1세기 말엽까지는 기독교는 로마에 의하여 하나의 종교로 용인받는 유대교의 한 분파로 여겨져 어느 정도 보호받았습니다. 유대인은 황제를 신으로 경배하라는 강요를 받지 않았습니다. 대신 황제를 신이 아니라, 통치자로 존경하며 예물을 드리도록 허락받았습니다.[5] 유대인은 교회를 적대하는 감정을 가졌는데, 세 가지 이유로 정리할 수 있습니다.[6] 첫째 이유는 유대인 회당

---

3 G. K. Beale, 『요한계시록(상)』, 오광만 옮김, NIGTC (서울: 새물결플러스, 2020), 410~11.

4 Craig R. Koester, 『요한계시록 I—서론, 1~9장』, 최흥진 옮김, 앵커바이블 시리즈 (서울: 기독교문서선교회, 2019), 435.

5 Beale, 『요한계시록(상)』, 409.

6 Beale, 『요한계시록(상)』, 409에서는 세 가지 이유를 제시한다. Robert H. Mounce, 『요한계시록』, 장규성 옮김, NICNT (서울: 부흥과개혁사, 2019),

에 참석하는 이방인이 기독교로 개종했기 때문입니다. 서머나 유대인 회당에 열성적인 이방인이 참여하여 유대교를 배웠습니다. 그런데 이들 중 일부가 기독교로 개종했습니다. 이 일로 유대인은 기독교를 적대하는 감정을 가졌습니다. 둘째 이유는 십자가에 못 박힌 범죄자 예수를 하나님의 메시아로 경배함으로 신성모독을 행했다고 생각했기 때문입니다. 유대인은 나무에 못 박힘을 하나님의 저주로 생각했습니다. 예수님이 십자가에서 처형됐기에, 그들은 예수님을 범죄자로 간주했습니다. 또한 로마법에서 십자가 처형은 극형이기에, 로마 정부에 반역한 자들만 십자가에 처형했습니다. 그런데 기독교인은 십자가에서 처형된 예수님을 메시아로 경배합니다. 그래서 유대인은 기독교에 적대적인 감정을 가졌습니다. 셋째 이유는 기독교인이 유대인 율법을 거부하면서 들어보지 못한, 믿음으로 구원을 강조하는 값싼 구원을 전했기 때문입니다. 유대인은 하나님의 백성이 되려고 열심히 율법을 지켰습니다. 그런데 기독교는 율법이 아니라 하나님의 은혜로, 곧 공짜로 하나님의 백성이 된다고 가르쳤습니다. 유대인 눈에는 값싼 구원으로 보일 수밖에 없었습니다. 사람들은 공짜 선물을 받으면 좋아하면서도, 값싸게 생각합니다. 공짜 선물을 주는 쪽이 엄청나게 희생한다는 사실은 생각하지 않습니다.

로마 정부나 서머나 시 당국과 좋은 관계를 유지한 유대인은 그리스도인이 자기들과는 다르다며 노골적으로 비방했습니다.[7] '비방'은 헬라어로 '블라스페미아(βλασφημία)'로 하나님을 모욕하는 의미로 쓰인 용

110에 따르면, 유대인이 교회를 적대하는 감정은 두 가지 이유, 곧 회당에 참석하는 이방인의 기독교 개종과 신성모독 때문이다.

7 유대인이 그리스도인을 비방한 내용이 사도행전 18:12~17에 나온다. 유대인이 바울을 고소했을 때, 아가야 주 총독 갈리오는 이것을 유대인 내부의 문제라고 생각하여 고소를 받아들이지 않았다.

Osborne, 『요한계시록』, 173에 따르면, 환난은 기본적인 박해이며, 궁핍과 비방은 박해의 두 국면이다. Mounce, 『요한계시록』, 109~10에서는 환난과 궁핍이 적대적 환경에서 왔고, 비방은 유대인에게서 왔다고 한다.

어입니다. 그렇다면 유대인은 시 당국자에게 예수님을 따르는 자가 하나님을 믿는 자가 아니고, 비방하고 모욕하는 자라고 했을 가능성이 큽니다.[8] 곧, 유대인은 자기들이 하나님을 섬기는 사람이지만, 예수님을 따르는 기독교인은 하나님을 섬기는 사람이 아니라고 시 당국에 이야기했을 수 있습니다. 자기들과는 전적으로 다른 이단 그룹이라고 비방한 것입니다. 유대인이 비방을 퍼부어도, 그리스도인은 신앙을 지켰습니다.

예수님은 서머나 교회 성도가 이런 적대적인 상황에서 환난을 겪으며 궁핍한 삶을 살아감을 잘 아신다고 했습니다. 예수님이 알고 계신다고 했을 때, 두 가지를 아신다는 말입니다. 하나는 경제적으로 가난했지만, 실제 영적으로 부요한 교회라는 사실을 아신다는 말입니다. 다른 하나는 교회를 핍박하는 유대인은 유대인이 아니라, 사탄의 무리, 곧 사탄의 회당이라는 사실을 아신다는 말입니다. 서머나 교회는 경제적으로 가난한 삶, 궁핍한 삶을 살았습니다. 박해와 폭도들로, 그리스도인은 자기 재산을 약탈당했을 것입니다. 로마에 충성하는 서머나 시민이나 시 당국의 압박에, 실직당하는 일이 다반사였을 것입니다. 적대적인 환경에서 그리스도인은 궁핍한 삶을 살 수밖에 없었습니다.[9] 또한 상인 조합에 가입하지 않았기에 사업을 할 수 없어서, 가난한 삶을 살았습니다.[10] 예수님은 경제적으로 가난한 삶을 살고 있는 서머나 교회에게 영적으로 부요하다고 칭찬하십니다. 영적 부요는 경제적 부요로 결정하지 않습니다. 경제적으로 어려워도 영적으로 부요한 사람이 많습니다. 하나님은 성도가 영적으로 부요한 삶을 살기를 바라십니다.

또한 예수님께서는, 로마 정부와 연합하여 교회를 핍박한 유대인을 사탄의 무리라고 경고하십니다. 유대인은 하나님의 백성이라고 자처하

---

8 Koester, 『요한계시록 I』, 436. 유대인이 로마 정부 당국자에게 기독교를 고발한 구체적인 내용은 Beale, 『요한계시록(상)』, 410을 참조하라.

9 Osborne, 『요한계시록』, 173; Mounce, 『요한계시록』, 109~10.

10 Aune, 『요한계시록 1~5』, 568.

는 사람들입니다. 그런데 그들은 하나님을 인정하지 않고, 오히려 하나님을 섬기는 교회를 대적했습니다. 유대인이 그리스도인을 '블라스페미안', 즉 하나님을 모독하는 무리라고 비방했습니다. 하지만, 예수님은 유대인을 '블라스페미안', 즉 하나님을 모독하는 무리라고 했습니다. 하나님을 섬기려고 모인 유대인 회당은 하나님을 모독하는 사탄의 도구로 전락해 사탄의 회당이 됐습니다.

예수님께서는 서머나 교회를 잘 아시기에, 서머나 교회를 격려하십니다. 10절입니다. **"네가 장차 받을 고난을 두려워하지 말아라. 보아라, 악마가 너희를 시험하여 넘어뜨리려고, 너희 가운데서 몇 사람을 감옥에다 집어넣으려고 한다. 너희는 열흘 동안 환난을 당할 것이다. 죽도록 충성하여라."** 예수님은 장차 받을 고난을 두려워하지 말라고 권면하십니다. 서머나 교회는 환난을 겪으며 경제적으로 궁핍함을 당하고 있었고, 비방받고 있었습니다. 그런데 앞으로 더 큰 환난과 궁핍이 다가옵니다. 지금까지 경험했던 것과 비교할 수 없는 어려움이 닥친다고 합니다. 사탄은 자기 때가 얼마 남지 않음을 알고 있습니다. 그래서 어려운 가운데 있는 성도 중 몇 사람을 감옥에 집어넣으려고 합니다. 환난과 궁핍함으로 소심해져 있을 성도를 감옥에 집어넣으므로, 교회 전체에 경고하고자 합니다. 성도를 감옥에 집어넣으려는 이유는 신앙에서 멀어지게 하려는 사탄의 계획입니다.

사탄은 때때로 환난이나 고난, 경제적 어려움으로 성도를 시험합니다. 예수님이 40일 금식하셨을 때, 사탄은 먹거리로 시험했듯이 말입니다. 사탄은 직장이나 가정사에 어려움으로 성도를 시험할 수 있습니다. 건강 문제로 성도를 시험할 수 있고요. 자녀 문제로 성도를 시험할 수도 있습니다. 예수님은 사탄의 시험에 넘어지지 말라고 권면하십니다. 사탄에게 시험을 받을 때 예수님께서 하나님 말씀을 의지하여 승리하셨듯이, 성도도 하나님 말씀을 의지하면서 시험을 담대하게 이겨내라고 권면하십니다. 앞으로 더 큰 어려움, 지금보다 더 큰 환난이 올 수도 있습니다. 이때 주님을 끝까지 신뢰해야 합니다. 그래서 시험을 이겨내야 합니다.

이 구절에서 더 큰 시험 중 하나가 감옥에 갇히는 일이라고 말합니다. 이것은 단순히 감옥에 갇히는 일을 말하지 않습니다. 로마 당국은 감옥을 세 가지 목적으로 사용했습니다. 첫째, 로마 정부에 반항했을 때 처방책으로 감옥에 가둡니다. 둘째, 재판받을 때 일시적으로 감옥에 가둡니다. 셋째, 처형을 기다리는 동안 감옥에 가둡니다. 본문은 처형하려고 감옥에 가두는 일을 말합니다.[11] 일부 성도가 신앙 때문에 처형당한다는 뜻입니다. 설사 죽음이 그들을 기다려도 두려워하지 말라고 권면하십니다. 이렇게 권면하시는 이유는 주님께서 박해를 경험하셨기 때문입니다. 죽음을 경험하셨고, 죽음에서 부활하셨기 때문입니다.

또 다른 큰 시험은 10일 동안 환난을 겪는 일입니다.[12] 10일은 문자적으로 10일을 또는 제한 기간을 의미할 수도 있습니다. 너무나 가혹한

---

[11] Osborne, 『요한계시록』, 178. Mounce, 『요한계시록』, 111에서는 두 가지, 곧 일시적 구금과 사형 대기 구금으로 나눈다.

[12] Osborne, 『요한계시록』, 178~79에서는 10일에 관한 견해를 여섯 가지로 제시한다. 1) 완벽하지만 짧은 기간(참고. John F. Walvoord, 『예수 그리스도의 계시』, 전준식 옮김 (서울: 교회연합신문사, 1987), 81; Aune, 『요한계시록 1~5』, 575; John Stott, 『내가 사랑하는 교회에게—소아시아 일곱 교회에 보내는 주님의 편지』, 윤종석 옮김 [서울: 포이에마, 2012], 77; George E. Ladd, *A Commentary on the Revelation of John* [Grand Rapids: Wm. B. Eerdmans Publishing Company, 1972], 44), 2) 어떤 한정된 기간(참고, Koester, 『요한계시록 I』, 440; Beale, 『요한계시록(상)』, 414; Philip E. Hughes, *The Book of the Revelation* [Grand Rapids: Wm. B. Eerdmans Publishing Company, 1990], 41; Buist M. Fanning, *Revelation*, Zondervan Exegetical Commentary on the New Testament, ed. Clinton E. Arnold et al., vol. 20 [Grand Rapids: Zondervan Academic, 2020], 129), 3) 제한적이지만, 심각한 박해를 지칭하기에 충분한 기간(참고. Mounce, 『요한계시록』, 112), 4) 역사적인 20대 박해 시대로 로마제국 황제 10명의 통치 기간, 5) 문자 그대로 열흘 기간으로 심각한 박해 사건(참고. John F. MacAthur, 『존 맥아더, 계시록을 해설하다—때가 가깝기에』, 김광모 옮김 [이천: 성서침례대학원대학교출판부, 2017], 72; Robert L. Thomas, Revelation 1~7: An Exegetical Commentary (Chicago: Moody Press, 1992), 170~71), 6) 검투사 시합을 공표하는 축문 등이다. Osborne은 처음 세 번째까지 견해를 결합해, '제한 기간이면서도 매우 가혹한 시험 기간'을 의미한다고 말한다.

고난이기 때문입니다. 분명한 점은 서머나 교회가 지금까지 경험한 깃보다 더 가혹한 환난을 경험한다는 사실입니다. 이런 환난을 경험할 때, 사람들은 두려워합니다. 신앙을 포기하려는 유혹을 받습니다. 예수님은 두려워하지 말고 인내하라고 권면하십니다. 주님께 충성하라고 권하십니다. 이 세상은 점점 악해집니다. 하나님을 거절합니다. 하나님을 믿는 신앙을 지키기가 점점 어렵습니다. 한국을 보면, 신앙생활 하기가 과거보다 훨씬 어려워졌습니다. 이때 주님은 충성을 요구하십니다.

"왜 충성을 다해야 할까요?"

II. 충성해야 하는 이유는 영원한 생명의 면류관을 받기 때문이다 (2:10b~11).

첫째 이유는 충성할 때 생명의 면류관을 받기 때문입니다. 10b절입니다. "그리하면 내가 생명의 면류관을 너에게 주겠다." 충성하면 생명의 면류관을 주겠다고 하십니다. 감옥에 갇히고, 순교 당하고, 10일간 극심한 고난에서도 충성하면 생명의 면류관을 주시겠다고 했습니다. 충성하는 이에게 주어지는 상급은 생명의 면류관입니다. 여기서 면류관은 왕이 쓰는 왕관이 아닙니다. 선수가 경주에서, 또는 군인이 전쟁에서 승리했을 때 받는 면류관입니다.[13] 또 다른 면류관은 기부자나 도시의 공공 업무를 행하는 사람들의 업적을 기리며 주는 면류관입니다.[14] 이때 받는 면류관은 나뭇잎으로 만든 월계관이었습니다.

---

13 왕이 쓰는 면류관은 디아데마(διάδημα)로 계시록 12:3; 13:1; 19:12에 나온다. 반면에 충성하는 이에게 주어지는 면류관은 스테파논(στέφανον)이다. 스테파논은 경주에서 승리한 이의 머리에 씌우는 월계관이다. Walter Bauer, eds. Kurt Aland, Barbara Aland, and Viktor Reichmann, 『바우어 헬라어 사전—신약성경과 초기 기독교 문헌의 헬라어-한국어 사전』, 이정의 옮김 (서울: 생명의말씀사, 2017), 1425~26을 보라.

14 Koester, 『요한계시록 I』, 442.

서머나는 경주로 유명한 도시였습니다. 그래서 경주에서 승리한 이에게 시 당국자는 월계관을 줬습니다. 예수님은 로마 정부가 경주에서 승리한 이에게 주는 월계관보다, 주님을 위해서 고난을 인내하고 순교하는 이에는 더 값진 면류관을 주시겠다고 약속합니다. 그리고 지도층이 사비로 신들의 제의나 황제 숭배 제의에 기부할 때 로마 정부는 그들 중 일부에게 보상으로 면류관을 줍니다. 기부 행렬을 장려하려는 의도입니다. 세상 정부가 수고한 자에게 주는 월계관보다, 주님은 당신께 충성하는 이에게 더 값진 면류관을 주십니다. 그 값진 면류관이 생명의 면류관이요, 하늘의 상급입니다.[15] 이 땅에서 승리하는 이나 공헌한 이는 나뭇잎으로 만든 월계관을 부상으로 받습니다. 하지만 이 땅에서 받는 월계관은 나뭇잎으로 만들었기에 일시적입니다. 그러나 예수님께 충성하는 이에게 주어지는 상은 생명의 면류관입니다. 영원한 면류관이지요. 영원히 사라지지 않는, 생명의 면류관입니다.

"첫째 이유가 생명의 면류관이 주어지기 때문이라면,"

둘째 이유는 충성할 때, 둘째 사망의 해를 받지 않는 은혜가 주어지기 때문입니다. 11절입니다. **"귀가 있는 사람은, 성령이 교회들에 하시는 말씀을 들어라. 이기는 사람은 둘째 사망의 해를 받지 않을 것이다"**(11절). 귀 있는 사람은 들으라고 선포합니다. 성령이 교회에게 하시는 말씀, 예수님이 교회에게 권면하는 말씀을 들어야 합니다. 하나님은 말씀은 매 주일 선포됩니다. 그러나 모든 사람이 선포된 말씀을 듣는 게 아닙니다. 들을 귀 있는 사람만 듣습니다. 들을 귀 있는 사람만 말씀을 듣고 실천합니다. 나머지 사람은 흘려보냅니다. 하나님의 말씀을 듣고 행하는 사람, 즉 이기는 사람에게 주어지는 보상은 둘째 사망의

---

15 Beale, 『요한계시록(상)』, 415; Fanning, 『강해로 푸는 요한계시록』, 130에서는 생명의 면류관을 영생을 가리키는 비유라고 한다. 생명의 면류관은 영생을 가리킬 수도 있지만, 면류관이 나뭇잎으로 만든 월계관이기에 이 땅에서 보상도 의미할 수 있다.

해를 받지 않습니다. 사람은 누구나 한 번은 죽습니다. 이 육신의 죽음
을 첫째 사망이라고 표현합니다. 반면에 둘째 사망은 영적인 죽음이요,
영원히 하나님과 분리되는 죽음, 곧 지옥을 말합니다. 둘째 사망을 요
한계시록 20:14에서는 불 못으로 표현합니다. 생명책에 기록되지 못한
자들이 가는 불못입니다. 요한계시록 21:8은 **"두려워하는 자들과 믿지
아니하는 자들과 흉악한 자들이"** 가는 곳을 불과 유황으로 타는 못으로
표현합니다. 결국, 둘째 사망은 불 못, 영원한 죽음을, 지옥을 말합니다.
이기는 자, 충성하는 자는 지옥을 경험하지 않습니다. 말씀을 듣고 행
하는 사람은 둘째 사망 대신에 생명의 면류관을 받습니다.

결론

서머나 교회는 칭찬받는 교회였습니다. 어려움에서도 신앙을 지킨 신
실한 교회였습니다. 이들에게 주어지는 상급은 생명의 면류관입니다. 둘
째 사망의 해를 받지 않습니다. 하나님은 서머나 교회에 약속하셨듯이,
어려움에서도 신앙을 지키는 성도에게 생명의 면류관을 주십니다.

사도 요한의 제자 폴뤼카르포스는 서머나 교회 감독이었습니다. 그는
주후 156년에 순교했습니다. 이때의 주모자는 물론 유대인이었습니다.
군중을 선동하던 유대인은 "이 자는 아시아의 선생이요, 기독교의 아버
지며, 신들의 파괴자이다. 이 자는 많은 사람에게 황제를 숭배하지 말
라고 가르친 자이다."라고 했습니다. 이때 폴뤼카르포스에게는 가이사
황제에게 분향하든지, 아니면 화형을 받든지 하라는 양자택일이 주어졌
습니다. 그때 그는 불멸의 대답을 남겼습니다. "나는 86년간이나 그리
스도를 섬겨왔다. 그런데도 그리스도께서는 나에게 한 번도 잘못하시거
나, 나를 모른다고 하신 적이 없었다. 그런데 어찌 내가 나를 구원해
주신 나의 왕을 모독할 수 있겠는가!" 그날이 안식일이었습니다. 화형
장에 나가면서 폴뤼카르포스는 악도에게 이르기를 "괜찮다. 나는 한동

안 타다가 잠시 후면 꺼지고 말 불을 두려워하지 않는다. 너희들은 왜 지체하느냐? 자, 와서 너희 뜻대로 하려무나!"라고 했습니다. 얼마 후에 불길이 그의 몸을 휘감자, 그는 기도했습니다. "제가 주께 감사하나이다. 주께서 은혜롭게도 저를 이날과 이 시간에 합당한 자로 여기셨나이다. 그리하여 저는 수많은 순교자의 반열에 들고, 주 그리스도의 집에서 분깃을 얻음을 감사하나이다." 그러고서는 최후를 맞이했습니다.

폴뤼카르포스가 순교를 할 수 있었던 이유는 자기 스승인 사도 요한이 서머나 교회에 보낸 편지가 한몫했을 것입니다.[16] 환난을 인내하는 이, 순교하는 이에게 생명의 면류관이 주어진다는 약속을 그는 기억했습니다. 둘째 사망의 해를 받지 않는다는 약속을 기억했습니다. 그래서 기꺼이 순교의 길을 걸어갔던 것입니다. 죽으셨다 부활하신 예수님이 서머나 교회처럼, 서머나 교회 감독인 폴뤼카르포스처럼, 신실한 성도에게 계속 충성하라고 권면하십니다. 어렵고 더 큰 고난이 오더라도 계속 충성하라고 권면하십니다. 생명의 면류관을 받기 때문입니다.

---

16 Beale, 『요한계시록(상)』, 414.

계시록 2:12~17, '버가모 교회에 보내는 편지'
신앙을 타협하지 말자

중심 내용: 신앙을 타협하면, 주님께 충성하더라도 심판받는다.

I. 버가모 교회에 서신을 보내신 분은 심판 주이시다(2:12).

II. 칭찬은 핍박을 잘 견디며 신앙을 지킬 때 받지만, 책망은 교리를 타협할 때 받는다(2:13~15).

III. 타협하면 심판받지만, 회개하면 필요가 채워지며 사면과 만찬에 참여하는 특권을 받는다(2:16~17).

서론

서머나 교회는 칭찬받는 교회였습니다. 서머나 교회는 실제로 가난한 교회였지만, 영적으로는 부자 교회라는 칭찬을 받습니다. 칭찬받는 교회의 특징은 어떤 어려움에서도 신앙을 지킵니다. 하지만 버가모 교회는 타협하는 교회였습니다. 그들은 외부 핍박에 대항하면서 신앙을 지켰지만, 내부에서는 교리를 두고 타협했습니다. 외적으로는 신앙을 지켰지만, 내적으로는 타협함으로 교회 전체가 어려움을 겪었습니다. 오늘, 저는 「신앙을 타협하지 말자」라는 제목으로 말씀을 전하겠습니다.

I. 버가모 교회에 서신을 보내신 분은 심판 주이시다(2:12).

버가모는 에베소나 서머나처럼 해안에 있는 항구 도시가 아닙니다.[1] 서머나에서 북쪽으로 약 110km, 에게해에서 약 24km 정도 떨어져 있는 내륙에 있는 도시입니다. 카이쿠스강(Caicus River) 평원에서 약 300미터 높이의 원뿔 모양의 언덕 위에 성채가 있는데, 성채를 중심으로 만들어진 도시가 버가모입니다. 그래서 전술적으로 아주 중요한 군사도시이면서 행정 중심지였습니다. 물론 에베소가 소아시아의 가장 크고 중요한 도시였고, 로마 총독이 거주했습니다. 그러나 실제 행정 중심은 버가모였습니다.

버가모는 종교 도시로도 유명했습니다. 버가모도 로마에 충성을 맹세한 도시였습니다. 그래서 로마 황제숭배 신전을 이 지역에서 처음으로 세울 수 있었습니다. 버가모에서는 로마 황제 신전 외에 제우스 제단과 아테나, 디오니소스, 그리고 아스클레피오스 신전도 있었습니다. 제우스는, 모든 이가 알고 있듯이, 신들의 신입니다. 아테나는 지혜와 전쟁의 신으로 버가모 수호 여신입니다. 디오니소스는 술과 황홀 그리고 쾌락의 신으로 알려졌습니다. 그리고 아스클레피오스는 뱀의 형상을 가진 치료의 신입니다. 그래서 세계 각지에서 치료 목적으로 버가모를 많은 사람이 방문했습니다. 다른 도시와 마찬가지로, 도시의 부유한 시민은 여러 신전의 사제나 여사제로서 섬겼습니다.[2]

---

1 버가모의 역사적, 지리적 배경은, David E. Aune, 『요한계시록 1~5』, 김철 옮김, WBC 성경주석, 52상 (서울: 솔로몬, 2003), 598~600; Craig R. Koester, 『요한계시록 I—서론, 1~9장』, 최홍진 옮김, 앵커바이블 시리즈 (서울: 기독교문서선교회, 2019), 452~56; Robert H. Mounce, 『요한계시록』, 장규성 옮김, NICNT (서울: 부흥과개혁사, 2019), 113~14; Grant R. Osborne, 『요한계시록』, 김귀탁 옮김, BECNT 시리즈 (서울: 부흥과개혁사, 2019), 184~85; D. S. Potter, "Pergamum," in *The Anchor Bible Dictionary*, ed. David Noel Freedman (New York: Doubleday, 1992), 229~30을 참조하라.

버가모에 있는 도서관은 20만 권의 장서를 소장했고, 의과대학이 있었습니다. 당시 세상에서 가장 큰 도서관은 이집트의 알렉산드리아에 있었습니다. 버가모는 알렉산드리아에 있는 도서관에 뒤지지 않는 큰 도서관을 세우고자 했습니다. 그러자 이집트는 파피루스를 버가모에 수출하지 못하도록 했습니다. 파피루스를 수입할 수 없게 되자, 버가모는 짐승의 얇은 가죽으로 만든 양피지를 생산하여 책을 출판했다고 합니다. 그래서 버가모는 정치, 종교, 지성의 도시가 되었습니다.

버가모 교회에게 서신를 보내신 분은 **"날카로운 양날 칼을 가지신 분"** 입니다. '칼(τὴν ῥομφαίαν)'은 트라키아인들과 이방 민족들이 사용하는 날이 넓고 긴 칼을 지칭합니다.3 로마 시대에 이 칼은 힘의 상징이었을 뿐 아니라, 중범죄자를 처벌할 수 있는 권세를 나타냈습니다. 로마 제국은 지방 총독에게 그들이 통치하는 자들에게 칼을 사용할 수 있는 권한, 즉 재판하여 처형할 수 있는 권세를 줬습니다.4 본문은 예수님을 날카로운 칼을 가지신 분으로 묘사합니다. 이것은 참된 심판이 로마 정부나 로마 정부로부터 권세를 위임받은 지방 관리에게 있는 게 아니라, 예수님에게 있다는 뜻입니다.5 예수님은 세계를 심판하시는 분이십니다.

---

2 Buist M. Fanning, *Revelation*, Zondervan Exegetical Commentary on the New Testament, ed. Clinton E. Arnold et al., vol. 20 (Grand Rapids: Zondervan Academic, 2020), 136.

3 Walter Bauer, eds. Kurt Aland, Barbara Aland, and Viktor Reichmann, 『바우어 헬라어 사전—신약성경과 초기 기독교 문헌의 헬라어-한국어 사전』, 이정의 옮김 (서울: 생명의말씀사, 2017), 1373~74. Aune, 『요한계시록 1~5』, 600에 따르면, 롬파이아(ῥομφαία)가 대검을 가리킨다면, 마카이라(μάχαιρα)는 짧은 칼, 단검을 가리킨다. 보통 단검은 양쪽에 날이 있었으나, 대검은 한쪽에만 날이 있었다. 그런데 히브리어 헤레브(חרב)는 양날이 있는 단검, 한쪽 날만 있는 장검 모두에 사용되었다(잠 5:4; 시 149:6). Osborne, 『요한계시록』, 187에 따르면, 롬파이아(ῥομφαία)는 트라키아인이 기병대에서 사용한 장검으로, 버가모에 거주한 로마 지방 총독이 이 검을 사용했다.

4 Koester, 『요한계시록 I』, 457.

"예수님은 날카로운 양날의 칼, 즉 온 세상을 심판하는 권세를 가지신 주권자로서 지금 버가모 교회를 칭찬하시고 또한 책망하십니다."

II. 칭찬은 핍박을 잘 견디며 신앙을 지킬 때 받지만, 책망은 교리를 타협할 때 받는다(2:13~15).

버가모 교회는 외부의 핍박을 잘 견디며 신앙을 지켰기에 칭찬받습니다. 예수님은 두 가지 이유로 버가모 교회를 칭찬하십니다. 하나는 그들이 살고 있는 장소가 우상 숭배가 가득한 사탄의 왕좌가 있는 곳이라는 이유요. 다른 하나는 핍박에도 주님 이름을 굳게 붙잡고 살아가는 신실한 증인이라는 이유입니다. 버가모는 사탄의 왕좌가 있는 곳이었습니다. 왕좌는 왕이 앉는 보좌로, 특별한 권세를 가지고 통치하는 곳을 의미합니다. 사탄의 왕좌가 있다는 말은 사탄의 세력이 통치한다는 의미합니다. 사탄의 왕좌가 무엇을 의미하고 지칭하는지를 당시 사람들은 알았을 것입니다. 그러나 지금은 정확히 알 수 없습니다.

다만 몇 가지 가능성은 제시할 수 있습니다.[6] 하나는 치료의 뱀 신인 아스클레피오스 신전을 지칭한다는 견해입니다.[7] 숭배자들은 치료의 신을 구원자라고 불렀습니다. 계시록 1:9과 20:2에 뱀을 사탄과 연결합니다. 그래서 뱀 신이었던 아스클레피오스의 신전을 사탄의 왕좌라고 했을 수 있습니다. 다른 하나는 산꼭대기에 세워져 있는 왕좌 모양의 제우스

---

5 Osborne, 『요한계시록』, 187; Mounce, 『요한계시록』, 115; Robert L. Thomas, *Revelation 1~7: An Exegetical Commentary* (Chicago: Moody Press, 1992), 181. 예수님은 이방 세계만이 아니라 버가모 교회의 죄도 심판하신다.

6 사탄의 왕좌에 대한 다양한 견해는 다음과 같다. 1) 로마 황제 숭배, 2) 제우스 제단, 3) 아스클레피오스 신전, 4) 버가모가 건설된 언덕, 5) 기독교 박해의 중심지 버가모 등이다. 견해에 관한 자세한 내용은 Aune, 『요한계시록 1~5』, 601~03; Osborne, 『요한계시록』, 187~88; Koester, 『요한계시록 I』, 458~59를 보라.

7 Thomas, *Revelation 1~7*, 182.

제단을 지칭할 수 있습니다.8 이 제단은 버가모 도시를 내려다보이는 데 세워져 있습니다. 원뿔 모양의 성채 어디에서도 제우스 제단을 볼 수 있었다고 합니다. 그래서 제우스 제단을 가리켜서 사탄의 왕좌라고 했을 수도 있습니다. 다른 하나는 황제숭배입니다.9 요한계시록 전체 배후에는 황제숭배 사상이 깔려 있습니다. 버가모가 황제숭배에 중요한 역할을 했습니다. 황제숭배를 가리켜 '사탄의 왕좌'라고 했을 수도 있습니다.

'사탄의 왕좌'가 구체적으로 무엇을 지칭하는지는 알 수 없지만, 언급한 모든 견해가 분명히 우상 숭배와 관련이 있다는 점입니다. 버가모는 소아시아의 다른 도시와 마찬가지로 우상 숭배 도시였습니다. 모든 우상 숭배 배후에는 사탄이 존재합니다.10 황제숭배뿐 아니라 우상 숭배를 조장하는 사탄의 세력을 사탄의 왕좌라고 표현했을 것입니다. 그러다 보니, 버가모는 그리스도인이 살기에는 참으로 어려운 도시였습니다. 핍박과 위협에도 버가모 교회는 주님의 이름을 굳게 붙들었습니다. 황제나 여러 신들보다 예수 그리스도께 충성한 교회였습니다. 안디바는 그리스도께 충성하다 죽임을 당했습니다. 안디바의 순교를 목격하면서도 믿음을 굳게 지킨 교회가 버가모 교회입니다. 안디바는 누구인지는 분명하지 않습니다.11 그는 그리스도를 위해 순교할 정도로 신실하고

---

8 Fanning, *Revelation*, 136, n. 5에 따르면, 제우스 제단을 의미한다.

9 Mounce, 『요한계시록』, 116; Osborne, 『요한계시록』, 188; George E. Ladd, *A Commentary on the Revelation of John* (Grand Rapids: Wm. B. Eerdmans Publishing Company, 1972), 46.

10 G. K. Beale, 『요한계시록(상)』, 오광만 옮김, NIGTC (서울: 새물결플러스, 2020), 419에서는 정치 종교의 권력을 통제하는 사탄으로 본다. John F. Walvoord, 『예수 그리스도의 계시』, 전준식 옮김 (서울: 교회연합신문사, 1987), 97에서도 비슷한 견해를 제시한다. Aune, 『요한계시록 1~5』, 604에서는 건축물이나 지역 특징보다는 로마가 기독교를 탄압함이라고 말한다. Koester, 『요한계시록 I』, 458에 따르면, 안디바가 버가모에서 순교했는데 이 일로 사탄의 왕좌라고 불렸다.

11 Beale, 『요한계시록(상)』, 421에 따르면, 안디바는 안티파트로스(Antipatros)

충성된 증인이었습니다. 핍박과 고문 그리고 살인에도, 그리스도의 이름을 부인하지 않았던 교회가 바로 버가모 교회였습니다.

그런데 이 교회에도 문제가 있었습니다. 버가모 교회 문제는 외부에 있는 적이 아니라, 내부에 있는 적이었습니다.

버가모 교회의 거짓 교사들은 우상 숭배와 음행을 조장하는 발람의 가르침을 가르쳤습니다. 14절입니다. **"그러나 나는 네게 몇 가지 나무랄 것이 있다. 너희 가운데는 발람의 가르침을 따르는 자들이 있다. 발람은 발락을 시켜서, 이스라엘 자손 앞에 올무를 놓게 하고, 우상의 제물을 먹게 하고, 음란한 일을 하게 한 자다."** 버가모 교회는 극심한 핍박과 협박에도 신앙을 지켰습니다. 그런데 내부 문제로 넘어졌습니다. 교회에서 발람의 가르침을 따르는 사람들이 있었습니다. 발람의 가르침을 따라 교회 성도 중 일부가 우상 숭배와 음란한 성적 부도덕한 행위를 하고 있었습니다. 그러나 교회는 제대로 대처하지 못했습니다. 민수기 25장에 보면, 이스라엘 남자들이 모압 여자들과 음행하기 시작했습니다. 이유는 발람이 모압 왕에게 이스라엘 백성을 무너뜨릴 비책을 가르쳤기 때문입니다. 모압 여인들이 발람의 가르침에 따라 이스라엘 사람들을 자기들 신에게 드리는 제사에 초대합니다. 그리고 신들에게 드려진 음식을 먹게 합니다. 결국 이스라엘 사람들은 유혹되어 하나님께 멀어지고 배도했습니다. 우상 숭배에 빠졌으며, 성적 범죄[12]를 저질렀습니다. 물론 민수기 25장에는 발람이

라는 헬라어 이름을 줄인 말이다. 이 이름에 유대적 배경이 있기에, 유대인일 가능성을 제기한다. Koester, 『요한계시록 I』, 459~60에서는 유대적 배경과 비-유대적 배경 모두를 가지고 있다고 말하면서 안디바가 너희 가운데 죽임을 당했다고 하는 것으로 보아 버가모 혹은 다른 도시 출신이라고 말한다. 프레드릭 A. 태트포드, 「패트모스 편지에서」, 75에 안디바에 관한 다음 기록이 있다. "안디바는 도미티아누스 황제 통치 기간에 치과의사이며 의사이다. 다른 의사들은 안디바가 그리스도를 비밀히 전파하고 있다고 의심했다. 그리고 황제에 대하여 불충을 하고 있다고 비난했다. 그 결과, 안디바는 사형 판결을 받고, 황소 모양의 놋으로 만들어진 곳으로 던져졌다. 서서히 가열되는 놋 속에서 뜨거움과 열로 불고기처럼 서서히 익혀가면서 죽어갔다고 전해진다."

조언했다는 내용이 없습니다. 그러나 민수기 31:16에 이렇게 기록되어 있습니다. "**이 여자들이야말로 브올에서 그 사건 때에, 발람의 말을 듣고 이스라엘 자손을 꾀어, 주님을 배신하게 하고, 주님의 회중에 염병이 일어나게 한, 바로 그 사람들이오.**" 발람은 모압 왕 발락에게 미인계를 사용하여 이스라엘 백성들을 죄짓게 만들라고 조언했음을 알 수 있습니다. 그래서 이스라엘 백성들은 하나님을 떠나 우상 숭배에 빠졌습니다.

버가모 교회 내부에 발람의 가르침을 따르는 자들이 있었습니다. 교회 교사 중 일부는 버가모 교회가 거대한 핍박을 직면했을 때, 절충안을 제시했습니다. 황제숭배 제의나 다른 신전 제의에 참석하라는 제안이었습니다. 근거 예로 바울의 가르침을 들었습니다. 고린도전서 8장에서 바울이 세상에 우상이란 것이 없고, 오직 하나님 한 분밖에 없다고 가르쳤습니다. 그래서 우상 음식이란 없고, 단지 먹는 음식일 뿐인데, 다만 믿음이 약한 사람에게는 걸림돌입니다. 그것을 우상 제물로 먹기 때문'이지요. 이것을 가르치면서, 버가모 교회는 사탄의 왕좌에서도 신앙을 지켰고, 안디바의 순교에도 신앙을 지킨 신실한 교회입니다. 그러므로 황제숭배 제의나 신전 제의는 신앙의 문제나 예배의 문제가 아니고, 일반 시민의 의무로 생각하라고 가르쳤습니다.

그 결과, 버가모 교회는 타협하는 교회가 됐습니다. 그리스도에게 충성을 다하면서도 우상 숭배하는 교회가 됐습니다. 그리스도에게 충성을 다하면서도 음행하는 교회가 됐습니다. 성도 중 일부는 암묵적으로 이

---

12 "음란한 일을 했다"라는 말에는 두 가지 의미가 있다. 하나는 성적 부도덕한 일을 했다, 그리고 다른 하나는 우상 숭배에 빠지게 되었다는 뜻이다. 하지만 우상 숭배와 성적 부도덕은 밀접한 관계에 있다. 그래서 우상 숭배에 빠지고, 그 결과 성적 부도덕한 일에 빠졌다고 보아야 한다(Aune, 『요한계시록 1~5』, 610; Osborne, 『요한계시록』, 192; Beale, 『요한계시록(상)』, 412; Fanning, *Revelation*, 138). Fanning, *Revelation*, 139~40에 따르면, 니골라당이 발람의 가르침을 받은 게 분명하고, 고대는 성적 부도덕과 종교적 우상은 서로 밀접한 관련이 있으나, 요한계시록에서는 성적 부도덕보다는 오용된 영적 불충을 의미한다.

러한 일을 동조하면서, 이것은 신앙의 문제가 아니고 버가모 시민의 의무라고 자기들 행위를 정당화했습니다. 그러면서 버가모 시민으로 살려면 어쩔 수 없는 일이라고 말했을 것입니다. 그들은 바울의 의도를 온전히 이해하지 못했습니다. 그리고 예루살렘 회의에서 이방인 신자에게 네 가지를 제한함을 이해하지 못했습니다. 예루살렘 회의는 이방인 그리스도인에게 더러운 음식, 음행, 목매어 죽인 것과 피를 멀리하라고 권면했습니다. 이렇게 결정한 배경에는 이방인 그리스도인에게 이 네 가지는 과거에 생활 방식이었고, 관습이었기 때문입니다. 버가모 교회 이단들, 즉 거짓 교사들은 이런 이방인의 관습이나 관행을 버가모 상황과 접목했습니다. 신앙이 약한 성도에게는 황제숭배 제의나 신전 제의에 참석은 신앙 문제일 수 있습니다. 그러나 예수님에게 충성하는 버가모 성도에게는 신앙 문제가 아니고, 일반 시민 의무라고 가르쳤습니다. 시민 의무이기에, 신전 축제에 참여하여 축제 일부인 음행에도 동참할 수 있다고 가르쳤습니다. 핍박을 직면한 교회에게, 주님께 신실함을 유지하고 교회를 지키려면, 타협이 최고 방법이라고 가르쳤습니다.

15절에는 니골라 당의 가르침을 따르는 자들이 있다고 말합니다. "**이와 같이, 네게도 니골라 당의 가르침을 따르는 자들이 있다.**" 15절은 "**이와 같이**(οὕτως ἔχεις)"로 시작합니다. 이것은 발람이 이스라엘 백성을 우상 숭배와 음행으로 유혹했듯이, 발람의 교훈을 따르는 버가모 성도도 우상과 음행에 빠졌다는 말입니다. 이와 같이 버가모 교회가 발람의 교훈을 따르는 자들처럼, 니골라 당의 가르침을 따라 우상 숭배와 음행에 빠졌다는 말입니다.[13] 니골라 당의 가르침은 발람의 가르침과

---

13 발람의 가르침을 따르는 자들과 니골라 당의 가르침을 따르는 자들이 같은 그룹인지, 아니면 다른 그룹인지에 관한 논의가 있다. 같은 그룹으로 보는 학자는 Osborne, 『요한계시록』, 192; Mounce, 『요한계시록』, 118; Ladd, *A Commentary on the Revelation of John*, 48이다. 하지만 가르침이 유사하나 다른 두 그룹으로 보는 학자는 John F. MacAthur, 『존 맥아더, 계시록을 해설하다—때가 가깝기에』, 김광모 옮김 (이천: 성서침례대학원대학교출판부, 2017),

같았습니다. 버가모 교회는 외부로부터 압력이나 핍박에는 잘 대처했습니다. 믿음을 지켰고, 기꺼이 순교 정신으로 살아갔습니다. 그러나 내부의 적, 교리적인 가르침에는 타협했습니다. 이단들이 혼합주의 교리를 가르쳐도, 징계하거나 추방하지 않았습니다. 결국, 버가모 교회 전체가 교리 문제를 두고 타협했습니다.

발람과 니골라 당의 교훈은 사실 세상과 타협하는 문화를 대변합니다. 세상과 타협하는 문화는 오늘날 교회에서도 널리 퍼져 있습니다. 우리는 이 땅에서 번영 철학과 사고에 빠져 있는 문화에 살고 있습니다. 교회는 세상이 핍박할 때는 저항합니다. 그러나 문화나 관습으로 다가오면 적당하게 순응하려고 합니다. 그래야 교회가 세상으로부터 욕 얻어먹지 않는다고 합리화합니다. 직장에서도 사회생활에서도 마찬가지로 적당히 타협해야 신앙 생활하는 데 문제가 없다고 생각합니다. 에베소 교회 문제는 교리는 강한데 사랑이 없다는 것이었다면, 버가모 교회 문제는 교리적인 부분을 세상과 타협한 일입니다. 사랑하지 않은 채 교리 준수도 문제가 있지만, 주님을 위한다는 명분으로 교리적으로 세상과 타협하고, 문화와 타협하는 일도 문제입니다. 버가모 교회는 교리 문제를 잘 지키지 못하고, 거짓 가르침을 조장하는 거짓 교사를 징계하거나 추방하지 않으므로, 결국 교회가 세상과 적당히 타협하는 교회로 전락하고 말았습니다.

고린도전서 5장에서, 바울은 성도 중 하나가 자기 아버지의 아내를 데리고 사는 자의 음행을 경고했습니다. 교회는 그런 자를 경고하고 출교해야 마땅했습니다. 그런데 그렇게 하지 못했습니다. 그래서, 고린도 교회를 책망하면서 세상에 영향력을 잃었다고 경고했습니다. 버가모 교회도 교리적인 문제에 올바로 서지 못하고 또한 세상과 적당히 타협함으로, 결국 버가모에 영향력을 잃어버리는 교회가 됐습니다. 그래서 주님으로부터 경고를 받습니다.

80~81; Beale, 『요한계시록(상)』, 427; Thomas, *Revelation 1~7*, 193이다.

"예수님은 종교 혼합주의, 즉 세상과의 타협을 회개하라고 경고하고 있습니다. 왜 회개하라고 경고하실까요?"

III. 타협하면 심판받지만, 회개하면 필요가 채워지며 사면과 만찬에 참여하는 특권을 받는다(2:16~17).

타협하면, 하나님의 심판을 받기 때문입니다. 16절입니다. "**그러므로 회개하라 그리하지 아니하면 내가 네게 속히 임하여 내 입의 검으로 그들과 싸우리라.**" 회개하지 않으면, 하나님 심판의 검이 내려지기 때문입니다. 예수님은 좌우에 날선 검을 가지신 분으로 묘사됐습니다(1:16; 2:12). 이 의미는 예수님께 참된 사법권이 있다는 의미입니다. 하나님은 예수님에게 재판할 수 있는 권세를 주셨습니다. 예수님은 재판하실 수 있기에 세상과 타협을 간과하지 않으십니다. 그러기에 타협하는 버가모 교회에게 회개하라고 권면하십니다.14 세상과 타협하는 모든 성도는 죄를 회개해야 합니다. 타협을 회개하지 않으면, 하나님의 심판이 임하기 때문입니다. 예수님께서 에베소 교회에게 회개하라고 명령하셨듯이, 버가모 교회에게도 회개하라고 명령하십니다. 사랑하지 않은 채 교리만 강조하는 일도 회개해야 합니다. 마찬가지로, 세상과 타협하는 신앙도 회개해야 합니다. 회개하지 않으면, 하나님의 심판이 임합니다.15

"하지만 회개하면,"

회개하면, 감추었던 만나와 흰 돌을 받습니다(17절). "**귀가 있는 사람은, 성령이 교회들에 하시는 말씀을 들어라. 이기는 사람에게는 내가, 감추어 둔 만나를 주겠고, 흰 돌도 주겠다. 그 돌에는 새 이름이 적혀 있는데, 그 돌을 받는 사람 밖에는 아무도 그것을 알지 못한다.**" 회개하면, 감추어 두었던 만나를 받습니다. 만나는 이스라엘 백성이 광야에서 생

---

14 Fanning, *Revelation*, 140.

15 Osborne, 『요한계시록』, 194.

활하는 동안에 꼭 필요했습니다. 만나는 이스라엘 백성에게 알려진 것이 아니라, 감추어진 것입니다. 그들이 광야 생활을 할 때, 하나님께서 비로소 그들에게 보여주셨습니다. 사도 요한은 예수 그리스도는 성도가 회개할 때, 그들 필요를 채워주신다고 약속하십니다.[16] 하나님께서 감추어 둔 만나를 백성에게 베풀어 주셨듯이, 성도의 필요를 채워주십니다. 버가모 교회는 음식 때문에, 이방의 신전 제의나 축제에 참석할 필요가 없습니다. 왜냐하면 그들은 이미 더 좋은 음식, 즉 생명의 양식인 예수님을 가지고 있기 때문이요(요 6:48~49), 하나님께서 그들 필요를 공급해 주시기 때문입니다.

또한 회개하면 흰 돌을 받습니다.[17] 로마에서는 배심원들이 판결할 때 돌을 던졌습니다. 흰 돌은 일반적으로 죄가 없을 때, 또는 사면이나 죄를 용서할 때 던졌습니다(행 26:10; 4 마카비 15:26). 하지만 검은 돌을 던지면, 죄가 있음을 가리킵니다.[18] 그리고 때때로 흰 돌은 특별한 장소나 이벤트에 들어갈 수 있는 입장권 같은 것이었습니다.[19] 운동이나 전쟁에서 승리한 자에게 파티나 운동에 참석하거나, 관전할 수 있는 입장권으로서 돌을 주는 일이 고대 관례였습니다. 또는 운동이나 그 밖에 공헌한 사람에게도 특별한 파티에 참석할 수 있는 입장권으로 돌을 주었습니다. 그렇다면, "흰 돌을 준다"라는 말은, 사면이나 특권을 준다는 뜻입니다. 예수님께서는 이기는 자에게, 타협하고자 하는 유혹을 이기는 자에게 용서의 특권을 주십니다. 우상의 제사나 음식을 참여했어

---

16 Fanning, *Revelation*, 141에 따르면, 민수기 광야 생활에서 만나 제공은 마지막 날 성도에 대한 하나님의 완전하고 궁극적인 공급을 예상한다. 만나를 해석하는 다섯 가지 견해는 Osborne, 『요한계시록』, 195~96을 참조하라.

17 흰 돌에 관한 일곱 가지 견해는 Osborne, 『요한계시록』, 197을 보라.

18 Koester, 『요한계시록 I』, 464.

19 Ladd, *A Commentary on the Revelation of John*, 49; Thomas, *Revelation 1~7*, 201에서는 미래 메시아 잔치에 들어가는 입장권이라고 한다.

도 그 타협을 회개하고 돌이키면, 그 죄를 용서하십니다. 게다가 하나님의 만찬, 즉 어린양의 혼인 잔치에 참여할 특권을 주십니다. [20]

결론

한 부인은 오래전부터 남편이 요구한 댄스파티에 한 번 동행함으로 남편 마음을 즐겁게 해주겠다고 결심했습니다. 한 번쯤 아량을 베풀어서 남편의 요청을 들어주면, 남편도 감동해 교회에 다니리라 생각했기 때문입니다. 그날 저녁, 이 부인은 남편을 따라 댄스홀에 가서 함께 춤췄습니다. 남편은 집으로 들어가면서 웃음 띤 얼굴로 말했습니다. "여보, 오늘 밤은 참으로 즐거웠소!" 그러자 부인도 남편을 바라보며 활짝 웃으며 말했습니다. "여보, 이제 주일에는 나와 함께 교회에 가시는 거죠, 그렇죠?" 그러자 남편은 갑자기 얼굴을 찡그리며 말했습니다. "좋아하지 말라고! 이제는 다 틀렸어! 나는 당신이 진짜 교인인 줄 알았는데, 오늘 보니 당신 신앙은 엉터리이구먼!" 그러고서는 뼈 있는 말을 덧붙였습니다. "만약 오늘도 당신이 내 요구를 거절하면, 당신을 진짜 교인으로 여기고 당신을 따라 교회에 가야겠다고 작정했소. 그러나 오늘 밤 당신을 보니 당신 믿음은 진짜가 아니고 단지 고상한 취미에 지나지 않는 것 같구려."[21]

물론, 이는 지나친 예화일 수 있습니다. 그러나 이 예화는 우리가 한 번은 생각하게 합니다. 남편, 아내, 자녀, 부모, 직장 동료가 우리가 진실한 그리스도인인가를 지켜보고 있다는 것입니다. 믿음의 순수성을 넘어뜨리는 수많은 도전이 있습니다. 그 도전 앞에서 믿음의 순수성을 지켜야 합니다.

---

[20] Osborne, 『요한계시록』, 197~98에 따르면, 죄의 유무를 판결해 던지는 돌과 경주에서 승리자에게 축제에 참여하도록 주는 돌을 결합한 견해를 지지한다. 둘은 종말론적인 관점에서 설명할 수 있지만, 또한 현재 신자에게 주는 신령한 은혜와 가르침과 관련이 있다고 본다.

[21] https://godpeople.or.kr/mopds/320910, 2021년 6월 25일에 접속.

계시록 2:18~29, '두아디라 교회에 보내는 편지'

경제적 현실이 아니라 예수님을 선택하자

중심 내용: 물질로 인한 신앙의 타협은 약속의 주님을 바라볼 때 이길 수 있다.

I. 두아디라에 편지를 보내신 분은 통찰력과 통치자이신 심판의 주님이시다(2:18).

II. 신앙의 타협은 경제적 이유로 오는 경우가 많다(2:19~23).

III. 타협을 이기는 방법은 세상을 이기신 주님의 약속을 기억함이다 (2:24~28).

결론(2:29)

서론

버가모 교회는 칭찬과 책망을 동시에 받은 교회였습니다. 칭찬은 국가와 사회로부터 핍박에 교회 지도자가 죽임을 당했어도 주님의 이름을 굳게 잡고 신실한 증인이었기에 받았습니다. 반대로, 책망은 교리적인 타협으로 교회와 성도의 삶에 문제를 일으켰기에 받았습니다. 즉, 발람과 니골라 당의 가르침을 따르면서 우상을 섬기고 성적 부도덕한 삶을 살았습니다. 두아디라 교회도 비슷한 칭찬과 책망을 받았습니다. 칭찬과 책망이 버가모 교회와 거의 비슷하지만, 배경에 자그마한 차이가 있습니다. 버가모 교회는 정부와 사회로부터 압박과 핍박으로 교리를 타협했다면, 두아디라 교회는 경제적인 이유로 교리를 타협했습니다.

오늘 저는 「경제적 현실이 아니라 예수님을 선택하자」라는 제목으로 말씀을 전하겠습니다. "경제적인 현실이냐, 예수님이냐?"는 이론으로는 쉬워도, 실제로는 전혀 쉽지 않습니다. 믿음과 사랑이 풍성한 성도도 경제 문제, 물질 문제로 넘어지기 때문입니다. 두아디라 교회처럼 말입니다.

I. 두아디라에 편지를 보내신 분은 통찰력과 통치자이신 심판의 주님이시다(2:18).

두아디라는 소아시아의 다른 도시에 비하여 알려진 바가 거의 없습니다.[1] 이곳은 주전 300년에, 셀레쿠스 1세(Seleucus I Nicator)가 군사 전초기지로 삼은 곳입니다. 셀레쿠스 1세는 자기 딸 이름 '두아'를 따서 이곳을 '두아디라'라고 불렀습니다. 한때는 버가모 왕국에게 지배받았고, 나중에는 로마의 속령이 됐습니다. 두아디라는 버가모와 사데를 연결하는 도로에 자리한 도시로, 교통 요지였습니다. 그래서 상업적으로

---

[1] 그 이유는 두아디라에 관한 고대 기록 자료가 거의 없기 때문이며, 또 다른 이유는 고고학 발굴이 거의 이루어지지 않았기 때문이다. 고고학 발굴이 거의 이루어지지 않은 이유는 현재 아키사르라 불리는 도시가 고대 두아디라 도시 위에 세워져 있기 때문이다. 두아디라의 역사적, 지리적 배경에 관해서는 David E. Aune, 『요한계시록 1~5』, 김철 옮김, WBC 성경주석, 52상 (서울: 솔로몬, 2003), 633~34; Grant R. Osborne, 『요한계시록』, 김귀탁 옮김, BECNT 시리즈 (서울: 부흥과개혁사, 2019), 200~01; Robert H. Mounce, 『요한계시록』, 장규성 옮김, NICNT (서울: 부흥과개혁사, 2019), 121~23; Craig R. Koester, 『요한계시록 I—서론, 1~9장』, 최흥진 옮김, 앵커바이블 시리즈 (서울: 기독교문서선교회, 2019), 475~81을 참조하라.

중요한 도시였습니다. 두아디라는 구두 만들고 수선하는 직업, 물감을 만들고 염색하며 판매하는 직업, 금속으로 물건을 만드는 직업, 도자기 기술, 빵 제조업 등 다양한 산업이 발달한 도시였습니다. 그리고 은행과 같은 금융이 발달한 금융 도시였습니다. 주요 산업은 직조, 염색, 그리고 화폐 주조 등이었습니다. 그래서 두아디라는 로마 클라우디우스 황제 때(Claudius, AD 41~54), 자기 화폐 단위를 가질 정도로 변성한 도시였습니다. 두아디라 수호신은 '아폴로'였습니다. 아폴로는 제우스 신의 아들이며, 태양신으로 불렸습니다. 두아디라에는 황제숭배가 별로 없었는데, 아폴로 신이 황제 수호신이었기 때문입니다.[2]

그리스-로마 시대에, 대부분 도시는 조합이 중심이었는데, 두아디라는 특별히 '길드'라는 무역 조합이 유명했습니다. 길드 조합은 오늘날 중소기업협의회나 소상인연합회와 같은 기업들 연합, 그리고 노동조합과 같은 직장인 연합이었습니다. 조합 길드가 도시의 정치, 경제, 사회, 종교 생활 전반에 큰 영향력을 행사했기에, 그 시민으로 살아가려면 조합원이어야 했습니다. 조합에 가입이 의무는 아니었지만, 길드에 속하지 않는 노동자는 거의 없었습니다. 조합마다 각각 자기들 수호신이나 수호 여신을 가졌기에, 조합에 가입하면 조합의 수호신이나 수호 여신을 섬겨야 했습니다. 각 조합의 수호신에게 드리는 제사 의식은 보통 축제 기간에 열렸습니다. 조합원들은 이 축제에 참여하라고 요청받습니다. 축제에 참석하면, 수호신에게 드리는 제사와 우상에 바쳐진 음식을 먹습니다. 그런 다음에는 제의 과정의 일부였던, 사제나 여사제들과 음행하는 의식에 참여합니다. 이 제의에 참여하지 않으면, 신용에 문제가 생기며 사업에 불이익이나 손실을 초래합니다.

예수님은 이런 환경에 있는 두아디라 교회에게 서신을 보내십니다. 예수님은 **"그 눈이 불꽃과 같고, 그 발이 놋쇠와 같으신 분, 곧 하나님의 아들"**로 묘사되고 있습니다. 예수님은 하나님의 아들이시며, 불꽃과 같은 눈

---

2 Osborne, 『요한계시록』, 200.

과 놋쇠와 같은 발을 가진 분으로 묘사됩니다. **"눈이 불꽃과 같다"**는 사람의 마음과 생각을 비롯하여 모든 것을 꿰뚫어 보시는 예수님의 통찰력이나 원수에 대한 심판을 지칭합니다.[3] **"그 발이 놋쇠와 같다"**는 교회에 있는 모든 불순물이나 더러움을 깨끗하게 제거하는 그리스도의 정결과 거룩을 의미합니다.[4] **"하나님의 아들"**은 시편 2편에서는 전 세계를 통치하시는 권세를 가지신 세상 통치자를 의미합니다. 그래서 **"불꽃과 같은 눈을 가지고, 놋쇠와 같은 발을 가지신 하나님의 아들"**은 사람의 생각과 마음을 꿰뚫어 보시는 통찰력으로 교회와 세상의 불의를 심판하시는 통치자로서 주님을 묘사합니다. 두아디라 시민은 자기들 동전에 심판의 날에 말을 타고 양날을 가진 도끼를 사용하는 전사로서 아폴로의 형상을 새겼습니다. 그리고 황제는 신의 아들로 숭배 대상이었습니다. 사도 요한은, 제우스의 아들 아폴로나 신의 아들로 경배받는 황제가 아니라, 예수님이 참된 하나님의 아들이시며, 만물을 심판하는 통치자이심을 보여주고 있습니다.[5] 예수님이 하나님의 참 아들이시며 통찰력을 가지신 통치자이시기에, 예수님만 경배와 예배의 대상이어야 한다고 가르치고 있습니다.

---

3 Osborne, 『요한계시록』, 203; John Stott, 『내가 사랑하는 교회에게—소아시아 일곱 교회에 보내는 주님의 편지』, 윤종석 옮김 (서울: 포이에마, 2012), 128; Buist M. Fanning, *Revelation*, Zondervan Exegetical Commentary on the New Testament, ed. Clinton E. Arnold et al., vol. 20 (Grand Rapids: Zondervan Academic, 2020), 148.

4 John F. MacAthur, 『존 맥아더, 계시록을 해설하다—때가 가깝기에』, 김광모 옮김 (이천: 성서침례대학원대학교출판부, 2017), 87; Robert L. Thomas, *Revelation 1~7: An Exegetical Commentary* (Chicago: Moody Press, 1992), 210. 하지만, 박윤선, 『정암 박윤선의 요한계시록 강해—참 교회의 승리와 구원의 완성』 (수원: 영음사, 2019), 87; Fanning, *Revelation*, 148에서는 심판과 관련이 있다고 말한다.

5 Osborne, 『요한계시록』, 203; 440; Thomas, *Revelation 1~7*, 218에 따르면, 두아디라에서 아폴로는 도시의 수호신이면서도 제우스의 아들로 칭송받는 황제 숭배 의식과 관련이 있다.

"통찰력을 가지신 심판의 주님이 두아디라 교회에게 칭찬과 책망을 하십니다. 칭찬은 행위, 즉 믿음과 사랑이 있기에 받습니다. 책망은 이단의 교리를 용납했기에 받습니다."

II. 신앙의 타협은 경제적 이유로 오는 경우가 많다(2:19~23).

예수님은 두아디라 교회의 행위, 즉 사랑과 믿음을 잘 알고 계셨습니다. **"나는 네 행위와 네 사랑과 믿음과 섬김과 오래 참음을 알고"**(19)를 "나는 네 행위, 즉 네 사랑과 믿음과 섬김과 오래 참음을 알고"로 해석이 좋습니다.[6] 두아디라 교회는 행위가 있는 교회였습니다. 사랑이 풍성한 교회였습니다. 에베소 교회는 교리적으로 튼튼했지만, 사랑이 없는 교회였습니다. 반면에 두아디라 교회는 사랑이 있는 교회였습니다.[7] 사랑이 있을 때, 다른 사람을 섬깁니다. 두아디라 교회는 사랑한 결과로 나타나는 섬김, 즉 봉사하는 교회였습니다. 섬김은 이웃에 대하여 자비롭고, 관대한 마음을 가지는 것이요. 이웃의 영적, 물질적 필요를 도와주는 행동입니다.[8] 사랑이 있는 교회와 성도는 교회 안과 밖, 그리고 지역사회에서 도움이 필요할 때, 자진하여 돕습니다. 자원봉사자가 많음은 그만큼 사랑이 풍성하다는 의미입니다.

---

6 Fanning, *Revelation*, 149에 따르면, 행위는 일반 행동을 의미하고, 사랑, 믿음, 섬김, 인내 등은 행동에 특정한 측면을 의미한다. 처음 두 용어는 활동에 대한 동기를, 다른 두 용어는 동기에 따른 결과이다. 하지만 Osborne, 『요한계시록』, 204에서는 네 개 용어 모두를 개별적으로 취해야 한다고 말한다. Beale, 『요한계시록(상)』, 442에 따르면, 행위는 인내와 관련된 용어로, 인내를 가지고 외부 세계에 증언함이다.

7 Koester, 『요한계시록 I』, 481; Thomas, *Revelation 1~7*, 211에 따르면, 신약에서 사랑은 그리스도인의 가장 중요한 특징 중 하나이다(골 1:4; 살전 3:6). 사랑은 하나님 사랑과 사람 사랑을 말한다.

8 Fanning, *Revelation*, 149. Thomas, *Revelation 1~7*, 212에 따르면, 이 용어는 주인을 섬기는 종의 책무를 언급할 때 쓴다. 그런데 이것은 신약에서는 많은 경우 필요가 있는 사람에게 음식을 제공하는 봉사의 의미로 쓰인다.

또한 두아디라 교회는 믿음이 있는 교회였습니다. 믿음은 신실함, 성실함을 의미합니다. 하나님과 그리스도께 흔들리지 않는 신실함을 믿음이라고 합니다.[9] 믿음은 특히 어려움과 핍박을 겪을 때 빛을 발합니다. 믿음이 있는지 없는지는, 어려운 환경을 어떻게 대처하는가를 보면 알 수 있습니다. 믿음이 있는 사람은 핍박과 어려움에도 이 세상보다 하나님을 의지하고 하나님을 신뢰합니다. 믿음이 있을 때, 인내합니다. 두아디라 교회는 인내하는 교회였습니다. 어려운 상황, 핍박, 압력에 직면했을 때, 믿음을 저버리지 않고 인내하면서 하나님을 신실하게 바라봅니다. 사랑이 있는 성도는 이웃을 섬기고, 믿음이 있는 성도는 어려워도 인내하면서 주님을 바라봅니다.

두라디라 교회는 그런 교회였습니다. 게다가 두아디라 교회는 처음보다 나중 행위가 너 많은 교회였습니다. 시작을 잘하지만, 끝을 잘 맺지 못하는 사람이 많습니다. 에베소 교회가 그런 교회였지요. 처음에는 사랑과 섬김이 풍성했습니다. 그러나 시간이 지남에 따라 사랑은 식어졌습니다. 하지만 두아디라 교회는 사랑과 믿음, 섬김과 인내가 처음보다 더 풍성했습니다. 성도의 신앙은 이래야 합니다. 주님을 의지하는 마음이 더 강해져야 합니다. 처음 믿을 때보다 신앙과 연륜이 더해 짐에 따라, 선한 행위가 질적으로 양적으로 더 많아야 합니다. 두아디라 교회처럼 처음보다 더 이웃을 사랑하고, 주님을 더 신뢰해야 합니다.

"믿음과 행함이 있는 교회도 문제가 하나쯤은 있기 마련입니다. 두아디아 교회의 문제는 경제 문제, 즉 현실 문제였습니다."

두아디라 교회는 거짓 선지자 이세벨의 이단 가르침을 용납했습니다.[10] 에베소 교회가 거부했던 이단을 두아디라 교회는 용납했습니다.

---

9 Aune, 『요한계시록 1~5』, 635; Thomas, *Revelation 1~7*, 212; Fanning, *Revelation*, 149.

10 구약 성경에 나오는 이세벨은 북이스라엘 사람 아합의 아내이다. 이사벨은 두로 지방이 있는 페니키아 출신으로 이스라엘 왕 아합의 아내이다. 그녀는

버가모 교회가 이단을 용납했듯이, 두아디라 교회도 이단을 용납했습니다. 버가모 교회와 두아디라 교회의 차이점은 버가모 교회는 사회나 국가의 압력 때문에 교리를 타협했다면, 두아디라는 경제적 압박으로 교리를 타협했습니다.

이세벨은 두아디라 교회의 지도자 중 한 사람이었습니다. 스스로 예언자라고 자처했다고 한 것으로 보아, 자기가 하나님으로부터 특별한 계시를 받았다고 주장한 듯합니다. 초대교회에서 선지자는 당대 청중에게, 성도에게 하나님의 말씀을 선포하는 사람이었습니다. 여성들도 선지자로 활동했습니다. 그녀는 아마 예언하는 은사를 가졌겠지요. 자기 가르침이 하나님으로부터 직접 받은 말씀이라고 주장했을 것입니다. 그런데 두아디라 교회는 거짓 여선지자 이세벨을 용납했습니다. "용납하다(ἀφίημι)"는 단순히 받아들이는 의미 이상으로, 허물을 용서하고 가르침을 허락했다는 뜻입니다.11 교회를 파괴하려는 이세벨의 이단 교훈을 적극적으로 반대하지 않고, 오히려 이세벨을 용납하고 가르침을 지지했다는 뜻입니다. 거짓 여선지자 이세벨의 가르침은 길드라는 조합의 회원으로 가입과도 관련이 있습니다. 두아디라 시민이 생계를 꾸리려면 어쩔 수 없이 길드 조합의 회원으로 가입해야 했습니다. 그리스도인은 길드 조합에 가입하여 축제에 참여함을 믿음을 타협하는 일로 여겨서, 조합에 가입하기를 거부했습니다. 거부할 때마다, 믿지 않은 시민의 분을 샀을 겁니다. 그것은 곧 경제적 불이익받음을 의미합니다. 직장을 잃는다든가, 아니면 사업 거래처가 끊기는 일입니다.12 두아디라 성도 중 일부는 생존 기반

북이스라엘을 하나님을 섬기는 곳에서 바알과 아세아 숭배 장소로 바꾸고자 했다. 하지만 계시록에 나오는 이세벨은 두아디라 교회의 지도자로 거짓 여선지자이다. 그녀 가르침은 버가모의 발람과 니골라 당의 가르침과 거의 같다.

11 Walter Bauer, eds. Kurt Aland, Barbara Aland, and Viktor Reichmann, 『바우어 헬라어 사전—신약성경과 초기 기독교 문헌의 헬라어-한국어 사전』, 이정의 옮김 (서울: 생명의말씀사, 2017), 247~49; Osborne, 『요한계시록』, 206; Thomas, *Revelation 1~7*, 213.

을 잃지 않으려고 어쩔 수 없이 길드라는 조합에 가입하여 조합 수호신
의 제사 의식과 부도덕한 관행에 참여했을 겁니다.

이세벨은 성도에게 길드라는 조합에 가입하고 축제에 참여해도 괜찮
다고 가르쳤습니다. 조합에 가입하고 축제에 참여함은 신앙 문제가 아
니라, 사회 활동의 하나로 또는 직장의 일원으로서 의무로 간주해야 한
다고 가르쳤습니다. 이는 바울의 가르침을 오해해서 일어난 일일 수 있
습니다. 바울은 그리스도인의 자유를 말하면서, 우상은 아무것도 아니기
에, 음식을 먹거나 먹지 않음이 중요하지 않고 오히려 형제를 배려함이
중요하다고 가르쳤습니다.[13] **"우상에게 바친 고기를 먹는 일을 두고 말
하면, 우리가 알기로는, 세상에 우상이란 것은 아무것도 아니고, 오직 하
나님 한 분 밖에는 신이 없습니다. … 그러나 '우리를 하나님 앞에 내세
우는 것은 음식이 아닙니다.' 음식을 먹지 않는다고 해서 손해를 볼 것
도 없고, 먹는다고 해서 이로울 것도 없습니다"**(고전 8:4, 8).

하지만 이세벨은 바울의 의도와 다르게 해석했습니다. 우상이 존재하
지 않고 아무것도 아니라면, 우상을 섬기는 축제에 참여함은 영적으로
아무런 문제가 되지 않는다고 가르쳤습니다.[14] 이세벨의 영향을 받은
성도는 부담 없이 길드에 가입했고, 우상 제물과 음란의식에 가담했습
니다. 그래서 신앙 문제를 일으켰고, 그 결과 그리스도인의 삶에도 문
제를 일으켰습니다. 잘못된 교리는 잘못된 행동을 낳습니다. 두아디라
교회는 이웃을 사랑하고, 섬기는 교회였습니다. 이세벨은 이웃을 사랑하

---

12 Osborne, 『요한계시록』, 207.

13 Osborne, 『요한계시록』, 209; Thomas, *Revelation 1~7*, 216. 바울이 말
하는 자유를 오해함은 버가모 교회의 발람과 니골라당도 마찬가지였다. 그들은
그리스도인 자유의 참된 의미를 망각하고 죄를 짓는 자유로 오용했다.

14 Beale, 『요한계시록(상)』, 449~51에서는 이들이 바울의 가르침을 잘못 이
해하고 잘못 적용했다고 말한다. 그러면서 이들 가르침의 배경에는 영지주의적
가르침인 물질의 세계가 중요하지 않고, 영적인 세계가 중요하다는 사상이 영
향을 주었을 것이라고 말한다.

고 섬기려면 물질이 필요한데, 물질을 얻으려면 길드 조합에 가입해야 한다고 가르쳤습니다. 두아디라 교회의 사랑과 믿음을 칭찬하면서, 교리적 타협을 할 수 있도록 씨를 뿌린 것입니다. 더 큰 문제는 두아디아 교회가 거짓 가르침을 제공하는 이세벨과 그녀를 따르는 무리를 제재하거나 추방하지 않았다는 점입니다.

예수님은 이세벨에게 회개할 기회를 주셨습니다. 그러나 그녀는 거절했습니다. **"내가 그에게 회개할 기회를 주었으나, 그는 자기 음행을 회개하려 하지 않는다"**(2:21). **"회개할 기회를 주었다**(ἔδωκα αὐτῇ χρόνον ἵνα μετανοήσῃ)**"**는 부정과거형으로 표현합니다. 그런데 그녀는 **"회개하지 않습니다**(οὐ θέλει μετανοῆσαι)**"**는 현재형으로 표현합니다. 부정 과거형이 하나님이 회개할 기회를 주었다는 점을 강조한다면, 현재형은 계속 거절함을 강조합니다. 이세벨은 회개의 기회가 주어질 때마다 계속 거절했습니다.

하나님께서 주시는 기회를 계속 거절할 때, 하나님은 심판하십니다. 22~23절입니다. **"보아라, 나는 그를 병상에다 던지겠다. 그와 더불어 간음하는 자들도, 그와의 행위를 회개하지 않으면, 큰 환난을 당하게 하겠다. 그리고 나는 그의 자녀들을 반드시 죽게 하겠다. 그러면 모든 교회는 내가 사람의 생각과 마음을 살피는 분임을 알 것이다. 나는 너희 각 사람에게 그 행위대로 갚아 주겠다."** 하나님은 이세벨을 병상에 던지겠다고 하셨습니다. 이세벨은 스스로 우상의 침대에서 이방신들과 함께 타락했습니다. 신전 사제들과 음행을 저질렀습니다. 그리고 자기를 따르는 성도에게 자기처럼 하라고 가르쳤습니다. 예수님이 그녀에게 회개할 기회를 주셨지만, 그녀는 계속 거부하면서 음행을 저질렀습니다. 그래서 예수님은 그녀에게 다른 침대, 즉 고통의 침대, 질병의 침대로 심판하십니다. 질병은 때때로 하나님의 심판과 관련해 사용됐습니다.[15] 욥의

---

15 Beale, 『요한계시록(상)』, 446에 따르면, 병상에 던져짐은 고난을 가리키는 환유법이다.

세 친구는 욥의 고난과 질병이 죄의 결과에 따른, 하나님의 심판이라고 주장했습니다. 이런 의미에서, 그녀를 질병의 침대에 던지겠다는, 하나님께서 심판하신다는 의미입니다. 이세벨뿐 아니라, 그녀 가르침을 따라 우상 숭배에 빠져 간음하는 자들도 큰 환난으로 심판하십니다.[16]

주님은 때때로 질병이라는 도구로 심판하시면서 회개할 기회를 주십니다. 그런데도 하나님께서 주시는 기회와 부르심을 거절하면, 더 큰 환난을 겪습니다. 큰 환난, 절망과 고난의 웅덩이에 던지십니다. 그런데도 회개하지 않으면, 죽음의 구렁텅이로 던지십니다. 왜냐하면 주님은 사람의 생각과 마음을 아시는 분이기 때문이요, 각 사람의 행위대로 갚으시는 분이시기 때문입니다. 그래서 하나님이 회개할 기회를 주실 때, 회개해야 합니다.

"반대로,"

III. 타협을 이기는 방법은 세상을 이기신 주님의 약속을 기억함이다(2:24~28).

이세벨의 교훈을 따르지 않는 사람, 죄를 짓지 않는 사람이 있었습니다. 이들에게 예수님은 다른 것을 요구하지 않고, 충성을 요구하십니다. 24~25절입니다. **"그러나 두아디라에 있는 사람들 가운데서 그의 가르침을 받아들이지 않은 사람들, 곧 사탄의 깊은 흉계에 물들지 않은 사람들**

---

16 이세벨과 더불어 간음하는 자들(22절)과 그의 자녀들(23절)은 "같은 그룹인가, 아니면 다른 그룹을 지칭하는가?"를 두고 견해가 다르다. Mounce, 『요한계시록』, 126; Osborne, 『요한계시록』, 210에 따르면, 자녀는 완전히 개종한 자들이며, 더불어 간음한 자들은 이세벨의 가르침에 따라 음란을 즐긴 자들이다. Aune, 『요한계시록 1~5』, 640에 따르면, 간음한 자들은 그녀 가르침에 영향을 받은 자들이나 우상에게 제사 지내며 부정한 형태의 성행위를 한 사람이고, 자녀는 확고하게 그녀를 따르는 자들이다. 하지만 Beale, 『요한계시록(상)』, 448; Fanning, *Revelation*, 153에서는 같은 사람으로 여긴다.

인 너희 남은 사람들에게 내가 말한다. 나는 너희에게 다른 짐을 지우지 않겠다. 다만 내가 올 때까지, 너희가 가지고 있는 그것을 굳게 붙잡고 있어라." 신실한 성도에게 요구하는 바는 그들 행위, 즉 사랑과 믿음, 섬김과 인내를 끝까지 붙잡으라는 충고입니다. 언제까지인가요? 주님이 오실 때까지입니다. 주님이 오실 때까지 사랑과 믿음, 섬김과 인내를 계속 붙잡으라고 권면합니다. 그러면 상을 받습니다. 경제적인 이유로 신앙을 타협한 사람은 회개해야 합니다. 반대로 경제적 어려움에서도 사랑과 믿음을 지키는 성도는 계속 그렇게 행동하라고 권면합니다. 그러면 하나님께서 상을 주십니다.

"무슨 상일까요? 상은 두 가지입니다. 만국을 다스리는 상, 그리고 새벽별을 받는 상입니다."

끝까지 사랑과 믿음을 지키는 성도는 만국을 다스리는 권세를 받습니다. 26~28절입니다. "이기는 사람, 곧 내 일을 끝까지 지키는 사람에게는, 민족들을 다스리는 권세를 주겠다. 그는 쇠지팡이로 그들을 다스릴 것이고, 민족들은 마치 질그릇이 부수어지듯 할 것이다. 이것은 마치, 내가 나의 아버지께로부터 권세를 받아서 다스리는 것과 같다." 구약 성경은 성도가 메시아 왕국 때, 만국을 다스리는 일에 참여한다고 된다고 예언했습니다(시 149:5~9; 사 60:14; 단 7:14, 18, 27). 예수님은 열두 제자가 12지파를 심판하는 자리에 앉는다고 말씀하셨습니다(마 19:28; 눅 22:30). 바울도 성도가 이 땅을 다스리며(딤후 2:12), 천사들까지도 다스린다고 말했습니다(고전 6:2~3). 사도 요한은 이단 교리에 물들지 않고 사랑과 믿음을 지키는 성도가 모든 세상을 다스리는 권세를 받는다고 말했습니다.

세상을 다스리되, 철장으로 다스립니다. 철장은 목자들의 지팡이, 즉 양을 괴롭히는 야생 동물을 물리치시는 데 쓰는 쇠로 덮은 긴 나무 막대기를 말합니다.[17] 계시록에서 예수님께서 철장으로 모든 민족을 다스

---

17 Osborne, 『요한계시록』, 219. Bauer, 『바우어 헬라어 사전』, 1366~67에 따르면, '막대기($\dot{\rho}\alpha\beta\delta o\varsigma$)'는 일반적으로 목자의 지팡이를 의미한다(미 7:14). 그

리신다고 말하고 있습니다(계 12:5; 19:15). 성도는 하늘 군대의 일원으로 참여해 예수님과 함께 대적을 물리친다고 표현하고 있습니다(계 17:14; 19:14). 그래서 철장을 가짐은 하나님께서 세상과 대적을 심판하심을 상징하며, 또한 하나님의 백성은 보호받는다는 의미입니다. 목자가 지팡이로 양을 보호하고 악한 짐승을 물리치듯이, 성도는 작은 목자로서 자기 백성을 보호하고 대적들은 물리치는 권세를 가진다는 의미입니다.[18] 철장을 가짐과 질그릇을 깨뜨리는 권세를 가짐은 심판에 절대적인 권위를 가짐을 뜻합니다.[19] 마치 토기장이가 자기가 만든 토기 중 마음에 들지 않거나 문제 있는 토기를 마음대로 땅에 던져 깨뜨리듯이, 성도도 예수님과 함께 민족을 다스리는 절대인 권력을 가집니다. 땅에서 경제 문제가 중요합니다. 하지만 경제 문제로 믿음을 저버려서는 안 됩니다. 예수님이 오실 때까지, 신실한 성도는 주님과 힘께 만국을 철장으로 다스리는 절대 권세를 가진다 약속하셨기 때문입니다.

"게다가"

예수님은 신실한 성도에게 새벽별을 주시겠다고 약속하셨습니다(28절).[20] 새벽별은 메시아 통치를 의미합니다.[21] 이사야 11:1과 계시록 22:14에

런데 이 용어는 때때로 통치자의 홀이나 규(시 44:7)를 지칭하기도 한다. 많은 경우 징계나 심판의 문맥에 쓰인다.

[18] Fanning, *Revelation*, 156은 목자가 양의 안전을 위협하는 무리를 강하게 몰아치는 개념이 본문 의미에 일치한다고 말한다.

[19] Mounce, 『요한계시록』, 129.

[20] 별 해석은 다양하다. Osborne, 『요한계시록』, 220~21; Mounce, 『요한계시록』, 129에 따르면, 여섯 가지 견해이다. 1) 성도들의 불멸성, 2) 바벨론 왕이나 루시퍼 상징, 3) 메시아 상징, 4) 그리스도 자신, 5) 로마 장군과 황제들이 주권의 상징으로 사용한 행성인 금성, 6) 성령 등이다. Osborne은 로마 제국의 주권과 힘을 상징하는 행성인 금성을 가리킨다고 본다.

[21] Fanning, *Revelation*, 157에서는 계시록 22:16에 새벽별은 예수 그리스도를 지칭하며, 메시아 기대(단 7:922; 슥 12:10; 시 2:9), 또는 심판에 대한 메시

서 별은 메시아 통치로 쓰였습니다. 민수기 24:14~20에서도 "한 별이 야곱에게서, 한 통치 지팡이가 이스라엘에게서 나와 이스라엘의 미래 통치자가 되어 모든 세상을 통치한다"라고 예언했습니다. 새벽별은 고대 세계의 주권을 상징하기도 했습니다. 특히 로마에서는 로마 황제는 자신이 여신 비너스(Venus)의 후손이라고 주장했습니다.22 그리고 자기가 신으로부터 부여받은 주권자라고 선전했습니다. 이 땅의 주권자는 로마와 같은 악한 세상 제국이나 황제가 아니라, 예수 그리스도이십니다. 타협하지 않는 신실한 성도는, 주님이 오실 때, 주님과 함께 절대주권을 가집니다.23

결론(2:29)

"**귀 있는 자들은 성령이 교회들에게 하시는 말씀을 들어야 한다**"(29절). 오늘날 우리는 두아디라 교회처럼, 현실 문제, 경제 문제로 타협하도록 도전을 받고 있습니다. 과거도 마찬가지이지만 현실을 살아가면서 재정이나 물질의 부담감은 상당합니다. 생활의 거의 모든 것이 물질과 연관이 되기 때문입니다. 물질을 제외하고 생각하면, 생각할 것이 별로 없는 것도 사실입니다. 그만큼 물질은 우리와 함께 살아가고 있습니다. 그래서 사탄은 물질의 문제를 가지고 그리스도인을 협박하고 유혹합니다. "물질이냐, 예수님이냐?"는 현대인에게 중요한 질문입니다. 코로나

아의 철장(scepter)을 지칭한다(사 11:4). 그래서 새벽별을 준다는 그리스도 안에서 하나님의 온전한 구속을 나누는 것을 의미한다고 말한다. Beale, 『요한계시록(상)』, 455~56에 따르면, 별은 환유법으로 예수로 성취하기 시작한 메시아 통치를 상징한다.

22 Beale, 『요한계시록(상)』, 456.

23 Thomas, *Revelation 1~7*, 235에서는 새벽별을 메시아 왕국 때 의인이 별처럼 빛남을 첫째 의미라고 하고, 메시아의 대적을 정복함이 두 번째 의미라고 한다.

19 확진자가 많아질 때 직장에서는 "직장이냐, 예수님이냐?"를 선택하라고 요구합니다. 물론 대놓고 그렇게 요구하지는 않습니다. 그러나 다양한 방법으로 그렇게 요구합니다. 교회에 가면 자가 격리 2주 동안 하게 하고, 교회 출석했다고 계속 핀잔을 주는 방법 등입니다. 이럴 때 타협하려는 마음이 들기도 합니다. 신앙을 타협해야 하는 문제가 생길 때, 해결하는 방법은 약속의 주님을 바라보는 자세입니다.

계시록 3:1~6, '사데 교회에 보내는 편지'

죽은 신앙을 회개하자

중심 내용: 죽은 신앙은 말씀을 통하여 회개할 때 생명의 약속을 받는다.

I. 사데 교회에 편지를 보내신 분은 일곱 영과 일곱 별을 가지신 예수님 이시다(3:1a).

II. 권면은 죽은 신앙을 회개하고, 말씀으로 회복하는 일이다(3:1b~3).

III. 회복의 상은 영원한 생명과 하늘의 상이다(3:4~5).

결론(3:6)

서론

사데 교회는 칭찬을 전혀 받지 못했습니다. 살았다고 주장하나, 죽은 교회입니다. '살았다, 죽었다'는 '생명이 있느냐, 생명이 없느냐?'로 결정합니다. 생명이 있으면 성장합니다. 조금이라고 성장하면 생명이 있다는 말입니다. 어제보다 오늘이, 1년 전보다 올해가 조금이라도 자란다면, 이는 살아있다는 증거입니다. 사데 교회는 살아있다고 하나, 죽은 교회입니다. 과거보다 퇴보한 교회라는 뜻이지요. 지난 영광은 자랑하지만, 정작 현재는 살아있는 생명은 보이지 않는 교회입니다. 사람에게는 인정받지만, 하나님의 관점에서 인정받지 못하는 교회, 곧 죽은 교회입니다.

우리는 사데 교회를 보면서 우리 신앙을 점검하고, 하나님 관점에서 죽은 교회가 아니라 살아있는 교회이기를 바랍니다. 우리 신앙도 마찬가지입니다. 남들은 인정해도, 정작 하나님께서 인정하시지 않는 신앙이 있습니다. 하나님께서 인정하는 살아있는 성도이기를 바랍니다.

I. 사데 교회에 편지를 보내신 분은 일곱 영과 일곱 별을 가지신 예수님이시다(3:1a).

사데는 두아디라에서 남동쪽으로 50~60km 정도 떨어져 있는, 소아시아에서 가장 화려하고 번창했던 도시 가운데 하나였습니다.[1] 주전 13세기 무렵, 사데는 부유하고 강력한 힘을 가진 리디아 왕국의 수도였습니다. 주전 6세기에는 고대 세계에서 가장 강력한 도시 중 하나였습니다. 그러다 로마 시대에 와서는 상대적으로 쇠퇴했습니다. 그래서 사데의 화려함과 번창은 아련한 옛 영광이 돼버렸습니다. 사데는 트몰루스산(Tmolus) 북쪽 산줄기에 있었습니다. 이곳에서 헤르무스의 비옥한 평지가 내려다보입니다. 이 도시의 성채는 세 면이 460m 높이 절벽이고, 산이 인접해 있는 남쪽 진영에서만 접근할 수 있었습니다. 사데는 전투에서 져 본 적이 거의 없는 난공불락의 군사 요충지였습니다.

---

[1] 사데의 역사적·문화적 배경은 Grant R. Osborne, 『요한계시록』, 김귀탁 옮김, BECNT 시리즈 (서울: 부흥과개혁사, 2019), 225~26; Robert H. Mounce, 『요한계시록』, 장규성 옮김, NICNT (서울: 부흥과개혁사, 2019), 130~32; David E. Aune, 『요한계시록 1~5』, 김철 옮김, WBC 성경주석, 52상 (서울: 솔로몬, 2003), 6660~02; Craig R. Koester, 『요한계시록 I—서론, 1~9장』, 최흥진 옮김, 앵커바이블 시리즈 (서울: 기독교문서선교회, 2019), 505~09; Robert L. Thomas, *Revelation 1~7: An Exegetical Commentary* (Chicago: Moody Press, 1992), 240~44; John Griffiths Fedley, "Sardis," in *The Anchor Bible Dictionary*, ed. David Noel Freedman, vol. 5 (New York: Doubleday, 1992), 982~83을 참조하라.

역사상, 두 차례나 함락됐습니다. 첫 번째 함락은 주전 6세기 무렵, 리다아 왕국의 유명한 왕 크로이소스(Croesus) 왕 때였습니다. 크로이소스는 페르시아의 고레스(Cyrus)를 공격했습니다. 전투 후 겨울이 되자, 크로이소스는 고레스가 돌아가리라 예상하고, 퇴각하여 사데에 은거합니다. 그런데 고레스는 크로이소스 왕을 추격하여 그가 자랑하는 기병대를 죄다 죽입니다. 성이 포위되자, 크로이소스 왕은 사데 성채로 피신합니다. 이때 고레스의 군사 가운데 한 명이 도저히 올라갈 수 없는 절벽을 타고 올라가서 성문을 열어 놓습니다. 그래서 주전 546년에 포위당한 지 불과 15일 만에 함락이 됩니다.

두 번째 함락은 주전 3세기경에 발생했습니다. 주전 213년, 안티오쿠스 3세는 반란을 진압하려고 사데를 공격합니다. 라고라스(Lagoras)라는 이름을 가진 크레타인(Cretaean)이 군사 15명과 함께 도저히 올라갈 수 없는 절벽을 타고 올라가 성문을 열었습니다. 그래서 안티오쿠스 3세는 군대를 이끌고 성채로 들어가 반역을 진압했습니다. 사데가 두 번씩이나 함락을 당한 이유는 경계를 소홀히 했기 때문입니다. 경계병들이 조금만 주의를 기울였다면, 함락되지 않았을 것입니다. 그런데 "설마 460m 절벽을 타고 올라오겠는가?"라고 생각하고 경계를 소홀히 했기에 함락됐습니다.

그때부터, 사데는 버가모보다 힘이 없는 생태였습니다. 주후 17년 무렵 엄청난 지진으로 사데는 빌라델비아와 함께 폐허가 됩니다. 로마 티베리우스 황제(Tiberias)의 지원과 5년 동안 세금 면제로 도시를 재건합니다. 사데는 황제에게 충성을 표현하려고 황제를 위한 신전을 세우고자 로마에 청원합니다. 하지만 그 특권은 서머나로 돌아갑니다. 대신 황제의 은혜에 감사하여, 사데는 동전에 **'황제 형상'**과 **'가이사의 사데 (Caesarean Sardis)'**라는 형상을 새겨 놓았습니다. 에베소에 있는 다산과 풍요의 여신 '아데미' 신전과 같은 큰 신전을 세웠는데, 이 신전은 완공하지 못합니다. 다른 도시들처럼, 사데도 무역이 발달했고, 많은 이방신 신전이 있었습니다.

주전 5세기나 4세기에 대규모 유대인이 사데에 거주했습니다. 안티오쿠스 3세는 약 2천 명 유대인이 사데 지역에 거주하도록 허락했습니다. 거주하는 유대인 중 많은 사람은 로마 시민권을 가졌습니다.[2] 주전 3세기 후반에 도시 가운데 거대한 건물 중 하나가 유대인 회당이었다고 하는 것으로 보아, 유대인 영향이 사데에서 상당했음을 알 수 있습니다.[3]

이곳에 세워진 교회가 사데 교회입니다. 그런데 거짓 선지자나 이단의 공격은 언급하지 않습니다. 로마 황제숭배 사상과 같은 외부적인 압력이나 핍박도 언급하지 않습니다. 비교적 평안한 가운데, 물질적으로 풍요로움을 누린 교회였던 것으로 보입니다. 사데 교회에 편지를 보낸 예수님은 **"하나님의 일곱 영과 일곱 별을 가지신 분"**으로 묘사됩니다. 일곱 영은 스가랴 4장처럼 하나님의 성령을 의미합니다. 하나님의 공동체나 성도의 삶에 강력하게 역사하는 성령을 가지신 분이 예수님입니다.[4] 일곱 별은 교회의 사자를 지칭합니다.[5] 예수님이 '**일곱 영과 일곱 별을 가지고 있다**'라는 말은, 교회 상황을 아시고 교회를 돌보시는 성령의 능력을 지닌 분이 예수님이라는 의미입니다.[6]

---

2 Osborne, 『요한계시록』, 226. Aune, 『요한계시록 1~5』, 661에서는 유대인 최초 이주를 주전 586년, 곧 예루살렘이 함락 직후로 추정한다. 오바댜 1:20에 '스바랏'이 사데의 아람어 명칭이기 때문이다.

3 Buist M. Fanning, *Revelation*, Zondervan Exegetical Commentary on the New Testament, ed. Clinton E. Arnold et al., vol. 20 (Grand Rapids: Zondervan Academic, 2020), 162.

4 Osborne, 『요한계시록』, 228; Robert L. Thomas, *Revelation 1~7: An Exegetical Commentary* (Chicago: Moody Press, 1992), 244; Fanning, *Revelation*, 161에 따르면, 스가랴 4:1~10에 일곱 영이 나오는데, 이 표현은 성령에 대한 은유적인 표현이다. 일곱 영은 성령의 능력 혹은 성령의 전지하심을 상징한다. 하지만, Aune, 『요한계시록 1~5』, 662; Koester, 『요한계시록 I』, 509에서는 일곱 영을 하늘의 실체인 천사적인 존재라고 한다.

5 계시록 1:20 부분에서 일곱 별 해석을 참조하라.

6 George E. Ladd, *A Commentary on the Revelation of John* (Grand Rapids:

II. 권면은 죽은 신앙을 회개하고, 말씀으로 회복하는 일이다(3:1b~3).

사데 교회는 사람에게는 인정받지만, 하나님에게 인정받지 못합니다. 1b절입니다. **"나는 네 행위를 안다. 너는 살아 있다는 이름은 있으나, 실상은 죽은 것이다."**

"무슨 뜻일까요?"

살아있다는 이름, 즉 명성은 있는데, 실제로 죽은 교회라는 뜻입니다.[7] 이것을 세 가지 측면에서 설명할 수 있습니다. 과거와 현재의 관점입니다. 과거에는 하나님과 관계나 사람과 관계가 좋았습니다. 믿음과 사랑이 풍성했고, 전도와 구령의 열정이 있었습니다. 하지만, 현재는 하나님과 관계 그리고 사람과 관계가 죽은 상태입니다. 믿음과 사랑은 약해졌고, 전도나 구령의 열정이 없는 교회입니다. 마치 도시 사데가 과거 영광을 자랑하는 것처럼, 사데 교회도 과거에 어떠했노라고 말하면서 과거 영광과 명성을 자랑하는 교회가 되어 버렸습니다.

다른 하나는 세상 문화와 타협하는 관점입니다. 사람에게는 인정받았다는 말은 불신앙의 문화와 타협으로 사데 시민에게 인정받았다는 뜻입

Wm. B. Eerdmans Publishing Company, 1972), 55에 따르면, 사데 교회가 영적으로 자만해도, 예수님은 여전히 사데 교회를 도우신다.

[7] Fanning, *Revelation*, 162에서는 외형적으로는 영적으로 건강하고 활기 있는 듯하지만, 실제로 하나님에게서 오는 생명을 가지고 있지 않다는 뜻입니다. G. K. Beale, 『요한계시록(상)』, 오광만 옮김, NIGTC (서울: 새물결플러스, 2020), 461에 따르면, 사데 교회의 고백이나 평판은 있지만 실제는 고백이나 평판과 모순을 뜻한다. 즉, 과거 평판에 의존한 나머지 지금도 그런 것처럼 생각하고 행동함을 말한다. 하지만 영적으로 죽은 교회이다. Osborne, 『요한계시록』, 228은 그리스도인의 이름, 즉 생명을 가지고 있다고 주장하지만, 이교도의 이름, 즉 죽음을 갖고 있다는 의미로 해석한다. Aune, 『요한계시록 1~5』, 662는 과거에는 도덕적이며 영적으로 살아 있었지만, 현재는 도덕적으로 영적으로 죽은 상태를 주장한다.

니다. 서머나, 버가모, 두아디라 등에 보낸 편지에서 그리스도인은 이방 사회에게서 압박이나 핍박을 받았습니다. 그렇다면 사데 교회도 이방 사회로부터 압박이나 핍박을 받았을 것입니다. 그런데 사데 교회에 보낸 편지에는 압박이나 핍박을 언급하지 않습니다. 유대인에게서 핍박받았다는 언급도 없습니다. 그렇다면 사데 교회가 영적으로 살지 않고, 적당하게 타협하면서 살았음을 의미할 수 있습니다.[8] 사데 교회가 핍박이나 사회적인 압력이 없이 평안한 생활을 할 수 있었던 이유는, 핍박이나 압박이 오기 전에 알아서 고개 숙이고 타협했기 때문입니다. 그 결과, 하나님의 관점에서는 신앙이 죽은 교회가 됐습니다.

또 다른 하나는 외적 행위, 즉 사랑과 믿음, 섬김과 인내, 그리고 다른 행위들이 하나님 앞에서 온전하지 못했다는 것입니다.[9] 당시 사람의 기준에는 충분했을 것입니다. 그러나 하나님의 기준으로 보면 충분하지 않았다는 말입니다. 하나님의 기준에서 미달이라는 점에서 영적으로 죽은 교회였습니다.

"그러면 어떻게 하면 영적으로 죽은 상태에서 벗어날 수 있을까요?"

2~3절은 다섯 가지 방법을 제시하는데, 다섯 가지 명령에서 확인할 수 있습니다. 다섯 가지 명령은 **"깨어나라, 굳건하게 하여라, 되새겨라, 지키라, 그리고 회개하라"**입니다. 두 가지 명령은 2절에, 세 가지 명령은 3절에 있습니다. 먼저 2절입니다. **"깨어나라. 그리고 아직 남아 있지**

---

8 Beale, 『요한계시록(상)』, 462~64를 보라. 그런데 Mounce, 『요한계시록』, 133에서는 역설로 이해한다. 사데 교회가 사역의 동기나 방향이 바르지 못하기에, 모든 외적 활동의 영향력이 부족했다는 점에서 공동체가 열심히 사역했어도 하나님의 관점에서는 기준 미달이라는 말이다.

9 Osborne, 『요한계시록』, 228~29. Fanning, *Revelation*, 162~63에서는 사데 교회가 영적으로 건강하고 활동하는 듯하지만, 참된 그리스도인으로서 가져야 할 덕목인, 하나님으로부터 온 생명이 없었다는 점에서 죽은 상태로 여긴다. Ladd, *A Commentary on the Revelation of John*, 56에서는 외적 종교 활동은 하지만 영적인 능력과 삶은 없었다는 점에서 죽은 상태로 여긴다.

만 막 죽어 가는 자들을 군건하게 하여라. 나는 네 행위가 나의 하나님 앞에서 완전하다고는 생각하지 않는다."

먼저, 깨어나야 합니다. "**깨어나라**(γίνου γρηγορῶν)"는 '**경계하라, 조심하라, 주의하라**'는 뜻입니다.10 방심하지 말라는 말이지요. 난공불락의 도시 사데가 방심하다가 두 번씩이나 파괴됐습니다. 영적인 운명도 같습니다. 성도도 영적으로 깨어 있지 않으면, 영적으로 죽습니다. 신앙생활을 안일하게 하지 말고, 항상 긴장하면서 영적으로 깨어 있어야 합니다. 과거 신앙에 도취해 있으면 안 됩니다. 깨어 일어나야 합니다.

둘째는 남은 것을 굳게 잡아야(στήρισον) 합니다. 사데 교회는 대부분이 영적으로 시체가 되었지만, 아직 살아남은 사람이 몇몇 있었습니다. 여기서 '**아직 남아 있지만 막 죽어가는 자들**"이란 표현이 나오지요. 이 표현은 사데 교회 성도의 대부분은 영적으로 죽었습니다. 그런데 일부는 아직 죽지 않았습니다. 그런데 죽어가고 있습니다. 생명력이 완전히 상실되지 않고, 곧 상실되어 가는 사람을 붙잡아서 회복시키라는, 예수님의 명령입니다. 이는 긴박한 명령입니다.11 시간이 얼마 남지 않았기에, 신속히 붙잡지 않으면 영적 생명력을 상실하기 때문입니다. 예수님은 교회에 강력히 권고하십니다. 믿음이 약한 자, 넘어진 자를 돌보라고 권고하십니다. 그렇지 않으면 그들이 곧 영적으로 죽은 자가 됩니다. 그리고 교회를 떠나고, 하나님을 떠나기 때문입니다.

"왜 깨어나서 남은 자를 굳게 붙잡아야 할까요?"

성도의 현재 영적 상태가 하나님 앞에서 온전하지 못하기 때문입니다.12 2절입니다. "**나는 네 행위가 나의 하나님 앞에서 완전하다고는 생**

---

10 Walter Bauer, eds. Kurt Aland, Barbara Aland, and Viktor Reichmann, 『바우어 헬라어 사전—신약성경과 초기 기독교 문헌의 헬라어-한국어 사전』, 이정의 옮김 (서울: 생명의말씀사, 2017), 312~13.

11 Osborne, 『요한계시록』, 230.

각하지 않는다.""너희 행위가 하나님 앞에서 완전하지 못하다"라는 말은 사데 교회가 행동하지 않는다는 뜻이 아닙니다. 실천하려 했지만, 하나님 보시기에 온전하지 못했다는 뜻입니다. 하나님의 관점에서 부족했다는 말입니다. 사람에게 인정받았을지는 몰라도, 하나님께는 인정받지 못했습니다. 그들은 자기들을 평가하면서 이만하면 충분하다고 생각했는지 모릅니다. 이런 상황에서 이만큼 하면 잘했다고 스스로 만족했을 것입니다. 그러나 하나님은 그렇게 생각하시지 않았습니다.

여기서 우리는 사람의 평가와 하나님의 평가가 다르다는 사실을 알수 있습니다. 사람의 평가와 하나님의 평가에서, 둘 다 좋은 평가를 얻는다면 그것보다 좋은 것은 없습니다. 그러나 사람에게는 좋은 평가를 얻었어도, 하나님에게서는 좋은 평가를 얻지 못할 수도 있습니다. 만약 그렇다면, 우리는 우리 행위의 동기를 살펴보아야 합니다. 그리고 하나님께 인정받으려고 우리 행위의 동기를 바로 잡아야 합니다.

셋째, 넷째, 다섯째는 각각 "되새기고, 지키고, 회개하라"입니다. "그러므로 네가 그 가르침을 어떻게 받고 어떻게 들었는지를 되새겨서, 굳게 지키고, 회개하여라. 만일 네가 깨어 있지 않으면 내가 도둑같이 올 것인데, 어느 때에 내가 네게 올지를 너는 알지 못한다"(3절). 세 개 명령, 곧 "되새겨라, 굳게 지켜라, 회개하라(μνημόνευε τήρεί μετανόησον)"는 서로 연결됩니다.

"무엇을 되새기고, 굳게 지키고, 회개하라는 것일까요?"

하나님의 말씀입니다. 사도들에게 받고 들은, 하나님의 말씀, 곧 복음입니다. 죽은 교회, 죽은 성도가 다시 살아날 수 있는 유일한 비결은 하나님의 말씀으로 돌아감입니다. 부흥은 하나님의 말씀으로 돌아감으로 시작합니다. 하나님의 말씀은 회복하는 능력이 있기 때문입니다. 여기서 되새기고(μνημόνευε), 굳게 지켜라(τήρεί)는 명령법 현재형입니다.

---

12 Osborne, 『요한계시록』, 230에서는 굳게 잡아야 하는 이유로 설명하지만, Fanning, *Revelation*, 163에서는 처음 두 명령, 즉 깨어나고 굳게 잡아야 하는 이유로 설명한다.

순간순간 하나님의 말씀을 마음에 기억하고, 되새기라는 뜻입니다. 그리고 하나님의 말씀을 굳게 붙잡아야 합니다. 굳게 지키라는 말씀을 듣는 것에서 그치지 말고, 들은 말씀을 상기하면서 실천하라는 뜻입니다.[13] 말씀을 상기하고 실천할 때, 즉 순종할 때, 죽은 신앙이 되살아납니다.

게다가, 말씀에 순종하지 않아 영적으로 죽은 상태를 회개해야 합니다. 회개는 삶의 방향을 바꾸는 실천을 말합니다. 내가 원하는 방향으로 가던 길을 하나님이 원하시는 방향으로 바꾸는 실천을 말합니다. 지금까지는 내가 원하는 방법으로 살았다면, 이제는 주님의 방법, 주님의 말씀대로 살아야 합니다. 회개하라($\mu\epsilon\tau\alpha\nu\acute{o}\eta\sigma o\nu$)는 부정과거형입니다. 이는 반드시 삶의 방향을 바꾸어야 함을 강조합니다. 순간순간 말씀을 기억하고, 실천해야 합니다. 그리고 그렇게 살지 못함을 진정으로 회개하고 돌이켜야 합니다. 그럴 때 죽어가는 신앙이 다시 살아납니다.

"왜 말씀 되새기고, 지키고, 회개해야 할까요?"

주님께서, 도둑이 들이닥치듯이, 갑자기 오시기 때문입니다. **"만일 네가 깨어 있지 않으면 내가 도둑같이 올 텐데, 어느 때에 내가 네게 올지를 너는 알지 못한다"**(3절). 여기서 **"만일**($\dot{\epsilon}\grave{\alpha}\nu$ $o\mathring{v}\nu$)**"**은 단순히 이유나 조건을 의미하지 않습니다. 경고하는 의미입니다. 깨어 있지 않고 말씀에 비춰서 회개하지 않으면, 사데가 고레스에게 그리고 안티오쿠스 3세에게 망했듯이, 주님께서 갑자기 오심으로 그들도 멸망할 수 있다는 말입니다.[14] 주님께서는 도둑이 들이닥치듯이 예고 없이 갑자기 오십니다.[15] 여기서 주님

---

13 Osborne, 『요한계시록』, 231; Fanning, *Revelation*, 164.

14 Osborne, 『요한계시록』, 232에서는 '만일($\dot{\epsilon}\grave{\alpha}\nu$ $o\mathring{v}\nu$)'을 조건이 아니라 경고로 여긴다. 그들이 돌이키지 아니하면, 고레스와 안티오쿠스 3세에게 망했듯이 같은 운명을 맞는다는 엄격한 경고라고 말한다.

15 주님께서 도둑같이 오심은 두 가지로 해석할 수 있다. 하나는 조건적인 오심이거나, 다른 하나는 예수님의 최종 강림인 재림을 의미한다. Beale, 『요한계시록(상)』, 465~66; Osborne, 『요한계시록』, 234; Mounce, 『요한계시록』,

께서는 은혜를 베푸시려고 오시는 게 아닙니다. 심판하시려고 오심을 말합니다. 심판하시려고, 주님은 갑자기, 예고 없이 오십니다. 그렇기에 항상 준비해야 합니다. 항상 말씀에 비춰서 자기를 돌이켜 보아야 합니다. 그리고 회개하며, 주님께 방향을 맞추어야 합니다.

"회개하는 이에게는 약속이 주어집니다."

III. 회복의 상은 영원한 생명과 하늘의 상이다(3:4~5).

사데 교회는 대다수가 영적으로 죽었지만, 더러 남은 자가 있었습니다. 그들은 자기 옷을 더럽히지 않았습니다. 자기 옷을 더럽히지 않았다는 두 가지로 설명할 수 있습니다. 하나는 이교 문화의 영향을 받지 않았다는 뜻이요.[16] 다른 하나는 죄가 제거된 상태, 즉 그리스도의 속죄로 죄가 용서받은 상태를 말합니다.[17] 이교의 문화에 영향을 받지 않고 죄가 용서를 받았기 때문에, 그들은 흰옷을 입고 주님과 함께 거닐 수 있습니다. 당시 로마에서 승리 행진할 때 시민이 로마 군대의 승리를 축하하려고 흰옷을 입고 행진하는 관습이 있습니다.[18] 마찬가지로 자기

134; Ladd, *A Commentary on the Revelation of John*, 57에서는 조건적인 오심, 즉 심판을 의미한다고 말한다. 하지만 Aune, 『요한계시록 1~5』, 666; Thomas, *Revelation 1~7*, 253: Fanning, *Revelation*, 165에서는 주님의 재림이라고 말한다. 주님의 도둑같이 임함에 관한 언급이 계시록 16:15; 마태복음 24:43~44; 누가복음 12:39~40; 데살로니가전서 5:2~4; 베드로후서 3:10~1에 있는데, 이 모든 구절은 조건적 오심보다는 주님의 재림을 의미하기에, 주님의 재림으로 이해가 더 나을 듯하다.

16 Beale, 『요한계시록(상)』, 467; Osborne, 『요한계시록』, 234; Ladd, *A Commentary on the Revelation of John*, 57.

17 Aune, 『요한계시록 1~5』, 667; Koester, 『요한계시록 I』, 512; Thomas, *Revelation 1~7*, 257. Fanning, *Revelation*, 165에서는 옷을 하나님의 구속 사역으로 본다. 그래서 옷을 더럽히지 않음을 그리스도인의 믿음이나 고백을 배반하지 않는 삶으로 설명한다.

옷을 더럽히지 않은 성도는 주님의 날에 주님과 함께 흰 옷을 입고 승리를 기념하며 행진합니다.[19]

이렇게, 이기는 사람들은 세 가지 상을 받는다고 약속합니다. 첫째는 흰옷을 입는다는 상입니다. 둘째는 생명책에서 이름이 지워지지 않는다는 상입니다. 셋째는 아버지와 천사들 앞에서 예수님이 승리자의 이름을 시인한다는 상입니다. 승리할 때, 흰옷을 입습니다.[20] 흰옷을 입음은 죄로부터 정결을 의미할 수 있습니다. 그리고 주님으로부터 받는 하늘 상을 의미할 수도 있습니다. 그리고 주님과 함께 교제함을 의미할 수 있습니다. 이 모든 상은 승리하는 이가 받습니다.

승리할 때, 이름이 생명책에서 지워지지 않습니다. 생명책에 이름을 기록함은, 사람이 출생하면 시민으로서 호적에 이름이 올림과 같습니다. 일반적으로 호적에 이름이 올라가면, 그 사람이 죽어야 이름을 지웁니다. 그런데 고대에는 죽음 이외에 중징계나 심판을 받으면, 이름을 지우는 있었습니다(신 29:20; 출 17:14; 신 25:19).[21] 신약에서는 이름이 생

---

18 Osborne, 『요한계시록』, 235.

19 Fanning, *Revelation*, 165에서는 주님과 함께 거니는 모습을 새 하늘과 새 예루살렘에서 하나님의 백성이 누릴, 하나님과 교제를 의미한다고 말한다. Aune, 『요한계시록 1~5』, 667에서도 비슷한 견해를 제시하는데, 그리스도와 친밀한 교제를 즐김을 상징한다.

20 Osborne, 『요한계시록』, 236에서는 그리스도와 승리 행진하는 상을 받는다고 말한다. 하지만 Fanning, *Revelation*, 166에서는 죄로부터 깨끗한 상태, 그리고 하나님의 거룩함과 정결함을 받는다고 말한다. Mounce, 『요한계시록』, 136에서는 죄로부터 씻겨진 상태인 칭의로 말한다. Thomas, *Revelation 1~7*, 260에서는 영원히 청결한 상태(the eternal state of purity)를 의미한다고 말한다. Beale, 『요한계시록(상)』, 71~72에서는 그리스도께 충성한 결과에서 나온, 이 땅에서 그리스도와 누리는 복, 그리고 다음 생에서 받을 복을 의미한다고 말한다. 흰옷에 관한 다양한 견해는 Aune, 『요한계시록 1~5』, 668을 참조하라.

21 아테네나 그리스 국가에서는 시민이 처형되면 이름을 명부에서 삭제했다고 한다. 명부에서 이름이 지워지는 경우는, Aune, 『요한계시록 1~5』, 670~72;

명책에 기록됨은 그리스도의 대속 죽음과 관련이 있습니다. 그리스도를 믿는 사람은 생명책에 그 이름이 기록되고, 영원히 지워지지 않습니다 (요 5:24; 6:35~37, 39; 10:28~29).[22] 그렇다면 5절에서 이기는 사람 이름은 생명책에서 영원히 지워지지 않는다는 말은 하나님의 심판을 받지 않고, 영생을 얻는다는 뜻입니다.

승리해야, 예수님께서 하나님과 천사들 앞에서 승리자 이름을 시인하십니다. 이 표현은 이기는 이가 하나님의 백성임을 최종적으로 인정받는다는 뜻입니다. 마태복음 10:32에 이와 비슷한 예가 있습니다(눅 12:8 참조). **"누구든지 사람들 앞에서 나를 시인하면, 나도 하늘에 계신 내 아버지 앞에서 그 사람을 시인할 것이다."** 대다수 사데 교회 성도는 어려움이 올 때, 그리스도를 부인함으로 그리스도의 이름을 부끄러워했습니다. 하지만 일부는 어려움에도 주님의 이름을 시인했습니다. 예수님은 그들을 하나님과 천사들 앞에서 인정하십니다.

승리할 때, 하나님과 함께하며, 영원한 생명을 보장받습니다. 그리고 하나님과 천사 앞에 부끄러움을 당하지 않습니다. 누구에게 인정받느냐가 중요합니다. 사람에게 인정받을 것인가, 아니면 하나님께 인정받을 것인가? 여러분은 누구에게 인정받고 싶으신가요?

결론(3:6)

사데 교회는 칭찬받지 못한 교회였습니다. 책망만 받는 교회였습니다. 이유는 현재 신앙은 죽었는데, 과거 신앙과 과거 영광에 사로잡혀

Osborne, 『요한계시록』, 236을 참조하라.

22 Aune, 『요한계시록 1~5』, 675. Beale, 『요한계시록(상)』, 472~73, 특히 473에서는 구원받는 사람 이름이 생명책에 기록되기에 이기는 이는 생명책에서 이름이 지워지지 않는다는 말은 충성하는 이에게는 확신을, 흔들리는 사람에게 경고를 뜻한다고 말한다.

있는 교회였기 때문입니다. 과거에는 신앙 때문에 어떤 어려움도 견뎠습니다. 그러나 이제는 핍박이나 어려움이 닥치면 적당히 타협합니다. 문제가 생기기도 전에 알아서 굴복했습니다. 그래서 사람에게는 인정받았지만, 하나님으로부터 죽은 교회라는 책망을 받았습니다. 과거가 중요하지 않습니다. 과거 영광이나 과거 열심에 잠기지 마시기를 바랍니다. 지금 자기 상태를 점검해야 합니다. 그리고 죽은 신앙을 회개해야 합니다. 우리가 사데 교회처럼 신앙 생활한다면, 말씀으로 돌아가야 합니다. 하나님의 말씀만이 죽은 신앙을 살아있는 신앙으로 바꿀 수 있는 유일한 비결이기 때문입니다. 말씀에서 그렇다고 하면 그렇게 하고, 아니라고 하면 그만두어야 합니다. 그럴 때 죽은 신앙이 살아있는 신앙으로 바뀝니다. 살아있는 신앙일 때, 영원한 생명과 하늘의 상을 받습니다.

계시록 3:7~13, '빌라델비아 교회에 보내는 편지'

적은 능력으로 충성하자

중심 내용: 하나님의 칭찬과 보상은 보잘것없는 환경에서 주님께 적은 능력으로 충성을 다하는 이에게 주어진다.

I. 예수님은 거룩하고 신실하며, 메시아 왕국의 열쇠를 가지고 계신다 (3:7).

II. 칭찬은 사이즈나 재정 규모가 아니라, 신실함에 따라 주어진다(3:8).

III. 하나님의 보상은 안정과 통치하는 권세의 복이다(3:9~12).

서론

다윗은 어리고 약했지만, 하나님을 의지하고 하나님께 신실함으로 골리앗을 이길 수 있었습니다. 이 승리로, 많은 백성에게 인정받고 이스라엘의 위대한 왕이 됐습니다. 작다고, 어리다고, 부족하다고 생각할 때, 주님께 충성해야 합니다. 주님을 의지하고 주님께 충성할 때, 능력이 생깁니다. 빌라델비아교회는 작고 부족했지만, 주님께 충성했기에 주님으로부터 칭찬과 보상을 받았습니다. 교회 사역도 마찬가지입니다. 자기가 작다고 생각할 때나 부족하다고 생각할 때, 주님을 의지하며 충성해야 합니다. 그러면 주님께서 쓰십니다.

I. 예수님은 거룩하고 신실하며, 메시아 왕국의 열쇠를 가지고 계신 다(3:7).

빌라델비아는 사데에서 남동쪽으로 약 50km 떨어져 있었습니다.[1] 드로아에서 시작하여 동쪽으로 가는 주요 우편 도로가 빌라델비아를 통과하기에 교통 중심지입니다. 북쪽에는 헤르무스강(Hermus) 지류인 코가미스(Cogamus) 강변에 비옥한 평원이 있었습니다. 남쪽에는 트몰루스산(Tmulus) 능선 아래 광대한 골짜기에 있어서, 전략적으로 군사 요청지였습니다. 넓은 평원과 기름진 땅 위에 세워졌기에 농사에 적합했는데, 특히 포도 생산에 적합했습니다. 그래서 빌라델비아의 수호신은 술 신인 '디오니소스'였습니다.

빌라델비아 토양은 비옥했지만, 문제는 자주 일어나는 지진이었습니다. 지진 때문에, 사람들은 도시보다는 농촌지역에 많이 거주했습니다. 주후 17년에 지진과 반복하는 여진으로, 빌라델비아는 폐허가 됐습니다. 티베리우스(Tiberius) 황제는 빌라델비아를 재건하도록 재정을 지원했고, 5년간 세금

---

1 빌라델비아의 역사적·문화적 배경은, Craig R. Koester, 『요한계시록 I—서론, 1~9장』, 최흥진 옮김, 앵커바이블 시리즈 (서울: 기독교문서선교회, 2019), 527~32; Grant R. Osborne, 『요한계시록』, 김귀탁 옮김, BECNT 시리즈 (서울: 부흥과개혁사, 2019), 242~43; David E. Aune, 『요한계시록 1~5』, 김철 옮김, WBC 성경주석, 52상 (서울: 솔로몬, 2003), 688~89; John F. MacArthur, 『존 맥아더, 계시록을 해설하다—때가 가깝기에』, 김광모 옮김 (이천: 성서침례대학원대학교출판부, 2017), 108~09; Robert L. Thomas, *Revelation 1~7: An Exegetical Commentary* (Chicago: Moody Press, 1992), 270~72; Buist M. Fanning, *Revelation*, Zondervan Exegetical Commentary on the New Testament, ed. Clinton E. Arnold et al., vol. 20 (Grand Rapids: Zondervan Academic, 2020), 171~72; W. Ward Gasque, *Philadelphia* (Doubleday, 1992)을 보라.

을 면제했습니다. 황제에게 충성한다는 의미로 빌라델비아는 도시 이름을 두 번이나 바꿨습니다. 티베리우스와 글라우디오 황제 때는 '네오가이사랴(neocaesarea)'라고 했고, 베스파시안과 도미티아누스 황제 때는 가문 이름을 따 '플라비아(Flavia Philadelphia)'라고 고쳤습니다.2 이렇게 로마 황제에게 충성을 다했지만, 주후 92년에 도미티아누스 황제는 이탈리아의 포도 재배를 보호하려고, 이 지역에 포도나무 절반을 자르고, 더는 심지 말라는 칙령을 내렸습니다.3 이 칙령은 포도 농사를 주로 하는 빌라델비아 경제에 심각한 타격을 입혔습니다. 이 칙령으로 황제와 유대 관계는 끊어졌습니다.

이런 배경에 있는 도시에 빌라델비아 교회가 있었습니다. 교회 기원은 알려진 바 없지만, 사도 바울의 제자들 사역으로 세워진 듯합니다. 하지만 빌라델비아교회는 소아시아의 일곱 교회 중에 가장 늦게 세워졌습니다. 예수님은 빌라델비아교회에 보내는 편지에 당신을 **"거룩하신 분, 참되신 분, 다윗의 열쇠를 가지고 계신 분, 여시면 닫을 사람이 없고 닫으시면 열 사람이 없는 분"**으로 소개하십니다. "거룩하신 분(ὁ ἅγιος)"은 구약에서는 하나님께 쓴 칭호입니다(사 40:25; 43:15). 신약에서는 예수님께 쓰였습니다(마 1:24; 눅 4:34; 요 6:69). 그리고 인간이나 거짓 신들과 대조하는 문맥에 "거룩하신 분"이 쓰였습니다. 그래서 이 세상을 구원할 분은 인간이나 거짓 신들이 아니라, 참되시고 살아있는 하나님이시며, 예수님이라는 뜻입니다.4

그리고 **"참되신 분(ὁ ἀληθινός)"**은 신실하신 분을 의미합니다. 빌라델비아는 로마 도미티아누스 황제에게 충성한다는 취지로 도시 이름까지 개명하면서 존경을 표했습니다. 그러나 도미티아누스 황제는 빌라델비아의 충

---

2 베스파시아누스(Vespasian), 티투스(디도, Titus), 도미티아누스(Domitian) 황제는 플라비안(Flavian) 가문의 황제이다.

3 Osborne, 『요한계시록』, 234에서는 이탈리아 포도 재배를 보호하려고가 아니라, 로마 군대를 위한 곡물 생산을 장려하려고 그리고 흉년 때문이라고 주장한다. Thomas, *Revelation 1~7*, 272에서는 곡물을 생산하려고 그랬다고 주장한다.

4 Fanning, *Revelation*, 172.

성을 거절했습니다. 하지만 예수님은 당신을 섬기고 충성하는 백성을 절대 거절하시지 않는, 신실하신 분이십니다.5 또한 예수님은 **"다윗의 열쇠를 가지신 분"**으로 묘사됩니다. 다윗의 열쇠는 다윗 왕국에 들어갈 수 있는 열쇠를 말합니다. 이것은 메시아의 왕국, 하나님 나라, 새 예루살렘에 들어가게 하는 권세가 다윗의 후손이신 예수님께 있다는 뜻입니다.6 예수님은 메시아 왕국, 하나님 나라에 들어갈 수 있는 절대 권력을 가지신 분이십니다.7 그래서 예수님 외에는 아무도 이 문을 열거나 닫을 수 없습니다.

"예수님께서는 이 절대 권력으로 빌라델비아교회를 칭찬하십니다."

II. 칭찬은 사이즈나 재정 규모가 아니라, 신실함에 따라 주어진다(3:8).

예수님은 빌라델비아교회 앞에 문을 열어 두셨는데, 아무도 닫을 수가 없습니다. 이 **"열린 문**(θύραν ἠνεῳγμένην)"은 하나님의 나라에 갈 수 있는 문을 의미합니다.8 유대인은 빌라델비아교회 성도를 회당에서 추방했

---

5 Osborne, 『요한계시록』, 246. Robert H. Mounce, 『요한계시록』, 장규성 옮김, NICNT (서울: 부흥과개혁사, 2019), 140; G. K. Beale, 『요한계시록(상)』, 오광만 옮김, NIGTC (서울: 새물결플러스, 2020), 478에 따르면, "신실함"은 그리스도는 거짓 메시아이고, 그를 따르는 자들은 거짓 이스라엘이라고 주장하는 자칭 유대인들을 반박하려고 고안한 용어이다.

6 이사야 22:22에 따르면, 신실한 엘리아김이 부정한 관리 셉나 대신에 다윗의 집의 열쇠를 가진다. 그는 다윗의 집의 열쇠로 열면 닫을 자가 없고, 닫으면 열 자가 없는 절대 권력을 가진다. 요한은 엘리아김을 예수 그리스도의 예표로 여긴다. 예수님이 다윗 왕국, 즉 메시아 왕국의 절대 주권을 가지신 분이라고 설명한다. 엘리아김과 예수님의 예언적·예표적 방법(typology)은, Mounce, 『요한계시록』, 140~41, Osborne, 『요한계시록』, 246~47; Beale, 『요한계시록(상)』, 480~82, Fanning, *Revelation*, 172를 보라.

7 요한복음 10장에서, 예수님은 당신이 양이 드나드는 문이며, 참된 목자라고 소개하신다(요 10:1~18). Osborne, 『요한계시록』, 246~47; Mounce, 『요한계시록』, 141에서는 예수님을 다윗의 열쇠를 가진 분으로 묘사한 배경에는 유대인이 그리스도인을 회당에서 쫓아낸 사건이 있다고 말한다. 예수 그리스도는 그리스도인을 회당에서 쫓아낸 유대인을 메시아 왕국에서 쫓아낼 수 있다.

습니다. 그리고 그리스도인이 자기들 회당에 들어오지 못하도록 문을 꼭 닫아 잠갔습니다. 그래서 그리스도인이 유대인 회당에는 들어갈 수는 없지만, 오히려 메시아 왕국으로 들어갈 수 있는 문은 활짝 열렸습니다. 이 문은 누구도 닫을 수 없습니다. 예수님께서 절대 권력으로 이 문을 열어 놓으셨기 때문입니다. 대통령 집무실에는 아무나 들어갈 수 없습니다. 특별한 사람만 들어가고, 들어가기 전에 신원조회를 꼭 합니다. 하나님의 나라, 메시아 나라에 들어가기도 비슷합니다. 특별한 사람, 곧 예수님을 믿는 사람만이 들어갑니다. 예수님은 빌라델비아 성도처럼, 충성스러운 성도는 어떤 신원조회도 없이 하나님 나라에 들어가게 하셨습니다.

"왜 예수님은 빌라델비아와 같은 교회에게 하나님 나라의 문을 열어 놓았을까요?"

8절이 그 이유를 설명합니다. **"네가 힘은 적으나, 내 말을 지키며, 내 이름을 모른다고 하지 않았다."** 빌라델비아교회가 힘이 적지만, 주님의 말씀을 지키고 주님의 이름을 부인하지 않았기 때문입니다. **"네가 힘은 적다**(ὅτι μικρὰν ἔχεις δύναμιν)"는 공동체의 규모나 숫자가 적었다는 의미일 수 있습니다.[9] 또는 사회 위치가 낮거나, 이방 사회나 문화에 영향력이 미미한 상태를 의미할 수도 있습니다.[10] 아마 규모나 숫자가 적

---

8 "열린 문"은 은유로 두 가지를 뜻한다. 하나는 전도의 기회, 즉 선교 사역을 할 기회가 열렸다는 뜻이요, 다른 하나는 종말적 구원, 즉 메시아 왕국에 들어감을 뜻한다. 대부분 학자는 전자도 가능하나, 후자, 곧 메시아 왕국에 들어가는 문이 열렸다는 의미로 해석한다. Aune, 『요한계시록 1~5』, 692; Mounce, 『요한계시록』, 142; Osborne, 『요한계시록』, 248, Thomas, *Revelation 1~7*, 278; George E. Ladd, *A Commentary on the Revelation of John* (Grand Rapids: Wm. B. Eerdmans Publishing Company, 1972), 59; Fanning, *Revelation*, 173 등이다. Beale, 『요한계시록(상)』, 483, 485에서는 열린 문을 구원의 의미, 즉 하나님의 나라에 들어간다는 의미로 말한다. 그래서 일차적 의미는 구원을 지칭하지만, 또한 구원을 전하는 교회의 증언을 가리킨다고 말한다.

9 Osborne, 『요한계시록』, 248; Beale, 『요한계시록(상)』, 483; Aune, 『요한계시록 1~5』, 692.

다 보니, 사회에 미치는 영적 영향력이 보잘것없었을 수 있습니다.11 빌라델비아교회는 숫자가 적고 재정 상태가 넉넉하지 못했습니다. 규모가 작은 교회, 가난한 교회였습니다. 그러다 보니, 지역사회에 미치는 영향력이 별로 없었습니다. 다른 소아시아 교회들처럼 멸시와 핍박을 받았습니다.12 그런데도 말씀을 지키고, 주님께 충성을 다했습니다. 그리스도를 부인하지 않았고, 기독교 신앙을 포기하지 않았습니다. 이것은 사데 교회와 전혀 다른 모습입니다. 사데 교회는 지역사회에 영향력을 끼쳤습니다. 교회 규모도 컸고, 부유한 교회였습니다. 그러나 하나님 앞에서는 온전하지 못한 죽은 교회였습니다. 하나님께 칭찬받음은 영향력이 크냐, 적으냐에 따라 결정되지 않습니다. 교회 규모로 결정되지 않습니다. 사회에서 성공한 성도가 얼마나 많이 있느냐도 아닙니다. "얼마나 신실했느냐, 주님께 충성했느냐?"에 달려 있습니다.

　"적지만, 그리스도에게 충성을 다했을 때, 예수님께 칭찬받습니다. 이 칭찬은 보상으로 이어집니다. 예수님께서는 네 가지 보상을 약속하셨습니다."

III. 하나님의 보상은 안정과 통치하는 권세의 복이다(3:9~12).

　첫째 보상은 사탄의 무리인 유대인을 통제하는 권세입니다. 9절입니다. "보라, 내가 사탄의 무리에 속한 자들을 네 손에 맡기겠다. 그들은 스스로 유대 사람이라고 하지만, 사실은 그렇지 않고, 거짓말을 하는 자들이다. 보라, 내가 그들이 와서 네 앞에 꿇어 엎드리게 하고, 내가 너

---

10 Fanning, *Revelation*, 173; Ladd, *A Commentary on the Revelation of John*, 60.

11 Mounce, 『요한계시록』, 142; John F. Walvoord, 『예수 그리스도의 계시』, 전준식 옮김 (서울: 교회연합신문사, 1987), 111; Thomas, *Revelation 1~7*, 279.

12 Thomas, *Revelation 1~7*, 29에 따르면, 말씀을 지키고, 이름을 부인하지 않았다가 부정과거형이기에, 특별한 역사적 핍박을 받았다. Koester, 『요한계시록 I』, 533에서는 핍박은 인정하지만, 처벌받았다는 기록이 없기에 핍박은 로마 제국과 관련이 없다고 말한다.

를 **사랑했다는 것을 알게 하겠다.**" 믿지 않는 유대인은 사탄의 무리에 속했습니다. 그 이유는 하나님의 백성을 핍박했으며, 메시아이신 예수님을 부인했기 때문입니다. 유대인은 하나님의 백성이라고 자청했습니다. 그리고 메시아의 오심을 고대했습니다. 그들은 외형적·인종적으로 유대인이었습니다. 그러나 내적으로는 그리스도를 부인하는 하나님의 대적, 곧 사탄과 연합했습니다. 그래서 그들을 사탄의 무리라고 부릅니다.

예수님은 이 사탄의 무리인 유대인을 교회 앞에 꿇어 엎드리게 하겠다고 말씀하셨습니다. 이사야서에 보면, 하나님은 이스라엘 백성에게 약속하셨습니다. 이방 세력이 이스라엘을 핍박하지만, 하나님이 마지막에 모든 것을 회복하실 때, 이방 세력은 이스라엘 앞에 무릎을 꿇는다고 말입니다(사 43:4; 45:14; 49:23). 이사야 45:14입니다. "**주님께서 말씀하신다. '이집트가 수고하여 얻은 재물과 에티오피아가 장사하여 얻은 이익이 너에게로 넘어오고, 키 큰 스바 사람들이 너에게로 건너와서 네 밑으로 들어와 너를 따를 것이며, 사슬에 매여 와서 네 앞에 엎드리고, 너에게 기도하는 것처럼 이르기를 과연 하나님께서 당신과 함께 계십니다. 그밖에 다른 이가 없습니다. 다른 신은 없습니다' 할 것이다.**" 그런데 예수님은 반전, 즉 이 약속이 역전된다고 말씀하십니다. 이방 세력이 유대민족을 핍박했듯이, 믿지 않는 유대 사람이 그리스도인을 핍박했습니다. 그래서 마지막에 이방 세력이 유대민족 발 앞에 굴복하듯이, 믿지 않은 유대인이 성도의 발 앞에 굴복합니다.[13] 이 의미는 교회가 핍박을

---

13 9절, 곧 "내가 그들이 와서 네 앞에 꿇어 엎드리게 하고, 내가 너를 사랑했다는 것을 알게 하겠다"라는 말은 두 가지로 해석이 가능하다. 첫째는 미래에 유대인이 회심하는 선교적인 기회로 해석이고, 둘째는 유대인이 박해하는 교회에 굴복한다는 해석이다. Ladd, *A Commentary on the Revelation of John*, 62; Thomas, *Revelation 1~7*, 282에서는 유대인 회심의 견해를 주장한다. Beale, 『요한계시록 (상)』, 485에서는 선교 기회로 해석하지만, 약간 차이를 말한다. 빌라델비아교회가 유대인에게 복음을 증언하는 역할을 한다고 이해한다. 하지만 Mounce, 『요한계시록』, 143; Aune, 『요한계시록 1~5』, 694~95; Osborne, 『요한계시록』, 251; Fanning, *Revelation*, 175에서는 유대인이 자기들이 핍박하는 그리스도인의 손에

받아 어렵지만, 결국은 승리한다는 뜻입니다. 그러므로 주님께 충성하는 사람은 연약한 사람 같으나, 강한 사람입니다. 미래에 있을 영광을 바라보면서, 오늘 겪는 어려움과 약함을 견디어 내는 사람입니다.

둘째 보상은 7년 대환란 시험에서 면제입니다. 10절입니다. **"인내하라는 내 말을 네가 지켰으니, 온 세상에 닥쳐올 시험을 받을 때, 나도 너를 지켜 주겠다. 시험은 땅 위에 사는 사람들을 시험하려고 닥치는 것이다."** 온 세상에 닥칠 시험, 땅 위에 사는 사람들에게 임하는 시험은 대환란을 의미합니다. 예수님께서 지상 재림하시기 직전에 일어날 7년 대환란입니다.[14] 왜냐하면 이 시험은 온 세상, 즉 땅 위에 사는 모든 사람에게 임하는 시험이기 때문입니다. 대환란 시련이 닥칠 때, 교회는 이 시험에서 면제입니다.[15] 대환란을 통과하지 않고, 그 전에 휴거하여 면제입니다.

굴욕당한다고 해석한다. MacAthur, 『존 맥아더, 계시록을 해설하다』, 111에서는 두 가지를 함께 이야기하기에, 그의 견해가 무엇인지 정확히 분간하기가 어렵다.

14 Osborne, 『요한계시록』, 253; Mounce, 『요한계시록』, 144, Aune, 『요한계시록 1~5』, 697. Thomas, *Revelation 1~7*, 284 Fanning, *Revelation*, 176, 하지만 Beale, 『요한계시록(상)』, 490에서는 이 환란이 대환난일 수도 있지만, 보편적인 박해 혹은 재림 시에 일어나는 심판을 의미할 수 있다고 본다.

15 "나도 너를 지켜 주겠다(κἀγώ σε τηρήσω ἐκ τῆς ὥρας τοῦ πειρασμοῦ)" 를 해석하는 견해는 두 가지이다. 하나는 대환난으로부터 면제이고, 다른 하나는 대환난을 통과하는 가운데 보호해 주겠다는 의미이다. 이유는 "에크(ἐκ)"의 일차적 의미는 '면제한다'이지만, 이차적 의미는 '보호하다'는 의미도 있기 때문이다. Osborne, 『요한계시록』, 254에서는 계시록 3:10이 시험, 즉 대환난에서 면제가 아니라, 대환난에서 보호가 더 적합하다고 말한다. 그 이유는 요한계시록에서 성도가 박해에서도 보호받았고(계 12:6, 14), 순교는 사탄에게 패배가 아니라 승리이기 때문이다(계 6:9~11; 7:14~17; 12:11). 특히 하나님의 진노와 용의 진노는 다른데, 빌라델리아 교회는 하나님께서 비신자에게 쏟으시는 진노에서는 보호받지만, 사탄의 분노에서는 보호받는 것은 아니다. 계시록 3:10은 사탄의 분노로 이루어지는 것이기에 사탄의 분노 자체에서 제거하는 것은 아니므로, 면제보다 보호로 해석해야 한다고 주장한다,

Beale, 『요한계시록(상)』, 489~96, 특히 491과 495에서도 면제보다 보호 견해

왜냐하면 그동안 수많은 어려움과 시험을 인내하면서 견뎠기 때문입니다. 그리고 인내하면서 믿음을 지켰기 때문이요, 주님의 말씀을 지켰기 때문입니다. 그러므로 온 세상에 임할 대환난 시기에, 하나님은 성도를 건져내어 시험받지 않게 하십니다. 이 약속은 빌라델비아와 같이 어려움에서 인내하며 살아가는 성도에게는 단비와 같은 약속입니다.

셋째 보상은 영광의 면류관을 빼앗기지 않는 상입니다. 11절입니다. **"내가 곧 가겠다. 너는 네가 가진 것을 굳게 붙잡아서, 아무도 네 면류관을 빼앗지 못하게 하여라."** 여기서 '면류관($\tau \grave{o} \nu \ \sigma \tau \acute{\epsilon} \phi \alpha \nu \acute{o} \nu$)'은 야자수

를 지지한다. 그러나 Beale의 견해는 영적 보호이고, Osborne의 견해는 박해에서 보호라, 서로 다르다. Beale은 계시록 3:10과 병행구절 요한복음 17:15을 인용하면서, 요한복음 17:15은 마귀로부터 영적 보호를 말하기에, 계시록 3:10도 영적 보호를 의미해야 한다고 말한다. 그러면서 계시록 7:14에 큰 환난에서 나온 흰옷 입은 성도는 환난을 통과한 신자들이기 때문이라고 말한다. Mounce, 『요한계시록』, 144~45; Koester, 『요한계시록 I』, 547에서도 영적 보호를 주장한다.

Fanning, *Revelation*, 177~78에서는 대환난에서 면제 견해를 주장한다. 요한복음 17:15과 계시록 3:10이 병행 구절이지만 문맥이 다르다. 요한복음은 시험에서 구출을 의미한다면, 계시록은 시험이 아니라 시험 기간에 보호를 의미한다. 그리고 계시록 7:14은 하나님의 보좌 앞에 선 무수한 무리는 대환난으로부터 나온 이들이다. 이들은 대환난에서 살아서 나온 이들이 아니라, 순교자이다. 그러므로 환난에서 보호를 말하려고 계시록 7:14을 인용함은 적합하지 않다고 말한다. 계시록 3:10은 주님의 마지막 오심과 관련이 있는데(살전 4:16~17), 재림하시는 주목적은 두 가지이다. 하나는 하나님께서 불신자에게는 진노를 내리시고, 그리스도인에게는 구원의 은혜를 주시려 함이다. 그렇다면 그리스도인이 대환난으로부터 면제가 바른 해석이라고 한다. 그러면서 그는 일곱 교회에게 보낸 메시지에서 그리스도를 따르는 이들과 미래 대환난 기간에 그리스도를 따르는 이들을 구별해야 한다고 주장한다. Thomas, *Revelation 1~7*, 288~90에서도 대환난에서 면제 견해를 지지한다.

Aune, 『요한계시록 1~5』, 698에서는 계시록 3:10이 빌라델비아교회 성도에게 주어졌기에, 그 약속을 아시아의 다른 교회 성도에게 적용하면 안 된다고 말한다. 그는 시험을 받을 때 지켜 주겠다는 말을 다른 사람들에게 영향을 주는 것에 그들이 영향을 받지 않는다는 의미로 해석한다.

가지로 엮은 면류관으로, 경기에서 이긴 사람에게 씌우는 화관을 말합니다. 이것은 또한 상, 보상, 명예를 의미하기도 합니다.[16] 그리스도께서 오실 때, 빌라델비아 교회처럼 연약하고 부족해도 믿음을 지킨 이는 영광의 면류관을 하나님의 보상으로 받습니다. 믿음의 경주를 완주한 성도는 이 면류관을 빼앗기지 않습니다.

2012년 8월 11일, 런던 올림픽 남자 축구 한일전에서 한국은 일본을 격파하고 한국 축구사상 처음으로 올림픽 동메달을 땄습니다. 이때 박종우 선수는 관중이 건네준 "독도는 우리 땅"이라는 플래카드를 들고 경기장을 누볐습니다. 국제올림픽위원회(IOC)와 국제축구연맹(FIFA)은 독도 뒤풀이를 정치 행동으로 간주해 그를 시상식에 참석하지 못하게 제재했습니다.[17] 그때 국민체육진흥공단은 박종우 선수 징계 여부와 관계없이 연금 지급 명단에 포함했고, 연금 승서를 수여했습니다. 병무청상과 문화체육관광부 장관도 박종우의 병역 혜택에 문제없다고 밝혔습니다. IOC나 FIFA에게 제재받아 동메달이라는 면류관을 받지 못했어도, 그는 연금이나 병역 면제 등 한국에서 주는 면류관을 받는 데는 문제가 없었습니다. 나중에 동메달은 받았지만, 벌금으로 약 410만 원을 물어야 했습니다.

빌라델비아 성도들과 마찬가지로, 신실한 성도가 이 땅에서는 핍박받고 험난한 삶을 살지 몰라도, 주님의 나라에서는 영광의 면류관을 받습니다. 그래서 주님은 **"내가 곧 가겠다. 너는 네가 가진 것을 굳게 붙잡아서, 아무도 네 면류관을 빼앗지 못하도록 하라"**라고 권면했습니다. 이는 면류관을 빼앗길 수 있다는 뜻이 아닙니다. 수사학적인 표현으로, '아무도 네가 받을 면류관을 빼앗지 못한다'라는 의미입니다.[18]

---

16 Walter Bauer, eds. Kurt Aland, Barbara Aland, and Viktor Reichmann, 『바우어 헬라어 사전—신약성경과 초기 기독교 문헌의 헬라어-한국어 사전』, 이정의 옮김 (서울: 생명의말씀사, 2017), 1425~26.

17 http://www.busan.com/view/busan/view.php?code=20130817000001; https://namu.wiki/w/%EB%B0%95%EC%A2%85%EC%9A%B0, 2021년 7월 5일 접속.

넷째 보상은 하나님의 교회에 가장 귀중한 일꾼이 되는 상입니다. 12
절입니다. **"이기는 사람은, 내가 내 하나님의 성전에 기둥이 되게 하겠**
다. 그는 다시는 성전을 떠나지 않을 것이다. 나는 내 하나님의 이름과
내 하나님의 도시, 곧 하늘에서 내 하나님께로부터 내려오는 새 예루살
렘의 이름과 또 나의 새 이름을 그 사람의 몸에 써 두겠다." **"하나님의**
성전"은 교회, 곧 하나님의 백성을 은유하는 표현입니다.19 기둥은 건축
물에서 주춧돌 위에 세워 보와 도리 따위를 받치는 큰 나무와 같은 구
조물을 말합니다. 하나님의 성전 기둥이 됨은 하나님의 나라에 귀한 일
군이 됨을 뜻할 수 있습니다. 바울은 야고보, 베드로, 요한을 기둥이라
고 표현했습니다(갈 2:9). 그래서 기둥이 됨은 가장 귀한 일군이 된다는
뜻이요, 없어서는 안 되는 핵심 요원이 된다는 뜻입니다.20 비록 빌라델
비아교회가 연약하고 영향력이 미미해도, 하나님의 백성 가운데 중요한
역할을 합니다. 성도도 이 땅에서 연약하지만, 주님께 신실하고 충성할
때, 하나님의 나라에서 중요한 역할을 합니다.

"하나님의 백성 가운데 특별한 위치, 곧 기둥이 됨은 기둥에 새겨진 세
가지 추가된 이름에서 볼 수 있습니다."

이 기둥에 이름이 세 개 기록됐습니다.21 하나는 하나님의 이름이요. 다
른 하나는 새 예루살렘의 이름이요. 또 다른 하나는 예수님의 이름입니다.

---

18 Fanning, *Revelation*, 178. 하지만 Osborne, 『요한계시록』, 255~56; Aune,
『요한계시록 1~5』, 699에서는 경기에서 실격, 즉 빼앗길 가능성을 제시하면서,
끝까지 인내하라고 권고한다고 본다.

19 Fanning, *Revelation*, 178~79. Aune, 『요한계시록 1~5』, 699에서는 하나
님의 성전은 실제 성전이나 기독교 공동체가 아니라, 하늘의 성전을 언급하며
종말론적인 구원을 은유한다고 말한다.

20 Osborne, 『요한계시록』, 257; Fanning, *Revelation*, 179에 따르면, 기둥
은 안전성 그리고 영원성과 관련이 있다.

21 Osborne, 『요한계시록』, 257에서는 기둥과 그 위에 새겨진 이름에 관한 은유
배경에 8가지 견해를 제시하고 있다. Aune, 『요한계시록 1~5』, 699~702도 보라.

하나님의 이름이 기록되어 있다는 하나님께 속했다, 즉 하나님의 소유라는 뜻입니다.22 구약 시대에는 아론을 비롯하여, 제사장의 이마에 "여호와의 성결"이라는 패를 달게 했습니다(출 28:38). 요한계시록에서, 하나님의 백성은 이마에 인을 받지만(계 7:3), 짐승을 따르는 자는 이마에 짐승의 이름을 새깁니다(계 13:17; 14:11). 이마에 이름을 새김은 소유권을 뜻합니다. 그래서 하나님의 이름을 새김은 하나님의 소유라는 뜻입니다.

하나님의 도시, 곧 새 예루살렘이라는 이름을 새김은 하나님 나라의 시민권을 가졌다는 뜻입니다.23 히브리서 12장은 하늘의 예루살렘과 이 땅의 예루살렘을 비교합니다(히 12:18~24).24 성도는 이 땅의 예루살렘이 아니라, 하늘의 새 예루살렘을 바라봅니다. 이 땅의 예루살렘은 사라지지만, 하늘의 예루살렘은 영원합니다. 빌라델비아는 지진으로 건물이 파괴되는 위험을 안고 살아갔습니다. 그래서 그들 시민권은 언제나 위협을 받고 있었습니다. 하지만 하늘의 새 예루살렘은 안전합니다. 승리자는 영원한 새 예루살렘의 시민입니다.

그리고 예수 그리스도의 이름이 기록됩니다. 이것은 예수 그리스도의 소유라는 뜻입니다. 하나님의 이름을 새김이 하나님의 소유권을 의미하듯이, 예수 그리스도의 이름을 새김은 예수님의 소유라는 뜻입니다. 그리스도인은 예수님의 새 이름, 곧 예수 그리스도의 사람입니다.

하나님의 이름, 예수님의 이름, 새 예루살렘의 이름이 기록됨은 성도의 영원한 정체성과 안정을 말합니다. 그리스도인은 예수 그리스도 안에서 새로운 정체성을 가졌습니다. 하나님의 소유된 백성이요, 하나님의

---

22 Osborne, 『요한계시록』, 259; Aune, 『요한계시록 1~5』, 702; Fanning, *Revelation*, 179.

23 Mounce, 『요한계시록』, 147; Aune, 『요한계시록 1~5』, 702; Osborne, 『요한계시록』, 260.

24 Beale, 『요한계시록(상)』, 400에 따르면, 새 예루살렘은 에스겔 40~48장 약속이 성취됨과 관련이 있다.

자녀가 됐습니다. 그래서 우리는 천국 백성이 됐습니다. 주님께서 오실 때, 우리는 하나님 나라에서 안전하게 생활합니다.

결론

빌라델비아교회는 작지만, 주님께 충성하는 교회였습니다. 지진과 이어지는 여진으로 고통을 겪고 있었습니다. 적고 미미하다 보니, 사회에 영향력이 없었고 천한 대우를 받았습니다. 그러나 믿음을 잃지 않았고, 주님의 말씀을 지켰습니다. 고난에도 주님께 충성을 다했습니다. 주님은 이 빌라델비아교회를 칭찬하십니다. 그리고 하나님의 영원한 백성이요, 천국의 시민이라는 은혜를 주셨습니다. 이것은 영원히 빼앗기지 않습니다. 우리는 이런 교회이어야 합니다. 항상 적어야 한다는 말이 아닙니다. 항상 주님을 사랑하는 교회가 되자는 말입니다. 어떤 환경에서도 충성을 다하는 교회이고, 성도이기를 바랍니다.

계시록 3:14~22, '라오디게아 교회에 보내는 편지'

미지근한 신앙에서 돌이키자

중심 내용: 하나님의 은혜는 미지근한 신앙을 회개할 때 주어진다.

I. 예수님은 참된 증인이시고 모든 것을 통치하신다(3:14).

II. 미지근한 신앙은 하나님이 필요 없다는 영적 교만에서 비롯한다(3:15~17).

III. 치료는 자기 영적 상태를 진단하고 주님께 마음을 열어야 가능하다(3:18~22).

서론

물이 절반쯤 담긴 병을 가리켜 절반이 찼다고 말해야 하는가요, 아니면 절반이 비었다고 말해야 하는가요? 미지근한 물을 가리켜 절반이 뜨겁다고 해야 하나요, 아니면 절반이 차갑다고 해야 하나요? "세상 반 하나님 반으로 살아가는 그리스도인'을 가리켜 '절반 죄인'이라고 해야 하는가요, 아니면 '절반 성도'라고 해야 하나요? 정의하기가 어렵지요. 한 가지는 분명합니다. 하나님은 어중간한 신앙을 용납하지 않으신다는 점입니다.

오늘은 「미지근한 신앙에서 돌이키자」라는 제목으로 말씀을 드리겠습니다. 미지근한 신앙을 회개할 때, 하나님의 은혜가 주어짐을 경험합니다. 그래야 주님과 함께 이 세상을 통치하는, 주님 백성이 됩니다.

I. 예수님은 참된 증인이시고 모든 것을 통치하신다(3:14).

라오디게아는 안티오쿠스 2세가 세웠습니다.[1] 그의 아내 혹은 여동생 이름인 '라오디케(λαοδίκη)' 이름을 따라 라오디게아로 명명했습니다. 라오디게아는 동서를 횡단하는 무역로와 남북으로 길게 뻗은 무역로가 교차하는 곳에 있기에 교통과 무역 중심지였습니다. 비옥한 리쿠스강(Lycus) 유역의 남쪽 고원 지대에 있었습니다. 리쿠스 계곡의 비옥한 땅은 양 떼들에게 좋은 목초지를 제공했습니다. 그래서 라오디게아는 부드럽고 윤기 나는 검은색 양털로 값비싼 의류를 만들어 수출함으로 많은 부를 얻었습니다. 또한 유명한 의과 내학교가 있었습니다. 눈 질병을 치료하는 안약을 개발하여 수출했기에, 더 유명해졌고 더 부유해졌습니다.

"라오디게아는 모든 면에서 풍족한 도시였습니다."

그런데 두 가지 문제가 있었습니다. 하나는 지진이 일어나기 쉬운 지역이라는 문제입니다. 주후 17년경 지진으로 파괴되었을 때, 티베리우스 황제가 도와줘서 재건했습니다. 그런데 주후 60년에 또 다른 지진으로 도시는 완전히 파괴됐습니다. 이때 라오디게아는 로마 당국의 재정 지원을 받지 않고, 도시 자체 재정과 부자의 후원으로 도시를 재건했습니다. 또 하나 문제는 물의 공급이 원활하지 않았습니다. 고원 지대, 즉 평지

---

1 역사적·지리적 배경은, Grant R. Osborne, 『요한계시록』, 김귀탁 옮김, BECNT 시리즈 (서울: 부흥과개혁사, 2019), 264~65; David E. Aune, 『요한계시록 1~5』, 김철 옮김, WBC 성경주석, 52상 (서울: 솔로몬, 2003), 712~14; Robert H. Mounce, 『요한계시록』, 장규성 옮김, NICNT (서울: 부흥과개혁사, 2019), 148~50; Craig R. Koester, 『요한계시록 I—서론, 1~9장』, 최흥진 옮김, 앵커바이블 시리즈 (서울: 기독교문서선교회, 2019), 552~56; F. F. Bruce, "Laodicea," in *The Anchor Bible Dictionary*, ed. David Noel Freedman, vol. 4 (New York: Doubleday, 1992), 229~31을 참조하라.

보다 높은 지대에 있으니, 물 공급이 원활하지 않았고, 특히 리쿠스 강이 마르는 건기 때에는, 물 문제로 큰 어려움을 겪어야 했습니다. 그래서 그들은 지름 90cm의 돌로 만든 송수관을 통하여 북쪽 10km 떨어진 히에라폴리스와 남동쪽 16km 떨어진 골로새에서 물을 끌어왔습니다.

이 도시에 세워진 교회가 라오디게아교회입니다.2 예수님은 라오디게아 교회에 서신을 보내시면서 당신을 **"아멘이신 분이시요, 신실하시고 참되신 증인이시요, 하나님의 창조의 처음이신 분"**으로 묘사하십니다. 예수님은 **"아멘이신 분"**입니다. 아멘은 예배 의식이나 기도할 때 사용하는 표현입니다. 일반적으로 **'확증한다'**, **'입증한다'**, 또는 **'동의한다'**를 뜻합니다. '아멘'이 예수님에게 쓰일 때는, 예수님의 약속이나 주장이 '믿을만 하다' 또는 예수님은 '약속을 지키시는 분이시다'는 의미입니다.3 예수님은 아멘이신 분이라, 한번 하신 약속은 반드시 지키십니다.

예수님은 또한 **"충성되고, 참된 증인"**이십니다. 이 칭호는 '아멘'과 같은 의미입니다. 예수님은 성도에게 신실하시고, 참된 마음으로 대하십니다. 이 표현은 라오디게아 성도의 미지근한 신앙과 대조를 이룹니다.4 라오디게아 교회는 예수님께 신실하지 않았고, 참된 마음으로 주님을 섬기지도 않았습니다. 그들은 예수님의 신실한 증인도, 충성된 증인도 아니었습니다. 그러나 예수님은 신실하며, 참된 마음으로 성도들을 대하

---

2 Osborne, 『요한계시록』, 265; Bruce, "Laodicea," 230에 따르면, 라오디게아는 에바브라가 세웠을 가능성이 크다.

3 Osborne, 『요한계시록』, 267~68; G. K. Beale, 『요한계시록(상)』, 오광만 옮김, NIGTC (서울: 새물결플러스, 2020), 507. Walter Bauer, eds. Kurt Aland, Barbara Aland, and Viktor Reichmann, 『바우어 헬라어 사전―신약성경과 초기 기독교 문헌의 헬라어-한국어 사전』, 이정의 옮김 (서울: 생명의말씀사, 2017), 84에 따르면, '아멘'은 예배 의식 마지막에 회중이 하는 말로 쓰여 '동의한다' 또는 '그렇다'라는 뜻이고, 맹세나 선서할 때도 쓰였다. 이것이 계시록에서는 그리스도를 표현하는 용어로 쓰였다.

4 Osborne, 『요한계시록』, 268; Mounce, 『요한계시록』, 151.

십니다. 예수님은 "하나님의 창조의 처음이신 분"입니다. "처음(ἀρχή)"
은 '시작, 근원, 통치'를 뜻합니다.5 "하나님의 창조의 처음이신 분"이란
'하나님의 창조에 예수님이 함께하셨다'는 뜻입니다. '예수님이 하나님
의 창조물인 이 세상 만물을 통치하시는 분'이라는 뜻이기도 합니다.

　예수님을 세 가지로 묘사, 곧 "아멘, 신실하고 참된 증인, 창조의 시
작"은 이사야 65:16~18과 관련이 있습니다.6 "**땅에서 복을 비는 사람은
진리(아멘, ן אָמֵ)이신 하나님을 두고 빌며, 땅에서 맹세하는 사람도 진리
(아멘, ן אָמֵ)이신 하나님을 두고 맹세할 것이다.** 지난날의 괴로운 일들을,
내가 다시 기억하지 않고, 지나간 과거를, 내가 다시 되돌아보지 않기
때문이다. 보아라, 내가 새 하늘과 새 땅을 창조할 것이니, 이전 것들은
기억되거나 마음에 떠오르거나 하지 않을 것이다. 그러니 너희는 내가
창조하는 것을 길이길이 기뻐하고 즐거워하여라. 보아라, 내가 예루살렘
을 기쁨이 가득 찬 도성으로 창조하고, 그 주민을 행복을 누리는 백성으
로 창조하겠다." 이사야 65장에서 하나님은 '아멘이시요, 진리의 하나님
이시며, 또한 새 하늘과 새 땅을 창조하시는 분'으로 묘사하고 있습니
다.7 사도 요한은 하나님께 쓰는 칭호를 예수님께 씁니다. 이 의미는 물

<hr/>

5　Aune, 『요한계시록 1~5』, 723에 따르면, "처음이신 분(ἡ ἀρχή)"은 세 가지
를 뜻한다. 곧, 1) 시간 측면에서 시작, 2) 통치자, 3) 원인, 근원 등인데, 시간 측
면에서 '시작'이다. 하지만 Buist M. Fanning, *Revelation*, Zondervan Exegetical
Commentary on the New Testament, ed. Clinton E. Arnold et al., vol. 20
(Grand Rapids: Zondervan Academic, 2020), 185에서는 '통치'로 말한다.
Osborne, 『요한계시록』, 269에서는 '시작과 원천'이라고 한다. '아르케(ἀρχή)'에
관한 자세한 사용은 Aune, 『요한계시록 1~5』, 211~12를 참조하라.

6　Beale, 『요한계시록(상)』, 511~12에서는 예수님께 쓴 칭호 세 개를 그분
부활과 연결한다. 예수님께서 부활하심으로 새 창조의 주인이 되셨는데, 새 창
조는 물리적인 새 창조를 의미하지만, 먼저 영적인 새 창조를 의미한다. 예수님
과 관계없는 사람이 예수님과 관계있는 사람으로 되살아남, 영적 무감각, 즉 영
적으로 죽은 상태에서 영적으로 다시 살아남을 새 창조의 의미로 본다.

7　Fanning, *Revelation*, 184에서는 이사야 65:16의 '아멘이신 하나님(ן אָמֵ בֵּאלֹהֵי)'

질과 부에 빠져서 자신이 모든 것을 통제할 수 있다고 생각하는 라오디게아 성도에게, 물질과 부를 주관하시는 분은 예수님이며, 예수님 안에 참된 부와 능력이 있음을 선포합니다. 왜냐하면 예수님은 약속에 신실하시고, 진실한 마음으로 대하시며, 새 하늘과 새 땅을 창조하시는 분이기 때문입니다.

"모든 것을 통제하시는 예수님이 라오디게아 교회를 책망하십니다."

II. 미지근한 신앙은 하나님이 필요 없다는 영적 교만에서 비롯한다 (3:15~17).

라오디게아 교회는 영적으로 미지근한 교회, 차지도 뜨겁지도 않은 교회였습니다. 15~16절입니다. **"나는 네 행위를 안다. 너는 차지도 않고, 뜨겁지도 않다. 네가 차든지 뜨겁든지 하면 좋겠다. 네가 이렇게 미지근하여, 뜨겁지도 않고 차지도 않으니, 나는 너를 내 입에서 뱉어 버리겠다."** 라오디게아 교회는 차지도 않고 뜨겁지도 않은 미지근한 교회였습니다. '미지근하다'의 의미를 알려면, 라오디게아가 처한 지리적인 상황을 이해해야 합니다. 라오디게아는 자체적으로 물 공급원이 부족한 도시였습니다. 그래서 외부로부터 물을 공급받아야 했습니다.

라오디게아의 북쪽으로 10km 떨어진 곳에 히에라폴리스가 있습니다. 히에라폴리스는 미네랄이 함유된 온천으로 유명한 곳입니다. 미네랄과 같은 광물질과 뜨거운 물이 치료에 효과가 있다는 소문으로, 히에라폴리스 전체는 치료 센터가 됐습니다. 치료에 효과가 있는 온천수가 넓은 고원 지대를 통과하여 10km 떨어진 라오디게아에 옵니다. 라오디게아에 도착했을 때는, 물은 이미 미지근해져 더는 온천수 효과, 즉 치료 효과가 없습니다.[8] 하지만 라오디게아의 남동쪽 16km 떨어진 곳에는

을 70인역에서는 '진실하신 분, 혹은 신실하신 분($\tau\grave{o}\nu$ $\theta\epsilon\grave{o}\nu$ $\tau\grave{o}\nu$ $\dot{\alpha}\lambda\eta\theta\iota\nu\acute{o}\nu$)'으로 묘사한다. 그래서 아멘, 진실하다, 참되다는 같은 뜻이다.

골로새가 있습니다. 골로새는 차갑고, 생기를 북돋아 주는 물이 솟는 곳입니다. 그래서 힘들고 지친 사람이 이 차가운 물을 마시면, 원기를 회복했습니다. 그런데 차가워 원기 회복을 주는 물도 16km나 떨어진 라오디게아에 이르면, 미지근합니다. 그래서 더는 원기를 회복하는 데 소용이 없습니다.[9]

라오디게아 교회는 그들이 마시는 물처럼 미지근한 상태였습니다. 즉, 마음이 아프고 고통을 당하는 불쌍한 자가 원기를 회복하게 하는 온천 역할을 감당하지 못했습니다. 쉼이 필요한 성도나 사람이 원기를 회복하도록 돕지 못하는 교회입니다. 본문에서 말하는 미지근한 교회란 영적 회복과 쉼을 제공하지 못하는 교회를 말합니다. 라오디게아 교회 상태가 한국 교회 상태이고, 우리 교회 상태가 아닌지를 생각해야 합니다. 교회와 기독교는 병원이어야 하고, 쉼터이어야 합니다. 아픔과 고통을 치료하는 공동체이어야 합니다. 쉼, 안식, 평안을 제공하는 공동체이어야 합니다. 이런 교회, 이런 성도, 이런 목사이면, 참 좋겠습니다. 성도 여러분, 아픔과 고통을 나누는 성도가 됩시다. 쉼과 안식이 절실한 이가 기댈 수 있는 성도가 됩시다.

그렇지 않으면, 예수님께서 입에서 뱉어 버립니다. **"나는 너를 내 입에서 뱉어 버리겠다"**라는 말은 토하여 내친다($\epsilon\mu\epsilon\sigma\alpha\iota$)는 뜻입니다. 구토한다는 의미지요. 미네랄, 즉 광천수가 많이 들어있는 미지근한 물을 마시면 바로 토합니다. 교회가 교회 역할을 하지 못할 때, 예수님은 염증을 느끼십니다. 성도가 하나님의 백성답게 살지 못하면, 예수님은 염증을 느끼십니다. 예수님께서 신앙이 미지근한 교회와 성도를 보시면, 곧바로 염증을 느껴 토하십니다.

---

8 Osborne, 『요한계시록』, 270; Mounce, 『요한계시록』, 152; Beale, 『요한계시록(상)』, 514; Fanning, *Revelation*, 186.

9 Osborne, 『요한계시록』, 270; Mounce, 『요한계시록』, 152; Beale, 『요한계시록(상)』, 514; Fanning, *Revelation*, 186.

"그러면 왜 라오디게아 교회가 영적으로 미지근한 교회가 됐을까요? 왜 병든 이에게 회복을 제공하지 못하고, 쉼이 필요한 이에게 쉼을 제공해 주지 못하는 교회가 됐을까요?"

'풍족하고 부족함이 없다'라고 평가는, 교만으로 자기를 올바로 보지 못했기에 받았습니다.[10] 17절입니다. "**너는 풍족하여 부족한 것이 조금도 없다고 하지만, 실상 너는, 네가 비참하고 불쌍하고 가난하고 눈이 멀고 벌거벗은 것을 알지 못한다.**" 물질로 풍요롭다 보니, 자만과 안일함에 빠졌습니다. "**너는 풍족하여 부족한 것이 조금도 없다고 하지만**"이라고 표현하고 있지요. 헬라어 표현으로는 "**너를 말하기를 '나는 부자이고, 나는 부유하게 되었고, 그래서 나는 필요한 것이 조금도 없다'고 하지만**"을 뜻합니다. 17절에서 세 번이나 "나"를 강조합니다($\epsilon\iota\mu\iota$ $\kappa\alpha\iota$ $\pi\epsilon\pi\lambda o\acute{u}\tau\eta\kappa\alpha$ $\kappa\alpha\iota$ $\cdots$ $\ddot{\epsilon}\chi\omega$). 물질로 부요함이 영적 독선과 영적 자만에 빠지게 했다는 말입니다. 라오디게아 교회는 물질이 많았기에, 지진으로 폐허가 됐을 때도 로마 제국의 도움 없이도 도시를 재건했습니다. 마찬가지로 자기가 부자라고 생각했기에, 하나님의 도움 없이도 살 수 있다는 영적 교만에 빠졌습니다. 스스로 영적으로 부자라는 교만에 빠졌을 때, 하나님도 예수님도 필요 없다는 자기 독선에 빠집니다.

또한 미지근한 신앙이란 영적 열정이 없는 삶을 말합니다. 삶의 변화가 없이 그럭저럭 살아가는 신앙을 말합니다. 이런 사람에게 하나님의 은혜는 절실하지 않습니다. 라오디게아 교회 문제가 바로 미지근한 신앙 문제였습니다. 그들은 물질 문제로 어려움을 당하지 않았습니다. 직장에서 제때 월급이 나왔습니다. 사업이 잘되니, 물질로 어려움을 겪지 않았습니다. 그러다 보니, 하나님의 은혜가 그렇게 필요하지 않았습니다. 생활이 안정적인 사람, 안정적인 직장을 가지고 있는 사람에게 찾

---

10 17절은 16절에 대한 이유를 제공한다. 즉 라오디게아 교회가 영적으로 미지근한 교회가 된 이유가 자기 교만, 스스로 부자라고 생각했기 때문이다. Fanning, *Revelation*, 187을 보라.

아오는 일반 현상은 영적 침체입니다. 안정된 직장이 있으니, 은퇴하기까지 고민할 필요가 없습니다. 월급은 제때 나오니 물질 걱정은 별로 없습니다. 이직해도 국가가 책임진다고 생각하니, 하나님을 갈급하는 마음이 없어집니다. 안정된 직장, 안정된 삶을 산다고 생각하면, 영적 열심을 더 내셔야 합니다. 주님을 더 찾으시기를 바랍니다.

성도는 먼저 자기 영적 상태를 파악해야 합니다. 예수님은 이렇게 말합니다. **"실상 너는, 네가 비참하고 불쌍하고 가난하고 눈이 멀고 벌거벗은 것을 알지 못한다"**(17절). 물질이 풍요롭다 보니, 자기 영적 상태도 풍요롭다고 생각합니다. 주님은 우리 영적 상태를 파악하라고 말씀하십니다. 우리가 현실에 안주하면서, 영적으로 비참해졌고 불쌍해졌습니다. 그러니 영적으로 가난하고 제대로 보지 못한 그리스도인인지를 살펴야 한다고 경고합니다. 자기 영적 가난을 깨달아야, 영적 미지근함에서 벗어날 수 있습니다.

III. 치료는 자기 영적 상태를 진단하고 주님께 마음을 열어야 가능하다(3:18~22).

예수님은 영적 미지근함을 치료하는 방법을 세 가지로 제시하십니다. 18절입니다. **"그러므로 나는 네게 권한다. 네가 부유하게 되려거든 불에 정련한 금을 내게서 사고, 네 벌거벗은 수치를 가려서 드러내지 않으려거든 흰 옷을 사서 입고, 네 눈이 밝아지려거든 안약을 사서 눈에 발라라."** 먼저, 정제된 금을 사야 합니다. 라오디게아는 은행과 금융이 발달하여 금을 은행에 많이 쌓아 두었습니다. 은행에 잔고가 많다는 이야기입니다. 그러다 보니 자기들이 영적으로 부요하다고 생각했습니다. 하지만 주님에게서 정제된 순수한 금을 사야 합니다. 이 세상에서 금이 아니라, 주님에게서 정제된 금을 사야 합니다.[11] 순금은 불순물을 제거

---

11 Osborne, 『요한계시록』, 274에 따르면, 주님에게서 사는 정제된 금을 고

한 순수한 금을 말합니다. 그렇다면 죄가 제거되고 순결한 삶을 살라는 말씀입니다.[12] 주님의 죄사함 능력을 힘입어야 합니다.

또한 흰옷을 사야 합니다. 라오디게아는 윤이 나는 검은 색의 양털이 유명한 도시였습니다. 양털로 만든 값비싼 옷을 입었지만, 주님 앞에서는 벌거벗은 자였습니다. 그래서 주님은 흰옷을 사야 한다고 말합니다. 흰옷은 의의 옷을 의미할 수 있습니다. 계시록 7:13~14에서 흰옷은 어린 양의 피로 깨끗하게 씻겨 얻은 의라고 표현합니다. 그렇다면 흰옷을 사라는 말은, 예수 그리스도의 보혈 능력을 의지하라는 뜻입니다.[13]

마지막으로, 안약을 사서 발라야 합니다. 라오디게아는 의과대학이 있었고, 안약을 생산하는 곳이었습니다. 그들은 다른 사람의 눈을 고쳐

난과 연결하고, 금을 사는 방법은 믿음과 연결한다. 그렇다면 하나님이 보내실 시험을 믿음으로 통과함을 의미할 수 있다.

12 Beale, 『요한계시록(상)』, 518에서는 정제된 금을 죄가 제거된 순결한 삶을 의미한다고 말한다. Fanning, *Revelation*, 188에 따르면, 하나님과 함께하는 삶의 유산인 영적 부를 의미한다. George E. Ladd, *A Commentary on the Revelation of John* (Grand Rapids: Wm. B. Eerdmans Publishing Company, 1972), 66에 따르면, 하늘나라의 평가할 수 없는 복을 의미한다. 박윤선, 『정암 박윤선의 요한계시록 강해—참 교회의 승리와 구원의 완성』 (수원: 영음사, 2019), 194에 따르면, 연단 받는 믿음이다. Robert L. Thomas, *Revelation 1~7: An Exegetical Commentary* (Chicago: Moody Press, 1992), 314에 따르면, 시험을 이겨낼 수 있는 믿음, 높은 수준의 믿음을 의미한다. Osborne, 『요한계시록』, 274에서는 정제된 금을 하나님이 보낼 시험과 연결한다. Mounce, 『요한계시록』, 154에 따르면, 시험을 통과하여 얻는 영적 부를 의미한다.

13 Mounce, 『요한계시록』, 154; Thomas, *Revelation 1~7*, 314. Ladd, *A Commentary on the Revelation of John*, 66에서는 흰옷을 순수함을 지칭한다고 말한다. Beale, 『요한계시록(상)』, 518에서는 우상 숭배에 참석하지 않음이라고 말한다. Osborne, 『요한계시록』, 275에서는 어린 양의 피로 깨끗하게 씻겨 얻은 의와 하나님 나라에서 누릴 영광을 의미한다고 말한다. Fanning, *Revelation*, 188에서는 예수님의 구속의 죽음으로 오는 죄 용서함의 결과인 깨끗함과 순수함을 지칭한다고 말한다. Aune, 『요한계시록 1~5』, 729에서는 순결을 상징한다고 말한다.

줄 수 있어도, 자기들 영적 눈을 고칠 수는 없었습니다. 그래서 주님은 안약을 사서 자신의 영적 시각장애를 고치라고 권면하십니다. 요한복음에서, 예수님은 날 때부터 시각장애인을 고치면서, 바리새인들에게 이렇게 말씀하십니다. "**나는 이 세상을 심판하러 왔다. 못 보는 사람은 보게 하고, 보는 사람은 못 보게 하려는 것이다**"(요 9:39). 그렇다면 안약은 예수님을 지칭할 수 있습니다.[14]

라오디게아 교회는 실제로 금이 많았으며 은행에 잔액도 많았습니다. 좋은 양털로 만든 값비싼 옷을 입고 다녔습니다. 눈이 침침하지 않도록 안약을 바르면서 좋은 상태의 눈을 유지했습니다. 그러나 영적으로 가난했고, 헐벗었고, 시각장애인이었습니다. 그들에게 예수님이 주인이 아니었기 때문입니다. 주님은 그들에게 세상의 관점으로 보고 살지 말고, 예수님이 그들 주인으로서, 예수님의 관점으로 세상을 바라보고 실라고 권면하십니다.

자기 영적 상태를 바로 볼 수 있는 사람만이 회개할 수 있습니다. 회개하고 열심을 낼 수 있습니다. 19절입니다. "**그러므로 너는 열심을 내어 노력하고, 회개하여라.**" "열심을 내어 노력하라(ζήλευε)"는 명령법 현재형입니다. "회개하라(μετανόησον)"는 명령법 부정과거형입니다. 이 뜻은 반드시 회개, 즉 방향을 바꾸어야 하며, 바꾼 후에 열정적으로 주님 뜻대로 살아가라는 뜻입니다.[15]

"특별히 무엇을 회개하고, 무엇에 열심을 내야 할까요?"

"**나는 부자다, 나는 주님이 필요 없다**"라며 주님 없이 살아가려는 신앙을 회개해야 합니다. 그리고 주님과 함께 교제하며 살아가는 삶에 열

---

14 Osborne, 『요한계시록』, 276에서는 안약을 '예수님 자신'이라고, Fanning, *Revelation*, 189에서는 이 책에서 요한을 통하여 주어진 '계시'라고, Beale, 『요한계시록(상)』, 519에서는 '영적 분별력'이라고, Thomas, *Revelation 1~7*, 316에서는 '성령의 사역'이라고 말한다.

15 Mounce, 『요한계시록』, 156; Fanning, *Revelation*, 189.

심을 내야 합니다. 20절입니다. "**보아라, 내가 문밖에 서서, 문을 두드리고 있다. 누구든지 내 음성을 듣고 문을 열면, 나는 그에게로 들어가서 그와 함께 먹고, 그는 나와 함께 먹을 것이다.**" 세상 관점으로 살다 보니, 영적으로 부요하다고 생각함으로 하나님께로 가는 마음의 문을 닫아버렸습니다. 이 영적 교만을 회개해야 합니다. 주님께 닫은 마음, 곧 주님을 마음에서 밀치고서 닫은 마음을 회개해야 합니다. 주님을 향하여 마음의 문을 열어야 합니다. 주님은 지금도 닫힌 마음의 문을 두드리고 계시기 때문입니다. "**내가 문밖에 서서, 문을 두드리고 있다**"라는 말씀은 주님이 쫓겨나 줄곧 문밖에서 추위에 떨면서 문을 두드리고 계셨다는 뜻입니다(ἕστηκα, 완료형).[16] 주님은 영적 교만에 빠진 성도에게 회개하라고 마음의 문을 두드리고 계십니다. 그러므로 마음의 문을 열고, 주님을 초청해야 합니다.

마음 문을 열고 주님을 초청하면, 두 가지 복을 받습니다. 하나는 주님과 교제하는 복이요, 다른 하나는 주님과 함께 통제하는 복입니다. 주님을 초청할 때, 주님은 우리와 함께 먹으시며 교제하는 복을 누립니다. "**누구든지 내 음성을 듣고 문을 열면, 나는 그에게로 들어가서 그와 함께 먹고, 그는 나와 함께 먹을 것이다.**" 함께 먹는다는 식탁 교제를

---

16 '마음의 문을 연다'는 세 가지 의미로 설명할 수 있다. 1) 불신자가 마음 문을 연다. 불신자가 그리스도께서 제공하시는, 죄로부터 구원한다는 복음을 믿으려고 마음의 문을 연다는 뜻이다. 2) 신자가 마음 문을 연다. 이것은 그리스도께서 제공하시는 교제에 참여하려고 마음 문을 연다는 뜻이다. 3) 종말적 문으로 그리스도 재림의 문을 연다. Thomas, *Revelation 1~7*, 321~22에서는 종말적 문을 연다는 뜻으로 해석한다. Osborne, 『요한계시록』, 278; Mounce, 『요한계시록』, 157에서는 연약한 교회에게 회개를 촉구하는 요청이라고 설명한다. Fanning, *Revelation*, 190에서는 믿는 사람과 믿지 않는 사람 모두에게 제공하는 기회라고 말한다. Ladd, *A Commentary on the Revelation of John*, 67에서는 라오디게아 교회가 그리스도인이라는 이름을 가졌고 그리스도인 공동체를 구성하고 있어도 새신자와 같은 존재이기에, 그리스도를 초청하는 마음의 문을 여는 것, 곧 불신자 마음의 문을 연다는 뜻이라고 말한다.

하겠다는 의미입니다. 이스라엘 백성은 보통 저녁 식사 시간에 이웃을 초청해 함께 식사하면서 교제했습니다.17 주님이 지금 우리에게 식사 초청, 곧 교제를 요청하십니다. 라오디게아 교회는 아픈 사람을 그 자리에 받아들이지 않았습니다. 쉼이 필요한 사람에게 쉼을 제공하지 않았습니다. 하지만 이런 죄를 고백하고 마음의 문을 열면, 주님께서는 영적 아픔을 회복시켜 주시고, 쉼을 허락하십니다.

우리가 마음 문을 열 때, 주님과 함께 교제할 뿐 아니라 주님과 함께 보좌에 앉는 축복을 누립니다. 21절입니다. **"이기는 사람은, 내가 이긴 뒤에 내 아버지와 함께 아버지의 보좌에 앉은 것과 같이, 나와 함께 내 보좌에 앉게 하여 주겠다."** 구약 성경에서는 보좌에 앉아 계시며 심판하시는 분은 여호와 하나님입니다. 하지만 신약에서는 예수님이 하나님과 함께 하나님의 보좌에 앉아 계신다고 묘사하고 있습니다(마 22:44; 막 12:35~37; 눅 20:42; 행 2:33~36; 롬 8:34; 고전 15:25). 그래서 재림 때, 예수님은 "군주들 중 군주"요, "왕들 중 왕"으로 통치하십니다(계 19:16). 주님께서 통치하실 때, 마음 문을 열고 주님과 교제하며 이 땅을 살아갈 때, 주님과 함께 통치하는 영광을 누립니다.18

결론

하나님은 미지근한 신앙을 싫어하십니다. 미지근 신앙인이 되지 않으려면, 우리 영적 상태를 점검해야 합니다. 그리고 주님의 은혜가 필요

---

17 Aune, 『요한계시록 1~5』, 731. Fanning, *Revelation*, 190에서는 식사 모임을 두 가지 의미로 설명한다. 1) 미래에 주님께서 제공하시는 메시아 축제나 어린양 혼인 잔치를 의미한다. 2) 현재에 주님과 깊은 교제를 반복함을 의미한다. 현재 깊은 교제는 다가올 메시아 축제나 어린 양 혼인 잔치를 예시한다. Koester, 『요한계시록 I』, 565에서도 미래와 현재 식사로 해석한다.

18 Osborne, 『요한계시록』, 281~82; Beale, 『요한계시록(상)』, 524; Fanning, *Revelation*, 191.

없다는 교만을 회개해야 합니다. 그리고 주님을 삶의 주인으로 모셔야 합니다. 그렇지 않으면 주님께서 토해내십니다. "미국의 남북전쟁 당시 한 남자가 남과 북의 경계선상에서 살고 있었습니다. 그는 남군, 북군 모두를 지지했습니다. 그래서 아래에는 남부 연합군의 회색 바지를 입고 위에는 북군의 푸른색 윗도리를 입고 다녔습니다. 얼마 후 그가 살고 있는 지역에서 남군과 북군 간의 치열한 전투가 벌어졌습니다. 마을 사람들은 전쟁 소식을 듣고 모두 피했습니다. 그러나 그 남자는 의기양양했습니다. 그는 남군의 회색 바지와 북군의 푸른 윗도리만 입고 있으면 어딜 가든 안전하리라 생각했습니다. 그는 전쟁 중임에도 남군 바지와 북군 윗도리를 입고 자기 밭에서 일했습니다. 드디어 근처에서 전투가 벌어졌습니다. 북군과 남군이 대치하고 곧 총소리가 들려오기 시작했습니다. 북군 병사들은 회색만 보이면 무조건 총을 쏘았습니다. 남군은 푸른색만 보이면 무조건 총을 쏘았습니다. 그 남자는 온몸에 총을 맞고 비참하게 죽고 말았습니다."[19] 이것이 토한다는 뜻입니다. 하지만 회개하고 마음 문을 열고 주님을 영접하면, 주님과 교제합니다. 그리고 주님과 함께 보좌에 앉아 통치하시는 주님의 일꾼으로 살 수 있습니다.

---

19 백금산, 「아브라함과 떠나는 신앙 여행」, http://www.cgntv.net/player/home.cgn?vid=30632, 2021년 7월 23일 접속.

계시록 4:1~11, '천상에서 하나님 경배'

하늘 보좌에 앉으신 하나님을 경배하자

중심 내용: 피조물의 목적은 보좌에 앉으신 창조주 하나님을 경배하는 일이다.

I. 하늘 보좌에 앉은 분은 전능하신 하나님이시다(4:1~3).

II. 하늘 보좌에 앉으신 하나님은 네 생물과 24 장로에게 섬김을 받으신다(4:4~8a).

III. 네 생물과 24 장로의 주 임무는 보좌에 앉으신 하나님을 경배하는 일이다(4:8b~11).

서론

요한계시록 3:21에서, 예수님은 라오디게아 교회에게 이기는 사람, 즉 미지근한 신앙을 버리고 하나님의 사역에 열심을 내는 사람에게 하늘 보좌에 하나님과 예수님과 함께 앉게 하겠다고 약속하셨습니다. 21절입니다. **"이기는 사람은, 내가 이긴 뒤에 내 아버지와 함께 아버지의 보좌에 앉은 것과 같이, 나와 함께 내 보좌에 앉게 하여 주겠다."** 다른 여섯 교회에 보낸 편지에서도 이기는 사람에게 하나님의 낙원, 민족을 다스리는 권세, 생명의 면류관, 흰옷 등을 주시겠다고 약속하셨습니다. 하지만 회개하지 않거나 충성하지 않으면, 촛대를 옮기거나 큰 환난을 겪게 하고 생명책에서 이름을 지우고 입에서 뱉어 버리겠다고 하셨습니다. 도대체 하나님은 누구시며 예수님은 누구시기에, 이기는 사람에게는 하늘의 복을, 그러나 회개하지 않거나 충성하지 않는 사람에게는 저주를 쏟으실까요?

요한계시록 4장과 5장은 이 질문에 대답으로 하나님과 예수님이 누구신지를 말씀합니다. 4장이 하나님의 보좌를 보여준다면, 5장은 어린 양이신 예수 그리스도의 보좌를 보여줍니다. 이를 다른 말로 표현하면, 4장이 창조주 하나님의 영광을 보여준다면, 5장은 구속자 하나님의 영광을 보여줍니다.[1] 보좌에 앉으신 하나님과 예수 그리스도는 모든 피조물에게 경배받기에 합당하신 분입니다. 이유는 그분들 위엄, 주권, 구속 사역 때문입니다. 오늘은 「하늘 보좌에 앉으신 하나님을 경배하자」라는 제목으로 말씀을 전하겠습니다.

I. 하늘 보좌에 앉은 분은 전능하신 하나님이시다(4:1~3).

일곱 교회에 서신을 보낸 후에,[2] 일곱 교회에게 서신을 보내라고 한

---

1 Grant R. Osborne, 『요한계시록』, 김귀탁 옮김, BECNT 시리즈 (서울: 부흥과개혁사, 2019), 293.

2 "이 일들 다음에 내가 보니(Μετὰ ταῦτα εἶδον)"는 새로운 환상을 알리는 구절이다. 이 표현은 계시록 7:9; 14:8; 18:1에서 새로운 계시의 시작을 알리는 신호이다. 이 구절이 역사적 사건의 순서를 말하는지, 아니면 다른 의미에서 시작을 말하는지는 학자들 간에 차이가 있다. G. K. Beale, 『요한계시록(상)』, 오광만 옮김, NIGTC (서울: 새물결플러스, 2020), 534에서는 역사적 순서가 아니라 환상을 본 순서로 이해하여, 4~5장의 환상이 1~3장에서 이야기한 사건들 이후에 일어난 사건이 아니라, 1~3장 이후에 새로운 환상을 줌만을 가리킨다고 이해한다. Osborne, 『요한계시록』, 296에서도 Beale과 유사한 개념을 주장하면서 시간 개념보다는 수사학 개념으로 이해한다. 하지만 Robert H. Mounce, 『요한계시록』, 장

처음 음성이 이제는 요한에게 하늘로 올라오라고 했습니다. 이 음성의 주인공은 예수님입니다.3 예수님이 요한을 하늘로 올라오라고 하신 이유는 "이 뒤에 일어나야 할 일들"을 보여주려 하심입니다. 이 뒤에 일어나야 할 일들은 1:19에 **"네가 본 것과 지금의 일들과 이다음에 일어날 일들을"** 기록하라고 했을 때, "이다음에 일어날 일들"을 말합니다. 이다음에 일어날 일들은 계시록 4장부터, 또는 6장부터 시작하는 미래 사건을 의미합니다.4

요한은 성령에 사로잡혀 하늘나라로 올라갑니다. 요한이 하늘로 올라가자마자 하늘에 놓여 있는 보좌와 그 보좌에 어떤 분이 앉아 계시는 모습을 봤습니다.5 보좌는 왕이 앉는 자리로, 흔히 '주권'을 상징합니다. 보좌에 앉아 계신다는 표현은 왕이 주권을 행사하신다, 또는 통치하신다는 뜻입니

규성 옮김, NICNT (서울: 부흥과개혁사, 2019), 163; Robert L. Thomas, *Revelation 1~7: An Exegetical Commentary* (Chicago: Moody Press, 1992), 333; Buist M. Fanning, *Revelation*, Zondervan Exegetical Commentary on the New Testament, ed. Clinton E. Arnold et al., vol. 20 (Grand Rapids: Zondervan Academic, 2020), 198에서는 시간 개념으로 이해한다. 즉, 1~3장이 일어난 사건 다음에 4장부터 나오는 미래 사건을 언급한다고 이해한다.

3 음성의 주인공이 누구이신가를 두고 여러 견해가 있다. 음성의 주인공이 예수님이라고 주장하는 견해로는 Osborne, 『요한계시록』, 297; Mounce, 『요한계시록』, 163; Craig R. Koester, 『요한계시록 I—서론, 1~9장』, 최흥진 옮김, 앵커바이블 시리즈 (서울: 기독교문서선교회, 2019), 601; Fanning, *Revelation*, 197 등이다. 하지만 David E. Aune, 『요한계시록 1~5』, 김철 옮김, WBC 성경주석, 52상 (서울: 솔로몬, 2003), 766에 따르면, 1:10~11에서 첫째 음성과 1:17~20에서 둘째 음성을 구별하면서 첫째 음성은 예수님이 아니라 천사가 한 음성이다.

4 Osborne, 『요한계시록』, 298에 따르면, 미래 사건은 4장부터 시작한다. Fanning, *Revelation*, 198에 따르면, 미래 사건이 4장에 포함되는지는 정확하지 않으며, 5장부터는 분명하다. Thomas, *Revelation 1~7*, 337에서는 6장부터 시작한다고 말한다. Beale, 『요한계시록(상)』, 536에서는 "이 뒤에 일어나야 할 일들"은 단순히 미래 사건이 아니라, 이미 실현된 일과 실현되지 않은 일 모두를 포함한다고 말한다. 그는 이미 시작했지만, 아직 절정에 도달하지 않았음을 알리는 표현 방법으로 이해한다.

다.6 성경에서 하늘 보좌에 앉아 있음은 단지 하늘 보좌에 앉아 있다는 뜻이 아닙니다. 여기에는 온 우주를 통치하는 개념이 있습니다(왕상 22:19; 시 47:8; 사 6:1; 66:1; 단 7:9). 그렇다면, 하늘 보좌에 앉아 있는 분이 하늘과 땅, 즉 우주 만물을 통치하는 영광의 모습을 봤다는 말입니다.

그런데 요한은 보좌에 앉으신 분이 누구인지를 자세히 말하지 않습니다. 대신 그분 모습을 영광스러운 보석이나 빛으로 묘사합니다. 간접적으로 그분이 누구신지를 알려 줍니다. 그런데 8~9절에서 네 생물은 보좌에 앉으신 분을 "전능하신 분, 주 하나님"으로 표현합니다. 그리고 10절에서는 "영원무궁하도록 살아 계신 분"으로 묘사합니다. 11절에서는 24 장로가 "우리의 주님이신 하나님, 영광과 존귀와 권능을 받으시기에 합당하신 분"으로 묘사하고, 더 나아가 "만물을 당신 뜻에 따라 창조하신 분"으로 묘사합니다. 요한이 보좌에 앉으신 분을 자세히 언급하지 않았지만, 네 생물과 24 장로가 경배하는 모습으로 보좌에 앉아 있는 분이 누군지 알 수 있습니다. 하늘 보좌에 앉아 온 우주 만물을 통치하시는 분은 창조주, 전지전능하신 분, 영원히 살아계신 하나님이십니다.

보좌에 앉아 계신 분, 곧 하나님은 벽옥이나 홍옥과 같은 빛을 발하십니다. '벽옥(λίθῳ ἰάσπιδι)'은 여러 가지 색을 가지고 있는 보석을 말합니다. 대부분은 붉은색을 띠는데, 가끔 초록색이나 갈색을 비롯하여 다양한 색을 띠는 불투명한 보석을 의미합니다.7 '홍옥(σαρδίῳ)'은 붉은

---

5 Aune, 『요한계시록 1~5』, 770에 따르면, "보좌에 앉으신 이"는 하나님을 나타내는 완곡 표현이다.

6 Thomas, *Revelation 1~7*, 340에 따르면, '앉아 있다(καθήμενος)'는 쉬고 있다는 의미보다는 통치하는 활동을 의미한다. Osborne, 『요한계시록』, 299에서는 '앉아 있다'를 세상을 최후로 심판하는 자리에 앉자 계신 최고 주권을 암시한다고 말한다.

7 Walter Bauer, eds. Kurt Aland, Barbara Aland, and Viktor Reichmann, 『바우어 헬라어 사전—신약성경과 초기 기독교 문헌의 헬라어-한국어 사전』, 이정의 옮김 (서울: 생명의말씀사, 2017), 703에 따르면, 요즘 수정은 불투명한

색을 띠는 보석을 말합니다.8 보좌 주위는 무지개(ἶρις)로 둘러 있었는데, 그 모양이 비취옥(σμαραγδίνῳ)과 같았습니다. 비취옥은 투명하고 맑은 초록색의 보석을 의미합니다.9 무지개는 보좌를 둘러싸고 있는 보석의 빛을 반영하는 후광을 의미하는 듯합니다.10

이 세 가지 보석은 각각 의미가 있을 수 있습니다. 하지만, 함께 사용하여 보좌에 앉으신 하나님의 영광, 사람이 감히 범접할 수 없는 하나님의 가치나 위엄을 상징합니다.11 이 세 가지 보석이 하나님의 위엄과 가치를 설명하는 데 쓰인 이유는, 고대에 매우 영광스러운 위치에 있었기 때문입니다. 에스겔서에서는 이 보석들은 두로 왕의 영광을 묘사하려고 쓰였습니다(겔 28:13). 출애굽기에서는 이 보석들은 대제사장의 흉패에 달린 열두 지파의 이름을 딴 열두 보석 가운데 들어있습니다

보석을 의미하지만, 계시록 21:11에서는 수정처럼 맑은 벽옥으로 표현을 근거로 금강석을 가리킬 수 있다. 그러나 Mounce, 『요한계시록』, 165; Fanning, *Revelation*, 199에 따르면, 투명한 다이아몬드와 같은 것을 의미할 수도 있다.

8 Bauer, 『바우어 헬라어 사전』, 1383. Mounce, 『요한계시록』, 165; Osborne, 『요한계시록』, 300에 따르면, '사르디오(σαρδίῳ)'라는 이름은 이것이 발견된 지점이 사데에서 가까워 사데 이름을 따라 지어졌다.

9 Bauer, 『바우어 헬라어 사전』, 1410.

10 Bauer, 『바우어 헬라어 사전』, 724. Osborne, 『요한계시록』, 300; Fanning, *Revelation*, 199에 따르면, 에스겔 1:28이나 창세기 9:13~17의 홍수에 나타난 무지개 의미가 여기에 쓰인다. Beale, 『요한계시록(상)』, 541에 따르면, 무지개는 하나님의 심판과 자비를 포함하는 용어이다.

11 각각 의미가 있다는 견해로, John F. Walvoord, 『예수 그리스도의 계시』, 전준식 옮김 (서울: 교회연합신문사, 1987), 137에 따르면, 벽옥은 하나님의 깨끗함을, 홍보석은 하나님의 구속 계속성을 나타낸다. 그리고 Thomas, *Revelation 1~7*, 342에서는 각각 보석이 의미가 있음을 이야기하지만, 구체적으로 벽옥이나 홍보석이 무엇을 의미하는지는 말하지 않고 단지 무지개는 심판과 관련이 있다고 말한다. 하지만 Osborne, 『요한계시록』, 300; Mounce, 『요한계시록』, 166; Fanning, *Revelation*, 199에서는 각각 의미보다 세 가지가 하나가 되어 하나님의 영광이나 위엄을 묘사한다고 말한다.

(출 28:17~21).[12] 요한계시록에서는 이 돌들은 새 예루살렘을 건설하는데 쓰입니다(계 21:11, 18, 19, 20; 22:1).

"사도 요한이 하나님의 얼굴을 묘사하는 대신에 하나님을 세 보석으로 묘사한 이유는 무엇일까요?"

이 땅에서 아무도 하나님의 얼굴을 직접 볼 수 없기 때문입니다. 모세가 하나님의 얼굴을 보고 싶다고 했을 때, 하나님은 당신 얼굴을 보면 죽는다고 말씀하셨습니다. 그래서 얼굴이 아니라, 뒷모습을 보게 하셨습니다. 이것이 사도 요한에게도 적용됩니다. 하나님의 얼굴을 직접 볼 수 없었기에, 요한은 하나님의 영광스러운 위엄과 모습을 보석에 비유해 설명합니다. 설사 봤더라도 그것을 설명할 적절한 용어를 찾기가 쉽지 않았습니다. 그래서 가장 귀하게 여기는 보석에 비유해 설명합니다.

"요한은 하나님의 위엄을 보석으로 묘사하고서, 보좌를 둘러싸고 있는 존재를 설명합니다."

II. 하늘 보좌에 앉으신 하나님은 네 생물과 24 장로에게 섬김을 받으신다(4:4~8a).

하늘 보좌를 중심으로 주위에 24 보좌가 있었습니다. "**또 그 보좌 둘레에는 보좌 스물네 개가 있었는데, 그 보좌에는 장로 스물네 명이 흰 옷을 입고, 머리에는 금 면류관을 쓰고 앉아 있었습니다**"(4절). 그 보좌에 24명의 장로가 앉아 있었고, 그들은 흰옷을 입고, 머리에는 금 면류관을 쓰고 있었습니다. 요한은 24 장로의 역할은 기록하지만, 이들이 누구인지는 구체적으로 말하지 않았습니다. 그래서 많은 학자는 이들이 누군지를 설명하고자 했습니다.[13]

---

12 Osborne, 『요한계시록』, 300; Mounce, 『요한계시록』, 165~66.

13 Aune, 『요한계시록 1~5』, 777~782에서는 이들 정체에 관해 7가지 가능

24 장로가 누구인지를 두고 크게 두 가지 견해로 나뉩니다. 곧, 인간 그룹이거나, 하나님 가까이에서 섬기는 천사들 그룹입니다. 먼저, 인간 그룹을 지시할 수 있음을 말씀드립니다. 장로를 지칭하는 용어는 '프레스뷔테로스(πρεσβύτερος)'입니다. 이 용어는 나이 많은 사람을 지칭할 때나, 때때로 직책에도 사용했습니다. 지방관청 관리들을 지칭할 때 사용했습니다(수 20:4; 룻 4:2; 눅 7:3). 유대인 산헤드린 공의회 회원과 같은 최고 의회 회원을 지칭할 때 사용했습니다(마 16:21; 26:3).[14] 구약 시대는 하나님의 백성 중에 지도자들을 지칭하려고 사용했습니다. 지파나 사회의 중요한 사안을 결정하려고 모인 지파 지도자 모임을 지칭할 때 장로라는 용어를 사용했습니다(출 17:5; 18:12; 민 11:30). 신약에서는 교회

성을 제시한다. 1) 제2성전기에 24 제사장 반열 지도자들에 대한 하늘 대응자들, 2) 수금, 비파, 제금으로 예언하던 레위 자손 가운데 연주자들을 24구분, 3) 이스라엘과 교회의 하늘 대표자들, 4) 순교를 통해 믿음을 증명하고, 이제 영광을 얻고 천국 생활에 참여하고 있는 그리스도인들, 5) 구약 성도들, 6) 하늘의 보좌를 에워싸고 있는 하늘 궁전의 천사들 혹은 천사의 반열, 7) 12궁 또는 황도대의 바벨론 별의 24신들과 같은 점성 신화에 나오는 인물들 등이다. 같은 자료 817에서는 24 장로를 이스라엘 12지파와 12사도로 구성하는 새로운 백성으로 본다. Koester, 『요한계시록 I』, 604~05에서는 크게는 세 가지, 곧 1) 사람들의 그룹, 2) 우주 질서, 3) 시간 등으로 구분한다. 사람의 그룹에는 지파들과 사도들, 제사장 그룹들, 성경의 증인, 그리고 황제의 수행원들이다. 같은 자료 604에서 24 장로를 12의 배수로 여기며, 하나님의 전체 백성의 천상적 대리자들로 본다. Beale, 『요한계시록(상)』, 542에서는 1) 바벨론의 성신, 2) 천사들, 3) 높임 받은 구약의 성도들, 4) 구약과 신약의 성도들을 집단으로 대표하는 천사들, 5) 족장들과 사도들, 6) 24권의 거룩한 책들 등을 제시하고서, 24 장로를 12 지파 및 12 사도들, 곧 신구약의 구원받은 공동체 전체를 대표하는 천사들로 본다. 하지만 Mounce, 『요한계시록』, 167; Osborne, 『요한계시록』, 303; Ladd, *A Commentary on the Revelation of John*, 75; Thomas, *Revelation 1~7*, 348; Fanning, *Revelation*, 200~01 등에서는 24 장로를 하나님 가까이에서 섬기는, 하늘 존재인 천사들의 협의체(a council of heavenly beings)로 본다. 요한계시록에 쓴 24 장로의 존재에 관해서는 Bauer, 『바우어 헬라어 사전』, 1307도 유용하니 참고하라.

14 Bauer, 『바우어 헬라어 사전』, 1307.

지도자나 목사를 지칭할 때 사용했습니다. 이런 의미에서 요한계시록에 나오는 24 장로는 사람일 가능성이 큽니다.

그런데 사람보다는 아마 하나님의 보좌를 둘러싸고 있는 천사들의 협의회일 가능성이 더 큽니다. 그 이유는 계시록 7장에서 장로들과 이 땅에서 순교 당한 사람들을 구분 짓고 있기 때문입니다(계 7:13~14). 계시록 14장에서도 장로들과 구속받은 성도를 구별하여 설명하기 때문입니다(계 14:1~3).15

"하나님 가까이에서 섬기는 장로 그룹인 천사들은 흰옷과 금 면류관을 쓰고 있었습니다."

흰옷은 하나님께 나아가는 자에게 기대하는 거룩함을 상징할 수 있습니다. 왜냐하면 흰옷은 일반적으로 순결함, 거룩함을 상징하기 때문입니다.16 면류관(στεφάνους)은 경기에서 승리자에게, 혹은 충성스러운 이에게 주는 면류관을 지칭합니다.17 그런데 금 면류관(στεφάνους χρυσοῦς)을 사용할 때는 하늘에서 내린 상을 상징하거나, 뛰어난 지위를 가진 이에게 주는 관을 의미합니다. 이들은 아마 제사장의 기능을 감당하는 높은 위치에 있는 천사들일 수 있습니다.18 그렇다면, 24 장로인 거룩한 천사들은 높은 서열에 있는 천사 그룹일 가능성이 큽니다. 하나님과 함께 다스리는 직분에 있는 존재일 수 있습니다. 게다가 제사장 기능, 곧 하나님과 사람 사이를 중재하는 기능까지도 했을 것입니다. 이들이 하나님을 보좌하고 있습니다.

---

15 Fanning, *Revelation*, 201; Ladd, *A Commentary on the Revelation of John*, 74~75.

16 Osborne, 『요한계시록』, 303; Fanning, *Revelation*, 200.

17 Fanning, *Revelation*, 200.

18 Mounce, 『요한계시록』, 167; Osborne, 『요한계시록』, 304; Fanning, *Revelation*, 200.

요한은 24 장로 외에 네 생물도 봤습니다. "그리고 그 보좌 가운데와 그 둘레에는, 앞뒤에 눈이 가득 달린 네 생물이 있었습니다. 첫째 생물은 사자와 같이 생기고, 둘째 생물은 송아지와 같이 생기고, 셋째 생물은 얼굴이 사람과 같이 생기고, 넷째 생물은 날아가는 독수리와 같이 생겼습니다. 이 네 생물은 각각 날개가 여섯 개씩 달려 있었는데, 날개 둘레와 그 안쪽에는 눈이 가득 달려 있었습니다"(6b~8a절). 네 생물을 언급할 때, "보좌 가운데, 그리고 그 둘레에 있다"라고 표현합니다. 그렇다면 네 생물은 24 장로보다도 하나님의 보좌에 가까운 곳에 있습니다. 이렇게 설명할 수 있습니다. 가운데가 하나님의 보좌가 있고, 보좌 옆에 네 생물이 있고, 그다음에 24 장로가 있습니다. 이 네 생물은 보좌에 앉으신 하나님의 가장 가까운 거리에서 하나님을 섬기는 존재입니다.

네 생물은 사자, 송아지, 사람, 독수리의 형상을 하고 있습니다.[19] 에스겔서 1장에서는 네 생물이 각각 네 가지 얼굴, 즉 사람, 사자, 황소, 독수리의 얼굴이라고 묘사합니다(겔 1:6, 10). 그런데 요한은 네 생물이 각각 얼굴이

---

[19] Osborne, 『요한계시록』, 309에서는 네 생물의 배경과 의미에 관한 가설 여섯 가지를 제시한다. 1) 네 복음서, 2) 바벨론 신화에 나오는 황도대의 네 군데 궤도, 3) 앗수르와 바벨론에서 날개 달린 스핑크스나 날개 달린 사자로 왕권을 상징하는 네 생물, 4) 용기와 위엄(사자), 인내와 힘(송아지), 지성과 영성(사람), 주권 그리고 민첩성(독수리)와 같은 신적 속성, 5) 이스라엘의 네 지파, 곧 유다, 르우벤, 에브라임, 단 지파, 6) 하나님의 피조물을 대표하는 피조물 전체 등이다. 같은 자료 310에서는 이 중 무엇을 지칭하는지는 알 수 없지만, 분명한 점은 네 동물이 하나님의 보좌를 지키는 존재로, 보좌 가장 가까운 곳에서 하나님을 경배하고 또한 경배와 심판을 주도함만 알 수 있다고 말한다. Fanning, *Revelation*, 203~04에서는 네 생물의 배경은 언급하지 않고, 단지 그들 사역, 곧 하나님을 찬양하는 사역만 언급한다. Beale, 『요한계시록(상)』, 543에서는 네 생물이 피조물 전체 중 생명을 가진 생명체 전체를 대표한다면, 장로들은 피조물 중 특별히 택함을 받은 사람을 대표한다고 말한다. Koester, 『요한계시록 I』, 610에서는 네 생물을 천지 만물의 대표자로 해석한다. Thomas, *Revelation 1~7*, 357~58에서는 네 생물을 하나님을 경배하는 특별한 서열에 있는 천사의 그룹으로, 곧 하나님의 정의를 실행하는 기능을 하는 천사라고 말한다.

아니라, 네 생물이 하나의 얼굴이라고 설명합니다. 얼굴이 무엇을 지칭하는
지는 알 수 없습니다. 분명히, 각각 날개가 여섯 개씩 달려 있었고, 날개
둘레와 안쪽에는 눈이 가득 달려 있었습니다. 이것은 민첩성과 모든 것을
꿰뚫어 볼 수 있는 시야를 가지고 있음을 상징하는 표현입니다.[20] 24 장로
와 네 생물은 모두 하나님 가까이에서 섬기는 천사들로서 하나님을 보호하
고, 하나님의 명령을 수행하는 높은 수행 천사들이라 할 수 있습니다.

요한은 하나님의 수행 천사들인 24 장로와 네 생물을 설명하고 있는
가운데 하나님의 보좌와 관련이 있는 내용을 삽입합니다. **"그 보좌로부
터 번개가 치고, 음성과 천둥이 울려 나오고, 그 보좌 앞에는 일곱 개의
횃불이 타고 있었습니다. 그 일곱 횃불은 하나님의 일곱 영이십니다. 보
좌 앞은 마치 유리 바다와 같았으며, 수정을 깔아 놓은 듯했습니
다"**(5~6a절). 보좌로부터 번개, 음성, 천둥이 울려 나왔습니다. 그리고
보좌 앞에서 일곱 개 횃불이 타고 있었습니다. 그리고 보좌 앞은 마치
유리 바다와 같았으며, 수정을 깔아 놓은 듯했습니다.

번개, 음성, 천둥은 하나님의 사역과 관련이 있습니다. 출애굽기에서
번개, 음성, 천둥은 시내 산에서 하나님께서 당신을 이스라엘에게 계시
하실 때 나타난 현상입니다(출 19:16).[21] 번개, 음성, 천둥은 백성 가운
데 임하시는 하나님의 두렵고 경이로운 모습을 의미합니다. 백성은 자
기들에게 나타나시는 하나님의 존재에 두려워하며 떨었습니다. 이 용어
는 출애굽기 외에는 자주 다가올 심판과 관련되어 쓰였습니다(삿
5:4~5; 시 18:7~15; 사 13:13; 렘 10:10; 겔 1:13; 학 2:6~7). 요한계시록
에서는 번개, 음성, 천둥은 심판과 관련이 있습니다. 천사가 인을 뗄
때, 나팔을 분 후에, 그리고 분노의 대접을 쏟은 후에, 번개, 음성, 천둥
이 나타났습니다(계 8:5; 11:19; 16:18). 보좌에서 번개, 음성, 천둥이 나
왔다는 말은, 하나님께서 세상을 심판하시는 주님이심을 뜻합니다.

---

20 Fanning, *Revelation*, 202~03; Osborne, 『요한계시록』, 309.

21 Fanning, *Revelation*, 201; Osborne, 『요한계시록』, 304~05.

보좌 앞에는 일곱 개 횃불이 타고 있습니다. 일곱 횃불은 하나님의 일곱 영입니다. 일곱 영은 성령의 온전하심을 의미합니다.[22] 일곱 횃불이 움직이지 않고, 타고 있었습니다. 이것은 성령의 임재, 하나님의 임재를 의미할 수 있습니다.[23] 또는 성령의 사역으로 하나님께서 모든 것을 볼 수 있는 능력을 상징하는 표현일 수 있습니다.[24] 보좌 앞에 일곱 횃불이 있다는 하나님께서 하늘 보좌에 앉아 사역하실 때, 성령님의 도우심으로 이 땅에서 벌어지는 모든 것을 보시며, 당신 뜻을 행하시는 능력을 상징하는 표현입니다.

보좌 앞에 유리 바다 같은 것이 있습니다. 유리 바다는 창세기 1:7에서 물과 물을 나누면서 궁창이라고 불렀는데 이것을 의미할 수도 있고, 솔로몬 성전의 놋쇠 바다를 가리킬 수도 있습니다. 그런데 유리 바다가 하늘에 있다고 하지 않고, 유리 바다와 같다고 했습니다. 이것은 하나님의 위대하심, 곧 모든 것을 초월하시고 거룩하심을 뜻합니다.[25]

하나님은 보좌에 앉으셔서 우주 만물을 통치하십니다. 그분 보좌에서부터 번개, 음성, 천둥이 나옵니다. 일곱 횃불이 타고 있습니다. 유리 바다와 같은 게 펼쳐져 있습니다. 위대하시고 모든 것을 아시며 심판하시는 주님 옆에서, 네 생물과 장로들이 수종을 들고 있습니다. 그 외것들은 감히 보좌에 앉으신 하나님께 접근할 수도 없습니다. 이분이 바로 하늘의 복과 저주를 내리시는 분이시며, 교회에게 충성을 요구하는 분이십니다.

---

22 Fanning, *Revelation*, 201, Aune, 『요한계시록 1~5』, 788에서는 이것을 황제숭배와 관련이 있다고 말한다.

23 Osborne, 『요한계시록』, 305.

24 Fanning, *Revelation*, 202에 따르면, 스가랴 4장에서 횃불은 하나님께서 성령으로 모든 것을 보시는 능력을 상징하는 표현이다.

25 Osborne, 『요한계시록』, 306.

III. 네 생물과 24 장로의 주 임무는 보좌에 앉으신 하나님을 경배 하는 일이다(4:8b~11).

하나님의 보좌 주위에 있는 24 장로와 네 생물의 임무는 하나님을 경배하는 일입니다. 네 생물은 밤낮 하나님을 찬양했습니다. **"그리고 그 들은 밤낮 쉬지 않고 '거룩하십니다, 거룩하십니다, 거룩하십니다, 전능 하신 분, 주 하나님! 전에도 계셨으며, 지금도 계시며, 또 장차 오실 분 이십니다!'라고 외치고 있었습니다"**(8b절). 네 생물들이 한 일은 하나님 의 거룩하심을 찬양하는 일이었습니다. 하나님의 전능하심을 찬양합니 다. 하나님의 영원하심을 밤낮 쉬지 않고 찬양합니다. 하나님은 거룩하 십니다. 하나님을 찬양해야 하는 이유는, 그분께서 거룩하시기 때문입니 다. 하나님은 거룩하시기에, 죄가 없습니다.

하나님의 거룩하심은 전능하심과 관련이 있습니다. 하나님의 전능하 심은 하나님이 창조하신 우주를 주권적으로 주관하시고 통제하신다는 뜻입니다. 하나님은 불가능한 일을 가능하게 하시기에 전능하십니다. 하 나님은 어려움에서 절망하는 백성을 그 어려움에서 건져낼 수 있습니 다. 힘이 없고 좌절할 때, 힘을 주십니다. 그러므로 하나님의 백성은 이 세상 권세자 앞에서 주눅들 이유가 없습니다.

거룩하시고, 모든 것의 주인이신 하나님은 영원하십니다. **"전에도 계 셨고, 지금도 계시고, 장차 오실 분"**은 하나님의 영원하심을 의미합니 다. 과거, 현재, 미래를 주관하시고 통제하시는 영원한 하나님입니다. 하나님의 세 가지 속성인 거룩, 능력, 영원함을 각각 분리하여 이해할 수도 있지만, 서로 연결 지어서 이해함이 좋습니다. 그렇기에 하나님은 찬양받으시기에 합당하신 분이십니다. 성도가 고난과 역경에서도 하나 님을 찬양해야 하는 이유는 하나님은 거룩하시고, 능력이 많으시고, 영 원하시기 때문입니다.

네 생물이 하나님을 찬양할 때, 24 장로도 함께 찬양합니다. 그들은 살아계신 분께 엎드려서 경배합니다. 그리고 자기들 면류관을 벗어서 보좌 앞에 놓았습니다. "엎드린다"와 "면류관을 벗는다"는 하나님의 위엄에 보인 반응입니다. 신하가 왕 앞으로 나아갈 때, 충성하는 의미로 왕 앞에 엎드리거나 왕의 옷에 입을 맞춤이 관례적 예의입니다. 그리고 황제가 임명한 왕인 속주 왕들은 황제에게 복종한다는 의미로 자기 왕관을 벗어 황제 앞에 놓았습니다.[26] 24 장로는 하나님께 복종하며, 경배했습니다.

경배한 이유가 있습니다. 11절입니다. "'우리의 주님이신 하나님, 주님은 영광과 존귀와 권능을 받으시기에 합당하신 분이십니다. 주님께서 만물을 창조하셨으며, 만물은 주님의 뜻을 따라 생겨났고, 또 창조되었기 때문입니다'라고 외쳤습니다." 하나님은 창조주이시기 때문입니다. 모든 만물은 하나님께서 창조하셨습니다. 만물이 주님의 뜻에 따라 만들어졌기에, 오직 하나님만 경배 대상입니다. 이 땅에 있는 그 어떤 것도 경배 대상일 수 없습니다. 로마 황제도 이 세상 권력자도 경배 대상이 아닙니다. 오히려 황제와 세상 권력자가 한 분 하나님께만 경배해야 합니다. 하나님 외에 다른 존재 경배는 신성모독입니다. 네 생물과 24 장로는 하나님만을 경배합니다. 이유는 네 가지입니다. 하나님은 거룩하신 분이시기 때문입니다. 하나님은 전능하신 분이시기 때문입니다. 하나님은 영원하시기 때문입니다. 하나님은 창조의 주님이시기 때문입니다.

결론

요한은 하늘 보좌에 앉아 계신 창조주, 전능하신 하나님을 봤습니다. 그 주위에 네 생물과 24 장로가 하나님을 섬기며, 하나님의 통치를 돕

---

26 Osborne, 『요한계시록』, 316. Aune, 『요한계시록 1~5』, 808~09에 따르면, 고대에 정복당한 통치자가 정복자에게 복종과 충성의 표현으로 왕관을 바친 역사적 사실이 있고, 로마 황제는 상속, 임직, 승리와 같은 다양한 행사에서 원로원과 지방 도시들의 대표자들에게서 금 면류관을 받았다.

고 있었습니다. 이들 주 임무는 하나님을 경배하며, 찬양하는 일이었습니다. 계시록 4장은 하나님이 어떤 분이신지를 보여줍니다. 하나님은 우주 만물을 창조하신 창조주이십니다. 하나님의 권위와 위엄은 천사 그룹인 네 생물과 24 장로도 감히 접근할 수 없는 권위와 위엄입니다. 그들이 할 수 있는 일은 밤낮으로 하나님의 영광과 위엄을 찬양하며 경배하는 일입니다. 이렇게 영광과 권세로 만물을 통치하시는 하나님은 교회에게 충성을 다하라고 말씀하십니다. 하나님의 손에 복과 심판이 있기 때문입니다. 그렇기에 우리는 하나님께서 하시려는 큰일에서 작은 일에라도 충성을 다해야 합니다.

계시록 5:1~14, '어린양 경배'

희생에 주어지는 보상을 받자

중심 내용: 희생은 승리하는 원동력이며, 결국 찬양을 받는다.

I. 봉인된 두루마리를 열 수 있는 유일한 분은 승리하신 메시아이시다(5:1~5).

II. 이유는 희생적 죽음으로 통치자와 심판의 주가 되셨기 때문이다(5:6~8).

III. 희생적 죽음은 결국 모든 피조물로부터 경배와 찬양을 받는다(5:9~14).

서론

요한은 하나님께서 계획하신 일어날 일들을 보려고 하늘로 올라갔습니다. 네 생물과 24 장로가 하늘 보좌에 앉아 계신 하나님을 경배하는 모습을 봤습니다(4장). 이제, 이 경배 대상은 어린 양이신 예수님께로 옮겨집니다(5장).

하나님을 경배함에서 예수님을 경배함으로 옮겨진 이유는 무엇일까요? 예수 그리스도의 십자가 죽음입니다. 예수님의 희생적 죽음이 인을 뗄 수 있는 유일한 분으로서 자격입니다. 그래서 예수님은 경배와 찬양을 받으시기에 합당하신 분이십니다. 희생은 반드시 보상받습니다. 오늘 우리는 계시록 5장에서 예수님께서 영광을 받으시는 장면을 살펴보겠습니다. 그래서 그 이유가 무엇인지 배우겠습니다. 예수님의 본을 따라 희생해서 섬기는 성도가 되길 바랍니다.

I. 봉인한 두루마리를 열 수 있는 유일한 분은 승리하신 메시아이시다(5:1~5).

하늘 보좌에 앉아 계신 분이 오른손에 두루마리를 하나 들고 계셨습니다. 이 두루마리의 안과 밖은 빽빽하게 글이 쓰였습니다. 그리고 일곱 인으로 봉한 상태였습니다. 그때 힘센 천사가 큰소리로 "**이 봉인을 떼고 두루마리를 펴기에 합당한 사람이 누구인가?**"라고 외쳤습니다. 그러나 봉인을 떼고, 두루마리를 펴거나, 볼 수 있는 사람이 아무도 없었습니다. 하늘에도 없고, 땅 위에도 없고, 땅 아래에도 없었습니다. 두루마리를 펼 수 있는 이가 없어서, 요한은 슬퍼하면서 울었습니다. 이때 장로 중 하나가 "**유다 지파에서 난 사자, 곧 다윗의 뿌리가 이 인을 떼고, 두루마리를 펼 수 있다**"라고 말합니다. 이것이 계시록 5:1~5 내용입니다.[1]

---

1 John F. Walvoord, 『예수 그리스도의 계시』, 전준식 옮김 (서울: 교회연합신문사, 1987), 844~46에 따르면, 계시록 5장은 「솔로몬의 송가(*Odes of Solomon*)」 23:5~22와 상당히 밀접하다. 하지만 Grant R. Osborne, 『요한계시록』, 김귀탁 옮김, BECNT 시리즈 (서울: 부흥과개혁사, 2019), 327에서는 에스겔 2장 사건과 연결한다. G. K. Beale, 『요한계시록(상)』, 오광만 옮김, NIGTC (서울: 새물결플러스, 2020), 568~69, 574에서는 계시록 5장과 「솔로몬의 송가」의 유사성을 강조하면서, 요한계시록이 먼저 기록되었기에, 「솔로몬의 송가」가 계시록 5장에 의존했다고 말한다. 그는 에스겔 2장과도 관련이 있지만, 다니엘 7장, 12장 그리고 이사야 29:11과도 관련이 있다고 인정한다. Buist M. Fanning, *Revelation*, Zondervan Exegetical Commentary on the New Testament, ed. Clinton E. Arnold et al., vol. 20 [Grand Rapids: Zondervan Academic, 2020], 212~13에서도 계시록 5장은 에스겔 2장, 다니엘 12장, 그리고 이사야 29:11절과 밀접한 연결을 인정한다. Robert L. Thomas, *Revelation 1~7: An Exegetical Commentary* (Chicago: Moody Press, 1992), 375에서는 에스겔 2:9~10; 예레미야 36:10~25; 이사야

하늘 보좌에 앉아 계신 하나님은 전지전능하시고, 우주를 창조하시고, 통치하시는 분이십니다. 하나님이 오른손에 두루마리를 하나 들고 계셨습니다. 오른손은 권능과 권세를 상징합니다(출 15:6, 12; 시 18:35; 사 41:10).[2] 그렇다면, 하나님의 권능과 권세가 두루마리를 붙들고 있습니다. 그렇기에 누구도 감히 하나님에게서 그 두루마리를 받을 수 없었습니다. 특히, 그 두루마리는 일곱 인으로 봉해졌기에, 두루마리를 받아 열 수 있는 이가 없었습니다. 두루마리를 열 수 있는 이는 하나님께서 인정하시는 인물이어야 합니다. 요한은 그런 인물, 곧 두루마리를 열 수 있는 합당한 인물이 없었기에 울었습니다. 두루마리는 보통 파피루스 나무의 껍질에서 추출하여 만든 파피루스, 또는 가죽으로 만든 양피지를 말합니다. 길이가 긴 파피루스나 양피지를 둘둘 말아서 사용했습니다. 그래서 두루마리라고 불렀습니다.[3] 두루마리는 일반적으로 한쪽에

29:11~12; 다니엘 12:4이 계시록 5장 장면과 관련이 있다고 말한다. 여러 견해를 종합하면, 계시록 5장 사건은 구약의 예언이 성취했다는 결론이다.

2 Osborne, 『요한계시록』, 327; Fanning, *Revelation*, 212. Aune, 『요한계시록 1~5』, 860에서는 구약성서나 유대교에서는 오른쪽은 하나님의 권능이나 권위를 나타내지만, 여기서는 피난과 보호의 장소를 상징한다고 말한다.

3 Walter Bauer, eds. Kurt Aland, Barbara Aland, and Viktor Reichmann, 『바우어 헬라어 사전—신약성경과 초기 기독교 문헌의 헬라어–한국어 사전』, 이정의 옮김 (서울: 생명의말씀사, 2017), 265에 따르면, 두루마리는 헬라어로 '비블리온($\beta\iota\beta\lambda\iota o\nu$)'인데, 작은 문서나 소책자를 의미한다. 본문에 나오는 비블리온이 소책자(codex)를 지칭하는가, 아니면 두루마리(scroll)인가는 논쟁거리이다. 그 이유는 이것이 무엇인지에 따라 해석하는 관점이 달라지기 때문이다. 소책자를 주장하는 학자는 한 손에 들고 있다는 것과 책이 펼쳐졌다는 면에서, 두루마리보다는 소책자라고 보아야 한다고 말한다. 하지만, Thomas, *Revelation 1~7*, 375~76에서는 안과 밖에 기록되었다는 측면에서, 소책자보다는 두루마리가 타당하다고 한다. 안쪽은 두루마리가 펼쳐지기 전에 안에 기록된 것이고, 바깥쪽은 두루마리가 펼쳐진 후에 두루마리의 다른 쪽을 의미한다. 그리고 소책자는 주후 1세기 말이나 2세기까지는 만들어지지 않았다. 그러므로 밧모섬의 종이가 발달하지 않은 상황에서 요한이 기록했기에 두루마리로 보는 것이 타당하다고 말한다. Osborne, 『요한계시록』, 327~28; Aune, 『요한계시록 1~5』, 858에서는 양면에 기록되었다는 점에서,

만 기록했습니다. 그런데 양면에 기록했다고 말함으로 보아, 내용이 많음을 알 수 있습니다.

그런데 이 문서들이 일곱 인으로 봉해져 있었습니다. "인으로 봉해졌다"라는 말은 공식 문서를 만든 후에 밀랍이나 진흙을 발라 내용을 보지 못하게 조치했다는 뜻입니다. 중요한 계약서의 내용을 일정 기간 비밀에 부칠 때, 보통 인으로 봉합니다. 일곱 인으로 봉해졌다는 말은 그 내용이 극비이기에, 하나님이나 하나님께서 인정하시는 분 외에는 아무도 열 수 없음을 의미합니다.4 이때 힘센 천사는 **"이 봉인을 떼고, 두루마리를 펴기에 합당한 사람이 누구인가?"**라고 외쳤습니다.5 하늘과 땅, 심지어 땅 아래 어디에도, 이 봉인을 떼고, 두루마리를 펴기에 합당한 이가 없었습니다. '하늘, 땅, 그리고 땅 아래'는 하나님이 창조하신 창조 세계 전체를 가리키는 용어입니다.6 하나님께서 창조하신 세계의 어떤 피조물도 인을 떼고 두루마리를 펼 수 있는 능력을 갖추지 못했습니다. 그래서 요한은 울었습니다.

"봉인된 인을 떼고 두루마리를 펴기에 합당한 이가 없다고 요한은 울었는데, 왜 요한은 계속 울어야 했을까요?"

오피스토그라포스 (ὀπισθόγραφος)를 지칭한다고 말한다.

4 Robert H. Mounce, 『요한계시록』, 장규성 옮김, NICNT (서울: 부흥과개혁사, 2019), 177에서는 일곱이라는 숫자를 상징적으로 해석하여 두루마리의 절대적인 불가침성을 의미한다고 말한다.

5 Fanning, *Revelation*, 214에서는 힘 있는 천사를 높은 위치에 있는 천사를 가리킨다고 말한다. Osborne, 『요한계시록』, 331에서는 힘 있는 천사가 계시록에 세 차례 쓰이는데(계 5:2; 10:1~2; 18:21), 모두 하나님의 명령을 선포하는 사자라고 말한다. Aune, 『요한계시록 1~5』, 870에서는 천사 계급에서 높은 위치에 있는 천사이지만, 세 명의 천사는 각각 다른 천사라고 말한다.

6 Aune, 『요한계시록 1~5』, 871; Osborne, 『요한계시록』, 332. Fanning, *Revelation*, 215. 성경은 우주를 셋으로 구분하는 경향이 있다(출 20:4, 11; 시 146:6; 빌 2:10). 욥기 11:8~9은 바다를 첨가하여 넷으로 구분을 말한다. 계시록에서는 때때로 하늘, 땅, 바다를 말함으로 우주 전체를 지칭하곤 한다(계 10:6; 12:12; 14:7; 21:1; 참조. 행 4:24; 14:15).

봉인된 두루마리에 적힌 내용이 온 세상을 향한 하나님의 구원 계획이기 때문입니다.[7] 하나님은 요한에게 미래에 마땅히 일어날 일들을 보여주겠다고 약속했습니다(계 4:1). 미래에 마땅히 일어날 일들은 곧 우주를 향한 하나님의 구원 계획입니다. 이 하나님의 계획이 일곱 인으로 봉인돼 있습니다. 봉인한 상태이기에, 열어야만 하나님의 계획이 이뤄집니다. 두루마리를 열지 않으면, 우주를 향한 하나님의 계획은 이루어지지 않습니다. 하나님의 계획과 약속이 수포로 돌아갈 수 있습니다. 하나님의 계획이 실현되지 않을 수 있다고 생각하니, 요한은 심히 좌절하여 울었던 것입니다.[8]

이때 장로 중 하나가 요한에게 **"유다 지파에서 난 사자, 곧 다윗의 뿌리가 승리했으니 그가 이 일곱 봉인을 떼고, 이 두루마리를 펼 수 있다"**라고 말했습니다(5절). **"유다 지파의 사자요, 다윗의 뿌리"**를, 성경과 유대인 문학에서는 메시아를 언급함으로 인식했습니다.[9] '유다 지파의 사자'

---

7 책의 정체나 내용을 두고, 학자들은 다양한 견해를 제시한다. Osborne, 『요한계시록』, 328~29에서는 여섯 가지 견해로 정리한다. 1) 어린 양의 생명책, 2) 언약 법을 명기하는 구약성경, 즉 토라, 3) 성도들의 기업이 포함된 봉인된 마지막 유언과 약속, 4) 증인들이 뒷면을 접고 봉인한 이혼 증서(은유적인 표현), 5) 뒷면 내용을 설명하고 일곱 인으로 봉인하고서 이중으로 접는 계약 행위, 6) 하나님의 구속 계획과 하나님의 피조물에 있을 미래 역사가 포함된 하늘의 책 등이다. Osborne은 5) 견해와 6) 견해의 결합을 지지한다. Aune, 『요한계시록 1~5』, 861~68에서도 두루마리의 형태, 내용, 역할을 정리하면서 두루마리는 계시록 6:1~22:9까지 종말론적인 완전한 시나리오를 포함한다고 주장한다. 결론은 같은 자료 913을 보라. Fanning, *Revelation*, 213에서는 인을 뗄 수 있는 합당한 이가 구속의 희생적 죽임당한 어린 양이기에, 두루마리는 예수 그리스도를 통한 구속과 회복에 관한 하나님의 계획이라고 말한다. Craig R. Koester, 『요한계시록 I―서론, 1~9장』, 최흥진 옮김, 앵커바이블 시리즈 (서울: 기독교문서선교회, 2019), 627에서는 구원과 심판에 관한 내용이라고 말한다. Beale, 『요한계시록(상)』, 573에서는 유업에 관한 언약적 약속이라고 한다.

8 Mounce, 『요한계시록』, 178; Osborne, 『요한계시록』, 332; Fanning, *Revelation*, 216.

라는 표현은, 야곱이 죽기 전에 자기 열두 아들을 축복하면서 유다에게
한 유언에서 나왔습니다. 야곱은 유다의 후손 중에 "유다 지파의 사자,"
즉 **"임금의 지휘봉과 통치자의 지휘봉을 가질 인물"**이 탄생한다고 예언했
습니다(창 49:8~10). **"다윗의 뿌리"**는 이사야 11:1~11에 있습니다. 이사
야 선지자는 '이 새의 줄기에서 한 뿌리가 나오는데, 이 뿌리는 주님의
영, 성령의 능력으로 인침을 받고 세상을 공의로 심판합니다. 그리고 평
화의 나라를 건설할 때, 모든 민족이 그를 찾아와 경배하게 될 것'을 예
언했습니다. 신약에서도 두 구절을 메시아이신 예수님과 연결합니다.[10]
복음서에서 예수님은 다윗의 뿌리인 메시아로 이 땅에 오셨다고 증언합
니다(마 1:1, 17; 막 11:10; 눅 1:32; 2:11; 행 2:22~36). 또한 바울도 예수
님을 다윗의 뿌리로 소개합니다(롬 1:3; 딤후 2:8). 요한계시록에서 사도
요한도 예수님을 다윗의 뿌리인 메시아로 선포합니다(계 3:7; 22:16).

메시아가 일곱 봉인을 떼고, 두루마리를 펼 수 있었던 이유는 승리했
기 때문입니다. 여기서 '승리했다($\dot{\epsilon}\nu\acute{\iota}\kappa\eta\sigma\epsilon\nu$)'는 사탄 그리고 사망과 대
결에서 승리를 말합니다.[11] 이 승리는 군사적인 힘으로 이룬 게 아니라,
십자가의 죽음으로 이루셨습니다. 예수님은 십자가에서 당신을 온전히

---

9 Fanning, *Revelation*, 217, n. 34은 유대 문학에서 유다의 지파 사자를 메
시아로 언급한 사실을 언급하고 있다(4 Ezra 11:37; 12:31; T. Jud. 24:5; Tg.
Neof. and Tg. P-J. Gen 49:8~10). Koester, 『요한계시록 I』, 632~33에서는 유
대 지파의 사자는 비유적으로 두 가지 의미가 있다고 말한다. 하나는 힘이요,
다른 하나는 왕권이다.

10 두 구절과 초기 유대교 그리고 초기 기독교와 관계는, Aune, 『요한계시록
1~5』, 875~76을 참조하라.

11 "이겼다($\dot{\epsilon}\nu\acute{\iota}\kappa\eta\sigma\epsilon\nu$)"는 $\nu\iota\kappa\acute{\alpha}\omega$의 부정과거형으로 과거에 한 번 일어난 사건
을 의미한다. 이 승리는 예수님께서 죽음, 부활, 승천으로 보여 주신 예수 그리스
도의 승리를 의미한다. Fanning, *Revelation*, 217에서는 예수님의 승리를
'already and but not yet(이미 그러나 아직 아니)' 틀로 해석한다. Beale, 『요한계
시록(상)』, 586~87에서는 Fanning의 연구 결과를 인용하면서 승리를 목적, 성취,
절정 또는 결과로 이해하여 교회를 위협하는 악한 세력을 이긴 승리와 연결한다.

희생하심으로 승리하셨습니다. 세상 사람들은 승리를 힘이나 권력, 혹은 전략의 승리 측면에서 이해합니다. 하지만 예수님이 이루신 승리는 십자가의 죽음, 즉 사랑과 희생을 통하여 완성됐습니다. 우리 그리스도인들이 이 땅에서 승리하는 삶을 사는 비결은 힘이나 권력이 아닙니다. 예수님처럼 사랑하고 희생할 때, 승리하는 삶을 살 수 있습니다.

II. 이유는 희생적 죽음으로 통치자와 심판의 주가 되셨기 때문이다 (5:6~8).

이 사실을 6a절에서 더 자세히 설명합니다. **"나는 또 보좌와 네 생물과 장로들 가운데 어린 양이 하나 서 있는 것을 보았는데, 그 어린 양은 죽임을 당한 것과 같았습니다."** 예수님께서 두루마리를 열 수 있는 유일한 이유는 죽임당한 어린 양이셨기 때문입니다. 6절에서 강조하는 바는 유다 지파의 사자가 아니고, 다윗의 뿌리도 아닙니다. 예수 그리스도의 십자가 죽음입니다. 사자나 다윗의 뿌리는 힘과 권력을 상징합니다. 유다 지파의 사자는 힘과 능력, 그리고 다윗의 뿌리는 권세 혹은 왕권을 상징합니다. 병자를 고치시고, 죽은 자를 살리시며, 태풍과 파도를 잠잠하게 하신 능력은 힘과 능력을 의미합니다. 이것이 유대인의 메시아사상이었습니다. 예수님 당시 많은 유대인이 기다리고, 고대한 메시아사상이었습니다. 메시아가 오셔서 외세로부터 이스라엘을 지키신다고 믿고 고대했습니다. 예수님은 유대 지파의 사자로, 다윗의 뿌리로 이 땅에 오셨습니다. 그분은 하늘의 힘과 능력, 그리고 왕권을 가지고 오셨습니다. 하지만 예수님의 승리 원천은 힘과 권력, 왕의 권세가 아닙니다. 십자가의 희생적인 죽음입니다. 궁극적인 승리는 십자가의 죽음을 통하여 가능합니다.

예수님을 죽임당한 어린 양으로 표현하지요. 요한복음 1:29에도 예수님을 하나님의 어린 양으로 묘사합니다. **"보시오, 세상 죄를 지고 가는**

하나님의 어린 양입니다." 요한복음 19장에서는 예수님의 죽음을 유월절 어린 양으로서 죽음과 연결합니다(요 19:14, 31~37, 42). 결국, 계시록 5:6에서 죽임당한 어린 양은 요한복음에서 말한 세상 죄를 지고 가는 하나님의 어린양이요, 죽임당하는 유월절 어린 양과 관련이 있습니다. 예수님께서 승리하시고, 두루마리를 열 수 있는 합당한 자가 될 수 있었던 근거는 십자가 죽음입니다.

이 어린 양에게는 일곱 뿔과 일곱 눈이 있습니다. 고대 세계에 뿔은 힘과 능력, 혹은 왕의 권능을 상징했습니다.12 다니엘 7:7에서는 강력한 넷째 짐승이 열 뿔을 가지고 있었습니다. 다니엘 8:5에서 숫염소의 큰 뿔 한 개에서 작은 뿔 네 개로 교체됩니다. 다니엘서에서 뿔은 힘이나 왕권을 상징합니다. 다니엘서뿐 아니라, 구약의 많은 곳에서 뿔은 힘이나 능력, 왕권을 의미합니다(민 23:22; 신 33:17; 삼하 22:3; 왕상 22:11; 단 7:7, 20~21; 8:5). 그래서 일곱 뿔을 가졌다는 말은 어린 양이 완전한 능력과 권세를 가졌다는 뜻입니다. 또한 일곱 눈을 가지고 있습니다. 때때로 눈은 시야, 지적 능력, 혹은 지혜를 상징합니다.13 그런데 일곱 눈은 온 땅에 보내심을 받은 하나님의 일곱 영과 동일시됩니다. 그렇다면, 일곱 눈을 가진 어린 양은 성령의 능력으로 이 땅에서 벌어지는 모든 것을 아십니다. 죽임을 당한 어린 양이 일곱 뿔과 일곱 눈, 즉 일곱 영을 가지고 있다는 말은 어린 양이 더는 죽임을 당하는 연약한 어린 양이 아님을 의미합니다. 그분은 처음에는 죽임당하는 어린 양으로 이 땅에 오셨습니다. 그런데 이제는 능력과 권세, 지혜를 가지신 전지전능하신 심판 주로서 통치하십니다.14 하나님의 어린 양이신 예수님

---

12 Osborne, 『요한계시록』, 338; Aune, 『요한계시록 1~5』, 880; Beale, 『요한계시록(상)』, 589; Thomas, *Revelation 1~7*, 392; Fanning, *Revelation*, 219.

13 Thomas, *Revelation 1~7*, 392에서 일곱 눈, 곧 하나님의 일곱 영이 하나님의 전지하심을 의미하고, 일곱 뿔이 하나님의 전능하신 능력을 의미한다고 말한다. 그래서 일곱 불과 일곱 눈이 하나님의 전지전능하심을 상징한다고 말한다.

은 통치자이며, 심판주이십니다.

통치자이시며 심판주로서 어린 양의 모습을 7절은 이렇게 표현합니다. **"그 어린 양이 나와서, 보좌에 앉아 계신 분의 오른손에서 그 두루마리를 받았습니다."** 하나님에게서 두루마리를 받는 모습은 왕의 즉위식을 연상합니다. 하나님의 권세가 어린 양이신 예수님에게 지금 승계되고 있습니다. 하나님의 오른손은 하나님의 주권을 상징합니다. 이 하나님의 주권이 지금 어린 양에게 양도되고 있습니다.15 이스라엘에서 왕이 살아 있는 동안에 세자에게 왕위를 넘겨주는 일이 일반적이었습니다. 다윗은 자기가 살아 있는 동안에 왕위를 솔로몬에게 넘겼습니다(왕상 1:32~35). 다윗 왕의 본을 따라, 이스라엘의 왕들은 살아 있을 때 세자에게 왕위를 물러 주었습니다. 이것을 섭정(co-regent)라고 부르는데, 왕은 아들에게 통치권을 물러 주고서도 아들과 함께 정사를 돌봅니다. 어린양이 하나님으로부터 두루마리를 넘겨받는 장면은 바로 왕의 즉위식입니다(행 2:32~36; 고전 15:27).16

어린 양이신 예수님이 주권자로 등극하자, 네 생물과 24 장로는 거문고와 향이 가득히 담긴 금 대접을 가지고 어린 양 앞에 엎드립니다. 이

---

14 Fanning, *Revelation*, 219. Aune, 『요한계시록 1~5』, 878에 따르면, 어린 양에는 두 가지의 은유적인 의미가 있다. 하나는 희생의 어린 양이요. 다른 하나는 통치자와 지도자로서의 어린 양이다. 이 두 개 은유는 예수님을 십자가에 달린 구원의 메시아로, 게다가 통치와 심판의 주님으로서 메시아로 표현한다. 이는 십자가 신학과 영광 신학을 나타내는 이중적 의미이다.

15 Fanning, *Revelation*, 220~21을 보라. Aune, 『요한계시록 1~5』, 848~56 에서는 이것을 어린 양의 서임식이라고 부르니, 자세한 내용은 "어린양의 서임식으로서의 요한계시록 5장"을 참조하라.

16 계시록 5장 배경은 다니엘 7:9~14이다. 다니엘 7장에서 '인자 같은 이가 옛적부터 계신 분에게 가서 권세와 영광과 나라는 다스리는 권세'를 부여받는다. Beale, 『요한계시록(상)』, 597; Thomas, *Revelation 1~7*, 394; Fanning, *Revelation*, 221 을 참조하라.

는 자연스러운 모습이지요. 네 생물과 24 장로가 지금껏 보좌에 앉으신 하나님을 섬겼는데, 이제는 권세를 위임받은 어린 양을 경배함은 아주 당연합니다. 하나님께 올려드린 모든 예배, 경배, 찬양을 어린 양에게도 올려드림이 당연합니다. 거문고는 전통 악기인데, 하나님을 찬양할 때 연주합니다.17 거문고를 가지고 어린 양 앞에 엎드린다는 표현은, 하나님께 드리는 경배와 찬양을 이제는 어린 양께 드리는 모습을 표현합니다. 그리고 향이 담긴 금 대접을 어린 양께 올립니다. 향은 성도가 드리는 기도입니다. 그렇다면 네 생물과 24 장로는 중재자로서 성도가 드리는 기도를 하나님께 올렸는데, 이제는 어린 양에서 올리고 있습니다. 성도의 기도가 어린 양에게 올려진다는 표현에는 두 가지 의미가 있습니다. 하나는 헌신, 찬양, 감사의 표현으로 어린 양에게 드린다는 의미가 있습니다. 고대 이스라엘에서는 백성의 기도는 헌신의 징표로 하나님 앞에 향기로 드려졌습니다(시 141:2). 다른 하나는 하나님의 정의와 보호를 간청의 의미로 하나님께 드린다는 뜻입니다(계 8:4~6). 여기서는 두 가지 의미, 곧 헌신과 찬양의 의미 그리고 간청의 의미 모두입니다.18 통치자요, 심판의 주이신 어린 양께 충성하고 헌신하겠다는 뜻입니다. 또한 보화와 돌보심을 간청한다는 의미입니다. 거문고와 향이 담긴 금 대접은 예수님께서 주권을 하나님에게서 위임받았다는 뜻입니다.

III. 희생적 죽음은 결국 모든 피조물로부터 경배와 찬양을 받는다 (5:9~14).

네 생물과 24 장로는 새로운 노래로 어린양을 찬양합니다. 9~10절입니다. "그들은 이런 말로 새로운 노래를 불렀습니다. '주님께서는 그 두

---

17 거문고가 예배 의식에서 찬양을 드릴 때 사용한 예는 Aune, 『요한계시록 1~5』, 883~84를 보라.

18 Osborne, 『요한계시록』, 341; Fanning, *Revelation*, 223.

루마리를 받으시고, 봉인을 떼실 자격이 있습니다. 주님은 죽임을 당하시고, 주님의 피로 모든 종족과 언어와 백성과 민족 가운데서 사람들을 사서 하나님께 드리셨습니다. 주님께서 그들을 우리 하나님 앞에서 나라가 되게 하시고, 제사장으로 삼으셨습니다, 그래서 그들은 땅을 다스릴 것입니다.'" 그들이 부르는 새 찬양은 어린 양이 두루마리를 받고, 봉인을 뗄 수 있는 자격을 내용으로 찬양합니다. 이것은 다른 말로 하면, 어린 양이신 예수님께서 하나님과 함께 통치하시는 통치자가 되었음을 찬양하는 경배의 노래입니다. 찬양에 예수님이 그 자격을 가지신 조건 세 가지를 언급합니다.[19] 1) 죽임당하셨기 때문입니다(ἐσφάγης). 2) 사람들을 피로 사서 하나님께 드렸기 때문입니다(ἠγόρασας). 3) 피로 사신 백성을 나라와 제사장으로 삼으셨기 때문입니다(ἐποίησας).

첫째 이유는 죽임당하셨기 때문입니다. 이사야 53:7은 예수님을 "도살장으로 끌려가는 어린 양"으로 묘사했습니다.[20] 예수님은 죄가 없었습니다. 그러나 백성의 죄를 짊어지시려고 유월절 어린 양으로 십자가에서 죽임을 당하셨습니다(막 14:12; 눅 22:7). 이것이 바로 승리의 기초이고, 왕으로서의 권세를 잡을 수 있는 근거입니다. 둘째 이유는 사람들을 값으로 주고 사서 하나님께 드렸기 때문입니다. 값을 주고 산다(ἠγόρασας)는 고대에 전쟁 포로나 종을 시장에서 사서 해방하는 사건에서 유래했습니다.[21] 예수님께서는 당신 피로 죄의 종이 된 백성의 값을

---

19 세 가지 이유를 말하는 동사는 직설법 부정과거형이다. 세 개 부정과거형 예수 그리스도의 십자가 죽음을 세 가지 측면에서 설명한다.

20 "죽임을 당하셨다"에 헬라어 스파조(σφάζω)를 쓴다. Bauer, 『바우어 헬라어 사전』, 1478에 따르면, 이 단어는 '도살하다, 학살하다, 살육하다'로 폭력과 무자비함을 내포한다. 그런데 이 단어가 요한계시록 외 신약성경 다른 곳에서는 그리스도의 죽음과 관련해서는 쓰이지 않는다. 요한계시록에서만 그리스도의 죽음을 묘사하는 데 쓰인다. 이것은 이사야 53:7, 곧 "도살장으로 끌려가는 어린 양처럼"(ὡς πρόβατον ἐπὶ σφαγὴν ἤχθη)에서 영향받은 듯하다. Mounce, 『요한계시록』, 184, n. 76; Osborne, 『요한계시록』, 342; Fanning, *Revelation*, 223~24을 참조하라.

지급하고 샀습니다. 그리고 새로운 주인이신 하나님께 드렸습니다. 그 결과, 우리는 하나님의 백성이 되는 새로운 신분을 가졌습니다. 그리고 마지막 이유는 나라와 제사장으로 삼으셨기 때문입니다. 이는 출애굽기 19:6 인용입니다. 하나님께서 어린 양의 피로 이스라엘 백성들을 이집트로부터 구원했습니다. 그 결과, 이스라엘 민족은 하나님의 특별한 나라와 제사장이 됐습니다. 마찬가지로 예수님께서 당신 피를 죗값으로 드린 결과, 성도를 하나님 나라와 제사장으로 삼으셨습니다.

"하나님 앞에서(τῷ θεῷ)"는 나라와 제사장으로 삼으신 목적을 나타냅니다. "하나님 앞에서"는 '우리 하나님을 섬기려고'라는 뜻입니다. 나라가 되고, 제사장으로 삼으신 목적은 하나님을 섬기게 하려 함입니다. 우리가 예수님의 피로 구속받은 목적도 하나님을 섬기게 하려 함입니다.[22] 베드로전서 2:9이 그 사실을 증명합니다. **"그러나 여러분은 택하심을 받은 족속이요, 왕과 같은 제사장들이요, 거룩한 민족이요, 하나님의 소유가 된 백성입니다. 그래서 여러분을 어둠에서 불러내어 자기의 놀라운 빛 가운데로 인도하신 분의 업적을, 여러분이 선포하는 것입니다."** 왕 같은 제사장으로 삼은 목적은 어둠에서 불러내어 자기의 놀라운 빛 가운데로 인도하신 분의 업적을 선포하게 하려 함입니다. 하나님을 섬기라고, 하나님의 놀라운 업적을 선포하라고 제사장으로 그리고 나라로 삼으셨습니다.

그리스도의 십자가 은혜는 성도가 하나님의 새 나라에서 다스리는 특권을 부여합니다. 10절 후반부가 그 사실을 말하고 있지요. **"그래서 그들은 땅을 다스릴 것입니다(βασιλεύσουσιν ἐπὶ τῆς γῆς)."**[23] 예수님의

---

21 "사다(ἀγοράζω)"는 시장에서 물건을 사는 행동을 의미한다. 그런데 이것이 예수님의 대속과 관련해 쓰인다.

22 Fanning, *Revelation*, 226.

23 βασιλεύσουσιν은 미래형이다. 어떤 사본(알렉산드리아 사본)에서는 현재형이다. UBS와 NA 등 헬라어 성경은 미래 시제를 선호한다. 하지만 Beale, 『요한계시록(상)』, 606~09에서는 미래형이 읽기 어려운 독본이므로, 현재형으로 이해해야

피로 구원받은 성도는 하나님의 나라에서 민족을 다스리는 권세를 가집니다. 하나님을 영광스럽게 하려고 주님과 함께 통치합니다.

네 생물과 24 장로가 어린 양에게 올린 새 노래를 이제는 수많은 천사가 합창합니다. 12절입니다. "**그들은 큰 소리로 '죽임을 당하신 어린 양은 권세와 부와 지혜와 힘과 존귀와 영광과 찬양을 받으시기에 합당하십니다' 하고 외치고 있었습니다.**"[24] 수많은 천사가 생물과 장로들이 부른 새 노래를 따라 부릅니다.[25] 하나님의 보좌와 어린 양의 보좌를 중심으로 네 생물이 있고, 그 주위에 24 장로가 있습니다. 그리고 그 주위로 수천 명, 수만 명의 무수한 천사가 둘러싸고, 예수 그리스도의 영광을 찬양합니다. 보좌에 앉으신 하나님과 어린 양의 영광과 위엄이 얼마나 장엄한지요!

그러자 이제는 하늘, 땅 위, 땅 아래, 그리고 바다에 있는 모든 피조물이 하나님과 어린 양께 영광의 찬양을 올려 드립니다. 13절입니다.

한다고 주장한다. 그는 그리스도의 죽음과 부활을 통해 하나님의 새 나라가 현재 타락한 세상에 들어왔으며, 성도들이 통치자로서 다스린다고 말한다. 미래형으로 해석하면, 그리스도의 재림에 앞서 모든 시대에 걸쳐 이루어질 사건이라고 말한다. Aune, 『요한계시록 1~5』, 894에서도 현재형으로 해석하여 현재 실현될 가능성을 주장한다. 하지만 Mounce, 『요한계시록』, 185; Fanning, *Revelation*, 226에서는 미래형으로 여겨 그리스도의 종말론적 통치와 성도의 참여를 주장한다. Osborne, 『요한계시록』, 344; Thomas, *Revelation 1~7*, 402에서는 이 약속이 천년왕국 통치 그리고 영원한 통치와 관련이 있다고 말한다.

24 예수님께 찬양한 일곱 가지 항목, 곧 권세, 부, 지혜, 힘, 존귀, 영광, 찬양 등이 의미하는 바는 Osborne, 『요한계시록』, 345~47; Aune, 『요한계시록 1~5』, 898~99을 보라.

25 대부분 학자는 11절의 "그들의 수는 수천 수만이었습니다"가 다니엘 7:10에서 가져왔다고 주장한다. Osborne, 『요한계시록』, 344에 따르면, "만"은 당시 그리스-로마 세계에서 알려진 가장 큰 수로, 구약과 신구약 중간 문헌에서 천군천사를 언급할 때 자주 쓰인다(신 33:2; 욥 25:3; 신 68:17; 89:7; 단 7:10' 1 Enoch 14.22~23; 40.1; 2 Bar. 48:10; 2 Esdr 8:21~22). Beale, 『요한계시록(상)』, 609; Aune, 『요한계시록 1~5』, 895~96도 보라. Fanning, *Revelation*, 227에서는 다니엘 7:10; 신명기 33:2; 시편 68:17도 계시록 5:11의 배경이라고 말한다.

"나는 또 하늘과 땅 위와 땅 아래와 바다에 있는 모든 피조물과, 또 그들 가운데 있는 만물이, 이런 말로 외치는 소리를 들었습니다. '보좌에 앉으신 분과 어린 양께서는 찬양과 존귀와 영광과 권능을 영원무궁하도록 받으십시오.'" 하나님과 어린 양에게 영광을 돌리는 모든 피조물은 지성을 가진 피조물만이 아니라, 모든 동물계를 포함합니다. 그리고 하늘의 존재인 천사들, 심지어 마귀들도 포함합니다.26 이 장면은 하나님께서 창조하신 피조물 중 하나도 빠지지 않고 모두 하나님과 어린 양을 찬양하는 일에 참여함을 강조합니다.27

한국 여자 배구는 세계 14위입니다. 그런데 2021년 도쿄 올림픽에서 8강에서 세계 4위인 터키를 3:2로 이기고, 4강에 올랐습니다. 그러자 세계배구연맹이 김연경을 가리켜 "10억 명 중에 오직 한 명"이라며 찬사를 보냈습니다.28 김연경 선수가 예선전에서 탈락할 여자배구팀을 4강으로 올렸기에 "10억 명 중의 오직 한 명"이라며 찬사를 보냈다면, 죽음으로 온 세상을 구원하신 하나님께 모든 만물이 찬양을 드림은 너무도 당연합니다. 마지막 날에, 모든 것이 완전히 이루어지는 그때, 온 세상 만물은 주님의 구속 은혜와 그 결과를 찬양합니다.

---

26 Osborne, 『요한계시록』, 347~48에 따르면, "바다"는 악을 대표하는데, 이것이 땅 아래, 즉 지하 세계와 함께 언급은 모든 피조물이 경배에 동참했음을 나타낸다.

27 요한계시록에서 영광의 찬송은 어떤 본문에서는 하나님께만 드리고(계 4:9, 11; 7:12; 19:1), 어떤 본문에서는 예수 그리스도께만 드린다(계 1:6; 5:12). 그런데 여기서는 하나님과 어린 양 모두에게 드린다.

28 배구선수 김연경은 그런 찬사를 받기에 합당하다. 연봉 3억 5천만 원을 받고 흥국생명에 오기 전에, 중국과 터키에서 연봉 17억 정도를 받았다. 그러나 한국 선수들과 호흡을 맞추며 올림픽을 준비하려고 기꺼이 낮은 연봉을 받으면서 흥국생명으로 왔다. 김연경의 연봉에 관한 기록은, https://5071.tistory.com/762; https://www.yna.co.kr/view/AKR20200606041951007를 보라. 2021년 8월 6일 접속.

결론

4장은 보좌에 앉으신 하나님을 찬양하는 광경이고, 5장은 구속의 주님이신 어린 양을 찬양하는 광경입니다. 하늘의 천사 계급 중 높은 계급의 천사들인 네 생물과 24 장로가 구원의 주님을 찬양합니다. 그러자 수만 수천의 천사들이 그들을 따라 합창합니다. 그 모습을 바라본 모든 인류와 만물이 주님의 구속 사역을 감사하며 찬양하고 있습니다. 주님이 찬양받을 수 있었던 이유는 힘이나 권세가 아니라, 죽음으로 온 세상을 살리셨기 때문입니다. 그리스도를 닮은 우리 성도들도 힘이 아니라, 겸손과 온유가 승리한다는 사실을 기억해야 합니다. 희생하면 지는 것 같지만, 결국 이기고 승리합니다. 게다가 보상도 받습니다.

계시록 6:1~8, '인 심판 처음 네 개'
복음 사역으로 죽음에서 벗어나게 하자

중심 내용: 인 심판 처음 네 개는 전쟁과 기근으로 인구 사분의 일이 죽는다는 뜻이다.

I. 흰 말은 침략과 정복을 일삼는 전쟁을 의미한다(6:1~2).

II. 붉은 말은 내전으로 유혈사태나 살육을 의미한다(6:3~4).

III. 검은 말은 기근과 흉년으로 식량 부족을 의미한다(6:5~6).

IV. 청황색 말은 인 심판 처음 세 개 결과로 나타나는 죽음을 의미한다(6:7~8).

서론

인 심판은 어린 양이신 예수님께서 대환란 시기에 내리십니다.[1] 인

---

[1] G. K. Beale, 『요한계시록(상)』, 오광만 옮김, NIGTC (서울: 새물결플러스, 2020), 619~20, 624에서는 인 심판 처음 네 개가 그리스도께서 재림하기 직전 환난 기간에 발생하는 사건들이 아니고, 그리스도께서 승천 직후부터 시작한 사건들로 여기면서, 인 심판이 순서대로 발생하는 게 아니라 동시에 발생한다고 말한다. Grant R. Osborne, 『요한계시록』, 김귀탁 옮김, BECNT 시리

심판은 계시록 6~16장에 기록돼 있습니다. 인 심판은 나팔 심판과 대접 심판을 포함합니다. 인 심판 시리즈와 나팔 심판 시리즈는 '4개 심판—2개 심판—간주(막간)—1개 심판'으로 이어지는 패턴입니다. 그러나 대접 심판은 조금 다릅니다. 대접 심판은 '4개 심판—3개 심판'입니다.2

인 심판 시리즈에서 '4개 심판—2개 심판—간주(막간)—1개 심판' 패턴을 말씀드리겠습니다. 처음 네 개 심판은 같은 패턴으로 이루어졌습니다. 어린 양이 인을 뗍니다. 그러면 생물 중 하나가 우레 같은 소리로 말을 탄 네 명의 기수에게 각각 "오라"라고 명령합니다. 말을 탄 사람, 즉 기수는 명령에 순종하여 각기 다른 색깔 말을 타고 나아와 주어진

즈 (서울: 부흥과개혁사, 2019), 366에서도 Beale과 비슷한 견해를 말하면서, 인 심판을 마가복음 13:7~8에서 전쟁 소식, 나라와 나라 대결, 지진과 기근과 연결한다. 하지만 Robert L. Thomas, *Revelation 1~7: An Exegetical Commentary* (Chicago: Moody Press, 1992), 414에서는 대환란 초기에 인 심판 네 개가 순서대로 발생한다고 말한다. Buist M. Fanning, *Revelation*, Zondervan Exegetical Commentary on the New Testament, ed. Clinton E. Arnold et al., vol. 20 (Grand Rapids: Zondervan Academic, 2020), 245를 참조하라. 인 심판 넷째가 인 심판 처음 세 개에서 비롯한 결과라는 Beale의 견해는 타당하다. 왜냐하면 인 심판 넷째에서 그것을 언급하기 때문이다. 그러나 인 심판은 예수님의 재림 직전인 대환란 초기에 있다고 여겨야 타당하다. 인 심판은 메시아이신 어린 양이 인류에 마지막으로 내리는 심판이기 때문이다. 인 심판 넷째에서 땅과 인구 사분의 일이 심판받는 장면이 나오는데, 이는 인간 역사에서 발생하는 일반심판보다는 대환란 초기에 내리는 심판으로 여김이 더 타당하다. 그리고 인류 역사에서 발생하는 고난이나 전쟁은 어린 양의 심판이라기보다는 인간의 욕망으로 벌어진 사건들이다.

2 Osborne, 『요한계시록』, 357에서는 인 심판 시리즈, 나팔 심판 시리즈, 대접 심판 시리즈 모두가 '4개 심판—3개 심판' 패턴이라고 말한다. 그러나 David E. Aune, 『요한계시록 6~16』, 김철 옮김, WBC 성경주석, 52중 (서울: 솔로몬, 2004), 89; Beale, 『요한계시록(상)』, 676에 따르면, 인 심판 여섯째와 일곱째 사이에 환상이 두 개가 있어(7장), 인 심판 여섯째와 일곱째를 구분하는 삽입구와 같은 역할을 한다. 그러므로 인 심판과 나팔 심판은 '4개 심판—2개 심판—간주(막간)—1개 심판' 패턴이다. 하지만 대접 심판은 간주(전주)에 이어 '4개 심판—3개 심판'으로 구성한다.

임무, 즉 심판을 실행합니다. 하지만 다섯째와 여섯째 심판은 처음 네 개 심판과 다릅니다. 어린 양이 인을 뗌은 처음 네 개 심판과 같습니다. 그러나 다섯째와 여섯째 심판에서는 생물이 나타나지도 않고, 그들 중 하나가 소리치지도 않습니다. 그리고 말을 탄 사람도 나오지 않습니다. 인 심판 다섯 번째는 하늘 보좌에서 일어난 사건입니다. 죽임당한 성도가 하나님과 어린 양에게 피 흘려 죽은 원한을 풀어달라고 간청합니다. 그러나 인 심판 여섯째는 피 맺힌 성도의 간청에 하나님과 어린 양이 응답하여 심판하시는 내용입니다. 그러고서 7장에는 막간을 이용하여 환상(비전) 두 개가 나옵니다. 두 개 환상에 이어, 8장에서 어린 양이 일곱째 인을 떼면서, 인 심판 마지막, 곧 일곱째를 실행하십니다.

인 심판 일곱째는 처음 네 개 심판(첫째~넷째) 그리고 이어지는 두 개 심판(다섯째~여섯째) 심판과는 다릅니다. 왜냐하면 일곱째 인을 뗄 때, 반 시간 정도 고요하기 때문입니다. 그리고 인 심판 일곱째는 다른 인 심판처럼 심판 자체가 아니라, 나팔 심판과 대접 심판을 포함하고 소개하기 때문입니다. 인 심판 일곱째를 망원경으로 자세히 보면, 나팔 심판 일곱 개를 포함합니다. 그리고 나팔 심판 일곱 개를 망원경으로 자세히 보면, 대접 심판 일곱 개를 포함합니다. 그래서 인 심판 일곱째는 곧 나팔 심판 시리즈와 대접 심판 시리즈입니다. 그렇기에 인 심판 일곱째는 나팔 심판에 이어지는 대접 심판 마지막 번째와 함께 동시에 끝을 맺습니다. 이제, 인 심판 처음 네 개를 말씀드리겠습니다.

I. 흰 말은 침략과 정복을 일삼는 전쟁을 의미한다(6:1~2).

사도 요한은 어린 양이 일곱 봉인 가운데 첫째 인을 떼는 모습을 봤습니다. 봉인된 인을 떼는 어린 양은 계시록 5장에서 하나님의 보좌로부터 두루마리를 받은 그 어린 양이요. 인을 떼기에 합당한 자격을 가진 메시아이신 예수님입니다. 어린 양이 인을 뗄 수 있었던 이유는 모

든 백성을 위해서 십자가에서 죽임을 당하셨기 때문입니다. 그리고 부
활하셔서 권세와 부, 지혜와 힘, 존귀와 영광, 그리고 찬양을 받으시기
에 합당하기 때문입니다. 어린 양이 첫 번째 봉인을 떼자, 요한은 네
생물 중 하나가 우레 같은 소리로 "오너라"라고 명령하는 소리를 들었
습니다. 이 네 생물은 계시록 4장과 5장에 나오는 네 생물입니다. 이들
은 천사 중 높은 위치에 있는 천사 그룹으로 하나님과 어린 양의 보좌
가까이에서 보좌하는 수호천사입니다. 이들 중 하나가 어린 양이 인을
뗄 때, 첫 번째 말을 탄 사람에게 "오라"고 명령합니다. 그러자 흰 말
을 탄 사람이 면류관을 쓰고, 활을 가지고 나아가서 정복합니다.

"흰 말을 타고 면류관을 쓰고 활을 가진 이가 누구인가?"를 두고 논의
가 활발합니다.[3] 일부 학자는 흰 말을 탄 사람이 '예수 그리스도'라고 주
장합니다.[4] 그 첫째 이유는 요한계시록 19:11~12에 따르면, 예수님이 재
림하실 때 흰 말을 타고 오시기 때문입니다. "**나는 또 하늘이 열려 있는
것을 보았습니다. 거기에 흰 말이 있었는데, '신실하신 분', '참되신 분'이
라는 이름을 가지신 분이 그 위에 타고 계셨습니다. 그는 의로 심판하시
고, 싸우시는 분입니다. 그의 눈을 불꽃과 같고, 머리에는 많은 관을 썼는
데, 그분 밖에는 아무도 알지 못하는 이름이 그의 몸에 적혀 있었습니다"**

---

3 계시록 6:2에 기록한 '흰 말을 탄 자 정체'에 관한 견해는 크게는 세 가지이
다. 1) 예수 그리스도, 2) 적그리스도, 3) 인간의 군사적인 정복 등이다. 이 세
가지 견해에 찬반 내용은 Craig R. Koester, 『요한계시록 I—서론, 1~9장』, 최흥진
옮김, 앵커바이블 시리즈 (서울: 기독교문서선교회, 2019), 668~70; Aune, 『요한
계시록 6~16』, 96~97; Osborne, 『요한계시록』, 362~64; Robert H. Mounce,
『요한계시록』, 장규성 옮김, NICNT (서울: 부흥과개혁사, 2019), 192~93;
Beale, 『요한계시록(상)』, 626~31; The Net Bible, Rev 6:2, n. 7을 참조하라.

4 이 견해는 교부 시대부터 주장됐다. 박윤선, 『정암 박윤선의 요한계시록 강
해—참 교회의 승리와 구원의 완성』 (수원: 영음사, 2019), 262에서 이 견해를
지지한다. George E. Ladd, *A Commentary on the Revelation of John*
(Grand Rapids: Wm. B. Eerdmans Publishing Company, 1972), 99에서는 흰
말을 탄 자는 그리스도가 아니라 그리스도의 복음이라고 말한다.

(계 19:11~12). 둘째 이유는 흰색은 깨끗함 혹은 정결을 의미하는데, 예수 님에게 적합하기 때문입니다(계 3:4~5; 4:4; 6:11). 그리고 **"이기면서 나 아가고, 이기려고 나아갔습니다**(ἐξῆλθεν νικῶν καὶ ἵνα νικήσῃ)"라는 이 미지는 그리스도의 승리나 심판 전에 복음이 전파되어 영혼을 구원하는 복음의 기능을 잘 표현하기 때문입니다(마 24:14). 그래서 계시록 6:2에 서 흰 말(백말)을 탄 자는 예수 그리스도라고 주장합니다.

다른 학자들은 '적그리스도'를 지칭한다고 주장합니다.[5] 그 이유는 계 시록 6:2에서 면류관(στέφανος)은 승리자에게 주는 면류관을 의미하기 때문입니다. 그러나 계시록 19:12에서 어린 양이 쓴 면류관은 왕이 쓰 는 면류관(διαδήματα)이기에 다른 면류관입니다. 그리고 6:2에서 흰 말 을 탄 사람이 활을 가지고 있다면, 계시록 19:15에서 흰 말을 탄 메시 아는 "입에서 날카로운 칼"을 가지고 있습니다. 또 다른 차이는 계시록 6장은 정복을 말하는 문맥이지만, 계시록 19장은 어린 양의 의로운 심 판을 말하는 문맥입니다. 요한계시록 13:7에서 하나님이 짐승에게 성도 들과 싸워 이기도록 허용했습니다. 그래서 적그리스도로 여깁니다.

또 다른 학자들은 흰 말을 탄 사람은 예수 그리스도도 아니고 적그 리스도도 아니고, '인간이나 인간의 정복'을 의미한다고 봅니다.[6] 이 기 수들은 마귀 세력이 아니라, 인간 세력이라는 말입니다. 인간의 끝없는

---

5 John F. MacAthur, 『존 맥아더, 계시록을 해설하다—때가 가깝기에』, 김광 모 옮김 (이천: 성서침례대학원대학교출판부, 2017), 14; Thomas, *Revelation 1~7*, 422에서는 이 견해를 지지한다.

6 Osborne, 『요한계시록』, 364; Mounce, 『요한계시록』, 193; Fanning, *Revelation*, 241이 이 견해를 지지한다. Osborne과 Mounce는 계시록 6:2에서 는 기수가 활을 가지고 있고 이기려고 나아갔다는 표현을 고대 로마인도 두려 워할 군사력을 가진 파르티아인 모습과 유사하다고 말한다. 파르티아인은 돌격 하는 말을 탄 채로 정확히 화살을 쏘는 능력이 특출했는데, 이 이미지가 계시 록 배경을 제공했을 가능성이 있다고 말한다. 한편, Beale, 『요한계시록(상)』, 629에서는 흰 말을 탄 자가 그리스도나 악한 세력이 아니고, 하나님의 심판을 전달하는 전달자라고 말한다.

욕심과 욕망이 전쟁과 정복을 자행하게 했습니다. 구약에서 활은 군사력을 상징하는 데 쓰였습니다(호 1:5; 렘 51:56). **"이기면서 나아가고, 이기려고 나아갔습니다**(ἐξῆλθεν νικῶν καὶ ἵνα νικήσῃ)**"**라는 표현은 인간의 활동과 목적이 군사적 정복임을 잘 표현합니다.

분명히, 인 심판 첫째는 침략, 정복과 관련이 있습니다. 하나님의 승인을 받아 침략과 정복이 이뤄집니다. 한글 성경에는 **"그는 면류관을 쓰고 있다"**라고 번역하지만, 헬라어 본문에서 동사가 수동형이라 **"그에게 면류관이 주어졌다**(ἐδόθη αὐτῷ στέφανος)**"**입니다.7 수동형 의미는 백마를 탄 정복자가 군사력으로 정복한 결과, 곧 보상으로 승리자에게 주는 면류관을 받았다는 뜻입니다. 더 많은 땅을 정복했다는 의미입니다. 그렇다면 하나님께서 정복자에게 나라와 땅을 정복하는 일을 허락하셨음을 알 수 있습니다.

II. 붉은 말은 내전으로 유혈사태나 살육을 의미한다(6:3~4).

어린 양이 두 번째 봉인을 뗍니다. 그러자 둘째 생물이 "오라"라고 명령합니다. 그러자 불빛과 같은 붉은 말을 탄 사람은 땅에서 평화를 제거하는 권세를 받았습니다. 그 결과, 이 땅의 사람들로 서로 죽이게 합니다. 그리고 그는 큰 칼을 받아서 가지고 있었습니다. **"불빛과 같은 붉은 말**(πυρρός)**"**은 불처럼 시뻘건 붉은 색을 가진 말을 지칭합니다.8 붉은 말

---

7 수동형 "주어졌다(ἐδόθη αὐτῷ)"는 2절, 4절, 8절에 쓰인다. 그렇다면 인 심판 처음 네 개 모두는 하나님께서 허락하셨다는 뜻이다. Osborne, 『요한계시록』, 364; Aune, 『요한계시록 6~16』, 98; Beale, 『요한계시록(상)』, 631에서는 수동태를 하나님의 통제 또는 활동을 나타내는 신적 수동태라고 말한다. 하지만 Thomas, *Revelation 1~7*, 423에서는 하나님께서 악의 세력에게 악한 일을 하도록 허락한 신적 허용이라고 말한다.

8 Walter Bauer, eds. Kurt Aland, Barbara Aland, and Viktor Reichmann, 『바우어 헬라어 사전—신약성경과 초기 기독교 문헌의 헬라어-한국어 사전』, 이정의 옮김 (서울: 생명의말씀사, 2017), 1363.

은 이 땅에서 일어나는 끔찍한 유혈사태나 살육을 상징합니다.[9] 계시록 12:3에서 이 붉은 색은 머리 일곱 개와 뿔 열 개가 달린 커다란 용을 지칭하는 데 사용했습니다. 이 용이 하나님의 백성을 미워하고 살육합니다.

붉은 말을 탄 자가 할 임무는 세 가지입니다.[10] 하나는 땅에서 평화를 제거하는 일이요(λαβεῖν τὴν εἰρήνην ἐκ τῆς γῆς). 다른 하나는 서로 죽이게 하는 일입니다(ἵνα ἀλλήλους σφάξουσιν). 그리고 이런 일을 하도록 큰 칼을 받아서 가지고 있는 일입니다(ἐδόθη αὐτῷ μάχαιρα μεγάλη).[11] 이 세 가지는 각기 다른 것처럼 보이나, 같은 의미입니다. **"사람들이 서로 죽인다"**라는 말은 '학살하다, 살륙하다, 도살하다'라는 의미로, 사람을 무자비하게 죽이는 행위를 의미합니다.[12] 이 표현은 민족과 민족 사이에 전쟁, 즉 침략보다는 내전으로 유혈사태를 의미하는 듯합니다.[13] 내전으로 유혈사태가 평화를 사라지게 합니다. 인 심판 첫

---

9 Fanning, *Revelation*, 242,

10 Osborne, 『요한계시록』, 365.

11 Bauer, 『바우어 헬라어 사전』, 943에 따르면, "칼(μάχαιρα)"은 검을 지칭하지만, 때때로 비유적으로 폭력으로 죽음이나 전쟁을 의미하기도 한다. Osborne, 『요한계시록』, 365에 따르면, 이 칼은 로마인 칼을 지칭하기에 군사적인 힘을 뜻한다. Aune, 『요한계시록 6~16』, 99~100에서도 비슷한 견해를 제시하는데, 황제나 지방 총독에게 주어진 검으로 사법권을 지칭한다고 말한다. Fanning, *Revelation*, 242에 따르면, 하늘의 심판으로 땅에 퍼진 대량 학살을 상징한다. Beale, 『요한계시록(상)』, 634, 635에 따르면, 큰 칼이 구약 성경에서 세 군데에 나오는데(사 27:1; 렘 32:24 [25:38]; 겔 21:14), 모두 심판 문맥에 쓰였다. 그러므로 계시록 6:4에서 나오는 큰 검은 불신자들에게 내리는 심판으로서 보아야 한다고 말한다. Mounce, 『요한계시록』, 194에 따르면, 이것이 당시의 시대적 배경, 곧 주전 68~69년 한 해 동안 로마는 황제 네 명이 통치했는데, 그 결과 반역과 국가적 소요가 일어나고, 무정부와 유혈사태를 맞는 현상을 설명하면서 종말에서 이러한 현상이 일어난다고 말한다. 본문에서는 칼을 받아서 가지고 있다는, 서로 죽이고 평화를 없애는 권세를 위임받았다는 뜻으로 볼 수 있다.

12 Bauer, 『바우어 헬라어 사전』, 1478.

째가 외부로부터 침략과 정복이라면, 인 심판 둘째는 내전으로 유혈사태나 살육입니다.

"땅에서 평화를 제거한다"와 "큰 칼을 받아서 가지고 있다"는 **"팍스 로마나**(*Pax Romana*)"와 관련이 있을 수 있습니다.[14] "팍스 로마나"는 '로마의 평화'를 의미합니다. 로마 제국이 전쟁으로 영토 확장을 최소화하면서 평화를 누렸던 주전 27년부터 주후 180년까지 200년 기간을 의미합니다. 이 시기에 로마는 태평성대를 누렸지만, 국경 지역에서는 속주들이 일으키는 반란으로 교전과 대규모 전쟁이 벌어졌습니다. '팍스 로마나'는 지배 계급에는 적용됐을지 몰라도, 식민지 민중에게는 폭력과 착취로 고통받는 가짜 평화였습니다. 그래서 역사가들은 "팍스 로마나"를 로마 제국이 폭력으로 만든 '가짜 평화'라고 하기도 했습니다. 로마인은 자기들에게만 평화가 있다고 말하지만, 실제 그들 평화는 힘과 칼로 만들려 했습니다. 오늘날 평화도 힘과 칼로 얻은 평화입니다. 사람들이 바라는 평화는 전쟁이 없는 상태입니다. 그러나 그 내면에는 힘과 칼이 도사리고 있습니다. 주님은 인간의 욕심과 욕망을 아십니다. 그래서 마지막에 칼을 사용하도록 허락하십니다. 그 결과, 전쟁과 내전의 소용돌이에 갇혀, 평화는 사라집니다.

III. 검은 말은 기근과 흉년으로 식량 부족을 의미한다(6:5~6).

어린 양이 셋째 봉인을 뗍니다. 네 생물 중 셋째 생물이 "오라"라고 명령합니다. 그러자 검은 말을 탄 사람이 한 손에 저울을 들고 옵니다.

---

13 Mounce, 『요한계시록』, 194; Osborne, 『요한계시록』, 366; Fanning, *Revelation*, 242. 하지만 Beale, 『요한계시록(상)』, 634에서는 내전으로 여기지 않고, 그리스도인에 대한 박해로 여긴다.

14 https://ko.wikipedia.org/wiki/%ED%8C%8D%EC%8A%A4_%EB%A1%9C%EB%A7%88%EB%82%98, 2021년 8월 13일 접속.

그때 네 생물 중 하나가 "**밀 한 되도 하루 품삯이요. 보리 석 되도 하루 품삯이다. 올리브 기름과 포도주에는 해를 끼치지 말아라**"라고 말합니다. 검은 말은 기근 혹은 흉년으로 식량 부족을 의미합니다.[15] 저울은 물건을 사고팔 때, 양이나 가격을 측정하는 도구입니다. 여기서 "검은 말을 탄 사람이 저울을 들고 있다"라는 표현은 전쟁이나 기근, 혹은 흉년으로 인하여 생활에 필요한 기본적인 용품이 부족하여 물가가 지나치게 높아진 것을 가리킵니다. "하루 품삯"은 한 데나리온($\delta\eta\nu\acute{\alpha}\rho\iota\text{o}\nu$)을 의미합니다. 한 데나리온은 노동자의 하루 평균 품삯입니다.

"밀 한 되($\chi\text{o}\hat{\iota}\nu\iota\xi$)"는 한 사람이 하루에 먹는 양입니다.[16] "보리 석 되($\tau\rho\hat{\epsilon}\iota\varsigma\ \chi\text{o}\acute{\iota}\nu\iota\kappa\epsilon\varsigma$)"는 말 한 마리를 먹이는 데 필요한 사료량이라고 합니다.[17] 당시 밀이 주식이었고, 빵을 만드는 데 썼습니다. 반면에 보리는 가격이 싸지만, 영양이 풍부하지 않아 하류층이 먹는 식량으로 여겼습니다. 또는 가난한 작은 가정이 먹는 하루치 식량이었다고 합니다. 보리는 빵을 만드는 데 사용되지 않았지만, 매우 가난한 사람들과 노예 중에는 보리로 빵을 만들거나 죽으로 요리해서 먹었습니다(Pliny the Elder, Nat, 18.67, 72; 삿 7:13; 왕하 4:42; 요 6:9, 13).[18] 요한복음 6:9에 어린아이가

---

15 Osborne, 『요한계시록』, 367에 따르면, 인 심판 셋째와 넷째는 첫째와 둘째의 결과로 나타나는 현상이다. 검은 말은 전쟁이 가져온 흉년과 고통으로 슬픔과 근심을 상징한다. 하지만 Beale, 『요한계시록(상)』, 620에서는 인 심판 넷째를 처음 세 개의 결과라고 한다.

16 Bauer, 『바우어 헬라어 사전』, 1638.

17 Aune, 『요한계시록 6~16』, 102. Osborne, 『요한계시록』, 368에 따르면, 규모가 작은 한 가족이 겨우 하루 먹고 살 정도의 양이다. Beale, 『요한계시록(상)』, 636에 따르면, 보리 석 되는 일반 가정이 먹는 하루치 식량이다. 이 두 견해는 같은 의미이다. 한 데나리온은 가정이 며칠 정도 먹는 데 드는 금액이다. 그런데 기근과 흉년으로 식량이 부족해서 물가가 올라, 가정은 고사하고 개인이 겨우 먹을 식량밖에 살 수 없다는 뜻이다. Aune, 『요한계시록 6~16』, 102에서는 보리 한 되 혹은 2분의 1은 노예 하루치 식량이라고 한다. Beale, 『요한계시록(상)』, 636; Koester, 『요한계시록 I』, 674에 따르면, 당시 물가가 8배에서 16배로 급등했다.

예수님에게 보리 빵 다섯 개와 물고기 두 마리를 가지고 나왔습니다. 그렇다면 그 어린아이는 극히 가난한 가정의 자녀였습니다.

"하루 품삯으로 밀 한 되, 보리 석 되라고 한 이유는 무엇일까요?"

침략과 내전 그리고 흉년과 기근으로 식량이 부족하여, 물가가 급등했음을 나타냅니다. 한 사람이 일을 해도, 가족은 고사하고, 자기 혼자나 겨우 먹고 살 정도였습니다. 그만큼 식량이 부족했고, 물가가 급등했습니다. 결과로 사람들은 먹는 양식이 부족하여 고통을 당했습니다. 성경은 때때로 기근이나 끔찍한 흉년이 들었을 때, 빵을 저울에 달아 배급하곤 했다고 말합니다. 레위기 26:26과 에스겔 4:16은 흉년으로 먹을 것이 없자, 저울로 빵을 달아 배급한 사실을 기록합니다. 전쟁 기간에 침략군이 땅을 정복하면, 점령 지역의 식량을 강제로 빼앗습니다. 빼앗기고 남은 식량은 내전으로 불타버립니다. 현대 전쟁은 핵전쟁이고 불 전쟁입니다. 전쟁이 일어나면, 그 지역은 완전히 파괴됩니다. 폭탄이나 핵, 화학전으로 땅은 황폐해집니다. 우주 대기도 변합니다. 농사를 지으려고 해도 지을 수 없습니다. 그러면 흉년이 들고, 식량이 부족하고, 물가가 상승해, 결국 기근이 들이닥칩니다. 그래서 고통을 겪을 수밖에 없습니다.

"그러면 올리브기름, 즉 감람유와 포도주는 해치지 말라고 했는데, 이것은 무슨 뜻일까요?"

이를 여러 가지로 해석합니다.[19] 분명히, 식량과 마찬가지로 포도주나

---

18 Aune, 『요한계시록 6~16』, 102; Koester, 『요한계시록 I』, 673.

19 다양한 해석은 Osborne, 『요한계시록』, 368~69를 참조하라. 특히 369에 따르면, 이 표현은 상황이 심각함을 나타내는 의미로, 사람들이 겪는 고통을 완화하려고 극단적인 조치가 필요함을 강조한다. Thomas, *Revelation 1~7*, 433에서는 기근 때 사회에 만연한 불평등을 강조한다고 말한다. 가난한 사람은 극심한 고통을 겪지만, 부유한 사람은 여전히 사치하는 삶을 산다는 말이다. Beale, 『요한계시록(상)』, 636~37에서는 기근이 제한적이라고 이해한다. 이때 음식으로 제일 큰 영향을 받는 사람은 그리스도인이라고 말한다. Mounce, 『요한계시록』, 195에서는 파괴적 행위를 제한한다고 말한다. 이 해석이 심판의 강

감람유도 부족할 수밖에 없습니다. 감람나무는 보통 5년이 지나야 열매를 거두며, 15에서 20년이 지나야 다 자란다고 합니다. 포도나무도 여러 해가 걸려야 열매를 거둘 수 있습니다. 만약 감람나무와 포도나무를 자른다면, 앞으로 몇 년 이상은 감람유와 포도주를 거둘 수 없습니다. 기근과 흉년으로 백성이 너무나 가혹한 삶을 살기에, 기근에 즉각적인 영향을 받지 않는 감람나무나 포도나무를 해치지 말라고 했을 가능성이 있습니다.[20]

IV. 청황색 말은 인 심판 처음 세 개 결과로 나타나는 죽음을 의미한다(6:7~8).

어린 양이 넷째 인을 뗍니다. 네 생물 중 넷째가 "오라"라고 명령합니다. 그러자 청황색 말을 탄 사람이 나옵니다. 그 이름은 "사망"입니다. 지옥이 그를 뒤따라옵니다. 그는 땅 사분의 일을 다스리는 권세를 받았습니다. 그리고 인구 사분의 일을 죽이는 권세를 받습니다. "청황색(χλωρός)"은 창백하고 빛이 흐린 색으로, 살아 있는 색의 대조로 병이 든 사람의 얼굴 색깔을 지칭할 때 사용합니다.[21] 이 색깔은 또한 죽음의 위협으로 창백해지거나 공포로 사색인 사람 모습을 표현할 때 사용합니다. 그렇다면, 청황색은 질병이나 죽음을 상징하는 표현입니다. 죽음은 이 사람의 이름에서도 나타납니다. 그 이름은 "죽음"입니다. 죽음

도를 더함과 조화를 이룬다. 인 심판 넷째가 땅 사분의 일에 영향을 미치고 (6:8), 나팔 심판은 삼분의 일을 파괴하며(8:8, 10, 12), 대접 심판은 완전히 파괴한다(16:1). 그래서 처음에는 심판에 제한이 있지만, 심판의 강도는 점점 강해진다고 말한다. Fanning, *Revelation*, 243에서는 감람유와 포도주를 현명하게 사용해야 한다는 의미로 설명한다. 인류의 모든 백성은 똑같이 식량, 감람유, 포도주가 부족함을 경험하기 때문이다.

20 Aune, 『요한계시록 6~16』, 103.

21 Bauer, 『바우어 헬라어 사전』, 1637.

이기에, 지옥, 즉 음부가 그를 따라다닙니다. "지옥, 음부"는 하데스(ὁ ἅδης)로 죽은 사람이 가는 곳을 지칭하거나, 의인화하여 저승사자를 지칭할 때 사용하기도 합니다.[22] 그렇다면 청황색을 탄 사람은 죽음의 권세를 가진 사람임을 알 수 있습니다. 그가 가는 곳에는 언제나 죽음이 있습니다. 죽음을 몰고 다니는 존재이지요.

그가 죽음과 사망이라는 재앙을 불러올 때 사용하는 도구는 네 가지입니다. '칼, 기근, 죽음, 그리고 들짐승'입니다. "칼"은 전쟁을 의미하고, "기근"은 비가 오지 않아 땅이 황폐한 상태를 말합니다. "들짐승"에 의한 죽음은 전쟁과 기근으로 황폐한 땅에서는 충분히 일어날 수 있는 현상입니다. 전쟁과 기근으로 먹을 것이 없을 때, 야생 동물이 사람을 습격할 수 있습니다. 특히 기진맥진한 사람은 야생 짐승의 먹잇감이 되는 비참한 상태에 놓입니다. 그런데 "죽음"은 문제입니다. 사망, 즉 죽음이라는 재앙을 불러오는 도구가 죽음이라는 말은 이해가 어렵습니다. 그렇다면 죽음은 무엇을 의미하는 것일까요? 여기서 죽음(θάνατος)은 질병, 악성 전염병, 혹은 역병을 지칭합니다.[23] 에스겔 14:21에서는 칼, 기근, 사나운 짐승, 전염병으로 예루살렘에 살고 있는 사람과 가축을 심판한다고 했습니다. 에스겔서에서는 '죽음'이라는 용어 대신에 '질병,' '전염병'으로 표현합니다. 전쟁과 기근으로 먹지 못하고 열악한 환경에서 방치되면, 자연히 여러 가지 질병과 전염병이 창궐합니다. 그 결과 수많은 사람이 죽습니다.

그렇다면 인 심판 넷째에서 "죽음"은 처음 세 개 심판, 곧 침략과 정복, 내전으로 유혈사태, 기근 등과 밀접히 관련이 있음을 알 수 있습니

---

22 Bauer, 『바우어 헬라어 사전』, 29; Aune, 『요한계시록 6~16』, 108; Osborne, 『요한계시록』, 370.

23 Bauer, 『바우어 헬라어 사전』, 669; Koester, 『요한계시록 I』, 676; Aune, 『요한계시록 6~16』, 109; Thomas, *Revelation 1~7*, 437; Fanning, *Revelation*, 244. Beale, 『요한계시록(상)』, 638에서는 칠십인 역본에서 30번 넘게 죽음(θάνατος)를 질병 혹은 전염병으로 해석했지만, 여기서는 더 일반적인 의미로 해석해야 한다고 주장한다. 그가 말하는 일반적인 의미는 사탄적 어감을 말한다.

다. 이것으로, 땅 사분의 일을 통제하는 권세를 가지고, 사람 사분의 일을 멸하는 권세를 가집니다. 전 세계 땅 사분의 일이 전쟁이나 내전, 기근, 전염병 등으로 고통을 겪습니다. 그 결과, 인구 사분의 일이 죽습니다. 현재 인구를 약 60억으로 추정하면, 약 15억 명이나 죽습니다. 인구 사분의 일이 전쟁, 기근, 질병 등으로 죽는다면, 그보다 더 많은 사람이 전쟁이나 내전, 기근, 전염병 등으로 고통을 겪습니다. 인 심판의 처음 네 개는 전쟁, 기근, 전염병 등과 관련한 심판으로, 우리가 상상할 수 없는 결과를 가져옵니다. 코로나19로 전 세계를 마비가 됐습니다. 해외여행은 거의 불가능하고, 친지와 만남도 어려운 상태입니다. 그런데 인 심판이 부어질 때는 지금 우리가 겪는 고통과는 비교할 수 없는 큰 고통을 겪습니다.

결론

마태복음 24:1~14은 일반 환난과 관련이 있는 사건들입니다. 이때 전쟁과 전쟁 소리, 민족이 민족과 싸우는 소리, 기근과 지진 소리로 세상은 어려워진다고 예언했습니다. 그러나 예수님은 이를 진통이 시작함이지, 마지막은 아니라고 말씀하셨습니다. 이 기간에 하나님의 복음은 온 세상에 전파됩니다. 복음 전파가 거의 완성이 될 때, 끝이 옵니다(롬 11:25~26). 마태복음 24:15~28은 마지막 시대, 즉 예수님이 재림하기 직전에 대환난을 이야기합니다. 이 대환난 기간에 구원을 얻을 사람이 없다, 즉 환난으로 목숨을 구할 사람이 별로 없다고 예언했습니다. 그래서 선택받는 사람을 위해서 하나님은 그날들을 줄여 주시겠다고 했습니다.[24] 이 대환난 시기는 요한계시록에서 말하는 인 심판 시기입니다. 이 시기는 우리가 겪었던 환난들과는 비교도 할 수 없는 놀라운 일들이

---

24 "날을 줄여 준다"가 만약 7년을 한정한다면, 예수님이 7년 대환란 후에 재림한다. 그렇다면 주님의 재림을 준비하라는 대환란을 준비하라는 말일 수 있다.

일어납니다. 수많은 사람은 죽음을 맞이합니다. 그래서 예수님은 준비하라고 말씀하셨습니다. 그날이 언제인지 모르니, 항상 준비해야 합니다. 준비는 복음 사역으로 가능합니다. 그러므로 성도가 할 임무는 대환난이 오기 전에 복음을 전하는 일입니다. 그래서 요한계시록 3:10에서 빌라델비아 교회 성도에게 약속한, 온 세상에 닥칠 시험의 때를 면해야 합니다. 왜냐하면 대환난 기간에 거의 모든 사람을 환난에서 건져내기 어렵기 때문입니다.

계시록 6:9~17, '인 심판 다섯째와 여섯째'

성도가 기도하면 반드시 응답받는다

중심 내용: 성도가 간청하면, 주님께서는 정하신 때에 반드시 응답하신다.

I. 인 (심판) 다섯째, 성도가 하나님께 공의를 간청한다(6:9~11).

II. 인 (심판) 여섯째, 하나님께서 성도의 간청에 응답하신다(6:12~17).

서론

 인 심판 시리즈 구성은 '4개 심판—2개 심판—간주(막간)—1개 심판' 입니다. 인 심판 처음 네 개를 요약해 말씀드립니다. 인 심판 첫째는 외부로부터 침략과 정복을 말합니다. 인 심판 둘째는 내전으로 유혈사 태나 살육을 말합니다. 인 심판 셋째는 기근이나 흉년으로 식량 부족을 말합니다. 인 심판 넷째는 땅과 사람 사분의 일이 망한다고 말합니다.

 이어지는 두 개 심판은 인 (심판) 다섯째와 여섯째입니다. 인 심판 다섯째는 순교한 성도가 하나님께 공의를 간청하는 내용이고, 여섯째는 하나님과 어린 양이 그 간청에 응답하시는 내용입니다. 이 둘은 성도가 간청하면 하나님께서 반드시 응답하심을 말합니다. 물론 응답시간이 많이 걸릴 수는 있습니다. 그러나 주님께서는 당신께서 정하신 시간에 반드시 응답하십니다. 오늘은 인 심판 다섯째와 여섯째를 말하는 본문으로, 「성도가 기도하면 반드시 응답받는다」라는 제목으로 말씀드리겠습니다.

I. 인 (심판) 다섯째, 성도가 하나님께 공의를 간청한다(6:9~11).

어린 양이 다섯째 봉인을 뗍니다. 그때, 사도 요한은 제단 아래에서 죽임을 당한 사람들의 영혼을 봤습니다. 죽임을 당한 영혼은 순교한 사람을 말합니다. 그들이 제단 아래에 있었습니다. 요한계시록에 "제단(θυσιαστήριον)"이 일곱 번 정도 쓰입니다(6:9; 8:3, 5; 9:13; 11:1; 14:18; 16:7). 그런데 한 번을 제외하고, 모두 하나님의 보좌와 관련이 있습니다.[1] 이사야 6장에서 제단이 있는 성전도 하나님의 보좌와 연결해서 설명합니다(사 6:1, 6). 그렇다면 본문에서 **"제단 아래에 있다"**는 말은 순교 당한 이들이 지금 '하나님과 어린 양의 보좌 앞에 있다'를 상징적으로 말하고 있습니다.[2] 인 심판 처음 네 개가 지상에서 벌어지

---

[1] 계시록 11:1에서 '제단'은 하늘의 보좌보다는 하나님의 성전을 의미한다. 이것이 마지막 때 재건된 성전인지, 마지막 때의 교회인지를 두고 논의한다. Osborne, 『요한계시록』, 362~64; Robert H. Mounce, 『요한계시록』, 장규성 옮김, NICNT (서울: 부흥과개혁사, 2019), 278에서는 문자적인 건물보다는 교회, 즉 하나님의 백성을 의미한다고 말한다. Buist M. Fanning, *Revelation*, Zondervan Exegetical Commentary on the New Testament, ed. Clinton E. Arnold et al., vol. 20 (Grand Rapids: Zondervan Academic, 2020), 328에서는 예수님의 지상 재림 직전에 미래 심판 시기에 있는 예루살렘 성전을 의미한다고 말한다.

[2] 성경은 자주 하나님의 성전을 하늘의 보좌와 연결한다(계 11:19; 14:15; 시 18:6; 미 1:2; 합 2:20). "제단(θυσιαστήριον)"이 성소 안에 있는 분향단을 암시하는지, 아니면 성소 밖에 있는 큰 번제단을 의미하는지는 논란이 있다. 논쟁하는 이유는 제단이 분향단(대상 6:49)과 번제단(왕하 16:20~25) 모두에 쓰였기 때문이다. George E. Ladd, *A Commentary on the Revelation of John* (Grand Rapids: Wm. B. Eerdmans Publishing Company, 1972), 103; Grant

는 사건이라면, 다섯째는 천상, 곧 하늘에서 벌어지는 사건입니다.

"그렇다면 하늘에 있는 하나님의 보좌 앞에 있는 죽임당한, 즉 순교한 영혼은 누구를 지칭할까요?"

9절에 이들이 **"하나님의 말씀 때문에, 또 그들이 말한 증언 때문에"** 죽임을 당했다고 표현합니다. 하나님의 말씀 그리고 그들이 말한 증언은 예수 그리스도를 말과 행동으로 전했음을 의미합니다. 그렇다면 예수 그리스도를 전파하다가 순교 당한 사람임을 알 수 있지요. 이들은 아마 대환란 시기인 인 심판 기간에 예수 그리스도를 전하다가 순교 당한 성도일 가능성이 큽니다.[3] 왜냐하면 계시록 7:9, 13에도 흰 두루마

R. Osborne, 『요한계시록』, 김귀탁 옮김, BECNT 시리즈 (서울: 부흥과개혁사, 2019), 373에서는 '번제단'이라고 말하는데, 그리스도인의 순교를 그리스도를 위해서 희생당하는 모습, 즉 하나님께 드려진 희생제물로 간주하기 때문이다. 하지만 G. K. Beale, 『요한계시록(상)』, 오광만 옮김, NIGTC (서울: 새물결플러스, 2020), 653에서는 성소 안에 있는 '분향단'으로 여기는데, 하나님께서 박해로 목숨을 잃은 이들을 보호하심을 강조하기에 분향단으로 여겨야 한다고 말한다. Robert L. Thomas, *Revelation 1~7: An Exegetical Commentary* (Chicago: Moody Press, 1992), 442에서도 죽임당한 성도가 드리는 기도가 향기로 하나님께 올라가는 개념과 강하게 연결되기에 '분향단'으로 여긴다. 그런데 Mounce, 『요한계시록』, 198; Craig R. Koester, 『요한계시록 I—서론, 1~9장』, 최흥진 옮김, 앵커바이블 시리즈 (서울: 기독교문서선교회, 2019), 677에서는 두 가지 개념을 모두 포함한다고 말한다. Fanning, *Revelation*, 246, n. 39에서는 계시록 8:3에 금제단이 성도의 기도인 향의 연기로 하나님께 올라간다고 말한다. 8:3과 6:9은 서로 연결되기에, 성소 안에 있는 분향단으로 여겨야지, 둘 다로 여기는 개념은 적합하지 않다고 말한다.

3 Fanning, *Revelation*, 247에서는 계시록 7:9~13에 나오는, 흰 두루마기를 입은 사람은 대환난 기간에 복음을 전하다 죽은 성도들을 지칭한다고 말한다. Thomas, *Revelation 1~7*, 443~44에서도 환난 기간에 일어난 사건으로 말한다. Mounce, 『요한계시록』, 199; Osborne, 『요한계시록』, 374에 따르면, 죽임을 당했다는 문자적 죽음이 아니라, 고난과 박해의 의미로 해석한다. 그들은 예수님을 증거하다가 박해와 고난을 겪고 죽임을 당한 그리스도인이라고 말한다. Beale, 『요한계시록(상)』, 651에서도 구약 성도일 가능성도 배제하지 않지만, 특

리를 입은 사람이 나옵니다. 이 사람들을 가리켜, 14절은 "**큰 환난을 겪어 낸 사람들**"이라고 표현하기 때문입니다. 큰 환난은 7년 대환난을 지칭합니다. 그렇다면, 이들은 대환난 기간에 예수 그리스도 때문에 순교를 당한 사람임을 알 수 있습니다.

여기서 성도가 죽으면 하나님께로 곧장 간다는 사실을 알 수 있습니다. 구약에서는 사람이 죽으면, 모두 음부, 곧 땅속으로 간다고 생각했습니다. 다윗은 밧세바와 관계에서 낳은 아들이 죽자 이렇게 말했습니다. "**그러나 이제는 그 아이가 죽었는데, 무엇 때문에 내가 계속 금식하겠소? 내가 그를 다시 돌아오게 할 수가 있겠소? 나는 그에게로 갈 수 있지만, 그는 나에게로 올 수가 없소**"(삼하 12:22~23). 다윗은 밧세바와 관계에서 낳은 아들이 하나님의 징계로 병이 들자, 아들을 위해서 금식하며 기도합니다. 그 아들이 죽었을 때, 신하들이 왕에게 알리기를 주저합니다. 다윗 왕은 자기 아들이 죽었다는 소식에, 오히려 음식을 차리라고 해서 먹습니다. 이때 신하들이 아들이 살아 있을 때는 식음을 전폐하시더니, 아들이 죽자마자 음식을 드시는 이유가 무엇이냐고 질문합니다. 다윗은 "아들이 죽어 다시 돌아올 수는 없지만, 나는 그에게 갈 수 있기 때문이다"라고 대답합니다. 이 뜻은 사람이 죽으면 모두 한곳, 곧 땅속, 다시 말해 음부로 간다는 뜻입니다.[4]

히 신약 성도, 즉 그리스도를 증언하는 믿음 때문에 고난을 겪은 모든 성도를 가리킨다고 말한다. Ladd, *A Commentary on the Revelation of John*, 104에서도 모든 시대의 성도라고 한다. Fanning, Thomas, Mounce, Osborne, Beale 등은 예수 그리스도를 전하다가 죽은 성도라는 점에서는 같은 견해이다. 다만, 어느 시대 사람인가에는 일치하지 않는다. Fanning은 교회가 아니라(환난 전 휴거설을 주장하기에), 환난에서 나온 성도라고 보지만, Mounce, Osborne, Beale은 교회라고 본다(교회가 환난을 통과한다고 주장하기에).

4 Gnana Robinson, *1 & 2 Samuel: Let Us be Like the Nations*, International Theological Commentary, ed. Fredrick Carlson Holmgren and George A. F. Knight (Grand Rapids: Wm. B. Eerdmans Publishing Company, 1993), 215; Robert D. Bergen, *1, 2 Samuel: An Exegetical and Theological Exposition of*

그런데 누가복음 16장에 부자와 거지 나사로 비유에서는 조금 발전한 개념을 말합니다(눅 16:19~31). 사람이 죽으면, 한 곳으로 가는 게 아니고, 두 곳입니다. 한 곳은 아브라함의 품, 즉 천국이고, 또 한 곳은 고통의 장소인 지옥입니다.5 그런데 지옥과 천국은 한 공간에 있습니다.6 중간에 막힌 담이 있어 서로 건너가지 못할 뿐, 서로가 볼 수 있습니다. 구약보다 조금 발전된 모습이지요. 그런데 오늘 본문에 보면, 믿는 사람은 하늘나라에 있는 하나님의 보좌로 갑니다. 하지만 믿지 않고 죽은 자는 하나님의 보좌로 갈 수 없습니다. 믿는 자와 믿지 않는 자가 한 공간에 있지도 않습니다. 성도가 죽으면 곧장 하나님께로 갑니다(고후 5:8; 빌 1:23). 그리고 그곳에서 몸의 부활을 기다리고 있습니다(고전 15:20~23; 빌 3:20~21; 계 20:4). 성도는 죽으면 하나님의 보좌, 곧 하나님 앞으로 간다는 믿음이 있기에, 죽음을 두려워하지 않습니다. 믿는 이에게 죽음은 새로운 시작일 뿐입니다. 어머니 배에서 나옴은 인생 100년 삶의 첫 시작입니다. 마찬가지로 우리가 죽음은 하나님 앞에서 영원한 삶을 사는 첫 시작일 뿐입니다. 그래서 믿는 사람은 죽음을 끝이 아니라, 새로운 시작으로 여깁니다. 새로운 여정, 곧 하나님 앞에서 여정을 시작하려고 이 땅에서 여정을 마치고 잠을 자는 것을 죽음으로 생각합니다.

순교를 당하여 하나님 앞에 선 이들은 하나님께 부르짖습니다. 10절입니다. "그들은 큰 소리로 부르짖었습니다. '거룩하시고 참되신 지배자

Holy Scripture, New American Commentary, ed. E. Ray Clendenen, vol. 7 (Nashville, TN: Broadman and Holman Publishers, 1996), 376; Darrell L. Bock, *Luke 9:51~24:53*, Baker Exegetical Commentary on the New Testament, ed. Moisés Silva, vol. 3B (Grand Rapids: Baker Book House, 1996), 1367.

5 Bock, *Luke 9:51~24:53*, 1368.

6 Joel B. Green, *The Gospel of Luke*, New International Commentary on the New Testament, ed. Gordon D. Fee (Grand Rapids: Wm. B. Eerdmans Publishing Company, 1997), 607에서는 '한 공간'을 하데스(Hades)로 지칭하고서, 하데스가 두 부분으로 나뉘어 있다고 말한다.

님, 우리가 얼마나 더 오래 기다려야 지배자님께서 땅 위에 사는 자들을
심판하시어 우리가 흘린 피의 원한을 풀어 주시겠습니까?'" "하나님께
언제 원한을 풀어 주겠습니까?"라고 간청하고 있지요. 이 간청은 하나님
께서 이 세상을 심판하실지를 묻는 말이 아닙니다. 언제 심판하실지, 얼
마나 빨리 심판을 하실지를 묻는 말입니다.[7] "우리가 흘린 피의 원한을
풀어 달라"는 간청으로 보면 개인적 복수처럼 보이나, 이들이 심판을 간
청함은 개인적인 복수를 바라는 간청이 아닙니다. 대환난 동안 핍박을
받았고 순교를 당했기에, 그것에 복수하는 의미로 원한을 풀어달라는 요
구가 아닙니다. 그 이유는 "땅 위에 사는 자들(τῶν κατοικούντων ἐπὶ
τῆς γῆς)"이라는 용어에서 확인할 수 있습니다. 요한계시록에서는 "땅
위에 사는 자들"은 일반적으로 믿지 않는 사람을 지칭합니다(계 3:10;
17:2, 8). 믿지 않는 사람 모두가 예수님을 전하는 사람을 핍박하지는 않
기 때문입니다. 이들 간청은 개인적인 보복을 바라는 간청이 아니라, 하
나님의 공의, 곧 하나님의 이름을 위한 간청입니다.[8] 하나님은 공의로운
분이십니다. 지금까지는 하나님은 악을 행하는 자들을 심판하시기보다는
사랑으로 용서하시려고 기다리셨습니다. 순교한 성도들은 "언제 하나님
의 공의를 볼 수 있습니까?"라고 하나님께 간청하고 있습니다.

하나님의 공의를 바라는 간청은 구약에서 자주 등장합니다. 이사야
선지자는 **"주님! 언제까지 그렇게 하실 것입니까?"**라고 여쭀습니다(사
6:11). 시편 기자도 "주님, 언제까지입니까? 영원히 노여워하시렵니까?
언제까지 주님의 진노하심이 불길처럼 타오를 것입니까?"(시편 79:5)라
고 간청했습니다. 스가랴서에서 천사는 "만군의 주님, 언제까지 예루살
렘과 유다의 성읍들을 불쌍히 여기지 않으시렵니까?"라고 간청했습니다
(슥 1:12). 예수님은 이 부르짖는 간청에 곧 응답하겠다고 약속했습니다.
누가복음 18:7입니다. **"하나님께서 자기에게 밤낮으로 부르짖는, 택하신**

---

7 Osborne, 『요한계시록』, 376.

8 Fanning, *Revelation*, 254; Osborne, 『요한계시록』, 375.

백성의 권리를 찾아주시지 않으시고, 모르는 체하고 오래 그들을 내버려
두시겠느냐?" 하나님은 밤낮 부르짖는 성도의 권리를 모르는 체를 하지
않겠다고 하셨습니다. 이 약속에 근거하여 순교한 성도들이 하나님께
언제 공의를 베푸실지를 간청하고 있습니다.

하나님은 성도들의 부르짖음에 대답하십니다. "그리고 그들은 흰 두
루마기를 한 벌씩 받아서 가지고 있었습니다. 그들은 그들과 같은 동료
종들과 그들의 형제자매들 가운데서 그들과 같이 죽임을 당하기로 되어
있는 사람의 수가 차기까지, 아직도 더 쉬어야 한다는 말씀을 들었습니
다"(계 6:11). 하나님은 성도의 간청에 두 가지로 응답하십니다. 하나는
보상이고요. 다른 하나는 조금만 더 기다리라는 권면입니다. "흰 두루마
리를 주었다"라는 말은 하나님의 보상을 의미합니다. "흰 두루마기"는
긴 고급 옷을 가리키는데, 천사들이나 제사장들, 율법 학자들이 입는
거룩한 옷을 지칭합니다(막 16:5; 눅 20:46).[9] 1세기에는 사회적 신분이
높음을 암시했으며, 종종 천국에서 상급이나 영광을 받는 징표로 쓰이
기도 했습니다.[10] 그렇다면, 하나님은 주님 때문에 고난과 순교를 당한
그들에게 하늘의 상으로 보상하심을 알 수 있습니다. "언제 하나님의

---

[9] Walter Bauer, eds. Kurt Aland, Barbara Aland, and Viktor Reichmann,
『바우어 헬라어 사전—신약성경과 초기 기독교 문헌의 헬라어-한국어 사전』,
이정의 옮김 (서울: 생명의말씀사, 2017), 1429.

[10] Osborne, 『요한계시록』, 377. Fanning, *Revelation*, 247에서는 흰 두루마
기는 순결, 죄가 없는 상태를 의미한다고 말한다. Beale, 『요한계시록(상)』, 657
에서도 비슷한 견해인데, 두루마기는 보상으로 주어지는 게 아니고, 성도들이
순전하다, 의롭다는 하늘의 공포를 의미한다고 말한다. Thomas, *Revelation*
1~7, 446에서는 순결과 보상이라는 두 측면 모두를 말한다. 두루마기는 신실한
이에게 주어지는 영광이며, 흰 색깔은 복 받은 상태, 즉 거룩함을 의미한다고
말한다. 계시록 3:5처럼 약속한 영광을 보상으로 받는다는 의미로 여겨야 한다
고 말한다. Ladd, *A Commentary on the Revelation of John*, 106에서는 흰
두루마기는 복이나 쉼을 의미한다고 말한다. 그들이 비록 하나님 앞에서 쉼을
얻고 있지만, 온전한 쉼은 그리스도의 재림 때 이루어지기에 하나님이 그들에
게 쉼을 주고 계신다고 해석한다.

공의를 보여주시겠습니까?"라며 간청하는 성도에게 하나님은 그들 사랑과 충성을 기억한다고 말씀하십니다. 하나님은 예수님과 복음 때문에 고난을 겪는 모습을 아십니다. 그래서 그들에게 보상하십니다. 환난 기간에 순교한 성도들에게 하나님께서 보상한다면, 하나님은 우리 성도들이 하나님을 위해 섬기고, 헌신하는 모든 것을 아시고 보상하십니다. 여러분이 흘린 눈물, 여러분이 흘린 땀과 노력, 교회를 세우고 영혼 전도를 위해 헌신하신 것, 하나님은 아시고, 반드시 보상하십니다.

둘째 응답은 "기다려라!"라는 권면입니다. 하나님은 간청하는 순교자들에게 **"그들과 같은 동료 종들과 그들의 형제자매들 가운데 그들과 같이 죽임을 당하기로 되어 있는 사람의 수가 차기까지 아직도 더 쉬어야 한다"**라고 말씀합니다. 하나님은 두 그룹의 수가 채워질 때까지 좀 더 기다리라고 하셨습니다(ἀναπαύσονται ἔτι χρόνον μικρόν). 첫째 그룹은 "그들과 같은 동료 종들"입니다. 그리고 다른 그룹은 "그들 형제자매들"입니다. "동료 종들(οἱ σύνδουλοι αὐτῶν)"이란 순교자들처럼 그리스도 안에 믿음을 가지고 신실하게 섬기는 사람들입니다. "그들 형제자매들(οἱ ἀδελφοὶ αὐτῶν)"은 순교자들과 같이 순교 당하는 사람들을 지칭합니다.[11] 이 구절에서 알 수 있듯이, 환난 시대에 예수님을 믿는 사

---

11 헬라어 본문에는 "동료 종들" 앞에 관사(οἱ)가 있다(οἱ σύνδουλοι αὐτῶν). 그리고 "죽임을 당할 그들 형제자매들(οἱ ἀδελφοὶ αὐτῶν οἱ μέλλοντες ἀποκτέννεσθαι)" 앞에도 관사(οἱ)가 있다. 그렇다면 이 둘은 각각 다른 존재임을 알 수 있다. 그래서 Fanning, *Revelation*, 248에서는 두 다른 그룹을 의미한다고 말한다. 하지만 Osborne, 『요한계시록』, 379에서는 두 다른 그룹이 아니라 한 그룹이라고 말한다. 즉 헬라어의 καὶ … καὶ는 다른 두 집단이 아니라, 보충하는 용법으로 보아, 미래 순교자들은 이미 순교한 자들과 같이 하나님의 종이고, 믿는 형제자매라는 뜻으로 해석한다. Koester, 『요한계시록 I』, 681에서 Osborne과 비슷한 견해를 제시한다. 종들과 형제들은 다른 두 그룹을 언급하는 것이 아니라, 동일한 그룹의 두 가지 측면을 가리킨다고 말한다. Thomas, *Revelation 1~7*, 449에서도 동일한 그룹으로 여긴다. David E. Aune, 『요한계시록 6~16』, 김철 옮김, WBC 성경주석, 52중 (서울: 솔로몬, 2004), 123~24에서는 별개 두 집단을 의미할

람이 많을 수 있습니다. 그리고 그들 중 많은 사람은 죽임당합니다. 환난 기간 믿는 사람이 많아질수록, 핍박 강도는 점점 강해집니다. 그래서 하나님이 정하신 기간까지는 핍박과 죽임을 당하는 일은 계속합니다. 주님은 그들 수가 얼마인지는 말씀하시지 않습니다. 얼마나 많은 사람이 믿음을 가지고, 그중 얼마나 많은 사람이 죽임당할지는 하나님만 아십니다. 하나님은 오실 때의 징조는 언급했지만, 구체적인 시기나 시간은 말씀하시지 않았습니다. 예수님도 때와 시기는 천사도 모르고 자신도 모르고, 오직 하나님만 아신다고 말씀하셨습니다.

그 이유에 관해, 예수님은 온 세상에 복음이 선포되어 더 많은 사람이 복음을 듣게 하려 함이라고 말씀하셨습니다(마 24:14). 그리고 복음을 들은 이들이 개인적으로 복음에 반응하여 회개하고 돌아오기를 바랐기 때문입니다(벧후 3:9). 교회 시기인 지금이나 미래 대환난 때나 주님의 계획은 똑같습니다. 복음이 전파되고, 복음에 반응하는 영혼들이 주님께로 돌아오기를 바라십니다. 이 선한 목적을 위해서, 하나님은 주님 재림 시간과 계획을 전적으로 당신 영역에 묶어 두셨습니다. 그러므로 우리는 그 시기와 때를 알려고 노력해서는 안 됩니다. 알려고 노력하는 에너지로 때가 얼마 남지 않았다는 주님의 약속을 믿고 준비해야 합니다. 복음을 전하는 데 전심전력해야 합니다. 영혼들이 주님께로 돌아오기를 기도하며, 기대하는 마음으로 사람들을 만나고 대접해야 합니다.

II. 인 (심판) 여섯째, 하나님께서 성도의 간청에 응답하신다(6:12~17).

어린 양이 여섯째 봉인을 뗍니다. 그러자 땅에서는 큰 지진이 일어납니다. 하늘의 해와 달과 별들은 요동을 칩니다. 왕들, 고관들, 장군들, 부자들, 노예와 자유인들은 모두 동굴로 피합니다. 그리고 하나님께서 진노하시는 얼굴을 마주 보기보다는, 산과 바위가 자신들 위에 내려지

수도 있고, 둘째 그룹이 첫째 그룹을 해석할 수도 있다고 본다.

기를 바랍니다. 인 (심판) 여섯째는 다섯째에서 "순교한 성도들이 하나님께 언제 하나님의 공의를 보여주실 것입니까?"에 응답입니다.[12] 하나님은 언제, 즉 때와 시간에 관해서는 침묵하셨습니다. 그러나 그때, 곧 하나님의 정한 때가 되었을 때, 하나님은 반드시 당신 역사를 보여주십니다. 주님께서 공의를 보여주실 때, 두 가지 사건이 일어납니다. 하나는 하늘과 땅, 곧 천지가 개벽하는 사건이요. 다른 하나는 이 천지개벽에 사람들이 하나님을 믿기보다는 두려워하고 피하려는 반응입니다.

먼저 천지가 개벽합니다. 12~14절입니다. **"그 어린 양이 여섯째 봉인을 뗄 때, 나는 큰 지진이 일어나는 것을 보았습니다. 그리고 해는 검은 머리털로 짠 천과 같이 검게 되고, 달은 온통 피와 같이 되고, 하늘의 별들은, 무화과나무가 거센 바람에 흔들려서 설익은 열매가 떨어지듯이, 떨어졌습니다. 하늘은 두루마리가 말리듯이 사라지고, 모든 산과 섬은 제자리에서 옮겨졌습니다."** 주님께서 여섯째 인을 떼시자, 땅에 큰 지진이 발생합니다. 하늘의 해는 검은색으로 변하고, 달은 온통 피와 같은 색깔이 바뀝니다. 하늘의 별들은 떨어지고, 하늘은 두루마리 말리듯 사라집니다. 그리고 땅의 모든 산과 섬은 옮겨집니다.

땅, 하늘, 땅을 심판하신다는 표현입니다. 이 표현은 우주 전체에서 대격변이 발생한다는 말입니다. 노아 홍수 때, 하늘 문이 열리고 땅의 문이 열려서 온 세상은 물로 심판받았습니다. 노아 홍수보다 더 큰 격변이 주님의 재림 직전에 일어납니다. 주님이 오실 때, 우주에는 초자연적인 징조가 일어납니다(시 13:10~13; 24:1~6; 겔 32:6~8; 욜 2:10, 30~31; 3:14~16).[13] 이날을 요엘 선지자는 **"크고 두려운 날"**로 묘사했습

---

12 Beale, 『요한계시록(상)』, 660; Osborne, 『요한계시록』, 380.

13 Osborne, 『요한계시록』, 381~84에 따르면, 천지 대격변은 역사의 마지막 때, 즉 최후의 심판을 의미하는 표현이다. Beale, 『요한계시록(상)』, 660~65에서도 이 표현들이 우주 파멸을 가리키는 전형적인 구약 용어라고 말한다. 그는 이 표현이 최후 심판의 시작이 아니라, 최후 심판을 묘사한다고 말한다.

니다(욜 2:11, 31). 말라기는 **"용광로 불같은 날"**로 묘사했고요(말 4:1, 5). 스바냐 선지자는 **"분노의 날이요 환난과 고통의 날이요 황폐와 패망의 날이요 캄캄하고 어두운 날이요 구름과 흑암의 날"**이라고 했습니다 (습 1:14~16). 사람들은 지금까지 이와 같은 두려운 날, 재앙을 만나본 본 적이 없습니다.[14]

사람들은 이 재앙에 두 가지로 반응합니다. 먼저, 이 재앙을 피하려고 합니다. 15절입니다. **"그러자 땅의 왕들과 고관들과 장군들과 부자들과 세도가들과 노예들과 자유인들이 동굴과 산의 바위들 틈에 숨어서."** 왕들, 고관들, 장군들, 부자들, 세도가들은 지도자들을 의미합니다.[15] 이들을 국가를 움직이는 사람들이요. 국민을 지배하는 소수 그룹 계층입니다. 힘과 특권이 있는 특권층입니다. 노예들과 자유인들은 사회적으로 하류층입니다. 고대 세계에서 대부분 사람은 이 계층에 속했습니다. 특권층의 지배를 받은 사람들이지요. 그런데 소수 특권층이든 다수 하류층이든 모두가 피할 곳을 찾아 나섭니다. 그들은 산이며, 동굴이며, 바위틈이며, 숨을 곳만 있다면 어디든지 가서 숨으려고 합니다. 왜냐하면 하나님의 심판이 너무도 두려운 재앙이기 때문입니다. 오늘날 작은 지진에도 사람들은 피할 곳을 찾아 나섭니다. 최근 아이티를 비롯하여 많은 지역에서 지진으로, 다른 곳에서는 홍수로 난리를 겪고 있습니다. 지난주 수요일에는 강원도 강릉에 홍수로 낮은 지역에는 가슴까지 차는 곳도 있었습니다. 사람들은 물난리로 피할 곳을 찾아 피난했습니다. 그런데 환난 때는 지금껏 경험하지 못한 큰 지진이 일어납니다. 하늘 천체의 대격변으로 하늘은 어두워지고, 이상 기온으로 하늘, 땅 가릴 것 없이 혼돈의 시기가 닥칩니다. 이때 자연스럽게 숨을 곳을 찾는 반응을

---

14 Mounce, 『요한계시록』, 204에서는 이 재앙을 문자적으로 일어날 사건으로 볼 필요가 없지만, 분명 두려운 사건임은 틀림없다고 말한다.

15 Beale, 『요한계시록(상)』, 666~67에서는 이들이 심판받는 이유를 우상 숭배 때문이라고 주장한다.

보입니다. 동굴이며 산의 바위들 틈이며, 숨을 공간만 있으면 숨으려고 합니다. 그러나 어디에도 숨을 곳이 없습니다. 하나님의 진노에서 벗어날 방법이 없기 때문입니다.

둘째 반응은 보좌에 앉으신 하나님의 얼굴과 어린 양의 진노를 마주 대하기를 두려워함입니다. 16절입니다. **"산과 바위를 향하여 말했습니다. '우리 위에 무너져 내려서, 보좌에 앉으신 분의 얼굴과 어린 양의 진노로부터 우리를 숨겨다오.'"** 그들은 산과 바위를 향하여 우리 위에 무너지라고 말합니다. 동굴과 바위 틈에 숨어서, 산과 바위에게 무너지라고 말합니다. 이유는 하나님의 얼굴, 어린 양의 진노를 마주하기가 너무나 두렵기 때문입니다. 하나님과 어린 양의 진노의 얼굴을 만나느니, 차라리 재앙으로 죽는 게 낫다고 생각합니다.[16] 사람은 심판하시는 하나님 앞에 감히 서는 용기를 내지도 못합니다. 현대인은 교만하여 "하나님의 심판이 뭐 별거 있냐?"라고 생각합니다. 그러나 막상 그 심판을 받으면, 감히 하나님 앞에 설 수가 없습니다. 그러나 성도들은 하나님의 임재에 들어갑니다. 하나님의 영광에 참여합니다. 주님과 교제 나눕니다. 그러나 악인은 하나님의 심판대 앞에 설 수밖에 없습니다. 하나님의 심판대 앞에 설 때, 감히 심판 주님이신 하나님과 어린 양의 얼굴을 마주 볼 수도 없습니다. 그래서 산과 바위에 차라리 자기들 위에 무너져, 하나님과 어린 양의 얼굴, 진노하시는 얼굴을 마주 보지 않게 해 달라고 부탁합니다.

결론

바울은 고린도후서 6:2에서 **"지금이 은혜의 때요, 지금이 구원의 날"** 이라고 했습니다. 은혜가 주어질 때, 그 은혜를 받아야 합니다. 은혜의 때가 지나가면, 심판의 때가 다가옵니다. 그때는 감히 하나님 앞에 서

---

16 Mounce, 『요한계시록』, 205; Osborne, 『요한계시록』, 385~86.

는 것조차 감당하지 못합니다. 요한이 대환란 시기에 어린 양의 심판을 언급하는 의도가 있습니다. 은혜의 때에 예수님을 믿고 만나라고 권면하려 함입니다. 평안할 때, 준비해야 합니다. 운동도 건강할 때 해야 합니다. 그렇지 않으면, 너무 큰 대가를 치러야 합니다.

은혜의 때, 구원의 때를 잘 활용하는 성도님들이 되시길 바랍니다. 왜냐하면 영혼을 사랑하고, 영혼을 위해 기도하는 성도의 기도를 하나님은 기억하시기 때문입니다. 그리고 그 기도에 하나님은 반드시 응답하십니다. 주님은 우리 때가 아니라, 당신의 때에 역사하십니다. 그러므로 우리는 주님의 때를 위해서 기도하며 씨앗을 뿌려야 합니다.

계시록 7:1~17, '14만 4천 명과 무수한 무리'

어려움에도 전도 사명자로 살자

중심 내용: 14만 4천 명은 대환난 기간에 선택받은 유대인이며, 수많은 사람이 이들 전도 활동에 믿음으로 반응해 하나님의 보호와 영생을 얻는다.

I. 인 맞은 14만 4천 명은 대환난 기간에 복음을 전하라고 선택받은 이스라엘 민족이다(7:1~8).

　1. 인을 치는 목적은 소유와 보호를 표시하려 함이다(7:1~3).

　2. 인 맞은 자는 환난 기간에 복음을 전하는, 이스라엘의 선택받은 백성 14만 4천 명이다(7:4~8).

II. 수많은 사람은 하나님과 어린 양의 피로 구속받은 사람이다(7:9~17).

　1. 수많은 이방인은 14만 4천 명이 전하는 복음을 믿은 이방인이다(7:9~12).

　2. 복음에 순종한 이들은 하나님의 보호와 영생을 얻는다(7:13~17).

서론

인 심판 시리즈가 '4개 심판—2개 심판—간주(막간)—1개 심판'으로 구성이라고 말씀드렸습니다. 2개 심판, 곧 다섯째와 여섯째에 이어서, 곧바로 일곱째가 시작하지 않고, 잠깐 쉬는 시간, 곧 간주 또는 막간이 있습니다. 다시 말해, '여섯째—간주(막간)—일곱째'로 구성입니다. 간주 부분인 7장에는 두 개 환상을 기록합니다. 첫째 환상은 1~8절에 나오는데, 이스라엘 12지파에서 나온 144,000명에게 인을 치는 장면입니다. 둘째 환상은 9~17절에 나오며, 모든 이방 나라에서 나오는 무수한 무리가 하늘 보좌 앞에서 복을 누리는 장면입니다.

요한계시록 7장은 6:1절의 **"누가 하나님과 어린 양의 진노를 버티어 낼 수 있는가?"**에 대답입니다.[1] "누가 버틸 수 있는가?"라는 질문에 대답은 인 맞은 14만 4천 명과 그들 전도로 구원받은 무수한 사람입니다.

I. 인 맞은 14만 4천 명은 대환난 기간에 복음을 전하라고 선택받은 이스라엘 민족이다(7:1~8).

1. 인을 치는 목적은 소유와 보호를 표시하려 함이다(7:1~3).

첫째 환상인 요한계시록 7:1~8은 두 부분으로 나눕니다. 1~3절과 4~8절입니다. 1~3절은 인 (심판) 여섯째 후에, 천사 넷이 땅의 네 모퉁이에서 땅의 네 바람을 붙잡아, 불지 못하게 합니다. 이때 다른 천사

---

[1] G. K. Beale, 『요한계시록(상)』, 오광만 옮김, NIGTC (서울: 새물결플러스, 2020), 676에서는 7장이 6:17의 질문에 대답이면서도, 6장의 환상을 더 깊이 설명하는 삽입구로 여긴다. 6장과 7장의 순서를 다음과 같이 정리한다. 7:1~8이 6:1~8(인 심판 처음 네 개) 전에 놓이고, 7:9~17은 최후 심판 이후 시간을 의미한다.

가 나타나서 네 천사에게 하나님의 인을 하나님의 종들 이마에 찍을 때
까지, 땅이나 바다나 나무를 해하지 말라고 명령합니다. 반면에 4~8절
은 하나님의 인을 맞은 사람의 수를 말합니다. 하나님의 인 맞은 사람
의 수는 모두 144,000명입니다. 이스라엘의 열두 지파에서 각각 12,000
명씩, 전체를 합하면 144,000명입니다.

먼저 "네 바람"은 땅이나 바다, 그리고 나무를 파괴하는 어떤 힘을
가지고 있는, 하나님 심판의 대리자임을 알 수 있습니다.[2] 이 심판의 대
리자를 통제하는 존재가 네 천사입니다. "네 천사"는 심판 대리자인 바
람을 잠시 활동하지 못하도록 막습니다. 그렇다면 "네 천사"는 땅의 네
바람을 통제하는 하나님의 종임을 알 수 있습니다. 네 천사가 파괴 대
리자인 바람을 잠시 통제하는 이유는, 다른 천사가 명령했기 때문입니
다. 다른 천사는 살아계신 하나님의 도장, 곧 인을 가지고 동쪽에서 올
라옵니다. 그리고 바람을 붙잡고 있는 네 천사에게 하나님의 종들 이마

---

2 Beale, 『요한계시록(상)』, 676~77에 따르면, 계시록 7:1~3절은 스가랴
6:1~8에 등장하는 말 탄 자들을 모델로 삼았기에, 네 바람은 계시록 6:1~8의
네 말을 탄 자와 같은 인물로 여기면서, 이들은 심판을 수행하는 악한 천사들
이라고 주장한다. 하지만 Craig R. Koester, 『요한계시록 I—서론, 1~9장』, 최
홍진 옮김, 앵커바이블 시리즈 (서울: 기독교문서선교회, 2019), 708~09에서는
네 말을 탄 자와 네 바람 사이에 어떤 연관성이 부족함을 지적하면서 네 바람
이 말을 탄 네 명의 기수라는 주장에 반대한다. Robert H. Mounce, 『요한계
시록』, 장규성 옮김, NICNT (서울: 부흥과개혁사, 2019), 208, n. 62; Robert
L. Thomas, *Revelation 1~7: An Exegetical Commentary* (Chicago: Moody
Press, 1992), 465~66에서는 네 바람이 6:2~8의 말 탄 자들이 아니고, 하나님
의 파괴적인 대리자라고 말한다. Grant R. Osborne, 『요한계시록』, 김귀탁 옮
김, BECNT 시리즈 (서울: 부흥과개혁사, 2019), 399; David E. Aune, 『요한
계시록 6~16』, 김철 옮김, WBC 성경주석, 52중 (서울: 솔로몬, 2004), 186;
Buist M. Fanning, *Revelation*, Zondervan Exegetical Commentary on the
New Testament, ed. Clinton E. Arnold et al., vol. 20 (Grand Rapids:
Zondervan Academic, 2020), 259에서도 구약과 묵시문학 본문—렘 49:36; 단
7:2~3; 에녹 1서 7장—을 인용하면서 바람을 하나님이 보낸 심판 대리자, 특히
악이나 세상을 파괴하는 심판 대리자로 이해한다.

에 인을 찍을 때까지 바람을 놓지 말라고 명령합니다. 그래서 네 천사는 세상을 심판하는 일을 잠시 보류하고 있습니다.

심판이 잠시 연기되는 동안, 다른 천사는 하나님의 종들 이마에 살아계신 하나님의 인을 찍습니다. 인은 인장 반지를 말합니다. 고대 왕들이 공문서를 공증하려고 찍는 인장 반지입니다. 공문서 위에 왁스나 진흙을 바르고, 그 위에 인을 찍어 자국을 남겼습니다. 이는 서명 역할을 했습니다. 왕의 인은 두 종류였는데, 하나는 목에 거는 원통형 도장이었고, 또 하나는 반지에 박은 인장 반지였습니다.[3] 여기서는 둘 중 하나일 것입니다.

"여기서 인을 인치는 목적은 무엇일까요?"

인을 치는 목적은 두 가지입니다.[4] 하나는 살아계신 하나님에게 속했다는 소유 의미이고요. 다른 하나는 보호 의미입니다. 먼저, 소유 의미가 있습니다. 계시록에 보면, 두 종류의 다른 인을 치는 사건이 나옵니다. 하나는 하나님의 인을 이마에 받은 경우요(계 7:3; 14:1~5). 다른 하나는 짐승의 인을 이마와 오른손에 받는 경우입니다(계 13:17; 14:9, 11; 16:2; 19:20; 20:4). 누구의 인을 맞는가는 중요합니다. 하나님의 인을 맞으면, 하나님의 사람이라는 표시입니다. 반면에 짐승의 인을 맞으면, 짐승의 사람이라는 표시입니다. 그런 면에서 인을 침에는 소유 개념이 있습니다.

---

3 고대에 사용된 인이나 낙인에 관한 내용은 Aune, 『요한계시록 6~16』, 195~200, "고대세계에서 표시와 낙인과 문신"을 참조하라.

4 Fanning, *Revelation*, 260; Mounce, 『요한계시록』, 211. Aune, 『요한계시록 6~16』, 193~94; Osborne, 『요한계시록』, 401~05에서는 세 가지, 곧 소유와 보호뿐 아니라 충성도 의미한다고 말한다. 하지만 Koester, 『요한계시록 I』, 711~13에서는 이마에 인을 표함에 보호 의미는 있지만, 소유 의미는 없다고 말한다. 이유는 고대에 종의 이마나 얼굴에 표함을 형벌이지 소유권을 보여주지 않기 때문이란다. 소유 의미로 할 때는 이마나 얼굴보다는 손이나 목에 표시했다고 주장한다. 하지만 요한계시록에서는 이마에 하나님의 인을 치는 의미가 소유와 보호로 이해해야 한다. 계시록에서는 하나님의 인과 대조적으로 짐승을 따르는 자들에게도 이마와 손에 짐승의 인을 치는데, 이들에게는 짐승의 사람이라는 소유 의미는 있지만, 보호 의미는 없다. 그러므로 Koester의 주장은 지나치다.

인을 치는 또 다른 목적은 보호하겠다는 뜻입니다. 계시록 7:1에서 파괴의 바람을 붙잡고 있다고 표현합니다. 7:3에서도 인을 찍을 때까지 땅이나 바다나 나무를 파괴하지 말라고 했습니다. 그리고 계시록 9:4에는 하나님의 인이 찍히지 않은 사람만 해하라는 명령이 내려집니다. 에스겔 9장에서도 이마에 인을 맞는 이야기가 나옵니다. 하나님의 영광이 지성소를 떠나 성전의 문지방에 이릅니다. 이때 주님은 예루살렘에서 일어나는 죄악에 슬퍼하는 사람의 이마에 표를 하라고 명령합니다. 그리고 이마에 표가 있는 사람을 제외하고, 노인이나 젊은이, 처녀와 어린아이들 할 것 없이 성읍의 모든 사람을 죽이라고 명령합니다(겔 9:4, 6). 그러자 명령을 받은 심판 대리자는 하나님의 인을 맞지 않은 모든 사람을 죽이기 시작했습니다. 요한계시록과 에스겔서에서 인을 치는 목적은 심판이나 멸망으로부터 보호한다는 의미입니다.

그리스도인은 성령의 인으로 인 침을 받았습니다(엡 1:13~14; 4:30). 성령으로 인 침을 받았기에, 하나님의 소유이며 하나님의 보호를 받습니다. 이 말은 어려움이나 고난을 겪지 않는다는 뜻이 아닙니다. 어려움과 고난에서도 하나님의 보호를 받는다는 의미입니다. 왜냐하면 우리는 하나님의 소유된 백성이기 때문입니다. 그러므로 사랑하는 성도 여러분, 우리의 주인이신 예수님을 바라보시기를 바랍니다. 요즘과 같은 어려운 시기에 주님의 보호를 기대하시기를 바랍니다. 주님은 여러분이 당하는 고난을 아시고, 고난으로부터 보호해 주십니다. 그리고 반드시 피할 길을 주셔서 극복하게 하십니다.

2. 인 맞은 자는 환난 기간에 복음을 전하는, 이스라엘의 선택받은 백성 14만 4천 명이다(7:4~8).

사도 요한은 인 맞은 사람의 수를 기록하고 있습니다. 4절입니다. "내가 들은 바로는 도장이 찍힌 사람의 수가 십사만 사천 명이었습니다. 이와 같이 이마에 도장을 받은 사람들은 이스라엘 자손의 각 지파에서 나온

사람들이었습니다." 하나님의 인을 맞은 사람의 수는 144,000명입니다. 14만 4천이 상징적인 수로 교회를 지칭하는가, 아니면 문자적인 수로 이스라엘 백성 중 선택받은 사람을 지칭하는가에 여러 해석이 있습니다.[5]

---

[5] Beale, 『요한계시록(상)』, 692~704에서는 144,000명이 누구인지에 관한 '다섯 견해'를 제시한다. 이 중에서 두 견해가 가장 일반적이다. 하나는 '문자적'으로 해석하여 144,000명이 이스라엘 민족을 지칭한다는 견해이고(John F. Walvoord, 『예수 그리스도의 계시』, 전준식 옮김 [서울: 교회연합신문사, 1987], 187~88; Thomas, *Revelation 1~7*, 473~780; Fanning, *Revelation*, 261), 다른 하나는 '상징적'으로 해석하여 144,000명이 완전수로 교회를 지칭한다고 보는 견해이다 (Mounce, 『요한계시록』, 212; Beale, 『요한계시록(상)』, 693~98; Osborne, 『요한계시록』, 405; G. B. Caird, *The Revelation of Saint John*, Black's New Testament Commentaries, ed. Henry Chadwick [Peabody, MA: Hendrickson Publishers, 1966], 95).

'문자적'으로 해석하는 학자 중에, Fanning, *Revelation*, 261에서는 문자적 의미와 상징적 의미 둘 다가 있다고 주장한다. 문자적으로는 144,000명을 의미하지만, 이 숫자는 또한 유대인의 구원받은 성도 전체를 대표하는 의미도 있다고 말한다. 즉, 144,000명이 문자 그대로 선택됐지만, 이들은 대환난 시대에 구원받는 이스라엘 성도들 전체를 대표한다는 견해이다. 예로 소아시아에 있는 일곱 교회를 이야기한다. 계시록 2~3장에서 일곱 교회는 소아시아에 있는 일곱 교회를 지칭하지만, 또한 소아시아에 있는 전체 교회를 대표하고 있다. 마찬가지로 계시록 7장에서 144,000명이 문자적 144,000명과 아울러 구원받은 이스라엘 백성 전체를 대표한다고 주장한다. Thomas, *Revelation 1~7*, 474~75에서는 문자적 144,000명으로 말하면서, 이들은 환란 기간에 복음을 전하게 하려고 특별히 선택받은 그룹이라고 주장한다.

'상징적'으로 해석을 주장하는 학자들은 열둘이 제곱이 되고 거기에 천을 곱하는 수(12x12x1000=144,000)를 주장한다. 열두 제곱(12x12)은 이스라엘이 열두 지파의 수와 열두 사도의 수를 곱한 수를 지칭한다. 혹은 12x12,000를 주장하면서 이 수는 하나님의 완전한 수를 지칭한다고 본다. 이 주장의 근거는 예수님께서 제자들에게 언젠가 "열두 보좌에 앉아 이스라엘의 열두 지파를 심판한다"는 약속(마 18:28; 눅 22:30)과 계시록 21:9~14의 열두 지파의 이름과 열두 사도의 이름이 하나님의 천상 도시인 새 예루살렘을 구성하는 말씀이다(Beale, 『요한계시록(상)』, 693). 또 다른 근거는 주전 1세기에는 12지파가 문자적으로 존재하지 않았기에 요한계시록에서 12지파도 문자적으로 해석할 수 없다는 점이다 (Caird, *The Revelation of Saint John*, 95; Beale, 『요한계시록(상)』, 696~97). Aune는 주전 1세기에 12지파가 존재했느냐가 중요하지 않고, 사람들이 12지파가 존재

저는 하나님의 인을 맞은 144,000명이 문자적인 숫자이며, 이스라엘 백성이라고 생각합니다. 그 이유는 9절에 수를 셀 수 없을 만큼 큰 무리가 나옵니다. 반면에 4절은 수를 14만 4천 명으로 분명하게 한정하기 때문입니다. 그렇다면 14만 4천은 상징적인 숫자가 아니라, 문자적인 숫자임을 알 수 있습니다. 그리고 4~8절은 이스라엘 12지파에서 144,000명이 나왔다고 언급하지만, 9~17절은 민족과 종족, 백성과 언어를 언급하면서 이방인에게서 셀 수 없는 수많은 사람이 나왔다고 언급하기 때문입니다. 그래서 14만 4천 명은 이스라엘 백성 중 선택받은 사람입니다.

　14만 4천 명은 마지막 시대에 구원받을, 이스라엘 성도 전체수를 의미하지 않습니다. 오히려 그들을 대표하면서 그들 중 선택받은 그룹을 말합니다. 그리스도를 증거하려고 선택받은 특별한 그룹을 의미합니다.[6] 하나님께서 이들을 선택하셔서 그리스도를 증거하는 임무를 맡기십니

한다고 생각하느냐는 문제라고 말한다. 북왕국 10지파가 멸망한 후에도 여전히 후기 선지자들과 백성들은 12지파의 회복을 언급한다(겔 48:1~29, 30~35; 행 26;6~7; 슥 12:10~12; 계 21:12~13). Aune는 이스라엘이란 단어는 요한계시록에서 이 본문과 21:12에 두 번 쓰는데, 일반적으로 이스라엘은 유대인을 지칭하는 칭호였기에 문자적 유대인을 지칭한다고 말한다(Aune, 『요한계시록 6~16』, 201~04). 상징적으로 해석하는 학자들 가운데, 144,000명이 시대를 불문하고 모든 교회를 지칭한다는 견해가 있는가 하면(Osborne, 『요한계시록』, 407), Ladd와 같은 학자는 대환난 기간에 하나님의 진노에서 구원받는 교회라고 주장하는 학자들도 있다(George E. Ladd, *A Commentary on the Revelation of John* [Grand Rapids: Wm. B. Eerdmans Publishing Company, 1972], 112~17). Aune는 144,000명이 대환난 전 여러 환난과 대환난 절정 때 있는 대전투에서 하나님의 특별한 보호로 살아남은 사람들이라고 말한다(Aune, 『요한계시록 6~16』, 176). Bauckham은 이스라엘 12지파의 144,000명을 메시아 군대를 구성하는 명단과 연결하면서 유다 사자인 다윗 왕 메시아를 따르는 군대라고 말하고, 9~17절의 수많은 사람은 모든 나라로부터 속량한, 죽임당한 어린양의 백성이라고 말한다. 그래서 두 의미는 하나라고 한다(Richard Bauckham, 『요한계시록 신학』, 이필찬 옮김, 쳄브리지 신약신학 시리즈. [서울: 한들출판사, 2000], 118).

　6 Thomas, Revelation 1~7, 474~75.

다. 하나님은 마지막 시대에 이스라엘이 민족적으로 회복한다고 약속했습니다.[7] 마지막 시대에 다윗의 후손, 즉 약속의 자녀인 메시아를 통하여 이스라엘은 회복합니다. 이 회복 사역을 위해서, 하나님은 이스라엘 백성 중 144,000명을 특별히 예비하셨습니다.[8]

그런데 특이하게, 이스라엘 지파 중 유다 지파를 가장 먼저 언급합니다. 일반적으로 장자인 르우벤 지파를 가장 먼저 언급합니다.[9] 하지만

---

7 Fanning, *Revelation*, 262~63은 이스라엘을 상징적으로 해석하는 학자들의 근거를 다섯 가지로 정리하고, 그 근거에 반론도 제기하고 있다. 1) 하나님의 종은 계시록에서 모든 구속받은 백성을 지칭한다. 하지만 때때로 특별한 그룹을 지칭하기도 한다. 2) 북이스라엘의 10지파는 1세기에는 더는 존재하지 않았다. 하지만, 1세기 사람들은 여전히 모든 이스라엘의 회복을 기대했다. 3) 5~8절에 지파 목록에서 불규칙과 기독교의 영향은 이것이 문자적인 해석이 아니라, 교회를 상징적으로 해석하게 한다. 하지만 구약에도 지파의 목록은 언제나 규칙적으로 나타나지 않는다. 4) 다가올 심판에서 보호 측면에서 이 그룹을 위한 인 침은 백성만 보호가 아니라, 모든 그리스도인을 보호함으로 여겨야 한다. 하지만 보호 목적을 이해함이 중요하다. 환난 시기에 그리스도인 보호는 고난이나 실제적 죽음 모두로부터 보호를 뜻하지 않는다. 5) 계시록이나 신약에서처럼, 하나님의 백성 중에는 이방인도 있다. 그래서 교회가 이스라엘의 영적 특권을 가지고 있다고 이해해야 한다. 하지만 이방인 포함이 이스라엘의 배제를 의미하지 않는다. 성경은 이스라엘의 회복을 반복해서 약속하고 있다(사 66:18~22; 렘 31:33~37). 본 저자는 이스라엘이 문자적 이스라엘이라고 믿는다. 물론 신약에서 이스라엘은 교회를 지칭할 때가 있지만(롬 2:29; 갈 3:29; 6:16; 벧전 2:9), 문자적 이스라엘 백성을 지칭할 때도 있다(빌 3:3~8; 롬 9:4; 11:12). 그렇기에 신약에서 이스라엘은 사라지고 교회로 대체됐다는 주장은 논리적 모순이다. 신약은 여전히 이스라엘의 회복을 이야기하고 있다(롬 11:25~26, 28~31). 특히 요한계시록 7장은 이스라엘의 12지파를 언급한다. 이 표현은 문자적인 이스라엘을 지칭하지 않고는 이해할 수 없다.

8 Mounce, 『요한계시록』, 207, n. 61에서는 하나님의 진노(ὀργή)와 일반 환난(θλῖψις)을 구분하면서, 하나님의 백성은 환난은 경험하지만, 진노는 경험하지 않는다고 주장한다. 하지만 Beale, 『요한계시록(상)』, 682에서는 보호라는 개념을 물리적 안전보다는 믿음과 구원 측면에서 설명한다. 인 침을 받는 성도도 시련은 받지만, 믿음으로 반응한다는 의미로 해석한다.

때때로 유다가 주도적인 역할을 할 때는 유다 지파를 먼저 언급하곤 했습니다(민 2:3; 34:16~29; 대상 12:23~37). 본문에서 이스라엘 지파 중 유다 지파를 가장 먼저 언급한 된 이유는 이스라엘 회복과 관련이 있습니다.10 마지막 때, 이스라엘 회복은 예수님께서 이루십니다. 예수님은 유다 지파이자 다윗의 후손입니다(계 5:5; 22:16; 마 1:1, 6). 그래서 유다 지파를 먼저 언급했을 가능성이 큽니다.

또한 특이하게, 요셉 지파와 레위 지파는 언급하지만, 단 지파와 에브라임 지파는 언급하지 않습니다. 보통 12지파를 언급할 때, 요셉 지파를 포함하면 레위 지파도 포함합니다(창 35:22~26; 출 1:2~5). 하지만 요셉 지파와 레위 지파를 언급하지 않은 때는 요셉의 두 아들, 곧 에브라임 지파와 므낫세 지파를 포함합니다(민 1:5~15; 2:3~31). 그런데 계시록 7장은 요셉 지파와 레위 지파를 포함합니다. 그리고 므낫세 지파도 포함합니다. 대신 에브라임 지파와 단 지파는 포함하지 않습니다. 에브라임 지파와 단 지파를 포함하지 않은 이유는 우상숭배와 관련이 있는 듯합니다.11 북이스라엘 10지파가 우상숭배에 빠졌을 때, 주도적인 역할

---

9 구약에서 12지파를 언급하는 구절은, 창 35:22~26; 46:8~25; 49:3~27; 출 1:2~5; 민 1:5~15; 2:3~31; 13:4~15; 26:4~51; 34:19~28; 신 27:12~13; 33:6~25; 수 13:7~22; 34장; 삿 5:12~18; 대상 2:1~8:40; 12:24~37; 27:16~22; 겔 48:1~7, 23~28, 31~34 등이다.

10 Aune, 『요한계시록 6~16』, 204; Osborne, 『요한계시록』, 409; Koester, 『요한계시록 I』, 716; Thomas, *Revelation 1~7*, 480; Fanning, *Revelation*, 265.

11 Fanning, *Revelation*, 265. Thomas, *Revelation 1~7*, 480~81에서는 단 지파를 포함하지 않은 이유를 다섯 가지로 요약 · 정리한다. 1) 므낫세가 단을 대신했을 가능성이다. 2) 적그리스도가 단 지파에서부터 나온다는 초대 교회와 유대인 전통 때문이다(*Adv. Haer.* 50.30.2). 3) 단 지파가 소멸했기 때문이다. 단 지파가 바벨론 포로 상황에서 돌아오지 않았다(대상 4~7장). 4) 이름을 생략하는 관행 때문이다. 신명기 33장은 시므온과 잇사갈 지파를 생략하고, 역대상 27장에서는 갓 지파와 아셀 지파를 생략한다. 5) 단 지파가 하나님이 주신 유산을 떠나 북쪽 라이스 지역으로 옮겨 우상을 숭배했기 때문이다.

을 한 지파가 에브라임 지파입니다. 그리고 단 지파는 북이스라엘 왕 여로보암이 우상숭배에 빠져 우상 제단을 만든 사건과 관련이 있습니다 (왕상 12:25~33; 왕하 10:29; 삿 18:30). 우상숭배와 관련이 있기에 에브라임 지파와 단 지파를 일부러 포함하지 않았을 가능성이 큽니다.

이스라엘의 144,000명은 이스라엘 회복한다는 예언이 성취함으로 볼 수 있습니다.[12] 구약성경은 마지막 시대에 이스라엘이 이방 포로로부터 돌아와서 회복한다고 예언했습니다(신 30:1~5; 사 11:10~16; 27:12~13; 렘 23:5~8; 31:7~10; 겔 37:15~28). 유대 문학에서도 마지막 시대에 이스라엘이 회복한다고 언급했습니다(Tob 12:3~5; Sir 36:11~17).[13] 신약에

Aune, 『요한계시록 6~16』, 205~06에서는 단을 제외한 이유를 여섯 가지로 요약한다. 1) 단 지파가 구약성경과 초기 유대교에서 부정적인 평판을 얻었기에, 2) 단 지파가 배교했다고 생각했기에, 3) 적그리스도가 단 지파에세 나온다는 견해 때문에, 4) 열두 지파 목록이 열두 사도 명단과 부분적으로 동화됐기에(열두 사도 명단에서 맛디아가 유다를 대신한 것처럼, 므낫세가 단을 대신했음), 5) 필사자의 실수로 단(Δάν)이 탈락하고 생략형 만(Μαν)으로 대신했기에, 그리고 6) 지파 수를 12에 맞추려 함 등이다. 같은 자료 207에서는 요셉 지파가 에브라임 지파를 의미할 수도 있다고 말한다. 그러면 단 지파 대신에 레위 지파를 언급했을 수 있다. Beale, 『요한계시록(상)』, 699에서는 우상숭배로 단 지파와 에브라임 지파를 생략했다고 말한다. Koester, 『요한계시록 I』, 716에서는 이름 순서가 다양함에 어떤 특별한 의미를 기대해서는 안 된다고 주장한다. 왜냐하면 명단은 단순한 전체적인 의미로 받아들여야 하기 때문이라고 한다. 가장 바람직한 이유는 지파 수를 맞추려고 단을 제외했다고 이해함이다.

12 Beale, 『요한계시록(상)』, 700에서는 계시록 7:3~8이 에스겔 48장에서 예언, 곧 회복한다는 예언이 문자적으로 성취됐다는 의미로 볼 수 없다고 말한다. 그 이유는 에스겔서에는 단 지파와 에브라임 지파를 포함하는데, 계시록 7장에서는 단 지파와 에브라임 지파를 포함하지 않기 때문이라고 한다. 그러면서 요셉 지파와 므낫세 지파를 단 지파와 에브라임 지파 대신 언급한 이유는 하나님의 온전한 백성을 나타내려 함이라고 주장한다. 그러나 Beale이 펼치는 주장에는 논리적으로 모순이고 설득력이 부족하다. 왜 요셉 지파와 므낫세 지파를 포함함이 하나님의 온전한 백성을 나타내는지 설명하지 못하기 때문이다.

13 구약성서 그리고 유대 문학에서 이스라엘 회복에 관한 구절은 Fanning,

서도 유대인이 회복한다는 기대는 여전했습니다(마 19:28; 눅 22:30). 특히 로마서에서 바울은, 이스라엘이 회복해 이방인에게 더 큰 은혜를 전한다고 기록했습니다(롬 9~11장). 요한계시록 7:1~8은 이스라엘이 회복한다는 소망이 성취함입니다. 환난 시대에 유대인은 민족적으로 주님께로 돌아옵니다. 그리고 이들은 더 많은 민족이 주님께로 돌아오게 활동합니다.

II. 수많은 사람은 하나님과 어린 양의 피로 구속받은 사람이다(7:9~17).

1. 수많은 이방인은 14만 4천 명이 전하는 복음을 믿은 이방인이다 (7:9~12).

계시록 7:1~8이 지상에서 벌어지는 일이라면, 7:9~17은 지상이 아니라, 천상, 곧 하늘에서 벌어지는 일입니다.[14] 하나님과 어린 양의 보좌 앞에 수를 셀 수 없는 큰 무리가 모여 있습니다. 이들은 모든 민족, 종족, 백성, 언어에서 나온 사람입니다. 그런데 이들은 흰 두루마리를 입고, 손에 종려나무 가지를 들고 있었습니다. 이들이 한 일은 구원의 주님이신 하나님과 어린 양을 찬양하는 일입니다. 이들이 하나님과 어린 양에게 영광의 찬송을 올리자, 보좌를 둘러싼 수많은 천사가 성도들의 외침에 반응하여 "아멘"이라고 대답하면서 하나님께 영광을 돌리고 있습니다. 천상 보좌 앞에 모인 수많은 사람은 이스라엘 백성이 아닙니다. 이들은 온 세상의 다양한 민족에서 나온 이방 그리스도인입니다. 분명히 이들은 144,000명과는 다른 사람입니다. 1~8절에서 14만 4천 명이 이스라엘 백성 가운데서 선택받은 유대인이라면, 9~17절에 나오는 수많은 사람은 다양한 민족에서 나온 이방인입니다.[15]

Revelation, 263을 참조하라.

14 Osborne, 『요한계시록』, 396에 따르면, 7:1~8은 하나님의 심판이 쏟아지기 직전 시대를, 9~17절은 이 심판들이 쏟아진 다음 시대를 의미한다고 본다.

15 Fanning, *Revelation*, 266. Osborne, 『요한계시록』, 415; Beale, 『요한계시록

"이들이 어떻게 천상에 있는 하나님의 보좌 앞으로 나아올 수 있었을까요?"

이들은 하나님께서 선택하신 14만 4천 명이 전하는 복음을 듣고서 구원받은 이방 성도입니다.16 이들은 예수님을 믿는다는 이유로 순교하거나 또 다른 이유로 죽임을 당했을 겁니다. 그래서 그들은 천상 보좌에 앉으신 하나님과 어린 양 앞으로 왔고, 구원하신 은혜를 감사하는 찬양을 드릴 수 있습니다. 이 장면은 예언이 성취함을 나타냅니다. 구약성경은 이스라엘 백성이 회복할 때, 수많은 이방인도 이스라엘의 하나님께 경배하려고 온다고 기록했습니다(사 2:2~5; 11:10; 49:5~6; 미 4:1~4; 슥 2:10~12; 14:16). 마지막 시대에, 하나님은 이스라엘 백성을 다시 회복하십니다. 동시에 수많은 이방인도 주님께로 돌아오게 하십니다.

로마서 11:12에서 바울은 선언합니다. **"이스라엘의 허물이 세상의 부요함이 되고, 이스라엘의 실패가 이방 사람의 부요함이 되었다면, 이스라엘 전체가 바로 설 때에는, 그 복이 얼마나 더 엄청나겠습니까?"** 주님은 마지막 때 유대인을 회복할 계획을 세우셨습니다. 그것도 유대인 전도사역으로 수많은 이방인을 구원할 계획을 세우셨습니다. 계시록 7장은 하나님의 계획이 이뤄짐을 보여줍니다.

2. 복음에 순종한 이들은 하나님의 보호와 영생을 얻는다(7:13~17).

이때 장로들 가운데 하나가 **"흰 두루마기를 입은 사람이 누구이며, 또 어디에서 왔는가?"** 라고 사도 요한에게 질문합니다. 요한은 **"장로님, 장로님이 잘 알고 계시지요?"** 라고 대답합니다. 그러자 장로는 흰 두루마기를 입은 수많은 성도가 어디서 왔는지를 알려 줍니다. 14절입니다. **"이 사람들은 큰 환난을 겪어 낸 사람들입니다. 그들은 어린 양이 흘리신 피에 자기들의 두루마기를 빨아서 희게 했습니다."** 이들은 큰 환난,

---

(상)』, 705에서는 4~8절에 144,000명과 9~17절에서 수많은 이방인을 동일시 한다.

16 Thomas, *Revelation 1~7*, 478.

즉 7년 대환난을 통과한 사람입니다. 대환난은 마지막 시대, 곧 하나님과 어린 양의 진노의 큰 날을 지칭합니다(마 24:21). 수많은 사람은 이기간에 순교하거나, 노령 또는 질병으로 죽은 모든 성도를 의미할 수있습니다.[17] 그 이유는 "큰 환난을 겪어 낸 사람들(οὗτοί εἰσιν οἱ ἐρχόμενοι ἐκ τῆς θλίψεως)"에서 "겪었다" 혹은 "나왔다"는 동사가 분사 현재형(οἱ ἐρχόμενοι)이기 때문입니다. 현재형은 반복이나 계속을 의미하기에, 큰 환난의 어떤 시점이 아니라, 큰 환난 기간 내내 나온 사람이라는 뜻입니다.[18] 대환난 전체 기간에 죽임을 당한 사람이 주님 앞에 서는데, 이들이 바로 셀 수 없을 정도로 많은 이입니다. 그리고 이들은 대환난 동안 예수 그리스도의 보혈 능력으로 구원받은 성도입니다. "두루마기를 빨아서 희게 했습니다"라는 말은 예수 그리스도의 보혈로 구속함을 받았다는 뜻입니다(행 15:9; 롬 3:25; 히 9:14; 요일 1;7). "빨다(ἔπλυναν)"와 "희게 했다(ἐλεύκαναν)"의 시제는 완료형입니다.[19]

---

17 Fanning, *Revelation*, 270~71; Aune, 『요한계시록 6~16』, 222~23, 232에서는 7년 대환난 전에 순교나 자연적인 죽음으로 이 땅을 떠난 모든 성도를 지칭한다고 해석한다. Mounce, 『요한계시록』, 220; Thomas, *Revelation 1~7*, 495~496에서는 7년 대환난 후반기 3년 반 동안에 순교하거나 노쇠해 죽은 사람이라고 말한다. Mounce는 그 이유로 죽임을 당하거나 목이 잘렸다는 언급이 없기 때문이라고 말하고, Thomas는 현재형으로 표현하기 때문이라고 주장한다.

18 Fanning, *Revelation*, 270에서는 이 시기를 인 심판 일곱, 나팔 심판 일곱, 대접 심판 일곱이 이루어지는 대환난 전체 기간(계 6~16장)으로 여긴다. 하지만 Mounce, 『요한계시록』, 220; Ladd, *A Commentary on the Revelation of John*, 117; Thomas, *Revelation 1~7*, 496~97에서는 7년 대환난 후반기 후 3년 반을 지칭한다고 말한다. 일부 학자는 대환난을 그리스도인이 예수님의 초림과 재림 사이에서 겪는 어려움이라고 말한다(Beale, 『요한계시록(상)』, 720~21; Koester, 『요한계시록 I』, 722; Caird, *The Revelation of Saint John*, 72, 102).

19 Beale, 『요한계시록(상)』, 724에서는 "어린 양이 흘리신 피에 자기들 두루마기를 빨아서 희게 했다"를 교회 시대 동안 성도들의 인내가 예수께서 겪으신 고난의 인내와 동일시되었음을 가리킨다고 말한다. 그는 옷을 피에 빠는 이미지는 창세기 49:11에서 유래했는데, 이것은 성도가 메시아가 십자가에서 시작

그렇다면 이들은 순교나 노쇠로 죽음 전에 예수 그리스도 보혈의 피로 이미 구속받았음을 알 수 있습니다.

이들 특권은 하나님의 보좌 앞, 곧 하나님의 성전에서 밤낮 하나님을 섬기면서 기뻐하며 즐거워하는 삶을 사는 은혜를 누림입니다.[20] 이 땅에서는 신앙 때문에 고난과 핍박을 당했습니다. 항상 두려움과 고난에서 싸워야 합니다(롬 8:18; 고후 4:17~18). 그러나 주님의 보좌 앞에서서는 날, 주님의 나라에 들어가면 더는 핍박이 없습니다. 섬기는 기쁨만 누립니다. 그 이유는 보좌에 앉아 계시는 주님께서 그들을 덮는 장막이 되어 주시기 때문입니다.[21] '그들을 덮는 장막이 되어 주신다'라는 말은 하나님께서 그들을 보호하신다는 의미입니다. 하나님은 그들과 함께하시면서, 그들을 보호하십니다. 그 결과, 그들은 다시는 주리지 않

하신 역설적 승리에 공동체적으로 참여함으로 이해한다. 하지만 Aune, 『요한계시록 6~16』, 224~25에서는 어린 양의 피는 예수 그리스도의 죽음, 특히 그리스도의 속죄 죽음을 나타내는 환유(metonymy)이기에 성도의 인내를 의미하지 않는다고 말한다. 또한 창세기 49:11도 그리스도의 희생 죽음으로 속죄받음을 의미하는 은유적인 표현이지, 성도가 승리에 동참하는 개념이 없다고 주장한다. Osborne, 『요한계시록』, 424에서도 부정과거형은 구원의 결과, 즉 그리스도 피의 완전한 효력을 암시하기에 구원받음을 의미한다고 주장한다.

20 15절에 하나님의 성전(τῷ ναῷ αὐτοῦ)이란 용어가 쓰인다. 하나님의 성전은 계시록에서 자주 등장한다(계 11:19; 14:15, 17; 15:5, 8; 16:1, 17). 그러나 계시록 21:22에서는 하늘의 새 예루살렘에는 성전이 없다고 표현한다. Fanning, *Revelation*, 272; Thomas, *Revelation 1~7*, 500에 따르면, 7:15은 중간 상태, 즉 몸 부활을 경험하기 전 상태, 그리고 새 예루살렘이 하늘에서 지상으로 내려오기 전 상태이다. 하지만 Mounce, 『요한계시록』, 221에 따르면, 하나님의 성전은 하늘에 있는 건물이 아니라, 성소인 하늘 자체이다. Aune, 『요한계시록 6~16』, 225에 따르면, 하나님의 성전은 하나님의 보좌이다.

21 Mounce, 『요한계시록』, 221에 따르면, 덮는 장막은 하나님의 임재를 상징하며, 그들을 모든 위험으로부터 보호하고 지키시는 하나님의 능력을 표현하는 방식이다. Fanning, *Revelation*, 272에 따르면, 이 표현은 하나님의 보호, 혹은 하나님의 임재와 함께 나타나는 보호이다.

고, 목마르지도 않고, 해나 그 밖에 뜨거운 열에 고통당하지 않습니다. 사실, 이 땅에서 삶은 주리고, 목마르고, 태양이나 뜨거운 동풍으로 고통받는 삶입니다. 우리는 항상 고통에서 살아갑니다. 그런데 더는 그런 고통 가운데 살지 않습니다.

주리지 않고, 목마르지 않고, 괴롭힘을 당하지 않는다는 말은 부족함이 없는 삶을 산다는 말입니다. 우리는 항상 부족한 가운데 살아갑니다. 그래서 조금만 더, 조금만 더 하면서 살아가고 있지요. 조금 더 공부 잘하기를 바라고, 조금 더 나은 직장을 바라고, 조금 더 편안한 삶을 바랍니다. 이유는 항상 무엇인가가 부족하기 때문입니다. 채워도, 채워도, 채워지지 않는 무엇인가가 있기 때문입니다. 그래서 우리는 "조금만 더"를 외치면서 이 땅에서 살아갑니다. 하지만 주님 앞에 서는 날 우리에게는 채워지지 않는 공허가 더는 없습니다. 주님이 모든 것을 풍족히 채워주시기 때문입니다. 주님이 보호 장막이 되어 주시기 때문입니다. 더 나아가서 목자로서 생명의 샘물로 인도하시고, 눈에서 눈물을 말끔히 씻어 주시기 때문입니다.

목자가 된다는 의미는 시편 23편에 잘 나와 있습니다(참조. 사 49:10; 겔 34:23). 목자는 양의 필요를 채워줍니다. 자기를 따르는 무리의 모든 필요를 채워주십니다. 특히 푸른 풀밭, 삶의 풍성함으로 인도하시고, 쉴 만한 물가, 안식으로 인도하십니다. 그런데 본문에서는 생명의 샘으로 인도하신다고 했습니다. 생명의 샘은 영원한 삶을 의미합니다. 헤어짐의 아픔과 죽음의 아픔이 없는 영원한 삶으로 인도하십니다. 그리고 눈에 눈물을 말끔히 씻어 주십니다. 사람에게 가장 큰 아픔은 헤어짐의 아픔이라고 합니다. 사랑하는 사람과의 헤어짐은 고통스럽지요. 이 땅 삶에서 헤어짐은 피할 수 없습니다. 피할 수 없다면 익숙해야 하지만, 헤어짐에 익숙한 사람은 없습니다. 여전히 아프고, 쓰라립니다. 그런데 주님은 장막이 되어 주시고 목자가 되어 주셔서, 고난과 고통으로부터 보호해 주십니다. 헤어짐의 아픔으로부터 보호해 주십니다. 눈에 고인 눈물을 말끔히 씻어 주십니다. 그분은 우리를 생명의 샘으로, 영원한 삶으로 인도하시는 목자이시기 때문입니다.

결론

대환난 기간에도 복음 사역은 계속 이뤄집니다. 하나님은 복음 전할 사람을 선택하시고, 소유와 보호를 뜻하는 인을 쳐 주십니다. 그래서 그들을 통하여 수많은 사람이 하나님의 보호를 받고, 영생을 얻습니다. 대환난 기간에도 복음 사역이 이뤄진다면, 오늘날 우리는 이 사역을 더 열심히 해야 합니다. 그것이 예수님의 소원이며, 하나님의 나라를 이루는 방법이기 때문입니다. 예수님을 영접하지 않으면 하나님의 나라에 들어갈 수가 없습니다. 오직 고난이 있을 뿐이며, 결국에는 심판을 받기 때문입니다. 예수님의 은혜를 생각합시다. 예수님께서 우리를 위해 당신 생명을 내어주신 사랑을 생각합시다. 주님께서 보호하시고, 영생을 주시기 때문입니다.

계시록 8:1~12, '인 심판 일곱째를 펼치는 나팔 심판 처음 네 개'
세상을 바라보지 말고 주님을 바라보자

중심 내용: 성도의 삶은 심판받아 없어질 세상을 바라보고 사는 게 아니라, 심판주 예수님을 바라보고 사는 삶이어야 한다.

I. 인 심판 일곱째는 나팔 심판 일곱 개를 포함한다(8:1~5).

   1. 인 심판 일곱째는 나팔 심판 일곱 개를 포함한다(8:1~2).

   2. 성도의 기도는 향과 함께 하나님께 상달된다(8:3~5).

II. 나팔 심판 처음 네 개는 성도의 기도에 응답으로 자연에 내려진다(8:6~12).

서론

요한계시록 8~11장은 인 심판 일곱째이자 나팔 심판 시리즈를 말합니다. 왜냐하면 인 심판 일곱째는 나팔 심판 일곱 개를 포함하기 때문입니다. 인 심판 시리즈 구조처럼 나팔 심판 시리즈 구조도 '4개 심판 —2개 심판—간주(막간)—1개 심판' 패턴입니다. 나팔 심판 처음 네 개는 자연에 쏟아지는 심판이고, 나머지 두 개와 또 한 개는 사람에 쏟아지는 심판입니다.

8장은 나팔 심판 처음 네 개에 관한 내용입니다. 두 부분, 곧 1~5절과 6~12절로 구성하고 있습니다. 1~5절은 침묵이 흐르는 반 시간에 일어나는 사건이요, 6~12절은 나팔 심판 처음 네 개로 일어나는 사건입니다. 오늘은 성도가 세상을 바라보지 말고 주님을 바라보며 삶을 살아야 한다고 말씀드리고자 합니다.

I. 인 심판 일곱째는 나팔 심판 일곱 개를 포함한다(8:1~5).

1. 인 심판 일곱째는 나팔 심판 일곱 개를 포함한다(8:1~2).

막간에 환상 두 개(7장) 다음에, 사도 요한은 어린 양이 일곱째 인을 떼는 모습을 봤습니다. 일곱째 인을 떼시자, 하늘은 약 반 시간이나 고요했습니다. 이때 하나님 앞에 일곱 천사가 서 있었습니다. 그리고 그들은 일곱 나팔을 각각 하나씩 받아서 가지고 있었습니다.

"일곱째 인을 뗄 때 반 시간이나 고요했습니다. 고요함이 무엇을 의미하는지는 의견이 다양합니다."

가장 자연스러운 견해는 두 가지입니다.[1] 하나는 하나님의 심판과 관

---

[1] 고요함이 무엇을 의미하는가에 관한 견해는 여러 가지이다. 1) 하나님의 심판과 관련이 있다는 견해이다. 하나님의 강력한 심판이 오고 있다는 의미이다. 2) 재창조와 관련이 있다는 견해이다. 하나님께서 세상을 창조하기 전에 조용하셨듯이, 마지막에 우주를 재창조하기 전에도 고요하다. 3) 기도와 관련이 있다는 견해이다. 지상에서 희생제물을 고요한 가운데 드리듯이 성도들의 기도와 합하여 향을 드릴 때, 하나님께서 성도의 기도를 듣도록 침묵을 지킨다는 것이다. 4) 하나님의 장엄함에 두려움과 경의를 표하는 견해이다. 고요함에 관한 더 자세한 내용은 David E. Aune, 『요한계시록 6~16』, 김철 옮김, WBC 성경주석, 52중 (서울: 솔로몬, 2004), 276~77; Craig R. Koester, 『요한계시록 I—서론, 1~9장』, 최흥진 옮김, 앵커바이블 시리즈 (서울: 기독교문서선교회, 2019), 740~42; G. K. Beale, 『요한계시록(상)』, 오광만 옮김, NIGTC (서울: 새물결플러스, 2020), 747~50; Buist M. Fanning, *Revelation*, Zondervan Exegetical Commentary on the New Testament, ed. Clinton E. Arnold et

련이 있다는 견해이지요. 침묵은 하나님의 심판이 다가오고 있다는 예시일 수 있습니다. "태풍 전야'라는 말이 있습니다. 태풍이 닥치기 전에 흐르는 고요함을 뜻하는 말로, 너무 조용하여 마치 어떤 큰 사건이 일어날 것만 같은 상황을 빗대어 하는 말입니다. 이 용어가 생겨난 배경은 태풍이 일면 공기 흐름이 태풍으로 집중되기에, 태풍 반경에서 벗어난 지역에서는 바람이 거의 불지 않고 아주 고요합니다. 그러다가 태풍 반경에 들어가면 비바람이 치고 강풍이 분다고 해서 생겨난 말입니다. 마찬가지로, 하늘의 고요함은 하나님의 심판이 부어지기 전에 고요한 상태를 말합니다.

다른 하나는 예배, 특히 성도의 기도와 관련이 있습니다. 유대인 전통에 따르면, 천사들은 밤에는 쉴 새 없이 찬양합니다. 하지만 낮에는 이스라엘 백성의 찬양이 하나님께 상달되게 하도록 침묵을 지켰다고 합니다(*m.* Tamid 5:1~6; *T. Adam* 1:12).[2] 그렇다면 하늘 보좌에서, 성도의 기도와 함께 향을 올릴 때, 하나님께서 성도의 기도에 집중하도록 반 시간 침묵했을 가능성이 있습니다. 하나님의 심판과 성도의 기도는 서로 밀접한 관련이 있습니다. 인 심판에서 다섯째 인을 뗄 때, 성도들은 피의 원한을 풀어 달라고 기도했습니다. 여섯째 인은 성도들의 기도에 응답하여 하나님께서 창조 세계와 사람들에게 재앙을 내린 장면을 묘사합니다. 마찬가지로, 나팔 심판이 시작되기 직전 조용한 시간에,

---

al., vol. 20 (Grand Rapids: Zondervan Academic, 2020), 280을 참조하라. Beale, 『요한계시록(상)』, 742~43; Grant R. Osborne, 『요한계시록』, 김귀탁 옮김, BECNT 시리즈 (서울: 부흥과개혁사, 2019), 437; George E. Ladd, *A Commentary on the Revelation of John* (Grand Rapids: Wm. B. Eerdmans Publishing Company, 1972), 122~23에서는 고요함을 최후 심판과 연결한다. 하지만 Fanning, *Revelation*, 280에서는 다가올 심판을 배제하지는 않아도 성도의 기도와 더 관련이 있다고 주장한다.

2 G. B. Caird, *The Revelation of Saint John*, Black's New Testament Commentaries, ed. Henry Chadwick (Peabody, MA: Hendrickson Publishers, 1966), 106~07.

성도들이 하나님께 기도를 올립니다. 그 결과, 하나님은 성도의 기도에 응답하여, 6절부터 나타나는 나팔 심판을 내리십니다. 성도의 기도는 하나님을 움직이는 힘이 있습니다.

반 시간 침묵 동안, 일곱 천사는 하나님에게서 나팔을 각각 하나씩 받습니다. 요한은 일곱 천사가 하나님 앞에 서 있는 모습을 봤습니다. "서 있다(ἑστήκασιν)"는 가만히 서 있다는 의미보다는, 하나님 앞에서 하나님을 섬기며 봉사한다는 의미입니다.3 일곱 천사는 하나님의 보좌 앞에서 하나님을 섬기면서 봉사하는 천사들입니다. 이들은 네 생물, 그리고 24 장로와 함께 하나님의 보좌 앞에서 하나님의 명령을 수행하는 천사들입니다. 그런데, 하나님을 섬기며 봉사하는 일곱 천사 앞에 정관사가 붙어 있습니다. 정관사는 일반적으로 앞에서 언급한 어떤 것을 지칭하거나, 이미 잘 알려진 것을 지칭할 때 사용합니다.4 일곱 천사 앞에

---

3 Fanning, *Revelation*, 281; Aune, 『요한계시록 6~16』, 278에 따르면, "에스테카신(ἑστήκασιν)"은 "에스테미(ἵστημι)"의 현재완료형이다. 하나님 앞에 서 있다는 말은 단순히 서 있다는 의미보다는 하나님 앞에서 섬기며 봉사하고 있다는 의미이다. Philip E. Hughes, *The Book of the Revelation* (Grand Rapids: Wm. B. Eerdmans Publishing Company, 1990), 103에서는 '서 있다'를 위치 개념으로 본다. Robert L. Thomas, *Revelation 8~22: An Exegetical Commentary* (Chicago: Moody Press, 1995), 7에서도 위치 개념으로 이해하면서 하나님 앞에 서 있다는 표현이 천사들의 특별한 그룹을 의미한다고 말한다. Robert H. Mounce, 『요한계시록』, 장규성 옮김, NICNT (서울: 부흥과개혁사, 2019), 229에서는 '서 있다'를 스스로 섬기려고 준비함이라고 말한다.

4 "일곱 천사(τοὺς ἑπτὰ ἀγγέλους)"에서 정관사(τοὺς)는 앞에서 언급된 것을 의미할 수도 있지만, 이미 알려진 것을 의미할 수도 있다. 유명함 용법은 Daniel B. Wallace, *Greek Grammar Beyond the Basics: An Exegetical Syntax of the New Testament* (Grand Rapids: Zondervan Publishing House, 1996), 225; Daniel B. Wallace, 『월리스 중급 헬라어 문법: 신약 구문론의 기초』, 김한원 옮김 (서울: 한국기독학생회출판부, 2019), 122를 보라. Ladd, *A Commentary on the Revelation of John*, 124; Fanning, *Revelation*, 281에서도 그 사실을 주장한다. Beale, 『요한계시록(상)』, 753에서는 일곱 나팔을 받은 일곱 천사가 일곱 교회의 일곱 수호천사와 동일시 할 수 있음을 말한

정관사가 있음은 이 일곱 천사가 독자에게는 잘 알려진 천사들임을 말한다. 유대 전통에 따르면, 잘 알려진 일곱 천사는 일곱 명의 천사장을 의미합니다(Tob. 12:15; 4 Ezra 4:36).[5] 일곱 천사장 중 우리에게 알려진 천사장 둘은 미가엘과 가브리엘입니다.

만약 일곱 천사장을 의미한다면, 일곱 천사장이 하나님의 보좌 앞에서 하나님의 명령을 수행하려고 일곱 나팔을 받았음을 알 수 있습니다.[6] 나팔은 다양한 용도로 사용했습니다. 전쟁할 때, 성전에서 봉헌할 때, 절기나 새해가 올 때도 나팔을 불었습니다. 물론 주님께서 재림하시는 날에도 나팔 소리는 울려 퍼집니다(살전 4:16). 그런데 요한계시록에서 나팔은 주로 하나님의 심판과 관련이 있습니다. '나팔을 받았다'라는 말은 하나님의 심판을 수행할 권리를 위임받았다는 뜻이요. '나팔을

다. Aune, 『요한계시록 6~16』, 279에서는 정관사가 요한계시록에서 나오는 하나님의 일곱 영이나 일곱 교회의 천사들과 동일시 할 수도 있음을 인정한다.

5 일곱 천사장은 다음과 같다. 우리엘(Uriel), 라파엘(Raphael), 라구엘(Raguel), 미가엘(Michael), 사리엘(Sariel), 가브리엘(Gabriel), 레미엘(Remiel)이다. 요한계시록에서는 미가엘만 언급이 되고 있다(계 12:7). Mounce, 『요한계시록』, 229; Koester, 『요한계시록 I』, 1~9장, 742; Leon Morris, *The Book of Revelation: An Introduction and Commentary*, Tyndale New Testament Commentaries, ed. Leon Morris, vol. 20 (Downers Grove, IL: InterVarsity Press, 1987), 117; Fanning, *Revelation*, 281는 일곱 천사를 일곱 천사장으로 주장한다.

6 Osborne, 『요한계시록』, 444에서는 구약과 신약에서 나팔 사용을 언급한다. 구약에서 나팔은 전쟁할 때(삼상 13:3; 렘 51:27), 성전을 봉헌할 때(대하 5:12), 왕이 등극할 때(왕상 1:34; 3:9), 여호와를 경배할 때(시 98:6), 번제물을 드릴 때(민 10:10), 절기 때(레 23:24; 25:9), 재앙의 날에 회개를 촉구할 때(사 58:1; 렘 4:5), 언약궤를 메고 갈 때(삼하 6:15), 언약궤를 옮길 때(대상 15:24), 예루살렘 성벽 봉헌할 때(느 12:41) 불었다. 유대 묵시문학에서는 종말론적인 심판을 선포할 때도 사용했다(2 Esdr. 6:23; Sib. Or 4.173~174; Apoc. Abr. 31장). 신약에서도 종말과 연결하여 사용했다(마 24:31; 고전 15:52; 살전 4:16). 계시록에서도 마지막 때와 연결하여 사용했다(계 1:10; 4:1). Mounce, 『요한계시록』, 229~30에서도 구약 시대에 나팔을 다양하게 썼다고 말하면서, 요한계시록에서 나팔은 주로 종말론적인 나팔로 심판과 관련이 있다고 주장한다.

분다'라는 말은 위임받은 대로 하나님의 심판을 수행한다는 뜻입니다. 하나님은 일곱 전사상에게 세상을 심판할 특명을 전달하셨습니다.

"일곱 천사장이 나팔을 받는 장면 후에, 요한은 또 다른 장면을 봅니다."

2. 성도의 기도는 향과 함께 하나님께 상달된다(8:3~5).

요한은 또 다른 천사가 금향로를 들고 제단에 서 있는 모습을 봤습니다. 그 천사는 모든 성도의 기도와 함께 많은 향을 받아 보좌 앞 금제단 앞으로 나아갑니다. 향의 연기와 성도들의 기도는 천사의 손으로부터 하나님 앞으로 올라갑니다. 그 뒤에 천사는 성도의 기도를 올려드린 그 향로에 제단 불을 가득 채웁니다. 그리고 그것을 땅에 던집니다. 그러자 천둥과 요란한 소리와 번개, 그리고 지진이 일어났습니다. 금향로를 들고 제단에 서 있는 다른 천사가 누구인지는 알려지지 않았습니다.[7] 하지만 그 역할이 제단과 관계된 일임을 알 수 있습니다. 제사장 기능을 하는 천사입니다.[8] 그는 성도들의 기도와 함께 향의 연기를 하나님께 올려 드리는 일을 합니다. 그래서 성도들의 기도는 향의 연기와 함께 하나님께 상달됩니다.[9]

---

[7] Beale, 『요한계시록(상)』, 754; John F. Walvoord, 『예수 그리스도의 계시』, 전준식 옮김 (서울: 교회연합신문사, 1987), 202에서는 다른 천사를 그리스도라고 말한다. 이 천사는 제사장의 임무를 행하기에, 대제사장이신 예수님을 지칭한다고 할 수 있다. 하지만 Osborne, 『요한계시록』, 444에서는 그리스도로 여기는 견해를 반대하고, 제사장 기능을 하는 천사라고 여긴다. Thomas, *Revelation 8~22*, 8에서는 다른(ἄλλος)을 '같은 종류의 다른'으로 해석하여 2절의 일곱 천사와 연결한다. Mounce, 『요한계시록』, 230; Fanning, *Revelation*, 282에서는 다른 천사는 일곱 천사와 다르다고 말한다.

[8] Osborne, 『요한계시록』, 444~45.

[9] 다른 천사가 드린 향이 성도들의 기도인지(향과 기도가 동일함), 아니면 기도와 함께 올라간 것인지(향과 기도가 다름)에 관한 논의가 있다. Fanning, *Revelation*, 282에서는 기도와 함께 드려졌다는 예배의 행동으로 성도의 기도가

성도의 기도가 어떤 기도이든 하나님께 상달합니다. 우리는 때때로 기도가 허공에 친다는 생각이 들기도 합니다. 기도해도 응답하지 않을 때, 그런 기분이 들지요. 절박함이 사라진 채 기도를 할 때, 종종 그런 느낌이 들곤 합니다. 절박하게 기도하는데도 허공에 기도하는 것과 같은 마음이 들곤 합니다. 하지만 주님은 허공을 치는 것과 같은 기도까지도 들으십니다. 주님께 올려 드리는 기도는 작은 것, 보잘것없는 것처럼 생각돼도 모두 주님께 올라갑니다. 4절은 향이 기도와 함께 올라간다고 말합니다. 그런데 요한계시록 5:8은 성도의 기도를 향이라고 했습니다. 향은 성도의 기도일 수도 있고, 성도의 기도를 하나님께 상달되게 하는 매개체라고 할 수도 있습니다.10 향이 성도의 기도라면, 기도는 하나님께 올라갑니다. 향이 성도의 기도를 하나님께 올라가게 하는 매개체라면, 예수 그리스도의 보혈 능력이, 성령의 능력이 성도의 기도를 하나님께 올라가게 합니다. 그러므로 우리의 마음이 기도와 합해지지 않더라도, 하나님께 기도해야 합니다. 어떤 기도든, 기도는 하나님께 상달되기 때문입니다.

그 천사가 할 또 다른 임무는 제단 불을 땅에 던지는 일입니다. 천사는 같은 향로를 가져다가 제단 불을 가득 채워서 땅에 던집니다. 그러자 천둥과 요란한 소리와 번개와 지진이 일어났습니다. 이는 하나님의 심판이 시작되고 있음을 의미합니다. 천둥, 요란한 소리, 번개와 지진은 때때로 하나님의 임재와 관련이 있습니다(출 19:16~19). 하나님께서 시내산에서 모세를 부르실 때, 번개와 천둥소리 가운데 임하셨습니다. 그것을 통하여 이스라엘 백성은 하나님의 능력과 임재를 느꼈습니다. 그

드려졌다는 상징적 표현이라고 말한다. 그는 성도의 기도는 계시록 6장 10절처럼 구원과 신원을 위한 기도라고 말한다. 반면에 Osborne, 『요한계시록』, 446에서는 향이 성도의 기도를 가지고 하나님께로 올라갔다고 여김이 타당하다고 말한다.

10 박윤선, 『정암 박윤선의 요한계시록 강해―참 교회의 승리와 구원의 완성』 (수원: 영음사, 2019), 255에서는 에베소서 5:2―예수님을 향기로운 제물, 곧 희생제물로 표현―을 인용하면서 향을 예수님의 희생제물로 표현한다.

리고 두려워했습니다. 그러나 천둥, 요란한 소리, 번개와 지진은 때때로
하나님의 심판과도 연결이 됩니다(창 19:24; 겔 10:27). 소돔과 고모라를
심판하실 때, 하늘에서 유황과 불을 내렸습니다. 이집트를 심판하실 때
도, 하늘에서 우박과 천둥소리, 번개불과 함께 내렸습니다(출 9:23~24).
하나님의 임재와 하나님의 심판은 서로 연결됩니다.

제단에서 불은 두 가지 결과로 나타남을 볼 수 있는데요. 하나는 믿
는 성도들의 기도를 하나님께 상달하는 불로 나타납니다. 반대로 땅에
사는 사람, 믿지 않는 사람에게는 심판의 불로 나타납니다. 그래서 성
도의 기도와 심판의 불은 서로 연관됩니다. 사실, 성도가 기도한 결과
로, 하나님은 세상을 심판하십니다. 이 땅에서 성도들이 당하는 고통을,
주님께서 당신 때에 다 갚아 주심을 알 수 있습니다.

"성도의 기도 응답으로 이제 하나님의 심판, 곧 나팔 심판이 선포되고
있습니다."

II. 나팔 심판 처음 네 개는 성도의 기도에 응답으로 자연에 내려진다(8:6~12).

나팔을 하나씩 받은 일곱 천사가 나팔을 불려고 준비합니다. 첫째 천
사가 나팔을 붑니다(7절). 우박과 불이 피에 섞여서 땅에 떨어집니다.
그러자 땅 삼분의 일이 타버립니다. 나무 사분의 일도 타버립니다. 그
리고 푸른 풀이 다 타버립니다. 우박과 불의 이미지는 이집트에 내려진
일곱 번째 재앙과 비슷합니다(출 9:23~24). 이집트에 내려진 재앙이 우
박과 불로 심판이라면, 나팔 심판 첫째는 피가 섞인 우박과 불 심판입
니다.[11] 나팔 심판은 이집트에 내려진 일곱 번째 재앙보다 훨씬 더 강

---

11 피가 섞인 우박과 불은 사하라 사막에서 날아오는 붉은 먼지 때문에 지중
해 연안 지역에서 핏빛의 비가 내리는 것을 암시할 수 있고, 또 다른 견해는 1
세기에 일어난 에게해의 섬들의 화산 폭발로 당시 하늘이 빨갛게 변한 것을 암

력한 심판임을 알 수 있습니다. 이 강력한 심판은 땅 삼분의 일을 파괴합니다. 피가 섞인 우박과 불의 심판 결과, 땅과 나무 삼분의 일이 타버립니다. 그리고 푸른 풀 모두도 타버립니다.12 인 심판 넷째가 땅 사분의 일에 영향을 주었다면, 나팔 심판 첫째는 땅 삼분의 일에 영향을 줍니다. 앞으로 대접 심판은 땅 전체에 영향을 줍니다. 심판 진행에 따라, 하나님의 심판이 점점 강화됨을 알 수 있습니다.

둘째 천사가 나팔을 붑니다(8~9절). 그러자 "불타는 큰 산과 같은 것"이 바다에 던져집니다. 그래서 바다 삼분의 일이 피가 됩니다. 그 결과, 바다에 사는 물고기 삼분의 일이 죽고, 배들 삼분의 일도 파괴가 됩니다. 성경은 불붙는 산으로 표현하지 않고, 불붙는 산과 같은 것이라고 표현합니다.13 이것이 무엇을 의미하는지는 정확하지 않습니다. 중요한 점은 이것이 무엇을 의미하는가보다, 바다에 떨어진 결과입니다. 바다에 떨어진

시한다는 견해가 있다. Osborne, 『요한계시록』, 453에서는 에게해 섬들의 화산 폭발이 더 나은 견해라고 말한다. Koester, 『요한계시록 I』, 772~73에서는 이 견해를 사막에서 유입되는 붉은 먼지일 가능성이 있지만, 그리스-로마 자료들과 유대 문헌에 따르면 이것은 전쟁의 징조로 해석해야 한다고 말한다.

12 Morris, *The Book of Revelation*, 120에서는 모든 푸른 풀은 땅 삼분의 일에서 자라는 모든 풀을 지칭한다고 말한다. 반면에 Osborne, 『요한계시록』, 454에서는 묵시적 이미지로 문자 그대로 땅의 모든 풀을 의미하는 것으로 보아야 한다고 말한다. Fanning, *Revelation*, 285에 따르면, 땅과 거주민에게 불어닥치는 심판의 엄중함을 의미한다. Mounce, 『요한계시록』, 235에서는 삼분의 일을 문자 그대로 이해하지 말고, 상징적으로 하나님의 심판이 완전하지 않음을 보여주는 것으로 이해한다.

13 바다에 던져진 불붙는 산 이미지의 원천은 네 개 정도이다. 1) 예레미야 51:25이다. 2) 유대 묵시 사상이다. 3) 1세기에 일어난 화산 폭발 사건이다. 4) 하늘에서 떨어진 운석을 의미한다. Osborne, 『요한계시록』, 455~56에서는 이 네 가지 이미지 원천 중 하나만 택할 필요가 없다고 말한다. 그는 화산 폭발을 첫째 나팔과 연결이 되고, 운석 낙하는 셋째 나팔과 연결이 되기에 불붙는 큰 산은 이것을 연결하는 고리 역할을 한다고 말한다. Beale, 『요한계시록(상)』, 787에서는 불붙는 산이 악한 나라를 심판하는 암시로 여긴다.

결과, 바다 삼분의 일이 피가 됩니다. 그 결과, 바다에 살고 있는 생물 삼분의 일이 죽습니다. 이집트에 임한 첫째 재앙으로 나일강이 완전히 피로 변하여 고기가 모조리 죽었습니다(출 7:17~18, 20~21). 본문에서는 바다 삼분의 일이 피로 변합니다. 그 결과, 바다 생물 삼분의 일이 죽고 배 삼분의 일이 파괴됩니다.[14] 항로는 로마 제국의 가장 큰 수입원이었습니다. 당시 로마인은 생계와 교역을 바다에 의존했기 때문입니다. 그런데 바다 생물 삼분의 일이 죽고 파괴됨으로 교역량이 감소합니다. 물고기를 잡는 배들, 무역하는 배들은 바다 삼분의 일 파괴로 크게 피해당할 수밖에 없습니다. 배 삼분의 일 파괴는 두 가지 원인으로 발생한 결과일 수 있습니다. 불붙는 산과 같은 것이 직접 배에 떨어져 파괴했을 수도 있고요. 해상 무역의 감소로 배 삼분의 일이 사라졌을 수도 있습니다.[15]

천사가 셋째 나팔을 붑니다(10~11절). 큰 별 하나가 횃불처럼 타면서 하늘에서 강으로 떨어집니다.[16] 그래서 강 삼분의 일과 샘물들 위에 떨어집니다. 이 별 이름은 "쑥"입니다. 그래서 물 삼분의 일은 쑥이 되고, 마시는 사람은 죽습니다. 나팔 심판 셋째는 나팔 심판 둘째와 비슷합니다. 차이는 "불붙는 큰 산과 같은 것"과 "횃불 같이 타는 큰 별"입니다. 그리고 바다가 아니라, 강이나 샘물입니다. 쑥이라 불리는 횃불과 같은

---

14 Fanning, *Revelation*, 285에서는 이집트 재앙과 비교하면서 나팔 심판은 하나님의 초자연적인 재앙으로 자연에 두려움을 줄 정도의 재앙이라고 말한다.

15 Osborne, 『요한계시록』, 457; Beale, 『요한계시록(상)』, 789; Fanning, *Revelation*, 286에서는 무역량의 감소로 피해를 뜻한다고 주장한다.

16 Osborne, 『요한계시록』, 457; Aune, 『요한계시록 6~16』, 295; Thomas, *Revelation 8~22*, 21; Fanning, *Revelation*, 286에서는 '횃불 같이 타는 큰 별 (ἀστὴρ μέγας καιόμενος ὡς λαμπὰς)'은 운석이나 별똥별이 빛을 내며 대기권을 통과해 땅에 떨어지는 현상이라고 말한다. Caird, *The Revelation of Saint John*, 114~15에서는 '불타는 큰 산'이 고대 바벨론 멸망, 하늘을 오르려다 떨어진 바벨론 왕, 계명성 헤렐(Heylel, the moring star, 사 14:12~20) 등과 관련이 있다고 말한다. Beale, 『요한계시록(상)』, 792~93에서는 악한 나라를 대표하는 악한 천사로 여기는데, 8절이 큰 성 바벨론 심판을 다루기 때문이다.

별이 강과 샘물에 떨어져 먹는 생수를 오염시킵니다.[17] 강물이나 샘물은 생명의 원천으로 여겼습니다. 쑥이 강물이나 샘물에 떨어지면, 물은 쑥처럼 쓰게 되고 오염이 되기에, 물이 부족할 수 있습니다. 물이 부족하고 오염되다 보니, 오염된 물을 마시는 많은 사람이 죽습니다.

구약성경은 쑥을 죽음으로 이끄는 유해한 물질이나 독과 연결합니다 (민 5:24, 27; 렘 9:15; 23:15). 민수기 5장에 남편이 아내가 다른 남자와 동침했는데 증거가 없거나 남편이 의처증이 있어서 그렇게 의심할 때, 치료하는 방법을 제시합니다. 제사장은 여인을 앞으로 나오게 하여 저주의 말을 기록한 종이를 쓴 물에 담가 씻습니다. 그러고서 그 물을 여인에게 마시게 합니다. 여인이 죄가 없을 때는 임신하지만, 죄가 있을 때는 고통과 함께 배가 부어오르고 허벅지가 마르는 증상을 보입니다.

갈라디아 고원에서 자라는 쑥은 너무도 독해서 30g만 있으면, 물 2,000리터를 쓰게 만들 수 있습니다.[18] 그렇다면 횃불처럼 타는 하늘에서 떨어진 쑥이라는 별은 강이나 샘물에 떨어져서 생수를 해로운 물이나 독으로 만들었을 것입니다. 그리고 그 해로운 물이나 독을 마신 사람은 죽습니다. 최근 신문이나 TV에 산업 쓰레기로 오염된 물로 피해를 종종 경고합니다. 산업 쓰레기는 1급수를 탁하고 오염된 물로 만들어, 물고기가 살 수 없어 떼 죽임을 당하게 합니다. 산업 쓰레기를 방치하면, 각종 쓰레기에서 더러운 물이 흘러나와 도랑으로 흘러듭니다. 그러면 지하수로 흘러들어서 물을 오염을 시킵니다. 산업 쓰레기만의 문제는 아니지요. 우리가 버리는 쓰레기, 농약, 비료, 플라스틱 등이 자연을 오염시킵니다. 물을 오염시킵니다. 물이 오염되면, 물속에 살고 있는 생물도 오염됩니다. 그러면, 그것을 먹은 사람도 오염됩니다. 나팔

---

17 Beale, 『요한계시록(상)』, 793~94에서는 물을 오염시키는 심판이 내려진 이유는 "이스라엘의 종교 지도자들이 영적으로 이스라엘을 바알 숭배라는 우상 숭배로 오염시켰기 때문이다"라고 말하면서, 쑥 심판을 기근과 연결한다.

18 Aune, 『요한계시록 6~16』, 297.

심판 셋째는 오늘날 산업 쓰레기나 다른 오염물과 비교할 수 없을 정도로 강한 독성을 가졌음을 가르쳐 줍니다.

넷째 천사가 나팔을 붑니다(12절). 그러자 해와 달, 그리고 별 삼분의 일이 타격을 입습니다. 낮과 밤 삼분의 일이 빛을 잃습니다.[19] 이 심판은 이집트에 내려진 아홉째 재앙과 유사합니다(출 10:21~23). 이집트 온 땅에 심일 동안 어둠이 내려덮습니다. 그래서 사람들은 3일 동안이나 서로 볼 수도 없었고, 제자리를 뜰 수도 없었습니다. 아모스 5장에서, 선지자는 "주님의 날, 마지막 심판의 날을 빛도 없고 어둠만 있는 날"로 표현했습니다(암 5:18~20). 어둡고 빛이 없어, 사자를 피하다가 곰을 만납니다. 집으로 들어가려고 손을 벽에 대다가 뱀에게 물립니다. 빛이 없으면, 그것을 피하다가 더 큰 고통과 어려움을 당함을 묘사하고 있습니다. 이렇게 주님의 날을 어둡고 빛이 없는 날입니다.

---

19 Aune, 『요한계시록 6~16』, 298; Koester, 『요한계시록 I』, 777에서는 "빛을 잃는다"를 빛이 사라지는 것보다, 삼분의 일로 감소한다고 말한다. Beale, 『요한계시록(상)』, 797~98에서는 태양, 달, 별이 빛을 잃고 어두워진다를, 초기 유대교 전통인 *Wis.* 15~17장의 흑암 재앙 이야기와 연결해, "문자적으로 깜깜해짐이 아니라, 우상을 숭배하고 성도를 박해하는 사람들에게 우상숭배가 어리석고 그들이 살아계신 하나님으로부터 떠나 있다는 사실을 상기하게 하려고 의도한, 하나님이 정하신 모든 사건을" 가리킨다고 주장한다. Osborne, 『요한계시록』, 459~60에 따르면, '태양, 달, 별 삼분의 일이 타격을 입었다'(ἐπλήγη)에서 타격은 사실적인 동사로 발광체에 타격을 가했다는 의미다. 그리고 12절에서 구체적인 표현은 단순히 일식이나 월식 현상을 설명하기에는 부족하다. 왜냐하면 일식이나 월식 현상은 전체적인 흑암을 가져올 수 없기 때문이다. 그러므로 이것은 단순히 소멸 현상이 아니고, 낮과 밤 삼분의 일 동안 흑암이 지배함이 분명하다고 말한다. Walter Bauer, eds. Kurt Aland, Barbara Aland, and Viktor Reichmann, 『바우어 헬라어 사전—신약성경과 초기 기독교 문헌의 헬라어-한국어 사전』, 이정의 옮김 (서울: 생명의말씀사, 2017), 1260~61; Mounce, 『요한계시록』, 239, n. 41에 따르면, '플레소(πλήσσω)'는 때리고 타격을 가하는 의미로, 출애굽기 9:31에서는 우박이 곡식에 떨어져 완전히 파괴됨을 묘사하는 데 쓰였다.

태양이나 달, 별이 빛을 잃으면, 나타나는 현상은 무엇일까요? 일조량이 부족하면, 채소나 과일 식물이 잘 자라지 않습니다. 생산량이 줄어듭니다. 최근 집중호우에 이은 강우로 일조량이 부족했습니다. 그 결과, 벼와 가을철 과수작목에 비상이 걸렸습니다. 고온다습한 환경이 지속하면서 병충해가 극성을 부립니다. 그래서 농사는 엄청난 타격을 입었습니다. 사람도 정신적으로, 육체적으로 피해를 봅니다. 우울해지고, 심리적으로 약해집니다. 해, 달, 별 삼분의 일이 타격을 입었을 때, 상상할 수 없는 결과가 벌어집니다. 아모스에서 말한 주님의 날, 곧 마지막 심판 예언이 나팔 심판 넷째에서 이뤄집니다.

결론

나팔 심판 처음 네 개는 땅과 자연을 대상으로 합니다. 물론 사람도 그 영향을 받습니다. 그러나 초점은 사람이 아니고, 사람이 사는 땅이요, 자연입니다. 하나님의 심판 대상인 세상을 바라보고 사는 사람들은 어리석은 선택을 한 사람입니다. 왜냐하면 이 세상은 심판 대상이기 때문입니다. 심판 대상인 세상을 바라보고 사시겠습니까, 아니면 참 생명의 주인이신 하나님을 바라보고 사시겠습니까?

어떤 유명한 화가가 제자에게 가장 평온한 모습을 화폭에 담아 오라고 했습니다. 제자는 호숫가를 거닐다가 엄마 오리와 새끼 오리가 즐겁게 거닐고 다니는 모습을 화폭에 담아 스승에게 갔습니다. 그러자 스승은 고개를 저었습니다. 실망한 제자는 어느 폭풍이 휘몰아치는 날, 다시 그 호숫가를 갔습니다. 어미 오리가 날개를 펴서 새끼 오리를 감싸고 있었고, 새끼 오리는 엄마 오리 품에서 새근새근 잠들어 있었습니다. 바깥은 폭풍우가 휘몰아치는 곳이었지만, 엄마 오리 품에 안긴 새끼 오리는 평온하게 잠들어 있었습니다. 이것을 화폭에 담아 가자, 스승을 잘했다고 했습니다.

세상은 심판으로 휘몰아쳐도 예수님 안에는 평화가 있고, 안식이 있습니다. 참된 안식과 평온은 주님 안에 있습니다. 이 세상 것에 마음을 두고, 의지하기보다는, 주님께 마음을 두고 의지하시기를 바랍니다.

계시록 8:13~9:12, '나팔 심판 다섯째'
주님만 따르자

중심 내용: 귀신의 권세는 제한적이어서 하나님께 허락받아야만 파괴와 멸망을 일삼을 수 있다.

서론(8:13)

I. 땅에 떨어진 천사는 불신자를 핍박하려고 무저갱에서 나온 악마(메뚜기)이다(9:1~6).

II. 이유는 그들 제한된 권세와 그들 왕이 멸망과 파괴를 일삼는 아바돈이기 때문이다(9:7~11).

결론(9:12)

서론(8:13)

나팔 심판 넷째 다음에, 사도 요한은 독수리가 날아가는 모습을 봤습니다. 독수리는 **"화가 있다. 화가 있다. 땅 위에 사는 사람들에게 화가 있다"**라고 큰 소리로 외쳤습니다.[1] 이 세 차례 화는 앞으로 세 천사가 불어야 하는 나팔 심판 세 차례입니다. 다시 말해, 나팔 심판 다섯째,

여섯째, 일곱째를 독수리는 세 차례 화로 말하고, 그 심판이 남아 있다고 표현합니다. 나팔 심판 처음 네 개는 자연과 우주를 대상으로 했습니다. 사람에게 직접적으로 내려진 심판이 아니고, 자연과 우주에 내려진 심판입니다. 그 심판으로, 사람은 간접적으로 피해를 보았지만, 직접적인 피해를 보지 않았습니다.

하지만 남은 세 차례 나팔 심판, 즉 세 차례 화 심판은 사람에게 직접 내리는 심판입니다. 사람에게 직접 내리는 심판의 강도는 처음 네 개 나팔 심판과 확연히 다릅니다. 나팔 심판 다섯째와 여섯째 두 개 강도는 처음 네 개를 하나로 묶은 것보다 내용도 세 배나 셉니다. 그래서 **"화가 있다. 화가 있다. 화가 있다"**라고 표현했습니다. 오늘 설교는 나팔 심판 다섯째를 토대로 「주님만 따르자」입니다.

I. 땅에 떨어진 천사는 불신자를 핍박하려고 무저갱에서 나온 악마 (메뚜기)이다(9:1~6).

다섯째 천사가 나팔을 불었습니다. 그러자 하늘에서 땅으로 떨어진 별 하나를 봤습니다. 그 별은 아비소스(ἄβυσσος), 즉 무저갱을 여는 열쇠를 받았습니다. 무저갱을 여니, 큰 용광로에서 나오는 연기와 같은 연기가 올라왔습니다. 그 연기 때문에, 해와 하늘은 가려지고 어두워졌습니다. 연기 속에서 메뚜기 떼가 나와 땅에 퍼졌습니다. 메뚜기 떼는 전갈이 가진 것과 같은 권세를 받아서 가지고 있었습니다. 그들은 풀이

---

1 "화(οὐαί)"는 일반적으로 아픔이나 비통을 표현하는 용어이다. 이 용어는 닥쳐올 사건에 비통함이나 슬픔을 표현하는 데 자주 사용했다(고전 9:16: 계 9:12). 본문에서는 남은 나팔 심판, 곧 다섯째, 여섯째, 일곱째 심판 강도가 처음 네 개와 달리 훨씬 더 강함을 강조한다. 화(οὐαί)에 관한 자세한 사용과 용례는, Walter Bauer, eds. Kurt Aland, Barbara Aland, and Viktor Reichmann, 『바우어 헬라어 사전―신약성경과 초기 기독교 문헌의 헬라어-한국어 사전』, 이정의 옮김 (서울: 생명의말씀사, 2017), 1117~18을 참조하라.

나 나무는 하나도 해하지 말고, 하나님의 인이 찍히지 않는 사람만 해하라는 명령을 받았습니다. 사람을 해롭게 하지만, 사람을 죽이지 못하고 다만 다섯 달 동안 괴롭게만 할 수 있었습니다. 그런데 다섯 달 동안 괴로움은 너무도 고통스러워, 사람들은 차라리 죽고 싶어 합니다. 하지만 그들은 죽을 수 없었습니다. 요한이 본 것은 "**하늘에서 땅에 떨어진 별 하나**"였습니다. 요한은 땅에 떨어지는 별을 본 것이 아니라, 땅에 떨어진 별을 보았습니다.[2]

"땅에 떨어진 별이 무엇을 지칭하는 것일까요?"

땅에 떨어진 별은 하나님께서 위임하신 임무를 수행하라고 보내진, 하나님의 천사로 여겨야 합니다. 별(ἀστέρα)은 일반적으로 하늘에 뜬 별, 유성을 지칭합니다(마 2:2, 7, 9). 하지만 때때로 천사, 즉 악한 천사와 선한 천사 모두를 지칭할 때 사용하곤 했습니다.[3] 하늘에서 떨어진

---

2 "땅에 떨어졌다(πεπτωκότα)"는 분사 완료형으로, 땅에 떨어지는 과정이 아니라, 이미 땅에 떨어진 결과를 의미한다. 하지만, KJV은 이것을 떨어지는 과정(a star fall from heaven)으로 번역한다. 하지만 NAS나 Net Bible 등에서는 결과(a star that has fallen from the heaven)로 번역한다.

3 Craig R. Koester, 『요한계시록 I—서론, 1~9장』, 최홍진 옮김, 앵커바이블 시리즈 (서울: 기독교문서선교회, 2019), 787~88에서는 하늘에서 떨어진 별에 관한 두 가지 견해를 정리한다. 1) 사탄 혹은 악마나 귀신들을 지칭한다. 이 견해를 주장하는 학자들은 이 타락한 천사가 계시록 9:11의 아볼루온이라고 불리는 무저갱의 천사와 동일시한다. 2) 무저갱의 열쇠를 가지고 내려오는, 하나님의 천사로, 이 천사는 계시록 9:11에 나오는 무저갱 천사와 다르다. G. K. Beale, 『요한계시록(상)』, 오광만 옮김, NIGTC (서울: 새물결플러스, 2020), 13~15에서는 하늘에서 떨어진 천사는 사탄 혹은 그의 하수인인 악한 천사라고 주장한다. 그 증거로 이사야 14장, 에녹1서 88:1~3; 누가복음 10:18을 제시한다. Robert H. Mounce, 『요한계시록』, 장규성 옮김, NICNT (서울: 부흥과개혁사, 2019), 243~44에서는 무저갱 갱도를 여는 열쇠를 받았기에 사람으로 여겨야 한다고 말한다. 예로 이사야 14:12에서 바벨론 왕을 하늘에서 떨어진 계명성으로 묘사한다. 반면에서 David E. Aune, 『요한계시록 6~16』, 김철 옮김, WBC 성경주석, 52중 (서울: 솔로몬, 2004), 303; Buist M. Fanning, *Revelation*,

천사는 타락한 악한 천사일 수 있습니다. "떨어졌다(πεπτωκότα)"는 상징이나 비유적 의미로 도덕적으로 날선하거나 쇠나 반역하는 행위를 의미하기 때문입니다. 누가복음은 사탄이 하늘에서 불처럼 떨어진다고 표현합니다(눅 10:18). 요한계시록 12:8~9에서도 사탄이 부하들과 함께 하늘에서 땅으로 쫓긴 모습을 설명합니다. 그런 면에서 하늘에서 떨어진 천사는 타락한 천사로 볼 수 있습니다.

그러나 하나님의 명령을 수행하는 선한 천사로 이해가 좋습니다. 그 이유는 "떨어졌다(πεπτωκότα)"의 본래 뜻은 위치 이동, 즉 높은 곳에서 아래로 떨어짐을 의미하기 때문입니다.[4] 식탁에서 음식 부스러기가 떨어짐을 의미할 때 사용합니다(마 15:27; 눅 16:21). 또는 지붕에서나 위층에서 아래로 떨어질 때도 사용합니다(행 20:9). 그렇다면, '하늘에서 떨어진 별'은 하늘에서 땅으로 내려온 별로 해석할 수 있습니다(계 6:13, 16; 8:10). 또 다른 이유는 그 별이 무저갱의 열쇠를 받고, 무저갱을 열었기 때문입니다. 문을 열자, 메뚜기 떼가 무저갱에서 나왔습니다. 떨어진 별이 타락

Zondervan Exegetical Commentary on the New Testament, ed. Clinton E. Arnold et al., vol. 20 (Grand Rapids: Zondervan Academic, 2020), 293~95에서는 죄악된 인간에 대한 하나님의 심판을 수행하는, 하나님의 거룩한 사자로서 천사로 무저갱의 천사나 12:9에 나오는 사탄과 다른 존재라고 말한다. George E. Ladd, *A Commentary on the Revelation of John* (Grand Rapids: Wm. B. Eerdmans Publishing Company, 1972), 129; Leon Morris, *The Book of Revelation: An Introduction and Commentary*, Tyndale New Testament Commentaries, ed. Leon Morris, vol. 20 (Downers Grove, IL: InterVarsity Press, 1987), 124; Robert L. Thomas, *Revelation 8~22: An Exegetical Commentary* (Chicago: Moody Press, 1995), 27에서도 선한 천사라고 한다. 별에 관한 용법은 Bauer, 『바우어 헬라어 사전』, 222를 참조하라.

4 '떨어졌다(πεπτωκότα)'는 πίπτω의 분사 완료형이다. 이 단어는 높은 곳에서 떨어짐을 의미하거나(마 15:27; 눅 16:21), 서 있던 곳에서 넘어지고 쓰러짐을 의미한다(마 17:15). 이 용어는 사물, 특히 건축물이 무너지고 파괴됨을 의미하기도 한다(행 15:16). 하지만 상징과 비유적으로 쓰일 때는 멸망하거나 넘어짐을 의미하기도 한다. 자세한 내용은 Bauer, 『바우어 헬라어 사전』, 1237~38을 보라.

한 천사라면, 자기가 무저갱 문을 열고서 자기가 나왔다는 말인데, 이는 논리적으로 맞지 않습니다. 그리고 타락한 천사라면, 자기를 가둔 무저갱의 열쇠를 어떻게 받았을까요? 그래서 **"하늘에서 떨어진 천사"**는 타락한 천사보다는, 하늘에서 땅으로 내려온, 하나님의 천사로 여겨야 합니다.

하늘에서 내려온 천사는 무저갱 열쇠를 받았습니다. 무저갱 (ἄβυσσος)은 '**끝없이 깊은 구렁텅이, 무한정 깊은 장소**'를 지칭하는 용어입니다. 때때로 음부와 같은 의미로 쓰입니다. 죽은 사람이 거하는 곳(롬 10:7), 악한 영, 귀신이 거처하는 곳(눅 8:31), 사탄이 불못에 던져지기 전에 천 년 동안 결박당하는 곳을 무저갱으로 표현했습니다(계 20:3). 그리고 요한계시록 9:11은 음부의 사자 아바돈이 거처하는 곳으로 묘사했습니다.[5] 요한계시록은 무저갱을 일곱 번 사용했는데, 언제나 고통의 장소로, 감금 장소로 언급했습니다(계 9:1, 2, 11; 11:7; 17:8; 20:1, 3).[6] 그렇다면, 무저갱은 영원한 불못에 가기 전 단계로, 죽은 사람이 거하는 곳, 또는 귀신이 거하는 곳인 고통의 장소를 지칭합니다.

이 고통의 장소인 무저갱 열쇠를 하나님이 천사에게 주신 이유는, 무저갱을 열게 하려 함입니다. 무저갱을 열자, 그곳에서 불길한 연기가 나옵니다. 이 연기는 큰 용광로에서 나오는 연기와 같은 연기입니다. 몇천 도의 열을 가하는 큰 용광로를 덮고 있는 덮개를 열면, 엄청나게 뜨거운 열기가 분출합니다. 하나님께서 소돔과 고모라를 멸망시킬 때, 불과 연기 기둥이 치솟았다고 묘사하는 이유도 이 때문입니다(창 19:28). 이 거

---

5 무저갱에 관한 자세한 내용은 Bauer, 『바우어 헬라어 사전』, 3; Mounce, 『요한계시록』, 244; Grant R. Osborne, 『요한계시록』, 김귀탁 옮김, BECNT 시리즈 (서울: 부흥과개혁사, 2019), 469; Aune, 『요한계시록 6~16』, 303~04; Koester, 『요한계시록 I』, 788~89; Fanning, *Revelation*, 295를 보라. Beale, 『요한계시록(상)』, 815에서는 무저갱을 사탄이 통치하는 귀신들의 영역이라고 말한다.

6 Fanning, *Revelation*, 295. Beale, 『요한계시록(상)』, 815에서는 무저갱을 사탄이 통치하는 귀신들 영역이라고 말한다. Beale, 『요한계시록(상)』, 28에서는 무저갱을 타락한 천사들을 감금하는 임시 장소라고 한다.

대한 연기가 무저갱에서 나왔습니다. 그 연기는 태양과 하늘을 덮어 어둡게 했습니다.7 무저갱에서 연기가 나왔다는 말은 하나님의 심판이 시작됨을 알리는 신호탄입니다.8 연기가 하늘을 어둡게 만들고, 연기 속에서 메뚜기(ἀκρίδες) 떼가 나왔기 때문입니다.9

무저갱에서 나온 메뚜기 떼는 혐오 대상이고, 두려운 존재였습니다. 풀이나 나무를 해롭게 하지 않고, 사람에게만 해를 입히기 때문입니다. 보통 메뚜기는 풀이나 나무와 같은 자연은 해롭게 하지만, 사람에게는 해를 끼치지 않습니다. 하지만 무저갱에서 나온 메뚜기, 전갈과 같은 권세를 가진 메뚜기는 자연은 해치지 않고, 사람만 해칩니다. 특히 하나님의 도장을 이마에 인 침을 받지 아니한 사람들만 해칩니다. 사람을 해칠 때 메뚜기의 꼬리에 있는 침을 씁니다. 일반 메뚜기는 꼬리에 침이 없습니다. 대신 메뚜기의 꼬리로는 알을 낳습니다. 그런데 무저갱에서 나온 메뚜기는 꼬리에 침이 있고, 그 침으로 사람을 찔러 5개월 동안 고통스럽게 합니다. 그 고통이 얼마나 극심한지, 사람들이 차라리

---

7 Beale, 『요한계시록(상)』, 817에서는 '연기가 태양과 하늘을 어둡게 했다'라는 표현을 영적 의미로 해석하여, 영적으로 눈을 멀게 했다는 상징적 표현이라고 말한다. 하지만, Osborne, 『요한계시록』, 470~72에서는 이것을 요엘 2:10과 연결해(요엘서에서는 메뚜기 떼가 해, 달, 별을 어둡게 함), 하나님의 진노와 임박한 파멸에 대한 징조로 여긴다. Fanning, *Revelation,* 470에서도 유사한 견해를 제시한다. 연기로 하늘을 어둡게 한 사건은 주님의 날 심판이라는 경고로 여긴다(요일 2:10; 3:15; 암 5:18~20; 습 1:15). Thomas, *Revelation 8~22,* 28~ 29에서는 계시록에서 연기가 거룩한 것과 관련이 있지만(계 8:4; 15:8), 대부분은 심판이나 고통과 관련이 있기에(계 9:17, 18; 18:9, 18; 19:3), 이 구절에서는 상징적 의미가 아니라, 하나님의 심판 의미라고 주장한다.

8 Aune, 『요한계시록 6~16』, 470; Thomas, *Revelation 8~22,* 29; Fanning, *Revelation,* 296.

9 『개역개정』에서는 '황충'으로 번역한다. 그런데 헬라어에서는 아크리스(ἀκρίς)이다. 아크리스는 메뚜기로, 아라비아와 아프리카에서는 식용으로 쓰였다. 침례자 요한은 메뚜기를 식용으로 사용했다(마 3:4; 막 1:6). Bauer, 『바우어 헬라어 사전』, 61을 보라.

죽는 편이 더 낫다고 할 정도입니다. 사람이 고통을 당하는 이유는 메
뚜기의 꼬리에 있는 침이 전갈과 같은 권세를 가졌기 때문입니다. 전갈
(οἱ σκορπίος)은 유다 남부에 흔히 있는 무서운 독침을 가진 독충을 말
합니다.10 팔레스타인에 있는 전갈은 길이가 10~12cm로 꼬리 끝에 집
게발이 있는데, 이곳에 독이 있다고 합니다. 낮에는 바위 밑이나 벽 틈
새에 숨어 있다가, 밤에는 살아 있는 작은 동물들을 잡아먹으려고 나온
다고 합니다. 무저갱에서 나온 메뚜기는 전갈 모습은 아니지만, 꼬리에
전갈처럼 독침을 가졌습니다. 그것으로 사람을 괴롭혔습니다. 그렇다면,
무저갱에서 나온 메뚜기는 일반 메뚜기가 아님을 알 수 있지요. 이들은
메뚜기의 모습을 한 마귀의 세력임을 알 수 있습니다.11

　이들에게 주어진 임무는 인을 맞지 않은 사람을 공격하는 일입니다.
인 맞지 않은 사람은 예수 그리스도를 믿지 않는 사람을 의미합니다.12
메뚜기는 예수님을 믿지 않는 수많은 사람을 고통 가운데 몰아갈 수는
있지만, 그들 생명을 앗아 갈 수는 없습니다. 하나님은 그들에게 괴롭
히는 권세를 주셨지만, 죽이는 권세는 주시지 않았기 때문입니다. 사람
들은 죽고 싶어 합니다. 그 고통에서 벗어나는 길을 죽음밖에 없기 때
문입니다. 그러나 죽을 수 없습니다. 하나님이 죽을 수 있는 권리를 주

---

10 Bauer, 『바우어 헬라어 사전』, 1407~08.

11 Osborne, 『요한계시록』, 472; Fanning, *Revelation*, 472; Aune, 『요한계
시록 6~16』, 309; Beale, 『요한계시록(상)』, 818; Beale, 『요한계시록(상)』, 131;
Thomas, *Revelation 8~22*, 30.

12 Thomas, *Revelation 8~22*, 31에서는 인 맞은 사람을 7:4에 나오는 14만
4천 명과 연결한다. 이들은 전갈의 권세를 가진 메뚜기의 공격에서 보호받는다.
Fanning, *Revelation*, 297에서도 7:3~4절과 관련지으면서 14만 4천 명에만 국
한하지 않고, 이스라엘 민족으로 확대한다. 14만 4천 명과 그들 전도로 구원받
은 사람은 5개월간 메뚜기 핍박을 받지 않는다. 하지만 모든 환난에서 벗어나
지는 않는다. 왜냐하면 14:1~5에서 14만 4천 명은 순교하고서 하나님의 보좌
앞에 서 있기 때문이다.

시지 않았기 때문입니다.[13] 그들은 5개월간 고통 속에서 살아갈 수밖에 없습니다.[14] 6절입니다. **"그 기간에는 그 사람들이 죽으려고 애써도 죽지 못하고, 죽기를 원해도 죽음이 그들을 피하여 달아날 것입니다."**

독수리가 "화, 화, 화"라고 외친 이유를 알 수 있습니다. 하나님의 심판이 너무나 강렬하여 불신자들은 고통을 겪으며 살아야 하기 때문입니다. 이 상황은 욥이 겪은 상황을 회상하게 합니다. 욥은 발바닥부터 정수리까지 악성 종기로 고생했습니다. 그는 조각을 가지고 자기 몸을 긁었습니다. 죽기보다 더한 고난을 겪었습니다. 하지만 욥이 죽을 수 없었던 이유는 하나님께서 사탄에게 "생명을 건드리지 못하게 했기" 때문입니다(욥 2:6). 차이점은 욥은 의인으로서 고난을 겪었습니다. 하지만 나팔 심판 다섯째에서는 악인이 심판받아 고통을 겪습니다. 이 고통은 제한 시간에 이루어지지만, 고통을 당하는 사람에게는 충분히 긴 고통의 시간일 것입니다. 하루가 천년 같은 고통의 시간이었을 것입니다.

"요한은 메뚜기에 의하여 당하는 고통을 묘사한 후에, 이제 메뚜기 떼의 특성을 묘사하고 있습니다."

---

[13] 이 고통은 계시록 6:16에서 말한 인 심판 여섯째를 생각하게 한다. 사람들은 어린 양의 심판을 피하려고 산이나 바위 등 숨을 곳을 찾았다. 하지만 어린 양의 진노가 너무나 무섭고 두려워, 산과 바위에게 자기들에게 무너져 내리라고 말한다.

[14] 기간 5개월은 무엇을 뜻하는가? Beale, 『요한계시록(상)』, 821에서는 5개월을 문자적으로 이해해서는 안 된다고 말하는데, 그 이유는 요한계시록에서 숫자 대부분은 상징적으로 이해해야 하기 때문이라고 주장한다. Koester, 『요한계시록 I』, 793에서는 다섯을 단순히 기간을 가리키는 어림수, 즉 약간이라는 의미로 말한다. Aune, 『요한계시록 6~16』, 311에서도 대략적인 수로 이해한다. Fanning, *Revelation*, 297에서는 이 기간을 문자적으로 해석하든 상징적으로 해석하든, 사람이 견디기 어려울 만큼 충분히 긴 기간이라고 말한다. Osborne, 『요한계시록』, 474; Thomas, *Revelation 8~22*, 42에서는 문자적인 다섯 달로 이해하며, 이 기간은 메뚜기의 수명을 가리키거나 메뚜기의 출몰 시기인 이른 비와 늦은 시(4~8월) 사이 팔레스타인 건기로 이해한다. Ladd, *A Commentary on the Revelation of John*, 132에서도 실제 5개월이라고 한다.

II. 이유는 그들 제한된 권세와 그들 왕이 멸망과 파괴를 일삼는 아 바돈이기 때문이다(9:7~11).

메뚜기의 모습은 전투 채비를 한 말들과 같습니다. 머리에는 금 면류 관을 쓰고 있습니다. 얼굴은 사람 얼굴과 같고, 여자의 머리털과 같은 긴 털이 있습니다. 이빨은 사자의 이빨과 같고, 쇠로 된 갑옷을 두르고 있습니다. 날갯짓 소리는 마치 말이 끄는 병거 소리와도 같습니다. 전 갈과 같은 꼬리가 있고, 그 꼬리에는 침이 달렸습니다. 무저갱에서 나 온 메뚜기의 모습은 특이합니다. 요한은 메뚜기를 짐승 모습으로 설명 하고서, 사람 모습으로 설명합니다. 다시 짐승의 모습으로 설명하면서 마무리합니다. 이 모습에 따르면, 일반 메뚜기를 초월한 존재입니다.

그래서 귀신 혹은 악마의 모습이라고 합니다. 먼저, 짐승의 모습으로 설명합니다. 그들 모습은 전투 채비를 한 말과 같습니다. 이것은 잘 훈 련된 군마를 의미합니다. 군마는 용맹스럽고, 어떤 전장에도 두려워하지 않고 앞으로 달려 나갑니다. 그래서 그들은 승승장구합니다. 머리에 금 면류관을 쓰고 있다는 승리를 의미합니다. 일반적으로 이 면류관은 전쟁 이나 운동 게임에서 승리한 이가 받습니다.[15] 그렇다면 메뚜기가 금 면 류관을 쓰고 있음은, 승리자의 모습을 잠시 하고 있다는 뜻입니다. 그런 데 이것은 또한 자기들이 하나님의 권세를 가지고 있는 것처럼 보이려 는 거짓 승리자의 모습을 하고 있음을 말할 수도 있습니다.[16] 마귀의 세 력은 하나님처럼 세상을 통치할 권세가 있는 모습으로 교만합니다.

이제 인간 모습으로 설명합니다. 사람의 얼굴을 가지고 있다는 말은 사람과 같은 지능이나 능력이 있다는 뜻입니다.[17] 그런데 지능이나 능력

---

15 금 면류관(στέφανοι ὅμοιοι χρυσῷ)은 전쟁이나 운동 게임에서 승리한 자에게 주어지는 면류관이다. Bauer, 『바우어 헬라어 사전』, 1425~26을 참조하라.

16 Osborne, 『요한계시록』, 478.

을 선한 일에 쓰지 않고, 악한 일에 씁니다. 사람을 죽이는 일에 그들 지능이나 힘을 씁니다. 머리털이 여자의 머리털 같다는 말은 푸석푸석하고 헝클어진 머리털을 의미할 수 있습니다. 구약성경에서 헝클어진 머리털은 부정이나 귀신의 출현 등 이미지입니다(레 13:45; *T. Sol.* 13:1).[18] 만약 그렇다면, 사람 얼굴을 함과 의미가 통합니다. 하나님 앞에 부정한 존재로서 악을 행하면서 자기를 부각하는 귀신의 특징을 잘 설명합니다.

사람 모습으로 설명하고서, 다시 짐승의 모습으로 마무리합니다. 사자 이빨은 먹이를 갈기갈기 찢어 버리는 사자 모습을 생각할 수 있습니다. 메뚜기가 사자와 같은 잔인한 공격력을 가지고 있습니다. "귀신이 우는 사자 같이 두루 다니며 삼킬 자를 찾듯이" 메뚜기는 먹잇감을 찾습니다(벧전 5:8). 쇠로 된 가슴막이는 갑옷을 말합니다. 메뚜기는 가슴을 보호하는 방패막이를 하고 있습니다. 실제 메뚜기처럼, 귀신 세력도 군마의 옆구리나 등, 배에 갑옷을 걸쳐 적이 공격할 틈이 없도록 준비한 것처럼, 갑옷을 입고 있습니다. 적의 공격을 방비하고 있습니다. 그리고 날갯짓 소리는 철 병거가 달리는 소리와 같습니다. 철 병거는 고

---

17 Fanning, *Revelation*, 298에서는 사람과 같은 악한 지능을 지녔음을 상징한다고 말한다. Thomas, *Revelation 8~22*, 35~36에서는 인간의 지성과 능력을 지님을 뜻한다고 말한다. Koester, 『요한계시록 I』, 795에서는 인간과 비인간이 결합하는, 신화적 전승의 신으로 이것을 포용하는 자들이 이 전승에 나오는 존재들에 의하여 괴롭힘당한다는 사실을 알린다고 말한다. Osborne, 『요한계시록』, 478에서는 "사람의 얼굴 같다"에 관한 세 가지 견해를 제시한다. 1) 인간과 짐승의 특성이 결합한 초자연적인 존재를 묘사한다. 2) 이 마귀 떼가 신적 존재를 모방한 사례이다. 3) 인간적 능력, 곧 피조물의 지성과 교활함을 강조한다. 이 세 가지 견해가 서로 배타적이지 않고, 상호 결합한 견해가 타당하다고 주장한다. Beale, 『요한계시록(상)』, 826~27에서는 요한계시록 9:7~10이 백성에게 두려움을 조장하는 귀신의 존재를 표현하는 방법이라고 한다.

18 Aune, 『요한계시록 6~16』, 313~14에 따르면, 구약에서 흐트러진 머리털은 1) 문둥병 걸린 사람의 부정(레 13:45), 2) 통곡하는 표적(레 10:6; 21:10), 3) 간음으로 고소된 여인을 위한 제사 의례의 일부분(민 5:18), 귀신 들림의 표시(*T. Sol.* 13:1)로 쓰였다.

대 세계에서 가장 파괴적인 전쟁 무기입니다. 이스라엘 백성이 가나안 지역의 평지나 골짜기를 정복하지 못하고, 산악 고지대를 정복한 이유는 블레셋이 가진 철 병거 때문입니다. 메뚜기의 날갯짓 소리가 철 병거가 끄는 소리처럼 사람들을 두려워하게 만듭니다.

악마적인 메뚜기 떼의 모습은 그 어떤 것도 감히 대적할 수 없는 무적의 군대임을 의미합니다. 이들을 대적할 힘은 이 세상에 아무것도 없습니다. 짐승과 사람의 모습, 그리고 짐승의 모습을 보면 날개를 가진 켄타우로스, 즉 반은 인간이고 반은 말인 괴물 모습을 상상할 수 있습니다. 그런데 그들은 전갈과 같은 침을 가진 꼬리로 사람을 다섯 달 동안 괴롭힐 수 있습니다. 그런데 괴롭힘을 받는 사람은 인을 맞지 않은 사람들, 곧 불신자입니다. 불신자는 이 땅에서 사탄과 그의 추종자 귀신들을 섬기는 사람입니다. 그렇다면, 그들은 사탄에 의하여, 귀신에 의하여 보호를 받아야 마땅합니다. 그러나 보호는커녕 오히려 괴롭힘을 당합니다. 그 괴롭힘이 너무나 고통스러워서 차라리 죽었으면 좋겠다고 할 정도입니다. 이 얼마나 불행한 일인가요? 자기가 주군으로 섬기는 그 귀신이 괴롭히는 장본인이니 말입니다.

"그러면 왜 불신자들만 핍박할까요?"

그 이유는 귀신이 제한된 권세만 가졌고 그의 왕이 귀신의 왕인 아바돈과 아볼루온이기 때문입니다. 첫째 이유는 제한된 권세를 가졌기 때문입니다.[19] 본문에 '신적 수동태'가 세 차례나 쓰입니다. 첫째는 1절에 천사가 무저갱의 열쇠를 받는 장면입니다(ἐδόθη αὐτῷ). 둘째는 3절에서 메뚜기가

---

19 Osborne, 『요한계시록』, 469, 71, 72, 73; Thomas, *Revelation 8~22*, 31; Fanning, *Revelation*, 296, 297에 따르면, 수동태가 세 차례 쓰이는데, 1절에 천사가 무저갱 열쇠를 받는 수동태(ἐδόθη αὐτῷ), 3절에 메뚜기가 전갈과 같은 권세를 받는 수동태(ἐδόθη αὐταῖς ἐξουσία), 그리고 5절에 사람을 죽이지 말라고 명령을 받는 수동태(ἐδόθη αὐτοῖς) 모두는 부정과거 수동태(aorist passive)로 사용이 되었는데, 이것을 신적 수동태로 명명한다. 신적 수동태는 행위자가 하나님이심을 뜻한다.

전갈과 같은 권세를 받은 장면입니다(ἐδόθη αὐταῖς ἐξουσία). 셋째는 5절에서 인을 맞은 사람을 죽이지 말라는 명령을 받은 장면입니다(ἐδόθη αὐτοῖς). 세 동사 모두 부정과거 수동태(aorist passive)입니다. 수동태는 무저갱 열쇠를 받고, 전갈과 같은 권세를 받고, 인 맞은 사람을 죽이지 말라는 명령을 받음 등은 누군가에 의하여 부여받았다는 의미입니다. 이 모든 일을 수행하시는 분은 하나님입니다. 그래서 '신적 수동태'라고 합니다.

하나님은 당신 인을 맞은 당신 백성을 해하지 말라고 명령하셨습니다. 다만, 인을 맞지 않는 사람, 곧 불신자들은 사탄과 귀신의 백성이니 그들 마음대로 하라고 허락하셨습니다. 하지만 그것도 5개월로 한정해서 허락하셨습니다. 4절, 5절입니다. **"그것들은, 땅에 있는 풀이나 푸성귀나 나무는 하나도 해하지 말고, 이마에 하나님의 도장이 찍히지 않은 사람만을 해하라는 명령을 받았습니다. 그러나 그들에게는, 사람들을 죽이지는 말고, 다섯 달 동안 괴롭게만 하라는 허락이 내렸습니다."** 사탄이나 귀신은 능력이 있지만, 모든 일을 그들 마음대로 할 수 있는 권세는 없습니다. 다만 하나님이 허락한 범위에서만 활동할 수 있습니다. 귀신은 모든 사람을 핍박하고 괴롭힌 후에 멸망으로 이끌어가려 합니다. 하지만 하나님은 그것을 허락하시지 않고, 하나님을 배반하고 그들을 따르는 불신자들에게만 그렇게 하도록 허락하십니다. 귀신은 자기를 따르는 불신자까지도 하나님께 허락받고서야 괴롭힐 수 있습니다.

둘째 이유는 그들 왕이 아바돈이요, 아볼루온이기 때문입니다. 일반적으로 메뚜기 떼는 왕이 없습니다. 잠언 30:27입니다. **"임금은 없으나 떼를 지어 함께 나아가는 메뚜기와."** 그러나 귀신의 군대는 왕이 있습니다. 그들 왕은 히브리어로 아바돈이요, 헬라어는 아볼루온입니다. 히브리어로 아바돈(אֲבַדּוֹן, abaddon)은 '멸망하다, 파괴하다'는 동사(אָבַד)에서 파생한 명사로 멸망, 파괴, 무저갱이라는 의미입니다.[20] 동의어는 음

---

20 아바돈은 구약성경에 6번 쓰였다. 두 번은 음부(שְׁאוֹל, 잠 15:11; 27:20), 한 번은 무덤(קֶבֶר, 시 88:11)과 함께 쓰인다. 그리고 독립적으로는 욥기 31:12

부(욥 26:6; 잠 15:11; 27:20), 죽음(욥 2:22), 무덤(시 88:1)입니다. 아바돈은 또한 '파괴하는 자'라는 고유 명사이기도 합니다. 그런데 헬라어로는 아볼루온('Aπολλύων)입니다. 아볼루온은 분사형으로 멸망으로 이끄는 자, 혹은 파괴자라는 의미입니다. 또한 악마, 귀신이라는 뜻도 있습니다.21

결국 아바돈이나 아볼루온이라는 이름은 그 의미대로 파괴하는 자, 멸망으로 이끄는 자입니다. 파괴하는 자, 멸망으로 이끄는 자는 귀신이요, 악마입니다. 불신자들이 고통을 당하는 이유는 그들 왕이 아바돈이요, 아볼루온이기 때문입니다. 이들은 파괴자요, 멸망으로 이끄는 자입니다.22 이 땅에서 사람들이 열심히 그들을 섬기지만, 결국 그들은 파괴자요 멸망으로 이끄는 자이기에, 불신자를 괴롭히는 일만 합니다.

결론(9:12)

하나님은 당신 형상을 닮은 모든 이를 보호하고 지키십니다. 하지만 마귀는 세우고 보호하는 일이 목표가 아니라, 파괴하는 행위가 목표입

에 쓰인다. 멸망을 의미한다. R. Laird Harris, "אָבַד," 『구약원어 신학사전』, R. Laird Harris, Gleason L., ArcherJr., Bruce K. Waltke 편집, 번역위원회 옮김, 상권 (서울: 요단출판사, 1986), 4; Fanning, *Revelation*, 300을 보라.

21 Bauer, 『바우어 헬라어 사전』, 180.

22 Fanning, *Revelation*, 300에서는 아바돈을 똑같은 높은 위치는 아니지만, 불신자들을 공격하는 메뚜기 떼를 통제하는 중간 정도의 권세를 가진 악한 천사로 본다. Thomas, *Revelation 8~22*, 38~39에서도 비슷한 견해를 제시한다. 하지만 Aune, 『요한계시록 6~16』, 317~18에서는 악한 천사 앞에 정관사가 있기에 이것은 독자가 잘 아는 악한 천사를 시사하는데, 잘 아는 악한 천사는 사탄, 벨리알이라고 주장한다. Beale, 『요한계시록(상)』, 830~32에서도 사탄이라고 말한다. Osborne, 『요한계시록』, 481~82에서는 아바돈이라는 이름에 익숙하기에 정관사를 붙였다고 주장하면서, 이 천사는 사탄의 뜻을 행하고, 메뚜기를 이끌어 사람을 괴롭히도록 명령하는 사악한 왕이라고 말한다. Mounce, 『요한계시록』, 51에서는 아폴로 신 중 하나라고 본다.

니다. 그들은 모든 것을 파괴하고, 멸망시키려고만 합니다. 그래서 자기를 따르는 자들까지도 멸망시킵니다. 하지만 마귀는 자기 마음대로 할 수 있는 일이 아무것도 없습니다. 그들 세력이 강해도, 하나님께서 허락하시지 않으면 어떤 일도 할 수 없습니다. 하나님이 허락하시는 범위에서만 활동할 수 있습니다.

모든 것은 하나님의 손에 달려 있습니다. 그러므로 우리는 하나님만 섬겨야 합니다. 이 세상의 모든 것은 하나님 손에 있다는 사실을 기억해야 합니다. 사랑하는 성도 여러분, 누구를 따르겠습니까? 구원자이요 보호하시는 하나님입니까, 아니면 멸망시키고 파괴하는 마귀입니까? 우리는 선택해야 합니다. 그리고 선택에 따라 책임져야 하는 결과는 달라집니다.

계시록 9:13~21, '나팔 심판 여섯째'

회개하고서 주님을 신실하게 따르자

중심 내용: 심판하는 목적은 회개하고 주님을 신실하게 믿는 삶을 살게 하려 함이다.

I. 나팔 심판 여섯째는 정해진 시간에 사람 삼분의 일을 죽이는 계획이다(9:13~19).

  1. 하나님의 심판은 사탄의 군대를 동원해 사람 삼분의 일을 죽이는 것이다(9:13~15).

  2. 심판 도구는 악마 군대의 입과 꼬리에서 나오는 재앙이다(9:16~19).

II. 심판 목적은 주님을 신실하게 신뢰하며 살게 하려 함이다(9:20~21).

서론

Paul J. H. Schoemaker 박사가 『빛나는 실수―성공을 위한 숨은 조력자』를 썼습니다.[1] 삶의 방향을 바꿀 정도의 뛰어난 발명품, 곧 비행

---

[1] Paul J. H. Schoemaker, 『빛나는 실수―성공을 위한 숨은 조력자』, 김인수 옮김, 세계 N. 1 MBA 와튼스쿨 비즈니스 시리즈 (서울: 매일경제신문사, 2014).

기, 항생제 등 수많은 결과물이 실수로 만들어졌다고 이야기합니다. 우리가 알고 있는 천재 과학자 아인슈타인도 셀 수 없이 많은 실수를 거듭한 결과로 최고라는 명성을 얻었습니다. 이처럼 사람은 실수에서 통해 통찰력을 얻고 발전합니다.

인생은 실수하고 거기서 배우고 성숙합니다. 하나님은 우리가 넘어지고 쓰러짐을 아시고, 우리가 뉘우치면 그 실수를 용서합니다. 다시 일으켜 세워주십니다. 그리고 그분은 우리가 경계선을 넘으면, 징계라는 도구를 사용하십니다. 그것으로 하나님의 사랑을 발견하고 하나님께 나아가기를 바라십니다. 하지만 인간은 하나님의 사랑을 잘 이해하지 못합니다. 오히려 하나님을 거역합니다. 오늘 본문은 인류 하나님께서 인류 삼분의 일을 심판하시는 내용입니다. 이 심판 배후에는 하나님의 마음이 담겨 있습니다. 사람들이 회개하고 주님께로 돌아오길 바라는 하나님의 마음이 있습니다.

I. 나팔 심판 여섯째는 정해진 시간에 사람 삼분의 일을 죽이는 계획이다(9:13~19).

1. 하나님의 심판은 사탄의 군대를 동원해 사람 삼분의 일을 죽이는 것이다(9:13~15).

여섯째 천사가 나팔을 불었습니다. 그러자 하나님 앞에 있는 금 제단의 네 뿔에서 한 음성이 들렸습니다.[2] 여섯째 나팔을 가진 천사에게 유프라

---

2 이스라엘 장막과 성전에는 제단 둘이 있다. 하나는 성막 뜰(바깥뜰)에 있는 번제단이고, 다른 하나는 성소 안에 있는, 향을 피우는 분향단이다. 요한계시록에서는 제단(θυσιαστήριον)이 8번 쓰였다. David E. Aune, 『요한계시록 6~16』, 김철 옮김, WBC 성경주석, 52중 (서울: 솔로몬, 2004), 320~21에 따르면, 네 번은 성소에서 향을 피우는 분향단의 대칭으로 하늘 제단을 묘사하고(계 8:3[2회], 5; 9:13), 나머지 네 번은 번제단 대칭으로 하늘 제단을 묘사한다(계 6:9; 11:1; 14:18; 16:7). 그런데 하늘 제단은 지상의 분향단(기도)과 번제단을 구별하지 않고

테스에 매여 있는 네 천사를 풀어 주라고 명령했습니다. 네 천사를 풀어
줍니다. 이들은 정해진 시간에 사람 삼분의 일을 죽이기로 준비된 천사들
이었습니다. 제단에서 나온 음성은 단수입니다. 그렇다면 하나님의 음성일
수도 있고, 아니면 하나님의 목적을 수행하는 천사들을 감독하는 어떤 천
사의 음성일 수도 있습니다.[3] 음성의 주인공이 누구인가 보다, 더 중요한

제단 하나로만 묘사한다(계 6:9).

  3 금 제단에서 나온 한 음성($\phi\omega\nu\grave{\eta}\nu$ $\mu\acute{\iota}\alpha\nu$, 단수)이 누구 음성인지를 두고
여러 논의가 있다. 1) 하나님의 음성, 2) 천사들을 감독하는 천사의 음성, 3) 제
단에서 나온 음성 등이다. Buist M. Fanning, Revelation, Zondervan Exegetical
Commentary on the New Testament, ed. Clinton E. Arnold et al., vol. 20
(Grand Rapids: Zondervan Academic, 2020), 301과 n. 47에 따르면, '신적 음
성'인데, 이것이 하나님 음성인지, 천사 음성인지는 분명하게 언급하지 않는다.
그 이유는 요한이 음성이 들었다는 언급이 계시록 10:4, 8; 11:12; 12:10;
14:2, 13; 18:4; 19:1에서 나오는데, 이 중 계시록 18:5에서는 1인칭으로 하나
님의 음성이지만, 계시록 12:10과 19:1에서는 3인칭이기 때문이다. Grant R.
Osborne, 『요한계시록』, 김귀탁 옮김, BECNT 시리즈 (서울: 부흥과개혁사,
2019), 487에 따르면, 하나님의 음성으로 여길 수 없는데, 하나님 앞에 있는 제
단에서 나왔기 때문이라고 주장하면서, 단수이기에 성도들의 음성보다는 계시
록 8:3~5의 금 제단에서 하나님께 성도들의 기도를 바친 천사의 음성으로 여
기는 게 더 적절하다고 주장한다. Craig R. Koester, 『요한계시록 I—서론, 1~9
장』, 최흥진 옮김, 앵커바이블 시리즈 (서울: 기독교문서선교회, 2019), 806에
서도 단수이기에 순교자들이나 성도들의 음성보다는, 제단을 섬기는 한 천사의
음성으로 여겨야 한다고 주장한다. Robert H. Mounce, 『요한계시록』, 장규성
옮김, NICNT (서울: 부흥과개혁사, 2019), 254; Aune, 『요한계시록 6~16』,
321에서는 글자 그대로 제단 뿔에서 나온 음성이라 한다. Aune는 제단이 하나
님에게서 말하는 능력을 부여받아 말했다고 하지만, Mounce는 의인화된 제단
에서부터 음성이 나왔다고 말한다. G. K. Beale, 『요한계시록(상)』, 오광만 옮
김, NIGTC (서울: 새물결플러스, 2020), 836은 그리스도의 음성(계 6:6), 혹은
천사의 음성(계 16:7)으로 추측한다. Robert L. Thomas, Revelation 8~22: An
Exegetical Commentary (Chicago: Moody Press, 1995), 42에서는 여러 가지
견해에 관한 찬반을 논하고서 Osborne과 같은 결론, 곧 계시록 8:3의 천사일
가능성을 제시한다. 그는 계시록 8:3과 9:13의 유사성을 제시한다. 계시록 8:3
에서 관사가 3번 쓰였듯이($\tau\grave{o}$ … $\tau\grave{o}$ … $\tau\grave{o}$), 계시록 9:13에서도 관사가 3번 쓰

점은 그 명령의 배후입니다. 명령의 배후에는 하나님이 계십니다. 요한이 구체적으로 누구인지를 언급하지 않고 단수로만 언급했습니다. 그 이유는 이 명령이 하나님에 의하여 이루어졌음을 가르쳐 주려 함입니다.

여섯째 천사는 명령을 받고서 유프라테스강에 매여 있는 네 천사를 놓아줍니다.4 유프라테스강은 인류 역사에서 중요한 강입니다. 창세기 2:10~14을 보면, 에덴동산에서 강 하나가 흘러나옵니다. 이것이 네 줄기로 갈라집니다. 갈라진 줄기는 또 다른 강을 이룹니다. 첫째 강은 비손이고, 둘째 강은 기혼이며, 셋째 강은 티그리스이고, 넷째 강은 유프라테스입니다. 유프라테스강은 아브라함과 이스라엘 민족과 관련이 깊습니다.5 하나님은 아브라함을 부르시고, 그에게 약속하셨습니다. 이집트 강에서 큰 강 유프라테스에 이르기까지 모든 땅을 아브라함의 후손

___

였다($\tau o\hat{u}$ ⋯ $\tau o\hat{u}$ ⋯ $\tau o\hat{u}$). 이 유사성은 계시록 9:13의 음성이 계시록 8:3의 음성이라는 결론에 이르게 한다.

4 네 천사는 하나님께서 정하신 때까지 결박이 돼 있었다. 결박된 네 천사가 악한 천사인가, 아니면 선한 천사인가에 관한 논의가 있다. Beale, 『요한계시록(상)』, 838~39; Osborne, 『요한계시록』, 488~89; Koester, 『요한계시록 I』, 807; Thomas, *Revelation 8~22*, 43 등에서는 계시록 7:1과 관련을 지어 '사악한 천사'라고 말한다. 하지만 Fanning, *Revelation*, 302에서는 계시록 7:1과 관련을 지어도, 다른 결론을 내린다. 그는 천사가 결박된($\delta\epsilon\delta\epsilon\mu\acute{\epsilon}\nu o\upsilon\varsigma$) 이유를 타락한 악한 천사이기 때문이 아니라 하나님의 목적을 수행하려 함이라면서, '선한 천사'라고 말한다. Aune, 『요한계시록 6~16』, 321~22에서는 계시록 7:1과 9:14을 관련짓지 않는다. 그 이유를 세 가지로 제시하면서, 계시록 7:1의 천사는 결박된 상태가 아니지만, 계시록 9:14의 네 천사는 결박된 상태이기에, 계시록 9:13의 네 천사는 '선한 천사'라고 주장한다. R. H. Charles, *A Critical and Exegetical Commentary on the Revelation of St. John: With Introduction, Notes, and Indices; also the Greek Text and English Translation*, vol. 1, International Critical Commentary, ed. Samuel R. Driver, Alfred Plummer, and Briggs Charles A (Edinburgh: T. & T. Clark, 1975), 250에서도 하나님의 심판 대리자인 '선한 천사'라고 말한다.

5 Fanning, *Revelation*, 302.

에게 주겠노라고(창 15:18). 이 약속은 모세와 여호수아에게도 주어졌습니다. 모세와 여호수아에게 가나안 땅 정복을 명하시면서, 홍해에서 유프라테스강까지를 이스라엘 백성에게 약속으로 준 땅이니 정복하라고 명령하십니다(출 23:31; 신 1:7; 11:24; 수 1:4).

유프라테스강은 때때로 이스라엘 백성에겐 하나님의 심판과 관련이 있습니다. 유프라테스강은 티그리스강과 함께 메소포타미아, 곧 고대 중근동 지역 문화에 중요한 역할을 했습니다. 바빌론과 앗시리아 제국의 발원지는 유프라테스강과 티그리스강입니다. 하나님께서 이스라엘 백성을 심판하실 때, 때때로 유프라테스강에 있는 나라, 곧 앗시리아나 바벨론을 불러왔습니다. 그래서 유프라테스강은 문화의 발원지임과 동시에 하나님의 징계 도구였습니다. 1세기에 로마 제국 시대에 로마인에게도 유프라테스강은 공포의 대상이었습니다. 로마 제국의 동쪽 국경지대가 유프라테스강이었습니다. 유프라테스강 동쪽에 파르티아인(Parthians)이 살고 있었습니다. 로마 제국이 유일하게 물리치지 못한 민족이 파르티아인입니다. 이들은 주전 53년과 주후 62년에 로마 군대를 무찔렀습니다.6 그래서 로마인에게도 유프라테스강은 외부 침략의 위협과 관련이 있습니다.

아마 사도 요한이 이런 역사 배경을 고려했을 수 있습니다. 바벨론이나 두로는 하나님의 대적을 상징했습니다. 마찬가지로 유프라테스강도 이스라엘의 대적, 즉 외부 세력 침략의 대명사로 생각했을 가능성이 큽니다. 그래서 유프라테스강 동쪽을 문자 그대로 유프라테스강 동쪽에서 오는 침략군이 아닐 수 있습니다. 오히려 어떤 지역에서라도 와서 하나님의 백성을 대적하는 강력한 외부 침략군으로 여김이 타당할 듯합니다.7 이 유프라테스강, 즉 외부 세력을 통제하는 천사가 바로 네 천사입

---

6 Osborne, 『요한계시록』, 489. 파르티아인에 관한 자세한 정보는 Mark J. Olson, "Parthians," in *The Anchor Bible Dictionary*, ed. David Noel Freedman, vol. 5 (New York: Doubleday, 1992), 70~71을 참조하라.

7 Fanning, *Revelation*, 302.

니다. 하나님은 네 천사를 풀어놓으라고 명령하십니다. 네 천사는 정한 시간, 곧 년, 월, 일 시에 사람 삼분의 일을 죽입니다.

2. 심판 도구는 악마 군대의 입과 꼬리에서 나오는 재앙이다(9:16~19).

네 천사가 거느린, 유프라테스 동쪽에서 오는 기마대의 수는 이만만, 즉 이억 명입니다. 기마대의 기수는 화홍색, 청색, 유황색의 갑옷을 입고 있었습니다. 그리고 기수가 타는 군마, 즉 말들 머리는 사자의 머리와 같은 형상이었습니다. 그 입에서는 불과 연기와 유황을 내뿜고 있었고요. 입에서 나오는 불, 연기, 유황, 세 재앙은 사람 삼분의 일을 죽이는 무기였습니다. 그리고 꼬리는 뱀과 같았습니다. 그 꼬리에 머리가 달려 있어서 그 머리로 사람을 해쳤습니다. 이 표현으로 보아, 사자 머리에서 나오는 세 가지 재앙과 꼬리에서 나오는 독이 사람 삼분의 일을 죽임을 알 수 있습니다.[8] 기마대는 말을 타는 기마부대를 말합니다. 그런데 기마부대의 수는 이억 명(δισμυριάδες μυριάδων)입니다. 17~18절은 이억 명이나 되는 기마부대 입에서 나오는 불, 연기, 유황에 사람 삼분의 일을 죽는다고 했습니다. 하지만 15절은 네 천사가 사람 삼분의 일을 죽이기로 했다고 말했습니다.

"이것을 어떻게 설명할 수 있을까요?"

서로 다른 용어를 사용하지만, 같은 의미입니다. 네 천사는 기마부대를 통제하는 천사입니다. 그렇다면 네 천사가 기마부대를 통하여 사람 삼분의 일을 죽임을 알 수 있습니다. 단지 표현상 15절에서는 네 천사가 삼분의 일을 죽인다고 했고, 17~18절은 기마부대가 삼분의 일을 죽인다고 한 것뿐입니다.

---

8 삼분의 일이 죽임당하는데, 이들은 믿지 않는 자들에 한정이 되는가, 아니면 믿는 사람도 포함이 되는가? Mounce, 『요한계시록』, 255에서는 삼분의 일에 믿는 사람이 포함되지 않는다고 주장하는데, 그 이유는 '땅에 거하는 자'는 '하나님을 대적하는 자'를 부르는 말이기 때문이다. Thomas, *Revelation 8~22*, 45도 참조하라.

사람 삼분의 일을 죽이는 도구는 유프라테스강 동쪽에서 오는 이억 명 기마부대입니다. 유프라테스강 동쪽은 현재 이란을 비롯한 아시아 지역입니다. 그리고 이억 명 군대를 가질 수 있는 나라는 중국입니다. 그래서 많은 설교자가 지금껏 유프라테스강 동쪽에 있는 중국군 2억 명이 이스라엘을 침략한다고 설교해 왔고, 성도들도 그렇게 이해하곤 했습니다.[9] 하지만 이억이란 숫자를 문자적 이억보다는, 무수히 많은 수로 해석해야 합니다. 1세기 당시 사람에게 이억이란 숫자는 이해할 수 없는 숫자였습니다. 당시 로마 제국 군대는 24군단으로 약 125,000명 정도였습니다. 아마 비슷한 규모의 예비군도 보유했다고 합니다.[10] 그런 측면에서 2억 명은 당시 로마 군대 전체 숫자의 천 배가량 많은 숫자입니다. 그래서 당시 청중은 이 숫자를 문자적으로 이해하지 않았을 가능성이 큽니다.

다른 증거는 천천, 만만이란 숫자로, 이 숫자는 셀 수 없는 수많은 수를 의미하기 때문입니다.[11] 시편 68:17에 "**하나님의 병거는 천천이요, 만만이다. 주님께서 그 수 많은 병거를 거느리시고, 시내 산을 떠나 그 거룩한 곳으로 오셨다**"라고 기록합니다. 천천은 백만을 의미하고, 만만은 일억을 의미합니다. 그렇다면 시편 기자가 하나님의 병거가 백만이요, 일억이라고 말하는 것일까요? 그것보다는 하나님의 병거가 수없이

---

9 https://blog.naver.com/jkp572000/222026475355를 2021년 9월 25일에 접속. 1970년대에 조용기 목사, Hal Lindsey 등등이 설교했다. https://blog.naver.com/mhosq/222281561379을 2021년 9월 24일에 접속.

10 Osborne, 『요한계시록』, 491.

11 "이억"은 헬라어로 디아스뮤리아테스 뮤리아돈(δισμυριάδες μυριάδων)이다. 뮤리아돈은 만이라는 뜻이고, 디아스뮤리아데스는 만이 두 개를 의미한다. 그래서 2x10,000x10,000이면 이억이다. Beale, 『요한계시록(상)』, 842~43은 만약 무리아스가 셀 수 있는 수를 가리킬 때는 복수형 앞에 수를 가리키는 한정적인 수를 붙이는데, 수를 가리키는 한정적인 형용사가 없기에 무수한 수를 가리킨다고 주장한다. 또한 그는 접두어 δισ-(두 배)는 능히 셀 수 없다는 비유적 측면을 강조한다고 이해한다.

많다는 의미일 수 있습니다. 그것을 아는 방법은 그다음에 나오는 **"주님께서 그 수 많은 병거를 거느리시고"**라는 문장을 보면 알 수 있습니다.

천천, 만만이라는 숫자는 사울과 다윗에게도 쓰였습니다. 다윗이 블레셋과의 전쟁에서 승리하고서 사울 왕과 함께 돌아옵니다. 그러자 백성들이 환영하면서, 사울이 죽인 자는 천천이요, 다윗은 만만이라고 말합니다(χιλιάσιν … μυριάσιν). 이때부터 사울은 다윗을 시기하지요. 그렇다면 백성이 정말로 사울이 죽인 자는 천천, 즉 백만이고, 다윗이 죽인 자는 만만, 즉 일억이라고 말했을까요? 지구의 인구가 십억을 돌파한 것은 주후 1800년대 초기라고 합니다. 그렇다면 그때 인구는 그렇게 많지 않았을 것입니다.

이런 점에서, 요한계시록 9:16에서 이만만, 즉 이억이라는 용어도 문자적 이억이란 뜻보다는 셀 수 없을 정도로 많다는 의미로 설명할 수 있습니다. 왜냐하면 헬라어 본문에는 이중 만만으로 표현하기 때문입니다. 이 말은 만만의 이중, 곧 셀 수 없이 많은 수를 이중으로 더한다는 의미로 '정말로 많다'는 뜻일 수 있습니다. 물론 이억이라는 숫자를 문자적으로 해석할 수도 있습니다. 하지만 표현상 무수히 많은 숫자로 해석하는 편이 더 나을 수 있습니다.

또 다른 이유는 이억의 기마대의 모습입니다. 군마의 기수는 화홍색, 청색, 유황색의 갑옷을 입고 있습니다. 이 뜻은 각각 색이 있는 갑옷을 입었다는 뜻일 수가 있고요. 아니면 세 가지 색을 혼합한 갑옷을 입었다는 뜻일 수도 있습니다. 군마 기수뿐 아니라 군마도 이 세 가지 색을 혼합한 갑옷을 입고 있다고 보는 편이 좋습니다.[12] 그리고 말 머리는 사자 머리인데, 이곳에서 세 가지 재앙—불, 연기, 유황—이 나옵니다. 불, 연기, 유황은 화홍색, 청색, 유황색과 같은 색깔입니다. 그리고 꼬리는 뱀의 꼬리와 같고, 꼬리에 머리가 달려 있습니다. 한글 성경은 꼬리

---

12 Thomas, *Revelation 8~22*, 47.

에 머리가 달렸다고 번역하지만, 헬라어 본문에는 꼬리에 머리들 (κεφαλάς)이 달려 있다, 즉 복수로 기록합니다. 그리고 그곳에 사람을 해치는 도구가 달려 있습니다.

사람 삼분의 일을 죽이는 도구는 군마를 타는 기수가 아니고, 군마의 머리와 꼬리입니다. 사자는 고대나 지금도 가장 포악한 맹수라고 인식합니다. 사자의 웅대하고 무시무시한 모습처럼, 마병대의 군마 또한 무시무시한 이미지를 가지고 있습니다. 게다가 입에서 불, 연기, 유황이 나옵니다. 불이 나와 모든 사람을 태워 죽입니다. 그리고 연기와 유황이 나와서 불에서 살아남은 사람을 질식사하게 합니다. 그리고 군마의 꼬리는 뱀의 머리가 여러 개 달려 있고, 각각 머리에서 독이 나옵니다. 꼬리에 있는 독이 사람들을 쏘아서 괴롭히고 죽입니다. 사자 머리와 뱀 꼬리를 가진 기병대 하나하나가 강력한 무기를 가지고 있다는 뜻입니다. 이 기병대를 보면 사람이라기보다는 악마적인 군대라 표현할 수 있습니다. 이 악마적인 군대가 무엇을 지칭하는지는 알 수 없습니다. 하지만 분명한 점은 사람이라기보다는 다른 존재라는 점이지요. 그리고 문자적인 이억보다는 무수히 많은 수를 의미하죠. 그래서 이억이라는 숫자를 문자적으로 해석하여 어느 나라라고 단정하는 일은 매우 위험합니다.

"나팔 심판 일곱째 전에, 여섯째의 목적은 무엇일까요?"

II. 심판 목적은 주님을 신실하게 신뢰하며 살게 하려 함이다(9:20~21).

20~21절이 재앙을 쏟는 목적을 설명합니다. "이런 재앙에서 죽지 않고 살아남은 사람이 자기 손으로 한 일들을 회개하지 않고, 오히려 귀신들에게나, 또는 보거나 듣거나 걸어 다니지 못하는, 금이나 은이나 구리나 돌이나 나무로 만든 우상들에게, 절하기를 그치지 않았습니다. 그들은 또한 살인과 점치는 일과 음행과 도둑질을 회개하지 않았습니다." 20~21절은 하나님께서 재앙을 쏟으시는 목적을 설명합니다.[13] 심판 자

체가 목적이 아닙니다. 하나님은 심판이나 재앙으로 사람들이 주께로 돌아오기를 바랐습니다. 그런데 살아남은 사람은 하나님께로 돌아오지 않습니다. 이 재앙에서 죽지 않고 살아남은 사람은 죽지 않고 살아남은 삼분의 이를 말합니다. 이들은 하나님의 많은 재앙을 경험한 사람들입니다. 그렇다면 이 세상의 모든 것, 심지어 재앙까지도 하나님의 주권에 달렸다는 사실을 압니다. 그런데도 하나님께로 돌아오지 않습니다. 이것이 인간의 부패한 마음입니다. 사람들은 하나님께서 재앙이나 심판으로 돌아오라고 전하는 메시지를 거부합니다. 오히려 자기 가족, 친구, 동료를 죽이는 마귀 세력을 섬기고 있습니다.

20~21절은 두 가지 측면에서 사람들이 하나님을 거절한다고 말합니다. 하나는 우상숭배입니다. 20절입니다. **"이런 재앙에서 죽지 않고 살아남은 사람이 자기 손으로 한 일들을 회개하지 않고, 오히려 귀신들에게나, 또는 보거나 듣거나 걸어 다니지 못하는, 금이나 은이나 구리나 돌이나 나무로 만든 우상들에게, 절하기를 그치지 않았습니다."** "자기 손으로 한 일들"은 우상은 만드는 행위를 의미합니다. 물론 이 용어는 사람들이 행하는 모든 악한 일을 의미할 수 있습니다. 그러나 구약성경에서 자기 손으로 한 일은 우상을 만드는 일을 종종 의미했습니다(신 4:28; 27:15; 왕하 19:18; 시 115:4; 사 2:8). 우상을 만드는 일을 회개하지 않았다는 뜻입니다. 바울은 사람이 만든 우상은 아무것도 아니라고 했습니다(고전 8:4). 우상은 생명도 없고, 자기 스스로 아무것도 할 수 없기 때문입니다.[14] 금, 은, 동과 나무, 돌로 만들어졌기에, 우상은 살아있는 존재가 아니며 생명도 없습니다.

요한도 20절에 우상을 가리켜서 **"보거나 듣거나 걸어 다니지 못하는 금, 은, 구리, 돌, 나무"**로 만들어졌다고 했습니다. 그런데 "보거나 듣거

---

13 Fanning, *Revelation*, 307에서는 파괴가 아니라, 회개를 목적으로 심판하신다고 해석한다. 하지만 Aune, 『요한계시록 6~16』, 329에서는 목적이 아니라, 결과로 여겨 그런데도 그들이 우상 숭배했다고 해석한다.

14 Fanning, *Revelation*, 306.

나 걸어 다니지 못한다"를 현재형으로 기록합니다. 그렇다면 현재도 우상은 생명력이 없으며, 아무것도 할 수 없다는 사실을 강조합니다. 아무것도 할 수 없는 우상을 만들고 경배합니다. 생명력이 없는 우상에게 절하는 행위는 귀신에게 절하는 꼴입니다. 고린도전서 10:20에 **"이방인이 제사하는 것은 귀신에게 하는 것이요 하나님께 제사하는 것이 아니다"**라고 했습니다. 사람들은 조상에게 절하지 않는다는 이유로 기독교를 효도 모르는 집단으로 여깁니다. 만약 죽은 부모님이나 조상의 영이 돌아와서 절을 받는다면, 백 번이고 천 번이라고 절을 할 수 있습니다. 그러나 그들은 돌아오지 않습니다. 오히려 귀신, 마귀가 그들인 체하면서 절, 경배를 받기 때문에 하지 않습니다.

하나님의 경고에도, 사람들은 하나님께 나아오지 않습니다. 오히려 생명력이 없는 우상을 만들고 있습니다. 그리고 그것에 절하는 것은 귀신에게, 마귀에게 절하고 행위입니다. 그래서 우상숭배를 귀신 숭배라고도 합니다. 신명기 32:16~17, **"그들은 이방 신을 섬겨서 주님께서 질투하시게 했으며, 역겨운 짓을 하여 주님께서 진노하시게 했다. 너희는 하나님도 아닌 신들에게 제사를 드렸다. 너희가 알지도 못하는 신들, 새롭게 나타난 새 신들, 너희 조상이 섬기지 않던 신들이다."** 하나님 섬기기보다 귀신을 섬기기를 더 좋아함이 바로 부패한 인간 상태입니다.

하나님을 거절하는 또 다른 측면은 삶, 생활입니다.[15] 21절입니다. **"그들은 또한 살인과 점치는 일과 음행과 도둑질을 회개하지 않았습니다."** 우상숭배는 일상생활과 밀접히 관련이 있습니다. 우상숭배, 즉 귀신을 섬기기에 나타나는 현상은 악한 행동입니다. 살인, 점치는 일, 음행, 도둑질을 회개하기는커녕, 오히려 자행합니다. 살인이나 음행, 그리고 도둑질은 이 땅에서 벌어지는 타락한 삶입니다. 이것을 회개하고 바르게 살아야 했습니다. 그런데 회개하지 않았습니다.

---

15 Fanning, *Revelation*, 306.

"중간에 점치는 일이 끼어들어 있습니다. 왜 중간에 점치는 일이 끼어들 어 있을까요?"

점치는 일(φαρμάκων)은 다른 사람을 우상숭배로 이끌려고 속이는 행 동이기 때문입니다.16 점치는 일은 뽑기나 화투, 그리고 다양한 도구를 사용하여서 사람들을 유혹하고 속입니다. 그래서 사람들이 하나님을 벗 어나 우상을 따르게 합니다. 결국, 점치는 남을 속임과 관련이 있습니 다. 그런데 점치는 일을 언급하면서 요한은 마술을 의미하는 용어인 파 르마케이아(φαρμακεία)이 아니라, '마술, 독물'을 의미하는 파르마콘 (φαρμάκων)을 사용합니다.17 그리스-로마 세계에서는 종교의식에서 신 비한 약물을 사용하는 풍습이 있었다고 합니다. 그래서 신비한 체험을 하려고 합니다. 오늘날도 유사하게 사람들은 환각 상태에 빠뜨리는 많 은 약물이나 마약을 사용합니다. 이것에 빠지면, 중독돼 일상생활을 하 기가 어렵습니다. 그런데 사람들은 이런 일을 행하고도 회개하기는커녕, 오히려 그 일을 버젓이 합니다. 심지어 조장도 합니다. 무엇을 믿는지 에 따라 행동이 달라집니다. 그러므로 성도들은 하나님을 믿는다면, 하 나님의 사람답게 살아가야 합니다.

---

16 Fanning, *Revelation*, 306.

17 Walter Bauer, eds. Kurt Aland, Barbara Aland, and Viktor Reichmann, 『바우어 헬라어 사전—신약성경과 초기 기독교 문헌의 헬라어-한국어 사전』, 이 정의 옮김 (서울: 생명의말씀사, 2017), 1584에 따르면, 파르마콘(φαρμάκων) 은 마술, 술법을 의미하지만, 독, 독약, 약물을 의미하기도 하지만, 파르마케이 아(φαρμακεία)는 마술, 술법, 요술을 의미한다. Osborne, 『요한계시록』, 498에 따르면, 21절에서 요한은 점치는 일(『개역개정』에는 복술)에 파르마케이아를 사 용하지 않고, 파르마콘을 사용한 이유는 독이나 약물을 사용하여 종교적인 의 식을 행함을 의미할 수 있기 때문이다.

결론

죄를 지으면 그 결과는 파멸입니다. 오히려 하나님께서는 사람들이 회개해서 파멸을 면하기를 바라십니다. 그래서 하나님은 인간을 심판하실 때, 완전히 심판하지 않고 제한적으로 심판해 회개할 기회를 주십니다.[18] 그러나 사람들은 하나님의 은혜를 거절합니다. 하나님을 거절하는 사람들의 특징은 예배와 삶의 행동에서 나타납니다. 자기 유익을 추구하면서 우상을 만들고, 우상숭배에 빠집니다. 그 결과는 삶에도 크게 영향을 끼칩니다. 자기를 파괴하고, 사회를 파괴하는 방향으로 행동합니다. 우리 성도는 믿음에 합당한 삶을 살아야 합니다. 하나님의 도우심을 바라보면서 주님을 신뢰해야 합니다. 그리고 그 믿음이 삶에 나타나야 합니다.

---

18 인 심판과 나팔 심판은 이 사실을 잘 표현한다. 인 심판에서 자연을 심판하시고서, 사람 사분의 일만 심판한다. 그러고서 나팔 심판에서는 자연을 심판하고, 사람을 5개월만 괴롭히는 심판을 하고, 그다음에는 사람 삼분의 일만을 심판한다. 이는 하나님께서 자연을 심판하심으로 사람에게 경종을 울리심이다. 그런데 사람들은 자기 잘못을 회개하지 않는다. 그래서 하나님은 심판을 이어가신다, 사람들이 회개하길 기다리면서.

계시록 10:1~11, '힘센 천사와 작은 두루마리'

하나님께서 마무리하시기까지 기다리자

중심 내용: 구원과 심판의 완성은 하나님의 영역을 인정하며, 때를 기다릴 때 이뤄진다.

I. 작은 두루마리는 구원과 심판의 완성이 일곱째 나팔이 울려 퍼질 때 이뤄지는, 하나님의 계획을 말한다(10:1~7).

  1. 작은 두루마리는 구원과 심판의 완성이 지체되지 않고, 일곱째 나팔이 울려 퍼질 때 이뤄짐을 말한다(10:1~2, 5~7).

  2. 하나님의 계시는 우리가 알려 해서는 안 되는, 하나님의 영역이 있다(10:3~4).

II. 사역의 두 측면, 곧 기쁨과 아픔은 주님의 부르심을 기억할 때 극복할 수 있다(10:8~11).

서론

인 심판 시리즈 구조는 '4개 심판—2개 심판—간주(막간)—1개 심판' 입니다. 나팔 심판 시리즈 구조도 '4개 심판—2개 심판—간주(막간)—1

개 심판'입니다. 나팔 심판 시리즈에서 남은 두 개 심판과 한 개 심판은 처음 네 개와는 달리 '화 심판'입니다. 화 심판은 나팔 심판 처음 네 개와는 달리, 인간에게 내려지며, 그 강도도 다릅니다. 인 심판 시리즈에서 간주에 환상이 두 개, 즉 인 맞은 14만 4천 명 환상과 수를 셀 수 없는 이방인 구원 환상이 있었습니다. 마찬가지로 나팔 심판에도 간주에 환상이 두 개입니다. 첫째는 10장에 나오는 '힘센 천사와 작은 두루마리 환상'입니다. 둘째는 11장에서 '두 증인 환상'입니다. 오늘은 첫째 환상, 곧 힘센 천사와 작은 두루마리가 무엇을 의미하는지를 살피며 영적 교훈을 받겠습니다.

I. 작은 두루마리는 구원과 심판의 완성이 일곱째 나팔이 울려 퍼질 때 이뤄지는, 하나님의 계획을 말한다(10:1~7).

1. 작은 두루마리는 구원과 심판의 완성이 지체되지 않고, 일곱째 나팔이 울려 퍼질 때 이뤄짐을 말한다(10:1~2, 5~7).

1~7절 내용을 말씀드립니다. 사도 요한은 힘센 천사가 하늘에서 내려오는 모습을 봤습니다. 그 천사의 머리 위에는 무지개가 있었습니다. 얼굴은 해와 같고, 발은 불기둥과 같았습니다. 손에 펼쳐진 작은 두루마리를 들고 있었고, 오른발은 바다를 그리고 왼발은 땅을 딛고 서 있었지요. 사자가 울부짖듯이 큰 소리로 부르짖고 있었습니다. 힘센 천사가 부르짖을 때, 일곱 천둥이 말하고 있었습니다. 그 말을 기록하려고 할 때, 그 말을 기록하지 말라는 음성이 하늘에서 들렸습니다. 그리고 힘센 천사가 창조주이신 하나님께 맹세하는 모습을 봤습니다. 요한계시록 10:1~7은 대칭 구조입니다. 1~2절, 그리고 5~7절은 힘센 천사와 작은 두루마리에 관한 이야기입니다. 하지만 가운데 3~4절은 일곱 천둥이 요한에게 한 말, 곧 기록하지 말라는 내용입니다. 1~2절과 5~7절을 설명하고서, 3~4절을 설명하겠습니다.

요한은 하늘에서 내려온 힘센 천사가 누구인지를 언급하지 않습니다.1 단지 힘센 천사를 묘사하고 있습니다. 힘센 천사는 구름에 싸여 하늘에서 지상으로 내려왔습니다. 머리 위에 무지개가 있었고요. 얼굴은 해와 같고, 발은 불기둥과 같았습니다. 이 묘사로, 힘센 천사 정체를 어느 정도 알 수 있습니다. 구름, 무지개, 해, 그리고 불기둥은 모두 하나님이나 예수님과 관련이 있는 표현입니다.2 예수님은 구름을 타고 하늘

---

1 Grant R. Osborne, 『요한계시록』, 김귀탁 옮김, BECNT 시리즈 (서울: 부흥과개혁사, 2019), 311에서는 네 가지 견해를 제시한다. 1) 가브리엘, 2) 예수 그리스도, 3) 1:1과 22:16에서 계시 업무를 담당하는 천사, 4) 5:2과 18:21에 나오는 힘 센 다른 천사 등이다. 그중에 가장 가능성이 큰 견해가 넷째, 곧 계시록 5:2과 18:21에 나오는 힘센 다른 천사라고 주장한다. Stephen S. Smalley, *The Revelation to John: A Commentary on the Greek Text of the Apocalypse* (Downers Grove, IL: IVP Academic, 2005), 258에서는 힘센 천사를 예수 그리스도의 성품을 가진 하늘 대리자인 미가엘로 여겨야 한다고 주장한다. Robert H. Mounce, 『요한계시록』, 장규성 옮김, NICNT (서울: 부흥과개혁사, 2019), 263에서는 5:2에 나오는 힘센 천사일 가능성을 제시한다. George E. Ladd, *A Commentary on the Revelation of John* (Grand Rapids: Wm. B. Eerdmans Publishing Company, 1972), 140에서도 5:2에 나오는 천사와 동일시한다. J. Ramsey Michaels, *Revelation*, IVP New Testament Commentary Series, ed. Grant R. Osborne, vol. 20 (Downers Grove, IL: InterVarsity Press, 1997), 133에서는 예수님은 아니지만, 하나님이나 어린 양을 위해서 행동하는 신적 대리인이라고 한다.

2 G. K. Beale, 『요한계시록(상)』, 오광만 옮김, NIGTC (서울: 새물결플러스, 2020), 863~67은 천사 묘사에서, 구름, 무지개, 얼굴이 해 같고, 발이 불기둥 같다는 신적 품성을 지닌 존재를 묘사하기에, 예수 그리스도 혹은 예수 그리스도와 같은 신적 품성을 가진 천사로 여겨야 한다고 주장한다. 구름, 무지개, 해, 불기둥 등과 예수님과 관계는 Beale, 『요한계시록(상)』, 863~67과 Osborne, 『요한계시록』, 506~07을 참조하라. 하지만, Beale과 Osborne은 서로 다른 결론을 내린다. Beale은 예수 그리스도나 그와 같은 신적 존재로 해석하지만, Osborne은 그리스도가 아니라, 그리스도의 영광과 사명에 참여하는 그리스도의 특별 사자라고 한다. Robert W. Wall, *Revelation*, New International Biblical Commentary on the New Testament, ed. W. Ward Gasque, vol. 18 (Peabody, MA: Hendrickson Publishing Company, 1991), 137; Robert L.

로 승천하셨고, 구름을 타고 땅으로 재림하십니다(행 1:9~11). 계시록
4:3에 따르면, 하나님께서는 무지개가 둘려 있는 보좌에 앉아 계십니
다.3 베드로, 야고보, 요한은 변화 산상에서 예수님의 얼굴이 해와 같이
빛나고, 옷은 빛과 같이 희게 변화된 모습을 봤습니다(마 17:2). 이스라
엘 백성이 광야 생활할 때, 하나님께서는 밤에는 불기둥으로, 낮에는
구름 기둥으로 인도하셨습니다(출 13:31). 이렇게 구름, 무지개, 해, 불
기둥 등이 하나님이나 예수님과 관련이 있는 표현이기에, 힘센 다른 천
사를 그리스도 혹은 하나님으로 생각할 수 있습니다. 하지만, 요한계시
록에서 하나님 혹은 예수 그리스도를 천사로 묘사한 적은 없습니다.4

Thomas, *Revelation 8~22: An Exegetical Commentary* (Chicago: Moody
Press, 1995), 60에 따르면, 힘센 천사가 하나님께 맹세한 점으로 보아, 힘센
천가가 예수님일 수 없다고 말한다.

3 Beale, 『요한계시록(상)』, 541에 따르면, 구약에서 무지개 언급은 에스겔
1:28에 있는데, 하나님의 심판 그리고 자비와 관련해 쓰였다. Smalley, *The
Revelation to John*, 115에 따르면, 무지개는 에스겔 1:28에서는 하나님의 영광
을 표현하고, 창세기에서는 하나님과 백성의 언약 징표로 쓰였다(창 9:8~17). 하
지만 요한이 심판으로 구원이라는 관점에서 무지개를 사용한다고 말한다.

4 Mounce, 『요한계시록』, 264. Buist M. Fanning, *Revelation*, Zondervan
Exegetical Commentary on the New Testament, ed. Clinton E. Arnold et
al., vol. 20 (Grand Rapids: Zondervan Academic, 2020), 312에서는 구름,
무지개, 해와 같은 얼굴, 불기둥과 같은 발 등은 모두 예수 그리스도나 하나님
과 관련 있는 표현이라서 천사가 예수님이라고 주장할 수 있지만, 요한계시록
에서 천사(ἄγγελος)를 67번이나 언급해도 그중 한 번도 하나님이나 그리스도
를 언급하지 않기에 힘센 천사는 신적인 존재가 아니고 하나님의 대리자로 보
아야 한다고 말한다. Beale, 『요한계시록(상)』, 863에서는 요한계시록에 예수님
을 천사로 표현한 적이 없다는 견해에 반대하면서, 계시록 14:14의 "인자 같은
이"는 전후 문맥상 천사로 간주할 수 있다고 주장한다. David E. Aune, 『요한
계시록 6~16』, 김철 옮김, WBC 성경주석, 52중 (서울: 솔로몬, 2004), 746~48,
815에서도 계시록 14:14의 "인자 같은 이"를 천사로 주장한다. Osborne, 『요
한계시록』, 693~95에서는 계시록 14:14에 "구름 위에 앉아 계신 인자와 같은
이" 정체에 관한 논의가 있음을 인정하면서, 천사가 아니라 그리스도로 보아야

그런데도 하나님과 그리스도의 영광을 묘사하는 표현이 힘센 천사를 묘사할 때도 쓰였습니다. 그렇다면 힘센 천사는 하나님과 그리스도 가까이에서 섬기는 천사일 가능성이 큽니다. 하나님의 대리자로서, 하나님의 영광에 참여하며, 하나님의 명령을 수행하는 천사일 가능성이 있습니다.[5] 이 힘센 천사는 펼쳐진 작은 두루마리를 손에 들고 있었습니다.

"작은 두루마리는 무엇을 의미하는 것일까요?"[6]

한다고 주장하는데, 그는 흰 구름 위에 계시고, 머리에 금 면류관이 있고, 주권적 심판자로서 손에 예리한 낫을 가지셨기 때문이라고 말한다.

5 Osborne, 『요한계시록』, 507; Fanning, *Revelation*, 312. Beale, 『요한계시록 (상)』, 869에서는 힘센 천사가 예수 그리스도가 아니면, 그리스도의 특성을 소유한 천사장 미가엘로 볼 수 있다고 말한다. G. B. Caird, *The Revelation of Saint John*, Black's New Testament Commentaries, ed. Henry Chadwick (Peabody, MA: Hendrickson Publishers, 1966), 125~26에서는 예수님의 천사라고 한다.

6 계시록 10:2에 작은 두루마리가 5:1에 두루마리인가, 아니면 다른 두루마리인가에 관해 세 가지 견해가 있다. 1) 다른 두루마리, 2) 같은 두루마리, 3) 동일성이 있지만, 완전히 하나는 아니라는 견해 등이다. Mounce, 『요한계시록』, 265에서는 두 두루마리가 다르다는 견해를 주장한다. 그 이유는 5:1의 두루마리는 관사가 있지만, 10:2의 작은 두루마리는 관사가 없다. 다른 차이는 두루마리는 하나님의 오른손에 봉인된 채 있지만, 작은 두루마리는 힘센 천사의 손에 펼쳐진 채 있다. 또 다른 차이는 두루마리는 비블리온(βιβλίον)으로 표현하지만, 작은 두루마리는 축소판 비블라리디온(βιβλαρίδιον)으로 표현하기 때문이다. 그는 5장에 두루마리는 인 심판부터 요한계시록 전체를 포함한다면, 작은 두루마리는 종말 직전의 마지막 시기에 하나님 백성의 운명을 다룬다고 말한다. 반면 Fanning, *Revelation*, 313에서는 같다는 견해를 견지한다. 그는 계시록 10:2에 사용된 작은 두루마리는 비블라리디온(βιβλαρίδιον)인데, 계시록 5:1~8에 6번이나 쓰인 두루마리는 비블리온(βιβλίον)이기에 다르다. 그러나 10:8에서는 두 용어가 동의어로 쓰인다. 계시록 5:1에 봉인된 두루마리는 예수님이 인을 떼시고(6:1~8:1), 그 결과 10:2에서 힘센 천사의 손에 펼쳐진 채 들려 있다. Aune, 『요한계시록 6~16』, 357; Michaels, *Revelation*, 133~34에서도 이 견해를 동의한다. Thomas, *Revelation 8~22*, 63에서는 작은 두루마리가 5:1의 두루마리와 동일시하면서, 작은 두루마리는 하나님의 비밀을 포함하고(10:7), 요한의 사명(10:11)도 포함한다고 말한다. 또 다른 견해, 동일하지만 완전히 하나는 아니라

두루마리는 요한계시록에 몇 차례 언급됩니다. 요한계시록 5장에서, 하나님은 하늘 보좌에 앉으셔서 일곱 인으로 봉인된 두루마리를 가지고 계셨습니다(계 5:1). 이 봉인된 두루마리를 예수님이 하나씩 하나씩 떼셨습니다(계 5:5; 6:1~8:1). 그 결과로 펼쳐진 두루마리를 힘센 천사가 가지고 있습니다(계 10:2). 그렇다면 작은 두루마리는 5장의 인으로 봉인된 두루마리를 예수님이 떼신 그 두루마리일 가능성이 있습니다. 작은 두루마리는 미래 종말에 관한 하나님의 계획을 담고 있는 두루마리임을 알 수 있습니다.[7] 미래에 관한 하나님의 계획은 구원과 심판의 완성입니다. 작은 두루마리는 구원과 심판의 완성에 관한 하나님의 계획을 담고 있습니다. 작은 두루마리를 들고 하늘에서 내려온 힘센 천사가 오른발은 바다를, 왼발은 땅이 디디고 서 있습니다.[8] 하늘, 땅, 바다는 하나님께서 창조하신 우주를 지칭합니다. 땅과 바다는 이 세상을 의미합니다.[9] 천사가 하늘에서 내려와 불기둥 같은 다리로 바다와 땅을 딛

는 견해인데, Beale, 『요한계시록(상)』, 870~73에서 주장한다. 5:1의 두루마리와 10:2의 작은 두루마리 사이에 차이점과 유사성을 언급하면서, 같지만 완전히 같지는 않다고 주장한다. 그는 작은 두루마리를 전체 두루마리의 작은 부분(11~16장의 내용, 또는 17~22장도 포함)으로 여긴다. Caird, *The Revelation of Saint John*, 126에서는 5:1의 두루마리가 하나님의 목적을 포함한다면, 10:2의 작은 두루마리는 5:1의 두루마리가 포함하는, 하나님 목적의 새로운 환상을 포함한다고 말한다. 작은 두루마리의 정체에 관한 논의는 Osborne, 『요한계시록』, 507~08; Smalley, *The Revelation to John*, 258~59를 참조하라.

7 Fanning, *Revelation*, 313에 따르면, 이 두루마리는 계시록 6:1~9:21의 심판 시작과 11:15의 심판 정점 사이에서 과도기 역할을 한다.

8 Osborne, 『요한계시록』, 509에서는 오른발은 바다를 그리고 왼발은 땅을 밟고 서 있는 힘센 천사를 고대 7대 불가사의 중 하나인 로데스섬의 거상과 연결한다. 이 거상은 주전 280년에 항구의 두 방파제에 걸쳐 세워졌지만, 주전 224년 지진으로 파괴됐다. Aune, 『요한계시록 6~16』, 353~54에서는 이 거상이 항구가 내려다보이는 곳(바다로 돌출된 육지의 끝부분)에 서 있다고 주장한다.

9 Fanning, *Revelation*, 313. Beale, 『요한계시록(상)』, 874에서도 땅과 바다는 하나님의 피조물 전체를 지칭하는 용어로 여긴다(욥 11:0; 시 146:6; 잠

고 섰다는 말은 힘센 천사가 이 세상을 지배하는 권세를 가졌음을 상징합니다.[10]

힘센 천사는 세상을 다스리는 권세를 가졌고, 참 통치자이신 하나님께 맹세합니다. 5~6절입니다. **"그리고 내가 본 그 천사, 곧 바다와 땅을 디디고 서 있는 그 천사가 오른손을 하늘로 쳐들고, 하늘과 그 안에 있는 것들과 땅과 그 안에 있는 것들과 바다와 그 안에 있는 것들을 창조하시고, 영원무궁하도록 살아계시는 분을 두고, 이렇게 맹세했습니다."** 구약성경에서 맹세할 때 오른손을 드는 것은 게 일반이었습니다(신 32:40; 출 6:8; 겔 20:5, 15, 23, 42; 창 14:22~23). 힘센 천사는 오른손을 들고, 영원히 살아계신 하나님께 맹세합니다.

이 장면을 이해하려면, 다니엘 12:1~13을 참조해야 합니다.[11] 미가엘 천사는 다니엘에게 마지막 때에 **"어떤 사람은 영원한 생명을 얻고, 어떤 사람은 수치와 함께 영원한 모욕을 받는다"**라고 했습니다(단 12:3). 이때 두 천사가 나타나 모시옷을 입은 천사에게 **"언제 이 놀라운 일이 일어납니까?"**라고 질문합니다(단 12:6). 그러자 모시옷을 입은 천사가 대답한 말이 다니엘 12:7입니다. **"한 때와 두 때와 반 때가 지나야 한다. 거룩한**

8:29; 사 42:10; 욘 1:9). 그런데 이 용어는 아담, 노아, 그리고 장차 임할 다윗 같은 왕이 다스릴 땅을 지칭한다고 말한다(창 1:26, 28; 9:2; 시 72:8; 시 89:25). 그런데 바다는 때때로 용이 다스리는 영역이기도 하다(계 12:17; 13:1). 그래서 바다와 땅을 다스린다는 말은, 용이 지배하는 주권이 궁극적으로 하나님께 있음을 나타낸다고 말한다. Smalley, *The Revelation to John*, 260에서는 Beale의 견해에 동의한다. 하지만, Osborne, 『요한계시록』, 509, n. 6에서는 바다가 악한 세상을 상징한다는 근거가 없다고 말한다.

10 Mounce, 『요한계시록』, 266. Osborne, 『요한계시록』, 509에서는 세상 지배권뿐 아니라 믿는 이는 구원하나 믿지 않는 이는 심판한다는 의미도 있다고 주장한다.

11   Osborne, 『요한계시록』, 513~14; Beale, 『요한계시록(하)』, 886~93; Aune, 『요한계시록 6~16』, 366에서는 이 구절을 다니엘과 연결 짓는다.

백성이 받는 핍박이 끝날 때, 이 모든 일이 다 이뤄진다." 모시옷을 입은 천사는 한 때, 두 때, 그리고 반 때가 지나야 안나고 내답했습니다. 다니엘서는 종말 시기가 언제인가는 하나님만 아신다고 했습니다. 천사는 하나님 대신에 종말 시기를 "한 때, 두 때, 그리고 반 때"로 언급했습니다. "한 때, 두 때, 그리고 반 때"는 7년 대환난의 후반기 3년 반을 의미합니다.12 후반기 3년 반이 끝나는 시기는 거룩한 백성이 받는 핍박이 끝나는 시기입니다. 이때 영원한 생명과 영원한 지옥으로 갈라집니다.

힘센 천사는 다니엘서에서 언급한 이 불확실한 때를 분명하게 언급합니다. 6~7절입니다. "**때가 얼마 남지 않았다. 일곱째 천사가 불려고 하는 나팔 소리가 나는 날에는, 하나님께서 하나님의 종 예언자들에게 전하여 주신 대로, 하나님의 비밀이 이뤄진다.**" 다니엘이 예언한 종말 때, 곧 한 때, 두 때, 그리고 반 때가 얼마 남지 않았습니다. "**때가 얼마 남지 않았다**"라는 말은 "더는 지체하지 않는다(χρόνος οὐκέτι ἔσται)"라는 의미입니다. 나팔 심판 여섯째와 일곱째 사이에 약간 지체가 있습니다. 힘센 천사는 더는 지체가 없다고 선언합니다. 곧 일곱째 나팔 소리가 이제 곧 울려 퍼집니다. 일곱째 나팔을 불 때, 하나님의 종인 예언자들이 그동안에 예언했던, 하나님의 비밀이 이뤄집니다.13 하나님의 비밀, 즉

---

12 Osborne, 『요한계시록』, 514. 하지만 (Beale, 『요한계시록(상)』, 890에서는 이 기간을 교회 시대로 이해한다. 3년 반에 관해서는 Stephen R. Miller, *Daniel: An Exegetical and Theological Exposition of Holy Scripture*, New American Commentary, ed. E. Ray Clendenen, vol. 18 ([Nashville, TN]: Broadman and Holman Publishers, 1994), 269~73; J. Paul Tanner, *Daniel*, Evangelical Exegetical Commentary, ed. H. Wayne House and William D. Barrick (Bellingham, WA: Lexham Academic, 2020), 590~96을 참조하라. Tanner, *Daniel*, 595~96에서는 이 기간을 적그리스도가 이스라엘과 맺은 언약을 파괴한 후 3년 반으로 본다. 다니엘의 7이레(단 9:24~27)에 관한 교부 시대와 현대 비평학자들 등 전반적인 연구는 Tanner, *Daniel*, 543~609를 참조하라.

13 비밀은 감춰졌다가 비로소 밝히 드러난다. 바울은 비밀을 예수 그리스도를 지칭하려고 사용했다(골 2:2). 그런데 이 용어는 또한 그리스도 안에서 하나

하나님의 백성을 온전히 구원함 그리고 악인을 온전히 심판함이 이뤄집니다. 미가엘 천사가 말한 어떤 이는 영원한 생명에, 어떤 이는 영원한 지옥으로 가는 시기는 일곱째 나팔 소리가 울려 퍼질 때입니다.

> "힘센 천사는 하나님의 대리자로서 이 세상을 다스립니다. 이제 그는 예수님께서 인을 떼서 펼치신 두루마리를 들고, 다니엘서에서 예언한 마지막 때가 더는 지체되지 않는다고 선언합니다. 그때는 일곱째 나팔이 울릴 때입니다. 힘센 천사를 묘사하는 사이에 있는 3~4절은 일곱 천둥에 관해 이야기합니다."

2. 하나님의 계시는 우리가 알려 해서는 안 되는, 하나님의 영역이 있다(10:3~4).

이제 일곱 천둥에 관해 설명하겠습니다. 힘센 천사가 사자처럼 울부짖을 때, 일곱 천둥이 각각 자기 말로 반응합니다. 일곱 천둥이 말을 마쳤을 때, 요한은 그 천둥이 한 말을 기록하려고 했습니다. 그런데 그때 하늘로부터 음성이 나와 요한에게 일곱 천둥이 한 말을 기록하지 말라고 합니다. 요한은 일곱 천둥이 누구인지는 언급하지 않았습니다. 단지 일곱 천둥 앞에 관사가 있습니다(αἱ ἑπτὰ βρονταί). 일곱 천둥 앞에 관사가 있음은 일곱 천둥이 독자에게 잘 알려진 존재라는 뜻입니다. 처음 청중은 일곱 천둥이 무엇을 의미하는지 알았을 것입니다. 때때로 우

님의 구속 시간, 즉 종말적 의미로도 쓰였다(롬 16:25~26; 고전 2:7; 살후 2:7). 그런 측면에서, Mounce, 『요한계시록』, 271~72에서는 하나님의 비밀을 인류 역사의 최종 완성에 계시된, 하나님의 구원 목적을 의미한다고 말한다. Beale, 『요한계시록(상)』, 541~42에서는 하나님의 비밀을 고난받도록 예정된 성도들이 그들 운명을 이룰 때(죽음), 마지막 심판이 시작한다고 말한다. Thomas, *Revelation 8~22*, 70에 따르면, 지상에 하나님의 나라, 왕국 완성을 의미한다. Osborne, 『요한계시록』, 515에서는 일곱째 나팔이 불리면서 시작하는 사건들을 가리킨다고 말한다. (Fanning, *Revelation*, 316~17에서는 하나님의 구속 목적이라고 말한다.

레, 즉 천둥은 하나님과 관계에 쓰였습니다. 하나님은 백성에게 말씀하실 때, 때때로 천둥 형태로 말씀하시곤 하셨습니다(시 29). 시편 29편에 하나님의 소리는 일곱 번이나 우레, 천둥으로 묘사됐습니다. 출애굽기에서는 하나님께서 시내산에 강림하실 때, 번개와 천둥소리 가운데 임하셨습니다. 본문에서 일곱 천둥이 무엇을 의미하는지는 구체적으로 알 수 없습니다. 하지만 일곱 천둥이 한 말은 분명 하나님의 메시지임에는 틀림이 없습니다. 요한은 일곱 천둥이 한 말, 곧 하나님의 메시지를 기록하려고 합니다.14 그때 하늘에서 내려온 음성이 요한에게 일곱 천둥이 말한 내용을 기록하지 말라고 했습니다.

기록하지 말라, 즉 인봉하라는 말은 사람이 알아서는 안 된다는 뜻입니다. 다니엘 12:4에서도 다니엘은 미래에 일어날 일을 기록하지 말라는 음성을 듣습니다. 다니엘 12:4입니다. **"그러나 너 다니엘아, 너는 마지막 때까지 이 말씀을 은밀히 간직하고, 이 책을 봉하여 두어라."** 다니엘에게 기록한 바를 인봉하라는 말은 미래에 일어날 일을 청중에게 알리지 말라는 뜻입니다. 다니엘이 인봉한 그 내용이 요한계시록 5:1~4에서는 어린 양이 열어서 사람에게 알리십니다. 그런데 요한이 일곱 천둥이 말한 바를 기록하려고 하자, 기록하지 말고 인봉하라(σφράγισον)는 음성을 듣습니다. 요한은 기록 자체를 하지 않았기에,15 우리는 그 내용이 무엇인지

---

14 Craig R. Koester, 『요한계시록 II—10~22장』, 최흥진 옮김, 앵커바이블 시리즈 (서울: 기독교문서선교회, 2019), 885~86에서는 이 음성이 하나님, 그리스도, 혹은 천사적 존재의 음성일 수 있는데, 많은 경우 음성은 하나님께 속하거나(계 16:17; 21:3), 그리스도에게 속한다(계 3:21). 그런 측면에서 하나님이나 그리스도일 가능성이 크지만, 본문이 신분을 밝히지 않기에 그대로 두는 편이 좋다고 주장한다. Smalley, *The Revelation to John*, 262에서는 하나님, 그리스도, 혹은 두 분의 음성으로 여긴다. Aune, 『요한계시록 6~16』, 360에서는 관사는 하나님의 음성을 의미하지만, 하나님의 이름을 기록하면 안 되기에 기록하지 말라고 했다고 설명한다. Thomas, *Revelation 8~22*, 65에서는 하나님의 음성으로 여긴다. Beale, 『요한계시록(상)』, 886에서는 관사는 일곱 천둥 재앙을 의미한다고 말한다.

자세히 알 수 없습니다.16 하나님의 비밀은 선지자들을 통하여, 요한을 통하여 이미 선포되었습니다. 선포된 말씀은 하나님을 믿는 사람은 영생을, 믿지 않는 사람은 영원한 불 못으로 던져진다는 내용이지요. 이것을 구원과 심판이란 단어로 표현할 수 있습니다. 선지자와 사도를 통하여, 우리는 마지막 때에 있을 구원과 심판을 알고 있습니다. 이 구원과 심판의 범주에서 일곱 천둥은 어떤 말을 했으리라고 생각합니다.

하지만 구체적인 내용은 하나님의 영역에 속하기에 기록하지 말라고 했습니다. 우리가 너무 구체적으로 하나님의 영역을 이해하려고 하지 말아야 합니다. 사람이 이해하거나 절대 알지 말아야 할 비밀, 영역이 있기 때문입니다.17 한 예로, 시기와 때입니다. 언제 주님께서 오시느냐? 시기와 때는 하나님의 영역입니다. 성경은 단순히 **"그날이 가까이 왔다. 결코 늦지 않는다, 때가 얼마 남지 않았다"**로 표현하고 있습니다.

---

15 일부 학자는, 예로 Koester, 『요한계시록 II』, 886; Aune, 『요한계시록 6~16』, 363에서는 인봉하고 기록하지 말라는 의미가 기록한 바를 인봉하라는 뜻이 아니라, 기록 자체를 하지 말라는 뜻으로 받아들인다. Fanning, *Revelation*, 314에서도 기록하지 않았다는 견해에 동의한다. 그는 더 나아가 마음에 있는 것까지 인봉하여 다른 사람이 읽도록 기록하지 말라는 경고를 받았다고 주장한다.

16 Caird, *The Revelation of Saint John*, 126에서는 '기록하지 말고 인봉하라'를 일곱 천둥이 상징하는 운명을 하나님이 취소했다는 견해를 제시한다. 다른 선지자들은 인류의 역사를 70 이레로 묘사할 수 있었지만, 요한에게는 그런 기회가 주어지지 않았다. 요한에게는 더 많은 7이 아니라 마지막 하나만 있다는 의미이다. Mounce, 『요한계시록』, 268에서는 '기록하지 말라'의 내용은 인과 나팔처럼 경고하는 재앙의 또 다른 시리즈라고 말한다. 하지만, 사람들이 회개하려 않으려는 완고한 결정(계 9:20~21)을 알고 또 다른 재앙 시리즈가 쓸모없음을 알고, 기록하지 말라고 했다고 설명한다. 하나님은 이미 재앙을 결정했기에 다른 경고는 이미 너무 늦어 버렸다는 견해이다. Beale, 『요한계시록(상)』, 883~85에서도 비슷한 견해를 제시하면서, 하나님은 인 심판, 나팔 심판, 대접 심판과 병행되는 또 다른 일곱 심판 시리즈를 생각하셨다고 말한다. 이것은 아마 일곱 우레가 포함되는 재앙일 수 있다.

17 Fanning, *Revelation*, 314.

판단 능력이 없는 어린아이가 천국에 가느냐, 지옥에 가는지 질문도 여기에 속합니다. 어떤 것은 하나님의 주권, 하나님의 영역으로 남겨두는 편이 좋습니다. 하나님은 모든 것을 주관하시는 분입니다. 그래서 성도는 모든 사항을 세부적으로 알 필요가 없습니다. 일곱 천둥이 말한 내용도 그런 영역입니다. 단지 우리는 하나님께서 모든 것을 통제하시는 주권자이시라는 사실을 인정하면 됩니다. 하나님의 주권을 인정한다면, 우리는 인내하면서 그분의 뜻이 이루어지기를 기다려야 합니다.[18]

II. 사역의 두 측면, 곧 기쁨과 아픔은 주님의 부르심을 기억할 때 극복할 수 있다(10:8~11).

요한에게 일곱 천둥의 소리를 기록하지 말라고 한 그 음성이 다시 요한에게 말합니다. 요한에게 힘센 천사에게 가서, 손에 펼쳐진 작은 두루마리를 받아 그것을 먹으라고 명령합니다. 그 작은 두루마리가 입에는 꿀처럼 달지만, 뱃속에서는 쑥처럼 쓰다고 했습니다. 요한은 힘센 천사에게 가서, 작은 두루마리를 받아먹었습니다. 그러자 입에서는 꿀같이 달았지만, 뱃속은 쓰라렸습니다. 그때 여러 백성, 민족, 언어, 왕들에 관한 예언을 다시 하라는 음성을 들었습니다. 요한은 힘센 천사로부터 작은 두루마리를 받아서 먹었습니다. 요한이 두루마리를 받아먹었다는 말은 요한이 자기에게 주어진 사명 혹은 메시지를 받아들였다는 의미입니다. 왜냐하면 구약성경에서 먹는 것을 종종 메시지를 마음에 받아들이기 또는 삶에 적용하기라는 의미로 사용했기 때문입니다(시 119:103; 렘 15:16).[19]

'받아먹는다'라는 표현이 에스겔서에서도 나옵니다. 하나님은 에스겔 선지자에게 목과 마음이 굳은 이스라엘 백성에게 가서 말씀을 선포하라고 명합니다. 그러고서는 에스겔 선지자에게 두루마리 책을 받아서 먹으라고

명령합니다. 선지자는 두루마리 책을 천사에게 받아먹습니다(겔 2:8~3:3). 에스겔서에서 두루마리 책을 받아먹는다는 선지자 사명을 받아들인다는 의미입니다. 마음과 목이 곧은 백성에게 말씀을 선포하라는 명령에 순종한다는 의미입니다. 마찬가지로, 오늘 본문에서 작은 두루마리를 힘센 천사에게 받아서 먹으라는, 하나님이 예언의 사역을 다시 시작하라고 요한을 재임명하셨다는 의미입니다.[20] 요한은 일곱 천둥의 말은 봉인해야 했습니다. 하지만, 힘센 천사의 손에 펼쳐진 작은 두루마리에 있는 예언의 말씀은 계속 전할 사명을 다시 부여받았습니다.[21] 에스겔 선지자가 사명을 받았듯이, 요한도 예언의 말씀을 선포할 사명을 다시 부여받았습니다.

요한이 받은 예언 사명에는 두 가지 측면이 있습니다. 하나는 입에는 꿀처럼 달콤함이요, 다른 하나는 뱃속에서는 쑥처럼 쓰디씀입니다. 첫째 측면은 예언 사명은 입에 꿀처럼 달콤함입니다.[22] 하나님의 말씀은 믿는 이에게는, 곧 말씀을 받아들이는 이에게는 생명의 말씀이기 때문에

---

20 Osborne, 『요한계시록』, 516~27; Beale, 『요한계시록(상)』, 907; Fanning, *Revelation*, 318.

21 Osborne, 『요한계시록』, 517에 따르면, 펼쳐진 두루마리는 두루마리의 메시지를 교회에 알려진다는 의미로 해석한다. Smalley, *The Revelation to John*, 267; Mounce, 『요한계시록』, 274; Koester, 『요한계시록 II』, 893에서는 두루마리 내용은 계시록 11:1~4에 요약돼 있고, 요한계시록 나머지 부분에서 자세히 설명한다고 주장한다.

22 Osborne, 『요한계시록』, 518; Fanning, *Revelation*, 318. 일부 학자, 예로 Mounce, 『요한계시록』, 274; Beale, 『요한계시록(상)』, 908; Leon Morris, *The Book of Revelation: An Introduction and Commentary*, Tyndale New Testament Commentaries, ed. Leon Morris, vol. 20 (Downers Grove, IL: InterVarsity Press, 1987), 138에서는 하나님의 말씀이기에 달다고 말한다. 하지만 Smalley, *The Revelation to John*, 267에서는 하나님의 말씀이 순종하는 자에게 주는 구원과 기쁨의 결과 때문이라고 말한다. Osborne, 『요한계시록』, 518에서는 하나님의 주권적 뜻이 당신 백성에게 유익하기 때문이라고 말한다. Fanning, *Revelation*, 318에서는 하나님의 말씀을 기꺼이 받아들이는 이에게 말씀이 주는 가치나 매력 때문이라고 말한다.

꿀처럼 답니다. 시편 기자는 "주님 말씀의 맛이 내게 어찌 그리 단지요. 내 입에는 꿀보다 더 납니다"라고 고백합니다(시 119:103). 순종하는 이에게는 가치가 있기 때문입니다. 언제나 능력이고, 힘이기 때문입니다. 둘째 측면은 예언 사명이 뱃속에 쓰디씀입니다.[23] 하나님의 말씀을 거역하는 자에게는 하나님의 말씀은 쓰디씁니다. 하나님의 말씀을 선포하는 사역은 그리 환영받는 사역은 아닙니다. 믿지 않는 자에게는 심판 메시지를 선포하기 때문입니다. 심판 선포는 고통스러운 일입니다.

하나님의 말씀에 구원과 심판의 메시지가 있습니다. 그래서 달면서도 쓰디씁니다. 우리 사역은 달콤함만 전하지 않습니다. 때때로 쓰디씀도 전하는 사역입니다. 구원과 회복의 희망을 전하는 사역 측면이 있는가 하면, 반대로 심판과 고통을 전하는 사역 측면도 있습니다. 그래서 기쁨도 있지만, 아픔이나 쓰라린 고통도 있습니다.

쓰라린 고통이 올 때, 우리는 멈칫멈칫하기도 합니다. 그때 11절 말씀을 기억해야 합니다. "그때 '너는 여러 백성과 민족과 언어와 왕들에 관해서 다시 예언해야 한다'라는 음성이 내게 들려왔습니다." 하나님은 요한에게 예언자로서 사명을 두 번째 주셨습니다. 첫 번째는 요한계시록 1:9~20에서 기록합니다. 밧모섬에 있을 때, 하나님은 듣고 보는 바를 책에 기록하여 일곱 교회에 보내라는 사명을 주셨습니다. 두 번째는 이 본문에 기록합니다. 여러 백성, 민족, 언어, 왕들에게 펼쳐질 마지막 구원과 심판의 메시지를 선포하라는 사명입니다.[24] 모세도 사명을 두

---

23 Fanning, *Revelation*, 318에서는 목이 곧아 믿지 않는 자들이 하나님의 메시지를 거부하면 결국 하나님의 심판을 받는다는 측면에서 쓰다고 말한다. 하지만 Osborne, 『요한계시록』, 518에서는 성도가 큰 고난, 박해, 심지어 순교까지 당하기에 쓰다고 해석한다. Beale, 『요한계시록(상)』, 909에서는 심판의 관점, 곧 심판을 피할 수 없다는 관점에서 쓰다고 해석한다. 그리고 은유적인 측면에서 단맛은 믿는 이에게 복음에 있는, 하나님의 구속 은혜를 지칭한다면, 쓴맛은 이 은혜가 혹독한 고난에서 경험한다는 측면을 강조한다고 말한다.

24 Fanning, *Revelation*, 319에 따르면, 구약 다니엘서는 처음에는 적의 세

차례 받았습니다. 첫 번째는 바로에게 가서 하나님의 말씀을 전하고 백성을 인도해 내라는 사명입니다. 바로에게 가서 하나님이 이스라엘 백성을 보내라고 말씀하셨다는 명령을 전할 때, 바로는 이스라엘 백성을 더 학대합니다. 학대받은 백성은 모세를 원망합니다. 이때 모세는 좌절하면서 하나님께 불평합니다. 하나님은 모세에게 강한 손을 편 후에 바로가 이스라엘 백성을 보낸다고 말씀하시면서 다시 한번 모세에게 사명을 부여하십니다(출 6:13). 하나님의 사역에는 언제나 기쁨과 고통이 따릅니다. 꿀과 쑥이 함께합니다. 언제나 기쁨만 있지 않고, 오히려 쓰라린 고통, 아픔이 먼저 오기도 합니다. 그래서 우리는 주저합니다. 주저할 때, 하나님이 우리를 부르셔서 다시 사명을 주신다는 사실을 깨달아야 합니다. 하나님은 언제나 우리에게 기회를 다시 주십니다.

결론

우리는 한계를 인식해야 합니다. 알아야 할 바가 있고, 몰라야 할 바도 있습니다. 우리가 몰라야 할 바는 하나님의 영역입니다. 그러므로 우리 한계와 하나님의 영역을 인식하면서, 너무 많이 알려고 하지 말아야 합

력 통치 아래에서 고통을 당하지만, 하나님께서 그 세력들을 물리칠 때 참되신 하나님으로 돌아옴을 말한다(단 3:4, 7, 29; 5:19; 6:25; 7:14). 그렇다면 계시록 10:11에서 관하여(ἐπί)도 같은 의미로 쓰였기에, 여러 백성, 민족, 언어, 왕들에 관한 메시지는 심판이나 운명 메시지일 뿐 아니라 희망과 구속 메시지도 포함한다고 주장한다. Osborne, 『요한계시록』, 519~20에 따르면, "관하여(ἐπί)를 '위하여'로 해석하면 긍정적 메시지이지만, '~에 [반]대하여 로 해석하면 부정적 메시지이다. 그는 11:3~6의 두 증인을 통한 심판 메시지를 고려하면, 11절은 심판 메시지가 올바른 해석이라고 주장한다. 하지만 경고와 증언은 상호 배타적인 범주가 아니기에, 긍정적 요소와 부정적 요소 모두 포함한다고 주장한다. Smalley, *The Revelation to John*, 268에서는 "여러 백성, 민족, 언어, 왕들에 관하여"라는 표현이 계시록에 7번 쓰였는데(5:9; 7:9; 10:11; 11:9; 13:7; 14:6; 17:15), 5:7과 7:9은 긍정적이지만, 이 본문은 부정적이기에 악인을 심판하는 의미로 해석해야 한다고 주장한다.

니다. 이것을 사역에도 적용할 수 있습니다. 사역할 때, 하나님께서 우리에게 주신 달란트를 써야 합니다. 우리에게 없는 달란트를 아쉬워하면서 그것 때문에 좌절하지 말아야 합니다. 그것 때문에 좌절하면서 사역의 핑곗거리를 찾지 말아야 합니다. 또한 사역에는 기쁨과 고통이 함께 따름도 알아야 합니다. 기쁨이 오기 전에 고통이 먼저 오기도 합니다. 그러나 때가 되면 기쁨도 따라옵니다. 그러므로 어렵고 힘들 때, 인내하면서 그리고 주어질 기쁨을 생각하면서 사역에 임하시기를 바랍니다.

계시록 11:1~13, '두 증인'

어려워도 하나님 도우심을 힘입어 사역하자

중심 내용: 두 증인은 어려운 시기에 사역할 때 하나님의 능력과 보호를 경험함을 보여준다.

I. 성전 측량은 하나님의 백성이 괴롭힘을 받은 후에 회복한다는 상징이다(11:1~2).

II. 회복 사역은 하나님의 능력과 보호, 그리고 부활과 승천을 바라는 희망에서 일어난다(11:3~13).

  1. 사역은 극한 어려움에서도 하나님의 능력과 보호를 경험하게 한다(11:3~6).

  2. 두 증인의 부활과 승천은 성도들의 부활과 승천을 예시한다(11:7~13).

서론

나팔 심판 시리즈에서 여섯째와 일곱째 사이에 간주, 곧 환상 두 개가 있습니다. 첫째 환상은 힘센 천사와 작은 두루마리입니다. 힘센 천사는 예수님께서 인을 떼신 작은 두루마리를 가지고 계십니다. 요한은 이 작은 두루마리를 건네받고 마지막 예언 사역을 감당하라는 사명을 다시 받았습니다. 그 작은 두루마리를 삼키자, 입에는 달지만, 뱃속은 쓰라렸습니다. 이것은 하나님의 마지막 계획을 선포하는 사역에는 기쁨과 고통이 따름을 의미합니다.

이 기쁨과 고통의 사역이 둘째 환상에서 두 증인에게 주어졌습니다. 하나님은 요한에게 성전과 성전 안뜰을 측량하고, 성전 바깥뜰은 측량하지 말라고 합니다. 이 예언은 대환난 후반기 시기 3년 반 동안에 하나님의 백성이 이방인에게 짓밟힌다는 내용입니다. 그러나 그때가 지나면, 하나님의 백성은 회복합니다.

하나님은 두 증인을 준비하셔서 심판과 회복 사역을 수행하게 하십니다. 두 증인처럼, 우리에게도 심판과 회복 사역이 주어졌습니다. 우리는 그 사역을 주님께서 오실 때까지 완수해야 합니다. 그럴 때, 하나님의 능력과 보호를 경험합니다. 오늘은 '두 증인' 본문을 토대로 「어려워도 하나님의 도우심을 힘입어 사역하자」라는 제목으로 말씀을 전하겠습니다.

I. 성전 측량은 하나님의 백성이 괴롭힘을 받은 후에 회복한다는 상징이다(11:1~2).

요한이 선지자로 재임명을 받은 후(계 10:8~10), 지팡이와 같은 측량 잣대를 받았습니다.[1] 측량 잣대($\kappa\acute{\alpha}\lambda\alpha\mu\circ\varsigma$)는 갈대로 만든 자입니다.[2] 길

---

[1] 1절에서 "받았다"는 수동형 '에도데($\acute{\epsilon}\delta\acute{\circ}\theta\eta$)'인데, 용법은 신적 수동태이다. 그렇다면 측량 자를 요한에게 주신 분은 하나님이나 그리스도일 가능성이 있다. Grant R. Osborne, 『요한계시록』, 김귀탁 옮김, BECNT 시리즈 (서울: 부흥과개혁사, 2019), 525에서는 두 분 모두일 가능성을 제시하지만, '에도데'가 3인칭 단수형이기에 두 분 중에 한 분으로만 이해가 더 좋다. David E. Aune, 『요한계시록 6~16』, 김철 옮김, WBC 성경주석, 52중 (서울: 솔로몬, 2004), 429에서는 신적 수동태를 학자에 따라 하나님, 그리스도, 성령, 혹은 천사로 해석한다

이가 3m 정도인데, 작으면서 가볍고 속이 빈, 꼿꼿한 갈대를 사용합니다. 그래서 집, 건물, 땅의 길이를 측정할 때 사용합니다(계 21:15~16).[3] 요한이 잣대를 받았을 때, 성전을 측량하라는 명령을 듣습니다. 성전을 측량하되 하나님의 성전, 제단, 그리고 예배하는 사람은 측량하되, 성전 바깥뜰은 측량하지 말라고 하셨습니다. 성전을 의미하는 헬라어는 두 개입니다.[4] 하나는 '히에론(ἱερόν)'이고, 다른 하나는 '나오스(ναὸς)'입니다. '히에론'은 성소와 지성소가 있는 성전 건물 자체와 성전의 안뜰과 바깥뜰을 포함한 성전 전체 구역을 가리키는 용어입니다. 반면에 '나오스'는 성소와 지성소가 있는 성전 건물 자체를 가리키는 용어입니다.[5]

고 말하면서, 자기 견해는 밝히지 않는다. G. K. Beale, 『요한계시록(상)』, 오광만 옮김, NIGTC (서울: 새물결플러스, 2020), 917에서는 계시록 10:9~10에서 명령한 그 천사라고 말한다. Robert L. Thomas, *Revelation 8~22: An Exegetical Commentary* (Chicago: Moody Press, 1995), 79~80에서도 Beal과 같은 견해를 말한다. Buist M Fanning, Revelation, Zondervan Exegetical Commentary on the New Testament, ed. Clinton E. Arnold et al., vol. 20 (Grand Rapids: Zondervan Academic, 2020), 326에서는 "들었다(λέγων, I was told)"와 "내 두 증인(τοῖς δυσὶν μάρτυσίν μου, my two witnesses)"을 서로 연결하면서 말한 주체가 하나님이나 그리스도라고 주장한다. 전반적으로 보았을 때, 요한에게 잣대를 주신 주체는 하나님 혹은 그리스도일 가능성이 크다.

2 Walter Bauer, eds. Kurt Aland, Barbara Aland, and Viktor Reichmann, 『바우어 헬라어 사전—신약성경과 초기 기독교 문헌의 헬라어-한국어 사전』, 이정의 옮김 (서울: 생명의말씀사, 2017), 759.

3 Osborne, 『요한계시록』, 525; Fanning, *Revelation*, 326.

4 '히에론(ἱερόν)'은 Bauer, 『바우어 헬라어 사전』, 710을 참고하고, '나오스(ναὸς)'는 같은 자료 1012~13을 참고하라. Beale, 『요한계시록(상)』, 924~25에 따르면, '나오스는 때때로 성전 건물 단지(복합체)를 가리키는 용어로 쓰이곤 했지만(마 26:61; 27:5; 요 2:20), 많은 경우 지성소와 성소 등 성전 내부를 가리키는 용어로 쓰였고, 신약에서는 나오스를 그리스도인, 참 이스라엘서의 그리스도인을 지칭할 때 쓰였다(요 2:19~22).

5 Osborne, 『요한계시록』, 526; Fanning, *Revelation*, 327, n. 8. Osborne, 『요

1절에 "하나님의 성전(τὸν ναὸν τοῦ θεου)"에는 성전 전체 구조를 가리키는 '히에론'이 아니라, 성소와 지성소가 있는 건물 자체인 '나오스'가 쓰였습니다.

솔로몬 성전은 성소와 지성소 건물 외에 안뜰과 바깥뜰로 이뤄졌습니다. 그런데 예수님 당시 헤롯 성전은 안뜰에는 세 개의 뜰이 있었습니다. 제사장의 뜰, 이스라엘 백성의 뜰, 여자들의 뜰 등입니다. 이 세 개 뜰로 구성한 안뜰과 구별되는 뜰이 바깥뜰입니다. 바깥뜰은 보통 성전 제물, 양이나 염소를 제물로 드리려고 매매할 수 있는 시장 역할을 했습니다(막 11:15~16). 바깥뜰에, 베드로가 설교한 솔로몬 행각이 있었습니다(행 3:11). 이방인도 들어갈 수 있기에, 이방인 뜰로도 불렸습니다. 이방인은 이방인 뜰에서 경배할 수 있었지만, 안뜰로는 들어갈 수 없었습니다. 그 이유는 이방인은 부정한 백성으로 여겨졌기 때문입니다. 이방인의 뜰에서 안뜰로 들어가는 현관, 그리고 이방인 뜰 현판에는 이방인이 안뜰로 들어가면 죽는다는 경고가 붙어 있었습니다.[6] 하나님의 성전, 제단, 성전에서 예배하는 이들을 측정하라는 말은, 성전과 안뜰에 있는 것을 측정하라는 뜻입니다.

"그러면 하나님의 성전과 안뜰에 있는 것을 측정하라는 무슨 뜻일까요?"

한계시록』, 526~27에서는 성전과 제단이 연결되어 있기에 제단을 분향단으로 보아야 하며, 하늘 성전을 의미한다고 말한다. Beale, 『요한계시록(상)』, 926에서도 마지막 때 천상 성전을 지칭한다고 말한다. 하지만 Thomas, *Revelation 8~22*, 82에서는 미래 문자적 성전이라고 한다. Aune, 『요한계시록 6~16』, 432~33에서는 지상의 성전, 곧 예루살렘 성전으로 여기고, '나오스'는 지성소와 향을 드리는 제단이 있는 성소를 포함하는데, 제단이 향단을 의미한다면, 중복이라서 제사장의 뜰에 있는 번제단으로 이해한다. Stephen S. Smalley, *The Revelation to John: A Commentary on the Greek Text of the Apocalypse* (Downers Grove, IL: IVP Academic, 2005), 271에 따르면, 11:19은 하늘 성전을 의미하지만, 1절은 예루살렘 성전을 의미한다.

6 Osborne, 『요한계시록』, 528~29; Aune, 『요한계시록 6~16』, 432~34; Fanning, *Revelation*, 327, n. 8.

성전과 안뜰을 측정함은 이스라엘의 회복을 의미합니다.[7] 성전을 측량한 사건은 에스겔 40~42장과 스가랴 2:1~5에도 나옵니다. 에스겔이나 스가랴에서 성전과 예루살렘 측정은 하나님이 마지막 시대에 성전과 예루살렘을 회복하시겠다는 의미가 담겨 있습니다.[8] 에스겔 선지자나 스가랴 선지자 당시 예루살렘과 성전은 바벨론이 이미 파괴한 상태였습니다. 성전과 예루살렘이 없는 시절에 성전과 예루살렘을 측정하라는 말은, 하나님께서 성전과 예루살렘을 회복하시겠다는 신호였습니다. 그

---

7 성전 측량에 관해, Osborne, 『요한계시록』, 524~25은 네 가지 견해를 정리한다. 1) '과거주의 견해'에 따르면, 성전은 당시 예루살렘에 있는 헤롯 성전으로 헤롯 성전 멸망과 교회 보존을 의미한다. 성전 안뜰은 보호받는 교회이고, 바깥뜰은 믿지 않는 이스라엘 심판이다. 2) '상징주의 견해'에 따르면, 성전 측량은 교회 핍박이다. 성전 안 마당은 하나님에게 속한 교회이고, 성전 바깥마당은 세상에게 박해받는 교회이다. 3) '세대주의 견해'는 마흔두 달 동안 적그리스도를 따르는 자들에게 박해받은 상태에서도 회심한 유대인과 함께 환난 기간에 재건된 성전이라고 한다. 4) '수정 미래주의'는 성전 측량은 최후 환난 시기의 교회 또는 믿는 유대인 중 남은 자의 영적 보존이라고 한다. Fanning, *Revelation*, 328~29에 따르면, 성전은 예수님의 지상 재림 직전 심판 시기에 예루살렘에 존재하는 지상 성전을 의미하는데, 이것이 예수님을 믿지 않는 유대인이 예루살렘에서 이스라엘의 예배 회복을 위해 건축하는 성전과 어떤 관계가 있는지는 명확하지 않다고 말한다. Osborne, 『요한계시록』, 527~28에서는 성전을 마지막 시대의 교회로 보며, 교회에서 예배하는 이들은 교회의 개별 신자로 본다. 그는 성전 측정은 교회가 하나님의 보호 아래 있다는 점을 강조하는데, 여기서 보호는 물리적인 보호가 아니라 영적 보호를 의미한다, 하나님의 백성이 물리적인 해는 입지만 영적으로 보호받는다. Robert H. Mounce, 『요한계시록』, 장규성 옮김, NICNT (서울: 부흥과개혁사, 2019), 279에서도 Osborne과 비슷한 견해인데, 믿는 이를 보호한다는 말은 육체적인 고통이나 죽음으로부터 보호가 아니라, 영적인 위험으로부터 보호를 의미한다.

8 Fanning, *Revelation*, 326~27. Thomas, *Revelation 8~22*, 80에 따르면, 측정은 위험이나 파괴로부터 보호를 상징한다(겔 40:2~43:12; 슥 2:1~8; 렘 31:29). Aune, 『요한계시록 6~16』, 430에서도 측량은 보존 은유일 뿐만 아니라(삼하 8:2; 겔 40:1~6; 42:20; 슥 2:5), 파괴 은유일 수 있다(삼하 8:2; 왕하 21:13; 암 7:7~9; 사 34:11; 애 2:8). 하지만 이 본문은 보호, 보존의 의미라고 말한다(계 9:4).

래서 성전과 예루살렘 회복은 이스라엘의 회복을 의미합니다. 사도 요한에게도 같은 의미였습니다. 사도 요한이 요한계시록을 기록할 당시, 예루살렘과 성전은 이미 로마가 파괴해 짓밟은 상태였습니다. 그에게 성전을 측량하라는 말은, 미래에 예루살렘과 성전이 회복한다는 의미입니다. 성전과 예루살렘 회복은 곧 하나님 백성의 회복을 의미합니다. 이 사실은 "성전 안에서 예배하는 사람을 세어라"라는 명령에서도 확인할 수 있습니다. 성전 측량은 마지막 때 하나님께서 예루살렘, 하나님의 성전, 그리고 안뜰에서 예배하는 하나님의 백성, 곧 이스라엘을 회복하겠다는 예언적 메시지가 담겨 있습니다.[9]

반면에 성전 바깥뜰은 측량하지 말고 내버려 두라는 명령을 받습니다. 그 이유는 성전 바깥뜰은 이방 사람들에게 내주었기 때문입니다. 이방 사람들은 거룩한 도성을 42개월 동안 짓밟을 것입니다. 2절입니다. **"그러나 그 성전의 바깥뜰은 측량하지 말고, 내버려 두어라. 그것은 이방 사람들에게 내주었기 때문이다. 그들이 그 거룩한 도성을 마흔두 달 동안 짓밟을 것이다."**

"그러면 2절 말씀, 곧 바깥뜰은 측량하지 말라는 무슨 뜻일까요?"

누가복음 21:24에서, 예수님은 이렇게 말씀하셨습니다. **"그들은 (유대에 살고 있는 사람들은) 칼날에 쓰러지고, 뭇 이방 나라에 포로로 잡혀갈 것이요, 예루살렘은 이방 사람들의 때가 차기까지, 이방 사람들에게 짓밟힐 것이다."** 예수님은 이스라엘 백성들과 예루살렘은 이방 사람

---

9 Beale, 『요한계시록(상)』, 918~19에서는 성전, 제단, 경배하는 자들, 바깥 마당(뜰), 거룩한 성은 하나님의 새 백성과 관련이 있다고 주장한다. 그는 "성전은 하나님이 땅에서 독특하게 함께 하시는 사람들을, 제단은 희생적인 소망을 받은 사람들을, 경배하는 자들은 그들의 예배하는 방식으로서 희생적인 삶을, 바깥마당은 이방인과 유대인으로 구성된 교회로서 그들 증언으로 겪을 고난을, 거룩한 성은 하나님이 임재하는 구별된 공동체를 가리킨다"라고 주장한다. 하지만 Thomas, *Revelation 8~22*, 84; Fanning, *Revelation*, 330, n. 26에 따르면, 거룩한 성은 하나님이 미래에 회복하실 지상 예루살렘을 지칭한다.

의 때가 찰 때까지 짓밟힌다고 했습니다. 다니엘서에 따르면, 하나님의 백성이 이방인에게 고난을 받는 때를 '한 때, 두 때, 반 때', '42개월', 즉 '3년 반'으로 표현했습니다(단 12:7; 9:27). 누가복음에서는 예루살렘이 이방인에게 고통을 당하는 시기를 '이방인들 때'라고 했고요(눅 21:24). 요한계시록 11:2은 42개월간 거룩한 도성, 예루살렘이 이방인에게 짓밟히는 때라고 했습니다. 요한계시록 11:3에서는 42개월을 1,260일로 언급합니다(11:3; 13:5). 그렇다면, '이방인의 때', '한 때, 두 때, 반 때', '3년 반', '42개월', '1,260일'은 모두 같은 시기를 지칭합니다. 이 시기는 하나님의 나라가 이 땅에 세워지기 직전, 하나님의 백성이 이방 세력에게 극심한 고통을 당하는 시기입니다(단 7:25; 8:13~14; 9:24~27; 12:1, 11).[10] 그렇다면, "성전 바깥뜰을 측정하지 말라"라는 말은, 이스라엘 백성이 이방인에게 괴롭힘을 받도록 허락하셨다는 뜻입니다.[11] 성전과 안뜰을 측량하라는 말은, 예루살렘 성전과 유대인이 회복

---

10 Osborne, 『요한계시록』, 530~31에 따르면, 42개월은 다니엘에서 말한 통치자가 언약을 깨뜨리고 가증한 것을 세우는 때와 종말 사이 기간으로 적그리스도의 가혹한 통치 기간이다. 반면, 일부 학자는, 예로 Smalley, *The Revelation to John*, 274; Beale, 『요한계시록(상)』, 930~34에서는 42개월을 그리스도의 부활부터 재림까지 전체 기간, 또는 무제한 기간이라고 한다. 하지만 Fanning, *Revelation*, 330~31에 따르면, 3절에서 1,260일이라고 정하고 다니엘에서 42개월이라고 말하기에, 문자적 해석이 타당하다.

11 일부 학자, 예로 Mounce, 『요한계시록』, 280; Osborne, 『요한계시록』, 529; Smalley, *The Revelation to John*, 272~74에서는 바깥뜰과 거룩한 도성을 교회로 이해하면서, 교회가 일정 기간 박해받는다고 해석한다. 성전 측량이 교회가 보호받음을 뜻하면, 측량하지 않는 성전 바깥뜰은 환난에 교회가 짓밟힘을 뜻한다고 해석한다. 교회는 이방인 발아래 42개월 동안 짓밟힌다. Beale, 『요한계시록(상)』, 922~23에서는 성전 안뜰은 긍정적으로 해석하고 바깥뜰은 부정적으로 해석할 이유가 없다고 주장하면서, 바깥뜰은 하나님의 참 백성을 가리키는 긍정적인 표현일 수 있다고 말한다. 성전을 교회로 보는 이유는 신약에서 성전이 비유적으로 그리스도인을 지칭하기 때문이다(고전 3:16~17; 고후 6:16; 엡 2:21~22; 벧전 1:2~10; 계 3:12). 그런데 문제는 성전이 항상 그리스도인을 지칭하지 않다는 점이다. 때때로 문자 그대로 하나님의 성전을 의미할 때도 있다(마 26:61; 눅

한다는 의미입니다. 그리고 바깥뜰은 측량하지 말라는 정해진 기간, 곧
42개월 또는 1,260일 동안 하나님의 백성은 이방인에게 괴롭힘을 받는
다는 뜻입니다.

II. 회복 사역은 하나님의 능력과 보호, 그리고 부활과 승천을 바라는 희망에서 일어난다(11:3~13).

1. 사역은 극한 어려움에서도 하나님의 능력과 보호를 경험하게 한다(11:3~6).

이방인에게 짓밟히고 괴롭힘을 받는 3년 반 동안, 두 증인이 예언 활
동을 합니다. 3절입니다. **"나는 내 두 증인에게 예언하는 능력을 줄 것
이다. 그들은 천이백육십 일 동안 상복을 입고 예언할 것이다."** 두 증인
을 "내 두 증인(τοῖς δυσὶν μάρτυσίν μου)"이라고 표현합니다. "내 두
증인"은 하나님이나 예수님께서 사역하도록 임명하셨다는 뜻입니다.[12]

1:9; 살후 2:4; 계 11:19). 그래서 계시록에서 모든 성전을 교회로 해석은 무리가
있다. G. B. Caird, *The Revelation of Saint John*, Black's New Testament
Commentaries, ed. Henry Chadwick (Peabody, MA: Hendrickson Publishers,
1966), 131에서는 계시록에서 성전 언급을 항상 교회로 해석은, "있을 법하지
않고(improbable), 쓸모없고(useless), 부적절하다(absurd)"라고 했다.

12 Thomas, *Revelation 8~22*, 87; Fanning, *Revelation*, 331. 하지만 Mounce,
『요한계시록』, 283에서는 두 증인을 두 명의 개인이 아니라, 종말 직전에 존재하는
교회를 상징한다고 말한다. Osborne, 『요한계시록』, 535에서도 두 증인을 고난과
승리 가운데 있는 증언하는 교회를 대표한다고 말한다. Beale, 『요한계시록(상)』,
943에서는 개인이 아니라 신앙 공동체 전체라고 말한다. George E. Ladd, *A
Commentary on the Revelation of John* (Grand Rapids: Wm. B. Eerdmans
Publishing Company, 1972), 154에서는 이스라엘에게 복음을 전하는 교회의 증거
라고 말한다. Smalley, *The Revelation to John*, 275에서도 두 증인은 신명기
18:18; 말라기 4:5; 마가복음 9:11~12에서는 모세와 엘리야를 지칭하지만, 계시록
11:3에서는 두 명의 개인이 아니라, 마지막 시대 교회의 증언을 상징한다고 말한다.

요한이 선지자로 재임명을 받고 예언의 활동을 시작했듯이(계 10:8~10), 두 증인은 마지막 고난 시기에 말씀을 선포하는 사역을 임명받았습니다. 두 증인에게 주어진 사역 기간은 1,260일, 곧 3년 반입니다.

이들은 사역하는 동안 상복을 입습니다. '상복을 입는다'는 표현은 베옷을 입는다는 뜻입니다. 베옷은 염소 털이나 낙타 털로 만든 어두운색 직물로 곡식 자루에 쓰였습니다. 베옷은 선지자의 전형적인 제복이 아니라, 회개나 슬픔의 표현할 때 입는 옷입니다(렘 4:8; 마 11:21).[13] 베옷을 입고 예언한다는 말은, 하나님의 다가올 심판과 절망적인 상황에 슬퍼하면서 죄를 회개하라고 촉구하는 뜻입니다.[14] 이것은 또한 두 증인의 사역이 쉽지 않다는 뜻입니다. 악이 통제하고 악의 통제를 받는 사회에, 복음을 전파하는 일은 쉽지 않습니다. 이들은 하나님 앞에 서 있는 두 올리브 나무요, 두 촛대입니다. 스가랴에서 두 올리브 나무, 곧 두 감람나무는 대제사장 여호수아와 총독 스룹바벨을 지칭합니다(스 4:14). 이들은 바벨론 포로에서 돌아온 백성에게 하나님의 성전을 건축하도록 촉구한 지도자들입니다. 두 촛대도 같은 의미에서 쓰였습니다.[15]

---

13 Aune, 『요한계시록 6~16』, 441에서는 베옷을 입음으로 네 가지를 표시한다고 말한다. 1) 개인적인 슬픔이나 민족적인 비탄의 표시(창 37:34; 삼하 3:31; 애 2:10; 시 30:11; 사 15:3; 암 8:10), 2) 백성에게 애원하거나 하나님에게 기도를 드릴 때 복종 표시(왕상 20:31, 32; 렘 4:8; 6:26; 단 9:3), 3) 참회 의식 표시(왕상 22:27~29; 왕하 19:1~2), 4) 다가오는 심판의 재앙을 예기하고 슬픔을 나타내기에 적당한 옷을 입는 선지자의 의복 표시(사 50:3; 계 6:12) 등이다.

14 대부분 학자, 예로 Osborne, 『요한계시록』, 538; Mounce, 『요한계시록』, 283~84; Craig R. Koester, 『요한계시록 II—10~22장』, 최흥진 옮김, 앵커바이블 시리즈 (서울: 기독교문서선교회, 2019), 923; Thomas, *Revelation 8~22*, 89; Smalley, *The Revelation to John*, 276에서는 베옷 입음을 회개와 심판 관점으로, 곧 불신자가 죄와 심판에 슬퍼하면서 회개하라고 촉구하는 뜻으로 해석한다.

15 촛대(λυχνίαι)는 등잔을 걸거나 얹어 놓은 기구이다. 출애굽 25:30은 일곱 가지가 달린 촛대로 표현하고, 계시록 1:12, 20에서는 아시아의 일곱 교회를 지칭한다. 본문에서는 그리스도의 두 증인을 두 촛대로 비교한다(Bauer, 『바

촛대는 보통 어둠에서 빛을 비추는 역할을 합니다. 그렇다면 두 감람나무, 두 촛대는 두 증인이 예루살렘과 성전의 회복, 그리고 심판을 선포하는 하나님의 사역자임을 상징합니다.

두 증인이 사역할 때, 하나님은 능력을 주시고 또한 보호하십니다. 5~6절입니다. "그들을 해하려고 하는 사람이 있으면, 그들의 입에서 불이 나와서, 그 원수들을 삼켜 버릴 것입니다. 그들을 해하려고 하는 사람은, 누구나 이와 같이 죽임을 당하고 말 것입니다. 그들은, 자기들이 예언 활동을 하는 동안에, 하늘을 닫아 비가 내리지 못하게 할 수 있는 권세를 가지고 있습니다. 또 물을 피로 변하게 하는 권세와, 그들이 원하는 대로 몇 번이든지, 어떤 재앙으로든지, 땅을 칠 수 있는 권세를 가지고 있습니다." 짐승이 통제하는 사회에서 복음을 전하는 사역은 분명히, 어렵고 힘듭니다. 세상이 그들을 해하려 하기 때문입니다.

그런데도 그 사역을 감당할 수 있음은, 하나님께서 그들에게 사역하는 동안 능력을 주셨고 보호하셨기 때문입니다. 그들 입에 불을 주셔서 그들을 해하려는 원수들을 물리칠 수 있게 하셨습니다. 하늘에서 비가 내리게 하는 권세도 주셨고요. 물을 피로 변하게 하는 권세도 주셨습니

우어 헬라어 사전』, 919~20). 스가랴 4장에서 촛대는 두 감람나무, 곧 여호수아와 스룹바벨을 통하여 빛을 비춤을 상징한다. 이 구절에서는 두 감람나무와 같은 의미로 쓰였다고 이해해야 한다. Osborne, 『요한계시록』, 539에서는 두 촛대를 교회를 대표하는 두 증인으로 여기며, 고난에서 승리한 두 교회, 곧 서머나 교회와 빌라델비아 교회를 가리킨다고 말한다. Fanning, *Revelation*, 332, n. 41에서는 진리를 선포할 때, 두세 증인이 있어야 한다는 유대인 관습처럼, 두 증인의 증언이 믿을 수 있음을 증명하려고 세워졌다고 말한다. Beale, 『요한계시록(상)』, 945~46에서도 Fanning과 유사한 견해를 제시한다. 그는 촛대 수를 둘로 한 이유는 율법을 범한 사람을 재판하는 근거로서 최소 한두 명의 증인이 요구되는 율법 조항 때문이라고 말한다. 또 다른 이유는 일곱 교회에 보낸 편지 중 오직 두 촛대(교회)만 증언하지 못했다고 책망을 받았는데, 3절은 교회의 효과적인 증언을 강조하려고 두 촛대를 사용했다고 말한다. Aune, 『요한계시록 6~16』, 442~43에서는 고대 율법서를 담은 함 옆에 촛대 두 개가 있었는데, 요한이 이를 의존했다고 말한다.

다. 또한 어떤 재앙으로든지 땅을 칠 수 있는 권세를 주셨습니다. 위 표현은 모세와 엘리야가 한 사역과 유사합니다. 엘리야는 하늘로부터 불이 북이스라엘 왕 아하시야가 보낸 오십 부장과 부하 쉰 명에게 내려오게 했습니다(왕하 1:10). 또한 3년 동안 비가 내리지 않게 해 가뭄이 들게 했습니다(왕상 17:1). 모세는 바로 왕 앞에서 강물을 피로 변하게 했습니다(출 7:14~25). 그리고 여러 가지 재앙으로 이집트를 쳤습니다 (출 7~11장). 모세와 엘리야는 이스라엘의 위기 시기에 담대하게 바로와 아합 왕 앞에서 기적을 베풀며, 하나님의 말씀을 선포했습니다. 모세와 엘리야처럼, 두 증인도 적그리스도가 통치하는 어려운 시기에 하나님의 보호와 능력으로 복음 사역을 감당합니다.[16]

2. 두 증인의 부활과 승천은 성도들의 부활과 승천을 예시한다(11:7~13).

두 증인이 사역을 마칠 때, 한 짐승이 무저갱에서 올라왔습니다. 이 짐승은 두 증인과 싸워 이기고, 두 증인을 죽입니다. 3년 반 기간이 끝나면, 하나님은 얼마 동안 악의 세력이 이기게 허용하십니다. 두 증인이 무저갱에서 올라온 짐승과 싸움에서 죽었는데, 이는 그에게 주어진, 하나님의 능력이 사라졌다는 표시입니다.[17] 하나님의 능력은 사역하는

---

16 어떤 학자, 예로 Thomas, *Revelation 8~22*, 88~89에서는 모세와 엘리야가 다시 나타난다고 주장하고, 어떤 학자, 예로 Fanning, *Revelation*, 332~33에서는 모세와 엘리야를 미래 예언 사역의 모형으로 이해한다. 또 다른 학자, 예로 Caird, *The Revelation of Saint John*, 135에서는 이 둘이 그리스도인 증거를 의미한다고 말한다. Beale, 『요한계시록(상)』, 958에서도 계시록에서는 개인 예언자가 아니라, 교회의 예언자적 공동체 전체를 의미한다고 말한다.

17 Osborne, 『요한계시록』, 544에서는 사탄이 하나님과 하나님의 백성을 맞서 싸움이 거의 무익한 행동이고, 다만 패배한 원수의 마지막 저항에 지나지 않기에, 성도의 죽음(두 증인의 죽음)은 사실상 그들이 사탄에게 승리했다는 표현이라고 설명한다. Koester, 『요한계시록 II』, 927에서도 유사한 견해를 말하는데, 세상 관점에서 두 증인 죽음은 짐승이 승리한 듯하지만, 하늘 관점에서는 두 증인 죽음은 짐승을 이기는 방식이라고 말한다. Fanning, *Revelation*, 334에

동안 역사하지만, 사역하지 않으면 사라집니다. 6절, "자기들이 예언 활동을 하는 동안에"라는 표현이 이 사실을 증명합니다. 하나님의 능력을 원한다면, 사역해야 합니다. 사역은 우리 능력이 아니라, 하나님의 능력으로 합니다. 사역할 때, 하나님께서 능력을 주시기 때문입니다. 하지만, 사역하지 않으면, 하나님의 능력은 사라집니다. 그래서 하나님의 능력을 경험하고 싶다면, 사역해야 합니다.

무저갱에서 나오는 짐승 앞에 정관사가 붙어 있습니다(τὸ θηρίον). 정관사는 그가 잘 알려진 인물이라고 알려 줍니다. 아마 적그리스도를 지칭할 수 있습니다.[18] 두 증인이 사역을 마치는 시기에 적그리스도가

서는 두 증인 죽음을 마지막 시대에 성도가 겪는 전면적인 핍박에 끝이 왔다는 증거라고 말한다.

[18] Thomas, *Revelation 8~22*, 92. Osborne, 『요한계시록』, 543~44에 따르면, 관사가 있음은 9:3~4의 황충 재앙의 근원인 무저갱 사자라는 의미가 있다고 말한다. 이 짐승은 다니엘 7:1~12의 작은 불과 관련이 있다. 다니엘서에서 작은 짐승은 바다에서 나오고, 성도와 더불어 싸워서 이겼다(단 7:3, 21). 다니엘서에서 작은 뿔은 안티오쿠스 에피파네스를 지시하며, 이는 적그리스도의 모형이다. 계시록 11:7은 다니엘서의 작은 뿔인 적그리스도의 재현이며, 자세한 것은 계시록 13:1~7, 특히 7절에 기록되었다고 말한다. Mounce, 『요한계시록』, 286에서는 정관사는 잘 알려진 인물인 적그리스도를 가리키는 익숙한 표현으로 다니엘 7:7의 짐승을 가리키거나 계시록 12장과 17장에 나오는 짐승을 의미할 수 있다고 말한다. Aune, 『요한계시록 6~16』, 449에 따르면, 계시록 13:1과 17:3에서 짐승은 관사가 없기에, 이들이 11:7의 짐승과 동일할 수 없다. 단지 후기 편집자가 계시록 11:3~13을 계시록 13장과 17장과 밀접하게 연결하려고, 추가했다고 말한다. Smalley, *The Revelation to John*, 280에서는 13장과 17장에서 짐승에 관사가 없기에 요한의 독자에게는 익숙한 인물이 아니다. 가장 근접한 배경은 다니엘서 7장이다. 다니엘 7:7~22에 나오는 짐승은 적그리스도를 의미하며, 이것이 계시록 11:7에 소개되고, 더 자세히는 13장과 17장에서 묘사한다고 말한다. John F. Walvoord, 『예수 그리스도의 계시』, 전준식 옮김 (서울: 교회연합신문사, 1987), 241에서는 계시록 1:7에 무저갱에서 나오는 짐승은 사탄이고, 13:1에 바다에서 올라오는 짐승은 이 세상의 독재자, 적 그리스도이며, 13:11에 땅에서 올라오는 짐승은 거짓 종교 지도자로 해석한다. 박윤선, 『정암 박윤선의 요한계시록 강해—참 교회의 승리와 구원의 완성』 (수원: 영음사, 2019), 308에 따르면, 무저

나타나 두 증인을 공격하고 죽입니다. 다니엘 7장에 작은 뿔이 성도를 상대로 전쟁을 일으키듯이(단 7:21), 무저갱에서 나온 짐승, 곧 적그리스도는 두 증인를 죽입니다.[19] 그리고 두 증인의 시체를 큰 도시의 넓은 광장에 내버려 둡니다. 고대에 시체를 매장하지 못하게 하고 광장에 전시함은 수치스럽게 하려는 조치입니다.[20] 짐승은 일부러 두 증인을 수치스럽게 합니다. 이것은 또한 하나님의 백성에게 경고하려는 메시지일 수 있습니다. 예수 그리스도를 따르며 사역하면, 수치를 당하니 그만두라는 경고 메시지이지요.[21]

두 증인을 방치한 장소는 큰 도시입니다. 곧, 주님이 십자가에 달리신 곳입니다. 주님이 십자가에 달리신 곳은 예루살렘이기에, 큰 도시는 예루살렘을 지칭합니다.[22] 무저갱에서 올라온 짐승은 두 증인의 시체를

갱에서 나오는 짐승은 적그리스도, 기독교를 부인하는 정권, 국가일 수 있다.

[19] Mounce, 『요한계시록』, 286.

[20] Fanning, Revelation, 334; Smalley, The Revelation to John, 281; Beale, 『요한계시록(상)』, 969; Osborne, 『요한계시록』, 545; Mounce, 『요한계시록』, 287.

[21] Koester, 『요한계시록 II』, 927에 따르면, "적대적인 환경에서 사람들이 처형되거나 죽임을 당한 후에, 일반적인 관계는 그들 시체를 성 밖으로 끌어 내친다(토빗서 1:17~18; Philo, Mos. 1.39; god 14:19). 전쟁 중에는 시체들이 성 밖으로 옮겨지는데, 그 이유는 부패한 시체가 질병을 퍼뜨렸기 때문이다(Appian, Hist. Rom. 12.11.76). 그러나 몇몇 경우에는 전쟁 승리자들이 성안이나 길가에서 시체들을 묻지 않고 부패하도록 내버려 둔다. 그 이유는 희생자들에게 공개적으로 모욕을 주려 함이다(Josephus, J. W. 4.317, 380~82). 또한, 이것은 더는 도전하지 말라는 경고이며 승리자 힘을 과시하려 함이다"라고 기록한다.

[22] 요한계시록에서 "큰 성(τῆς πόλεως τῆς μεγάλη)"은 예루살렘을 묘사하거나(계 21:20), 로마(바벨론)를 지칭한다(계 16:19; 17:18; 18:10, 16, 18, 19, 21). 그래서 큰 성이 예루살렘을 가리키느냐, 로마를 가리키느냐를 두고 논의한다. 예루살렘으로 보는 학자는 Aune, 『요한계시록 6~16』, 453~54; Mounce, 『요한계시록』, 287; Walvoord, 『예수 그리스도의 계시』, 241; Osborne, 『요한계시록』, 545; Thomas, Revelation 8~22, 94, 334~35; Michael Wilcock, The Message of Revelation (Downers Grove, IL: InterVarsity Press, 1975),

장사 지내지 못하게 하고, 예루살렘 광장에 전시합니다.23 예루살렘을 소돔과 이집트로 소개합니다. 소돔과 이집트는 악한 노시를 내표합니다. 예루살렘이 소돔과 이집트처럼 악이 넘치는 도시, 곧 우상숭배 도시가 됐습니다. 두 증인이 주로 사역을 한 장소도 예루살렘입니다. 또한 적 그리스도의 권세 아래에서 수치를 겪은 장소도 예루살렘입니다. 그렇다 면, 마지막 시대에 예루살렘은 하나님이 다루시는 역사 중심지임을 알 수 있습니다. 예루살렘은 회개와 심판의 중심지입니다.

삼일 반 동안, 수많은 사람이 예루살렘에 방치한 두 증인의 시체를 보며, 기뻐하고 즐거워합니다. 서로 선물도 주고받습니다. 그 이유는 예 언자가 땅 위에 사는 사람들을 괴롭혔다고 여기기 때문입니다. 9~10절 입니다. **"여러 백성과 종족과 언어와 민족에 속한 사람들이 사흘 반 동**

---

106 등이다. 로마로 여기는 학자는 Koester, 『요한계시록 II』, 928; Beale, 『요 한계시록(상)』, 970; Smalley, *The Revelation to John*, 281; Caird, *The Revelation of Saint John*, 138; Craig S. Keener, *Revelation*, NIV Application Commentary, ed. Terry Muck (Grand Rapids: Zondervan Publishing House, 2000), 295; Philip E. Hughes, *The Book of the Revelation* (Grand Rapids: Wm. B. Eerdmans Publishing Company, 1990), 127 등이다. 만약 상징적으로 해석하고 소돔과 이집트로서 예루살렘을 본다면, 바벨론인 로마를 의미하지만, 문자적으로 보며 주님이 못 박혀 죽으신 곳으로 보면 예루살렘이다. 하지만, Leon Morris, *The Book of Revelation: An Introduction and Commentary*, Tyndale New Testament Commentaries, ed. Leon Morris, vol. 20 (Downers Grove, IL: InterVarsity Press, 1987), 146에 따르면, 큰 성은 땅에 있는 도시 가 아니라, 조직된 공동체에 있는 문명화된 인간을 지칭한다. J. Ramsey Michaels, *Revelation*, IVP New Testament Commentary Series, ed. Grant R. Osborne, vol. 20 (Downers Grove, IL: InterVarsity Press, 1997), 141에서는 주님이 못 박힌 곳으로 본다면 예루살렘이고, 상징적으로 보면 바벨론을 지칭 하는 로마이다. 하지만 가장 현명한 판단은 하나님을 대항하고 반영하는 인간 의 문화적 가치로 보아야 한다고 말한다.

23 Fanning, *Revelation*, 334, n. 52에서는 넓은 거리(τῆς πλατείας)가 성전 의 바깥뜰을 지칭한다고 말한다. 하지만 Aune, 『요한계시록 6~16』, 452~53에 서는 예루살렘에 있는 잘 알려진 길을 가리킨다고 말한다.

안 그 두 예언자의 시체를 볼 것이며, 그 시체가 무덤에 안장되는 것을 허락하지 않을 것입니다. 그리고 땅 위에 사는 사람들이 그 시체를 두고 기뻐하고 즐거워하고, 서로 선물을 보낼 것입니다. 그것은 이 두 예언자가 땅 위에 사는 사람들을 괴롭혔기 때문입니다." 여러 백성, 종족, 언어, 민족에 속한 사람들은 땅 위에 사는 사람들, 곧 불신자들을 지칭합니다. 이들은 마지막 날에 하나님의 심판으로 고난을 겪습니다. 그런데 이들은 두 증인의 시체를 보고, 기뻐하고 즐거워했습니다. 왜냐하면 두 증인이 사역하는 동안 땅 위에 사는 사람들을 괴롭혔다고 생각하기 때문입니다. "괴롭혔다"는 육체적으로, 정신적으로, 심리적으로 괴롭혔다는 뜻입니다.[24] 두 증인은 3년 반 동안 불신자들에게 고통과 죽음을 가져다주는 이적을 베풀었습니다. 또한 심판과 회개를 전파함으로 불신자들의 양심에 죄를 지적하며 괴롭게 했습니다. 그들은 이 모든 것에서 벗어났다고 생각했기에 기뻐했을 것입니다.[25]

3일 반이 지나자, 하나님의 영이 두 증인의 시체에 들어갑니다.[26] 그러자 두 증인은 죽음에서 다시 살아납니다. 죽음에서 부활합니다. 에스겔서 37장에서 하나님의 영이 마른 뼈에 들어가 죽은 이들을 살렸듯이, 두 증인에게 들어가 그들 생명을 살립니다. 하늘로부터 올라오라는 소리

---

24 Bauer, 『바우어 헬라어 사전』, 254에 따르면, "괴롭히다(βασανίζω)"는 고문하고 힘들게 하는 행위를 뜻한다. 법정에서 신문하거나 고문하는 뜻인데, 일반적으로 괴롭히고 압박하는 행위를 말한다. 하지만 비유적으로 사용할 때는 모든 형태의 고통과 괴로움, 곧 육체적, 정신적, 심리적 고통을 의미한다.

25 Aune, 『요한계시록 6~16』, 459; Fanning, *Revelation*, 336에서는 기적을 통한 심판 관점에서 괴롭힘을 이해한다. 하지만 다른 학자들, 예로 Osborne, 『요한계시록』, 548; Beale, 『요한계시록(상)』, 978; Smalley, *The Revelation to John*, 283에서는 심판과 회개의 선포를 듣지 않는 측면에서 기뻐했다고 이해한다. Thomas, *Revelation 8~22*, 96에서는 두 가지 모두를 주장한다.

26 Osborne, 『요한계시록』, 549에 따르면, "생명의 기운(πνεῦμα ζωῆς)"은 의미가 이중인데, 하나는 생명의 도구인 살려주는 영을 뜻하고, 다른 하나는 사람 속에 들어간 새 생명을 뜻한다.

를 듣자, 두 증인은 구름을 타고 하늘로 올라갑니다.[27] 예수님이 부활하고 승천하셨듯이, 두 증인이 부활하고 승천했습니다. 두 증인의 부활과 승천은 마지막 시대에 성도의 부활과 승천을 예시합니다. 믿는 사람은 죽은 후에 부활하고 하늘로 승천합니다. 그래서 부활 신앙으로 담대하게 복음 사역을 감당해야 합니다. 두 증인의 부활과 승천은 원수들이 지켜봅니다. 부활과 승천 사건이 더는 비밀스러운 사건이 아닙니다. 모든 사람이 지켜보는 사건입니다. 예수님의 부활과 승천은 예수님을 따른 무리만 봤습니다. 믿지 않는 자들에게는 비밀이었습니다. 그러나 마지막 시대에 두 증인의 부활과 승천은 모든 사람이 봅니다. 부활과 승천은 믿는 사람의 전유물이 아니라, 모든 사람이 목격하는 공적 사건입니다.

이때 큰 지진이 일어납니다. 도시 십분의 일이 무너집니다. 그 지진으로 약 7,000명이 죽었습니다.[28] 살아남은 이들은 두려움에 휩싸입니다. 그리고 하늘에 계신 하나님께 영광을 돌렸습니다. 두 증인의 사역은 하나님께 돌아오게 하는 방법입니다. 또한 하나님의 사역, 곧 두 증인을 부활하게 하고 하늘로 승천하게 하는 사역, 그리고 큰 지진으로 도시 십분의 일을 파괴하고 사람을 죽이는 사역으로, 하나님께로 돌아오게 합니다. 구원 사역은 사람과 하나님이 함께하는 사역, 곧 협력 사역입니다. 사람과 사람의 협력 사역이고, 사람과 하나님의 협력 사역입니다.

---

27 구름을 타고 하늘로 올라갔다는 표현에 예수님과 엘리야를 생각할 수 있다. 예수님은 죽음에서 부활하여 하늘로 승천하실 때 구름을 타고 올라가셨다(행 1:9). 엘리야도 살아 있는 상태에서 회오리바람을 타고 하늘로 올라갔다(왕하 2:11).

28 일부 학자, 예로 Osborne, 『요한계시록』, 552; Mounce, 『요한계시록』, 290~91에서는 7,000명을 예루살렘 인구 십분의 일이라고 말한다. 하지만 Fanning, *Revelation*, 338, n. 73에서는 십분의 일은 도시나 도시의 건물이 파괴된 수이지 사람의 수가 아니기에, 7,000명을 도시 인구를 측정하는 기초로 삼아서는 안 된다고 말한다.

결론

마지막 때, 하나님의 백성은 회복하지만, 회복 전에 고난 시기를 겪습니다. 고난 시기에 사역은 쉽지 않습니다. 하지만 어려움에서도 사역할 때, 하나님의 능력과 보호를 경험합니다. 사역은 하나님의 능력을 경험하는 비결입니다. 사역하며 이 땅에서 고난을 겪어도, 우리에게는 희망이 있고, 소망이 있습니다. 부활과 승천이 보장되기 때문입니다. 부활 승천하여 주님과 영원히 함께합니다. 그러므로 부활과 승천의 소망을 가지고, 오늘도 복음 사역을 감당해야 합니다. 복음 사역은 협력 사역, 곧 하나님과 우리가 협력 사역으로 이룹니다.

계시록 11:14~19, '나팔 심판 일곱째'

하나님의 나라에서 보상받게 살자

중심 내용: 하나님의 나라와 통치는 신자에게는 보상하나, 불신자에게는 심판하는 때이다.

서론(11:14)

I. 세상 나라는 하나님 나라가 되어, 하나님께서 영원히 통치하신다(11:15).

II. 하나님의 나라와 통치는 믿는 자에게는 보상하지만, 믿지 않는 자에게는 심판하는 때이다(11:16~18).

III. 하나님의 나라와 통치의 증거는 하늘 성전과 언약궤의 등장, 그리고 징조이다(11:19).

서론(11:14)

　나팔 심판 처음 네 개 다음에, 독수리가 날아가면서 세 차례 화, 곧 나팔 심판 세 개가 남았다고 외쳤습니다(계 8:13). 첫째 화는 나팔 심판 다섯째이고, 둘째 화는 나팔 심판 여섯째이고, 셋째 화는 나팔 심판 일곱째입니다. 힘센 천사와 작은 두루마리 환상 그리고 두 증인 환상 다

음에, 둘째 재난, 즉 둘째 화가 지나갔다고 선언합니다. 계시록 10:14입
니다. "**둘째 재난은 지나갔습니다. 그러나 이제 셋째 재난이 곧 닥칠 것
입니다.**" 이제 셋째 재난이 곧 닥칩니다. 셋째 재난은 일곱째 천사가 부
는 나팔 심판 일곱째로 시작합니다.

I. 세상 나라는 하나님 나라가 되며, 하나님께서 영원히 통치하신다 (11:15).

드디어 일곱 번째 천사가 일곱째 나팔을 붑니다. 그때, 하늘에서 큰
소리가 났습니다. 큰 소리(φωναί)는 단수형이 아니라 복수형입니다.[1]
그래서 '하늘에서 소리들이 났다'라고 해석할 수 있습니다. 누구 음성인
지 분명하지 않습니다. 누구 음성인가보다 음성 내용이 더 중요합니다.[2]

---

[1] G. K. Beale, 『요한계시록(상)』, 오광만 옮김, NIGTC (서울: 새물결플러
스, 2020), 1002에서는 하늘에서 나온 음성(φωναί)이 단수형이 아니라, 복수형
이므로, 천사들의 음성 혹은 계시록 7:9; 19:1, 6처럼 하늘에 있는 성도 무리
의 음성으로 이해한다. David E. Aune, 『요한계시록 6~16』, 김철 옮김, WBC
성경주석, 52중 (서울: 솔로몬, 2004), 482에서는 정체가 불명확한 음성으로 인식
한다. Leon Morris, *The Book of Revelation: An Introduction and Commentary*,
Tyndale New Testament Commentaries, ed. Leon Morris, vol. 20 (Downers
Grove, IL: InterVarsity Press, 1987), 148에서는 복수형이어도 계시록 12:10;
19:6에서처럼 단수형로 인식해야 한다고 말한다. Robert L. Thomas, *Revelation
8~22: An Exegetical Commentary* (Chicago: Moody Press, 1995), 105에서는
Morris의 견해를 지지하면서 네 생물 (4:8), 네 생물과 24 장로의 소리(5:8~10),
24 장로(11:15~18)를 배제할 수 없으며, 천상의 전체 무리의 목소리로 이해할 수
있다고 한다. Buist M. Fanning, *Revelation*, Zondervan Exegetical Commentary
on the New Testament, ed. Clinton E. Arnold et al., vol. 20 (Grand Rapids:
Zondervan Academic, 2020) 39, n. 75에서는 누구 음성인지를 구체적으로 언급
하지 않으면서도 계시록 14:2과 19:1에 나오는 음성이 단수형이어도 많은 무리
가운데 나왔듯이, 복수형이어도 단수로서 해석할 수 있다고 말한다.

[2] Fanning, *Revelation*, 339. Craig R. Koester, 『요한계시록 II—10~22장』,
최홍진 옮김, 앵커바이블 시리즈 (서울: 기독교문서선교회, 2019), 952에서는 계

음성 내용은 '온 세상 위에 하나님의 나라와 하나님의 통치가 시작되었다'입니다. 독자는 일곱째 나팔이 울릴 때, 하나님 나라가 시작했다는 선포를 생소하게 느꼈을 수 있습니다. 11:14에서 **"둘째 재난은 지나갔습니다. 그러나 이제 셋째 재난이 곧 닥칠 것입니다"**라고 선언했습니다. 그래서 독자는 일곱째 나팔이 울릴 불 때, 세 번째 화, 곧 마지막 심판을 기대했을 것입니다. 그런데, 셋째 화가 선포되는 것이 아니라, 하나님의 나라와 통치가 시작되었다고 선포합니다. 15b절을 보겠습니다. **"세상 나라는 우리 주님의 것이 되고, 그리스도의 것이 되었다. 주님께서 영원히 다스리실 것이다"**(계 11:15). 셋째 화를 기대했던 청중에게 하나님과 그분 메시아의 영원한 통치를 선포합니다.

이 구절을 이해하려면, 요한계시록 10:6~7을 이해해야 합니다. 요한계시록 10:6~7을 읽어보겠습니다. **"하늘과 그 안에 있는 것들과 땅과 그 안에 있는 것들과 바다와 그 안에 있는 것들을 창조하시고, 영원무궁하도록 살아계시는 분을 두고, 이렇게 맹세했습니다. '때가 얼마 남지 않았다. 일곱째 천사가 불려고 하는 나팔 소리가 나는 날에는, 하나님께서 하나님의 종 예언자들에게 전하여 주신 대로, 하나님의 비밀이 이루어질 것이다.'"** 하늘에서 나온 음성은 일곱째 천사가 나팔이 불 때, 하나님의 비밀은 절대 늦어지지 않고 반드시 이루어진다고 선언했습니다. 하나님의 비밀은 곧 하나님의 나라입니다. 하나님의 나라는 심판과 구원을 완성합니다. 하나님 나라가 임할 때, 믿는 사람에게는 최종적인 축복이 임하고, 믿지 않는 사람에게는 재난, 화가 닥칩니다.

하늘의 음성은 세상 나라가 주님과 그리스도의 나라가 되었다고 선포합니다. 여기서 "세상"은 하나님께서 창조하신 피조물 전체를 가리킵니다. 또한 하나님을 반대하는 인간 세상 혹은 악의 세력을 언급할 수도 있습니다.[3] 세상 나라는 하나님께 속한 나라가 아닙니다. 세상은 하

시된 사건을 해석하고 독자에게 하나님께 예배드리도록 격려하는 방식이 중요하다고 주장한다.

나님께서 창조하셨지만, 인간 타락 이후 악의 세력에 일시적으로 통제를 받아 왔습니다. 이 사실을 마귀가 직접 이야기합니다. 예수님께서 40일간 광야에서 시험을 받으실 때, 마귀는 예수님을 시험했습니다. 시험을 하면서 만약 절하면 이 세상을 모두 예수님에게 주겠다고 유혹했습니다(마 4:8~9; 눅 4:6~7).[4] 누가복음 4:6입니다. "**내가 이 모든 권세와 그 영광을 너에게 주겠다. 이것은 나에게 넘어온 것이니 내가 주고 싶은 사람에게 준다.**" 마귀는 '이 세상의 모든 권세와 영광이 처음부터 자기에게 속하지 않았지만, 자기에게 넘어왔다(ἐμοὶ παραδέδοται)'. 그래서 자기가 주고 싶어 하는 사람에게 줄 수 있다고 했습니다. 만약 예수님이 절을 한다면, 세상의 모든 권세와 영광을 예수님께 주겠노라고 유혹했습니다. 세상은 하나님의 통치 아래 있었지만, 어느 시점에서 마귀에게 일시적으로 넘겨졌음을 알 수 있는 대목입니다.

이것은 예수님의 말씀에서도 찾아볼 수 있습니다. 이스라엘 종교 지도자들이 예수님을 빌라도 총독에게 넘겨 재판받게 합니다. 이때 빌라도는 "**당신이 유대인의 왕이오**"라면서 심문하지요. 그때 예수님은 이렇게 대답합니다. 요한복음 18:36입니다. "**내 나라는 이 세상에 속한 것이 아니오, 나의 나라가 세상에 속한 것이라면 나의 부하들이 싸워서 나를 유대 사람들의 손에 넘어가지 않게 했을 것이오. 그러나 사실로 내 나라는 이 세상에 속한 것이 아니오.**" 예수님은 이 세상이 하나님의 나라에

---

3 Hermann Sasse, "κοσμέω κόσμος κόσμιος κοσμικός," in *Theological Dictionary of the New Testament*, ed. Geoffrey W. Bromiley, trans. Geoffrey W. Bromiley, vol. 3 (Grand Rapids: Wm. B. Eerdmans Publishing Company, 1965), 3:889~95; Walter Bauer, eds. Kurt Aland, Barbara Aland, and Viktor Reichmann, 『바우어 헬라어 사전—신약성경과 초기 기독교 문헌의 헬라어-한국어 사전』, 이정의 옮김 (서울: 생명의말씀사, 2017), 850~52.

4 Stephen S. Smalley, *The Revelation to John: A Commentary on the Greek Text of the Apocalypse* (Downers Grove, IL: IVP Academic, 2005), 289에서는 마귀의 제안을 이 세상의 권세와 권능을 사탄에게 넘기겠다는 유혹으로 말한다.

속하지 않았다고 말씀하십니다. 왜냐하면 이 세상은 하나님을 대적하는 악의 세력에게 통치받기 때문입니다. 그런데 일곱째 나팔이 울릴 때, 더는 악의 세력이 통치하는 나라가 아니라고 선포합니다. 주님과 그리스도가 통치하는 나라가 됐습니다.[5]

주님과 그리스도의 나라가 된다는 말은, 하나님과 메시아의 나라가 된다는 뜻입니다. 주님은 하나님을 지칭합니다. 유대인은 하나님의 이름을 직접 기록하지 않습니다. 하나님의 이름은 너무나 거룩하기에 감히 그분 이름을 기록함을 하나님을 경멸하는 행위로 여겼습니다. 그래서 하나님이나 여호와 이름 대신, 주님이라고 불렀습니다. 그리스도는 메시아, 곧 예수님을 지칭합니다. '그리스도' 의미는 "하나님의 일을 하도록 기름 부음을 받은 이"라는 뜻입니다. 구약에서는 기름 부음을 받은 이는 하나님으로부터 특별한 임무를 부여받은 왕이나 제사장, 선지자를 지칭했습니다(삼상 2:10; 12:5; 삼하 22:41; 시 18:50). 그런데 그리스나 유대 문헌에서는 그리스도는 메시아를 지칭하는 용어로 사용했습니다 (*Pss. Sol.* 8:5). 신약성경에서는 예수님께 사용했습니다(행 3:18; 4:26).[6]

---

5 "됐다(ἐγένετο)"는 부정과거형이고, "다스릴 것이다(βασιλεύσει)"는 미래형이다. 부정과거형은 최근 과거 사건을 언급한다. 이것을 영어에서는 현재완료형(has become)으로 표현한다. Fanning, *Revelation*, 339, n. 76에서는 부정과거 완성 용법(consummative aorist)이라고 말한다. 완성 용법은 행동이나 끝남을 강조하며 그 상태가 여전함을 암시한다. 부정과거 용법 전체는 Daniel B. Wallace, *Greek Grammar Beyond the Basics: An Exegetical Syntax of the New Testament* (Grand Rapids: Zondervan Publishing House, 1996), 554~65을 보고, 특히 완성 또는 절정 용법은 559~61을 참조하라. Daniel B. Wallace, 『월리스 중급 헬라어 문법—신약 구문론의 기초』, 김한원 옮김 (서울: 한국기독학생회 출판부, 2019), 301~05도 참조하라. 하지만 일부 학자, 예로 Aune, 『요한계시록 6~16』, 483; Grant R. Osborne, 『요한계시록』, 김귀탁 옮김, BECNT 시리즈 (서울: 부흥과개혁사, 2019), 561; Smalley, *The Revelation to John*, 289; Thomas, *Revelation 8~22*, 106 등에서는 부정과거형을 미래 사건인데도 과거 사건으로 말하는 예언 완료 용법 (prophetic aorist), 곧 동사형은 이미 성취 사건으로 표현하지만, 성취는 미래에 완성된다고 말한다.

그리스도가 특별 임무를 부여받는 이를 가리키는 일반명사였는데, 시대가 지남에 따라 메시아 예수님을 지칭하는 고유 명사로 바뀌었습니다. 그래서 하나님의 나라는 곧 메시아의 나라입니다. 이스라엘 민족과 하나님의 백성이 구약 시대부터 기대하고 고대한 그 메시아 나라가 이제 완성됐습니다. 일곱째 나팔은 이 세상 나라가 이제는 하나님과 그분 메시아의 나라가 됐다고 선포합니다.

하나님 나라가 곧 메시아 나라라는 사실을 다음 구절에서 더 자세히 설명합니다. 15b절입니다. **"주님께서 영원히 다스리실 것이다."** 『새번역』은 영원히 다스리는 주체를 "주님"으로 번역하고, 『개역개정』은 "그분"으로 번역합니다. 여기서 강조는 단수 "그분"입니다. 하나님과 메시아의 연합, 곧 하나 됨을 강조합니다.[7] 하나님과 메시아의 나라, 보좌가 아니라, 하나님의 보좌는 메시아의 보좌이고 메시아의 보좌는 또한 하나님의 보좌라는 뜻입니다. 그래서 세상 나라가 하나님과 그분 메시아의 나라가 됐다고 한 후에 단수 "그분"으로 표현합니다. 하나님의 나라에서 우리도 그리스도와 함께 영원히 통치합니다(계 22:5; 20:4).

"24 장로는 하늘 음성이 하나님의 나라를 선포하는 소리를 듣고서, 하나님의 통치를 찬양합니다."

II. 하나님의 나라와 통치는 믿는 자에게는 보상하지만, 믿지 않는 자에게는 심판하는 때이다(11:16~18).

24 장로가 자기 보좌에서 일어나 하나님 앞에 엎드려서 경배드립니다. 24장 로는 네 생물과 함께 하나님께 예배를 주도하는 천상 존재입니다. 24 장로가 하나님 앞에 있는 자기 보좌에 앉았다는 말은, 24 장

---

6 Aune, 『요한계시록 6~16』, 484를 참조하라.

7 Robert H. Mounce, 『요한계시록』, 장규성 옮김, NICNT (서울: 부흥과개혁사, 2019), 274; Smalley, *The Revelation to John*, 289.

로가 하나님의 명령을 받고 통치하는 천사임을 알 수 있습니다.[8] 그들이 엎드려 얼굴을 땅에 대면서 하나님께 경배하고 있습니다. 고대에 신하들과 지방 군주들이 왕 앞에서 얼굴을 땅에 대고 경배했습니다. 이세상을 통치하는 천상 존재인 24 장로도 하나님 앞에서 무릎을 꿇고얼굴을 땅에 대고 경배하며 찬양합니다. 그렇다면, 모든 피조물도 하나님 앞에 무릎을 꿇고 머리를 조아리게 됨을 알 수 있습니다.

24 장로가 하나님을 찬양한 내용이 17~18절에 나옵니다. "지금도 계시고 전에도 계시던 전능하신 분, 주 하나님, 감사합니다. 주님께서는 그 크신 권능을 잡으셔서 다스리기 시작하셨습니다. 뭇 민족이 이것에 분개했으나 오히려 그들이 주님의 진노를 샀습니다. 이제는 죽은 사람들이 심판을 받을 때가 왔습니다. 주님의 종 예언자들과 성도들과 작은 사람이든 큰 사람이든 주님 이름을 두려워하는 사람들에게 상을 주실 때가 왔습니다. 땅을 망하게 하는 자들을 멸망시킬 때가 왔습니다." 17절에서 하나님께 감사 찬양을 드리면서 하나님을 "지금도 계시고 전에도 계시던 전능하신분"으로 묘사하고 있지요. 요한계시록 1:4, 8절, 그리고 4:8에서는 하나님께 세 가지 호칭을 씁니다. "지금도 계시고, 전에도 계셨고, 또 앞으로 오실 분"입니다. 이 의미는 하나님은 과거, 현재, 미래에 통치하시는 전능하신 분이라는 뜻입니다. 그런데 본문 17절에서는 하나님을 과거 그리고 현재와 관련이 있는 호칭만 써서 전능하신 분으로만 묘사합니다. 장차 오실 분, 미래에도 주권적으로 통제하시는 분이라는 부분이 빠져 있습니다.

"왜 24 장로는 미래에도 통제하시는 분이라는 칭호를 뺐을까요?"

그 이유는 다음 구절이 설명합니다. "주님께서는 그 크신 권능을 잡으셔서 다스리기 시작하셨습니다"(11:17하). 헬라어 성경에서는 '왜냐하면(ὅτι)'으로 문장이 시작합니다. "장차 오실 분"이 빠진 이유는 주님께서 크신 권능을 잡으셨기 때문입니다.[9] "잡으셨다(εἴληφας)"는 완료형입

---

8 Osborne, 『요한계시록』, 563.

니다. 완료형은 과거부터 크신 권능을 잡으시고 현재까지 그 능력을 행사하고 있음을 뜻합니다. 하지만 "다스리기 시작했다(ἐβασίλευσας)"는 부정과거형으로, 왕으로서 이미 다스리는 통치를 시작했다는 뜻입니다.10 따라서 하나님께서 이미 이 땅의 권세를 잡으셨고, 왕으로서 통치권을 행사하고 계신다는 뜻입니다.11 그래서 하나님은 세상을 통치하시려고 오실 이유가 없습니다. 이미 통치권을 행사하고 계시기 때문입니다. 요한계시록 1:4, 8, 그리고 4:8이 하나님의 영원한 통치권, 곧 과거 현재, 미래를 강조한다면, 계시록 11:17은 미래를 기다릴 필요가 없이 현재 통치하고 계심을 강조합니다. 하나님의 현재 통치는 요한계시록 10:7에서 일곱째 천사가 나팔을 불면 하나님의 비밀이 이뤄진다는 예언이 성취됐음을 나타냅니다.

하나님께서 통치를 시작하실 때, 두 가지 반응이 나타납니다. 18절입니다. "뭇 민족이 이것에 분개했으나 오히려 그들이 주님의 진노를 샀습

---

9 Osborne, 『요한계시록』, 572.

10 George E. Ladd, *A Commentary on the Revelation of John* (Grand Rapids: Wm. B. Eerdmans Publishing Company, 1972), 162; Fanning, *Revelation*, 341, n. 85에 따르면, "다스리기 시작했다(ἐβασίλευσας)"는 부정과거 기동 용법(ingressive aorist)으로, 행위가 이미 시작했음을 강조한다. 영어로는 begun to reign으로 해석할 수 있다. Aune, 『요한계시록 6~16』, 491~92에서는 부정과거 기동 용법으로 쓴 이유가 하나님이 전에 왕으로 통치하지 않았다는 뜻이 아니라, 오히려 왕권이 이제 세상에 유효하게 됐다는 의미로 해석하면서 서임식으로 여겨야 한다고 주장한다. Thomas, *Revelation 8~22*, 109에서는 완료형 "권능을 잡았다"가 통치의 영원성을 의미한다면, 부정과거형 "다스리기 시작했다"는 기동 용법과 예언 용법(ingressive as well as proleptic)으로 해석할 수 있다고 한다. Smalley, *The Revelation to John*, 290에서는 완료형 "권능을 잡았다"는 예언 용법(proleptic)으로, 부정과거형 "다스리기 시작했다"는 기동 용법으로 해석한다.

11 Osborne, 『요한계시록』, 565에서는 미래가 빠진 이유를 하나님의 큰 권능이 이미 행해졌고 최후의 나라가 도래했기 때문이라고 해석하고, Mounce, 『요한계시록』, 295에서는 예수님의 오심이 더는 미래 일이 아니고, 이미 오셨고 다스리기 시작하셨기 때문이라고 말한다.

니다. 이제는 죽은 사람들이 심판받을 때가 왔습니다. 주님의 종 예언자들과 성도들과 작은 사람이든 큰 사람이든 주님 이름을 두려워하는 사람들에게 상을 주실 때가 왔습니다. 땅을 망하게 하는 자들을 멸망시킬 때가 왔습니다." 18절을 자세히 보면, "때"가 세 차례 나옵니다.[12] 첫째는 "죽음 사람들이 심판받을 때가 왔습니다"에 있습니다. 둘째는 "상을 주실 때가 왔습니다"이고요. 셋째는 "멸망시킬 때가 왔습니다"입니다. 첫째와 셋째는 하나님의 주권에 반대하는 세력이 심판받아 멸망하는 때를 말합니다. 하지만 둘째는 주님 이름을 두려워하는 자, 즉 경외하는 자가 상을 받을 때를 말합니다. 하나님의 나라와 통치는 심판받는 때이며, 또한 상급 받는 때입니다. 때 언급을 고려하면, 통치에 긍정적인 반응 하는 이와 부정적인 반응을 하는 이가 있습니다. 하나님께서 이들에게 보이시는 반응도 두 가지입니다.

먼저, 하나님의 나라는 하나님의 통치에 반기를 들고 대적하는 자들을 심판합니다. 하나님의 통치에 반기를 들었기에, 이들은 주님의 진노를 삽니다. 그래서 심판을 받아 멸망합니다. 하나님의 통치를 반대하는 사람들을 가리켜 "죽은 사람들" 그리고 "땅을 망하게 하는 자들"로 표

---

12 헬라어 성경 18절에는 때($\acute{o}$ $\kappa\alpha\iota\rho\acute{o}\varsigma$)가 한 번 나오고, 부정사 부정과거형 (infinitive aorist)이 세 번 나오는데, 모두 하나님께서 정하신 때($\acute{o}$ $\kappa\alpha\iota\rho\acute{o}\varsigma$)를 수식한다. 첫째 부정과거형은 수동태이고, 나머지는 능동태이다($\acute{o}$ $\kappa\alpha\iota\rho\acute{o}\varsigma$[때] $\cdots$ $\kappa\rho\iota\theta\hat{\eta}\nu\alpha\iota$[죽은 자들이 심판받을 때] $\cdots$ $\delta o\hat{\upsilon}\nu\alpha\iota$[상을 주실 때] $\cdots$ $\delta\iota\alpha\phi\theta\epsilon\hat{\iota}\rho\alpha\iota$ [멸망시킬 때]; the time to be judged, [the time] to give their reward, and [the time] to destroy). Thomas, *Revelation 8~22*, 110~11에서는 성경이 심판할 때와 보상할 때를 구체적으로 구분하지 않고(막 4:29; 요 5:25, 28~29; 행 17:31; 24:21) 포괄적으로 언급한다고 인정한다. 그런 특징이 계시록 11:18에서도 발견된다고 주장한다. 하지만 계시록 20:11~15에서 백보좌 심판은 악인 심판이라고 구체적으로 언급하기에, 악인 심판과 의인 심판은 같은 시기에 일어나지 않는다고 주장한다. 하지만 Ladd, *A Commentary on the Revelation of John*, 163에서는 의인 심판과 악인 심판이 같이 일어나, 하나님의 나라에 누가 들어가고, 누가 못 들어가는지가 결정된다고 말한다.

현하고 있습니다. "죽었다"는 죽어 생명이 없는 상태를 말합니다. 이 용어가 비유적으로 쓰일 때, 도적적으로 그리고 영적으로 타락한 상태를 말합니다(눅 15:24, 32). 도덕적인 생활을 하지 못하는 사람을 가리켜 "죽은 사람"이라고 표현합니다(계 3:1). 또한 하나님 나라에 속하지 않는 자들, 또는 영생에 이르지 못한 자들을 가리키기도 합니다(마 8:22; 히 6:1; 9:14).13 하지만 "땅을 망하게 한다(διαφθείρω)"는 파괴하다, 전멸한다를 뜻합니다.14 '물리적으로 파괴하고, 멸절하는 것'을 의미합니다 (눅 12:33; 고후 4:16). 또한 도덕적으로 그리고 영적으로 타락하고 부패하게 하는 의미도 있습니다(계 19:2; 창 6:11; 고전 15:22; 고후 7:2).15 결국 죽은 자들, 땅을 망하게 하는 자들은 도덕적으로, 영적으로 잘못된 길로 인도하는 자입니다. 이들은 하나님 나라에 속하지 않는 자이고요. 이 땅을 파괴하고, 부패하게 만드는 자입니다. 하나님의 나라, 하나님이 통치하실 때, 이들은 하나님의 심판을 받습니다.

하지만 하나님의 나라는 주님의 이름을 두려워하고 공경하는 이에게는 상을 줍니다. 이들을 종, 예언자들, 성도들, 작든 크든 주님의 이름을 두려워하는 사람으로 표현합니다. 이들을 두 그룹, 선지자와 성도로 나눌 수 있습니다.16 그리고 주님의 이름을 경외하는 크고 작은 사람들

---

13 Bauer, 『바우어 헬라어 사전』, 1014~15.

14 Koester, 『요한계시록 II』, 959~60에 따르면, 요한계시록에서 멸망 대상자는 사탄, 짐승, 거짓 선지자, 바벨론 등, 모두 넷이다.

15 Bauer, 『바우어 헬라어 사전』, 359.

16 Osborne, 『요한계시록』, 567~69에서는 상을 받는 이를 묘사하는 다섯 명칭을 세 가지로 구분한다. Osborne, 『요한계시록』, 296에 따르면, 종이 나머지 네 개 모두를 포괄하고, 나머지 네 개가 두 집단, 곧 하나님의 종 선지자와 하나님의 종 성도로 나뉜다. J. Ramsey Michaels, *Revelation*, IVP New Testament Commentary Series, ed. Grant R. Osborne, vol. 20 (Downers Grove, IL: InterVarsity Press, 1997), 146에서는 세 그룹, 곧 선지자들, 일반 성도들, 그리고 일곱 나팔 심판을 일어나도록 기도하는 성도들로 나눈다. 그리고 Beale, 『요한계

은 성도들을 더 자세히 설명하는 용어입니다. 두 그룹, 곧 선지자들과 성도들은 하나님의 주권을 인정하고, 주님의 통치를 따릅니다. 하나님은 하나님의 나라에서 이들에게 보상하십니다. 일곱째 나팔은 하나님의 나라를 선포하는 나팔입니다. 하나님의 나라는 하나님을 따르는 이를 보상하는 때입니다. 또한 하나님을 부정하고, 세상을 영적으로, 도덕적으로, 물리적으로 망하게 하는 자들을 심판하는 때입니다.

"24 장로가 하나님의 나라와 통치를 찬양할 때, 요한은 하늘 성전을 봅니다. 왜 하늘 성전, 언약궤, 그리고 하늘 성전에서 나오는 초자연적인 징조를 보여줄까요?"

III. 하나님의 나라와 통치의 증거는 하늘 성전과 언약궤의 등장, 그리고 징조이다(11:19).

하나님의 나라와 통치가 이루어졌다는 사실을 보여주려 함입니다. 19절입니다.[17] "그러자 하늘에 있는 하나님의 성전이 열리고, 성전 안에 있는

시록(상)』, 568~68에서는 모든 용어가 교회를 묘사하는 개념이라고 한다. Osborne, 『요한계시록』, 568~69에서는 모든 교회를 지칭하는 개념이 가능하나, 계시록 18:20이 성도들과 사도들과 선지자들을 구분하기에, 계시록 16:6과 18:24도 성도들과 선지자로 구분하는 해야 하는데, 그런 면에서 선지자들과 성도들을 구분하는 첫 번째 견해가 타당하다고 주장한다. 그리고 작은 자나 큰 자는 성도들이 하나님 앞에서 동등하다는 사실을 의도했다고 말한다. 하지만 Thomas, *Revelation 8~22*, 111; Fanning, *Revelation*, 341~42에서도 두 부분으로 구분에 동의하지만, 종을 선지자와 연결해 하나님의 종인 선지자들과 하나님의 백성인 성도들로 구분한다. 요한은 때때로 종을 하나님의 모든 백성을 지칭하는 데 사용하곤 했다(계 1:1; 2:20; 19:2, 5; 22:3, 6). 하지만 신구약은 종이란 용어를 하나님의 비밀을 선포하는 특별한 그룹을 지칭할 때도 사용했다(왕하 9:7; 17:13, 23; 21:10; 24:2; 단 9:6, 10). 대표 인물이 이사야, 에스겔, 다니엘과 같은 선지자이다. 또한 종(δοῦλοι)과 성도(ἅγιοι)가 한 구절에서 같은 그룹임을 지칭한 적은 없다. 그런 면에서 하나님의 종 선지자들과 성도들로 구분함이 더 타당한 듯하다.

17 19절이 하는 역할에 세 가지 견해가 있다. 1) 계시록 11:15~18의 결론,

하나님의 언약궤가 보였습니다. 그때 번개가 치고, 요란한 소리와 천둥소리가 나고, 지진이 일어나고, 큰 우박이 쏟아졌습니다." 요한은 하늘에 있는 성전이 열리고, 거기에 있는 언약궤를 봤습니다. 언약궤는 지성소 안에 있습니다. 지성소는 하나님께서 거하시는 가장 신성한 장소입니다. 이곳은 함부로 접근할 수 없습니다. 대제사장도 1년에 한 번, 피를 가지고만 들어갈 수 있는 장소입니다. 지성소에 들어감은 하나님의 임재에 들어간다는 뜻입니다. 성전이 열렸고, 언약궤를 봤음은 성전과 지성소로 접근할 수 있다는 의미입니다. 요한은 또한 성전에 있는 언약궤를 봤다고 했습니다. 언약궤는 하나님께서 당신 백성과 함께하심, 곧 임재를 상징합니다. 언약궤는 너무도 신성하기에 어떤 인간도 접촉할 수가 없습니다. 단지 대제사장만 1년에 한 번, 곧 속죄일에만 언약궤 앞으로 나아갈 수 있었습니다. 왜냐하면 대제사장은 하나님의 백성 전체를 대표하기 때문입니다.

지성소로 들어갈 수 있고 언약궤를 볼 수 있었던 이유는, 예수 그리스도의 십자가 보혈 때문입니다. 예수님께서 십자가에서 돌아가실 때, 성전 휘장, 곧 성소와 지성소를 구분하는 휘장이 두 쪽으로 갈라졌습니다(마 27:50). 그 결과, 예수님을 믿는 사람은 수시로 지성소에 계신 하나님을 만날 수 있습니다(히 10:19~20). 구약시대에 하나님의 언약궤 언급은 하나님의 임재를 보장합니다(삼상 4:4; 삼하 6:2). 또한 하나님께서 지상 왕국에 하나님의 통치가 이뤄졌음을 의미합니다(왕하 19:15; 사 37:16).[18]

언약궤는 주전 586년에 느부갓네살이 예루살렘을 파괴하고 성전을 불살랐을 때, 파손되었을 가능성이 있습니다(왕하 25:8~10). 느부갓네살의 시위대장 느부사라단이 예루살렘을 정복할 때, 성전을 불사르고서

---

2) 계시록 11:5~18의 과도기 역할, 3) 12:1~17절의 서론 등이다. Fanning, *Revelation*, 972; Aune, 『요한계시록 6~16』, 523에서는 서론으로 여기고, Beale, 『요한계시록(상)』, 1015; Fanning, *Revelation*, 343, n. 95에서는 결론으로 여기고, Thomas, *Revelation 8~22*, 113에서는 과도기로 여긴다.

18 Beale, 『요한계시록(상)』, 1016~17; Fanning, *Revelation*, 343.

성전 기구는 바벨론으로 가져갔습니다(왕하 25:13~17). 그런데 바벨론으로 가지고 간 성전 기구 목록에 언약궤가 없기에, 성전이 불탔을 때 소실됐을 가능성이 큽니다. 유대 전승에 따르면, 예레미야 선지자가 예루살렘이 바벨론에게 멸망되기 직전에 언약궤를 취하여 느보산의 동굴에 숨겼다는 기록이 있습니다(2 Macc. 2:4~8). 하나님은 당신 백성을 마지막에 모아 자비를 베푸실 때까지 언약궤를 그곳에 숨겨 놓겠다고 했습니다(2 Macc 2:7). 당신 백성을 모으시고 성전을 회복할 때, 언약궤가 다시 발견된다는 말입니다.[19]

숨긴 언약궤가 지금 하늘 성전에서 보입니다. 물론 유대 전승은 지상 언약궤를 말하고, 본문은 하늘 언약궤를 말하기에 연관성이 없을 수도 있습니다.[20] 분명한 점은 나팔 심판 일곱째에 하나님의 나라가 임하고, 하나님의 언약궤가 등장한다는 사실입니다.[21] 이는 하나님의 나라와 통치가 이루어졌음을 상징합니다. 이때 "번개가 치고, 요란한 소리와 천둥소리가 나고, 지진이 일어나고, 큰 우박이 쏟아"집니다. 인 심판 여섯째에서도 우주적인 징조와 하늘의 흔들림이 있었습니다. 번개, 천둥소리, 지진, 우박 등은 최후 심판을 가리키는 징조입니다.[22] 하나님의 나라와 통치는 번개와 천둥소리, 지진과 우박이라는 초자연적 현상으로 나타나는 최후 심판과 함께 시작합니다. 하늘 성전, 언약궤, 초자연적인 징조 모두는 하나님의 나라와 통치가 이루어졌음을 나타내는 상징입니다.

[19] R. H. Charles, *A Critical and Exegetical Commentary on the Revelation of St. John: With Introduction, Notes, and Indices; also the Greek Text and English Translation*, vol. 1, International Critical Commentary, ed. Samuel R. Driver, Alfred Plummer, and Briggs Charles A [Edinburgh: T. & T. Clark, 1975], 298에 따르면, 유대 전승은 언약궤가 다시 등장한다는 기록은 없고, 땅에 묻혔다고만 기록한다.

[20] Charles, *The Revelation of St. John*, 1:298; Mounce, 『요한계시록』, 297.

[21] Osborne, 『요한계시록』, 571.

[22] Beale, 『요한계시록(상)』, 1015.

결론

　일곱째 천사가 일곱째 나팔을 불 때, 이 세상의 나라는 하나님의 나라가 되어, 하나님에게 통치받습니다. 하나님의 통치에 저항도 거세집니다. 이 저항은 하나님을 믿는 성도를 핍박함으로 나타납니다. 하지만 하나님은 저항하는 자들, 곧 성도들을 핍박하는 자들을 심판하십니다. 하지만 하나님을 따르고, 경배하는 이에게는 보상하십니다. 하나님의 나라와 통치가 이루어졌음을 보여주는 징조는 하늘 성전과 언약궤의 등장, 하늘 성전에서 나오는 초자연적인 현상입니다. 우리 믿는 사람은 주님의 승리를 기억하면서, 주님을 찬양해야 합니다. 스포츠팀이 우승했을 때 팬들이 함께 축하 행진을 하면서 기뻐하듯이, 우리도 주님의 승리에 참여해 기뻐할 날이 옵니다. 이미 주님의 통치는 이뤄졌습니다. 주님은 승리자이십니다. 일곱째 나팔을 불 때, 하나님의 나라와 통치는 보입니다. 어려움에서도 주님의 승리를 바라보면서 기뻐합시다.

계시록 12:1~17, '여자와 용'

핍박에서도 하나님의 구원과 보호하심을 확신하자

중심 내용: 성도가 사탄에게 겪는 어려움은 패배로 마지막 발악 때문이
지만, 결국 구원과 보호를 받는다.

I. 여자와 용의 표징은 하나님의 백성이 어려움과 핍박에서 하나님의 보
호를 받음을 뜻한다(12:1~6).

II. 핍박받는 이유는 사탄의 때가 얼마 남지 않았고, 하늘 전쟁에서 지고
쫓겨나서 발악하기 때문이다(12:7~12).

III. 사탄의 공격은 점점 더 심해지나, 결국 백성은 하나님의 보호하심으
로 승리한다(12:13~17).

서론

　인 심판 시리즈와 나팔 심판 시리즈는 같은 패턴, 곧 '4개 심판—2개
심판—간주(막간)—1개 심판' 패턴입니다. 인 심판 시리즈에서는 인 심판
처음 4개에 이어, 인 심판 2개가, 간주에는 환상이 2개이고, 그리고 인
심판 일곱째인데, 이는 나팔 심판 시리즈를 포함합니다. 나팔 심판 시리

즈에서도 나팔 심판 처음 4개에 이어, 나팔 심판 2개가, 간주에는 환상이 2개이고, 그리고 나팔 심판 일곱째인데, 이는 대접 심판 시리즈를 포함합니다. 그런데 대접 심판 시리즈 패턴은 인 심판 시리즈나 나팔 심판 시리즈 패턴과는 다릅니다. 환상 7개가 먼저 소개되고서(계 12~15장), 대접 심판 시리즈 7개가 모두 차례대로 쏟아집니다(계 16장). 중간에 간주는 없습니다.[1] 오늘은 첫째 환상, 곧 12장에서 '여자와 용 환상'을 본문으로 하나님께서 당신 백성을 구원하시고 보호하시는 내용을 말씀드리겠습니다.

I. 여자와 용의 표징은 하나님의 백성이 어려움과 핍박에서 하나님의 보호를 받음을 뜻한다(12:1~6).

요한이 큰 표징을 보았습니다. 표징(σημεῖον)은 이적, 기적이라고도 하는데, 시각적이고 물리적인 초자연적 현상을 말합니다. 일반적으로 나타나는 현상 그 자체보다는 현상 뒤에 있는 무엇인가를 가르치려는 초자연적 표적을 말합니다.[2] 특히 영적 의미나 중요성을 주고자 할 때, 표

---

1 G. K. Beale, 『요한계시록(하)』, 오광만 옮김, NIGTC (서울: 새물결플러스, 2020), 1056~57에서 계시록 12:1~15:4을 일곱 단락 또는 일곱 표적으로 나눈다. 1) 뱀과 여자 및 여자의 후손 사이에 갈등(12장), 2) 바다에서 나온 짐승에게 받는 박해(13:1~10), 3) 땅에서 올라온 짐승에게 받는 박해(13:11~18), 4) 시온산에 서 있는 어린 양과 144,000명(14:1~5), 5) 세 천사가 선언하는 복음과 심판(14:6~13), 6) 인자가 땅에서 곡식을 추수함(14:14~20), 7) 성도들이 짐승을 이기고 승리함과 그들이 부르는 승전가(15:2~4) 등으로 구분한다. Grant R. Osborne, 『요한계시록』, 김귀탁 옮김, BECNT 시리즈 (서울: 부흥과개혁사, 2019), 577~78에서는 12장~14장을 막간으로 부르고, 일곱 부분으로 나눈다. 그리고 15:1~4을 대접 심판 시리즈 서론으로 간주한다. 15:1~4절을 간주로 여기면, 간주가 8개이다. 필자는 12:1~17; 12:18~13:10; 13:11~18; 14:1~5; 6~13; 14~20; 15:1~8 등으로 구분을 선호한다. Osborne이 언급했듯이, 몇 개로 구분하는가는 그리 큰 의미가 없다.

2 Buist M. Fanning, *Revelation*, Zondervan Exegetical Commentary on the New Testament, ed. Clinton E. Arnold et al., vol. 20 (Grand Rapids: Zondervan Academic, 2020), 349; Walter Bauer, eds. Kurt Aland, Barbara

징이란 수단을 씁니다. 요한복음에서 표징은 예수님께서 행하신 기적을 주로 가리킨다면, 요한계시록에서는 하늘에서 나타난 놀라운 장면이나 거짓 기적을 지칭하는 데 쓰입니다.[3] 본문에서는 하늘에 나타난 두 가지 초자연적 표징을 언급합니다. 하나는 한 여자에 관한 표징이고, 다른 하나는 용에 관한 표징입니다.

"이제, 이 두 표징의 의미를 살펴보겠습니다."

한 여자는 해를 둘러 걸치고 있었습니다(1~2절). 달을 그 발밑에 밟고 있었고요. 열두 별이 박힌 면류관을 머리에 쓰고 있었습니다. 그리고 아이를 뱄는데, 해산의 진통과 괴로움을 겪고 있었습니다. 이 여자는 이스라엘 민족을 지칭합니다.[4] 첫째 이유는 창세기 37장입니다(창 37:9~10).

Aland, and Viktor Reichmann, 『바우어 헬라어 사전—신약성경과 초기 기독교 문헌의 헬라어-한국어 사전』, 이정의 옮김 (서울: 생명의말씀사, 2017), 1392~93.

3 David E. Aune, 『요한계시록 6~16』, 김철 옮김, WBC 성경주석, 52중 (서울: 솔로몬, 2004), 549~50에 따르면, 세메이온(σημεῖον)이 요한계시록에서 7회 쓰였다. 3회는 단수로(12:1, 3; 15:1), 하늘에서 일어나는 놀라운 장면을 소개한다. 그리고 복수형 세메이아(σημεῖα)는 4회인데(13:1, 14; 16:14; 19:20), 모두 대적자가 하나님을 대적하며 거짓 기적들을 행하는 장면에서이다. 그는 기적 배경을 설명하면서, 요한이 그리스 신화를 유대교나 기독교 해석 방법을 사용해 해석한다고 말한다. Stephen S. Smalley, *The Revelation to John: A Commentary on the Greek Text of the Apocalypse* (Downers Grove, IL: IVP Academic, 2005), 313~14도 참조하라. Beale, 『요한계시록(하)』, 1061에서도 비슷한 견해를 제시한다. 요한이 바벨론, 우가리트, 페르시아, 이집트, 또는 헬라에서 전해지는 이야기들을 모아서 구약과 유대 전통의 렌즈로 해석했다고 말한다.

4 Robert L. Thomas, *Revelation 8~22: An Exegetical Commentary* (Chicago: Moody Press, 1995), 120~21; Fanning, *Revelation*, 349~50. Beale, 『요한계시록(하)』, 11061~65에서도 구약성경과 유대교 문헌을 예로 들면서 해와 달은 신부인 이스라엘(사 60:19~20; 아 6:10)을, 열두 별은 이스라엘의 열두 지파를 가리킴을 인정하면서, 이스라엘 열두 지파는 교회를 지칭하기에 12장은 그리스도의 초림 이전과 이후 모든 시대에 살던 하나님의 백성을 지칭한다고 말한다. Craig R. Koester, 『요한계시록 II—10~22장』, 최홍진 옮김, 앵커바이블 시리즈

창세기 37장에서, 어린 요셉은 해와 달 그리고 별 열한 개가 자기에게 절하는 꿈을 꿉니다. 여기서 해와 달 그리고 별 열한 개는 아버지 야곱과 어머니 라헬 그리고 자기 열한 형제를 지칭합니다.5 둘째 이유는 임신한 여인을 구약성경에서는 자주 고통 받는 이스라엘과 연결하기 때문입니다.6 이사야, 예레미야, 미가와 같은 선지자는 고통받는 이스라엘을 임신한 여인으로 묘사했습니다(사 26:16~21; 66:6~13; 렘 4:31; 미가 4:9~10). 예레미야 4:31입니다. **"나는 해산하는 여인의 진통 소리를 이미 들었다.**

(서울: 기독교문서선교회, 2019), 1006도 보라. Aune, 『요한계시록 6~16』, 554, 602에서는 유대교 시각으로 볼 때 여자는 박해받는, 하나님의 백성 이스라엘로 해석할 수 있다고 말하는데, 고난을 겪는 이스라엘을 산고를 겪는 여인으로 종종 비유하기 때문이다(사 21:3; 26:17~18; 37:3; 렘 4:31; 6:24; 13:21; 22:23; 30:6; 미 4:9). 하지만 여자를 교회로, 그리고 박해받는 여자의 자손을 그리스도인으로 해석함이 더 타당하다고 말한다. Robert H. Mounce, 『요한계시록』, 장규성 옮김, NICNT (서울: 부흥과개혁사, 2019), 300~01, n. 7, 302에서는 여자를 메시아적 공동체인 이상적인 이스라엘, 진정한 이스라엘로 이해하는데, 이스라엘은 교회를 지칭한다. Osborne, 『요한계시록』, 582에서는 여자를 하나님의 백성 전체, 곧 이스라엘과 교회를 대표한다고 말한다. 여자에 관한 여러 견해는, Aune, 『요한계시록 6~16』, 551~52; Koester, 『요한계시록 II』, 1006~09를 참조하라.

5 George E. Ladd, *A Commentary on the Revelation of John* (Grand Rapids: Wm. B. Eerdmans Publishing Company, 1972), 168에서는 열두 아들을 이스라엘의 12지파로 여긴다. Mounce, 『요한계시록』, 301, n. 9에서는 열두 별이 이스라엘의 열두 지파(계 21:12) 또는 열두 사도(계 21:14)를 암시하거나 둘 다일 수 있다고 주장한다. 하지만 Aune, 『요한계시록 6~16』, 553에서는 황도대 또는 십이 궁도를 지시한다는 견해를 지지한다. Osborne, 『요한계시록』, 583에서는 계시록 1:20에서 일곱 별이 교회의 천사를 지칭하기에 열두 별은 하나님의 백성 전체를 지칭한다고 주장한다.

6 Osborne, 『요한계시록』, 583~84에서는 고통받는 여자를 박해받는, 하나님의 백성으로 여긴다. 그래서 여자가 임신으로 겪는 진통과 고뇌를 메시아 시대를 해산하려고 힘썼기에 역사 전체에 걸쳐 겪는, 하나님의 백성의 메시아적 고뇌로 여긴다. Beale, 『요한계시록(하)』, 1069에서는 여자의 해산 고통을 그리스도 탄생에 이르게 하는 구약 시대와 중간기 동안 언약 공동체와 메시아 혈통이 겪는 박해로 여긴다.

첫 아이를 낳는 여인처럼 신음하는 소리, 딸 시온이 몸부림치는 소리다. 딸 시온이 손을 휘저으며 신음하는 소리다. '이제 나는 망했구나. 그들이 나를 죽이려고 달려든다' 하는구나." 이스라엘 민족이 겪는 고통을 임신한 여인이 겪는 진통하는 소리로 표현했습니다. 셋째 이유는 여자가 낳은 아이가 만국을 다스리는 왕, 곧 예수 그리스도를 의미하기 때문입니다.[7] 여자가 낳은 아이를 쇠 지팡이로 만국을 다스리는 왕으로 표현합니다. 이 아이는 하나님에 의하여 하늘 보좌로 승천합니다. 이 아이는 다윗의 후손인 메시아 예수 그리스도입니다. 예수님은 이스라엘 민족에게서 태어났습니다.[8] 그렇다면 이 여인이 이스라엘 민족임을 알 수 있습니다.

이 여인은 해산하는 고통을 겪고 있습니다. 해산 고통은 이스라엘의 민족적인 구원과 고통을 의미합니다.[9] 한 아이 출생은 고통의 결과입니다. 하나님은 마지막 심판 때, 이스라엘 민족을 구원하고 회복하십니다. 그러나 그 구원은 고통을 겪은 결과로 나옵니다. 이스라엘은 먼저 고통을 받고, 그 후에 하나님의 구원을 경험합니다.

요한은 또 다른 표적을 봤습니다(3~4절). 이번에는 붉은 용 한 마리를 봤습니다. 붉은 용은 머리 일곱 개와 뿔 열 개를 가졌습니다. 용은 꼬리

---

7 Beale, 『요한계시록(하)』, 2084; Osborne, 『요한계시록』, 589.

8 Fanning, *Revelation*, 349, n. 3에 따르면, 메시아는 교회나 여러 민족으로 구성한 교회에서 나오지 않았다. 오히려 민족 이스라엘에서 나왔다. 그렇다면 여자를 이스라엘 민족으로 이해함이 타당하다.

9 Fanning, *Revelation*, 350에서는 현재형 뱄다(ἔχουσα)과 울었다(κράζει)가 역사적 현재 용법이라고 말한다. 이 역사적 현재 용법은 3절에서 용을 소개하는 도구이다. 이 견해에 따르면, 하나님의 심판 동안 겪을, 이스라엘의 고통스러운 미래와 그에 따르는 구속과 회복을 소망함을 함께 표현한다. 하지만 Thomas, *Revelation 8~22*, 121; John F. Walvoord, 『예수 그리스도의 계시』, 전준식 옮김 (서울: 교회연합신문사, 1987), 251; Mounce, 『요한계시록』, 301~02 등에서는 이를 예수님의 출생으로, 요한이 기록할 때는 이미 과거에 일어난 역사적인 사건으로 초림 때 겪은 고통이라고 한다.

로 하늘의 별 삼분의 일을 땅으로 내던졌습니다. 해산하려는 여자 앞에
서서, 여자가 아기를 낳기를 기다리고 있었습니다. 아기를 삼켜 버리려
고 노리고 있었습니다. 용(δράκων)은 사탄을 의미합니다. 구약성경에서
때때로 용은 뱀, 리워야단, 베헤못, 타닌, 라합 등으로 표현합니다(시
74:13; 사 27:1; 51:9~10). 특히, 하나님을 반대하는 세력의 대표자로 쓰
였습니다. 그래서 이집트, 앗시리아, 바벨론을 하나님을 대적하는 바다
괴물로, 혼돈과 악의 세력 대명사인 용, 리워야단, 라합으로 비유하곤
했습니다(시 74:13; 사 27:11; 51:9; 겔 29:3; 32:2).10 신약에서도 용, 곧
뱀을 사탄과 연결합니다. 예수님은 72명 제자를 전도하라고 보냈습니다.
제자들이 돌아와서 주님 이름에 귀신들까지 복종했다고 예수님에게 보
고합니다. 그러자 예수님은 사탄이 하늘에서 번갯불처럼 떨어지는 광경
을 보셨다며 뱀을 사탄과 연결 짓습니다(눅 10:17~19). 그리고 사탄을
이 세상의 임금, 통치자로 불렀습니다(요 12:31; 14:30). 바울도 사탄을
공중의 권세 잡은 자, 이 세상의 신으로 불렀습니다(엡 2:2; 고후 4:4).11

이 용은 머리 일곱 개와 뿔 열 개를 지니고 있었습니다. 다니엘에서
일곱 머리는 일곱 제국 혹은 일곱 왕국을 의미합니다(단 7:23).12 일곱 머
리에는 일곱 왕관(διαδήματα)이 씌워져 있었습니다.13 왕관을 쓰고 있는

---

10 Fanning, *Revelation*, 350; Beale, 『요한계시록(하)』, 1074~75.

11 Osborne, 『요한계시록』, 586.

12 Thomas, *Revelation 8~22*, 123에서는 일곱 머리를 인류 역사 처음에서
마지막까지 세계를 통치하는 전제국을 의미한다고 말한다. Fanning, *Revelation*,
350에서는 통치 세력을 상징한다고 말한다.

13 Bauer, 『바우어 헬라어 사전』, 343에 따르면, 왕관(διαδήματα)은 왕의
머리에 쓰는 왕관을 의미한다. 계시록에는 관이 세 가지 형태로 쓰였다. 면류관
(στέφανος, 2:10; 3:11; 6:2; 12:1), 금관(στέφανον χρυσοῦν, 4:4, 10; 9:7;
14:14), 그리고 왕관, 곧 통치자의 관(διαδήματα, 12:3; 13:1; 19:12)이다. 면류
관은 이기는 이가 쓰는 관으로 보통 풀이나 나뭇가지로 만드는데, 특별한 경우
금으로 장식하기도 한다. 면류관에 금으로 도금한 것을 금관이라고 하는데, 이

모습은 땅의 모든 제국을 통치하는 왕이라는 뜻입니다. 그리고 열 뿔은 넷째 제국에서 나오는 열 왕을 의미합니다(단 7:24). 결국, 일곱 머리와 일곱 뿔을 지닌 사탄이 하나님을 대적하는 이 세상 제국과 왕들, 지도자들을 온전히 통제하고 있다는 의미입니다.[14] 용은 꼬리로 하늘에 있는 별 삼분의 일을 땅으로 던졌습니다.[15] 이 별들은 사탄과 함께 하나님을 대적하는 타락한 천사를 의미합니다.[16] 이들은 미가엘과 그의 천사들과 전쟁에서 패배하고, 땅으로 쫓긴, 타락한 천사들입니다(계시록 12:7~9). 결국, 용은 사탄을 의미하며, 일시적으로 세상을 통치하는 권세를 가졌습니다. 하지만 마침내 하나님의 군대에 패배하고 쫓기는 신세가 됩니다.

마침내, 여자는 아기를 낳았습니다(5~6절). 이 아이는 장차 쇠 지팡이로 만국을 다스리는 분입니다. 아기는 하늘에 있는 하나님 앞에 있는 그분 보좌로 올려졌습니다. 그리고 여자는 광야 가서, 그곳에서 1,260

는 고위 직책을 표현하는 데 쓰였다. 하지만 왕관은 왕권을 상징하려고 왕이 쓰는 관이다. 자세한 내용은 Osborne, 『요한계시록』, 582를 보라.

14 Osborne, 『요한계시록』, 586. Beale, 『요한계시록(하)』, 1076에서는 일곱 머리와 열 뿔이 완전함을 강조하는데, 여기서 완전함을 압제하는 세력과 그 세력의 범세계적인 효과를 완전히 장악하고 있음을 뜻한다고 말한다. 용이 주권적이며 보편적인 권세를 가졌다는 신성모독적인 주장을 한다고 말한다.

15 꼬리는 요한계시록 9:10에서 다섯 달 동안 땅에 사는 사람들을 괴롭히는 도구로, 9:18~19에서 재앙으로 사람 삼분의 일을 죽이는 도구로 쓰였다. 사탄이 꼬리를 가지고 있음은 파괴 권세를 가지고 있다는 뜻이다.

16 Fanning, *Revelation*, 351. Beale, 『요한계시록(하)』, 1080~81에서는 계시록 12:4이 다니엘 8:10을 인용한 것으로, 타락한 천사가 아니라 용에게 박해받는, 하나님의 백성으로 여긴다. 하지만 Osborne, 『요한계시록』, 587~88에 따르면, 다니엘 8:10에서 별들은 하나님의 백성보다는 천사들을 가리키며, 요한계시록에서 별은 사람으로 지칭하지 않고 언제나 천사를 지칭한다. 그래서 이 사건은 하늘에서 벌어진 최초 전쟁이라고 주장한다. Mounce, 『요한계시록』, 303에서는 별 삼분의 일을 땅에 던졌다는 말을 용의 거대한 크기와 엄청난 힘을 강조함이지, 타락한 천사에 관한 신학을 가르치려 함이 아니라고 말한다. 별이 땅에 떨어짐에 관한 4가지 견해는 Osborne, 『요한계시록』, 587~88을 참조하라.

일 동안 보호받습니다. 사탄은 세계 통치자가 될 메시아를 사전에 제거
하려고 했습니다. 이것은 마태복음 2장에서 헤롯왕이 예수님을 죽이려
함에서 확인할 수 있습니다. 하나님은 메시아를 통하여 당신 백성들과
온 우주를 회복하려는 계획을 하고 있었기 때문입니다(사 66:5~14; 시
2:9; 사 9:6~7). 하지만 사탄이 아이를 죽이려 한 계획은 실패로 돌아갑
니다. 하나님께서 동방박사들에게 나타나 헤롯에게 돌아가지 말고 다른
길로 가라고 했기 때문입니다(마 2:12). 그리고 예수님을 이집트로 피신
하게 해 헤롯의 계획을 무산시켰기 때문입니다(마 2:19~23). 본문에서는
하나님께서 메시아를 하늘로 올리셨기 때문입니다.[17]

그때 메시아를 낳은 여자, 곧 이스라엘은 광야로 도망칩니다. 그곳에
서 1,260일, 곧 약 3년 반 동안 하나님의 보호를 받습니다. 광야는 때
때로 고난과 역경의 장소를 의미합니다. 또한 하나님의 보호와 안식의
장소를 의미하기도 합니다. 모세의 여종 하갈, 엘리야, 이스라엘 백성들
을 보호하고 돌본 장소가 광야입니다(창 16:6~16; 21:14~21; 왕상
17:2~6; 19:3~18; 출 13:18; 16:10; 신 2:7; 8:15~16).[18] 이스라엘 백성은
예수님이 재림하기 직전인 환난 시기에 하나님의 특별한 보호를 받습니
다. 1,260일, 곧 3년 반은 대환난의 마지막 기간을 의미합니다.[19] 이 기

17 이 본문에는 예수님의 죽음과 부활을 언급하지 않는다. 그래서 Aune, 『요
한계시록 6~16』, 528~31, 565~68에서는 요한이 초기 유대 자료를 신중하게
다루지 않았다고 주장한다. G. B. Caird, *The Revelation of Saint John*,
Black's New Testament Commentaries, ed. Henry Chadwick (Peabody, MA:
Hendrickson Publishers, 1966), 149에서는 이 사건이 예수님 출생이 아니라,
예수님의 고난 이야기라고 본다(요 16:20~22; 행 13:33~34).

18 Fanning, *Revelation*, 353. 광야의 이중성, 곧 시험과 보호 장소라는 설명
은 Beale, 『요한계시록(하)』, 1094~96을 보라.

19 Fanning, *Revelation*, 353. Walvoord, 『예수 그리스도의 계시』, 254;
Thomas, *Revelation 8~22*, 127에서는 7년 대환난 전반기 3년 반으로 해석한
다. Koester, 『요한계시록 II』, 1016~17에서는 3년 반을 그리스도의 승천부터
재림까지 기간을 상징한다고 이해한다. Beale, 『요한계시록(하)』, 1096~98에서

간은 이전에 보지 못했던 극심한 고통의 시간입니다. 이 기간에 이스라엘 민족은 하나님의 특별한 보호를 받습니다.[20] 이집트에서 출애굽 한 후에 광야에서 이스라엘 백성이 보호받았듯이, 마지막 대환난의 극심한 고통 시기에 이스라엘 민족은 보호받습니다.

여인의 출산, 광야로 도망, 보호 등은 미래에 이스라엘이 핍박받아도 하나님의 도움으로 보호받는다는 뜻입니다. 이스라엘 백성이 하나님의 보호를 받는다면, 성도도 하나님의 보호를 받습니다. 하나님은 당신 약속을 잊지 않으십니다. 주님께 기도할 때 주님을 찾을 때, 도와주신다고 약속하셨습니다. 우리는 어렵고 힘들 때, 주님을 찾아야 합니다. 주님의 도우심을 구해야 합니다. 그러면 주님은 반드시 우리를 도우시고, 보호하십니다.

"그러면, 왜 하나님의 백성은 마지막 시대에 극심한 환난을 겪을까요?"

II. 핍박받는 이유는 사탄의 때가 얼마 남지 않았고, 하늘 전쟁에서 지고 쫓겨나서 발악하기 때문이다(12:7~12).

사탄은 하늘 전쟁에서 져 이 땅으로 쫓겨왔고, 자기 때가 얼마 남지 않음을 알았기 때문입니다.[21] 그는 메시아나 하나님의 군대를 대적할 수 없다

는 그리스도의 부활부터 재림까지 시간으로 여긴다. Osborne, 『요한계시록』, 591~92에서는 미래주의 해석을 도입해서, 인간 역사의 마지막 시기, 즉 사탄과 사탄의 도구들이 최후에 퍼붓는 박해 시기로 여긴다.

20 Beale, 『요한계시록(하)』, 1099에서는 장소(τόπος)가 계시록 12:6, 14에서 제의와 관련되어 사용되었기에, 6절에서 장소는 제의 장소인 비가시적인 장소라고 한다. Aune, 『요한계시록 6~16』, 568에서도 광야를 지리적인 장소가 아니라, 상징이라고 한다. Mounce, 『요한계시록』, 304에서도 사막이 아니라, 영적인 피난처라고 한다. 하지만 Osborne, 『요한계시록』, 151에서는 광야를 하나님께서 환난 기간에 당신 백성을 양육하고 보호하시는 특별한 장소라고 한다. Caird, *The Revelation of Saint John*, 152에서는 안전과 자유의 장소라고 한다.

21 용이 땅으로 내쫓긴 사건이 언제 일어났는지에 관해 세 가지 견해가 있

는 사실을 알았습니다. 메시아 대신에 하나님의 백성에게 분풀이하려고 합니다. 그 사실을 7~12절에서 설명합니다. 하늘에서 전쟁, 곧 사탄과 그의 추종자들이 미가엘과 그의 천사들과 싸웁니다.22 그런데 사탄과 그의 추종자들이 싸움에서 패하고, 더는 하늘에 있지 못하고 땅으로 내쫓깁니다.23

다. 1) 원시 타락이다. 2) 예수 그리스도의 죽음, 부활, 승천의 시기이다. 3) 마지막 시대, 일곱 나팔을 불 때 하나님의 나라가 세워지기 직전이다. 세 가지 견해는 Fanning, *Revelation*, 356; Koester, 『요한계시록 II』, 1021~23을 참조하라. Osborne, 『요한계시록』, 594, 596; Aune, 『요한계시록 6~16』, 575~76에서는 이 하늘 전쟁을 원시 사건이라고 말한다. Osborne은 계시록 12:7~9이 세 차례 결박, 곧 원초, 예수님의 사역과 죽음, 그리고 종말 사건이 서로 함축되어 있지만, 그런데도 첫째 결박과 밀접하게 관련이 있다고 말한다. 그 이유는 본문에서 싸움이 하나님과 용의 싸움이 아니고, 용과 미가엘 천사장의 싸움이기 때문이다. Beale, 『요한계시록(하)』, 1110~11; Koester, 『요한계시록 II』, 1021에서는 이 시기를 예수 그리스도의 십자가 죽음, 부활, 승천의 시기라고 한다. Mounce와 Thomas는 셋째 견해를 지지한다. Mounce, 『요한계시록』, 305~06에서는 이 사건이 원시 사건이 아니라 미래 사건이라고 한다. 그는 사탄이 자기가 잃은 지위를 되찾으려고 전쟁한다고 말한다. 사탄이 교회에 자기 적의를 집중한 일은 요한 시대에 이뤄졌다고 말한다. Thomas, *Revelation 8~22*, 129에서도 이 사건은 다니엘의 70번째 이레 중간에 발생하는 미래 사건이라고 한다. 이 기간에 사탄이 하나님께 협력하는 자들, 특히 이스라엘 백성과 마지막 일전을 벌이는 사건이라고 해석한다. 사탄의 패배와 결박은 다중적인 성취 개념으로 설명할 수 있다. 첫째는 원초 과거에 사탄은 타락하고 결박을 당한다. 그리고 예수님의 십자가 죽음, 부활, 승천으로 다시 패배를 경험하며, 마지막 주님의 재림 직전에 또 한 번 패배를 경험한다. 다중 성취의 개념은 곽철호, 『패턴으로서의 고난받는 종의 전형―신약의 이사야 53장 해석과 사용』, 김석근 옮김 (이천: 성서침례대학원대학교출판부, 2017)을 보라.

22 미가엘은 왕자(단 10:13, 21) 혹은 천사장(유 9)이다. 그는 천사장 네 명 혹은 일곱 명의 하나로 묘사되고(1 En. 9:1; 40; 54:6; 71:8~9, 12; 1 En. 20:1~7; Tob 12:15; 계 8:2), 천사장들의 지도자로 나온다(*Ascen. Isa.* 3:16). 이스라엘을 보호하는 천사(단 10:23; 12:1)로서 이스라엘을 마지막 시대에 환난에서 구원하며(단 12:1; 계 12:7~9), 이스라엘을 중재하는 중재자로 묘사된다(Tob. 12:15). 미가엘에 관해서는 Duane F. Watson, "Michael," in *The Anchor Bible Dictionary*, ed. David Noel Freedman (New York: Doubleday, 1992), 811; Aune, 『요한계시록 6~16』, 572~74를 참조하라.

사탄은 패배자입니다.24 최초에 사탄은 하나님의 군대와 전쟁에서 패배했습니다. 이 패배는 예수 그리스도의 죽음, 부활, 승천에서 분명하게 보입니다. 사탄은 예수님을 십자가에 죽이면 승리하리라 생각했습니다. 그러나 하나님은 이미 예수님의 죽음으로 인류를 구원할 계획을 세우셨습니다. 예수님의 죽음, 부활, 승천으로 죄와 사망이 더는 인간을 통제하지 못하게 했습니다. 사탄의 패배는 마지막 시대에 다시 나타납니다. 예수 그리스도의 통치, 하나님의 나라가 이뤄질 때, 사탄은 또다시 패배를 경험합니다. 하나님의 나라는 일곱 번째 나팔이 울릴 때 이뤄집니다. 이때 하나님의 백성은 영원한 구원을 받지만, 사탄과 그를 따르는 불신자는 영원한 패배를 맛봅니다(계 19:20~21; 20:10).

그때 하늘에서는 승리 찬송이 울려 퍼집니다.25 하나님의 구원과 예수 그리스도의 통치가 이루어 짐을 찬양합니다. 하나님의 백성은 하나님의 보호를 받습니다. 그들은 자기들 생명을 아끼지 않고 죽기까지 주님의

23 Osborne, 『요한계시록』, 599에 따르면, "내쫓겼다(ἐβλήθη)"는 신적 수동태인데, 이는 사탄이 땅으로 내쫓김이 미가엘과 그의 천사 힘이 아니라, 그들 힘 배후에 계시는 하나님의 능력으로 사탄이 쫓겼음을 의미한다. 계시록 12:10~11은 하나님의 능력과 예수 그리스도의 구속 능력이 승리의 원동력이라고 말한다.

24 계시록 12:9에서는 용을 옛 뱀, 악마, 사탄, 온 세계를 미혹하는 자 등으로 묘사한다. 사탄은 창세기 3장에서 금지된 열매를 따 먹도록 한 옛 뱀과 관련이 있으며, 천하를 꾀는 미혹하는 자와도 관련이 있다. 용이라는 이름의 뜻을 알려면, Aune, 『요한계시록 6~16』, 575~80; Osborne, 『요한계시록』, 599~601을 보라.

25 R. H. Charles, *A Critical and Exegetical Commentary on the Revelation of St. John: With Introduction, Notes, and Indices; also the Greek Text and English Translation*, vol. 1, International Critical Commentary, ed. Samuel R. Driver, Alfred Plummer, and Briggs Charles A (Edinburgh: T. & T. Clark, 1975), 326~27; Fanning, *Revelation*, 356에 따르면, 이 음성은 천사에게서 온 음성이라기보다는, 하늘에 있는 성도의 그룹으로부터 온 음성인데, 10절에서 우리 동료 형제자매로 표현하기 때문이다. Koester, 『요한계시록 II』, 1023에서는 음성이 24 장로들, 천사들, 순교자들, 구원받은 아무도 셀 수 없는 큰 무리의 음성이라고 한다.

말씀을 붙잡고 살았기 때문입니다. 승리는 그리스도인이 올바른 행동을 해서가 아닙니다. 예수 그리스노의 대속 죽음과 복음의 능력 때문입니다.[26] 11절입니다. "**우리의 동료들은 어린 양이 흘린 피와 자기들이 증언한 말씀을 힘입어서 그 악마를 이겨냈다. 그들은 죽기까지 목숨을 아끼지 않았다.**" 그리스도인이 사탄을 이긴 비결은 어린 양의 흘린 피와 자기들이 증언한 말씀 때문입니다. 승리는 우리에게 있지 않고, 예수 그리스도의 죽음 그리고 복음의 능력에 있습니다. 이 예수님의 죽음 그리고 복음의 능력을 의지할 때, 승리합니다. 우리는 날마다 예수님의 죽음과 복음 능력을 생각해야 합니다. 주님의 십자가를 생각하며, 이 땅에 속한 것을 십자가에 못 박아야 합니다. 그리고 복음의 능력을 생각하며, 그리스도와 함께 사는 훈련을 해야 합니다. 그럴 때 승리합니다.

승리 찬송을 부를 때, 하늘 그리고 하늘에 사는 이들은 즐거워하고, 땅과 바다에는 화가 있다고 선언합니다(12절). 왜 땅과 바다에는 화가 있을까요? 그 이유는 사탄이 자기 때가 얼마 남지 않음을 알고 이 땅으로 내려왔기 때문입니다. 사탄은 자기가 땅으로 내쫓김을 알고 아이가 아니라 아이를 낳은 여자에게 복수하려고 합니다. 이스라엘 백성이 극심한 고통을 당하는 이유가 여기에 있습니다. 사탄이 하나님의 백성을 핍박하는 이유는 두 가지입니다. 하나는 하늘에서 패배에 따른 분풀이입니다. 하나님의 군대에 졌기에, 그 분풀이로 하나님의 백성을 핍박합니다. 또 하나는 자기 때가 얼마 남지 않음을 알기 때문입니다. 그에게 주어진 시간은 3년 반입니다. 3년 반 후에는 예수님께서 지상으로 돌아오십니다. 그리고 하나님의 나라, 곧 메시아 왕국을 세우십니다. 사탄에게 더는 시간이 없습니다. 그래서 사탄은 마지막 발악을 하면서 하나님의 백성을 핍박합니다. 핍박이 강해지면 강해질수록 사탄에게 주어진 시간이 얼마 남지 않았다는 증거입니다. 사탄은 마지막 발악을 하지만, 그 시간은 제한돼 있습니다.

---

26 Fanning, *Revelation*, 358; Osborne, 『요한계시록』, 604~05.

III. 사탄의 공격은 점점 더 심해지나, 결국 백성은 하나님의 보호 하심으로 승리한다(12:13~17).

용은 자기가 땅으로 내쫓겼기에, 메시아를 낳은 여자 이스라엘을 핍 박합니다. 자기 때가 얼마 남지 않았음을 알고 여자를 핍박합니다. 하 지만 하나님은 독수리 날개로 여자를 광야 은신처로 이끄십니다. 그리 고 그곳에서 3년 반 동안 부양하십니다. 핍박이 심하면 심할수록 하나 님의 보호하심은 더 강합니다. 하나님은 반드시 보호하십니다. 독수리를 사용하셔서 구원하듯이, 하나님은 다양한 방법을 동원해 구원하십니다.

사탄이 강물을 토하여 여자를 휩쓸려 합니다. 성경은 때때로 강물을 이 스라엘 대적으로 비유합니다. 이사야 선지자는 앗시리아 왕을 유프라테스 강으로 비유했습니다. "나 주가, 저 세차게 넘쳐흐르는 유프라테스 강물, 곧 앗시리아 왕과 그의 모든 위력을, 이 백성 위에 뒤덮이게 하겠다. 그때 그 물이 온 샛강을 뒤덮고 둑마다 넘쳐서, 유다로 밀려들고, 소용돌이치면 서 흘러, 유다를 휩쓸고, 유다의 목에까지 찰 것이다." 임마누엘! (하나님 께서 우리와 함께 계신다!) 하나님께서 날개를 펴셔서 이 땅을 보호하신 다"(사 8:7~8). 예레미야 선지자도 이집트를 범람하는 나일강에 비유했습 니다. "나일강 물처럼 불어 오르는 저것이 무엇이냐? 범람하는 강물처럼 불어 오르는 저것이 무엇이냐? 이집트가 나일강 물처럼 불어 올랐다. 범람 하는 강물처럼 불어 올랐다. 이집트는 외쳤다. '내가 강물처럼 불어 올라서 온 땅을 덮고, 여러 성읍과 그 주민을 멸망시키겠다'"(렘 46:7~8). 구약에 서 강물은 은유로 사탄의 공격 도구를 표현하기도 합니다. 그렇다면 요한 도 강물을 은유로 사용했을 수 있습니다. 강물일 수 있지만, 사탄이 사용 하는 다양한 방법, 곧 사탄이 사용할 모든 방법을 의미할 수 있습니다.

하지만 하나님은 땅의 입을 벌려서 강물을 삼키게 하십니다. 강물이 은유 표현이라면, 땅도 은유 표현일 수 있습니다. 하나님은 가능한 모든 방법을 동원하여 당신 백성을 보호하십니다. 가능하다면 대적을 사용해서라도 당신 백성을 보호하십니다. 하나님은 요셉을 보호하시려고 바로의 경호대장 보디발을 사용했습니다. 모세를 보호하시려고 바로의 궁과 공주를 사용했습니다. 지금도 마찬가지입니다. 사탄이 다양한 방으로 당신 백성을 공격한다면, 하나님은 다양한 방법을 동원하셔서 당신 백성을 구원하십니다. 하나님의 중재에, 사탄은 패배할 수밖에 없습니다. 사탄은 패배 대명사입니다. 오늘 본문에서만 해도 사탄은 세 번이나 패배했습니다.[27] 사탄이 여자의 후손인 아기 예수를 죽이려고 할 때, 하나님이 예수님을 하늘로 데리고 가시자, 사탄은 패배하고 좌절합니다. 미가엘과 그의 천사들과 싸우지만 결국 패배하여 하늘에서 자기 위치를 상실합니다. 여자를 죽이려고 하지만, 하나님의 보호로 패배합니다.

사탄은 자기가 패배했어도, 여자의 남아 있는 자손과 싸우려고 합니다. 자기 때가 얼마 남지 않았음을 알기 때문입니다. 여자의 남은 자손은 하나님의 계명을 지키며 예수의 증언을 간직하는 사람으로 표현합니다.[28] "그래서 그 용은 그 여자에게 노해서, 그 여자의 남아 있는 자손,

---

27 Osborne, 『요한계시록』, 615.

28 계시록 12:17에 여자의 남아 있는 후손의 정체에 관해서는 Fanning, *Revelation*, 361~62, n. 50, 51, 52에서 네 가지 견해를 요약한다. 1) 여자는 광야로 도망가 하나님의 도움을 받는 예수님을 따르는 유대인 공동체를 의미하고(144,000명도 포함, 계 7:4~8; 14:1~5), 여자의 남은 후손은 다가올 시험의 때에 사탄의 핍박을 피하지 못한 유대인 민족이다. 이들은 극심한 핍박을 직면한 다른 인종으로부터 온, 예수님을 믿는 자들과 함께 있으며, 이들 중 많은 사람은 그리스도께 충성했기에 죽음을 맞이한다(계 6:9~11; 7:13~15; 12:10~12; 20:4). Walvoord, 『예수 그리스도의 계시』, 261; Fanning, *Revelation*, 361도 보라. Thomas, *Revelation 8~22*, 142에서는 여자의 남은 후손을 144,000명(계 7:1~8; 14:1~5)이라고 한다. 이들은 이 땅에 남아 복음을 적극적으로 전하며 활동했기에 용의 공격을 집중적으로 받고, 용과 전쟁이 끝난 뒤에 영광스러운 순교의 길을 간다고 주장한다. J. B. Smith, *A Revelation of Jesus Christ: A Commentary on the Book of Revelation* (Scottdale, PA: Herald Press, 1961), 191~92에 따르면, 여자는 유대 지역에 사는 유대인이고, 여자의 남은

곧 하나님의 계명을 지키며 예수의 증언을 간직하고 있는 사람들과 싸우려고 떠나갔습니다"(17절). 여자가 하나님의 안식처인 광야로 도망가서 하나님의 도움을 받는 이스라엘을 지칭한다면, 여자의 남아 있는 자손은 도망하지 않은 유대인을 지칭할 수 있습니다. 하지만 요한계시록 14:12에서 이 표현은 유대인이든 이방인이든 믿는 자 모두를 지칭합니다.[29] 그렇다면 여자의 후손은 하나님과 예수님을 믿는 신실한 성도 모두를 지칭합니다. 이들은 사탄의 강한 핍박을 직면합니다. 그리고 이들 중 많은 사람은 그리스도께 충성하기에 순교합니다(계 6:9~11; 7:14~15; 12:10~12; 20:4). 여러분은 누구를 따르실 건가요? 패배의 대명사인 사탄을 따르시렵니까, 아니면 승리하시며 보호하시는 하나님을 따르시렵니까? 사탄을 따르면, 패배합니다. 결국 영원한 패배, 지옥으로 들어갑니다. 하지만 하나님을 따르면, 영원한 승리와 구원을 보상으로 받습니다.

결론

영적 전쟁, 곧 하나님과 사탄의 전쟁에서 사탄은 결국 패배합니다. 사탄은 하나님을 대적하지만, 번번이 실패해 좌절합니다. 결국 사탄의 패

후손은 유대 지역 밖에서 살다, 용의 공격에 희생한 유대인이다. 2) 여자의 남은 후손은 여자의 영적 자녀로, 그들은 사탄의 공격을 받는 교회, 참된 이스라엘, 이 땅에서 하나님께 신실한 사람 모두를 포함한다. Mounce, 『요한계시록』, 314; Michaels, *Revelation*, 153~54; Smalley, *The Revelation to John*, 333~34를 보라. 3) 여자는 하늘의 이상적인 교회를 지칭하고, 여자의 남은 후손은 사탄의 핍박을 받은 지상의 교회 전체를 지칭한다. Beale, 『요한계시록(하)』, 1143~44; Osborne, 『요한계시록』, 615~16; Ladd, *A Commentary on the Revelation of John*, 167, 174를 보라. 4) Aune, 『요한계시록 6~16』, 596; Philip E. Hughes, *The Book of the Revelation* (Grand Rapids: Wm. B. Eerdmans Publishing Company, 1990), 142에서는 여자의 후손을 여자의 영적 자녀, 즉 이방인 그리스도인이라고 한다. Caird, *The Revelation of Saint John*, 159에서는 여자의 남은 후손을 개개인 그리스도인이라고 한다.

29 Fanning, *Revelation*, 562; Osborne, 『요한계시록』, 687.

배는 예수 그리스도의 십자가 죽음에서 이뤄졌습니다. 사탄은 예수님께서 지상에 다시 오셔서 하나님 나라를 세우실 때 다시 한번 패배합니다. 성도들이 어려운 삶을 사는 이유는 이 사탄의 마지막 발악 때문입니다. 사탄은 자기 시간이 얼마 남지 않음을 알기에 하나님의 백성에게 분풀이합니다. 사탄이 발악하면 할수록 성도의 삶은 더 어려워집니다. 하지만 이것은 일시적이라는 사실을 기억하시기를 바랍니다. 고통은 잠깐입니다. 주님께서 승리하셨기 때문입니다. 주님의 승리를 바라보면서, 세상 가치에 굴복하지 말고 거짓 신에게 절하지 말아야 합니다. 승리의 주님을 바라보며 주님께 신실해야 합니다. 그럴 때 영원한 보상을 받습니다.

계시록 13:1~10, '바다에서 올라온 짐승'

인내하며 적그리스도와 싸우자

중심 내용: 적그리스도의 통치와 경배는 하나님께서 일시적으로만 허용하셨기에 인내와 믿음으로 대처해야 한다.

I. 적그리스도의 통치와 경배는 사탄과 거짓 부활에서 비롯한다(13:1~4).

  1. 적그리스도는 이 땅의 세상을 통치할 권세를 사탄에게서 받는다 (13:1~2).

  2. 적그리스도는 거짓 부활로 사람에게서 경배받는다(13:3~4).

II. 사탄과 적그리스도의 권세는 일시적이며, 하나님이 허용한 범위에서만 쓸 수 있다(13:5~8).

III. 성도에게 요구되는 덕목은 핍박에서 믿음과 인내이다(13:9~10).

서론

  요한계시록 12:13~17을 되새겨보겠습니다. 용이 여자, 즉 이스라엘 백성을 핍박하려고 뒤쫓아갔습니다. 그런데 하나님께 큰 독수리를 사용하셔서 그녀를 광야 은신처로 피신시켰습니다. 그러자 용이 강물을 토해서 여자를 휩쓸어 버리려고 했습니다. 하나님은 이번에는 땅을 벌려서 용이 토한 강물을 삼키게 하셨습니다. 화가 난 용은 여자의 남아 있는 자손, 곧 하나님의 계명을 지키고 예수님의 증언을 간직하고 있는 사람들과 싸우려고 떠나갔습니다.

용, 곧 사탄은 여자를 쫓아가지 못하고 사탄은 바닷가 모래 위에 서 있습니다.[1] 용이 바닷가에 선 이유는 최후 전쟁을 치를 대행자를 불러

---

[1] *The Greek New Testament*, 5th rev. ed., eds. Barbara Aland, Kurt Aland, Johannes Karavidopoulos, Carlo M. Martini, and Bruce Metzger (Deutsche Bibelgesellschaft; American Bible Society; United Bible Societies, 2014)에 따르면, 12:18에 '서다'를 3인칭 '그(용)가 섰다($\dot{\epsilon}\sigma\tau\dot{\alpha}\theta\eta$)'로 표기하는 필사본—P[47] ℵ A C D 205 209 1854 2344 2351 it[ar, gig] vg syr[h] arm eth—이 있는가 하면, 1인칭 '내가 섰다($\dot{\epsilon}\sigma\tau\dot{\alpha}\theta\eta\nu$)'로 표기하는 필사본—051 1006 1611 1841 2053 2329 *Byz* [P 046] vg[mss] syr[ph] cop[sa, bo]도 있다. Buist M. Fanning, *Revelation*, Zondervan Exegetical Commentary on the New Testament, ed. Clinton E. Arnold et al., vol. 20 (Grand Rapids: Zondervan Academic, 2020), 363에 따르면, 3인칭 '그가 섰다'가 올바른 독법이라면, 12장의 결론으로 여길 수 있고, 1인칭 '내가 섰다'가 올바른 독법이라는 13장의 서론으로 여길 수 있다. J. Ramsey Michaels, *Revelation*, IVP New Testament Commentary Series, ed. Grant R. Osborne, vol. 20 (Downers Grove, IL: InterVarsity Press, 1997), 154~55에서는 '그가 섰다'가 좋은 독법이지만, 12:18은 13장의 서론으로 삼아야 한다고 주장한다. Grant R. Osborne, 『요한계시록』, 김귀탁 옮김, BECNT 시리즈 (서울: 부흥과개혁사, 2019), 618, 619, 621에서도 '그가 섰다'가 올바른 독법으로 12장에 속해 있어야 하지만, 13장은 용의 분노 결과를 설명하며 용이 최후 전쟁을 치를 자기 대행자를 불러 모으려고 바닷가에 서 있기에 13장의 서론으로 삼음이 자연스럽다고 한다. G. K. Beale, 『요한계시록(하)』, 오광만 옮김, NIGTC (서울: 새물결플러스, 2020), 1151~52에서도 비슷한 견해를 제시하며 12:18의 1인칭 "내가 보니"는 13:1로 넘어가는 연결고리로 좋은 해석이지만, 최상 독법은 아니라고 주장하면서, 바닷가 모래 위에 서 있는 용이 13장의 환상 시작과 자연스럽게 연결되기에 13장의 서론으로 보아야 한다고 주장한다. 특히 13장 사건은 12:6, 13~17과 병행이라고 말한다. Fanning, *Revelation*, 362~63에서는 12:18의 용이 바닷가에 서 있음을 12장과 13장의 연결고리로 삼는다. David E. Aune, 『요한계시

내려 함입니다. 여자의 남아 있는 자손을 멸망시키고자, 자기 악한 동료 두 명을 불러냅니다. 13장은 용의 악한 동료 두 명에 관한 이야기입니다. 1~10절은 바다에서 나온 짐승에 관한 이야기이고, 11~18절은 땅에서 나온 짐승에 관한 이야기입니다. 오늘은 요한계시록 13:1~10에서, 바다에서 나온 짐승이 누구며, 무슨 역할을 하는지를 말씀드리겠습니다.

I. 적그리스도의 통치와 경배는 사탄과 거짓 부활에서 비롯한다 (13:1~4).

1. 적그리스도는 이 땅의 세상을 통치할 권세를 사탄에게서 받는다 (13:1~2).

요한은 바다에서 올라오는 짐승 하나를 봤습니다. 그 짐승은 뿔 열과 머리 일곱을 달고 있었습니다. 열 뿔에는 각각 왕관을 쓰고 있었습니다. 머리 하나하나에는 하나님을 모독하는 이름이 붙어 있었습니다(1절).

"바다에서 올라 온 짐승은 누구일까요?"

먼저, 바다가 무엇을 지칭하는지 살피겠습니다. 계시록에서 바다는 때때로 악의 영역을 상징합니다(계 20:13; 21:1).[2] 고대 세계에서 바다의 깊은 속은 때때로 혼돈과 악의 영역으로 묘사했습니다. 그래서 혼돈과 악의 영역인 바다는 요한계시록 9:1~2의 무저갱과 같은 의미일 수 있

록 6~16』, 김철 옮김, WBC 성경주석, 52중 (서울: 솔로몬, 2004), 635에서도 1:18은 12장과 13장을 연결하는 편집 구조로 여긴다.

[2] Leon Morris, *The Book of Revelation: An Introduction and Commentary*, Tyndale New Testament Commentaries, ed. Leon Morris, vol. 20 (Downers Grove, IL: InterVarsity Press, 1987), 161; Robert L. Thomas, *Revelation 8~22: An Exegetical Commentary* (Chicago: Moody Press, 1995), 151; Stephen S. Smalley, *The Revelation to John: A Commentary on the Greek Text of the Apocalypse* (Downers Grove, IL: IVP Academic, 2005), 33.

습니다.[3] 만약 같은 의미라면, 바다는 무저갱을 의미할 수 있습니다. 또한 바다는 구약에서 하나님을 대적하는 악한 세력, 곧 이집트나 바벨론으로 비유되곤 했습니다(겔 29:3; 렘 51:34).[4] 그래서 바다는 무저갱 또는 하나님의 백성을 대적하는 나라나 세력을 의미할 수 있습니다. 그렇다면 바다에서 나온 짐승은 무저갱에서 나온 짐승 또는 하나님의 백성을 대적하는 나라나 세력으로부터 온 인물일 수 있습니다. 요한계시록 21:1에 새 하늘과 새 땅에 바다가 없다고 했습니다. 이것은 악이 더는 존재하지 않는다는 뜻입니다. 악이 더는 없기에, 하나님을 대적하고 하나님의 백성을 대적하는 세력이 없다는 뜻입니다.

바다에서 나온 짐승은 용처럼 열 뿔과 일곱 머리를 가졌습니다. 요한계시록 12:3에서 용도 머리 일곱 개와 뿔 열 개를 가졌습니다. 용과 짐승 사이에 차이가 있다면, 용을 묘사할 때는 머리를 먼저 언급하고 뿔을 나중에 언급합니다. 하지만 바다에서 나온 짐승을 묘사할 때는 뿔을 먼저 언급하고, 머리를 나중에 언급합니다.[5] 그리고 또 다른 차이점은

---

3 Fanning, *Revelation*, 369, n. 1; Osborne, 『요한계시록』, 621~22; Beale, 『요한계시록(하)』, 1156.

4 유대교 전통에 따르면, 바다 괴물은 리워야단 혹은 라합으로 표현했고(1 Enoch 60:7~11; 4 Ezra 6:47~52; 2 Bar. 29:4), 구약에서 리워야단은 하나님의 백성을 박해하는 악한 나라, 곧 이집트나 바벨론으로 비유했다(시 7414; 87:4; 사 30:7; 겔 29:3; 32:2~3; 렘 51:34). 자세한 설명은 Aune, 『요한계시록 6~16』, 636~37; Beale, 『요한계시록(하)』, 1153~54를 참조하라.

5 Osborne, 『요한계시록』, 622에서는 짐승과 용의 유사성과 차이점을 언급하면서 짐승이 용과 연합을 이루지만, 역할이 분리되어 있다는 뜻이라고 말한다. Beale, 『요한계시록(하)』, 1156에서는 용 머리에 왕관이 있으나 짐승 뿔에 왕관이 있다는 말은, 용에게 궁극적인 통치가 있지만 바다에서 나온 짐승을 통해 그의 뜻을 실행하려고 하는 점을 나타낸다고 말한다. Craig R. Koester, 『요한계시록 II—10~22장』, 최흥진 옮김, 앵커바이블 시리즈 (서울: 기독교문서선교회, 2019), 1057에서는 뿔은 힘을 의미하기에 열 뿔을 가졌다는 말은 파괴적인 세력을 의미하며, 왕관을 썼다는 말은 짐승이 로마와 로마 황제의 특성을 보였다는 뜻이라고 한다.

용은 일곱 머리에 일곱 왕관을 쓰고 있었으나, 짐승은 열 뿔에 열 왕관
을 쓰고 있다는 점입니다. 일곱 머리와 열 뿔을 가진 짐승은 다니엘에
서도 나옵니다. 다니엘은 꿈에 네 짐승이 큰 바다에서 올라오는 것을
봤습니다(단 7:3). 바다에서 나온 넷째 짐승에게 열 뿔이 달려 있었습니
다(단 7:7). 다니엘서에서 네 짐승은 네 제국을 말하고, 열 뿔은 넷째
제국에서 나오는 열 왕을 의미합니다(단 7:23~24). 다니엘서에서 짐승이
제국이고 뿔이 나라에서 나온 왕이라면, 요한계시록 13장에서 일곱 머
리와 열 뿔도 나라와 왕 또는 지도자일 수 있습니다.6 다니엘서에서 나
라와 왕이나 지도자들을 통제하는 인물은 적그리스도입니다(단 7:25).
그렇다면 요한계시록 13장에 바다에서 나온 짐승도 적그리스도일 것입
니다.7 적그리스도는 이 세상 나라와 왕, 곧 지도자들을 통제합니다.

---

6 Beale, 『요한계시록(하)』, 1159~60에서는 일곱과 열은, 용이 가진 초자연적
인 성품을 짐승도 가졌는데, 압제하는 권세의 혹독함과 그 권세의 범세계적인 영
향력을 가리키며, 적그리스도의 권세는 마지막 시대만이 아니라, 포괄적 시간대,
곧 초시간적인 시대를 상징한다고 말한다. Fanning, *Revelation*, 370에서는 계시
록 13장에 바다에서 나온 짐승은 다니엘 7장과 연결할 때, 네 짐승의 합의체, 곧
어느 시대에서나 존재하는, 세상을 통치하는 악의 세력을 의미할 수 있지만, 특
히 마지막 시대에 나타날 인물일 수 있기에 역사에서 나타나는 일반 통치자라기
보다는 마지막 시대에 나타나는 특별한 통치자로 이해해야 한다고 말한다.

7 George E. Ladd, *A Commentary on the Revelation of John* (Grand Rapids:
Wm. B. Eerdmans Publishing Company, 1972), 177; Thomas, *Revelation 8~22*,
153~54; Osborne, 『요한계시록』, 622~23, 625~28. 하지만 Beale, 『요한계시록
(하)』, 1155, 1157, 1159; Robert H. Mounce, 『요한계시록』, 장규성 옮김,
NICNT (서울: 부흥과개혁사, 2019), 318; Smalley, *The Revelation to John*,
336. Aune, 『요한계시록 6~16』, 637에서는 하나님의 백성을 압제하는 악한 나
라를 대표할 뿐 아니라 세상 제국에서 나타나는 로마 제국을 상징한다고 말한
다. 또한 바다에서 나온 짐승이 로마 국가나 로마의 지방 총독을 지칭하는 이
유를 제시하는데, 매년 로마의 아시아 식민지에 도착하는 로마 황제를 대표하
는 지방 총독이 배를 타고 도착했기에, 바다에서 왔다고 표현하곤 했다고 말한
다. Fanning, *Revelation*, 370~71에서는 짐승은 비인격적인 악의 세력이나 일
반적인 인간 통치자들이라기보다는 특별한 인간 통치자 또는 그가 마지막 시대

짐승의 머리에 하나님을 모독하는 이름이 붙어 있습니다. 하나님을 모독하는 행위는 신성모독 죄입니다. 신성모독은 하나님에게 주어진 이름과 영광을 자기에게 돌리는 행위입니다.[8] 그렇다면 하나님과 그리스도께 돌려지는 영광과 예배를, 짐승인 적그리스도가 자기에게 돌리고 있습니다.

요한이 바다에서 올라온 짐승의 모습을 2절에서 더 자세히 설명합니다. 그 짐승은 표범과 비슷했습니다. 발은 곰 발과 같았고요. 입은 사자 입과 같았습니다. 용이 자기 힘과 왕위 그리고 큰 권세를 바다에서 올라온 짐승에게 줬습니다. 요한이 본 짐승은 표범, 곰, 사자의 모습이었습니다. 이 모습은 다니엘이 본 네 짐승의 모습과 유사합니다(단 7:4~8). 다니엘이 본 첫째 짐승은 독수리의 날개를 가진 사자와 같았습니다. 둘째 짐승은 갈빗대 세 개를 물고 있는 곰과 같았습니다. 셋째 짐승은 머리 네 개를 가진 표범처럼 생겼습니다. 요한이 본 짐승은 다니엘서의 처음 세 짐승의 잔인한 모습을 합친 모습입니다. 다니엘서에서 이 세 짐승은 연속으로 이어지는 제국인 바벨론 제국, 메데-바사 제국, 그리고 헬라 제국을 의미합니다.[9] 그런데 바다에서 나온 짐승은 이

에 통치하는 제국으로 여길 수 있지만, 일차 대상은 예수님의 재림 전에 있는 마지막 시대에 나타나는 사람이라고 말한다. Thomas, *Revelation 8~22*, 153에서는 적그리스도로 보는 이유를 세 가지로 제시한다. 1) 짐승과 그리스도는 자기를 따르는 사람 이마에 인을 쳤다(13:16~17 vs. 14:1). 2) 둘 다 죽임을 당했다(13:3 vs. 5:6, 12). 3) 둘 다 새로운 생명을 얻었고, 전 세계를 통치하는 권세를 받았다(13:7; 17:12 vs. 1:5; 7:9). 적그리스도라는 용어 의미와 초기 문헌, 그리고 특징을 알려면, Aune, 『요한계시록 6~16』, 667~72를 참조하라.

8 Aune, 『요한계시록 6~16』, 638에 따르면, 하나님을 모독하는 이름은 로마 황제들이 사용했던 칭호와 별명인 '주', '구세주', '신의 아들'을 지칭할 수 있다.

9 J. Paul Tanner, *Daniel*, Evangelical Exegetical Commentary, ed. H. Wayne House and William D. Barrick (Bellingham, WA: Lexham Academic, 2020), 460에서는 네 짐승을 네 왕국, 곧 바벨론, 메대-바사, 헬라, 로마 제국 등이라고 한다. 하지만 Mounce, 『요한계시록』, 317, n. 66에서는 바벨론, 메데, 바사, 그리고 헬라 제국이라고 한다.

세 제국을 통제하고 있습니다. 이는 바다에서 나온 짐승이 인간 정부나 제도를 통제하고 있음을 상징합니다.[10]

이 짐승이 인간 정부나 제도를 통치하는 힘은 용인 사탄이 힘, 왕위, 큰 권세 등을 줬기 때문입니다. 사탄이 준 힘은 사탄의 능력, 곧 이적이나 기적을 행할 수 있는 능력을 의미합니다. 왕위는 보좌를 의미하는데, 통제권, 지배권을 주었다는 의미이고요. 큰 권세는 왕위와 비슷한 것으로 이 세상을 다스리는 권세를 말합니다. 용이 짐승에게 준 힘, 왕위, 권세 등은 흡사 하나님이 예수님에게 능력, 왕위, 권세 등을 주심과 유사합니다. 곧, 만 왕의 왕이시고 참된 주권자이신 하나님이 예수 그리스도에게 모든 능력, 권세, 왕위를 주셨습니다(계 1:5; 7:9). 용은 이를 모방해 자기도 적그리스도에게 힘, 권세, 왕위를 주고 있습니다.[11]

짐승의 통치와 예수 그리스도의 통치는 아주 다릅니다. 짐승의 통치는 힘의 논리입니다. 그래서 파괴적이며 위협적입니다. 하지만 예수 그리스도의 통치는 힘의 논리가 아니라, 사랑과 도덕적인 성품이 특징입니다. 그래서 예수님의 통치 아래 있을 때, 성품이 바뀝니다. 자비롭고,

---

10 Aune, 『요한계시록 6~16』, 639~40에서는 표범, 곰, 사자 모습을 한 짐승을 넷째 짐승인 로마와 관련을 짓는다. 그는 유대교 초기 문헌과 연결해서 독수리와 사자는 모두 로마와 관련이 있다고 말한다. 이 주장에는 상당한 근거가 있다. 하지만 Osborne, 『요한계시록』, 625~26에서는 넷째 짐승에서 나온 열 왕과 그 후에 나오는 다른 한 왕을 말하는 다니엘서 표현을 간과하고 있다. 다른 한 왕은 안티오쿠스 에피파네스로 적그리스도의 모형이다. 그렇다면, 바다에서 올라온 짐승은 넷째 짐승, 곧 로마 제국이라기보다는 로마 제국에서 나오는 적그리스도를 지칭한다고 이해해야 한다. 특히, 계시록 13:5~8에서는 바다에서 올라온 짐승을 적그리스도로 표현한다. Smalley, *The Revelation to John*, 337을 보라.

11 2절에서 "주었다(ἔδωκεν)"는 부정과거 능동형이다. 요한계시록에서 대부분 '주다(δίδωμι)'는 신적 수동태인 ἐδόθη이다(계 6:2, 4, 8, 11; 7:2; 8:2, 3; 9:1, 3, 5; 11:1, 2; 12:14; 13:5, 7, 15; 16:8; 19:8; 20:4). 신적 수동태는 하나님께서 주심을 강조한다. 사탄은 지금 하나님의 신적 권위를 찬탈하고 있다. Osborne, 『요한계시록』, 624를 참조하라.

온화한 성품으로 바뀝니다. 모방은 결코 참을 따라갈 수 없습니다.

"사탄의 힘과 능력으로 무장한 짐승은 거짓 부활로 사람을 미혹합니다."

2. 적그리스도는 거짓 부활로 사람에게서 경배받는다(13:3~4).

짐승의 일곱 머리 중 하나가 치명상을 입습니다. 그런데 치명상을 입은 머리가 기적적으로 낫습니다.[12] 죽을 수밖에 없는 짐승이 다시 살아난 사건으로, 온 세상은 놀라 짐승을 추종합니다. 그리고 짐승뿐 아니라, 그에게 권세를 준 용을 경배합니다. 일곱 머리 중 하나가 치명적인 상처를 입었지요. "치명상을 입었다"라고 번역하지만, 헬라어 본문은 "죽임을 당한 것처럼 되었다(ὡς ἐσφαγμένην εἰς θάνατον)"입니다. 이 표현은 요한계시록에서 어린 양이신 예수님의 죽음을 묘사할 때 사용했습니다. 요한계시록 5:6에 "어린 양은 죽임을 당한 것과 같았습니다(ὡς ἐσφαγμένον)"에 쓰인 표현입니다. 그리고 12절에 "죽임을 당하신 어린 양(τὸ ἀρνίον τὸ ἐσφαγμένον)"에도 쓰였습니다.

---

[12] Aune는 이 표현의 배경에 주전 44년 3월 15일에 암살된 줄리어스 시이저 또는 네로의 부활 전설이 있다고 말한다. 네로는 철권통치로 말미암아 주후 68년 7월 8일에 원로원으로부터 폐위가 되고 로마 제국의 적으로 선포된다. 다음날 7월 9일 그는 자기 별장에서 자살하는데, 많은 사람이 네로의 죽음을 믿지 않았고, 80년도 후반에는 네로가 아직 살아 있고, 파르키아 군대를 이끌고 로마를 침략한 다음 자기 왕좌를 되찾는다는 전설이 있었는데, 이것을 요한이 인용했다고 주장한다. 네로 부활 전설은 Aune, 『요한계시록 6~16』, 644~48를 참조하라. Smalley, *The Revelation to John*, 338에서도 짐승의 상처와 나은 사건이 네로를 적그리스도로 연결한다. 하지만 Osborne, 『요한계시록』, 629에서는 네로의 죽음을 7월 9일이 아니라, 6월 9일이라고 한다. 그는 요한이 이 신화를 믿고, 네로를 적그리스도로 여기는 견해에 반대하면서, 짐승은 적그리스도 자신이지, 죽임을 당하는 왕들 가운데 하나가 아니라고 말한다. Beale, 『요한계시록(하)』, 1161~64에서는 짐승의 머리 하나가 상함은 마지막 시대가 아니라, 예수 그리스도의 죽음과 부활로 받은 상처라고 말한다. Michaels, *Revelation*, 156도 Beale과 같은 견해를 제시한다.

짐승은 자기도 예수 그리스도처럼 죽었다가 살아난 것처럼 조장하고 있습니다. 그러나 그는 죽었다가 살아난 게 아니라, 죽을 정도로 치명상을 입었으나, 병이 나아서 살아났습니다. 그것을 알 수 있는 것은 따라오는 구절인 '치명적인 상처가 나았다'라는 표현입니다. '상처가 나았다'에 쓰인 용어 '에데라퓨데(ἐθεραπεύθη)'는 죽음에서 다시 살아난다는 뜻이 아닙니다. 오히려 죽을병에 걸렸는데, 약이나 초자연 능력으로 치료돼 나았다는 뜻입니다.13 짐승은 자기가 예수 그리스도처럼 죽음에서 살아났다며 소문을 조장하여 사람들을 미혹합니다. 이 미혹에, 온 세상은 놀라고 짐승을 따릅니다. 짐승을 구세주, 메시아처럼 숭배합니다. 게다가 짐승, 곧 적그리스도에게 능력을 준 사탄을 경배합니다. 성도들이 예수님을 죽음에서 부활하게 하신 하나님을 경배하듯이, 이제 세상은 적그리스도를 질병에서 고친 사탄을 숭배하고 있습니다.

이런 현상은 데살로니가후서 2장에서 이미 제시했습니다. 바울은 불법자, 곧 멸망의 자식이 나타나서 하나님의 성전에 앉아 자기가 하나님이라고 주장한다고 예언했습니다. 데살로니가후서 2장에서 불법자, 곧 멸망의 자식은 요한계시록 13장에서 바다에서 나온 짐승이요, 적그리스도입니다. 적그리스도는 사람들에게 힘과 능력을 보여줌으로, 하나님을 대적하고 자신을 하나님처럼 예배하도록 강요합니다.

온 세상이 적그리스도와 사탄에게 경배한 이유는 그들의 놀라운 능력 때문입니다. 4절이 그 사실을 강조합니다. 사탄을 경배한 이유는 짐승에게 권세를 줬기 때문입니다. 그리고 짐승을 경배한 이유는 짐승과 맞서서 싸울 자가 이 땅에 아무도 없다고 생각했기 때문입니다. 세상이 하나님 대신 슈퍼맨이나 슈퍼우먼 또는 어벤져스를 찾는 이유, 이들이 인기 있는 이유는 그들 능력 때문입니다.

---

13 Walter Bauer, eds. Kurt Aland, Barbara Aland, and Viktor Reichmann, 『바우어 헬라어 사전―신약성경과 초기 기독교 문헌의 헬라어-한국어 사전』, 이정의 옮김 (서울: 생명의말씀사, 2017), 684를 참조하라.

II. 사탄과 적그리스도의 권세는 일시적이며, 하나님이 허용한 범위
에서만 쓸 수 있다(13:5~8).

죽음에서 부활한 것처럼 가장하여 온 세상 사람들을 미혹한 적그리스도는 주어진 시간 동안만 활동할 수 있습니다. 주어진 시간은 마흔두 달입니다. 마흔두 달이면 3년 반입니다. 3년 반 동안 적그리스도는 하나님, 하나님의 이름, 하나님의 거처, 하늘에 있는 모든 이를 모독합니다.14 그리고 성도들과 싸워 이깁니다. 그 결과, 모든 종족, 백성, 언어, 민족을 다스리는 권세를 가집니다. 그래서 죽임을 당한 어린 양의 생명책에 기록되지 않은 사람은 모두 짐승에게 경배합니다.

적그리스도가 이렇게 활동할 수 있는 것은 하나님께서 허락하셨기

---

14 하나님의 거처는 '스케네(σκηνή)'로 표현한다. Bauer, 『바우어 헬라어 사전』, 1403~04에 따르면, 이 단어는 솔로몬 성전과 대조되어 이 땅의 첫 장막을 의미하거나 이 땅의 지성소를 지칭할 수 있다. 또한 하늘에서 하나님께서 거처하시는 장소를 의미할 수 있다. Fanning, *Revelation*, 373에서는 이 땅보다는 하나님께서 하늘에서 활동하시는 영역인 하나님의 보좌, 하늘의 장막, 또는 성전을 지칭한다고 말한다. 하늘에 사는 이들을 천사들이나 죽어 하늘에 있는 사람을 지칭한다고 말한다. 하지만 Osborne, 『요한계시록』, 633~34에서는 예루살렘 성전, 고대 성막, 또는 지성소를 가리킨다고 말한다. 그리고 하늘에 사는 자들은 천사를 지칭하기도 하지만, 땅에 사는 자들에 반대 개념으로 하늘과 땅에 있는 성도들을 지칭한다고 말한다. Aune, 『요한계시록 6~16』, 655~57에서도 스케네는 이 땅에 영원한 건물이 아니라 일시적인 구조물을 언급하기에 장막으로 해석이 좋지만, 이 어구는 성막 안 가장 거룩한 곳을 가리킬 수도 있고(히 9:3), 또는 하늘 장막을 언급할 수도 있다고 인정한다. 그러나 하나님의 거처는 하늘에 거하는 자들과 동격으로 은유적으로 하나님의 백성을 비방하는 표현이라고 한다. Beale, 『요한계시록(하)』, 1176~77에서는, 하나님의 이름은 하나님의 이름일 수도 있고, 하나님의 이름이 기록된 그리스도인을 비방함일 수도 있으며, 거처와 하늘에 사는 이들은 명사와 동사로 사용되어 동일시할 수 있기에 하늘의 처소와 땅의 성전, 땅에 사는 성도들과 이미 죽어 주님과 함께 있는 자들 모두를 지칭할 수 있다고 말한다.

때문에 가능합니다. 5절에 적그리스도가 **"하나님을 모독하는 말을 하는 입을 받았다."** 그리고 **"마흔두 달 동안 활동할 권세를 받았습니다."** 7절에 **"그 짐승은 성도들과 싸워서 이길 것을 허락받았다."** 또한 **"모든 종족과 백성과 언어와 민족을 다스리는 권세를 받았습니다"**라고 기록합니다. '받았다'는 5절에 두 번 그리고 7절에 두 번, 네 번 쓰였습니다. 2절과 4절에 용이 바다에서 올라온 짐승에게 권세를 주었다고 표현하기에, 적그리스도가 사탄에게서 권세와 힘을 받았다고 이해할 수 있습니다. 그런데 "받았다(ἐδόθη)"는 신적 수동태 용법입니다.15 신적 수동태이기에, 이 권세를 주체는 사탄이 아니라, 하나님이십니다. 하나님은 적그리스도에게 일시적으로 그렇게 하도록 허용하셨습니다. 하나님께서 허용하시지 않았다면, 사탄이나 짐승은 어떤 일도 할 수 없습니다.

이 세상의 힘은 잠시입니다. 국민이 선거로 정부에게 일정 기간 통치할 힘과 권세를 맡겼는데도, 정부는 힘과 권세로 국민을 섬기기보다는, 권력 유지에 사용합니다. 마찬가지로 하나님이 사탄과 적그리스도에게 잠시 힘과 권세를 주셨습니다. 그러자 하나님을 대적하고 그분 백성을 대적하는 데 그 힘과 권세를 사용합니다. 하나님은 짐승에게 세 가지 활동을 하도록 허용하셨습니다.16 첫째, 하나님에 대하여 신성모독의 죄를 범할 수 있는 입을 허락하셨습니다. 둘째, 성도들을 이기는 힘을 허락했고요. 셋째, 만국을 통치하는 권세를 허락하셨습니다. 적그리스도의 신성모독, 이김, 통치는 영원하지 않고 일시적입니다. 이것을 할 수 있는 기간은 마흔두 달에 지나지 않습니다. 마흔두 달은 마지막 대환난 기간에 사탄이 이스라엘 백성을 집중적으로 괴롭히는 기간입니다.17 이 기간에

---

15 Fanning, *Revelation*, 373; Osborne, 『요한계시록』, 631~32.

16 세 가지 활동은 Osborne, 『요한계시록』, 631~36을 참조하라.

17 Osborne, 『요한계시록』, 632; Aune, 『요한계시록 6~16』, 652~53; Thomas, *Revelation 8~22*, 161; Smalley, *The Revelation to John*, 340; Fanning, *Revelation*, 372~73. 하지만 Koester, 『요한계시록 II』, 1065에서는

만 사탄과 적그리스도는 자기 마음대로 할 수 있는 허락을 받았습니다.

사랑하는 성도 여러분, 사탄의 능력은 영원하지 않습니다. 사탄은 이미 패배자이기 때문입니다. 하나님께서 허락하시지 않으면, 아무것도 할 수 없는 존재입니다. 죽은 것처럼 되었다가 살아남도, 하나님과 하나님의 백성을 비방함도, 성도를 일시적으로 이김도, 그리고 온 족속을 통치함도 모두 하나님께서 허용하시는 범위에서만 합니다. 이 모든 것을 통제하시는 분은 지극히 높으신 하나님이십니다. 현시대에는 사탄이 마음대로 할 수 있는 것처럼 보입니다. 그러나 실제 그렇지 않습니다. 하나님의 허용 범위에서만 활동할 수 있습니다. 성도가 어려움을 겪음도 하나님께서 허용하셨기 때문입니다. 하나님이 모든 것을 합력해서 선을 이루신다는 말은, 하나님이 모든 것의 통치자이시라는 뜻입니다.

사탄은 하나님께서 허용하시는 범위에서만 활동할 수 있음을 알 수 있는 대목은 8절입니다. **"그러므로 땅 위에 사는 사람 가운데서, 죽임을 당한 어린 양의 생명책에 창세 때부터 이름이 기록되어 있지 않은 사람은, 모두 그에게 경배할 것입니다."** 사탄을 경배하는 사람은 생명책에 그 이름이 쓰이지 못합니다. 예수 그리스도를 믿지 않는 사람만 사탄과 적그리스도를 경배합니다. 8절은 사탄과 적그리스도가 일시적인 힘을 가지고 있고, 성도를 이기고 온 세상을 정복하더라도 여전히 사탄을 경배하지 않는 그룹이 있다는 뜻입니다.[18] 그 그룹은 예수님을 믿고 생명책에 이름이 기록된 성도입니다. 예수님을 믿고, 생명책에 그 이름이 기록된 사람은 사탄과 적그리스도를 경배하지 않습니다. 오히려 생명책에 이름이 기록된 사람은 새 예루살렘에 들어갑니다(계 21:27).

이 기간을 로마 제국과 관련짓는다. Beale, 『요한계시록(하)』, 1174에서는 3년 반을 그리스도의 죽음과 부활로부터 역사 절정에까지 이르는 기간으로 여긴다. Ladd, *A Commentary on the Revelation of John*, 180에서는 상징적으로 교회가 핍박받는 전체 기간으로 이해하는데, 특히 대환난 마지막 기간으로 이해한다.

18 Fanning, *Revelation*, 374.

"생명책에 이름이 오른 사람은 새 예루살렘에 들어가기 전에 사탄과 적그리스도에게 고난과 핍박을 당합니다."

III. 성도에게 요구되는 덕목은 핍박에서 믿음과 인내이다(13:9~10).

9~10절입니다. **"귀가 있는 사람은 들으십시오. '사로잡혀 가기로 되어 있는 사람이면, 사로잡혀 갈 것이요, 칼에 맞아서 죽임을 당하기로 되어 있는 사람이면, 칼에 맞아서 죽임을 당할 것이다.' 여기에 성도들의 인내와 믿음이 필요합니다."** 예수님을 따르는 사람, 곧 생명책에 이름이 기록된 사람은 적그리스도를 따르지 않는 값을 치릅니다. 하나님과 어린 양에게 충성하는 사람은 값을 치릅니다.

하나님의 주권적인 계획에 따라, 하나님이 사탄과 짐승에게 이 세상, 곧 믿지 않는 사람을 통제할 수 있는 권세를 주셨기 때문입니다. 하나님께서 제한 기간인 3년 반 동안에 하나님의 백성을 핍박할 수 있는 권세를 짐승에게 허용하셨기 때문입니다. 그래서 그리스도께 충성하면 핍박뿐 아니라 심지어 순교까지도 겪습니다. 사로잡힘은 핍박을 의미합니다. 칼에 맞아서 죽음, 곧 순교를 의미합니다. 마지막 시대에, 믿는 성도는 믿음 때문에 극심한 핍박과 심지어 순교를 겪습니다. 그렇기에 성도에게 믿음으로 견뎌야 합니다. 성도는 인내하며 믿음을 지켜야 합니다. 죽음에 직면하더라도 주님께 충성해야 합니다. 충성한 대가는 확실하고 가치가 있기 때문입니다. 승리는 보장돼 있기 때문입니다.

결론

사탄은 마지막 시대에 발악합니다. 무자비하게 핍박하며, 자기를 따르라고 강요합니다. 사탄은 하나님의 삼위일체를 모방하여 거짓 삼위일체를 내세웁니다. 바다에서 올라온 짐승인 적그리스도를 통하여 이 세상 나라, 정부, 종교 기관을 통제하려 합니다. 정치, 경제, 종교를 통제하고, 방송매체를 이용하여 성도를 핍박하려 합니다. 짐승의 정체는 적그리스도입니다. 사탄의 대리인으로서 세상을 통제하고 하나님의 백성을 핍박하는 일을 합니다. 하지만 일시적입니다. 삼 년 반 동안에만 일어나는 일입니다. 이때 성도는 믿음으로 견뎌내야 합니다. 왜냐하면 적그리스도가 이 세상의 정치, 경제, 종교를 통제하기 때문입니다.

코로나 시대를 지나는 우리는 맛보기로 살고 있습니다. 코로나 시대에, 정부는 교회가 하나님께 드리는 예배를 통제하고 있습니다. 사탄이 정부, 제도, 방송으로 교회를 그리고 예배를 통제하고 있습니다. 모든 사람이 공공 유익을 위해 교회 예배가 제재됨이 당연하다고 생각하도록 미혹 받습니다. 이것은 대환난 핍박의 맛보기와 같습니다. 이런 경향은 마지막이 다가올수록 점점 거세집니다. 그렇더라도, 성도는 인내와 믿음으로 주님만 의지해야 합니다.

계시록 13:11~18, '땅에서 올라온 짐승'
거짓 선지자를 경계하자

중심 내용: 둘째 짐승인 거짓 선지자 임무는 정치, 종교, 경제를 통제해서 사람들이 첫째 짐승인 적그리스도를 경배하게 하는 일이다.

I. 둘째 짐승(거짓 선지자) 임무는 사람들이 첫째 짐승(적그리스도)에게 경배하게 강요하는 일이다(13:11~12).

II. 방법, 곧 종교 힘과 경제체제로 경배하게 한다(13:13~18).

　1. 종교 힘을 사용하여 적그리스도를 경배하게 한다(13:13~15).

　2. 경제체제를 통제하여 적그리스도를 경배하게 한다(13:16~18).

서론

　용, 곧 사탄은 하늘에서 전쟁에 패하고, 땅으로 내쫓겼습니다(계 12). 그 분풀이로 이스라엘 백성을 핍박하려고 여러 차례나 시도했습니다. 그때마다 하나님께서 저지하셨기에 성공하지 못합니다. 그러자 여자의 남은 자손, 곧 하나님의 계명을 지키고 예수의 증언을 간직한 성도들과 싸우려고 계획합니다(계 12:17). 그는 모래 위에 서서 자기 두 동료, 곧 짐승을 부릅니다. 첫째는 바다에서 올라오는 짐승이고, 둘째는 땅에서 올라오는 짐승입니다.

바다에서 올라오는 짐승, 곧 첫째 짐승은 적그리스도입니다(계 13:1~10). 적그리스도는 하나님께서 허용하시는 범위에서 용, 곧 사탄에게서 권세를 받습니다. 그래서 42개월간 하나님을 모욕하고 성도들과 싸워서 이깁니다. 땅에 사는 모든 민족을 다스리는 권세를 받습니다. 땅에 사는 모든 사람 가운데 어린 양의 생명책에 기록되지 못한 사람은 모두 첫째 짐승, 곧 적그리스도를 경배합니다. 하지만 성도는 적그리스도 경배를 거절하기에 죽임과 핍박을 당합니다. 그래도 성도는 믿음으로 견뎌야 합니다.

하지만 둘째 짐승, 곧 땅에서 올라오는 짐승은 거짓 선지자입니다 (13:11~18). 그 사역은 사람들이 첫째 짐승 적그리스도를 경배하게 하는 일입니다. 둘째 짐승 거짓 선지자는 종교와 경제체제를 사용하여 적그리스도에게 경배하라고 땅에 있는 사람들에게 강요합니다. 오늘 우리는 땅에서 올라오는 짐승, 곧 거짓 선지자의 사역을 반추함으로 교훈을 얻겠습니다.

I. 둘째 짐승(거짓 선지자) 임무는 사람들이 첫째 짐승(적그리스도)에게 경배하게 강요하는 일이다(13:11~12).

사도 요한은 땅에서 올라오는 다른 짐승을 봤습니다. 그 짐승은 어린 양처럼 두 뿔을 가졌습니다. 용처럼 말했고, 첫째 짐승, 곧 바다에서 올라온 짐승이 가진 모든 권세를 행사했습니다. 그리고 모든 사람에게 첫째 짐승을 경배하라고 강요했습니다.[1] 첫째 짐승이 바다에서 나왔고, 둘

---

[1] Grant R. Osborne, 『요한계시록』, 김귀탁 옮김, BECNT 시리즈 (서울: 부흥과개혁사, 2019), 646~67; Buist M. Fanning, *Revelation*, Zondervan Exegetical Commentary on the New Testament, ed. Clinton E. Arnold et al., vol. 20 (Grand Rapids: Zondervan Academic, 2020), 372, 76에서 첫째 짐승

째 짐승은 땅에서 나왔습니다. 땅이 무엇을 의미하는지는 정확하지 않습니다. 다만 다니엘서 7:3에 바다에서 나온 네 짐승을, 17절에서는 땅에서 나온 네 왕으로 해석합니다. 그렇다면 바다와 땅은 어느 정도 서로 관련이 있습니다.[2] 둘째 짐승을 가리키는 '짐승'이란 용어는 '데리온

은 적그리스도이고, 둘째 짐승은 거짓 선지자라고 한다. J. Ramsey Michaels, *Revelation*, IVP New Testament Commentary Series, ed. Grant R. Osborne, vol. 20 (Downers Grove, IL: InterVarsity Press, 1997), 164에서는 두 짐승을 국가와 국가 교회와 관계로 본다. 첫째 짐승은 정치세력이고, 둘째 짐승은 첫째 짐승 경배를 조장하는 종교 기관이라고 주장한다. 요한 시대에 국가는 로마 제국이었지만, 로마 제국에 국한하지 않고 종교 기관 도움으로 스스로를 예배 대상으로 만들거나 하나님께만 바쳐야 할 충성을 자기에게도 바치라고 요구하는 모든 국가를 지칭할 수 있다고 말한다. G. K. Beale, 『요한계시록(하)』, 오광만 옮김, NIGTC (서울: 새물결플러스, 2020), 1192~93에서도 비슷한 견해를 제시한다. 첫째 짐승은 국가로, 둘째 짐승은 백성이 국가를 경배하도록 인도하는 종교적인 역할을 하는 국가 동맹자로 본다. Robert H. Mounce, 『요한계시록』, 장규성 옮김, NICNT (서울: 부흥과개혁사, 2019), 328, 330에서는 첫째 짐승은 황제 숭배를 조장하는 로마 권력이라면, 둘째 짐승은 로마를 도와 황제 수배를 전파하는 황제 숭배 제사장직을 나타낸다고 주장한다. 제사장직은 황제 제의를 담당하는 지역 제사장이나 아시아 전역에서 황제 숭배를 강요하는 속주 의회를 가리킬 수 있다고 말한다. Craig R. Koester, 『요한계시록 II—10~22장』, 최흥진 옮김, 앵커바이블 시리즈 (서울: 기독교문서선교회, 2019), 1096~99도 참조하라. David E. Aune, 『요한계시록 6~16』, 김철 옮김, WBC 성경주석, 52중 (서울: 솔로몬, 2004), 673~74에서도 땅에서 올라온 짐승의 정체는 불확실하지만, 황제 숭배 사상과 연결이 된다고 보면서, 황제 숭배를 조장하는 황제 숭배의 제사장과 연결 짓는다. George E. *Ladd, A Commentary on the Revelation of John* (Grand Rapids: Wm. B. Eerdmans Publishing Company, 1972), 183에서는 첫째 짐승이 국가권력이라면, 둘째 짐승은 국가권력을 지원하는 종교 권력이라고 말한다. Michael Wilcock, *The Message of Revelation: I Saw Heaven Opened*, Bible Speaks Today: New Testament, ed. John R. W. Stott (Downers Grove, IL: InterVarsity Press, 1975), 126에서는 첫째 짐승을 사탄이 사회를 악용하는 활동으로, 그리고 둘째 짐승을 사탄이 기독교를 악용하는 활동으로 여긴다.

2 Fanning, *Revelation*, 375; Osborne, 『요한계시록』, 646~47에서도 이 견해를 견지한다. Stephen S. Smalley, *The Revelation to John: A Commentary on the Greek Text of the Apocalypse* (Downers Grove, IL: IVP Academic,

(θηρίον)'입니다. 데리온은 13:11에만 둘째 짐승을 지칭합니다. 이후에 데리온은 언제나 첫째 짐승을 지칭합니다. 둘째 짐승을 지칭할 때는 데리온이란 용어 대신에 대명사 '그', '그것'을 씁니다.3 우리말 성경은 '그 짐승' 또는 '둘째 짐승'으로 번역했기에, 헬라어 본문에서 쓰는 미세한 차이를 반영하지 못합니다. 계시록 16장, 19장, 20장에서는 둘째 짐승이란 용어 대신 '거짓 선지자'라고 합니다(계 16:13; 19:20; 20:10).4 그렇다면 땅에서 나온 둘째 짐승은 거짓 선지자입니다. 요한계시록에 나오는 용, 첫째 짐승, 둘째 짐승 등이 이른바 거짓 삼위일체를 이룹니다. 곧, 사탄, 적그리스도, 거짓 선지자이지요.5

거짓 선지자는 양처럼 두 개의 뿔을 가졌고, 용처럼 말합니다. '양과 같고, 용처럼 말한다'라는 말은, 거짓 선지자의 전형적인 모습을 설명합니다. 순하고 선하게 보이지만, 잔인하다는 뜻입니다. 예수님은 마태복음 7:15에서 거짓 선지자를 경계하라고 말씀하시면서, '양의 옷을 입은 노략질하는 이리'라고 했습니다. **"거짓 예언자들을 살펴라. 그들은 양의 탈을 쓰고 너희에게 오지만, 속은 굶주린 이리들이다."** 거짓 선지자는 선한 양의 모습을 하고 있지만, 실제는 용의 입을 가지고 있습니다.6 용

2005), 345에서는 다니엘 7장의 영향을 인정하면서, 바다가 귀신의 거주지, 곧 로마 제국의 모든 영역을 의미한다면, 땅은 더 제한적으로 소아시아 지역을 지칭한다고 해석한다.

3 Fanning, *Revelation*, 375~76; Smalley, *The Revelation to John*, 345; Aune, 『요한계시록 6~16』, 672.

4 Fanning, *Revelation*, 376; Aune, 『요한계시록 6~16』, 672; Smalley, *The Revelation to John*, 345.

5 Mounce, 『요한계시록』, 330; Osborne, 『요한계시록』, 647.

6 Aune, 『요한계시록 6~16』, 675에서는 '용처럼 말하기'는 둘째 짐승이 첫째 짐승의 대리자로 행동했다는 의미로 설명한다. Osborne, 『요한계시록』, 647에서는 '용처럼 말한다'를 옛 뱀이 온 천하를 꾀하려고 사용한 말처럼, 속이려고 거짓말함이라고 말한다.

의 입은 거짓말한다는 뜻입니다. 거짓말할 뿐 아니라, 말을 듣지 않으면 죽이는 잔인함도 나타냅니다(15절 참고).[7] 첫째 짐승이 가진 권세가 둘째 짐승에게 주어집니다. 용(사탄)은 자신의 모든 권세를 첫째 짐승(적그리스도)에게 주었습니다. 첫째 짐승(적그리스도)은 이것을 둘째 짐승(거짓 선지자)에게 줍니다. 용에게 주어진 모든 권세가 첫째 짐승에게, 다시 둘째 짐승에게 넘겨집니다.

권세를 이양하는 목적이 있습니다. 그 목적은 치명상을 입고서 거의 죽어가다 회복한 첫째 짐승(적그리스도)를 경배하게 하려 함입니다.[8] 거짓 선지자는 땅에 사는 모든 사람에게 거의 죽다가 살아난 적그리스도를 주목하게 합니다. 그리고 적그리스도를 섬기고 경배하게 하려 합니다. 적그리스도를 섬기고 경배하게 하려고 거짓말을 일삼습니다. 강압적으로 요구하고, 말을 듣지 않으면 죽이기까지 합니다. 그래서 거짓 선지자 임무는 모든 사람이 첫째 짐승(적그리스도)에게 경배하도록 하는 일입니다. 성령님 사역이 예수님께서 가르쳐 주신 바를 깨닫게 하는 사역이라면, 거짓 선지자 사역은 땅의 모든 사람이 적그리스도를 경배하게 하려는 사역입니다.

"13~18절은 둘째 짐승(거짓 선지자)이 땅에 사는 모든 사람에게 첫째 짐승(적그리스도)을 경배하게 하는 데 쓰는 방법을 설명합니다."

---

7 Fanning, *Revelation*, 376; Mounce, 『요한계시록』, 329~30; Koester, 『요한계시록 II』, 1096. Aune, 『요한계시록 6~16』, 674에서는 첫째 짐승은 열 뿔을 가졌고, 둘째 짐승은 뿔 두 개를 가졌다는 사실은 둘째 짐승이 첫째 짐승에게 종속한다는 의미라고 말한다. E. F. Scott, *The Book of Revelation* (New York: Scribner's, 1940), 279, 281~82에서는 뿔의 수가 적다는 능력이 적다는 뜻이라고 말한다.

8 Fanning, *Revelation*, 376; Robert L. Thomas, *Revelation 8~22: An Exegetical Commentary* (Chicago: Moody Press, 1995), 174; Beale, 『요한계시록(하)』, 1195.

II. 방법, 곧 종교 힘과 경제체제로 경배하게 한다(13:13~18).

1. 종교 힘을 사용하여 적그리스도를 경배하게 한다(13:13~15).

첫째 방법은 종교 힘을 사용함입니다. 거짓 선지자는 사탄과 적그리스도에게서 받은 권세로 이적을 일으킵니다. 많은 사람이 보는 앞에서, 하늘에서 불이 내려오게 합니다. 다른 여러 가지 기적을 행함으로 땅에 사는 사람을 미혹합니다. 사람들에게 치명적인 상처에서 살아난 첫째 짐승의 우상을 만들게 하고요. 그 우상에게 생기를 넣어서, 우상이 말하게 합니다. 그러고서 우상에게 경배하지 않는 사람은 모두 죽입니다.

거짓 선지자는 하늘에서 불이 내리는 이적을 일으켰습니다. 하늘에서 불이 내리는 이적은 엘리야가 행한 이적을 생각나게 합니다(왕상 18). 아합 왕 때, 북이스라엘에는 우상숭배가 만연했습니다. 이때 엘리야 선지자는 바알 선지자 450명과 아세라 선지자 400명을 불러서, 누가 참 신이며 참된 선지자인지를 확인하자고 제안합니다. 증명하는 근거는 하늘에서 불이 내리는 이적이었습니다. 엘리야 선지자는 불을 내림으로, 하나님만이 참된 신이며 자기가 참된 선지자임을 증명했습니다.

본문에서, 거짓 선지자는 엘리야를 모방해, 하늘에서 불을 내림으로 땅에 사는 사람에게 자기 능력과 권세를 보입니다.[9] 그리고 다른 많은

---

9 Osborne, 『요한계시록』, 650에서는 불이 하늘에서 내려오는 이적을 종교 행위보다는 거짓 삼위일체 경배를 확대하려는 홍보 행위로 여긴다. Thomas, *Revelation 8~22*, 175~76에서는 이 기적을 속임수나 불꽃놀이와 같은 기술이 아니라 실제 초자연적인 현상이기에 사람들이 실제로 미혹되고 속았다고 말한다. Aune, 『요한계시록 6~16』, 677~80에서는 성경에서 하나님의 사람이 기도하면 불이 하늘에서 내려와 제물을 사르는 내용이 나타나는데(레 9:24; 대상 21:26; 대하 7:1), 하늘에서 불을 불러 내리는 능력을 하나님의 대리자들이 가진 경우가 있다고 말한다. 그렇다면, 거짓 선지자가 의도적으로 엘리야의 불을 사용했을 가능성이 있다. Beale, 『요한계시록(하)』, 1195~96에서도 비슷한 견해

기적을 행함으로 미혹합니다. 성경은 거짓 선지자들이 기적과 이적을 일으켜 다른 신을 섬기게 한다고 경고하면서 주의하라고 했습니다. 신명기 13:1~3a입니다. **"당신들 가운데 예언자나 꿈으로 점치는 사람이 나타나서, 당신들에게 표징과 기적을 일으킬 수 있다고 말하고, 실제로 그 표징과 기적을 그가 말한 대로 일으키면서 말하기를 '너희가 지금까지 알지 못하던 다른 신을 따라가, 그를 섬기자' 하더라도, 당신들은 그 예언자나 꿈으로 점치는 사람의 말을 듣지 마십시오."** 특히, 마지막 시대에는 더 많은 거짓 선지자가 기적이나 이적으로 유혹한다고 경고합니다(마 24:24; 막 13:22; 살후 2:9~10).[10] 마태복음 24:24입니다. **"거짓 그리스도들과 거짓 예언자들이 일어나서, 큰 표징과 기적을 일으키면서, 할 수만 있으면, 선택받은 사람들까지도 홀릴 것이다."** 데살로니가후서 2:9~10a 입니다. **"불법자의 나타남은 사탄의 작용에 따른 것인데, 그는 온갖 능력과 표징과 거짓 이적을 행하고, 또 온갖 불의한 속임수로 멸망을 받을 자들을 속일 것입니다."** 성경은 이적을 행하는 게 중요하지 않고, 그 목적이 중요하다고 가르칩니다. 하나님과 예수 그리스도를 증거하려고 이적과 기적을 행하고 있느냐, 아니면 하나님과 예수 그리스도를 멀리하고 우상을 따르게 하려고 이적과 기적을 행하느냐를 잘 구별해야 합니다.

를 제시한다. 계시록 11:5은 참 기독교 예언자들(두 증인)이 입에서 불을 나오게 해서 원수를 삼켜 버리는 것으로 기록하는데, 거짓 선지자가 자신을 진리의 대변인으로 지칭하려고 하늘에서 불을 내려오게 했을 가능성을 제시한다. Mounce, 『요한계시록』, 331을 참조하라. Aune와 Beale의 견해는 타당성이 있다. 말라기 4:5에서, 하나님은 엘리야 선지자를 보내서 주의 날을 준비하게 한다고 약속하셨다. 엘리야는 메시아의 길을 준비하는 선지자이다. 그렇다면 거짓 선지자는 자기를 거짓 엘리야로 가장하여 거짓 메시아, 곧 적그리스도를 소개하려고 불을 하늘에서 내려오게 했을 가능성이 있다. Koester, 『요한계시록 II』, 1100~01에서는 하늘의 불을 그리스-로마 세계에서 주피터나 제우스 신의 현현으로 간주하곤 했다고 주장하면서, 신격화된 통치자들을 하늘이 허락했다는 사실을 알리려고 땅에서 올라온 짐승이 이적을 일으켰다고 말한다.

10 Mounce, 『요한계시록』, 331; Fanning, *Revelation*, 376.

둘째 짐승, 곧 거짓 선지자가 행한 이적의 목적을 말씀드리겠습니다. 첫째 짐승의 우상을 만들고 그 우상에게 경배하게 하려 함입니다.[11] 둘째 짐승은 사람들에게 첫째 짐승의 우상(ἡ εἰκών)[12]을 만들게 하고, 그 우상에게 생기를 불어넣습니다. 생기를 받은 우상이 말합니다. 우상에게 경배하지 않는 사람은 처형합니다. 이 장면은 다니엘서 3장을 연상하게 합니다. 느부갓네살 왕은 바벨론 두라 평지에 금 신상을 만들고, 모든 백성에게 그 신상에게 절을 하라고 명령을 내립니다. 절을 하지 않는 사람은 뜨거운 풀무불에 던지겠다고 경고합니다. 신상에 절을 하지 않은 다니엘의 세 친구, 사드락, 메삭, 아벳느고는 평시보다 7배나 뜨거운 풀무불에 던져졌습니다. 거짓 선지자는 느부갓네살의 방법을 모방합니다. 적그리스도의 우상을 만듭니다. 그리고 그 우상에게 생기를 넣습니다. 우상이 마치 살아 있듯이 말하게 합니다.[13] 그래서 우상에게 경배하지 않는 사람은 모두 죽입니다.

---

11 Osborne, 『요한계시록』, 650에서는 미혹하는 이적의 결과로 땅에 거하는 자들이 우상을 만들라는 명령에 순종한다고 말한다.

12 Aune에 따르면, 헬라인은 '형상'으로 번역할 수 있는 두 가지 용어, 곧 아갈마(ἄγαλμα)와 에이콘(εἰκών)을 사용했다. 일반 견해로는 아갈마가 숭배를 위한 우상이고, 에이콘은 예배와 관련되지 않은 표상이나 상징을 의미한다. 그러나 두 단어가 항상 구별돼 쓰이지 않고, 둘 다 예배를 받을 수 있었다고 말한다. 거짓 선지자가 첫째 짐승의 상을 만들 때 사용한 용어는 에이콘이다. 만약 Aune가 정리한 견해를 따른다면, 거짓 선지자는 첫째 짐승의 일반 상을 만들고는 이것을 예배하도록 강요했다는 의미일 수도 있다. 자세한 내용은 Aune, 『요한계시록 6~16』, 681~82를 보라. Koester, 『요한계시록 II』, 1101~02에서는 첫째 짐승의 우상은 머리가 일곱 달린 괴물의 상이다(13:15). 로마 황제 칼리굴라는 지방 총독에게 예루살렘 성전에 제국의 상을 세우라는 명령을 했는데(Josephus, Ant. 18.261), 영향력이 있는 시민과 후원자들은 황제를 위해 속주의 신전들과 시의 신전들을 세웠다고 한다. 아마 이런 관례에 따라 거짓 선지자는 백성에게 첫째 짐승의 우상을 만들라고 했고, 그래서 그들이 세웠다고 말한다.

13 Fanning, Revelation, 377, n. 37에 따르면, 우상에게 생기를 넣음을 말하게 하려 함이지 생명을 주려 함이 아니며, 우상이 사람처럼 움직이는 생명체라는 뜻이 아니고, 단지 말을 할 수 있었다는 뜻이다.

고대인은 말하는 신상을, 신탁을 내리는 신상으로 여겼습니다. 그래서 종교적 사기가 많이 발생했습니다. 황제 예배에 뇌성과 번개를 가장했고, 우상이 말하고 움직이게 하는 특수 효과 장비를 사용했습니다. 일부 제사장과 마법사는 도르래를 세워놓고 복화술을 사용하여 마치 우상들이 살아 있는 것처럼 위장하기도 했습니다.[14] 본문에서는 특수 효과, 장비, 또는 복화술로 첫 짐승의 우상이 말한 게 아닙니다. 실제 생기가 들어가서 말했습니다. 14절, "그 첫째 짐승을 대신해서 행하도록 허락받은 그 기적들을"이라고 표현합니다. 그리고 15절에 "첫째 짐승의 우상에게 생기를 넣어주고"라는 표현합니다. 14절의 "허락되다"와 15절의 "생기가 주입되다"는 모두 수동형 "에도테(ἐδόθη)"인데, 신적 수동태입니다.

신적 수동태는, 하나님께서 둘째 짐승이 기적을 행하고, 또한 첫째 짐승의 우상에게 생기를 넣게 하셨다는 뜻입니다.[15] 하나님께서 거짓 선지자에게 기적을 행하게 능력을 주시고, 우상에게 말할 수 있게 생기를 주셨습니다. 다시 말하면, 하나님께서 허락하셨기에 가능했다는 말입니다. 사탄, 적그리스도, 거짓 선지자가 아무리 능력이 있어도, 하나님께서 허락하시지 않으면 아무것도 스스로 할 수 없습니다. 우상을 만들고 경배하게 하는 장면은, 거짓 선지자가 종교를 통제하는 능력을 허락받았음을 보여줍니다. 종교를 통하여 땅에 사는 사람들을 통제하고 우상숭배를 조장합니다. 적그리스도의 우상에게 절하게 합니다. '우상에게 절한다'라는 말은 적그리스도에게 충성한다는 의미입니다. 로마 제국 아래서 아시아의 일곱 교회를 비롯하여 많은 교회가 황제 숭배나 다른 우상숭배에 참여하지 않으면, 박해받았습니다. 그리고 심지어는 순교를 당했습니다. 이런 배경에서 거짓 선지자는 땅에 사는 사람들에게 적그리스도와 그의 우상에게 경배하라고 강요합니다.

---

14 Aune, 『요한계시록 6~16』, 685~87; Osborne, 『요한계시록』, 651~53.

15 Fanning, *Revelation*, 376, n. 32.

2. 경제체제를 통제하여 적그리스도를 경배하게 한다(13:16~18).

거짓 선지자는 더 교활한 방법을 사용하여 땅에 사는 사람들에게 적그리스도와 그의 우상을 경배하라고 강요합니다. 더 교활한 방법은 경제체제입니다. 작은 자나 큰 자, 부자나 가난한 자, 자유인이나 종 모두가 오른손과 이마에 표를 받게 합니다. 이 표를 받지 않은 사람은 사거나 팔 수 없습니다. 즉, 경제 활동을 할 수가 없습니다. 사탄이 통제하는 사회에서 누구도 예외일 수가 없습니다.16 경제 활동을 하려면, 모든 사람은 반드시 거짓 선지자가 발행하는 표를 받아야 합니다. 표를 받지 않는다면, 경제 활동을 할 수가 없습니다.17 사고팔 수가 없기에 죽을

---

16 Osborne, 『요한계시록』, 653에 따르면, '모든 자'는 신자와 비신자를 포함하는 모든 인간 존재이다. R. H. Charles, *A Critical and Exegetical Commentary on the Revelation of St. John: With Introduction, Notes, and Indices; also the Greek Text and English Translation*, vol. 1, International Critical Commentary, ed. Samuel R. Driver, Alfred Plummer, and Briggs Charles A (Edinburgh: T. & T. Clark, 1975), 360~61에서는 우상에게 경배하지 않는 자는 모두 죽임을 당한다고 말한다. 하지만 Beale, 『요한계시록(하)』, 1202~04에서는 모든 사람이 죽임을 당했다는 견해에 반대한다. 그 이유로 요한이 실제 모든 신자가 죽임을 당한다고 분명하게 주장하지 않았고, 모든 신자가 이런 상황에 부닥친 게 아니라는 점 때문이다. 느부갓네살의 성상에 절하지 않고 용광로로 던져진 사람은 다니엘의 세 친구에 불과했다는 점을 들면서, 모든 사람이 아니라고 주장한다. 대다수에게 영향을 주겠지만, 모든 사람이 죽지는 않는다고 말한다.

17 Aune, 『요한계시록 6~16』, 191; Smalley, *The Revelation to John*, 349에서는 표에 관한 4가지 역사 배경을 말한다. 1) 유대 성구함, 2) 노예나 패배한 군인들 또는 특별한 신에게 헌신하는 사람들에게 주는 낙인이나 문신, 3) 황제의 상이나 이름에 담고 있는, 황제의 붉은 표적, 4) 상업에 쓰인 로마 동전들이다. 이것들 중에 어떤 것도 충분히 설명할 수 없기에, 짐승의 표는 예언적이고 종말론적인 상징으로 보아야 한다고 주장한다. Osborne, 『요한계시록』, 653~54에서는 하나님의 표를 받음과 사탄의 표를 받음의 차이점을 강조한다. 하나님의 표는 하나님과 그리스도인을 보증하고 보호한다는 의미라면, 사탄의 표는 소유 개념이 더 강하다. 고대 로마 관습은 소유권 표시로 노예나 병사, 또

수밖에 없습니다. 이것은 단순히 사고파는 일에 국한하지 않습니다. 나라와 나라 무역에도 영향을 줍니다. 금융 체제까지도 통제합니다. 적그리스도는 세계 경제를 장악하고 있습니다. 그래서 짐승의 표가 없이는 어떤 사업이나 상거래가 불가능합니다.

소아시아에 있는 교회는 종교와 경제체제의 혼합으로 고통받았습니다. 경제 조합인 상인 조합과 로마 황제 숭배가 서로 연결됐습니다. 황제 숭배뿐 아니라 당시 이방 신 숭배와 연결됐습니다. 그래서 우상숭배에 참석하지 않으면, 사업상 불이익을 받았습니다. 그런데 적그리스도가 통치하는 시대는 단순히 불이익 수준이 아닙니다. 짐승의 표가 없으면 원천적으로 사업할 수 없습니다. 은행에서 입금할 수도, 송금할 수도 없습니다. 그런 상황이면, 먹고살기가 거의 불가능합니다. 적그리스도가 경제, 사회, 종교에 막강한 영향력을 끼치고 있고 통제하기 때문입니다. 그때는 표를 받지 않으면, 곧 죽는다는 뜻입니다.

이 표는 첫째 짐승의 표입니다. 짐승의 이름이나 이름을 나타내는 숫자입니다.[18] 히브리어나 헬라어 알파벳은 숫자로도 쓰였습니다. 그래서

---

[18] 는 특정 종파의 신도에게 문신이나 낙인을 찍었다. 황제에게 충성하는 자들에게 시민증과 비슷한 증명서도 줬다. 하지만 증명서보다는 낙인이나 문서일 가능성이 크다. 마카비 3:28~29에서, 애굽에 사는 유대인들에게 인구 명부에 등록하고 디오니소스 낙인을 찍도록 했고, 거부하면 처형을 당했다고 한다. 이는 충성하게 함이었는데, 적그리스도와 거짓 선지자도 충성하게 하려는 목적으로 이런 낙인을 요구했다고 주장한다. 만약 그렇다면, 하나님의 인은 보이지 않지만, 사탄의 표시는 외적으로 보이지 않는다. Beale, 『요한계시록(하)』, 1206~07에서는 하나님의 인이 보이지 않으면, 짐승의 인도 보이지 않아야 한다면서, 문자적인 표가 아니라 비유적인 표로 하나님의 인을 받은 사람은 하나님의 소유와 영적인 보호를 받는다는 의미라면, 짐승의 표를 받는 사람은 마귀에게 속했으며 영원한 심판을 받는다는 의미라고 주장한다. Fanning, *Revelation*, 378에서는 표($\chi\acute{\alpha}\rho\alpha\gamma\mu\alpha$)는 계시록에 7번 정도 쓰이는데(13:16, 17; 14:9, 11; 16:2; 19:20; 20:4), 언제나 짐승 경배와 관련해 쓰였다. Aune, 『요한계시록 6~16』, 692도 보라. 그렇다면 둘째 짐승의 표는 하나님의 인침을 모방하여 둘째 짐승 경배와 관련이 있다고 말할 수 있다.

모든 이름이나 단어는 수를 나타내는 의미가 있습니다. '게마트리아'라고 불리는 고대 관습에 따르면, 처음 아홉 개의 문자는 각각 1에서 9를 나타냅니다. 예를 들어, A는 1이고, B는 2와 같은 식으로 숫자가 정해졌습니다. 그리고 다음 아홉 개의 문자는 10~90 단위 수를 표시합니다.[19] 폼

---

18 짐승 이름, 그리고 숫자 666이 무엇을 의미하는지는 크게 세 가지로 해석한다. 1) 게마트리아(gematria) 해석법이다. 게마트리아는 알파벳 문자들이 그 위치에 따라 숫자를 부여받는 일종의 암호화된 단어 기법이다. 게마트리아에는 두 가지 방법이 있다. 하나는 전통적인 본문에 나오는 단어의 전체 또는 부분이 암시적인 숫자로 전환되거나 숫자가 알파벳의 문자로 전환되는 방법이다. 예로, 창세기 14:14에서 아브라함의 종들 수가 318이 나오는데, 이는 아브라함의 종 엘리에셀을 나타내는 게마트리아이다. 왜냐하면 엘리에셀이라는 이름의 자음들 숫자를 합하면 318이기 때문이다(b. Ned. 32a). 다른 하나는 전통적인 본문과 관련 없는 단어나 이름들이 숫자로 바뀌어 암호화하는 방법이다. 말한다. 세계 지도나 로마 황제들의 이름을 숫자로 환산하는 방법이다. 대표적인 예는 '짐승($\theta\eta\rho\acute{\iota}o\nu$)'과 '네론 가이사르($N\acute{\epsilon}\rho\omega\nu\ K\alpha\hat{\iota}\sigma\alpha\rho$)'를 히브리어로 음역하여 숫자로 환산하면 666이다. 문제는 '네로 가이사르'의 라틴어 형태를 히브리어로 음역해 합하면 616이고, 헬라어로 음역해 합하면 1,005라는 점이다. 2) 삼수(triangular number) 해석법이다. 삼수는 1로 시작되는 일련의 정수들의 합계이다. 666은 36의 삼수이고, 36은 8의 삼수이다(1+2+3+4+5+6+7+8=36). 이 방법의 문제점은 이렇게 단순하면 왜 지혜가 필요하다고 했느냐는 점이다. 3) 상징 또는 묵시 숫자로서 해석법이다. 666은 777과 대조할 때 불안전하고 미완성을 암시한다. 6이 3번이나 반복은 삼위 하나님의 7이 3번 반복을 패러디로 용, 첫째 짐승, 둘째 짐승에서 발견되는 전적 불완전성을 가리킨다. 자세한 내용은 Aune, 『요한계시록 6~16』, 697~700의 「부록 13C—666과 게마트리아(gematria)」를 참조하라. 게마트리아 방법을 선호하는 학자는 Aune, 『요한계시록 6~16』, 695~96; Charles, *The Revelation of St. John*, 1:367~68; Koester, 『요한계시록 II』, 1108~13; Osborne, 『요한계시록』, 657~58(결론에서는 불확실하다고 말함)이다. 하지만 상징적 해석을 선호하는 학자는 Beale, 『요한계시록(하)』, 1214~23; Ladd, *A Commentary on the Revelation of John*, 187; Smalley, *The Revelation to John*, 352~53 등이다. Fanning, *Revelation*, 380은 만약 요한이 666을 네로로 지칭했다면, 이것을 예표론 패턴(typological pattern)으로 사용했다고 여긴다. 요한은 네로가 아니라, 네로와 같은 인물, 곧 적그리스도를 의도해 기록했다고 말한다. Mounce, 『요한계시록』, 336에서는 역사적 인물로 여기고, Thomas, *Revelation 8~22*, 185는 미래 인물로 여긴다.

페이가 한 낙서에는 다음 표현이 있습니다. '**나는 그 이름의 수가 545인 여인을 사랑한다.**'[20] 짐승의 표를 받음은 짐승에게 충성을 다하겠다는 표시입니다.[21] 짐승의 표는 하나님의 표와 대조를 이룹니다. 14만 4천이 하나님의 사람이고 하나님의 보호 아래 있다는 의미로 이마에 표를 받았습니다(계 7:2~3; 9:4; 14:1; 겔 9:1~11). 적그리스도와 거짓 선지자는 하나님의 인 침을 모방하여 짐승의 표를 만듭니다. 그리고 그들이 통제하는 정치, 경제, 종교를 통하여 짐승의 표를 받도록 강요합니다.

성경은 이때 지혜가 필요하다고 말합니다.[22] 지혜가 필요함은 숫자가 짐승을 상징하는 숫자이며, 그 수는 어떤 사람을 가리키는데, 666이기 때문입니다. "짐승의 수는 사람의 수인데, 666이다"를 해석하기가 어렵습니다. 666이 무엇을 의미하는지는 여전히 난제입니다. 666이 숫자의 총합을 의미하는지, 완전한 숫자와 대조할 때 불완전한 숫자임을 의미하는지, 아니면 다른 어떤 의미가 있는지를 결정하기가 어렵습니다.[23] 당대 청중은 이 숫자의 의미를 알았겠지요. 그러나 지금은 그것이 무엇인지 구체적으로 말하기가 어렵습니다. 그래서 지혜가 필요합니다. 적그리스도가 통치하는 시대가 이르면, 알겠지요. 분명한 점은 마지막 시대에는 그리스도와 적그리스도 가운데 양자택일해야 하는 시대가 온다는 점입니다. 그 시대가 점점 가까워지고 있음을 우리는 피부로 느낍니다. 과학이 발달하고 문화가 다양해지는 가운데, 사탄은 정치, 경제, 문화,

---

19 Osborne, 『요한계시록』, 655; Fanning, *Revelation*, 379.

20 Adolf Deissmann, *Light from the Ancient East*, trans. Lionel R. M. Strachan (London: Hodder & Stoughton, 1910), 277.

21 Aune, 『요한계시록 6~16』, 693에서는 신의 이름을 지님이 곧 신의 소유임을 나타낸다고 말한다.

22 Osborne, 『요한계시록』, 656에서는 "지혜를 깨달으라"라는 강조하는 문장으로 수를 해석하는 데 극히 조심하고, 신적으로 주어진 지혜를 따르라는 의미라고 말한다.

23 각주 18을 참조하라.

종교를 사용하여 하나님을 대적하며 하나님을 믿는 사람에게 선택을 강요하고 있습니다. 그런데 이러한 선택은 강요도 있지만, 사람의 필요에 따르는 결과이기도 합니다. 예를 들면, 스마트 폰으로 은행 결재를 하고, 송금하고 지출하고 있습니다. 이는 누가 강요했다기보다는 편리성, 곧 쉽고 빠르기 때문입니다. 이런 문화에 익숙하면 아날로그 문화는 자연히 도태합니다. 사탄은 인간의 익숙함과 편리함을 사용할 것입니다. 우리 시대에서도 주님만을 섬기겠노라고 결심해야 합니다.

결론

첫째 짐승, 곧 적그리스도는 하나님께서 허용하시는 범위에서, 용, 곧 사탄에게서 권세를 받았습니다. 이 권세는 이적을 행할 권세입니다. 또한 정치적 권세도 받았습니다. 왜냐하면 요한계시록 13:7에 "**그 짐승은 성도들과 싸워서 이길 것을 허락받고, 또 모든 종족과 백성과 언어와 민족을 다스리는 권세를 받았다**"라고 기록하기 때문입니다. 다스리는 권세는 정치 권세입니다.

둘째 짐승, 곧 거짓 선지자도 하나님의 허용 아래서 첫째 짐승에게서 이 권세를 받았습니다. 이 권세는 정치 권세에 더하여 종교적이고 경제적인 권세입니다. 종교적 힘을 사용하여 적그리스도에게 경배하라고 강요합니다. 경제체제를 사용하여 적그리스도에게 경배하라고 강요합니다. 결국, 사탄, 적그리스도, 거짓 선지자는 하나님의 허용 아래서 정치, 군사, 종교, 경제를 통제하면서 활동합니다. 이것을 통하여, 이 세상의 모든 나라, 민족, 체제를 통제합니다. 사탄과 적그리스도를 경배하라고 강요합니다. 모든 사람은 선택해야 할 갈림길에 섭니다. 사탄과 적그리스도를 선택하지 않으면 죽을 수밖에 없는 환경으로 내몰립니다. 그래서 지혜가 필요합니다. 오늘날 우리도 선택해야 할 갈림길에 서 있을 때가 있습니다. 하나님인가, 이 세상인가? 하나님인가, 직장인가? 하나님인가, 물질과 명예인가? 여러분 모두 하나님을 선택하시기를 축복합니다.

계시록 14:1~5, '14만 4천과 새 노래'
거룩한 제자로서 메시아 왕국을 누리자

중심 내용: 메시아 왕국은 영적·도덕적으로 깨끗하고 주님께 헌신한 사람만이 누린다.

I. 메시아 왕국은 하나님의 인을 맞은 백성이 그리스도와 함께하는 장소 이다(14:1).

II. 인 맞은 이에게는 메시아의 승리와 통치를 찬양하는 새 노래를 배울 특권을 준다(14:2~3).

III. 인 맞은 이에게는 영적·도덕적으로 깨끗하며, 주님께 헌신한 제자 라는 특징이 있다(14:4~5).

서론

요한계시록 13장은 성도에게 두 가지를 권면합니다. 하나는 믿음으로 인내하라는 권면입니다(13:10). 적그리스도가 권세를 부리며 성도를 핍 박하고 죽이려는 상황에서, 믿음으로 인내해야 합니다. 다른 하나는 지 혜로 살라는 권면입니다(13:18). 적그리스도와 거짓 선지자들이 성도를 핍박하고 괴롭히는 방법이 너무나 교묘하여 조금만 방심하면 넘어갈 수밖에 없는 상황에서, 성도는 지혜롭게 살아야 합니다. 오늘 본문 말씀인 계시록 14:1~5에서도 같은 내용을 권면합니다. 예수님께서 성도를 괴롭히는 사탄, 적그리스도, 거짓 선지자를 모두 멸하시고 심판하시기에, 그리고 시온산에서 통치하시면서 주님을 신실하게 따르는 이들에게 기쁨과 복을 제공하시기에, 성도는 영적으로 그리고 도덕적으로 준비된 삶을 살아야 합니다.

I. 메시아 왕국은 하나님의 인을 맞은 백성이 그리스도와 함께하는 장소이다(14:1).

어린 양이 시온산에 서 있습니다. 14만 4천 명이 어린 양과 함께 있습니다. 14만 4천 명의 이마에는 어린 양의 이름과 하나님 아버지의 이름이 적혀 있었습니다. 용이 바닷가 모래 위에 서 있었는데, 어린 양은 시온산에 서 있습니다. 구약에서 바다는 하나님을 대적하는 악한 세력이나 혼돈과 악의 영역을 묘사합니다.[1] 용이 바닷가 모래 위에 서 있는 모습은 악한 세력을 통치하고 있음을 상징적으로 표현합니다. 용이 바닷가 모래 위에 서 있는 이유는 하나님의 백성을 핍박하려고 자기 두 동료를 부르려고 함이었습니다. 하지만 어린 양이 시온산에 서 있습니다. 구약성경에서 시온산은 하나님께서 이 땅을 통치하실 장소로 묘사합니다(시 48:1~2; 사 24:23; 31:4). 또한 유대 문헌에서도 시온산은 하나님이 이 땅을 통치하시는 장소로 묘사합니다(*Jub.* 1:28~29; *Sib. Or.* 5:414~33).[2] 그래서 시온산은 마지막 날에 하나님께서 세상을 통치하시

---

1 계시록 13:1 해석을 참조하라.

2 구약성경에서 시온과 예루살렘의 관계나 용도에 관해서는, Georg Fohrer, "Σιών, Ἱερουσαλήμ," in *Theological Dictionary of the New Testament*, ed. Gerhard Friedrich, trans and edit. by Geoffrey W. Bromiley, vol. 7 (Grand Rapids, MI: Wm. B. Eerdmans Publishing Company, 1971),

는 성음입니다.

하나님은 흩어져 있는 백성을 다시 시온산으로 모으셔서 시온산에서부터 세상을 통치하십니다. 하나님의 통치는 다윗 왕을 통하여 이뤄집니다. 약속의 땅으로 돌아온 이스라엘 백성은 다윗 왕 메시아를 통하여 메시아 나라에서 복은 누립니다(사 11:9~12; 욜 2:30~3:3; 미 4:1~8).[3] 요한계시록 19:11~20:6에서는 예수님께서 만왕의 왕, 만주의 주로서 이 땅에 돌아오셔서, 짐승과 그의 군대를 멸하시고, 시온산에서 천 년 동안 세상을 다스리신다고 말합니다.[4] 그렇다면 시온산은 사탄의 군대

292~319를 참조하고, 후기 유대교(Post Biblical Judaism)와 신약에서 시온과 예루살렘에 관해서는 Eduard Lohse, "Σιών, Ἰερουσαλήμ," in *Theological Dictionary of the New Testament*, ed. Gerhard Friedrich, trans and edit. by Geoffrey W. Bromiley, vol. 7 (Grand Rapids, MI: Wm. B. Eerdmans Publishing Company, 1971), 319~38을 참조하라.

[3] G. K. Beale, 『요한계시록(하)』, 오광만 옮김, NIGTC (서울: 새물결플러스, 2020), 1231; Grant R. Osborne, 『요한계시록』, 김귀탁 옮김, BECNT 시리즈 (서울: 부흥과개혁사, 2019), 663~64; Buist M. Fanning, *Revelation*, Zondervan Exegetical Commentary on the New Testament, ed. Clinton E. Arnold et al., vol. 20 (Grand Rapids: Zondervan Academic, 2020), 388.

[4] Fanning, *Revelation*, 388, n. 3에 따르면, 계시록은 하나님의 구속을 세 단계로 제시한다. 1) 그리스도가 하늘의 하나님 우편에서 통치(2:28; 3:21; 5:5; 12:5), 2) 천 년 동안 지상의 시온에서 그리스도의 의로운 통치(2:26~27; 5:10; 20:4~6), 3) 하늘에서 내려오는 새 하늘과 새 땅의 수도 새 예루살렘에서 통치, 곧 시온산에서 하나님과 어린 양의 영원한 통치(계 21:1~2; 22:1~5) 등이다. 이런 점에서 계시록 14:1에서 시온산은 둘째 단계인 천 년 동안 지상 시온에서 예수 그리스도의 승리를 의미한다. John F. Walvoord, 『예수 그리스도의 계시』, 전준식 옮김 (서울: 교회연합신문사, 1987), 286; Robert L. Thomas, *Revelation 8~22: An Exegetical Commentary* (Chicago: Moody Press, 1995), 189, 190에서도 천년왕국이라고 한다. J. Ramsey Michaels, *Revelation*, IVP New Testament Commentary Series, ed. Grant R. Osborne, vol. 20 (Downers Grove, IL: InterVarsity Press, 1997), 168~69에서는 요한이 하늘로부터 오는 음성을 들었기에 시온산을 지상 시온산이라고 한다. 지상 시온산은 승리의 장소이며, 14만 4천 명이 휴식하는 장소이다. David

를 멸하는 예수님의 승리와 예수님의 재림으로 지상에서 세워질 메시아 왕국을 상징적으로 표현합니다.

E. Aune, 『요한계시록 6~16』, 김철 옮김, WBC 성경주석, 52중 (서울: 솔로몬, 2004), 751~53에서는 1~5절을 대칭구조, 곧 땅(1절)—하늘(2~3절)—땅(4~5절) 구조로 여기고서, 시온산은 메시아가 대적을 물리치고 그들을 심판하는 지상 장소라고 말한다. George E. Ladd, *A Commentary on the Revelation of John* (Grand Rapids: Wm. B. Eerdmans Publishing Company, 1972), 189; Craig R. Koester, 『요한계시록 II—10~22장』, 최흥진 옮김, 앵커바이블 시리즈 (서울: 기독교문서선교회, 2019), 1147에서는 하늘에서 내려온 지상 새 예루살렘(계 21장)이라고 한다.

하지만 Leon Morris, *The Book of Revelation: An Introduction and Commentary*, Tyndale New Testament Commentaries, ed. Leon Morris, vol. 20 (Downers Grove, IL: InterVarsity Press, 1987), 170에서는 시온산을 구원과 연결한다(욜 2:32). Philip E. Hughes, *The Book of the Revelation* (Grand Rapids: Wm. B. Eerdmans Publishing Company, 1990), 157에서도 Morris와 비슷한 견해를 제시한다. 그는 시내산과 비교하면서, 시온산은 하나님의 은혜와 화해의 산으로 표현한다. Robert H. Mounce, 『요한계시록』, 장규성 옮김, NICNT (서울: 부흥과개혁사, 2019), 340 각주 159에서는 에스드라 2서가 본문과 병행 본문이라고 말한다. 그는 에스드라 2서 13장에 따르면, 유대인은 메시아가 시온산에 큰 무리와 함께 나타나기를 기대했다(35, 39~40절. 참고 미 4:6~8; 욜 2:32; 사 11:9~12)는 사실을 인정하면서도, 같은 자료 341에서는 시온산을 메시아가 통치하는 지상 시온산이 아니라, 천상 시온산, 곧 천상 예루살렘이라고 말한다(히 12:22; 갈 4:26). 그 이유는 2~3절에 새 노래는 14만 4천 명이 부르는 구원의 노래이기 때문이다.

한편, Osborne, 『요한계시록』, 663~64에서는 '이미'와 '아직' 사이 기간인 마지막 때 시온 모습, 곧 20장에서 천년 통치와 21:1~2에서 새 예루살렘에 관한 과거, 현재, 미래의 환상이 모두 섞인 이중 의미가 있다고 한다. Beale, 『요한계시록 (하)』, 1230~33에서도 '이미'와 '아직' 개념에서 이상적인 천상 도시를 의미할 수도 있지만, "메시아가 최종 절정 직전인 마지막 때에 원수를 이기시는 곳인 지상 시온성, 혹은 하늘에서 내려온 지상 새 예루살렘과 동일시할 수 있다"라고 하면서, 시온산은 과거 현재, 미래가 섞였다고 말한다. Stephen S. Smalley, *The Revelation to John: A Commentary on the Greek Text of the Apocalypse* (Downers Grove, IL: IVP Academic, 2005), 354에서는 과거, 현재, 미래가 섞인 장소로서 시온을 주장하면서, 역사적이지만 또한 시간제한을 받지 않고, 물질적이면서 영적인 영역이 함께 교차하는 곳으로, 정의와 평화의 왕국으로 이해한다.

하나님과 어린 양의 인을 이마에 맞은 14만 4천 명이 메시아 왕국에
서 그리스도와 함께합니다. 이마에 인을 맞은 14만 4천 명은 7:3~8에
언급합니다. 7장에서 14만 4천 명은 이스라엘 민족을 지칭합니다.5 그
렇다면 메시아의 나라에서 이스라엘 민족이 예수 그리스도의 통치를 받
는 은혜를 경험한다는 말입니다. 그 이유는 그들이 하나님의 소유와 보
호 뜻으로 인을 맞았기 때문입니다. 인을 맞는다는 말은 하나님의 소유
가 됐다는 의미이고, 하나님의 보호를 받는다는 의미입니다.6 마지막 시
대에 흩어져 있는 이스라엘 백성은 약속의 땅으로 모여 회복을 경험합
니다. 시온산에서 통치하시는 메시아의 우산 아래, 민족 이스라엘은 구
약 시대 때부터 고대한 평안과 안전을 경험합니다.

---

5 Fanning, *Revelation*, 338에서는 "시온산에 서 있는 14만 4천 명"을 시온으
로 돌아오는 흩어진, 하나님의 백성, 곧 민족 이스라엘을 상징한다고 말한다.
Thomas, *Revelation 8~22*, 192에서는 이스라엘 민족이라는 점은 동의하지만,
14:1에서 14만 4천 명은 살아남은 자가 아니라, 12:17에서 여자의 남아 있는 자
로 짐승 경배를 거절했기에 순교한 사람이라고 한다. 한편, Osborne, 『요한계시
록』, 664에서는 14만 4천 명을 환난을 겪는 교회, 곧 큰 환난 중에 그리스도께
충성하는 사람을 가리킨다고 말한다. Mounce, 『요한계시록』, 341에서는 구원받
은 전체의 무리로 이해하고, Beale, 『요한계시록(하)』, 1233~34에서는 14만 4천
명이 유대 민족의 남은 이들이나 교회의 남은 이들이 아니고, 온 시대를 통틀어
존재하는, 하나님의 백성 총합, 곧 참 이스라엘이라고 말한다. Aune, 『요한계시
록 6~16』, 753에서는 그리스도인 중에서 끝까지 살아남은 이들이라고 말한다.
R. H. Charles, *A Critical and Exegetical Commentary on the Revelation of
St. John: With Introduction, Notes, and Indices; also the Greek Text and
English Translation*, vol. 2, International Critical Commentary, ed. Samuel R.
Driver, Alfred Plummer, and Briggs Charles A (Edinburgh: T. & T. Clark,
1975), 5에서는 14만 4천 명을 죽은 후에 천년왕국에서 지분을 나누려고 돌아오
는 성도, 곧 부활한 신자 전체를 지칭한다고 말한다.

6 Smalley, *The Revelation to John*, 355; Fanning, *Revelation*, 389. Aune,
『요한계시록 6~16』, 754~55에서는 '하나님과 어린 양의 인을 맞았다'라는 표
현을 물리적 표, 곧 하나님을 가리키는 이름의 축약 형태를 몸에 표시했다는
의미라고 말한다.

14장은 13장과 대조를 이룹니다. 13장에서 짐승의 표는 오른손이나 이마에 새겼습니다. 짐승의 표를 받아야 매매를 할 수 있습니다. 이 땅에서 상거래를 하고 번성하려면 짐승의 표를 받아야 합니다. 반면에 14장에서, 하나님의 표를 받으면 이 땅에서는 상거래를 할 수 없습니다. 사소한 사업이나 먹거리도 사탄이 통치하는 세상에서는 구매할 수 없습니다. 하지만 어린 양이신 그리스도께서 메시아 왕국을 건설할 때 천년왕국에 참여할 수 있습니다. 그리스도와 함께 하나님의 나라에 들어가는 복, 잔치에 참여합니다. 마지막 시대에 일시적으로 이 땅에서 먹고 사는 문제를 해결하고자 짐승의 표를 받을 것이냐, 아니면 이 땅에서는 불편해도 하나님의 영원한 나라에서 주님과 함께하는 어린 양의 표를 받을 것이냐? 선택해야 합니다.

"요한은 예수님께서 사탄의 세력을 물리치신 후에 이 땅에 메시아 왕국을 세우심을 봤습니다. 그러고서 인을 맞은 이가 누리는 특권을 말합니다."

II. 인 맞은 이에게는 메시아의 승리와 통치를 찬양하는 새 노래를 배울 특권을 준다(14:2~3).

요한은 천상에서 울려 퍼지는, 메시아의 승리와 영광에 대한 찬양 소리를 듣습니다. 요한은 천상에서 울려 퍼지는 영광의 찬양 소리를 세 번이나 직유법, 곧 "~처럼"으로 표현하고 있습니다.[7] 첫째, 찬양 소리가

---

7 누가 새 노래를 부르는가? 천사가 부르는 노래인가, 거문고 연주자들의 노래인가, 아니면 구속받은 자들 노래인가? 답은 시온산이 지상 시온산인가, 아니면 천상의 시온산인가에 따라 달라진다. 천상 시온산을 주장하는 Mounce, 『요한계시록』, 342에서는 많은 사람의 목소리라는 점에서 구원받은 14만 4천 명이 부르는 노래라고 주장한다. 반면 지상 시온산을 주장하는 Osborne, 『요한계시록』, 666; Aune, 『요한계시록 6~16』, 756; Koester, 『요한계시록 II』, 1149; Ladd, *A Commentary on the Revelation of John*, 190; Thomas, *Revelation 8~22*, 192에서는 하늘 군대의 노래이고, 땅에 있는 성도들은 그 노래를 배우는 자들이라고 말한다. Fanning, *Revelation*, 389~90에서는 거문고 연주자들의

맑은 물소리와도 같았습니다. 둘째, 큰 천둥소리와도 같았습니다. 셋째, 거문고를 타고 있는 사람들의 노랫가락과 같았습니다.

천상에서 울려 퍼진 소리는 어린 양이신 그리스도의 승리를 찬양하는 소리입니다. 처음 두 소리는 거의 같이 쓰입니다. '맑은 물소리와 같았다'라는 말은, 지중해 연안을 강타하는 파도의 포효 소리를 의미할 수 있습니다. 천둥소리는 천지를 진동하는 큰 우렛소리입니다. 큰 물소리와 우렛소리는 크고 웅장한 소리를 지칭합니다. 천상에서 울려 퍼지는 소리가 얼마나 큰지, 파도의 포효하는 소리와 우렛소리와 같이 들렸습니다. 19:6은 어린 양의 혼인 잔치에서 울려 퍼지는 찬양 소리를 **"큰 물소리와 같기도 하고, 우렁찬 천둥소리와 같기도 했다"**라고 표현합니다. 천상에서 메시아의 승리와 왕국 건설을 함께 크게 기뻐하고 찬양합니다.

그런데 이 소리는 단순히 천둥처럼 큰 소리만은 아닙니다. 아름다운 소리였습니다. **"거문고를 타고 있는 사람들의 노랫가락과도 같았다"**가 바로 이 점을 설명합니다. 거문고(ταῖς κιθάραις)는 성전 예배에서 자주 쓰이는 기구로 열 개나 열두 개 줄을 가진 하프나 비파와 같은 현악기입니다(시 33:2; 57:8).[8] 본문은 거문고 하나와 연주자 한 명이 아니라, 많은 거문고와 많은 연주자를 지칭하는 복수형으로 표현합니다. 많은

노래와 하늘 군대의 노래가 별로 차이가 없다고 말하는데, 그 이유는 5:8~9에서 새 노래를 부를 때 거문고 연주자들도 함께했기 때문이다. Smalley, *The Revelation to John*, 355~56에서는 이 노래는 천사들, 모든 시대의 신실한 무리, 그리고 구속받은 창조물의 노래로 간주한다. Beale, 『요한계시록(하)』, 1239에서도 이 노래는 단지 14만 4천 명의 노래가 아니라, 온 세대에 걸쳐 구원받은 무리의 노래라고 말한다. Walvoord, 『예수 그리스도의 계시』, 288에서는 환난 시대에 순교한 성도가 부르는 노래라고 주장한다.

8 Osborne, 『요한계시록』, 665; Walter Bauer, eds. Kurt Aland, Barbara Aland, and Viktor Reichmann, 『바우어 헬라어 사전―신약성경과 초기 기독교 문헌의 헬라어-한국어 사전』, 이정의 옮김 (서울: 생명의말씀사, 2017), 824~25.

거문고 연주자가 함께 거문고를 연주하면서 웅장한 찬양에 동참합니다. 찬양대의 웅장한 찬양과 많은 거문고가 함께 연수할 때 울려 퍼지는 상엄하고 아름다운 모습이 천상에서 주님의 승리를 찬양하는 모습입니다. 이것은 마치 국립합창단과 오케스트라 단원이 함께 「아리랑」이나 「할렐루야」를 연주할 때 청중이 함께 열창하는 모습을 상상할 수 있습니다. 얼마나 장엄하고, 얼마나 감격스러운 장면일까요? 메시아의 왕국과 통치를 축하하면서 천상 군대들이 오케스트라의 협연으로 찬양합니다. 기쁨과 감격의 찬양이 울려 퍼지고 있습니다.

천상 합창대와 오케스트라가 부르는 새 노래는 아무도 배울 수 없습니다. 오직 땅에서 구원받은 14만 4천 명 외에는 배울 수 없습니다.[9] '배운다'는 깨닫는다, 그 의미를 이해한다, 누린다는 뜻입니다. 그리스도의 승리, 통치, 그리고 그리스도와의 함께 하는 축복은 구원받는 자만이 누릴 수 있는 특권입니다. 하나님과 어린 양의 인을 맞은 자만이 하늘로부터 오는 승리 찬송의 의미를 깨달을 수 있습니다. 이 찬양의 모습은 13장과는 대조를 이룹니다. 13장은 사탄, 적 그리스도, 거짓 선지자에 의한 핍박, 죽음, 우상숭배로 가득합니다. 이 땅의 모든 사람이 짐승의 우상에게 경배하는 우울하고 음침한 모습이지요. 하지만 14장은 기쁨과 찬송이 울려 퍼지는 모습입니다. 사탄과 적그리스도를 멸하고, 승리하신 그리스도의 승리, 통치를 즐기는 축제 모습입니다.

"인 맞은 14만 4천 명만 이 새 노래를 이해하고 배울 수 있습니다. 그렇다면 이들 특징은 무엇일까요?"

---

9 Aune, 『요한계시록 6~16』, 760에서는 요한뿐 아니라 14:1에서 시온산에 있는 14만 4천 명도 이 노래를 들을 수 없었다고 말한다. 그런데 성경 어디에도 14만 4천 명이 두 부류, 곧 땅에 있는 14만 4천 명과 하늘에 있는 14만 4천 명을 구별하지 않는다. 요한은 새 노래를 들었고, 구속받은 땅에 있는 14만 4천 명은 그 노래를 배웠다고 이해가 타당성이 있다.

III. 인 맞은 이에게는 영적 · 도덕적으로 깨끗하며, 주님께 헌신한 제자라는 특징이 있다(14:4~5).

4~5절입니다. "그들은 여자들과 더불어 몸을 더럽힌 일이 없는, 정절을 지킨 사람들입니다. 그들은 어린 양이 가는 곳이면, 어디든지 따라다니는 사람들입니다. 그들은 사람들 가운데서 하나님과 어린 양에게 드리는 첫 열매로서 구원을 받았습니다. 그들의 입에서는 거짓말을 찾을 수 없고, 그들에게는 흠잡을 데가 없었습니다." 세 가지를 언급하고 있습니다. 첫째, 여자들과 더불어 몸을 더럽히지 않았습니다. 둘째, 어린 양이 가는 곳이면, 어디든지 따릅니다. 셋째, 첫 열매로 구원받았습니다.

첫째, 이들은 영적 우상숭배에 빠지지도 않았고, 도덕적으로 올바른 삶을 삽니다. 이들은 여자들과 더불어 몸을 더럽힌 적이 없는 정절을 지킵니다. 여자와 몸을 더럽힌다는 두 가지 의미에서 생각할 수 있습니다.[10] 하나는 종교적인 간음이나 우상숭배를 의미합니다(계 2:14, 20~22;

---

10 "정절을 지킨 사람이다"는 헬라어 성경에서는 "순결한 처녀다"(παρθένοι γάρ εἰσιν)입니다. Bauer, 『바우어 헬라어 사전』, 1181~82에 따르면, 순결한 처녀를 뜻하는 '파르데노스(παρθένος)'는 처녀, 곧 결혼하지 않거나 시집가지 않은 처녀를 지칭할 때 쓰며, 여자를 모르는 남자에게도 썼다. 그래서 Charles, *The Revelation of St. John*, 2:9에서는 이 문장을 문자적으로 해석해서 결혼도 하지 않고 독신 상태를 유지한 특수 집단 신자라고 말한다. 신약에서 인정하지 않는 사상이지만, 해설자(glosser or interpolater)는 결혼을 부정적으로 여기는, 결혼하지 않은 남성 독신자라고 주장한다. 문제는 성경은 결혼을 부정적으로 여기지 않으며, 결혼 생활에서 성관계를 아름답게 여긴다는 점이다(창 2:18~23; 마 19:4~6).

Mounce, 『요한계시록』, 344에서는 구약은 이스라엘을 처녀 또는 시온의 처녀 딸(왕하 19:21; 애 2:13), 처녀 이스라엘(렘 18:13; 암 5:2)로 묘사하고, 이스라엘이 음행에 빠졌을 때 간음했다고 묘사하기에, 이 구절은 큰 음녀, 로마, 또는 땅의 세력을 거부함으로 간주해야 한다고 말한다. Beale, 『요한계시록(하)』, 1240~45에서도 구약에서 이스라엘의 우상숭배나 정치적 · 경제적 행위를 음녀로 표현했고, 계시록에서 황제 숭배나 상인 조합의 우상숭배에 참여하지 말라

14:8; 17:1~5; 18, 3, 9; 19:2). 다른 하나는 도덕적인 부정을 의미할 수
있습니다(출 19:14~15; 레 15:16~18; 신 23:9~14; 삼하 21:5). 구약에서
이스라엘이 종교적인 측면에서 더럽힘을 간음이라 했습니다. 이스라엘
은 여호와의 신부, 시온의 처녀 딸, 또는 처녀 이스라엘로 묘사했고요
(왕하 19:21; 렘 18:13; 애 2:13). 이스라엘이 음행에 빠짐을 간음함으로
묘사합니다(렘 3:6; 호 2:5). 신약에서도 바울은 교회를 그리스도의 신부
로 소개합니다(고후 11:2). 그렇다면 **"여자와 더불어 몸을 더럽히지 않
고, 정절을 지켰다"**라는 말은, 하나님을 버리지 않았으며, 우상을 숭배
하지 않았다는 뜻일 수 있습니다.[11] 14만 4천 명은 짐승이라는 우상을

고 명령함을 고려해(계 2:9, 13~14), 영적 간음과 관련이 있다고 주장한다.

Thomas, *Revelation 8~22*, 195~96에 따르면, 파르데노스는 성관계를 하지
않은 남녀에 썼고, 본문은 성도의 높은 도덕적인 수준을 말한다. 계시록 21:8;
22:15에서도 결혼 밖의 성적인 부도덕(음행)은 불과 유황에 타오르는 바다에
던져지고 예루살렘 밖에 있게 된다는 표현으로 볼 때, 영적 우상숭배보다는 도
덕적인 음행을 의미한다.

Michaels, *Revelation*, 171; G. B. Caird, *The Revelation of Saint John*,
Black's New Testament Commentaries, ed. Henry Chadwick (Peabody, MA:
Hendrickson Publishers, 1966), 179에서는 이 구절을 거룩한 전쟁(성전)에 가
담하는 군인들의 도덕적 순결을 의미한다고 말한다. Caird는 고대에 이스라엘
이 전쟁에 나아갈 때 정결 의식을 행했는데, 전날 밤 성관계를 했다면, 그들은
진지 밖으로 가서 스스로 물을 정결케 하는 의식을 한 후 저녁에 되었을 때 진
지로 돌아올 수 있었던 예를 든다(신 23:9~10). Osborne, 『요한계시록』, 668에
서는 거룩한 전쟁(성전) 그리고 은유적인 표현인 그리스도의 신부 모두 가능하
나, 성전 심상이 더 적합하다고 말한다. Fanning, *Revelation*, 390~91에서도
성전 견해에 동의한다. 그는 구약에서 영적인 간음 이미지가 많이 사용되지 않
았기에(대상 5:25; 렘 3:6; 겔 23:19), 하나님 앞으로 나아가거나 거룩한 전쟁에서
봉사하는 사람에게 요구되는 도덕적 순결이 더 타당하다고 말한다(출 1914~15;
레 15:16~18; 신 23:914; 삼상 21:5; 삼하 11:9~13).

Aune, 『요한계시록 6~16』, 762~66에서는 도덕적·영적 정결 모두를 지칭
할 수 있다고 말한다.

11 Mounce, 『요한계시록』, 334; Beale, 『요한계시록(하)』, 1240~45.

숭배하지 않고, 오직 하나님과 어린 양이신 그리스도께 충성을 다하는 사람입니다. 또한 "몸을 더럽히지 않고"라는 표현은 도덕적 부정을 의미할 때도 썼습니다. 성경에서는 "몸을 더럽히지 않고"를 도덕적 음행과 관련해서 사용했습니다. 구원받은 사람은 세상 도덕 수준보다 더 높은 도덕 수준을 요구받습니다. 특히 21:8과 22:15은 도덕적으로 음행하는 자는 둘째 사망, 곧 불과 유황이 타오르는 지옥에 던져진다고 말합니다. 14만 4천 명은 구원받은 백성답게 도덕적으로 높은 수준의 삶을 살았습니다.[12] 그들은 음행에 가담하지 않았고, 온갖 세속적 욕심을 추구하지도 않았습니다. 그들은 짐승을 따르는 우상숭배에 빠지지도 않았고, 도덕적으로 부정한 일을 하지 않았습니다.

"그들은 여자들과 더불어 몸을 더럽힌 일이 없는, 정절을 지킨 사람들입니다"에는 동사가 두 개입니다. 첫째 동사는 "더럽힌 일이 없다(οὐκ ἐμολύνθησαν)"입니다. 이 동사는 부정과거 수동형입니다. 여자들과 더불어 더럽혀 진 적이 한 번도 없었다는 점을 강조하고 있습니다. 둘째 동사는 "정절이 지킨 사람이다"에서 "이다(εἰσιν)"입니다. 이 동사는 현재형입니다. 현재형이어도 부정과거형의 결과를 의미합니다. 한 번도 여자들과 더럽힌 적이 없는 결과, 곧 현재 순결한 처녀의 몸, 영적·도덕적으로 깨끗한 몸을 유지하고 있다는 뜻입니다.

둘째, 예수 그리스도께 헌신한 제자들입니다. 이들은 어린 양이 어디로 가든 따릅니다. 그리스도를 따르는 사람을 제자라고 부릅니다. 제자의 핵심 가치는 그리스도를 따름입니다.[13] 그리스도를 따른다는 말은, 그분 고난과 죽음의 길을 기꺼이 따른다는 의미입니다.[14] 마가복음 8장

---

12 Thomas, *Revelation 8~22*, 195~96.

13 그리스도를 따름은 제자도 핵심이다. Aune, 『요한계시록 6~16』, 767~68에 따르면, 제자도는 사복음서와 요한계시록 14:4에서 도드라지는데, 어떤 희생을 치르더라도, 심지어 죽을 각오를 하고서 어린 양을 따름을 의미한다(마 10:38; 눅 14:27; 막 8:34~35; 마 16:24~25; 눅 9:23~24; 눅 17:33; 요 12:25~26).

에서 예수님은 제자들에게 "**나를 따라오려고 하는 사람은, 자기를 부인 히고, 자기 십지기를 지고, 나를 따라오니라**"라고 하셨습니다. 여기서 예수님을 따름은, 자기 부정이요, 자기 십자가를 짊어짐을 말합니다. 14 만 4천 명은 주님을 위해서 기꺼이 희생했습니다. 그들은 하나님과 복 음을 위해서 값비싼 대가를 치렀습니다(참조. 막 8:34~38). 예수님을 따 라가는 사람은 희생을 기꺼이 감당하겠다고 결심합니다. 주님이 주시는 기쁨뿐 아니라 고난과 희생을 기꺼이 치를 준비합니다. 이 땅의 것이나 우상이 아니라, 예수 그리스도의 가르침과 인품을 닮으려고 기꺼이 자 기 목숨도 내어놓습니다.

셋째, 하나님과 어린 양에게 드리는 첫 열매로서, 구원받은 사람들입 니다.15 구속됐다(ἠγοράσθησαν)는 구속받음을 의미합니다. 구속은 시장 에서 쓰는 상업 용어입니다. 그리스도가 피의 값으로 믿는 자들의 죗값 을 지불하고 사서 하나님께 드렸음을 의미합니다.16 구원받은 자는 죄 로부터 구속돼 하나님께 드려졌습니다. 그리고 첫 열매(ἀπαρχὴ)는 처음 에 수확한 곡식이나 열매 중 가장 좋은 것, 또는 동물의 첫 태생을 하 나님께 바침을 의미합니다.17 첫 열매는 최고 것이라는 의미도 있지만, 첫 번째, 첫 시작이라는 의미도 있습니다.18 로마서 8:23은 그리스도를 부활의 첫 열매로 말합니다(고전 15:20, 23). 이는 구원받은 사람은 그리

---

14 Smalley, *The Revelation to John*, 358.

15 Mounce, 『요한계시록』, 344에서는 첫째는 구원받은 이의 충성을, 둘째는 제 자도를, 그리고 셋째는 자기를 하나님께 희생제물로 드림을 의미한다고 말한다.

16 Osborne, 『요한계시록』, 669; Bauer, 『바우어 헬라어 사전』, 21~22.

17 Bauer, 『바우어 헬라어 사전』, 153.

18 Bill T. Arnold, "בכר," in *The New International Dictionary of Old Testament Theology and Exegesis*, ed. Willem A. VanGemeren, vol. 1 (Grand Rapids: Zondervan Publishing House, 1997), 659; Osborne, 『요한 계시록』, 670; Fanning, *Revelation*, 391.

스도의 부활을 따라 죽음에서 부활함을 보증하는 의미입니다. 그렇다면, 첫 열매로 구원을 받았다는 14만 4천 명은 이스라엘 민족의 영적·민족적 회복이 시작했음을 의미할 수 있습니다. 더 나아가 그리스도 안에서 구속받은 모든 성도의 마지막 추수를 보증하는 의미일 수도 있습니다.[19] 그리스도 안에서 구원받은 사람들은 14만 4천 명처럼, 궁극적으로 주님께서 다시 오실 때 하나님의 나라에서 함께 기쁨에 참여합니다.

이들 입은 거짓말을 하지 않고, 흠잡을 데가 없는 온전한 백성입니다. 거짓말을 하지 않는다는 말은, 하나님의 진리를 충성스럽게 선포한다는 의미입니다.[20] 그들은 사탄의 속임수에 현혹되지 않습니다. 그리스도의 참된 증인으로 살아갑니다. 게다가 흠이 없는 삶을 살아갑니다. 도덕적으로 바른 삶을 살아간다는 뜻입니다. 그들은 영적으로도 주님께 충성을 다하지만, 도덕적으로도 흠 없이 살아가면서 그리스도의 백성이라고 선포합니다.

---

19 Osborne, 『요한계시록』, 670에서는 첫 열매인 14만 4천 명을 모든 신자의 마지막 추수(계 14:14~16)를 보증하는, 하나님께 바쳐진 제물로서 환난 시기 성도를 가리킨다고 말한다. Thomas, *Revelation 8~22*, 197~98에서는 첫 열매로서 14만 4천 명은 대환난 동안 구원받은 유대인과 천년왕국 동안에 태어나 믿은 성도를 포함하는 신실한 남은 자를 상징한다고 말한다. Fanning, *Revelation*, 391에 따르면, 첫 열매는 그리스도의 피로 민족 이스라엘이 구원받고, 영적·민족적으로 새롭게 됨을 경험하고, 또한 마지막 시대의 모든 인류와 창조물의 구원과 새롭게 됨을 의미하는 전초기지와 같다고 말한다. Smalley, *The Revelation to John*, 359에서는 새 이스라엘의 영적 추수로서 첫 열매는 다시 오실 예수님 안에서 완전과 성취에 대한 특별한 표시라고 주장한다. Ladd, *A Commentary on the Revelation of John*, 192; Beale, 『요한계시록(하)』, 1248에서는 첫 열매를 온 세대에 걸쳐 구원받은 신자 총수라고 한다.

20 Beale, 『요한계시록(하)』, 1254~55에서는 이사야 53:9과 스바냐 3:11~14의 성취라고 말한다. Fanning, *Revelation*, 391에서는 도덕적 의미로만 보고, Thomas, *Revelation 8~22*, 199에서는 제의적 의미로만 본다. 하지만 Osborne, 『요한계시록』, 670~71; Aune, 『요한계시록 6~16』, 783~84; Smalley, *The Revelation to John*, 360에서는 온전한 제물을 뜻하는 속죄 제사 용어라서, 하나님 백성의 도덕적 경건을 의미한다고 말한다.

결론

그리스도는 승리자 주님이십니다. 성도가 사탄의 세력에게 핍박받을 때, 주님께서 침묵하시는 듯하기도 합니다. 그러나 그분은 사탄의 세력을 멸하시고, 메시아 왕국을 세우십니다. 그리고 성도에게 메시아 왕국에서 함께하는 은혜를 주십니다. 그러므로 성도는 눈을 높이 들어야 합니다. 이 땅에서 벌어지는 잠시 잠깐의 고난이나 핍박에 굴복하지 말아야 합니다. 오히려 승리하시는 어린 양이신 그리스도를 바라보면서 인내하며 믿음을 간직해야 합니다. 전능하신 메시아는 이 땅에 당신 왕국을 건설하십니다. 그리고 당신을 신뢰하는 성도를 당신 나라로 초청하여 함께 복을 누리게 하십니다. 우리는 주님의 승리를 바라보며, 영적으로 · 도덕적으로 깨끗하게 준비해야 합니다. 어떤 어려움에서도 주님만 따르겠노라고 결심하시고, 그렇게 사시기를 바랍니다.

계시록 14:6~13, '세 천사가 선포하는 말'
회개로 마지막 기회를 살리자

중심 내용: 회개할 마지막 기회를 거부하는 자는 영원한 불못에 이르 나, 인내하는 이는 영원한 쉼을 보상으로 받는다.

I. 첫째 천사, "영원한 복음이 요구하는 대로 회개하고서 하나님을 경배 하라"(14:6~7).

II. 둘째 천사, "악의 세력인 바빌론은 망하기 때문이다"(14:8).

III. 셋째 천사, "하나님을 경배하지 않으면 불과 유황 심판을 받는 다"(14:9~11).

IV. 성도는 악한 세력에 믿음으로 인내해야 한다(14:12~13).

서론

요한계시록 14:6~13절은 세 천사가 선포한 말입니다. 세 천사는 땅 에 사는 백성에게 하나님의 임박한 심판을 선포하면서 하나님께 돌아오 라고 촉구합니다. 첫째 천사는 하나님의 심판 때가 이르렀으니 회개하 고 주님께로 돌아오라고 선포합니다. 둘째 천사는 그 이유를 선포하는

데, 바빌론이 무너졌기 때문입니다. 셋째 천사는 회개하지 않는 사람에게 불과 유황의 영원안 불못 심판이 있다고 선언합니다. 세 전사가 선포한 말에 이어서, 성도에게 인내하라고 권면합니다. 왜냐하면 인내하는 성도에게 수고한 보상이 있기 때문입니다. 세 천사가 전한 말은 하나님이 이 땅에 살고 있는 사람에게 마지막으로 주는 회개 기회입니다. 회개할 마지막 기회를 거부하면, 하나님의 심판만 있습니다. 오늘은 「회개로 마지막 기회를 살리자」라는 제목으로 말씀을 전하겠습니다.

I. 첫째 천사, "영원한 복음이 요구하는 대로 회개하고서 하나님을 경배하라"(14:6~7).

사도 요한은 천사가 하늘 가운데 날아다니는 광경을 봤습니다. 천사는 땅 위에 살고 있는 모든 사람에게 전할 영원한 복음을 가지고 있었습니다. 그는 큰 소리로 "하나님을 두려워하고, 영광을 돌리라"라고 선포합니다. 그리고 "하늘과 땅과 바다와 물의 근원을 만드신 하나님께 경배하라"라고 선포합니다. 그 이유는 하나님께서 심판하실 때가 이르렀기 때문입니다. 땅 위에 살고 있는 사람, 곧 모든 민족, 종족, 언어, 그리고 백성은 온 세상에 살고 있는 모든 사람을 지칭합니다.[1] 예수님

---

[1] Grant R. Osborne, 『요한계시록』, 김귀탁 옮김, BECNT 시리즈 (서울: 부흥과개혁사, 2019), 675~76에 따르면, 땅에 거주하는 자들은 하나님 대신 사탄을 선택하고(계 11:10; 13:8; 14), 파멸 메시지를 받은(계 8:13) 믿지 않는 사람이다. G. K. Beale, 『요한계시록(하)』, 오광만 옮김, NIGTC (서울: 새물결플러스, 2020), 1258~59에 따르면, '모든 민족과 종족과 방언과 백성'은 계시록 5:9과 7:9에서 말한 구원받은 사람도 포함하지만, 계시록 14:6에서 말하는 구원받지 못한 사람, 곧 복음에 호의적으로 반응하지 않을 대다수 사람을 가리킨다(계시록 10:11부터는 우상숭배자들인 세상의 모든 사람을 가리키려고 사용되었다 [계 13:7절 참조]). George E. Ladd, *A Commentary on the Revelation of John* (Grand Rapids: Wm. B. Eerdmans Publishing Company, 1972), 193에서도 믿는 사람이 아니라, 믿지 않는 사람이라고 한다. Buist M. Fanning, *Revelation*, Zondervan Exegetical Commentary on the New Testament, ed.

을 믿는 사람과 믿지 않는 사람 모두를 포함합니다. 그런데 대부분 청
중은 믿지 않는 사람입니다. 이들 중 많은 이는 적그리스도 그리고 그
의 우상에게 절합니다. 경제적인 규제를 피하려고 짐승의 표인 적그리
스도의 표를 받은 사람입니다.

　하지만 믿는 사람도 포함합니다. 12~13절에서 인내가 필요하다고 권
면하는데, 그 대상은 성도입니다. 그렇다면 땅에 살고 있는 사람 중에
성도도 있습니다. 성도 중에는 예수님을 믿는 믿음을 굳게 지키는 성도
도 있습니다. 그러나 경제적인 이유로 우상에게 절하고, 표를 받아야 하
나 말아야 하나 심리적으로 갈등하는 성도도 있습니다. 첫째 천사는 믿
는 사람이든 믿지 않는 사람이든 모두가 들어야 할 복음을 선포합니다.

　"그렇다면 첫째 천사가 선포한 영원한 복음은 무엇일까요?"

　'복음'이라고 하면, 일반적으로 메시아이신 예수 그리스도의 죽음과 부
활을 통한 구원이라고 생각합니다. 복음의 핵심이 그리스도의 죽음과 부
활이기 때문입니다(롬 10:9~10). 그래서 복음을 전함은 예수님을 전하는
일이요, 예수님 안에 있는 구원의 은혜를 전하는 일입니다. 예수님을 믿
으면 죄 사함을 받아 하나님의 자녀가 됨이 복음의 핵심입니다. 그런데
첫째 천사가 선포한 '영원한 복음'은 구원 메시지가 아닙니다. 예수 그리
스도를 언급하지 않기 때문입니다. 예수님의 죽음과 부활도 언급하지 않
습니다. 예수님을 믿으면 하나님의 자녀가 된다는 언급도 없습니다. 오히
려 천사는 하나님을 경외하고, 하나님께 영광을 돌리며, 창조주이신 하나
님을 경배하라고 선포합니다.[2] 그렇다면 천사가 선포한 영원한 복음은 구

Clinton E. Arnold et al., vol. 20 (Grand Rapids: Zondervan Academic,
2020), 392에 따르면, 13:8, 14에서는 세상에 거주하는 모든 사람은 부정적인
측면에서 쓰였지만, 14:6에서는 복음에 반응하는 긍정적인 측면을 제안한다.

　2 Robert H. Mounce, 『요한계시록』, 장규성 옮김, NICNT (서울: 부흥과개혁
사, 2019), 348; Beale, 『요한계시록(하)』, 1261~63에 따르면, 영원한 복음은 그리
스도 안에서 얻을 수 있는 하나님의 구원 은혜가 아니라, 창조주를 두려워하고 높

원 초청 메시지가 아니고, 회개를 촉구하고 하나님을 경배하라는 메시지입니다. 천사는 용과 적그리스도를 섬기는 우상숭배를 멈추고 회개하고 하나님께 돌아오라고 촉구합니다. 하나님께 돌아와 하나님을 경외하며, 하나님을 찬양하고, 하나님을 예배하라고 경고합니다. 그런 측면에서 본문에서 말하는 영원한 복음은 회개를 촉구하는 심판 메시지입니다.

땅 위에 사는 모든 사람이 회개하고서 경배할 대상은 하나님입니다. 하나님은 하늘, 땅, 바다, 물의 근원을 만드신 창조주이십니다. 하늘, 땅, 바다는 하나님께서 창조하신 모든 만물, 곧 우주를 의미합니다. 하나님은 모든 만물과 우주를 창조하신 창조주이십니다(계 7:17; 8:10; 16:4; 21:6). 하나님은 만물을 만드셨고, 만물이 한 치 오차도 없이 움직이도록 운행하십니다. 피조물이 당신 목적에 따라 행하도록, 관리하고 보호하십니다. 그래서 세상의 모든 사람은 창조의 주인이시오, 만물을 운행하시는 하나님을 경외하고 예배해야 합니다.

"왜 사람들이 우상숭배와 죄악 된 삶을 회개하고, 하나님을 경배해야 할까요?"

하나님께서 심판하실 때가 이르렀기 때문입니다(7절). **"하나님께서 심판하실 때가 이르렀다"**라고 번역하는데, 헬라어 성경 대로 이해하면 '**하나님의 심판의 때가 이미 도착했기 때문이다**(ὅτι ἦλθεν ἡ ὥρα τῆς κρίσεως αὐτοῦ)'입니다. "ἦλθεν(이르렀다)"는 부정과거형으로 심판 때가

이고 경배하라는 심판 메시지이다. David E. Aune, 『요한계시록 6~16』, 김철 옮김, WBC 성경주석, 52중 (서울: 솔로몬, 2004), 786~88에서도 복음(εὐαγγέλιον)이 메시아이신 예수님의 죽음과 부활을 통한 구원을 나타낼 때는 정관사와 함께 쓰이는데, 본문은 정관사가 없는 형태로 쓰였기에 구원보다는 임박한 심판의 맥락에서 창조주 하나님께로 회개하고 돌아오라는 경고 메시지로 이해해야 한다고 주장한다. Robert L. Thomas, *Revelation 8~22: An Exegetical Commentary* (Chicago: Moody Press, 1995), 203~04에서도 같은 맥락에서 영원한 복음에는 믿으라는 초청은 없고, 단지 용과 적그리스도를 거절하고 하나님을 두려워하고 회개하라는 명령만 있다고 말한다. Ladd, *A Commentary on the Revelation of John*, 193에서는 영원한 복음을 종말 선언이라고 한다.

이미 이르렀다, 이미 도착했다는 의미를 강조합니다.[3] 하나님께서 정하신 심판 시간, 운명의 시간이 이미 도착했습니다. 요한이나 청중에게는 하나님의 심판은 여전히 미래입니다. 그런데도 심판이 이미 이르렀다고 표현한 이유는 하나님 심판의 확실성과 임박함을 강조하려 함입니다.[4] 심판하실 시간이 확실하기에, 이제 남은 시간이 없습니다. 회개하고 주님을 경배하든가, 아니면 최후의 심판을 받을 것인가를 양자택일해야 합니다. 다른 선택은 없습니다. 두 가지 모두를 선택할 수 없습니다. 한 가지만 선택해야 합니다. 그래서 천사는 땅 위에 사는 모든 사람에게 회개를 경고하면서 하나님을 경배하라고 촉구합니다.

"하나님의 심판이 임박하다 고 했는데 임박한 하나님의 심판은 어떤 심판일까요?

II. 둘째 천사, "악의 세력인 바빌론은 망하기 때문다"(14:8).

둘째 천사는 하나님의 심판이 무엇인지를 설명합니다. **"무너졌다. 무너졌다. 큰 도시 바빌론이 무너졌다"**라고 선포합니다. **"무너졌다, 무너졌다(ἔπεσεν ἔπεσεν)"**에서도 동사가 부정과거형입니다. 바빌론이 무너짐도 미래 사건입니다. 그런데도 부정과거형, 즉 '이미 무너졌다, 이미 파괴되었다'로 표현합니다. 그 이유는 장차 임할 파괴가 확실하기 때문입니다.[5] 둘째 천사도 첫째 천사처럼 부정과거형으로 말합니다. 이것은 둘째

---

3 Fanning, *Revelation*, 392, n. 21에 따르면, 부정과거형은 하늘 관점에서 보면 최근에 완성한 사건(계 6:17; 11:18; 18:10)을 나타낸다. Aune, 『요한계시록 6~16』, 791~92에서는 부정과거형 용법을 확신이나 예언보다는 완료 용법이라고 한다. Osborne, 『요한계시록』, 678에서는 정점 용법이라 심판의 시간이 이미 이르렀다는 사실을 강조하면서 하나님 심판의 확실성과 임박함을 강조한다고 말한다.

4 Osborne, 『요한계시록』, 678.

5 Aune, 『요한계시록 6~16』, 793~94에서는 부정과거형을 화자 관점에서 볼 때 아직 일어나지 않은 사건인 바벨론-로마의 멸망이 확실함을 강조하기에, 확

천사가 선포한 바빌론의 멸망은, 첫째 천사가 선포한 하나님의 심판과 관련이 있기 때문입니다.6 하나님의 심판은 곧 바빌론의 멸망과 밀접하게 관련이 있습니다. 구약성경에서 바빌론은 하나님 백성의 가장 중요한 대적입니다.7 바빌론은 유다를 괴롭혔습니다. 예루살렘을 멸망시켰고, 하나님의 성전을 파괴했습니다. 그리고 하나님의 백성을 포로로 잡아갔습니다. 그래서 바빌론은 하나님과 하나님 백성의 대적, 악의 세력을 지칭하는 대명사입니다. 바빌론의 멸망은 결국 하나님과 하나님의 백성을 대적하는 악의 세력의 멸망을 의미합니다.

신의 완료 또는 예언적 완료 용법이라고 주장한다. 그는 7절과 8절에 부정과거형(번역은 단순과거 동사로 표현)을 다른 용법으로 간주한다. 7절은 완료 용법으로, 8절은 확신 또는 예언적 완료 용법이라고 한다.

6 Osborne, 『요한계시록』, 679.

7 Osborne, 『요한계시록』, 393에서는 계시록에서 요한이 '바빌론'이란 용어를 사용함은 메소포타미아에 있는 바빌론 도시를 문자적으로 언급함이 아니라, 모형론(typology)으로서 하나님과 하나님의 백성을 핍박하는 이방 제국에 중요한 예로 쓰였다고 말한다. 주전 2세기에는 셀레우코스를 의미할 수 있고, 주후 1세기에는 예루살렘과 성전(AD 70)을 파괴하고 그리스도인을 핍박한 로마 제국을 지칭할 수 있다. 마지막 시대에는 하나님을 대적하는 가장 큰 세력의 형태(계 12~19장)를 지칭한다고 말한다. Osborne, 『요한계시록』, 679~80에 따르면, 요한계시록에서 '바벨론'은 여섯 번 쓰였는데(계 16:19; 17:5; 18:2, 10, 21), 거의 모두 로마 제국을 지칭한다. 로마 제국은 고대 바벨론과 운명에 처함을 암시한다. Aune, 『요한계시록 6~16』, 794~95에서는 로마 암호명 '바벨론'은 유대교 묵시문학에서 종종 쓰인다고 말한다. 이 용어는 주후 70년 이전에는 생겨나지 않았고, 디도(Titus)가 예루살렘을 함락한 후인 주후 70년 이후에 쓰였다고 말한다. 그런데 베드로전서는 주후 80년에 기록됐으면서도 로마를 바벨론(벧전 5:13)이라고 한다. 베드로전서에서 바벨론은 반감을 나타내지 않기에 로마를 가리키는 경멸적인 암호명이 아니라고 말한다. 반면에 요한의 서신에서 적대감이 생긴 이유는 요한이 구약의 예언서를 읽고, 거기에서 바벨론과 로마를 동일시하는 법을 배워 바벨론에 대한 선지자들의 적대감을 로마를 향한 자신의 태도 속으로 이전시켰다고 주장한다. 하지만 베드로전서가 로마에 적대감을 표현하지 않은 이유는 예루살렘과 성전이 파괴되기 이전에 기록되었기 때문이라고 보면 더 자연스럽다.

"그렇다면 왜 바빌론이 무너지고, 파괴됐을까요?"

"**자기 음행으로 빚은 진노의 포도주를 모든 민족에게 마시게 했기**" 때문입니다. "자기 음행으로 빚은 진노의 포도주를 모든 민족에게 마시게 했다"라는 말은 무슨 뜻일까요? '음행'은 두 가지의 의미로 쓰입니다. 하나는 부정한 성관계를 지칭합니다. 결혼 생활에서 성관계 외의 모든 성관계를 음행이라고 합니다. 다른 하나는 우상숭배를 행하는 관행을 지칭합니다.8 하나님 외 것을 믿고 의지하는 행위를 말합니다(계 17:1~6, 15; 18:3, 15, 19, 23). 본문은 두 가지 모두를 포함합니다.

'진노의 포도주'도 두 가지로 해석할 수 있습니다. 하나는 바빌론의 우상이나 죄를 따라 행함을 의미할 수 있습니다.9 다른 하나는 그 결과 하나님 심판의 포도주에 빠짐을 의미할 수 있습니다.10 고대 세계에서, 강대국에 속박됨은 정치·군사적인 속박만을 의미하지 않았습니다. 단순히 조공을 바침만을 의미하지도 않았습니다. 그 나라의 신이나 관습을 따르는 행위까지도 포함합니다. 바빌론은 정복한 민족이 자기 신이나 부정한 모든 관습이나 행동을 따르도록 강요했습니다. 피지배국은 강대국 바빌론의 모든 관행을 따랐습니다. 그 결과, 하나님의 심판, 분노의 심판을 받습니다.

---

8 '음행(πορνεία)'은 모든 부정당한 성관계를 지칭하는 용어이다. 이 용어는 때때로 하나님에게서 멀어지는 것, 곧 우상숭배 등을 지칭한다. 그 이유는 하나님과 백성의 관계가 혼인 부부로 간주가 되기 때문이다(호 6:0; 렘 3:2, 9; 왕하 9:22). 자세한 내용은 Walter Bauer, eds. Kurt Aland, Barbara Aland, and Viktor Reichmann, 『바우어 헬라어 사전—신약성경과 초기 기독교 문헌의 헬라어-한국어 사전』, 이정의 옮김 (서울: 생명의말씀사, 2017), 1294를 참조하라.

9 Beale, 『요한계시록(하)』, 1269~71에서는 "음행으로 빚은 진노의 포도주"를 그와 더불어 행한 음행으로 해석한다. 나라들이 바벨론과 연합하면 바벨론에게서 물질적 안정을 보장받고, 연합하지 않으면 그 보장이 제거된다. 그래서 경제적 안정을 유지하려고, 나라들이 바빌론(로마)의 우상숭배 요구에 협조할 수밖에 없었다고 주장한다.

10 Bauer, 『바우어 헬라어 사전』, 1097.

바빌론은 두 가지 이유로 무너집니다.[11] 하나는 자기 모든 악한 관행을 보는 민속이 따르게 강요했기 때문입니다. 다른 하나는 그 결과로 모든 민족이 하나님의 진노를 받게 했기 때문입니다. 그래서 하나님은 그 모든 것의 원인인 바빌론을 심판하십니다. 결국, "자기 음행으로 빚은 진노의 포도주를 모든 민족에게 마시게 했다'라는 말은 두 가지 의미입니다. 하나는 바빌론의 음행을 모든 나라로 행하도록 했다는 뜻이요. 다른 하나는 그 결과 하나님의 진노 포도주를 모든 민족이 마시게 했다는 뜻입니다.

"첫째 천사와 둘째 천사가 전달하는 경고에도 불구하고, 땅 위에 사는 사람들은 회개하지 않습니다. 회개하기를 거절할 때, 어떤 결과가 일어날까요?"

III. 셋째 천사, "하나님을 경배하지 않으면 불과 유황 심판을 받는다"(14:9~11).

하나님을 대적하고 우상을 숭배하면, 하나님의 진노를 삽니다.[12] 유대 사상에서, 하나님의 진노 포도주를 마시면 죽습니다.[13] 이것은 마치 조선시대 왕이 반역죄를 저지른 신하에게 내리는 사약과 같습니다. 사약을 마시면 죽습니다. 마찬가지로 하나님의 진노 포도주를 마시면, 곧바로 죽습니다, 파괴됩니다.

---

11 Osborne, 『요한계시록』, 681에서는 바빌론의 음행 포도주와 하나님의 진노 잔이 평행을 이룬다고 보면서, 두 가지의 개념이 모두 포함된 이중 의미로 음행의 포도주를 사용했다고 주장한다.

12 Osborne, 『요한계시록』, 681~82에 따르면, 6~8절에서 동사는 부정과거형(전할, 두려워하고, 돌려라, 예배하여라, 무너졌다, 무너졌다)이고, 9절에서는 현재형(절하고, 받는)이고, 10절은 미래형(마실 것이다, 부어 넣을 것이다)이다. 이 변화는 적그리스도와 그의 우상을 절하는 자에게 엄격한 심판이 있다는 경고에도 불구하고(과거), 지속해서 경배하고 표를 받으면(현재), 하나님의 심판이 만국에 부어짐(미래)을 나타낸다.

13 Osborne, 『요한계시록』, 682.

"하나님의 진노 포도주는 누구 받을까요?"

"짐승과 짐승의 우상에게 절하고, 이마나 손에 표를 받는 사람"입니다. 요한계시록 13장에 따르면, 첫째 짐승(적그리스도)와 둘째 짐승(거짓 선지자)를 따르는 자들입니다. 우상숭배하는 자들이지요. 그리고 경제적인 규제나 이유로 이마나 손에 짐승의 표를 받는 자들입니다. 이들은 천사의 경고에도, 회개하기를 거절하고, 또한 하나님께로 돌아오기를 거절했습니다. 하나님을 거절하면, 결국 하나님의 진노 포도주를 마시고 죽습니다.

10절에서 하나님의 진노 포도주를 **"물을 섞어서 묽게 하지 않은, 하나님의 진노 잔"**이라고 표현합니다. 물을 섞지 않은 포도주를 이해하려면, 당시 문화를 알아야 합니다. 1세기에 물과 포도주를 1대 1로, 곧 반반씩 섞었습니다. 그런데 때로는 물 3과 포도주 2, 또는 물 3과 포도주 1로 섞어서 포도주를 만들었습니다. 취하고 싶을 때는 물을 섞지 않고, 포도주만 마셨다고 합니다.[14] 물을 섞지 않은 포도주는 독주입니다. 하나님의 진노 포도주는 물을 타지 않은 독주를 생각하게 합니다. 이는 하나님 진노의 강력함을 의미합니다. 우상에게 절하고 이마나 손에 표를 받는 사람은, 하나님의 강력한 진노 심판을 받습니다. 하나님은 은혜로우시며 자비와 사랑이 풍부하신 분이시지요. 그래서 회개하고 돌아오기를 기다리십니다. 아버지가 집을 나간 아들이 돌아오기를 기다리듯, 하나님은 사람들이 회개하고 돌아오기를 기다리십니다. 그런데 회개하고 돌아오라는 경고에도 불구하고, 마지막 기회에도 불구하고, 하나님을 대적하고 하나님의 사랑과 자비를 거절할 때, 하나님은 심판하십니다. 하나님이 심판하실 때, 누구도 그 심판을 피할 수 없습니다.

하나님의 진노 포도주, 곧 독주를 10절과 11절은 다른 용어로 표현합니다. **"또 그런 자는 거룩한 천사들과 어린 양 앞에서 불과 유황으로 고통을 받을 것이다. 그들에게 고통을 주는 불과 유황의 연기가 그 구덩이에서**

---

14 Osborne, 『요한계시록』, 682; Aune, 『요한계시록 6~16』, 801.

영원히 올라올 것이며, 그 짐승과 짐승 우상에게 절하는 자들과, 또 그 이름의 표를 받는 자는, 누구든지, 밤에도 낮에도 휴식을 얻지 못할 것이다." 하나님의 진노 독주를 '불과 유황으로 받는 고통'으로 표현합니다.[15] 불은 불못을 의미합니다. 불못은 쇠를 녹이는 풀무불을 의미합니다. 풀무불은 철물을 만드는 데 쇠붙이를 녹이는 화덕을 말합니다. 쇠를 녹이려면 1,000도 이상 높은 온도를 유지해야 합니다(실제 쇠를 녹이는 온도는 1,535도라고 함). 그렇다면 불못은 1,000도 이상 고온으로 가열되는 곳입니다.

그런데 유황은 의약품, 화약, 성냥 따위를 만드는 데 사용하는 물질입니다. 낮은 온도에서 불이 붙기에 향을 피울 때 쓰였습니다. 고대에 전쟁할 때 역청과 함께 사용하면 효과적인 전쟁 무기였습니다. 특히 화산 퇴적물에서 발견되는데, 냄새가 아주 지독합니다.[16] 1,000도가 넘은 뜨거운 불못에 유황을 넣으면, 불은 더 뜨거워지며 냄새는 더 지독합니다. 불과 유황은 하나님의 심판인 진노 포도주가 얼마나 끔찍한가를 보여주는 좋은 예입니다.

그런데 불과 유황의 연기가 영원히 올라온다고 표현합니다. '영원히 올라온다'라는 말은, 한 번만 올라오고 그치지 않고, 계속 올라온다는 말입니다. 불과 유황 심판은 일시적으로 끝나지 않고, 영원히 이어집니다(막 9:43~48; 빌 3:18~19; 살 후 1:9; 히 6:2; 유 7). 사탄의 핍박 그리고 물질적인 고통은 일시적입니다. 그러나 구원받지 못한 사람들, 이 땅에서의 경제적인 유익으로 하나님을 거절하고 우상을 숭배한 사람은 불못에서 영원히 고통받습니다.

11절에서는, '영원히 받는 고통'을 밤낮 쉼을 얻지 못함으로 표현합니다. 하나님을 거역한 사람은 밤낮 쉼을 얻지 못합니다(사 34:9~10 참

---

15 Beale, 『요한계시록(하)』, 1280~81에서는 '고통받는다'를 의식적인 고난으로 해석한다.

16 Aune, 『요한계시록 6~16』, 803~04.

조). 설 수 없으면, 참으로 고통스럽습니다. 아무리 어렵고 힘들어도 하던 일을 잠시 멈추고 피로를 풀려고 누울 수 있는 쉼터나 집이 있으면, 행복합니다. 물을 섞지 않은 진노의 포도주, 불과 유황불, 불과 유황의 연기가 영원히 올라오고, 휴식을 얻지 못하고 등은 하나님의 심판이 얼마나 감당하기 어려운가를 표현합니다. 이 극심한 심판이 짐승과 짐승의 우상에게 절하는 자에게 닥칩니다. 이마나 손에 짐승의 표를 받는 사람들에게 들이닥칩니다. 하나님을 거절하고, 예수 그리스도의 은혜를 거절하는 사람에게 닥칩니다.

IV. 성도는 악한 세력에 믿음으로 인내해야 한다(14:12~13).

그렇기에 성도는 인내해야 합니다. 12절입니다. **"하나님의 계명과 예수를 믿는 믿음을 지키는 성도에게는 인내가 필요하다."** 하나님을 믿는 백성에게 요구되는 덕목은 인내(ἡ ὑπομονή)입니다.[17] "지킨다(τηρέω)는 순종한다는 뜻입니다. 하나님의 계명, 하나님의 말씀을 순종하는 성도는 인내해야 합니다. 예수님을 믿는 믿음을 유지하는 성도는 인내해야 합니다. 인내는 하나님께 끝까지 충성하는 자세입니다. 적그리스도에게 충성하며 숭배하라는 요구가 점점 거세집니다. 이때 인내해야 합니다. 참고 견뎌내야 합니다. 하나님을 바라보며, 영원한 하나님의 은혜를 바라보며, 하나님께 계속 충성해야 합니다.

믿음으로 인내하며 하나님께 충성할 때, 죽음이 따를 수 있습니다. 13절은 말합니다. **"이제부터 주님 안에서 죽는 사람들은 복이 있다."** 이 표현은 인내하다가 죽음으로 끝이 날 수 있음을 의미합니다.[18] 대체로,

---

17 Mounce, 『요한계시록』, 353, 355에서는 과거주의 견해, 곧 신신한 사람이 로마 황제 숭배 사상을 거절하다 받는 환난과 시험에 인내라고 말한다.

18 Beale, 『요한계시록(하)』, 1288에 따르면, 죽은 자는 순교자뿐 아니라 자연사로 인한 죽은 사람도 포함한다. Osborne, 『요한계시록』, 687; Fanning, *Revelation*,

인내한 결과가 영광이어야 한다고 생각합니다. 그러나 때로는 죽음일 수 있습니다. 하지만 분명히, 하나님께서 위로하십니다. 죽음은 끝이 아니고, 이 땅에서 수고를 마치고 쉬는 시간이기 때문입니다. 그리스도 안에서 죽음은 이 땅에서의 핍박, 고통, 수고, 연약함과 두려움에서 벗어나는 수단이 될 수 있습니다. 이제 이 땅에서 고통과 두려움에서 벗어나 쉼을 얻습니다. 그래서 **"그들은 수고를 그치고 쉰다"**라고 격려하고 있습니다. 짐승에게 절하고, 짐승의 표를 받는 사람은 밤낮 쉼을 얻지 못합니다. 그러나 어떤 핍박에도 인내하는 사람, 하나님께 충성하는 사람은 죽음을 경험하지만, 결국 하나님께서 주시는 쉼을 누립니다. 그래서 인내하라, 하나님께 충성하라고 권면합니다.

결론

세 천사가 전하는 말은 회개에 초점을 맞추고 있습니다. 세 천사는 회개할 마지막 기회를 선포하고 있습니다. 땅에 거하는 자들이 임박한 심판을 피하려면 하나님께서 직접 제공하시는, 회개할 마지막 기회에 믿음으로 반응해야 합니다. 하나님의 마지막 기회에 올바로 반응하지 않으면, 영원한 불과 유황으로 타는 불못 심판을 받습니다. 믿음으로 반응하는 사람은 온갖 박해와 압력의 와중에서도 인내하며 신실합니다. 그들은 죽음이라는 최후 대가를 치를 수 있습니다. 하지만 하나님께서 베푸시는 영원한 쉼을 얻습니다. 여러분은 무엇을 찾습니까? 일시적인 평안함인가요, 아니면 영원한 쉼인가요? 마지막 기회가 주어졌습니다.

396에서는 그리스도께 충성한 결과로 순교를 경험한 그리스도인이라고 한다.

계시록 14:14~20, '곡식 추수와 포도 추수'
의인 추수에 들자

중심 내용: 마지막 때, 곡식 추수는 의인 추수이지만, 포도 추수는 악인 심판이다.

I. 곡식 추수는 마지막 때 의인 추수를 의미한다(14:14~16).

II. 포도 추수는 마지막 때 악인 심판을 의미한다(14:17~20).

서론

'추수'는 언제나 농부를 설레게 하는 말입니다. 제가 어릴 적에 우리집은 농사를 지었습니다. 가을 추수 때를 언제나 기대했는데, 메뚜기를 잡을 수 있고 햅쌀을 먹을 수 있었기 때문입니다. 처음 거둬들인 벼 중 얼마를 집으로 가지고 와서 가마솥에 넣고 살짝 찝니다. 그러면 벼가 말랑말랑해지는데, 이 벼를 살짝 말려서 정미소에 가서 찧으면 찐쌀 또는 올게쌀이라, 먹기 좋은 간식입니다. 이렇듯 추수하면 먹을거리가 풍부하고, 마음도 풍성해집니다. 그런데 오늘 본문에서 두 종류 추수는 먹을거리가 풍성하고 마음이 풍요로운 추수가 아닙니다. 하나는 분명 은혜와 기쁨의 추수입니다. 그러나 다른 하나는 절망과 피비린내 나는

추수입니다. 오늘은 이 추수 본문을 토대로 「의인 추수에 들자」라는 제
목으로 말씀을 느리겠습니다.

I. 곡식 추수는 마지막 때 의인 추수를 의미한다(14:14~16).

요한은 흰 구름 위에 계시는 '인자와 같은 분'을 봤습니다. 그분께서
는 금 면류관을 쓰고 계셨고, 예리한 낫을 들고 계셨습니다. 그때 성전
에서 나온 천사가 '인자와 같은 분'에게 추수 때가 됐으니 추수하라는
하나님의 말씀을 전합니다. 그러자 구름 위에 앉은 분이 낫으로 땅에
있는 곡식을 거둬들이셨습니다. 요한은 '인자와 같은 이'[1]를 봤습니다.

---

1 '인자와 같은 이'는 예수인가, 아니면 천사인가를 두고 논의한다. Robert
H. Mounce, 『요한계시록』, 장규성 옮김, NICNT (서울: 부흥과개혁사, 2019),
356; G. K. Beale, 『요한계시록(하)』, 오광만 옮김, NIGTC (서울: 새물결플러
스, 2020), 1293~94; Grant R. Osborne, 『요한계시록』, 김귀탁 옮김, BECNT
시리즈 (서울: 부흥과개혁사, 2019), 693~94; R. H. Charles, *A Critical and
Exegetical Commentary on the Revelation of St. John: With Introduction,
Notes, and Indices; also the Greek Text and English Translation*, vol. 2,
International Critical Commentary, ed. Samuel R. Driver, Alfred Plummer,
and Briggs Charles A (Edinburgh: T. & T. Clark, 1975), 19; George E.
Ladd, *A Commentary on the Revelation of John* (Grand Rapids: Wm. B.
Eerdmans Publishing Company, 1972), 199; Robert L. Thomas, *Revelation
8~22: An Exegetical Commentary* (Chicago: Moody Press, 1995), 218;
Stephen S. Smalley, *The Revelation to John: A Commentary on the Greek
Text of the Apocalypse* (Downers Grove, IL: IVP Academic, 2005), 371;
Philip E. Hughes, The Book of the Revelation (Grand Rapids: Wm. B.
Eerdmans Publishing Company, 1990), 165; Robert W. Wall, *Revelation*,
New International Biblical Commentary on the New Testament, ed. W.
Ward Gasque, vol. 18 (Peabody, MA: Hendrickson Publishing Company,
1991), 187~88; Michael Wilcock, *The Message of Revelation: I Saw
Heaven Opened*, Bible Speaks Today: New Testament, ed. John R. W.
Stott (Downers Grove, IL: InterVarsity Press, 1975), 136; Craig S. Keener,
Revelation, NIV Application Commentary, ed. Terry Muck (Grand Rapids:

요한계시록 1:13에서, 인자와 같은 이는 어린 양이신 예수 그리스도입니다. 다니엘서 7:13에서도, 인자와 같은 이는 메시아로서 그리스도를 지칭합니다.[2] 복음서에서도 인자는 그리스도 칭호로 쓰였습니다(마 24:30; 26:64; 요 5:27). 마태복음 24:30입니다. **"그때 인자가 올 징조가 하늘에서 나타날 터인데, 그때에는 땅에 있는 모든 민족이 가슴을 치며, 인자가 큰 권능과 영광에 싸여 하늘 구름을 타고 오는 것을 보게 될 것이다."** 요한복음 5:27입니다. **"또, 아버지께서는 아들에게 심판하는 권**

Zondervan Publishing House, 2000), 376; Buist M. Fanning, *Revelation*, Zondervan Exegetical Commentary on the New Testament, ed. Clinton E. Arnold et al., vol. 20 (Grand Rapids: Zondervan Academic, 2020), 397 등에서는 '예수 그리스도'라고 한다. Craig R. Koester, 『요한계시록 II—10~22장』, 최흥진 옮김, 앵커바이블 시리즈 (서울: 기독교문서선교회, 2019), 1160; David E. Aune, 『요한계시록 6~16』, 김철 옮김, WBC 성경주석, 52중 (서울: 솔로몬, 2004), 815; Bruce M. Michaels, *Interpreting the Book of Revelation* (Grand Rapids: Baker Book House, 1992), 177~78; Leon Morris, *The Book of Revelation: An Introduction and Commentary*, Tyndale New Testament Commentaries, ed. Leon Morris, vol. 20 (Downers Grove, IL: InterVarsity Press, 1987), 178~79 등에서는 '천사'라고 한다. Aune, 『요한계시록 6~16』, 815~17에서는 인자와 같은 이를 천사로 보는 세 가지 이유를 제시한다. 1) "인자와 같은 이(υἱὸν ἀνθρώπου)"에 관사가 없다. 관사가 없음은 청중이 이미 잘 아는 인물이 아니라는 뜻이다. 2) 금 면류관을 썼다는 자체가 천사라는 견해를 반대하지 않는다. 천사들도 방백으로 인식되어 종종 왕관(3 Enoch 16:1; 17:8; 18:25; 21:4)이나 금 면류관을 썼기 때문이다(Jos. *As.* 14:8~9; Baus. *Krans*, 221). 3) 하늘 성전에서 나온 천사가 인자와 같은 이에게 수확을 시작하라고 명령했다는 점은 메시아 또는 승귀한 예수로 볼 수 없다.

2 Osborne, 『요한계시록』, 693~94; Mounce, 『요한계시록』, 356; Beale, 『요한계시록(하)』, 1293; Fanning, *Revelation*, 397 등에서는 14:14의 인자와 같은 이가 다니엘 7:13의 인자와 같은 이에서 인유했다고 주장한다. 문제는 다니엘 7:13은 구름을 타고 온다고 표현하지만, 계시록 14:14은 구름 위에 앉아 계신다고 표현한다. 어떻게 조화를 이룰 것인가? Aune, 『요한계시록 6~16』, 814에서는 계시록 14:14의 이미지를, 마가복음 14:62에서처럼, 시편 110:1과 다니엘 7:13을 결합한 간접 인용으로 여긴다. 이 견해는 Smalley, *The Revelation to John*, 371에서도 말한다.

한을 주셨다. 그것은 아들이 인자이기 때문이다." 위 내용을 정리해 말하면, 요한이 본 인자와 같은 분은 예수 그리스도이십니다.

"인자가 그리스도임을 증명하는 세 가지 근거 또는 특성이 있습니다."

인자와 관련해 세 가지 특성이 있습니다. 첫째, 흰 구름을 위에 앉아 계십니다. 둘째, 금 면류관을 쓰고 계십니다. 셋째, 손에 예리한 낫을 들고 계십니다. 첫째, 인자는 흰 구름 위에 앉아 계십니다. "구름 위에 앉아 있다"라는 표현은 14절, 15절, 16절에서 한 번씩, 곧 3번이나 나옵니다. 성경에서 구름은 때때로 수송 수단이라고 말합니다.3 엘리야 선지자가 하늘로 올라갈 때, 구름을 타고 올라갔습니다(왕하 2:11). 계시록 11장에 나오는 두 예언자가 하늘로 올라갈 때도 구름을 타고 올라갔습니다(계 11:12). 예수님이 하늘로 승천하실 때 구름을 타고 올라가셨습니다(행 1:9~11). 예수님이 지상에 강림하실 때도 구름을 타고 강림하십니다(계 1:7; 마 24:30: 막 13:26).

또한 구름은 하나님의 영광, 하나님의 현현, 즉 하나님께서 당신을 나타내시는 방법입니다. 광야 40년 동안 하나님은 백성에게 당신 영광을 구름과 불기둥으로 표현하셨습니다(출 14:24; 16:10; 24:16; 참조 마 17:5). 솔로몬이 예루살렘 성전을 완성하고 봉헌할 때 구름이 성전에 가득 찼습니다. 구름이 성전에 가득 찼다는 말은 하나님의 영광이 가득 찼다는 표현입니다(왕상 8:10~11). 열왕기상 8:11입니다. "주님의 영광이

---

3 Aune, 『요한계시록 6~16』, 813~14에서는 성경과 유대 문학에서 구름을 수송 수단으로 사용한 예를 든다. 1) 땅에서 하늘로 이동하는 수송 수단(계 11:12; 왕하 2:11; 1 Enoch 14:8; 39:3; 52:1; 70:2; 2 Enoch 3:1), 2) 하늘 한 지역에서 다른 지역으로 이동하는 수단(시 68:4; 104:3; 사 19:1; 단 7:13; T. Abr.[Recr. B] 12:1; 9:4; 4 Ezra 13:3), 3) 인자의 강림과 관련하여 하늘에서 땅으로 내려오는 수단(계 1:7; 10:1; 막 13:26: 막 14:62; T. Abr. [Rec. A] 9:8; 15:2), 4) 보좌에 좌정해 있는 모습(계 14:14, 16; Sir 24:4), 5) 신 또는 천사의 현현과 관련된 현상(계 10:1; 출 14:24; 16:10; 24:16; 레 16:2; 민 12:5; 신 1:33; 애 3:44; 2 Macc 2:8; 막 9:7).

주님의 성전을 가득 채워서, 구름이 자욱했으므로, 제사장들은 서서 일을 볼 수가 없었다." 본문에서는 '구름을 타고 온다'라고 표현하지 않고, '구름 위에 앉아 계신다'라고 표현합니다. 그렇다면 구름은 수송 수단으로써 표현이 아니고, 하나님의 영광 또는 하나님 현현을 표현합니다.4 인자이신 예수 그리스도께서 영광 가운데 앉아 있는 모습을 '구름 위에 앉아 있다'라고 표현합니다.

둘째, 금 면류관을 쓰고 계십니다. 면류관을 의미하는 용어는 두 가지입니다. 하나는 '디아데마(διάδημα)'인데, 이는 왕관, 왕의 머리에 두르는 관을 의미합니다.5 다른 하나는 '스테파노스(στέφανος)'인데, 이는 경주에서 이긴 승리자에게 주는 화관 또는 통치자의 머리에 씌우는 주권을 상징하는 화관을 의미합니다.6 본문에서 금 면류관은 스테파노스를 사용하기에, 사탄의 세력을 이기고 심판하시는 그리스도의 주권을 강조합니다.7 인자이신 그리스도는 승리자로서 세상과 백성을 심판하시는 일에 가장 적임자이십니다.

---

4 Osborne, 『요한계시록』, 694에서는 구름 위에 앉음을 하나님의 보좌 위에 앉음으로 이해한다.

5 Walter Bauer, eds. Kurt Aland, Barbara Aland, and Viktor Reichmann, 『바우어 헬라어 사전—신약성경과 초기 기독교 문헌의 헬라어-한국어 사전』, 이정의 옮김 (서울: 생명의말씀사, 2017), 343.

6 Bauer, 『바우어 헬라어 사전』, 1425~26.

7 Aune, 『요한계시록 6~16』, 815~16에 따르면, 금 면류관은 신분과 권세를 암시해도 승리를 상징하지는 않기에, 금 면류관을 쓰고 있다는 사실이 메시아라는 증거는 아니다. 왜냐하면 천사들도 왕관을 쓰고 있거나 금 면류관을 쓰고 있다고 묘사하기 때문이다. 그리고 왕 메시아가 면류관을 쓴다는 전승은 극히 후대 자료(Exod. Rab. 8.1; Midr. Ps. 21:1; Braude. Midrash 1:204)이다. Fanning, Revelation, 397에서도 금 면류관을 썼다고 해서 메시아라는 결정적인 단서는 아니라고 한다. 왜냐하면 그것은 영예로운 인물(honored figure)을 지칭하기 때문이다. 그러나 다니엘 7:13과 계시록 1:13과 비교하면, 예수 그리스도라고 결론을 내림이 가장 타당하다고 주장한다.

셋째, 예리한 낫을 가지셨습니다. 낫(δρέπανον)은 길고 약간 구부러진 형태에 예리한 날이 있어, 풀을 베거나 나뭇가지를 자르는 도구입니다.8 그런데 낫은 하나님의 심판과 자주 관련돼 쓰입니다.9 마가복음 4:29에 "**열매가 익으면 곧 낫을 댄다. 추수 때가 왔기 때문이다**"라고 하면서, 낫을 심판과 관련짓습니다. 그렇다면 낫은 마지막 추수 때 하나님의 심판을 의미할 수 있습니다. 요한계시록 14:14에, 구름 위에 앉아 있고, 금 면류관을 쓰고 있으며, 예리한 낫을 가지고 있는 '인자와 같은 이'는 마지막 시대에 세상을 심판하시는 그리스도이십니다.

이때 다른 천사가 성전, 곧 하나님에게서 나옵니다.10 그리고 구름 위에 앉아 계신 분에게 곡식이 무르익었으니, 곡식을 거둬들이라는 소식을 전합니다.11 그러자 구름 위에 앉은 그리스도가 낫을 휘둘러 땅에 있는 곡식을 거둬들입니다.

---

8 Bauer, 『바우어 헬라어 사전』, 389.

9 Osborne, 『요한계시록』, 695; Aune, 『요한계시록 6~16』, 816. 하지만, Smalley, *The Revelation to John*, 372에 따르면, '예리한 낫을 가지고 있다'는 메시아가 시작한 종말적 추수 개념보다는 그리스도의 왕권 또는 승귀된 위엄을 뜻한다.

10 하늘 성전은 하나님이 거하는 장소, 또는 하나님의 보좌를 지칭한다. Thomas, *Revelation 8~22*, 219; Smalley, *The Revelation to John*, 372; Fanning, *Revelation*, 397~98; Osborne, 『요한계시록』, 695을 보라.

11 Aune, 『요한계시록 6~16』, 817에서는 성전에서 나온 천사가 구름 위에 앉은 인자 같은 이에게 수확을 시작하라고 명령했다는 점이 구름 위에 앉은 이가 메시아, 곧 예수님이 아니라는 강력한 근거라고 주장한다. 이 주장에, Mounce, 『요한계시록』, 356에서는 천사는 하나님의 사자로 그의 목적은 종말의 때를 제시하는 것이 아니고, 단지 추수를 시작하라는 하나님의 명령을 전달하려는 것뿐이라고 말한다. Smalley, *The Revelation to John*, 372에서는 그리스도가 추수할 시간을 몰랐다는 주장에 두 가지로 반론을 제시한다. 1) 성전에서 나온 천사는 그리스도에게 지시하지 않고, 하나님의 명령을 전달한다. 2) 이 상황은 예수님이 하나님께 기능적인 종속을 의미한다. 복음서는 계속 마지막 심판 때는 천사와 아들에게조차 감추어져 있고, 오직 하나님 아버지께서만 아신다고 말한다(막 13:32; 행 1:7).

"여기서 곡식은 무엇을 지칭할까요?"

마태복음 9:37~38을 보면, 예수님은 "추수할 곡식이 많다"라고 말씀하셨습니다. 그러면서 주인에게 추수할 일꾼을 보내 달라고 기도하라고 제자들에게 말씀하셨습니다. 요한복음 4:34~38에서도 예수님은 '희어져 추수하게 되었다'라고 말씀하시면서, 제자들에게 영생에 이르는 열매를 모으라고 명령하십니다. 이 배경에서 보면, 곡식 추수는 믿는 이들을 추수한다는 뜻입니다. 그렇다면 구름 위에 앉으신 이, 곧 예수 그리스도께서 곡식, 곧 믿는 사람들 모으십니다.

II. 포도 추수는 마지막 때 악인 심판을 의미한다(14:17~20).

요한은 다른 천사가 하늘 성전에서 나와 역시 예리한 낫을 가지고 있는 모습을 봤습니다. 이때 또 다른 천사가 제단에서 나왔습니다. 그 천사는 불을 지배하는 권세를 가졌습니다. 그 천사는 예리한 낫을 가진 천사에게 땅의 포도를 거두라는 하나님의 명령을 전합니다. 낫을 가진 천사는 포도를 거둬서 하나님의 진노 포도주를 만드는 틀에 던집니다. 이 틀은 성 밖에 있었는데, 틀에서 피가 흘러나왔습니다. 피가 말 굴레의 높이까지 닿고, 거의 천육백 스타디온이나 퍼져 나갔습니다.

14~16절이 그리스도께서 곡식을 추수하는 장면이라면, 17~20절은 하늘 성전에서 나온 천사가 포도를 추수하는 장면입니다.12 하늘 성전

---

12 14~16절은 곡식 추수이고, 17~20절은 포도 추수이다. 14~16절과 17~20절은 모두 요엘 3:13을 인용한다. 곡식 추수와 포도 추수가 같은 추수인가, 다른 추수인가를 두고 여러 논의가 있다. 대략 세 가지 견해이다. 1) 곡식 추수는 의인 추수이고, 포도 추수는 악인 추수이다(Osborne, 『요한계시록』, 695, 96~97; Richard Bauckham, 『요한계시록 신학』, 이필찬 옮김, 캠브리지 신약신학 시리즈. [서울: 한들출판사, 2000], 142~48; Ladd, *A Commentary on the Revelation of John*, 200~01; Smalley, *The Revelation to John*, 372; G. B. Caird, *The Revelation of Saint John*, Black's New Testament Commentaries, ed. Henry Chadwick (Peabody, MA: Hendrickson Publishers, 1966), 191; Hughes, *The Book of the Revelation*,

에서 나왔다는 말은, 하나님에게서 권세를 받아 가졌다는 뜻입니다. 인자와 같이 그도 예리한 낫을 가지고 있습니다. 그렇다면 하늘 성전에서 나온 천사는 하나님께서 심판을 진행하라고 임명하신 대리인입니다.

요한은 또 다른 천사가 하늘 제단에서 나오는 모습을 봤습니다. 제단에서 나온 천사는 불을 지배하는 권세를 가졌습니다. 제단에서 나온 천사가 불을 지배함은 요한계시록 8:3~5을 생각하게 합니다. 8장에서 천사는 모든 성도의 기도에 향을 더해서 제단에다 드립니다. 그리고 제단 불을 가득 채워서 땅에 던집니다. 그러자 나팔 심판이 시작합니다.13 제단에 나온 천사는 심판을 시작하라는 하나님의 명령을 전달합니다. 왜냐하면 불은 심판을 상징하는 표현으로 자주 쓰였기 때문입니다(마 18:8; 눅 9:54; 살후 1:7). 마태복음 18:8입니다. **"네 손이나 발이 너를 걸려 넘어지게 하거든, 그것을 찍어서 내버려라. 네가 두 손과 두 발을 가지고 영원한 불속에 들어가는 것보다는, 차라리 손이나 발 없는 채로 생명에 들어가는 편이 낫다."** 불을 지배하는 천사는 낫을 가진 천사에게 땅의 포도를 거두라고 명령합니다.

그러자 예리한 낫을 가진 천사는 땅의 포도를 거두어서 하나님의 진노 큰 포도주를 만드는 술 틀에 던집니다.14 요한계시록 14:6~13에서, 하나님의 진노 포도주는 물을 섞지 않은 독한 포도주, 불과 유황의 영

---

166). 2) 곡식 추수는 의인과 악인 추수이고, 포도 추수는 악인 추수이다 (Mounce, 『요한계시록』, 357, 358; Morris, *The Book of Revelation*, 180). 3) 곡식 추수와 포도 추수 모두 악인 추수이다(Aune, 『요한계시록 6~16』, 820~21, 827; Beale, 『요한계시록(하)』, 1297~99; John F. Walvoord, 『예수 그리스도의 계시』, 전준식 옮김 (서울: 교회연합신문사, 1987), 296~97; Thomas, *Revelation 8~22*, 220; Fanning, *Revelation*, 398).

13 Mounce, 『요한계시록』, 359; Osborne, 『요한계시록』, 697.

14 Osborne, 『요한계시록』, 698; Aune, 『요한계시록 6~16』, 823; Fanning, *Revelation*, 400에 따르면, 구약에서 포도 추수는 하나님 심판에 관한 은유로 쓰였다(사 5:5; 63:2~6; 애 1:15).

원한 연기가 나는 고통의 불못, 그리고 밤낮 쉼이 없는 곳과 관련이 있습니다. 그렇다면 본문에서 "하나님의 진노 큰 포도주(τὴν ληνὸν τοῦ θυμοῦ τοῦ θεοῦ τὸν μέγαν)"[15]를 만드는 술 틀은 믿지 않는 사람을 불과 유황의 불못으로 보내는, 하나님의 큰 심판을 의미합니다. 왜냐하면 구약에서 술 틀에서 포도를 짓밟음이 심판을 상징하기 때문입니다(사 18:5; 63:2; 욜 3:13).

이 술 틀은 성 밖에 있습니다. 성은 예루살렘 성을 의미합니다.[16] 구약성경과 유대 문헌에서 시온, 곧 예루살렘은 하나님의 백성 이스라엘을 회복하는 중심지(계 14:1)이면서도 예수 그리스도의 천년왕국의 수도입니다(20:4~6). 그런데 또한 하나님과 어린 양을 대항하는 용과 그의 추종자들의 마지막 싸움터이기도 합니다(사 62:6~63:6; 66:10~17; 욜 3:1~17; 계 19:19~21).[17] 하나님의 대적자들과 하나님 백성의 원수들은

---

15 '진노의 포도주(τὴν ληνὸν τοῦ θυμοῦ)'에서 포도주(τὴν ληνὸν)는 여성 명사이고, 진노(τοῦ θυμου)는 남성 명사라 성이 다르다. Osborne, 『요한계시록』, 698; Smalley, *The Revelation to John*, 376에서는 '하나님의 큰 진노의 포도주'로 해석하면서 이 "불일치는 심판의 중대성을 강조하려고'라는 의견을 제시한다. 불일치 해결책은 Beale, 『요한계시록(하)』, 1307~09; Mounce, 『요한계시록』, 219, n. 219; Aune, 『요한계시록 6~16』, 732~33을 참조하라.

16 Osborne, 『요한계시록』, 699; Aune, 『요한계시록 6~16』, 824; Smalley, *The Revelation to John*, 377; Fanning, *Revelation*, 400에서는 정관사를 근거로 예루살렘을 지칭한다고 말한다. 하지만 Koester, 『요한계시록 II』, 1164에서는 성을 믿음 공동체를 가리키는 은유라고 말한다. Beale, 『요한계시록(하)』, 1309~11에서는 성이 성도 총회로 보는 이유를 세 가지로 제시한다. 1) 하나님의 진노 포도주는 불신자에게 내려진다. 2) 20절 상반부는 이사야 63:2~3과 요엘 4:13b를 인용하는데, 두 본문에서 포도주 틀을 밟는 행위는 믿지 않는 나라를 심판하는 장면이다. 3) 이사야 63:1~6은 하나님께서 시온은 보호하시나, 당신 백성을 압제하는 나라는 심판하신다는 내용이다. 그래서 메시아를 믿지 않는 사람들은 성 밖에서 심판받기에 성도 총회로 보아야 한다. Caird, *The Revelation of Saint John*, 192에서는 이 도시를 히브리서 13:12~13절과 연결하며, 세상 심판과 예수님께서 십자가를 지시고 돌아가신 장소를 관련짓는다.

예루살렘 부근에서 멸망합니다(슥 14:4~5; 2 Esdr. 13:33~38; 2 Bar 40:1~2). 요엘서 3:12~14에서는 만국 심판이 여호사밧 골짜기에서 시작한다고 말합니다. 여호사밧 골짜기는 예루살렘과 감람산 사이에 있는 기드론 골짜기와 맞닿아 있습니다. 결국, 최후 전쟁이 예루살렘 외곽에서 일어난다고 묘사합니다(슥 14:1~4; 에녹 1:53:1).[18] 그렇다면 하나님의 마지막 심판은 예루살렘 부근에서 이뤄집니다. 요한계시록은 구약과 유대 문헌 사상과 일치합니다. 요한계시록 20~21장에 성 바깥, 곧 예루살렘 바깥은 하나님을 믿지 않거나 거부하는 사람들이 최후 심판을 받는 장소입니다. 새 예루살렘은 어린 양의 생명책에 기록된 사람만이 들어갑니다(계 21:27). 하지만 생명책에 이름이 기록되지 못한 자는 새 예루살렘에 들어가지 못하고, 밖에 있습니다(계 20:11~15).

　포도는 술 틀에 던져지고, 짓밟으니, 피가 흘러나옵니다. 포도주 틀은 일반적으로 포도원에 설치합니다. 그런데 포도원은 통상적으로 성읍 밖에 있습니다. 이스라엘 포도원도 예루살렘을 포함한 성읍들 밖에 있습니다.[19] 그 피가 말 굴레 높이까지, 그리고 천육백 스타디온까지 퍼집니다. 포도를 밟는다는 당시 친숙한 표현입니다. 성경 시대에, 통 안에 포도를 넣고, 발로 밟습니다. 그러면 통에 달린 관을 따라 포도즙이 모입니다. 요한은 포도 밟기를 하나님께서 대적들을 심판하심으로 묘사합니다. 포도를 술 틀에 넣고 밟으면 자연스럽게 붉은 포도즙이 튀어서 옷을 더럽힙니다. 하나님의 마지막 심판 때, 포도즙이 옷에 튀는 모습을 선혈이 낭자하게 튀는 모습으로 표현합니다. 이사야 63:3에서도 하나님의 진노를 포도즙 틀을 밟고 선혈이 옷이 튄다고 표현했습니다. "나는 혼자서 포도주 틀을 밟듯이 민족들을 짓밟았다. 민족들 가운데서 나를

---

17 Fanning, *Revelation*, 400.

18 Mounce, 『요한계시록』, 360; Osborne, 『요한계시록』, 699~700; Aune, 『요한계시록 6~16』, 824.

19 Aune, 『요한계시록 6~16』, 824~25.

도와 함께 일한 자가 아무도 없었다. 내가 분내어 민족들을 짓밟았고, 내가 격하여 그들을 짓밟았다. 그들 피가 내 옷에 튀어서 내 옷이 온통 피로 물들었다."

포도즙에서 빨간 즙이 나오듯이, 하나님의 심판 결과로 피가 말 굴레의 높이까지 차오르고, 1600 스타디온까지 퍼집니다.[20] 말 굴레의 높이는 약 5피트인데, 1피트는 30cm 정도입니다. 그렇다면 약 1.5m 정도 높이 입니다. 하지만 1600 스타디온은 약 296km입니다. 이 길이는 이스라엘이 위치한 팔레스타인 북쪽 시리아와 남쪽 애굽 국경까지 길이입니다. 그렇다면 이스라엘 전체가 1.5m의 높이 피로 덮인다는 말입니다. 이스라엘 전체가 피의 욕조인 셈입니다. 또한 이는 상징적 표현일 수 있습니다. 하나님의 심판 결과가 대학살로 이어지고, 온 세계가 피로 물든다는 뜻입니다. 분명히, 마지막 심판 때 하나님의 심판은 전 세계로 퍼집니다. 그 결과, 우리가 상상할 수 없는 파괴가 벌어집니다. 대홍수처럼, 대격변이 일어납니다. 하나님을 대적하는 모든 대적은 완전히 파멸합니다.

결론

대접 심판 시리즈가 시작하기 전에, 요한은 하나님의 마지막 심판 결과가 얼마나 엄청난가를 환상으로 보고 설명하고 있습니다. 마지막 심

---

[20] 이 문장은 문자적으로 해석할 수 있고, 상징적으로 해석할 수도 있다. 상징적으로 해석하는 방법은 42x102(땅의 네 모퉁이, 완전수 10), 혹은 402(전통적인 형벌 숫자 40)이 있다. Osborne, 『요한계시록』, 701에서는 상장적 해석이 가능하지만, 문자적 의미를 선호한다. Thomas, *Revelation 8~22*, 224에서도 문자적 해석을 선호한다. 하지만 Aune, 『요한계시록 6~16』, 825; Smalley, *The Revelation to John*, 377에서는 과장법이라고 한다. Caird, *The Revelation of Saint John*, 195에서는 포도 심판을 거대한 순교자에 대한 상징으로 여긴다. Fanning, *Revelation*, 400에서는 문자적이라고 해서 글자 그대로 문자적으로 해석해야 할 필요는 없다고 말한다.

판은 믿는 자와 믿지 않는 자를 대상으로 합니다. 믿는 자 심판은 곡식 추수로 묘사합니다. 다시 오실 그리스도께서 시작하십니다. 그리고 이 땅에서 수고를 하나님께서 기억하고 그들을 거둬주십니다. 하지만, 믿지 않는 자 심판은 포도 추수입니다. 그들 심판을 피바다로 묘사합니다. 이 땅은 피바다가 될 뿐 아니라 불과 유황이 타는 불못에 던져져 영원히 고통을 겪습니다. 요한은 하나님의 심판을 시각적으로 묘사하면서, 청중에게 다가올 심판을 피하려면 우상숭배를 포기하고 하나님께 회개하라고 경고합니다.

이 경고는 마지막 시대에 사는 우리에게도 동일하게 적용할 수 있습니다. 평안하다 평안하다 할 때, 주님의 재림이 갑자기 이뤄집니다. 우리는 항상 깨어 주님의 재림을 기다려야 합니다. 안타까워하는 마음으로 잃어버린 영혼, 곧 VIP에게 복음의 은혜가 전해지도록 기도하고 전도해야 합니다. 성도 여러분, 이 경고의 말씀에 귀를 기울입시다.

계시록 15:1~8, '대접 심판 소개'

하나님의 마지막 심판을 준비하자

중심 내용: 일곱 대접의 심판은 멈출 수 없는, 하나님의 마지막 진노의 심판이다.

I. 일곱 대접은 하나님의 마지막 진노이기에 멈출 수가 없다(15:1. 5~8).

　1. 일곱 재난은 하나님의 마지막 진노의 재앙이다(15:1).

　2. 일곱 대접 심판이 시작하면 아무도 멈출 수 없다(15:5~8).

II. 모세와 어린 양의 노래는 의로운 일을 하신 주님을 찬양하는 노래다 (15:2~4).

서론

　요한계시록 15장은 16장에서 부어질 대접 심판 시리즈를 소개합니다. 15장은 하늘에서 벌어지는 세 장면으로 이뤄졌습니다. 세 장면은 "봤다" 라는 용어로 시작합니다.[1] 첫째, 하나님의 마지막 진노의 재난을 "봤다."

---

[1] David E. Aune, 『요한계시록 6~16』, 김철 옮김, WBC 성경주석, 52중 (서울: 솔로몬, 2004), 864; Grant R. Osborne, 『요한계시록』, 김귀탁 옮김, BECNT 시

둘째, 모세와 어린 양의 노래를 노래하는 승리하는 성도를 "봤다." 셋째, 대접 심판 시리즈에 하나님의 진노가 가득 찬 장면을 "봤다."

첫째와 셋째 "봤다"는 대접 심판 시리즈와 관련이 있습니다. 하지만 둘째는 승리한 성도가 부르는 찬양과 관련이 있습니다. 이 세 장면은 지상에서는 하나님의 대접 심판이 벌어지는 동안, 천상에서는 승리한 자들이 하나님의 거룩하심과 영광을 찬양하고 있습니다. 먼저 1절과 5~8절을 연결해서 설명한 다음, 가운데 있는 2~4절을 설명하겠습니다. 오늘은 대접 심판을 소개하는 본문을 토대로 「하나님의 마지막 심판을 준비하자」라는 제목으로 말씀을 전하겠습니다.

I. 일곱 대접은 하나님의 마지막 진노이기에 멈출 수가 없다(15:1. 5~8).

1. 일곱 재난은 하나님의 마지막 진노의 재앙이다(15:1).

요한은 하늘에서 나타난 크고 놀라운 표징을 봤습니다.[2] 요한이 본 크고 놀라운 표징은 일곱 천사가 일곱 재앙을 가지고 있는 모습입니다. 그러나 일곱 천사가 일곱 재앙을 가지고 있는 모습 자체는 크고 놀라운

리즈 (서울: 부흥과개혁사, 2019), 706; Robert L. Thomas, *Revelation 8~22: An Exegetical Commentary* (Chicago: Moody Press, 1995), 228에서는 15:1을 15~16장 요약이나 표제로 여긴다. 하지만 G. K. Beale, 『요한계시록(하)』, 오광만 옮김, NIGTC (서울: 새물결플러스, 2020), 1316, 1318에서는 15:1을 대접 심판 시리즈의 공식 서론 또는 15:5~16:21의 서론적 요약으로, 그리고 15:2~4절을 12:1~14:20의 결론임과 동시에 대접 심판 서론의 일부분과 작용하는 '맞물림'이라고 한다.

2 Buist M. Fanning, *Revelation*, Zondervan Exegetical Commentary on the New Testament, ed. Clinton E. Arnold et al., vol. 20 (Grand Rapids: Zondervan Academic, 2020), 405에서는 "또 다른 표징"을 12장에서 시작하여 14장까지 이어지는 환상을 거쳐, 일곱째 나팔(계 11:15~19)과 잇는 암시로 여긴다. Aune, 『요한계시록 6~16』, 855, 864에서는 하늘에 나타난 셋째 표징으로, 계시록 12장 1절과 3절에 있는 두 징조와 연결된다고 한다.

표징은 아닙니다. 왜냐하면 인 심판 시리즈와 나팔 심판 시리즈에서도 일곱 천사가 일곱 재앙 심판을 지니고 있었기 때문입니다.

"그렇다면 왜 크고 놀라운 표징이라고 했을까요?"

그 이유는 이것이 마지막 재난, 곧 마지막 심판이기 때문입니다. 하나님의 진노가 이것으로 끝납니다. 이 마지막 심판은 요한계시록 16장에서 자세히 묘사합니다. '일곱 천사,' 곧 '일곱 재앙'이라는 용어 앞에 관사가 없습니다. 이는 독자에게 이 재앙이 잘 알려지지 않았다는 뜻입니다.3 그렇다면 대접 심판 시리즈는 앞에서 언급된 인 심판 시리즈 그리고 나팔 심판 시리즈와는 격이 다른 심판입니다. 격이 다른 심판이며 하나님의 진노가 이 재난과 함께 끝나기에, 크고 놀라운 징조입니다.4

요한은 신적 수동태 '끝내다($\dot{\epsilon}\tau\epsilon\lambda\dot{\epsilon}\sigma\theta\eta$)'를 씁니다.5 신적 수동태는 하나님의 진노가 하나님에 의해 완결된다는 뜻입니다. 구약에서 하나님의 진노는 보통 언약에 불순종한 이스라엘에게(삼상 6:19; 대상 13:10), 또는 하나님의

---

3 Fanning, *Revelation*, 405.

4 Osborne, 『요한계시록』, 706에서는 대접 심판 시리즈를 심판 시리즈의 마지막 심판이며 또한 역사에서 마지막 심판으로 여긴다. 그러나 그레고리 Beale, 『요한계시록(하)』, 1318~12에서는 이 견해를 반대하고, 마지막($\tau\dot{\alpha}\varsigma$ $\dot{\epsilon}\sigma\chi\dot{\alpha}\tau\alpha\varsigma$)이 역사에서 사건의 마지막이 아니라, 요한이 본 환상의 마지막이라고 한다. 요한이 인 심판 일곱과 나팔 심판 일곱을 보고서, 대접 심판 일곱을 마지막에 봤다는 의미로 해석한다. 그는 대접 심판 일곱은 마지막 날에 이루어지는 사건인데, 마지막 날은 그리스도의 초림으로 시작해 재림 때 절정에 이른다고 말한다. 그런 점에서 대접 재앙은 초림부터 재림까지 전 과정으로 확장해야 한다고 말한다.

5 Osborne, 『요한계시록』, 706. Fanning, *Revelation*, 405, n. 6에서는 부정과거 신적 수동태를 '예기적 (미래적) 부정과거(proleptic [futuristic] aorist)'로 이해한다. 이는 아직 과거가 아닌 사건을 이미 완성된 것처럼 서술하는 것, 또는 사건의 확실성을 강조하려고 미래 사건을 마치 과거에 있었던 일처럼 말하는 수사학적 표현이다. 이 용법에 관한 자세한 설명과 예는 Daniel B. Wallace, 『월리스 중급 헬라어 문법—신약 구문론의 기초』, 김한원 옮김 (서울: 한국기독학생회출판부, 2019), 305~06을 보라.

백성 이스라엘을 대적하는 나라에 내렸습니다(시 13:3~4; 렘 50:13~14). 계
시록에서는 하나님의 계명에 불순종하고 하나님의 뜻과 그분 백성을 무시
하는 자들에게 부어집니다. 특히, 용, 첫째 짐승, 거짓 선지자를 숭배하고
경배하는 불신자에게 내려집니다. 하나님께서 이들에게 퍼붓는 심판을 대접
심판으로 마무리하신다는 의미로 신적 수동태를 씁니다.[6]

"대접 심판은 5~8절에서 이어집니다."

2. 일곱 대접 심판이 시작하면 아무도 멈출 수 없다(15:5~8).

요한은 또 다른 장면을 봅니다. 하늘의 증거 장소인 장막 성전이 열
립니다.[7] 그 성전에서, 일곱 천사가 일곱 재앙을 들고나옵니다. 그들은
깨끗한 모시옷을 입고, 가슴에는 금띠를 띠고 있었습니다. 요한은 하늘
성전이 열리는 광경을 봤습니다. 요한계시록 11:19에서 성전이 열리는
광경은 하나님의 심판에 대한 징조였습니다. 이 구절에서도 하늘 장막
이 열림은 하늘 보좌에서 종말의 길을 준비함을 의미할 수 있습니다.[8]
이 하늘 장막에서 일곱 천사가 일곱 재앙을 들고나옵니다. 이들은 하나
님의 심판을 수행하는 일곱 재앙을 가지고 있습니다.

---

6 Osborne, 『요한계시록』, 706에서는 계시록 10:7에서 "끝내다"의 신적 수
동태는 인간 역사에서 하나님의 계획이 완결되고 인간의 역사가 하나님에 의하
여 종결된다는 의미가 있지만, 이 구절에서는 하나님의 진노가 완결되었다는
의미라고 한다.

7 Osborne, 『요한계시록』, 716에 따르면, 증거 장막이라 부름은 하늘에 있
는 성전을 광야에서 장막 또는 성막과 대조하려 함이며, 증거라는 말을 덧붙인
이유는 토라가 있는 지성소 또는 언약궤를 종종 증거판으로 불렸기 때문이라고
말한다. Robert H. Mounce, 『요한계시록』, 장규성 옮김, NICNT (서울: 부흥
과개혁사, 2019), 369~70에서도 성전을 증거 장막의 성전으로 불리는 이유가
이스라엘의 광야 방황 시기를 의미하려 함이며, 성막에 두 증거판이 있었기에
고대 성막을 증거 장막으로 불렸다고 말한다.

8 Osborne, 『요한계시록』, 716; Fanning, *Revelation*, 408.

일곱 천사는 맑고 빛난 세마포 옷을 입고 있습니다. 통상적으로 세마포 옷은 제사장이 입는 옷입니다. 요한계시록 19:8에서는 어린 양의 신부에게 주어진, 빛나고 깨끗한 세마포 옷입니다. 19:14에서는 하늘에 있는 군대들이 입는 옷이 희고 깨끗한 세마포 옷입니다. 세마포 옷은 순결함과 영광을 의미하는 듯합니다. 이 천사들이 또 가슴에 금띠를 띠고 있습니다. 금띠는 왕권과 높아진 지위를 상징합니다. 계시록 1:13에서는 인자와 같은 이가 가슴에 금띠를 띠고 있습니다. 일곱 천사가 세마포 옷을 입고 가슴에 금띠를 띠고 있다는 말은, 그들이 그리스도의 사자로서 악을 행하는 자들에게 그리스도의 심판을 붓는 권세를 가지고 있음을 암시합니다.

그런데 7~8절에서는 네 생물 중 하나가 하나님의 진노를 채운 일곱 대접을 일곱 천사에게 건넵니다. 성전이 하나님의 영광과 권능에서 나오는 연기로 가득 찹니다. 그리고 일곱 천사가 일곱 재앙을 끝낼 때까지는 아무도 성전에 들어갈 수 없었습니다. 네 생물은 하나님의 가장 가까운 거리에서 하나님을 섬깁니다. 이들은 하나님의 진노가 담긴 금 대접 일곱 개를 일곱 천사에게 줬습니다. 5~6절에서는 일곱 천사가 일곱 재난을 들고나왔다고 표현합니다. 그런데 7~8절은 네 생물 중 하나가 일곱 대접을 일곱 천사에게 줬다고 말합니다. 그렇다면 하나님이 네 생물에게 일곱 대접을 주셨고, 네 생물이 일곱 천사에게 그 일곱 대접을 줬습니다. 일곱 천사는 그것을 가지고 성전에서 나왔다.

일곱 천사는 네 생물에게서 권세를 위임받아 마지막 재앙인 일곱 대접을 붓습니다. 이 땅은 하나님의 심판에 들어갑니다. 반면에 성전에서는 하나님의 영광과 권능이 가득 찼습니다. 때때로 성경은 하나님의 영광과 권능을 구름으로 표현합니다. 모세가 성막을 설치할 때 구름이 회막을 덮고 여호와의 영광이 성막에 충만했습니다(출 40:34~35). 솔로몬이 성전을 건축하고 봉헌할 때, 구름이 성전에 가득 찼습니다(왕상 8:10~12). 스랍들이 보좌에 앉아 계신 하나님을 찬양할 때, 성전에 연기가 충만했습니다(사 6:1~4). 하나님께서 이스라엘을 심판하고자 성전을 떠날 때도 구름이 안뜰에 가득 찼습니다(겔 10:2~4). 결국, 연기, 영광, 권능은 서로 연결이 됩니다. 연기는 하나님의 영광을 표현하며, 하나님의 심판을 표현하기도 합니다. 하늘에서는 하나님의 영광이 나타나고, 땅에서는 하나님의 심판에 부어집니다. 이 모습은 하나님께서 세상을 심판하심이 당연함을 보여줍니다. 하나님의 영광과 권능의 연기로 아무도 성전에 들어갈 수 없습니다.[9] 하나님의 심판이 끝날 때까지 아무도 성전에 들어갈 수 없다는 말은, 심판이 끝날 때까지 아무도 하나님께 나아갈 수 없다는 뜻입니다.

"대접 심판 첫째와 셋째 사이에 모세와 어린 양의 노래를 부르는 장면이 나옵니다."

II. 모세와 어린 양의 노래는 의로운 일을 하신 주님을 찬양하는 노래다(15:2~4).

요한은 대접 심판 첫째와 셋째 사이에서 둘째 장면을 봅니다. 그 장면은 유리 바다와 승리한 사람들입니다. '유리 바다'는 요한계시록에 두 번 정도 쓰였습니다. 하나는 요한계시록 4:6에 있고, 다른 하나는 이 구절에 있습니다. 4:6에서, 유리 바다는 하늘에 있는 하나님의 보좌 앞에 있는 '수정과 같은 유리 바다'입니다. 하늘 보좌 앞에 있는 수정과 같은 유리 바다는 하나님의 위엄, 위대하심, 초월하심을 상징합니다.[10] 그런데 이 구절에서는 수정과 같은 유리 바다가 아니라, '불이 섞인 유

---

9 구약에서는 하나님의 성전에 연기가 가득 찰 때, 아무도 성전에 들어가지 못했다고 기록한다. 모세가 회막에 들어갈 수 없었다(출 40:35). 제사장이 서서 하나님을 섬기지 못했다(왕상 8:11).

10 Osborne, 『요한계시록』, 306~07에 따르면, 유리 바다는 창세기 1:7; 에스겔 1:22에서 하나님의 위엄을 상징하는 은유적인 표현이다. Fanning, *Revelation*, 202에서는 하나님 보좌의 영광과 청렴함을 상징한다고 말한다.

리 바다'라고 표현합니다.11 불은 요한계시록에서는 하나님의 심판을 은 유적으로 표현합니다(8:5~8; 10:1; 11:5; 14:10; 16:8; 17:16; 19:12). 그렇다면, 불이 섞인 유리 바다는 하나님의 심판, 곧 대접 심판 일곱 시리즈가 임박했음을 상징합니다.12

불이 섞인 유리 바다 위에 서 있는 사람은 승리한 성도입니다. 승리한 성도는 첫째 짐승과 그 짐승의 우상에 절하지 않았고, 666이란 숫자를 받지도 않았습니다. 이들은 세상이 주는 시험이나 압박, 그리고 악의 세력을 물리친 승리자입니다. 승리한 사람 중에는 짐승과 그의 우상에 믿음으로 저항하다가 순교한 이들도 있습니다. 또한 신앙 때문에 핍박에 직면하면서도 그리스도를 믿는 믿음과 충성을 포기하지 않은 채 죽은 성도도 있습니다.13 승리한 사람들은 하나님의 나라에서 유업을

---

11 R. H. Charles, *A Critical and Exegetical Commentary on the Revelation of St. John: With Introduction, Notes, and Indices; also the Greek Text and English Translation*, vol. 2, International Critical Commentary, ed. Samuel R. Driver, Alfred Plummer, and Briggs Charles A (Edinburgh: T. & T. Clark, 1975), 33. Aune, 『요한계시록 6~16』, 867에서는 불을 심판 이미지로 여기고, G. B. Caird, *The Revelation of St. John*, Black's New Testament Commentaries, ed. Henry Chadwick (New York: Harper & Row Publishers, 1966), 197에서는 불을 하나님의 공의와 정의 이미지로 여긴다. Craig R. Koester, 『요한계시록 II ―10~22장』, 최홍진 옮김, 앵커바이블 시리즈 (서울: 기독교문서선교회, 2019), 1176에서는 불을 믿음을 시험하는 고난으로 해석한다. 하지만 Mounce, 『요한계시록』, 365에서는 불을 유리 바다의 찬란함을 고조하려는 세부 묘사에 불과하다고 말한다. Osborne, 『요한계시록』, 708에서는 계시록 4:6처럼 위엄과 정당화 이미지로 여긴다. Beale, 『요한계시록(하)』, 1323에서는 출애굽 때 홍해 이미지가 강하다고 보면서도 심판 의미도 있다고 말한다.

12 Thomas, *Revelation 8~22*, 232에서는 일곱 천사가 행한 대접 심판 일곱 개와 관련짓는다. Beale, 『요한계시록(하)』, 1324에서는 바다를 어린 양이 짐승을 심판한 장소로 여긴다. Stephen S. Smalley, *The Revelation to John: A Commentary on the Greek Text of the Apocalypse* (Downers Grove, IL: IVP Academic, 2005), 384에서도 Beale의 견해를 동의한다.

13 Fanning, *Revelation*, 406에서는 승리한 성도에는 순교를 당한 성도와 다

상속받습니다.[14] 그들은 거문고를 들고 서 있습니다. 거문고는 하나님을 예배하거나 경배할 때 사용합니다. 하나님 앞에서 거문고를 연주하면서 승리의 찬양을 주님께 드립니다. 승리하게 하신 하나님, 하나님의 나라와 유업을 주시는 그 하나님을 찬양하며 경배합니다. 8절에서 아무도 하나님의 성전에 들어갈 수 없다고 했습니다. 마지막 심판이 이루어지기 때문입니다. 그러나 승리한 이들은 하나님 앞에 나아갈 수 있습니다. 그리고 하나님께 찬양과 경배를 드릴 수 있습니다.

이들이 거문고를 연주하면서 부른 찬양은 하나님의 종 모세의 노래와 어린 양의 노래입니다. 모세의 노래는 이스라엘 백성이 홍해를 건너고서 부렸습니다. 이스라엘 백성이 이집트를 벗어날 때 홍해를 만납니다. 이스라엘 백성은 하나님의 능력으로 무사히 홍해를 건너지만, 이집트 군인은 뒤따라오다 모두 수장됩니다. 홍해를 건너고서 부른 노래가 바로 모세의 노래입니다(출 15:1~9; 신 32:4~5절 참조). 모세의 노래 초점은 하나님께서 행하신 구원이 아니라, 구원을 이루신 하나님의 거룩하심, 능력, 영광입니다. 모세의 노래는 이스라엘 백성을 구원하신 하나님의 초자연적인 능력과 은혜를 찬양하는 노래입니다. 하나님께서 모세를 사용하셔서 이스라엘 백성을 구원하셨고, 이제는 어린 양을 통하여 당신을 신뢰하는 이들을 구원하십니다. 그래서 모세의 노래는 곧 어린 양의 노래입니다.[15]

른 이유로 죽은 성도도 있다고 말한다.

14 Osborne, 『요한계시록』, 708~09. Mounce, 『요한계시록』, 365에서는 소아시아에 보낸 일곱 편지에서 이기는 자들에게 주어지는 상속을 열거한다. 곧, 생명 열매를 먹음(2:7), 둘째 사망의 해로부터 보호(2:11), 감춰진 만나(2:17), 만국을 다스리는 권세(2:26), 흰옷(3:5), 하나님의 성전에 기둥이 되는 영광(3:12), 그리스도의 보좌에 그분과 함께 앉는 특권(3:12) 등이다.

15 Osborne, 『요한계시록』, 710; Mounce, 『요한계시록』, 366; Beale, 『요한계시록(하)』, 1328~29; Fanning, *Revelation*, 406에서는 "그리고(καί)"를 설명을 보충하는 동격으로 보아, 모세의 노래와 어린 양의 노래가 두 개가 아니라, 하나로 여긴다.

 승리한 성도는 하나님의 전능하심과 하나님께서 하신 일의 크고 놀라움을 찬양합니다. 3b절입니다. **"주 하나님, 전능하신 분, 주님께서 하시는 일은 크고도 놀랍습니다. 만민의 왕이신 주님, 주님의 길은 의롭고도 참되십니다."** 하나님의 전능하심과 하나님이 하신 일은 찬양하고 있고요. 하나님이 하신 크고 놀라운 일은 모든 대적을 물리치신 일, 그리고 모든 세계를 통치하시는 일입니다(출 34:10; 시111:2; 139:14).

 "이때 '주님, 누가 주님을 두려워하지 않겠습니까? 누가 주님의 이름을 찬양하지 않겠습니까?'라고 질문합니다."

 이 질문은 모든 사람은 반드시 주님을 경외해야 하며, 반드시 주님을 찬양해야 한다는 의미입니다.[16] 모든 이가 여호와를 두려워하고 찬양해야 할 이유는 세 가지입니다.[17] 첫째는 주님만이 홀로 거룩하기 때문이요(현재). 둘째는 모든 민족이 주님 앞으로 와서 경배하기 때문입니다(미래, ἥξουσιν καὶ προσκυνήσουσιν). 그리고 셋째는 주님의 정의로운 행동이 나타났기 때문입니다(과거, ἐφανερώθησαν).

 "왜 주님을 경외하고 찬양해야 하나요?"

 첫째, 주님만이 홀로 거룩하시기 때문입니다. 본문에서 '홀로 거룩하다'라는 말은, 이 세상의 많은 신들 가운데, 오직 하나님만 거룩하신 분임을 강조합니다. 본문에서 "거룩"을 뜻하는 헬라어 '호시오스(ὅσιος)'는 신약에서 잘 쓰이는 용어가 아닙니다. 3번 정도가 쓰이는데, 모두 하나님의 신성하고 거룩한 성품을 표현합니다.[18] 하나님만이 거룩하신 분이

---

 16 수사학적인 질문은 항상 저자의 의도에 긍정적으로 응답하는 것을 요구한다. 이 구절에서는 긍정적인 대답으로 확실히 두려워해야 하고, 찬양해야 한다는 점을 강조한다. Fanning, *Revelation*, 407, n. 16을 참조하라.

 17 한 쌍의 수사학적인 질문에 대답하는 세 문장 모두 ὅτι절로 시작한다. Beale, 『요한계시록(하)』, 1338에서는 첫째 ὅτι와 셋째 ὅτι는 원인절로, 사람이 하나님을 두려워하고 영화롭게 해야 하는 이유를 제시한다고 말한다.

시기에, 땅의 어떤 세력도 하나님과 비교할 수 없다는 뜻입니다. 하나
님의 비교할 수 없는 우월하심이 하나님을 찬양해야 하는 이유입니다.
그래서 모든 인류는 주님을 존경하며 경외해야 합니다.

둘째는 모든 민족이 주님 앞으로 와서 경배하기 때문입니다. 마지막
시대에 주님은 세상을 통치합니다. 땅의 모든 세력은 주님께로 돌아와
주님을 경배합니다. 모든 나라가 주님께로 와서 경배한다고 구약에서는
자주 예언했습니다(시 86:9; 사 2:2; 60:3~5; 66:23; 렘 16:19; 슥 8:20~23/
계 21:24 참조하라).19 주님은 세상을 통치하시고 모든 민족이 주님께 경
배하러 오시기에, 주님을 두려워하고 경배해야 합니다.

셋째는 주님의 정의로운 행동이 나타났기 때문입니다. 하나님의 정의
로운 행동은 두 가지를 의미합니다. 하나는 대적을 물리치시고, 세계를
통치하시는 일입니다. 다른 하나는 하나님의 주권, 공의, 그리고 영광을
말합니다.20 하나님께서 심판을 쏟으시고 공의로 통치하실 때, 하나님의

---

18 '호시오스(ὅσιος)'는 신약에서 계시록 15:4; 16:5절과 히브리서 7:26에서
만 쓰인다. 모두 하나님과 그리스도의 성품을 표현한다. Aune, 『요한계시록
6~16』, 875~76; Thomas, *Revelation 8~22*, 238; Walter Bauer, eds. Kurt
Aland, Barbara Aland, and Viktor Reichmann, 『바우어 헬라어 사전—신약성경
과 초기 기독교 문헌의 헬라어-한국어 사전』, 이정의 옮김 (서울: 생명의말씀사,
2017), 1108, 1b를 보라.

19 Fanning, *Revelation*, 407에서는 만국이 주님께 돌아옴을 주님이 악을 멸
하시고 인류를 통치하시는 긍정적인 결과로 해석한다. Osborne, 『요한계시록』,
715에서는 만국이 주님께 와서 경배함이 요한계시록의 주제이지만, 이것이 만인
구원론을 함축하지는 않는다고 분명히 말한다. 그 이유는 만국은 대부분이 회개
하지 않고(계 9:20~21; 16:9, 11), 최후 심판에 직면하기 때문이다(20:13~14).
Beale, 『요한계시록(하)』, 1337에서는 만국은 일부가 전체를 대표하는 환유법으
로 예외 없는 모두가 아니라, 구별이 있는 모두를 가리킨다고 주장한다.
Thomas, *Revelation 8~22*, 238에서는 이 사건을 천년왕국 동안에 일어나는 사
건이며, 완전한 성취는 영원한 상태가 되었을 때라고 말한다.

20 Thomas, *Revelation 8~22*, 239.

의로운 행실은 나타납니다. 그래서 모든 사람은 하나님을 경외하고 경배해야 합니다.

결론

하나님은 자비로운 분이십니다. 그래서 구원의 기회를 계속 제공하십니다. 사람에게 회개할 기회를 주십니다. 하지만 마지막 심판, 곧 대접 심판 일곱이 마무리하면, 더는 기회가 없습니다. 왜냐하면 하나님께 나아갈 사람이 아무도 없기 때문입니다. 이 마지막 심판이 부어지기 전에, 마지막 문이 닫히기 전에 주님께 나아가야 합니다. 주님께 나아가는 자만이 모세의 노래, 곧 어린 양의 노래를 부를 수 있습니다. 주님께 나아가는 자만이 하나님의 의로운 성품을 경험하며 주님을 찬양할 수 있습니다. 어떤 어려움에도 인내하며 주님께 나아갈 때, 주님을 찬양할 수 있습니다. 구원의 기회를 살리며, 어려움에 인내하며 승리하는 성도님이 되시길 기도합니다.

계시록 16:1~9, '대접 심판 처음 네 개'
공의로 심판하심을 찬양하자

중심 내용: 하나님께서 공의로 심판하심에 반응은 자기 정체를 드러낸다.

I. 대접 심판 처음 네 개는 하나님께서 우주를 심판하심이다(16:2~4, 8~9a).

  1. 대접 심판 첫째는 믿지 않는 사람이 악성 피부 질병을 겪게 한다 (16:2).

  2. 대접 심판 둘째와 셋째는 지구에 피를 뿌린다(16:3~4).

  3. 대접 심판 넷째는 태양열로 사람을 태운다(16:8~9a).

II. 심판에 반응은 심판하시는 주 하나님 앞에 자기 정체를 드러낸다 (16:5~7, 9b).

  1. 긍정적 반응은 심판하시는 주님의 거룩하심과 의로우심을 찬양한 다(16:5~7).

  2. 부정적 반응은 회개하지 않고 심판주를 모독한다(16:9b).

서론

요한계시록 15장은, 16장에서 묘사하는 '대접 심판 시리즈 서론'입니다. 계시록 15장은 대접 심판 시리즈를 소개합니다. 하나님의 진노는 대접 심판 일곱 개로 끝납니다. 이제 16장은 하나님의 마지막 진노인 대접 심판 시리즈를 차례대로 설명합니다. 대접 심판 시리즈는 '4개 심판—3개 심판'으로 구성합니다. 인 심판 시리즈와 나팔 심판 시리즈는 '4개 심판—2개 심판—간주(막간)—1개 심판' 패턴으로 전개했습니다. 다시 말해, 인 심판 시리즈에서는 인 심판 처음 4개에 이어, 인 심판 2개가, 간주에는 환상이 2개이고, 그리고 인 심판 일곱째인데, 이는 나팔 심판 시리즈를 포함합니다. 나팔 심판 시리즈에서도 나팔 심판 처음 4개에 이어, 나팔 심판 2개가, 간주에는 환상이 2개이고, 그리고 나팔 심판 일곱째인데, 이는 대접 심판 시리즈를 포함합니다.

하지만 환상 7개(12~15장)에 이어서, 대접 심판 시리즈는 '4개 심판—3개 심판'으로 구성합니다. 중간에 간주(막간)는 없습니다. 이제 16장은 대접 심판 처음 네 개를 묘사하는데, 하나님께서 우주를 심판하시면서 사람들이 올바로 반응하기를 바라십니다. 이어서 나머지 3개는 짐승의 나라, 아마겟돈 전쟁, 큰 성 바벨론의 멸망을 묘사합니다. 오늘은 첫 대접 심판 처음 네 개를 묘사하는 본문을 토대로 「공의로 심판하심을 찬양하자」라는 제목으로 말씀을 전하겠습니다.

I. 대접 심판 처음 네 개는 하나님께서 우주를 심판하심이다(16:2~4, 8~9a).

1. 대접 심판 첫째는 믿지 않는 사람이 악성 피부 질병을 겪게 한다(16:2).

첫째 천사가 대접을 땅에 쏟았습니다. 땅은 땅만 가리키지 않고, 땅에 사는 사람도 포함합니다.[1] 대접 심판 첫째는 땅과 땅에 사는 사람에게 쏟습니다. 여기서 땅에 사는 사람은 믿지 않는 사람, 곧 우상을 경배하는 사람들을 지칭합니다.2 첫째 대접을 땅에 붓자, 사람들에게 몹시 나쁜 종기(ἕλκος κακὸν)가 생기기 시작했습니다. '종기(ἕλκος)'는 피부에 나타나는 상처, 헌데, 종양을 지칭합니다.3 피부 종양은 찢어질 듯이 아픈 종기로, 때때로 전염병처럼 감염도 됩니다. 이 피부 질병은 고열을 동반하기도 하고, 고통 없이는 걷거나 누울 수도 없다고 합니다.4 욥에게 생긴 피부 질환이 종기의 일종입니다.5 욥은 너무 가려워서 기왓장으로 가려운 부분을 긁어야 했습니다. 그러면 피가 튀어 오르고, 살점이 뚝뚝 떨어집니다. 피와 살점이 떨어져도 긁어야 했던 이유는 가려움증과 고통 때문입니다(눅 16:20~21 참조).

고열과 고통이 동반하며 전염성이 있기에, 이 종기에 걸리면 일반적으로 재앙 수준으로 번집니다. 코로나-19 팬데믹으로 전 세계가 거의 몸살을 앓고 있습니다. 나라마다 문을 걸어 잠그고 있습니다. 여행도 제한적이며, 사람과 만남도 제한하는 상황입니다. 그런데 대접 심판 첫째는 독성이 코로나-19 팬데믹보다 10배, 100배나 강한 질병입니다.

---

1 Grant R. Osborne, 『요한계시록』, 김귀탁 옮김, BECNT 시리즈 (서울: 부흥과개혁사, 2019), 728; Buist M. Fanning, *Revelation*, Zondervan Exegetical Commentary on the New Testament, ed. Clinton E. Arnold et al., vol. 20 (Grand Rapids: Zondervan Academic, 2020), 415.

2 G. K. Beale, 『요한계시록(하)』, 오광만 옮김, NIGTC (서울: 새물결플러스, 2020), 1361; Fanning, *Revelation*, 415~16; 728~29.

3 Walter Bauer, eds. Kurt Aland, Barbara Aland, and Viktor Reichmann, 『바우어 헬라어 사전―신약성경과 초기 기독교 문헌의 헬라어-한국어 사전』, 이정의 옮김 (서울: 생명의말씀사, 2017), 477.

4 Osborne, 『요한계시록』, 729. Beale, 『요한계시록(하)』, 1362에서는 몸뿐만 아니라 영혼의 고통도 수반한다고 말한다.

5 욥의 종기와 이 본문의 종기 차이는 욥의 경우는 종기가 하나님의 시험 도구로 쓰였다면, 이 종기는 심판 도구로 쓰인 점이다.

이 질병이 얼마나 독한지 "몹시 나쁜 종기," 곧 악한 종기로 표현합니다. '악하다(κακὸν)'는 악성, 위험하다, 해롭다 등을 뜻합니다. 또한 재앙, 재해, 재난도 뜻합니다.6 그래서 악한 종기는 위험하고 해로운 종기라, 재앙 수준 질병입니다.

"이 재앙은 누구에게 닥칩니까?"

이 종기 재앙은 짐승의 표를 받은 자들 그리고 그 짐승의 우상에게 절하는 자들에게 닥칩니다. 짐승과 짐승의 우상에게 절하고 짐승의 표를 받는 사람은, 하나님을 믿지 않고 그리스도를 대적하는 불신자들을 지칭합니다. 요한계시록 13장에서 처음으로 짐승을 언급했습니다. 두 짐승이 나오는데, 첫째 짐승은 적그리스도를 지칭하고, 둘째 짐승은 거짓 선지자를 지칭합니다. 물론 13장 이후로는 짐승은 적그리스도에게만 쓰이고, 둘째 짐승이란 용어 대신 거짓 선지자가 쓰입니다. 짐승인 적그리스도와 그의 우상에게 절하지 않고 짐승의 표를 받지 않는 사람은 매매할 수도 없습니다. 어떤 무역, 곧 상업 활동이나 구매 활동도 할 수가 없습니다. 그러다 보니 그리스도를 부인하는 사람들은 짐승과 그의 우상에게 절하고 짐승의 표를 받을 수밖에 없습니다. 고열과 고통을 동반하는 재앙과 같은 종양은 하나님과 예수 그리스도를 부인하는 자들에게 주어집니다.

2. 대접 심판 둘째와 셋째는 지구에 피를 뿌린다(16:3~4).

대접 심판 둘째와 셋째는 비슷합니다. 둘째 천사는 대접을 바다에 쏟고, 셋째 천사는 대접을 강과 샘물에 쏟습니다. 그러자 바닷물, 강물, 샘물 모두가 피로 바뀝니다.7 모든 생물이 그 피로 죽습니다. 바다에 있는

---

6 Bauer, 『바우어 헬라어 사전』, 757~78. 이 종기는 출애굽 사건에서 애굽에 임한 여섯째 재앙과 관련이 있다(출 9:9~11).

7 Stephen S. Smalley, *The Revelation to John: A Commentary on the*

모든 생물이 죽습니다. 강물과 샘물은 마시는 모든 생물도 마찬가지로 죽습니다. 피로 심판은 출애굽기의 나일강에 내려진 심판과 비교할 수 있습니다.8 모세 시대 때, 바로는 완악하여 이스라엘 백성을 보내라는 하나님의 명령을 거절합니다(출 7:17~21). 그러자 하나님은 모세를 쓰셔서 나일강을 피로 변하게 합니다. 결과, 나일강의 고기는 다 죽었습니다.

대접 심판 둘째와 셋째는 출애굽 때 나일강의 재앙과 비슷하지만, 다른 점이 있습니다. 나일강 심판은 부분적인 심판이라 나일강의 고기만 죽었지만, 대접 심판 둘째와 셋째에는 바닷물에 사는 모든 생물, 그리고 강과 샘물에 사는 모든 생물이 죽습니다. 출애굽기에서 벌어진 사건보다 훨씬 더 심각한 상황입니다. 그 결과, 바다와 강을 이용하는 모든 사람이나 무역 활동하는 모든 사람은 심각한 피해를 봅니다. 바다가 피가 되고 강과 샘물이 피가 된다면, 먹을 물이 없거나 부족할 수밖에 없습니

Greek Text of the Apocalypse (Downers Grove, IL: IVP Academic, 2005), 402에서는 바다나 강물이 피가 되는 현상을 죽음으로 인도하는 고난을 상징한다고 말한다. 그렇기에 대접 심판 둘째와 셋째를 서머나 교회가 경험했던 경제적인 불경기와 같은 현상을 반영한다고 말한다. 하지만 Robert H. Mounce, 『요한계시록』, 장규성 옮김, NICNT (서울: 부흥과개혁사, 2019), 376; Robert L. Thomas, *Revelation 8~22: An Exegetical Commentary* (Chicago: Moody Press, 1995), 250에서는 상징적 표현보다는 문자적 표현이라고 한다.

8 Beale, 『요한계시록(하)』, 1362~66에 따르면, 대접 심판 둘째와 셋째는 나팔 심판 둘째 그리고 셋째와 같은 심판이다. 단지 심판 강도를 다르게 표현할 뿐이다. 피는 실제 죽음을 뜻하지만, 또한 죽음으로 이어지는 총체적 고난을 가리키는 비유로 해석할 수 있는데, 이 배후에는 아시아 여러 교회가 경험한 경제적 심판이 있다. 특히 계시록 18장에서 말하는 큰 성 바벨론의 경제적 붕괴와 관련이 있다. Osborne, 『요한계시록』, 729~30에서도 대접 심판 둘째와 셋째를 경제적 심판과 관련짓고, 그 결과가 문명 파괴와도 관련이 있다고 말한다. Fanning, *Revelation*, 416에서는 나팔 심판에서는 인간의 삶과 상업 활동에 피해를 자세히 언급했지만, 여기서는 같은 결과를 생각할 수 있어도 구체적으로 언급하지는 않는다고 말한다. 단지 음식 공급 중단이나 무역 활동 파괴가 1세기 일반 상황이었는데, 마지막 시대에도 비슷한 상황이라고 말한다.

다. 음식을 만들기가 거의 불가능합니다. 농사짓기도 거의 불가능하겠지요. 거의 모든 공장은 가동을 멈출 수밖에 없습니다. 피가 되니 바다와 강을 생활 터전으로 삼는 사람은 절망에 빠집니다. 그래서 바다나 강을 이용하여 이루어지는 모든 경제 활동은 멈춥니다.[9] 오늘날도 그렇지만, 과거에도 교역과 상업 대부분은 해상 교통을 이용했습니다. 그런데 교역과 상업 활동 마비에는 경제공황이 뒤따릅니다. 이는 기름값이 올라서 어려움을 당하는 요즘 모습과도 비교할 수 없는 극심한 재난입니다.

3. 대접 심판 넷째는 태양열로 사람을 태운다(16:8~9a).

넷째 천사는 대접을 해에다 쏟았습니다. 해는 불로 사람을 태우도록 허락을 받습니다. 그래서 사람들은 태양이 내뿜는 몹시 뜨거운 열로 고통을 겪습니다. 그 결과, 수많은 사람은 태양열에 타서 죽습니다.[10] 태양열로 사람이 고통을 받고 타 죽음은 지구가 온난화 현상으로 고통을 받음을 의미할 수 있습니다. 최근에 지구가 온난화 현상으로 몸살을 앓고 있습니다. 「뉴욕타임스(NYT)」는 2021년 12월 29일에 알래스카의 최대 섬인 코디액 온도가 2021년 12월 26일에 19.4도, 약 20도를 기록했다고 보도했습니다. 다음날에도 15도 이상의 따뜻한 날씨를 보였다고 합니다. 알래스카는 북극에 가깝기에 12월 평균 기온이 −5도나 0도로

---

9 Osborne, 『요한계시록』, 729; Fanning, *Revelation*, 416.

10 나팔 심판 넷째가 해, 달, 별 삼분의 일이 밤낮으로 어두워지는 부분 일식 현상을 말한다면, 대접 심판 넷째는 태양열이 뜨거워지는 현상을 말한다. Beale, 『요한계시록(하)』, 1373~74에서는 '해가 불로 사람을 태운다'를 문자적으로 해석하지 않고, 상징적 또는 비유적 표현으로 해석한다. 경제적인 재앙으로 안전을 빼앗기는 현상을 뜻한다고 말한다. Osborne, 『요한계시록』, 736~37에서는 문자적인 묘사는 해에서 나오는 거대한 불길을 묘사하는 게 아니라, 사람들을 태워 버리는, 불의 혀를 가리킨다고 말한다. 그러면서 이것을 문자적으로 해석해야 하는지, 상징적으로 해석해야 하는지를 정확히 알 수는 없지만, 문자적인 이미지에서 나오는 무시무시한 힘을 느낌이 중요하다고 말한다.

낮다고 합니다.[11] 그런데 평균 온도보다 15~20도 이상이 올랐습니다. 알래스카만의 문제가 아닙니다. 「6시 내 고향」(2021. 12. 31. 방송)에서 부여에 레드향이 재배되고 있다는 보도를 들었습니다. 레드향은 제주도에서 겨울에 생산한다고 생각했습니다. 그런데 부여에서도 생산함은 한 반도도 기온이 올라가고 있다는 증거입니다.

지구 온난화 현상 원인은 인간에게 있습니다. 나무와 숲을 없애고, 산업 발달에 따라 석유, 석탄 등의 화석 연료를 많이 사용하여 이산화탄소를 만들어 내기 때문입니다. 이산화탄소가 지구를 감싸 마치 온실처럼 만들기에, 지구는 열을 바깥으로 배출할 수 없어서 생기는 현상이 온난화 현상입니다. 그런데 마지막 때는, 인간에게서 온난화 현상이 생기기도 하겠지만, 하나님의 심판으로 생깁니다. 그 결과, 사람도 불에 타 생명을 잃고, 자연도 제 기능을 하지 못합니다. 요한계시록 7:16은 하나님의 백성은 하나님께서 그들의 장막이 되어 주시기에, 해 피해를 입지 않는다고 했습니다. **"그들은 다시는 주리지 않고, 목마르지도 않고, 해나 그 밖에 어떤 열도 그들 위에 괴롭게 내리쬐지 않을 것입니다."** 태양도 태양이 발산하는 어떤 열도 하나님의 백성을 괴롭히지 못합니다. 하지만 하나님을 대적하는 사람에게는 다릅니다. 하나님을 믿지 않는 사람은 뜨거운 태양열에 괴롭힘을 받습니다. 게다가 태양의 이글거리는 불길이나 태양에서 나오는 타오르는 불에 타버립니다.

넷째 대접이 태양에 부어져서 태양열이 높아진다는 이야기인지, 아니면 넷째 대접이 태양을 강타하여 태양에서 불꽃이 뛰어나와 지구에 떨어져 지구가 열로 고통을 당한다는 이야기인지는 분명하지 않습니다. 그러나 분명히, 믿지 않는 사람은 태양열로 큰 고통을 겪습니다. 심지어 많은 사람은 태양열에 온몸은 화상을 입고, 타서 죽습니다. 그리고 자연도 극심한 피해를 봅니다. 이 불 심판은 베드로후서에서 이미 예언

---

11 https://news.sbs.co.kr/news/endPage.do?news_id=N1006586958&plink= ORI&cooper=NAVER, 2022년 1월 1일에 접속.

했습니다. "그러나 주님의 날은 도둑같이 올 것입니다. 그날에 하늘은 요란한 소리를 내면서 사라지고, 원소들은 불에 녹아버리고, 땅과 그 안에 있는 모든 일은 드러날 것입니다. 이렇게 모든 것이 녹아버릴 터인데, [여러분은] 어떠한 사람이 되어야 하겠습니까? 여러분은 거룩한 행실과 경건한 삶 속에서 하나님의 날이 오기를 기다리고, 그날을 앞당기도록 하여야 하지 않겠습니까? 그날에 하늘은 불타서 없어지고, 원소들은 타서 녹아버릴 것입니다"(벧후 3:10~12). 노아 때는 하나님께서 물로 세상을 심판했습니다. 그러나 마지막 때는 불로 세상을 심판하십니다. 이 불 심판은 대접 심판 넷째로 완성됩니다.

대접 심판 처음 네 개는 부분적인 심판이 아닙니다. 전 우주에 내려지는 심판입니다. 이 심판으로 전 세계는 하나님 심판의 엄중함을 깨닫습니다. 땅에 사는 사람, 곧 하나님을 거부하는 사람은 이 재앙에 큰 고통을 겪습니다. 대접 심판 강도는 인 심판 그리고 나팔 심판 강도와는 비교할 수 없을 정도로 아주 강합니다. 지금까지 경험한 그 어떤 것과도 비교할 수 없습니다.

"대접 심판이 부어질 때, 두 가지 다른 반응이 나옵니다. 하나는 천군 천사가 찬양하는 반응이고, 다른 하나는 심판받는 인간이 모독하는 반응입니다."

II. 심판에 반응은 심판하시는 주 하나님 앞에 자기 정체를 드러낸다(16:5~7, 9b).

1. 긍정적 반응은 심판하시는 주님의 거룩하심과 의로우심을 찬양한다(16:5~7).

천군 천사들은 하나님께서 심판하심이 당연하다며 심판하시는 주님을 찬양합니다. 요한은 물을 주관하는 천사의 소리를 듣습니다. 5~6절입니다. "지금도 계시고 전에도 계시던 거룩하신 주님, 이렇게 심판하셨으니, 주님은 의로우신 분이십니다. 그들은 성도들과 예언자들의 피를 흘리게 했으므로, 주님께서 그들에게 피를 주어, 마시게 하셨습니다. 그들은 그렇게 되어야 마땅합니다." 물을 주관하는 천사가 하나님을 찬양합니다.12 유대 묵시문학에서는 천사들이 자연 요소를 통제한다고 묘사합니다(1 Enoch 60.11~24; 61.10; 66.1~2; Jub. 2.2). 요한계시록 7:1은 '바람을 통제하는 천사'를 언급하고요. 14:18은 '불을 다스리는 천사'를 언급합니다. 이 구절은 '물을 다스리는 천사'로 묘사하고 있습니다.

물을 다스리는 천사는 주님을 찬양하면서 하나님을 **"지금도 계시고 전에도 계시던 거룩하신 주님"**으로 표현합니다. 이 표현은 요한계시록 11:17에서도 쓰였습니다. 11:17은 일곱째 천사가 나팔 심판 일곱째를 실행할 때, 24 장로들이 주님을 경배하면서 주님이 어떤 분인가를 묘사하는 표현입니다. 일반적으로 하나님을 과거, 현재, 미래를 주관하시는 분으로 묘사합니다. 그런데 과거와 현재 주님으로 묘사하면서, 미래 주님으로는 언급하지 않습니다. 그 이유는 나팔 심판 일곱째가 곧 대접 심판 일곱 시리즈를 의미하기 때문이요. 대접 심판 일곱 시리즈는 하나님의 마지막 심판이기 때문입니다. 이 심판으로 하나님의 진노 심판은 끝이 납니다. 그래서 하나님을 미래의 주님으로 언급하지 않았습니다. 대접 심판을 진행할 때, 이미 미래는 이뤄졌기 때문입니다.13 심판하시는 주님은 거룩하고, 의로우십니다.14 하나님의 성품은 거룩하고, 의롭습니다. 하나님은 거룩하시고 의로우신 분이시기에, 하나님의 심판은 공의로운 심판입니다.

---

12 David E. Aune, 『요한계시록 6~16』, 김철 옮김, WBC 성경주석, 52중 (서울: 솔로몬, 2004), 891~92에서는 5~6절을 신학적 모티프를 사용한 심판 송영, 곧 하나님의 심판이 옳다고 노래하는 찬송이라고 말한다.

13 Osborne, 『요한계시록』, 732; Beale, 『요한계시록(하)』, 1367에 따르면, "전에도 계셨고 지금도 계신 거룩하신 이"라는 표현은 하나님께서 적의가 가득한 상황에서도 당신 백성을 구원하심에 초점을 둔다.

14 Osborne, 『요한계시록』, 732; Beale, 『요한계시록(하)』, 1367에서는 거룩하심과 의로우심을 동의어로 여긴다.

"왜 하나님이 불신자에게 행하는 심판이 의로운 심판일까요?"

불신자들이 성도들과 예언자들의 피를 흘리게 한 이유로 심판받기 때문입니다. **"그들은 성도들과 예언자들의 피를 흘리게 했으므로, 주님께서 그들에게 피를 주어, 마시게 하셨습니다. 그들은 그렇게 되어야 마땅합니다' 했습니다"**(6절). '성도'는 믿는 사람들 모두를 의미합니다. 하지만 '예언자들'은 믿는 사람 중에 특정 부류로, 하나님의 말씀을 선포하는 선지자를 말합니다. 하나님을 대적하는 무리는 구약 시대 때부터 초대 교회를 거쳐 말세에 이르기까지 믿는 성도를 끊임없이 핍박했습니다. **"피를 흘리게 했다"**라는 말은, 죽였다, 박해했다는 의미입니다.15 이들이 하나님의 백성을 핍박하고 박해했기에, 하나님이 이제 그들에게 그들이 흘리게 한 피를 마시게 하신다는 말입니다. 박해자들은 응당 대가를 받습니다. 피를 흘린 자는 마땅히 피를 흘린 대가로 심판받습니다. 바로 하나님의 공의입니다. 그렇기에 피를 흘린 자를 심판하심은 하나님의 의로우심과 거룩하심을 드러냅니다.

지금까지 하나님께서 은혜로 그리고 사랑으로 역사하셨습니다. 그래서 죄를 지은 자를 용서하시고 은혜를 베풀어 주셨습니다. 참으시고, 긍휼히 여기셨습니다. 그러나 마지막 시대에는, 주 하나님은 공의롭게 역사하십니다. 당신 공의를 심판으로 나타내십니다. 물을 주관하는 천사, 곧 심판을 집행하는 천사가 하나님께서 공의롭게 심판하심을 찬양합니다. 이때 제단에서 나오는 소리도 물을 주관하는 천사의 선언에 동의합니다.16 **"그렇습니다.17 주 하나님, 전능하신 분, 주님의 심판은 참되**

---

15 Beale, 『요한계시록(하)』, 1369에서는 6절에 '피를 흘렸다'를 죽음이 아니라, 고난의 정도, 곧 총체적 고난을 가리킨다고 말한다.

16 Beale, 『요한계시록(하)』, 1371~72; Aune, 『요한계시록 6~16』, 897; Craig R. Koester, 『요한계시록 II—10~22장』, 최흥진 옮김, 앵커바이블 시리즈 (서울: 기독교문서선교회, 2019), 1207에서는 이 음성을 계시록 6:9~10과 연결해 순교자 음성으로 여긴다. Osborne, 『요한계시록』, 735; Fanning, *Revelation*, 417에서는 이 음성을 계시록 9:13과 연결해 천사 음성으로 여긴다. George E.

고 **의롭습니다**"라고 소리칩니다(7절). 하나님의 심판은 하나님의 말씀과 성품에 기반을 둡니다. 그래서 그분 심판은 참되고 진실합니다.[18]

"천상 존재들은 하나님께서 의롭게 심판하신다고 찬양합니다."

2. 부정적 반응은 회개하지 않고 심판주를 모독한다(16:9b).

하지만 세상 사람들은 다르게 응답합니다. 9b절입니다. "**그러나 그들은 이 재앙을 지배하는 권세를 가지신 하나님의 이름을 모독했고, 회개하지 않았고, 하나님께 영광을 돌리지 않았습니다.**" 불신자가 보이는 응답을 세 마디 말로 정리합니다. 모독했다. 회개하지 않았다. 영광을 돌리지 않았다. 그들은 심판받을 때, 죄를 회개하고 하나님께 도와 달라고 간구하기는커녕 하나님의 이름을 모독합니다. 하나님께 영광을 돌리지도 않습니다. 이것이 세상 사람이 보이는 일반 모습입니다. 요한계시록 9:13~21에서 나팔 심판 여섯째에 사람 삼분의 일이 죽었습니다. 이때 살아남은 자들은 회개하지 않고, 오히려 우상숭배에 더 빠집니다(9:20~21). 요한계시록 13:6에서는 첫째 짐승이 하나님을 모독합니다.

Ladd, *A Commentary on the Revelation of John* (Grand Rapids: Wm. B. Eerdmans Publishing Company, 1972), 211에서는 7절이 계시록에서 제단이 말한 것으로 보이는 유일한 표현이며, 이 음성을 계시록 6:9과 연결하든, 9:13과 연결하든 별 차이가 없고 의미는 같다고 말한다.

17 Aune, 『요한계시록 6~16』, 897; Beale, 『요한계시록(하)』, 1372에 따르면, '그렇습니다(ναί)'는 5~6절에서 하나님의 심판이 의롭다고 말함에 동의하는 용어로 '아멘'과 같은 의미이다.

18 Osborne, 『요한계시록』, 735~36에서는 '참되다(ἀληθινός)'가 하나님께 쓰일 때는 언약 관계에서 쓰였으며, 요한계시록에서는 하나님이나 그리스도께 쓰면서 언약에 신실함이나 행위 또는 심판에 절대적 신뢰성을 가리키는 용어라고 말한다. 자세한 내용은 Bauer, 『바우어 헬라어 사전』, 68을 참조하라. Beale, 『요한계시록(하)』, 1372에서는 '의롭다(δίκαιος)'가 5절과 7절에서 수미상관으로 하나님의 심판이 그분 의로움을 드러낸다는 사실을 강조한다고 주장한다.

불신자는 은혜의 하나님께로 돌아서지 않고, 구원마저 거부합니다. 하나님의 심판을 경험하면서도 하나님께로 돌아오지 않는 것보다 더 끔찍한 일은 없습니다.

이들 모습은 이집트 바로 모습과 같습니다. 하나님은 바로에게 계속 당신 능력을 보이셨습니다. 회개할 기회를 주셨습니다. 그러나 바로는 하나님이 주시는 기회를 번번이 거부합니다. 결국, 그 교만함 때문에, 왕세자가 죽고 나라가 엄청난 재앙을 겪었습니다. 하나님께 영광 돌리는 반응이 가장 적합합니다. 하나님께서 징계하신다고 느낄 때, 죄를 회개하고 은혜를 구해야 합니다. 하나님을 인정해야 합니다. 그런데 하나님을 거부하는 사람은 오히려 더 교만하여 심판하시는 주님을 모욕합니다. 주님께 영광을 돌리기는커녕, 회개하지도 않습니다.

결론

하나님을 믿는 사람과 믿지 않는 사람의 차이점은 심판에 다르게 반응함으로 드러납니다. 믿는 사람은 어떤 상황에도 주님을 인정합니다. 하나님의 선하심을 인정하면서, 주님께 은혜를 구합니다. 주님의 역사에 감사하며, 어려움에서도 주님을 찬양합니다. 하지만 믿지 않는 사람은 하나님의 은혜가 자기 환경에 나타나도 거부합니다. 하나님의 공의를 거부합니다. 오히려 하나님을 모독합니다. 자기 죄나 행동을 회개하지도 않습니다. 우리는 모두 하나님께서 공의로 심판하심을 찬양합시다.

계시록 16:10~21, '대접 심판 마지막 세 개'
하나님의 마지막 진노에 회개하자

중심 내용: 대접 심판 마지막 세 개는 하나님을 대항하는 적그리스도와
그들 따르는 온 세상에 쏟는 마지막 진노이다.

I. 대접 심판 다섯째는 짐승(적그리스도)의 왕좌와 나라에 재앙을 쏟는다
(16:10~11).

II. 대접 심판 여섯째는 마지막 전쟁(아마겟돈 전쟁)을 준비하게 한다
(16:12~16).

III. 대접 심판 일곱째는 온 세상이 마지막 전쟁으로 종말을 맞게 한다
(16:17~21).

서론

대접 심판 다섯째는 짐승, 곧 적그리스도의 왕좌와 그의 나라에 쏟아
집니다. 짐승, 곧 적그리스도는 하나님께 심판받으면서도 하나님께 마지
막으로 도전하려고 계획을 세웁니다. 그가 하나님과 대결하려는 마지막
전쟁은 아마겟돈 전쟁입니다. 이 전쟁을 하려고, 거짓 삼위일체, 곧 사

탄, 적그리스도, 거짓 선지자는 더러운 영, 곧 귀신의 영을 동원해 온 세계의 왕들과 지도자들을 유혹합니다. 그리고 그들 협조를 구합니다.

대접 심판 여섯째에 그들은 아마겟돈 전쟁을 준비합니다. 그렇기에 하나님의 심판이라기보다는 마지막 결전을 준비하는 과정을 설명합니다. 마지막 결전은 대접 심판 일곱째에 벌어집니다. 오늘 본문은 적그리스도의 왕좌와 나라를 심판하심, 아마겟돈 전쟁 준비, 그리고 온 세상이 하나님과 마지막 전쟁을 치르다 종말을 맞는 내용을 말합니다. 대접 심판 마지막 세 개로, 하나님께서 적그리스도와 그를 따르는 무리에 내리는 심판이 끝납니다. 오늘은 「하나님의 마지막 진노에 회개하자」라는 제목으로 말씀을 전하겠습니다.

I. 대접 심판 다섯째는 짐승(적그리스도)의 왕좌와 나라에 재앙을 쏟는다(16:10~11).

다섯째 천사는 대접을 짐승의 왕좌에 쏟습니다. 그러자 짐승의 나라가 어두워집니다. 사람들은 괴로움을 못 이겨 자기들 혀를 깨물었습니다. 아픔과 부스럼에 고통스러워하며 하나님을 모독합니다. 하지만 자기들 행위는 회개하지 않습니다. 짐승의 왕좌는 용이 짐승에게 준 권세를 말합니다. 요한계시록 13:2에 용, 곧 사탄은 바다에서 올라온 짐승에게 자기 힘, 왕위, 권세를 줍니다.[1] 용에게서 통치나 주권이 바로 짐승의

---

[1] Buist M. Fanning, *Revelation*, Zondervan Exegetical Commentary on the New Testament, ed. Clinton E. Arnold et al., vol. 20 (Grand Rapids: Zondervan Academic, 2020), 418; Grant R. Osborne, 『요한계시록』, 김귀탁 옮김, BECNT 시리즈 (서울: 부흥과개혁사, 2019), 739. 하지만, R. H. Charles, *A Critical and Exegetical Commentary on the Revelation of St. John: With Introduction, Notes, and Indices; also the Greek Text and English Translation*, vol. 2, International Critical Commentary, ed. Samuel R. Driver, Alfred Plummer, and Briggs Charles A (Edinburgh: T. & T. Clark, 1975), 45에서는 짐승의 왕좌는 로마를 가리킨다고 말한다. Robert H. Mounce, 『요한계시록』, 장

왕좌입니다. 짐승의 통치나 주권인 왕좌는 제한적이며 한시적입니다. 왜 냐하면 하나님의 능력과 권세에 전복되기 때문입니다.

짐승의 왕좌에 대접 심판 다섯째가 쏟자, 짐승의 나라가 어두워집니 다.2 짐승의 나라가 어두워진다는 표현은, 이집트에 내려진 아홉째 재앙 (출 10:21~23) 그리고 나팔 심판 넷째(계 8:12)를 상기하게 합니다. 이집 트 왕이 이스라엘 백성을 보내기를 거절하자, 모세가 손을 내밉니다. 그러자, 이집트 온 땅은 사흘 동안 어둠에 잠겼습니다. 사흘 동안 사람 들은 서로 볼 수 없고, 움직일 수도 없었습니다. 그러나 이스라엘 사람 들이 사는 곳에는 환했습니다. 나팔 심판 넷째에서, 천사가 나팔을 불 자, 해, 달, 별들 삼분의 일이 타격을 입습니다. 그 결과, 낮과 밤 삼분 의 일이 빛을 잃고 어두워집니다. 이집트에 내려진 재앙과 나팔 심판 넷째에 일부분만 어두웠다면, 대접 심판 다섯째에는 전 세계가 온통 어 둡습니다.3 어둠은 비유적으로 죄, 무지, 위험, 심판, 죽음을 의미하기도

규성 옮김, NICNT (서울: 부흥과개혁사, 2019), 380에서는 요한 시대에는 로마가 짐승의 왕좌였다고 말한다.

2 The Net Bible, Rev. 16:10, n. 30에서는 '카이(καί)'를 대접 심판 다섯째 가 부어진 결과로 해석한다.

3 Mounce, 『요한계시록』, 380; Robert L. Thomas, *Revelation 8~22: An Exegetical Commentary* (Chicago: Moody Press, 1995), 259에서는 문자적인 어 두움이라고 한다. 하지만, G. K. Beale, 『요한계시록(하)』, 오광만 옮김, NIGTC (서울: 새물결플러스, 2020), 1377; Stephen S. Smalley, *The Revelation to John: A Commentary on the Greek Text of the Apocalypse* (Downers Grove, IL: IVP Academic, 2005), 406에서는 상징적으로 해석하여 영적·심리적 고통이 라고 말한다. Philip E. Hughes, *The Book of the Revelation* (Grand Rapids: Wm. B. Eerdmans Publishing Company, 1990), 175에서는 어둠을 하나님과 복 음에 적의로 여긴다. G. B. Caird, *The Revelation of St. John*, Black's New Testament Commentaries, ed. Henry Chadwick (New York: Harper & Row Publishers, 1966), 204에서는 대접 심판 마지막 세 개를 비유적으로 해석해 정치 적 재앙이라고 한다. 곧, 국내의 무정부, 외부로부터 침략, 회복할 수 없는 붕괴를 가리킨다고 말한다.

합니다. 본문은 문자적 의미 그리고 비유적 의미 모두를 포함할 수 있습니다. 짐승의 왕좌가 심판받을 때 문자적으로 나라가 점점 어두워지며, 또한 비유적으로 죽음의 고통이 다가옵니다.[4]

이 죽음의 고통이 다가올 때, 사람들은 두 가지로 반응합니다. 하나는 자기 혀를 깨물었습니다. 다른 하나는 하나님을 모독하고, 자기 행위를 회개하지 않았습니다. 고통에 첫째 반응은 자기들 혀를 깨묾이었습니다. 어둠의 고통은 사람에게 극한 스트레스와 두려움을 줍니다. 극심한 스트레스와 두려움으로, 자기 혀를 깨뭅니다.[5] 10절은 **"괴로움을 못 이겨서 자기들의 혀를 깨물었다"**라고 표현했습니다. 얼마나 고통이 심했으면, 얼마나 죽음의 두려움이 강렬했으면, 자기 혀를 깨물었을까요? 죽음의 어두움이 다가올 때, 사람들은 극한 두려움에 빠집니다. 두려움이 극에 이르면, 팔다리에 힘이 빠집니다. 얼굴은 하얘지며, 이는 서로 부딪힙니다. 자기 혀를 깨물었다는 극한 공포, 극한 두려움을 표현합니다.

고통에 사람들이 보인 또 다른 반응은 더 완고해진 마음입니다. 11절입니다. **"그들은 아픔과 부스럼 때문에, 하늘의 하나님을 모독했습니다. 그러나 그들은 자기들의 행동을 회개하지 않았습니다."** 극한 아픔과 고통, 종기로 사람들은 더 완고해집니다.[6] 극한 상황이, 극한 공포와 극한

---

4 Fanning, *Revelation*, 418~19에서는 약해지는 과정으로 해석하고(NAS: NET), Osborne, 『요한계시록』, 738에서는 완전히 약해진 결과로 해석한다(KJV).

5 Mounce, 『요한계시록』, 380~81; Thomas, *Revelation 8~22*, 260에서는 고통을 전 세계로 확장한 어둠의 영향이라고 말한다. Fanning, *Revelation*, 419에서는 고통은 단순히 어둠에서 기인하기보다는, 앞에 언급한 대접 심판 처음 네 개로 겪는 육체적인 고통에 비롯한다고 말한다. 하지만 Beale, 『요한계시록(하)』, 1377~78; Charles, *The Revelation of St. John*, 2:44~45에서는 고통의 원인이 계시록 9:5~6에 나오는 전갈, 메뚜기 떼와 관련이 있다고 말한다.

6 11절은 "아픔과 부스럼 때문에" 하나님을 모독한다고 했다. 11절의 원인인 아픔과 부스럼이 10절의 혀를 깨문 사건의 원인과 연결할 수 있다면, Fanning이 주장한 것처럼 고통의 원인이 어둠만이 아니라 앞에서 언급된 대접 심판일

두려움이 악만 남게 했습니다. 자기들 행위를 회개하기는커녕, 오히려 그 남은 악으로 심판하시는 하나님을 거부하고 하나님을 모독합니다. 11절에 "자기들 행동"은 악한 행동을 말합니다.[7] 우상에게 절하는 행위, 또는 해서는 안 될 짓을 저지르는 행위를 말합니다. 하나님의 심판이 임했을 때, 짐승을 따르는 사람들은 자기 주인 짐승이 하듯이, 악한 행동을 회개하기는커녕 하나님을 모독합니다.

> "하나님의 심판이 짐승의 왕좌와 나라에 임하자, 거짓 삼위일체는 귀신의 영을 사용하여 하나님과 마지막 일전을 계획합니다. 대접 심판 여섯째에 그 계획이 드러납니다."

II. 대접 심판 여섯째는 마지막 전쟁(아마겟돈 전쟁)을 준비하게 한다(16:12~16).

대접 심판 여섯째는 나팔 심판 여섯째와 비슷합니다. 둘 다 유프라테스강과 관련이 있습니다. 여섯째 나팔을 불자, 유프라테스강에 묶여있던 네 천사가 풀려나서 사악한 마병대를 준비합니다(계 9:13~21). 이들은 이억입니다. 이억 마병대는 세계 인구 삼분의 일을 죽입니다. 그런데 여섯째 대접을 쏟자, 유프라테스강이 말라 해 돋는 곳, 곧 동쪽에서 오는 왕들이 예루살렘을 공격할 수 있는 길을 열어줍니다.[8] 구약에서 동

가능성이 크다. Osborne, 『요한계시록』, 739; Thomas, *Revelation 8~22*, 260; Fanning, *Revelation*, 419에서는 하나님을 저주한 원인이 앞선 심판들의 종합이라고 말한다. 하지만 David E. Aune, 『요한계시록 6~16』, 김철 옮김, WBC 성경주석, 52중 (서울: 솔로몬, 2004), 900에서는 어두움과 사람들이 겪는 고통과 종기 사이에는 연결 관계가 없기에, 일관성이 없다고 평가한다.

7 계시록 2:22; 9:20에서 행위는 악한 행위를 의미한다. 그렇다면 계시록 16:11에서 행위도 악한 행위, 곧 귀신이나 우상에서 절하는 것, 살인, 복술, 음행, 도둑질과 같은 하지 말아야 하는 행위일 수 있다. Osborne, 『요한계시록』, 740; Beale, 『요한계시록(하)』, 1380; Smalley, *The Revelation to John*, 407을 참조하라.

쪽은 앗시리아나 바벨론을 지칭합니다. 1세기 관점에서 동쪽은 메소포 타미아, 페르시아, 파르티아를 지칭합니다. 구약 시대부터 유프라테스강 은 언제나 외부 침략과 관련이 있습니다. 유프라테스강은 하나님께서 이스라엘에 주신 땅의 경계였습니다(창 15:18; 신 1:7~8; 수 1:4). 로마 제국의 동쪽 경계이기도 했습니다. 유프라테스강이 마른다는 말은, 문자 적으로 강물이 마른다는 의미일 수 있고,9 비유적으로 온 세계 왕들이 이스라엘을 공격하는 장벽이 제거됨을 의미할 수도 있습니다.10 14절에 서는 귀신의 영들이 온 세계의 왕들을 찾아 돌아다녔다고 표현합니다. 그렇다면 동쪽에서 오는 왕은 곧 온 세계의 왕일 수 있습니다.

---

8 Fanning, *Revelation*, 419; Beale, 『요한계시록(하)』, 1382~83; Osborne, 『요한계시록』, 740~41에서는 이사야 11:15; 44:27; 예레미야 50:38; 51:36에 나타난 유프라테스강이 마른다는 예언이 고레스가 강물 방향을 바꿈으로 성취됐으며(사 44:27~28), 요한은 이를 예표론(tyological)으로 적용하면서 미래에 유프라테스강이 마를 때 동쪽에서 왕들이 예루살렘을 마지막으로 공격한다고 말한다.

9 유프라테스강의 마름을 문자적으로 해석할지, 아니면 상징적으로 해석할지에 논의가 있다. 문자적으로 해석은 John F. Walvoord, 『예수 그리스도의 계시』, 전준식 옮김 (서울: 교회연합신문사, 1987), 316; Thomas, *Revelation 8~22*, 262 등이다. 하지만 Smalley, *The Revelation to John*, 408; George E. Ladd, *A Commentary on the Revelation of John* (Grand Rapids: Wm. B. Eerdmans Publishing Company, 1972), 212에서는 상징적으로 해석해 이방 세력을 막는 장벽으로 이해한다. Osborne, 『요한계시록』, 741~42에서는 문자적 해석보다 상징적 해석이 타당하다는 이유를 제시한다. 1) 요한계시록에서 물은 비유적인 의미로 쓰인다. 2) 현대 유프라테스강은 더는 전략적인 요충지가 아니다. 3) 이사야와 예레미야에서 홍해가 마름을 상징으로 이해했기에, 이 구절에서도 상징으로 이해해야 한다.

10 Walvoord, 『예수 그리스도의 계시』, 316~17에서는 동쪽 통치자들을 유프라테스의 동쪽, 곧 오늘날 일본, 중국, 인도 또는 여러 나라의 연합 세력이라고 한다. 하지만 Osborne, 『요한계시록』, 742에서는 아마겟돈 전쟁을 벌이려는 짐 승을 중심으로 한 온 천하의 왕들 연합이라고 말한다. Fanning, *Revelation*, 420에서도 오즈번과 비슷한 견해를 제시한다. 유프라테스강은 외부 공격 예표로서 메소포타미아나 파르티아 군대의 침입을 의미할 수 있지만, 단순히 동쪽이 아니라 전 세계로부터 이스라엘을 공격하는 군대로 이해가 더 낫다고 주장한다.

대접 심판 여섯째는 예수님께서 이 땅에 하나님의 나라를 건설하시려고 오실 때 벌어질 마지막 전쟁, 곧 아마겟돈 전쟁에 대비해 온 세계 왕들을 준비시키는 예비 단계입니다. 아마겟돈 전쟁을 치르려고 온 세계로부터 연합군을 형성하는 일을 거짓 삼위일체가 합니다. 13~14절입니다. "나는 또 용의 입과 짐승의 입과 거짓 예언자의 입에서, 개구리와 같이 생긴 더러운 영 셋이 나오는 것을 보았습니다. 그들은 귀신의 영으로서, 기이한 일을 행하면서 온 세계의 왕들을 찾아 돌아다니는데, 그것은 전능하신 하나님의 큰 날에 일어날 전쟁에 대비하여 왕들을 모으려고 하는 것입니다." 16절입니다. "그 세 영은 히브리 말로 아마겟돈이라고 하는 곳으로 왕들을 모았습니다." 거짓 삼위일체, 곧 용, 짐승, 거짓 선지자의 입에서 개구리와 같은 더러운 영이 셋이나 나옵니다. 용, 짐승, 거짓 선지자의 입에서 나온 더러운 영을 개구리와 같은 더러운 영이라고 했습니다. 개구리는 부정하고, 비위생적인 동물로 여겼고, 제의적으로 부정한 동물입니다(출 8:2~6; 레 11:10). 그래서 개구리와 같은 더러운 영으로 표현합니다. 이 더러운 영은 귀신의 영이라 불립니다. 이 귀신의 영은 온 세계의 왕들을 찾아다니면서 온갖 권모술수를 사용하여 하나님을 대항할 전쟁을 준비하자고 요청합니다.11

이 전쟁을 "전능하신 하나님의 큰 날," "아마겟돈 전쟁"이라고 묘사합니다(계 6:17; 16:14, 16).12 큰 날인 이유는, 하나님께서 창세로부터 계

---

11 북이스라엘 왕 아합 시대에, 귀신의 영이 선지자들의 입에 들어가 아합을 유혹하여 전쟁에 참여하게 한다. 결국, 거짓 선지자들의 감언이설과 부추김 속에 아합 왕은 참전해 죽는다(왕상 22:19~23). 마찬가지로, 더러운 영, 귀신의 영은 세상 지도자들을 유혹하고 미혹하여 마지막 아마겟돈 전쟁에 참여하게 하지만, 예수님의 귀환으로 최후를 맞는다.

12 아마겟돈이 무엇을 지칭하는지에 논의가 있다. 가장 일반적인 해석은 두 개, 곧 므깃도의 산과 집회의 산이다. 1) 므깃도는 갈멜산 북쪽에 있는 고대 도시이다. 해안 평야와 에스드라엘론(Esdraelon) 골짜기 사이에 전략적 교통로가 내려다보이는 곳이다. 이곳은 역사에 매우 유명한 격전지로 알려졌다. BC 1468년, 투트모세 3세(Tuthmosis III)의 가나안 족속들과 전쟁에서 드보라와 바

획하신 바가 이뤄지기 때문입니다(마 25:34; 엡 1:4; 계 13:8; 17:8). 또한 마지막 심판 날이기 때문입니다. 이 아마겟돈 전쟁은 예수 그리스도께서 마무리 짓습니다. 계시록 19:15입니다. **"그의 입에서 날카로운 칼이 나오는데, 그는 그것으로 모든 민족을 치실 것입니다. 그는 친히 쇠지팡이를 가지고 모든 민족을 다스리실 것이요, 전능하신 하나님의 맹렬하신 진노의 포도주 틀을 밟으실 것입니다."**

마지막 전쟁, 아마겟돈 전쟁을 준비하는 도중에, 예수님은 성도들에게 깨어 있으라고 권면하십니다. 15절입니다. **"보아라, 내가 도둑처럼 올 것이다. 깨어 있어서, 자기 옷을 갖추어 입고, 벌거벗은 몸으로 돌아다니지 않으며, 자기의 부끄러운 데를 남에게 보이지 않는 사람은, 복이 있다."** 14절과 16절은 아마겟돈 전쟁을 준비하는 더러운 영들, 귀신의 영들이 하는 일을 기록합니다. 그 사이에 있는 15절은 성도에게 하는 권면입니다. 짐승을 추종하는 모든 세력이 마지막 전쟁을 벌이려고 모였을 때, 어린 양이신 예수님은 성도들에게 경고하십니다. 주님의 재림을 준비하라고 권면하십니다. 주님이 도둑처럼 재림할 테니, 깨어 준비하라고 권면하십니다.

마지막 전쟁인 아마겟돈 전쟁은 예수님의 재림과 밀접한 관계가 있습니다. 아마겟돈 전쟁의 마지막은 예수님의 재림으로 끝을 맺습니다. 마태복음은 예수님의 재림을 도둑처럼 임한다고 표현합니다. 예수님은 아무

락의 전쟁(삿 4~5), 기드온 전쟁(삿 7), 사울의 불레셋과 전쟁(삼상 31), 요시야가 전투에서 죽은 장소(왕하 23:29~30) 등, 유명한 전쟁터였다. 일부 역본은 '하르마게돈'으로 읽히는데, 이것은 므깃도의 산이라는 뜻이다. 문제는 므깃도에는 산이 없는 평야 지대라는 점이다. 2) '집회의 산'이라는 의미이다. 이사야 14:13에서 이 용어가 쓰였는데, 바빌론 왕이 자기 스스로 신의 위치까지 높이는 장소이었다. 자세한 논의는 Osborne, 『요한계시록』, 746~48; Beale, 『요한계시록(하)』, 1402~07; Aune, 『요한계시록 6~16』, 913~14; Thomas, *Revelation 8~22*, 268~71; Fanning, *Revelation*, 423~25를 참조하라. Thomas는 므깃도 지역을 선호하지만, Fanning은 실제 므깃도보다는 미래에 일어날 결전 장소를 선호한다. Osborne도 므깃도와 관련성에 기초를 둔 포괄적인 지역으로 이해한다.

도 예기치 않은 때에 도둑이 들이닥치듯이 갑자기 오십니다. 그래서 성도들은 항상 준비해야 합니다. 오늘 본문도 똑같은 경고 메시지를 말합니다. 방심하지 말고 깨어서 주님의 재림을 준비하라고 권면합니다. 깨어 있어서 **"자기 옷을 갖추어 입으라"**라고 주님은 권면하십니다. 이 옷은 그리스도께서 십자가 죽음으로 제공한, 순수한 흰옷입니다. 구원의 옷을 의미하며, 또한 도덕적 행실의 옷을 의미합니다. 요한계시록 6:11은 충성한 순교자가 입는 옷, 구원의 옷을 지칭합니다. 하지만 19:8은 어린 양의 신부에게 허락된 '빛나고 깨끗한 모시옷,' 곧 '의로운 행위'를 말합니다. 그래서 자기 옷을 갖추어 입으라는 말은 믿음을 굳게 지키라는 권면이면서, 그리스도인으로서 도덕적 깨끗함을 유지하라는 권면입니다.

믿음을 지키지 않고 도덕적인 행위를 유지하지 않음은, 옷을 입지 않고서, 곧 벌거벗은 채 돌아다니는 행실입니다. 유대인은 옷을 입지 않은 채 돌아다니는 일을 수치로 여겼습니다(사 20:1~4; 겔 16:36; 23:10, 29). 에스겔 16:36입니다. **"나 주 하나님이 말한다. 네가 정부들과 음행을 하고, 네 모든 역겨운 우상과 음행을 할 때, 너는 재산을 쏟아붓고, 네 벗은 몸을 드러냈다. 너는 온갖 가증한 우상들에게 네 자식들의 피를 바쳤다."** 에스겔 선지자는 음행, 곧 우상숭배를 벌거벗는 몸이라고도 표현합니다. 이는 유대인에게는 매우 수치스러운 일이었습니다. 마지막 전쟁, 곧 아마겟돈 전쟁은 두 가지의 의미가 있습니다. 하나는 믿지 않는 자에게는 최후 심판의 전쟁이요, 큰 수치를 당하는 날입니다. 하지만 성도들에게는 축복의 날이요, 복이 임하는 날입니다. 예수님이 재림하시는 날이기 때문입니다. 예수님의 재림이 성도에게는 복된 날이기에, 깨어 있어야 합니다. 믿음을 굳게 지키며, 도덕적인 삶을 살아야 합니다. 깨어 있지 않고 준비하지 못해서, 부끄러움, 수치를 당하는 일이 없어야 합니다.

"대접 심판 여섯째가 재앙이 아니고 마지막 재앙을 위한 준비라면, 이제 일곱째는 마지막 재앙 심판입니다."

III. 대접 심판 일곱째는 온 세상이 마지막 전쟁으로 종말을 맞게 한다(16:17~21).

일곱째 천사가 공중에 대접을 쏟습니다. 대접 심판을 공중에 쏟는다는 말은, 하나님의 심판을 온 세상에 붓는다는 뜻입니다. 그때, 하늘 성전 보좌로부터 "다 되었다"라는 큰 음성이 울려 퍼집니다.[13] 이 음성과 함께 천둥 번개가 치고, 지금껏 한 번도 경험하지 못한 큰 지진이 일어납니다. 큰 지진으로 큰 도시가 세 조각으로 갈라지고,[14] 도시들은 무너집니다. 큰 바벨론 위에 하나님 진노의 독한 포도주는 쏟아집니다. 섬들은 사라지고, 산들도 자취를 감춥니다. 게다가 한 달란트 정도의 큰 우박에 떨어집니다.

대접 심판 입곱째는 전 세계와 거주하는 모든 사람에게 내려지는 재앙입니다. 이 심판으로, 하나님의 진노 심판은 끝이 납니다. 하늘 보좌로부터 음성이 "다 되었다"라고 선언합니다. 이 선언은 예수님께서 십자가에서 돌아가시면서 "다 이루었다"라고 하신 말씀을 떠올리게 합니다 (요 19:30). 예수님께서 십자가에서 "다 이루었다"라고 하신 말씀은 구원에 필요한 모든 것을 다 이루셨다는 뜻입니다. 예수님께서 우리 죗값을

---

13 Fanning, *Revelation*, 425. Osborne, 『요한계시록』, 750에서는 18~21절을 A(18~19a)-B(19b)-A'(20~21a)-B'(21b) 구조라고 말한다. A와 A'는 폭풍 신현을, B와 B'는 하나님의 심판을 말한다.

14 큰 도시가 예루살렘을 지칭하는지, 바벨론을 지칭하는지를 두고 논의가 있다. Thomas, *Revelation 8~22*, 275에서는 예루살렘으로 보고, Aune, 『요한계시록 6~16』, 917; Osborne, 『요한계시록』, 751; Charles, *The Revelation of St. John*, 2:52에서는 바벨론-로마로 해석한다. Beale, 『요한계시록(하)』, 1410~11; Craig R. Koester, 『요한계시록 II—10~22장』, 최흥진 옮김, 앵커바이블 시리즈 (서울: 기독교문서선교회, 2019), 1235~36; Smalley, *The Revelation to John*, 414~15에서는 예루살렘과 바벨론-로마를 포함하여 하나님을 대적하는 온 세계로 해석한다.

다 지불하셨기에, 구원을 위한 모든 것을 완성했다는 뜻입니다. 이와 마찬가지로, 대접 심판에서 "다 되었다"라는 선언은 심판이 완성됐다는 뜻입니다. 하나님의 계획, 곧 심판과 구속의 사역이 이제 이 심판과 아마겟돈 전쟁으로 완성됐습니다. 이 선언과 함께 천둥과 번개, 그리고 큰 지진이 일어납니다. 천둥과 번개, 그리고 큰 지진은 하나님의 심판에 나타나는 일반 현상입니다. 이 재앙으로 전 세계는 대격변을 겪습니다.

지진으로 일어난 재앙은 큰 도시를 쪼개 무너지게 합니다. 섬들이 사라지고, 산들이 자취를 감춥니다. 도시가 갈라지고 무너지는 현상, 그리고 섬들과 산들이 사라지는 현상은 지진 피해가 얼마나 엄청난지를 보여줍니다. 지금까지 일어난 가장 큰 지진은 1960년에 칠레 (바르디비아) 에서 발생한 것으로, 강도가 무려 9.5이었습니다. 이 지진으로 해일이 태평양 전역에 퍼져서 10m 이상 해일이 해안을 덮쳤습니다.[15] 대접 심판으로 일어난 지진은 지금까지 본 적이 없는 매우 큰 규모였습니다. 큰 지진은 지질에 영향을 주어서 화산 폭발과 땅의 대격변을 일으킵니다. 우리가 상상할 수도 없는 지진, 화산 폭발, 해일을 동반합니다. 이것들이 나라마다 가지고 있는 재래식 무기, 현대식 무기, 정유 시설, LPG 공장, 원자력 발전소나 연료탱크 등을 덮친다면, 그 재앙은 우리가 상상할 수 없습니다.

여기에 더하여 큰 우박까지 사람들에게 떨어집니다. 그 무게가 무려 한 달란트입니다. 한 달란트는 최소 30kg 정도입니다.[16] 지금까지 가장

---

15 https://kin.naver.com/qna/detail.naver?d1id=6&dirId=612&docId=389728410&qb=6rCA7J6lIO2BsCDsp4Dsp4Q=&enc=utf8&section=kin.ext&rank=2&search_sort=0&spq=0, 2022년 1월 7일 접속.

16 Josephus에 따르면, 고대에 한 달란트 무게는 21kg에서 60kg까지 다양했다(Josephus, *War* 5.270). Bauer, 『바우어 헬라어 사전』, 1492에서는 한 달란트는 125Librae로 26~36kg이라고 말한다. Osborne, 『요한계시록』, 753에서는 45kg으로 예상해 크기를 45cm로 계산했다. 하지만 Fanning, *Revelation*, 428에서는 한 달란트를 65~90파운드, 곧 약 30~40kg으로 추정한다. Mounce, 『요한

큰 우박은 2018년에 아르헨티나에 떨어진 것으로, 크기가 23cm 정도였습니다.[17] 가장 무거운 우박은 방글라데시에 내린 1kg짜리이고, 가장 깊이 파고 들어간 우박은 브라질에 내린 우박으로 땅에서 3m 아래까지 뚫고 들어갔다고 합니다.[18] 무게 30kg 넘고, 크기 30cm 이상인 우박이 전 세계에 떨어진다고 생각해 보십시오. 정말이지 끔찍합니다.

이 재앙의 원인은 큰 성 바벨론의 죄악입니다. 19b절입니다. "**하나님께서 그 큰 도시 바빌론을 기억하셔서, 하나님의 진노를 나타내는 독한 포도주의 잔을 그 도시에 내리시니.**" 하나님께서 큰 도시 바빌론이 저지른 죄악을 기억하셨습니다. 그래서 하나님 진노의 독한 포도주를 부으십니다. 하나님은 죄악을 기억하시고, 마지막에 진노의 심판을 내리십니다. 심판의 결과, 모든 섬과 산은 사라지고, 자취를 감춥니다.[19] 모든 섬과 산이 사라지고 자취를 감추었다는 표현은, 천둥과 번개, 그리고 지진이 일부 지역에서만 일어난 게 아니라는 말입니다. 천재지변이 전 세계적으로 일어나, 전 세계가 무너지고 대형화재나 지각 변동의 재앙을 겪는다는 말입니다. 이런 재앙에도, 사람들은 하나님께로 회개하지 않고, 오히려 하나님을 저주합니다. 21b절입니다. "**사람들은 우박의 재앙이 너무도 심해서, 하나님을 모독했습니다.**" 하나님을 믿지 않는 사람들은 자기들에게 벌어지는 재앙을 하나님 탓으로 돌립니다. 자기 죄가 아니라 하나님 잘못으로 돌립니다. 그래서 마지막 회개할 마지막 기회

계시록』, 389에서는 27~45kg이라고 한다.

17 https://blog.naver.com/seenewskr/222130440920, 2022년 1월 7일 접속.

18 https://www.newsworks.co.kr/news/articleView.html?idxno=139524, 2022년 1월 7일 접속.

19 Fanning, *Revelation*, 428에서는 '모든 섬과 산들이 사라진다'를 바벨론 혹은 로마 체제 있을 정치·경제적인 대재앙에 대한 과장법이라고 한다. 하지만 Osborne, 『요한계시록』, 752에서는 섬, 산, 하늘이 사라짐은 주님의 날과 연계해 쓰이는 묵시적 모티프라고 한다(시 97:5; 사 2:12~18; 40:4; 1 Enoch 1.6~7; 2 Esdr. 15.42).

마저 거절합니다. 하나님은 마지막 순간까지도 회개할 기회를 주시는데, 믿지 않는 사람들은 그 마지막 기회까지도 거절합니다.

결론

대접 심판 마지막 세 개는 적그리스도의 나라, 그리고 하나님을 대적하는 세상에 내려지는 재앙입니다. 대접 심판 다섯째는 적그리스도의 왕좌와 나라에 내려진 재앙입니다. 이 재앙에, 적그리스도의 통치 아래에서 거짓 삼위일체의 영들은 하나님을 대적하며, 하나님과 마지막 일전을 벌이려고 계획을 세웁니다. 온 세상의 왕들을 회유하고 미혹하여 아마겟돈 전쟁을 계획합니다. 아마겟돈 전쟁에서 짐승의 군대는 예수님의 군대에 전멸해 끝장납니다. 하나님은 이때에도 회개할 기회를 주십니다. 15절이 바로 그 점을 강조합니다. 깨어 있으라, 벌거벗은 몸으로 다니지 말고 자기 옷을 갖추어 입으라고 권면하십니다. 구원의 옷, 깨끗한 삶의 옷을 입으라고 권면하십니다. 그러나 하나님을 거부하는 사람들은 이 마지막 권면까지도 거절합니다. 하나님을 거부하는 사람들은 아마겟돈 전쟁에서 마지막 파멸을 맞이하고, 결국은 거짓 삼위일체가 가야 할 곳, 영원한 불못인 지옥에 떨어집니다.

계시록 17:1~18, '음녀 바빌론 멸망'

음행을 일삼다 멸망할 공동체에 주의하자

중심 내용: 종교·경제 공동체인 음녀 바빌론의 운명은 적그리스도와
그의 추종자들에게 멸망이다.

I. 음녀는 귀부인처럼 보이지만, 믿는 자들을 핍박하는 가증하고 더러운
경제·종교 공동체인 바빌론이다(17:1~6).

II. 짐승은 여덟째 왕, 곧 무저갱에서 올라온 적그리스도인데, 잠시 통치
하다 멸망한다(17:7~14).

III. 음녀 바빌론의 운명은 짐승인 적그리스도와 그의 추종자의 반역으로
멸망이다(17:15~18).

서론

7년 대환란 내용은 요한계시록 6장에서 시작해 16장에서 끝을 맺습니
다. 16장은 대접 심판 일곱 시리즈를 선언합니다. 대접 심판 마지막 세
개는 짐승(적그리스도)과 아마겟돈 전쟁에 초점을 맞춥니다. 이 전쟁에서
짐승(적그리스도)와 온 세상은 하나님의 마지막 심판을 받습니다. 심판의

뒷배경에는 큰 도시 바빌론이 있습니다. 바빌론은 전 세계를 잘못된 길로 인도했기에, 하나님 진노의 독한 포도주를 받은 거죠(계 16:19).

요한계시록 17~18장은 16:19에서 선언한 바빌론 멸망을 자세히 설명합니다. 17장은 바빌론 멸망을 큰 창녀, 곧 음녀 멸망으로 묘사하고 있습니다. 18장은 바빌론 멸망을 경제 공동체로서 멸망을 묘사합니다. 오늘은 요한계시록 17장을 본문 삼아, 「음행을 일삼다 멸망할 공동체에 주의하자」라는 제목으로 말씀을 전하겠습니다.

I. 음녀는 귀부인처럼 보이지만, 믿는 자들을 핍박하는 가증하고 더러운 경제 · 종교 공동체인 바빌론이다(17:1~6).

일곱 대접을 가진 일곱 천사 중 하나가 요한에게, 올라와서 큰 창녀가 받을 심판을 보라고 합니다.[1] 큰 창녀는 많은 물 위에 앉아 있습니다. 물 위에 앉은 창녀는 세상 왕들과 땅에 사는 사람들과 음행합니다. 그런데 창녀는 많은 물 위뿐 아니라 빨간 짐승을 타고 앉아 있었습니다. 그 짐승은 머리 일곱과 뿔 열 개를 가지고 있었습니다. 큰 창녀는 또한 자주색, 빨간색 옷을 입고 있었고, 금, 보석, 진주와 같은 장식으로 치장하고 있었습니다. 손에는 금잔을 들고 있었고, 금잔에는 가증한 것들과 음행의 더러운 것들이 가득 차 있었습니다. 이마에는 땅의 음녀들과 가증한 것들의 어미, 큰 바빌론이라는 이름이 적혀 있었습니다. 그리고 창녀는 성도들이 흘린 피와 예수의 증인들이 흘린 피에 취해 있었습니다.

17:1~6절은 음녀가 누구인지를 자세히 묘사합니다. 5절에 따르면, 큰 음녀는 '큰 바빌론'으로 불립니다. 18절에는, 세상의 임금들을 다스리는 통치권을 가진 큰 도시로 표현합니다. 그렇다면, 음녀는 세상의 임금들과

---

[1] 계시록 17:1~3은 21:9~10과 비슷한 구조이면서도 서로 대조를 이룬다. 17장이 음란한 도시 바벨론을 상징하는 음녀의 멸망을 보여준다면, 21장은 어린 양의 신부를 소개한다.

백성들을 다스리는 통치권을 가진 '큰 도시 바빌론'을 가리킵니다. 바빌론은 고대 제국 이름입니다. 사도 요한 시대에서는 하나님과 하나님의 백성을 대적하고 핍박하는 로마 제국을 지칭했습니다. 바빌론 또는 로마 제국은 고대 제국을 의미하지만, 은유적으로 하나님을 대적하는 군사, 종교, 문화, 사회를 대표하는 세력의 대명사입니다. 그런 의미에서 큰 창녀, 음녀는 바빌론, 곧 하나님을 대항하는 악의 세력을 지칭합니다.[2]

악의 세력인 바빌론이 많은 물 위에 앉아 있었습니다.[3] 물은 15절에 따르면 백성들, 무리들, 민족들, 언어들로 표현이 됩니다. "음녀가 많은 물 위에 앉아 있다"라는 말은 여러 민족을 통제하는 지위에 있다는 뜻입니다. 그녀는 여러 민족을 통제하면서 세상의 왕들과 땅에 사는 사람들을 음행의 포도주에 취하게 했습니다.[4] 즉, 하나님 대적하게 하고, 황

---

2 음녀는 문자적으로 간음을 하거나 다른 사람을 간음으로 이끄는 사람을 말한다. 그런데 구약 성경에서 음녀는 하나님께 신실하지 못한 행동을 하는 사람이나 나라를 지칭하곤 했다(사 23:15~17). 그리고 이방 세력과 종교, 정치, 문화적으로 결탁하는 예루살렘과 유다를 표현할 때도 사용했다(사 1:12; 렘 13:27; 겔 16:15; 호 2:5). 그래서 음녀는 종교, 정치, 경제, 문화 결탁으로 하나님을 대적하는 배교 세력을 의미하기도 한다. G. K. Beale, 『요한계시록(하)』, 오광만 옮김, NIGTC (서울: 새물결플러스, 2020), 1417에서는 바빌론을 음녀로 표현함을 사람들을 그리스도에게서 떨어지도록 꾀거나 유혹하는 행위를 상징하는 표현이라고 말한다.

3 이 표현은 예레미야 51:13을 반영한다고 말할 수 있다. 그리고 실제 바빌론은 유프라테스강에 있는 도시이다. 많은 지류와 운하를 가진 유프라테스강이 바빌론 도시 가운데를 통과한다. Beale, 『요한계시록(하)』, 1417에서는 "앉았다"를 통제한다는 뜻, 즉 음녀는 많은 사람과 짐승을 통제할 수 있음을 나타낸다고 말한다. 그리고 1426쪽에서 "여자가 짐승을 탔다"라는 표현을 연합체로서 여자가 국가와 함께 일하는 세상의 사회적, 문화적, 경제적, 종교적 측면을 나타낸다고 말한다. Grant R. Osborne, 『요한계시록』, 김귀탁 옮김, BECNT 시리즈 (서울: 부흥과개혁사, 2019), 766에서는 만국이 바빌론/로마에 의하여 정복당하고 통제 아래 있는 상태라고 말한다.

4 Buist M. Fanning, *Revelation*, Zondervan Exegetical Commentary on the New Testament, ed. Clinton E. Arnold et al., vol. 20 (Grand Rapids: Zondervan

제 숭배뿐 아니라 우상 숭배에 빠지게 했습니다. 그런데 이 음녀가 하나님을 모독하는 이름들과 일곱 머리와 열 뿔을 가지고 있는 뻘건 짐승을 타고 앉아 있었습니다.5 짐승, 일곱 머리와 열 뿔은 7~14절에 자세히 설명합니다. 음녀가 그 짐승을 타고 앉아 있다는 모습은 음녀가 짐승을 협력자로 두고 있음을 의미합니다.

"어떻게 음녀, 곧 바빌론이 여러 민족과 짐승을 통제하는 자리에 앉아 있을 수 있었을까요?"

음녀 바빌론이 종교와 경제를 통제하기 때문입니다. 여자는 자주색과 빨간색 옷을 입고 있었습니다.6 금, 보석, 진주로 꾸며진 호화로운 장식을 하고 있었습니다. 손에는 금잔을 들고 있었습니다. 음녀인 여자가 화려하고 값비싼 옷과 보석으로 장식하고서 부를 자랑하며 차를 마시는 귀부인의 모습입니다.7 이는 경제적으로 아주 부유한 상태를 의미합니

Academic, 2020), 437에서는 "임금들과 사람들을 음행의 포도주에 취하게 했다"를 영적·도덕적 죄에 빠지게 하는 행위, 곧 여러 민족이 하나님을 떠나 우상을 섬기게 하고 올바른 것을 떠나 다양한 도덕적 죄에 빠지게 하는 행위와 연결한다. Beale, 『요한계시록(하)』, 1418에서는 글자 그대로 부도덕한 행위를 한 게 아니라, 종교적으로 우상 숭배 요구에 순응했다는 뜻이라고 말한다. 우상 숭배 요구에 순응한 배경에는 경제적인 이유가 있다. 바빌론이 경제 번영을 제공하기에 바빌론에 충성했다는 말이다(계 18:3, 9~19; 사 23:15~18절을 참조하라).

5 Osborne, 『요한계시록』, 768에서는 짐승은 제국의 정치 지도자를 상징하고, 여자는 만국을 유혹하는 신성 모독적인 종교와 만국을 땅의 사치로 이끄는 경제체제를 상징한다고 말한다.

6 Osborne, 『요한계시록』, 768에서는 자주색 옷과 붉은색 옷이 왕족이나 큰 부자만 입는 옷이기에, 로마 제국의 엄청난 상업적 번영을 의미한다고 말한다. David E. Aune, 『요한계시록 17~22』, 김철 옮김, WBC 성경주석, 52하 (서울: 솔로몬, 2004), 115에 따르면, 자주색 옷은 사회적 신분, 특히 왕의 신분을 나타내고(삿 8:26; 에 8:15; 단 5:7; 1 Macc. 10:20, 62:64; 11:58; 요 19:2), 붉은색 옷은 왕의 신분이 아니라 부와 관련된 사회적 신분을 상징한다(삼하 1:24; 잠 31:21; 렘 4:30)고 주장한다.

7 Aune, 『요한계시록 17~22』, 116에서는 고급 옷과 화려한 보석으로 치장

다. 그런데 그 잔에는 온갖 가증한 것들과 자기 음행의 더러운 것들이 가득 찼습니다. 이마에는 땅의 음녀들과 가증한 것들의 어미, 큰 바빌론이라는 이름이 적혀 있었습니다. 그리고 성도들이 흘린 피와 예수의 증인들이 흘린 피에 취해 있었습니다. 이는 종교적인 색채를 띠면서 반대 세력을 숙청하는 행위를 표현합니다.

겉모양새는 고귀한 귀부인처럼 보이지만, 그 내면에서는 악취가 나고 있습니다. 가증한 것들, 음행의 더러운 것들로 가득 차 있습니다. 그리고 이마에 "땅의 음녀들과 가증한 것들의 어미"라는 이름은 모든 악의 여신이요, 온갖 악과 더러움의 소굴이라는 뜻입니다.[8] 그리고 금잔에는 커피나 전통 차가 있는 것이 아닙니다. 성도들이 흘린 피, 곧 예수의 증인이 흘린 피로 가득 찼습니다. 성도들이 그리스도에게 신실하다는 이유로 핍박하고 살인하고서, 그 피를 커피나 전통 차처럼 마시고 있었습니다. 얼마나 많이 마셨는지, 술에 취하듯 피에 취해 있었습니다. 경

을 고대 고위 창기 행태와 관련이 있다고 여기며, '고위 창기'는 음란, 난봉, 탐욕, 아첨을 비롯한 여러 악덕을 의인화한 인물이라고 말한다. Beale, 『요한계시록(하)』, 1427~31에서는 고급 옷 착용, 보석으로 치장, 금잔에 가증한 것 등은 경제적 번영과 우상 숭배 사상이 서로 연관된 형태라고 말한다. 특히, 자주색 옷은 음녀가 왕족과 관련이 있을 뿐 아니라, 박해자 특성을 나타낸다. 음녀의 왕 권세는 계시록 17:18; 18:7에, 그리고 박해자 사상은 계시록 17:6에 있다. 음녀는 경제적 번영을 도구로 왕들과 사람들을 유혹하여 하나님을 떠나 우상 숭배에 빠지게 하는데, 이것에 순응하지 않는 자에게는 가차 없이 박해라는 도구를 사용한다는 말이다.

8 Fanning, *Revelation*, 439에 따르면, 요한계시록에서 사람이나 이마에 이름이나 표가 있음은 그 사람의 주인이나 통치자가 누구인지를 나타내거나(계 3:12; 7:3; 9:4; 13:16~17; 14:1, 9; 20:4; 22:4), 그 사람이 누구인지를 나타내는데(계 17:6; 19:12, 16), 이 구절에서는 그 자신이 누군지를 보여준다고 말한다. Aune, 『요한계시록 17~22』, 119에서는 음녀의 '어미(ἡ μήτηρ τῶν πορνῶν)'는 원형이라는 의미로 어떤 활동이나 특질의 원천, 기원을 보여주는 비유적인 언어라고 한다. 그래서 음녀들과 가증한 것들의 원천이라는 뜻이다. 그는 또한 가장 타락한 음녀를 지칭하는 의미일 수도 있다고 말한다(렘 27:12).

제·종교를 뒷배경으로, 음녀 바빌론은 하나님을 믿는 사람들을 핍박합니다. 이것이 음녀인 바빌론의 참모습입니다. 이것이 하나님을 대적하는 무리의 참모습입니다. 이것이 하나님보다 이 땅 가치를 추구하는 무리의 참모습입니다. 이 땅에 있는 것들은 그럴듯하고, 멋있어 보이고, 매력적으로 보입니다. 경제력이 있고, 종교심이 있는 것 같습니다. 그러나 속은 속임수와 잔인함, 살인과 거짓, 피비린내 나는 악으로 가득 차 있습니다. 드라마 「펜트하우스」가 그것을 그려내고 있지요.

"요한이 이 모습에 몹시 놀라고 있을 때, 천사는 요한에게 여인과 짐승의 비밀[9]을 설명합니다. 7~14절은 짐승의 비밀을 설명하고, 15~18절은 음녀의 미래를 설명합니다."

II. 짐승은 여덟째 왕, 곧 무저갱에서 올라온 적그리스도인데, 잠시 통치하다 멸망한다(17:7~14).

8절은 짐승을 설명합니다. 요한이 본 짐승은 "**전에는 있었지만, 지금은 없으며, 장차 아비소스(무저갱)에서 올라와서, 나중에는 멸망하여 버릴 자**"입니다. 짐승은 과거에 있었고, 지금은 없고, 나중에 잠시 존재합니다. 나중에 잠시 존재하다가 곧바로 멸망해 사라집니다. 이 표현이 의미하는 바는 요한계시록 11:7과 13:1~3에서 힌트를 얻을 수 있습니다.[10] 요한계시록 11:7은 예수님의 두 증인이 사역을 마칠 즈음에 무저갱에서 짐승이 올라와서 두 증인과 싸웁니다. 13:3은 무저갱에서 올라온 짐승이 치명적인 상처를 입고, 나중에 고침을 받습니다. 13:14은 이

---

9 Fanning, *Revelation*, 439에 따르면, 비밀(τὸ μυστήριον)은 신약에서 과거에 감춰져 알려지지 않은 바가 지금은 알려진 바를 의미하는데, 특히 하나님께서 세상을 구속하시려는 계획을 말할 때 자주 쓰인다(계 10:7; 막 4:11; 롬 16:25~26; 엡 3:3~6, 9; 골 1:26~27). 하지만 이 구절에서는 완전히 이해하려면 해석해야 하는 '난해하고 어려운 상징'을 뜻한다.

10 Fanning, *Revelation*, 442.

렇게 표현합니다. **"땅 위에 사는 사람들에게, 칼에 맞아서 상처를 입고 서도 살아난 그 짐승을 위하여 우상을 만들라고 말했습니다."** 여기서 "살아난 그 짐승"이란 표현이 나옵니다. 살아남은 죽음을 전제합니다.

이와 관련하여, 요한계시록 17:8은 그 짐승을 과거에 있었고, 지금 죽어서 없고, 미래에 다시 살아날 자로 표현합니다. 13장과 차이점이 있다면, 이 구절에서는 "나중에는 멸망하여 버릴 자"라는 용어를 첨가 했다는 점입니다. 짐승은 예수 그리스도의 죽음과 부활을 자기에게 그 럴듯하게 적용합니다. 자기가 죽음에서 다시 살아난 것처럼 주장합니 다.11 그가 그리스도를 흉내 내지만, 결국 멸망으로 가짜로 드러납니다. 정리하면, 짐승은 무저갱에서 올라 온 적그리스도입니다. 그는 자기를 예수 그리스도처럼 포장합니다. 부활하신 주님처럼, 자기를 승리자로 포 장하여 나타납니다. 하지만 그것도 잠시일 뿐, 멸망으로 자기가 가짜임 을 드러냅니다.

천사는 8절에서 짐승의 실체를 설명하고서, 9~11절에서는 짐승이 가 지고 있는 일곱 머리를 설명합니다. 머리 일곱은 **"여자가 타고 앉은 일곱 산이요 일곱 왕"**입니다. 여자가 일곱 산, 곧 짐승을 타고 앉아 있다고 했 습니다.12 일곱 산은 고대 로마와 관련이 있습니다. 고대 로마는 일곱 언 덕의 도시로 알려졌습니다.13 그렇다면 짐승, 곧 적그리스도는 1세기에는

---

11 Robert H. Mounce, 『요한계시록』, 장규성 옮김, NICNT (서울: 부흥과 개혁사, 2019), 400~01; Beale, 『요한계시록(하)』, 1443~44에서는 어린 양이신 그리스도의 죽음과 부활을 패러디한다고 말한다. 하지만 Aune, 『요한계시록 17~22』, 123~24에 따르면, 이 표현은 하나님에 관한 표현을 패러디한다. "지 금은 없다"는 '죽었다'는 의미로 라틴어 묘비명에 흔히 쓰는 표현이다. 이는 '부활한 네로'에 관한 신화를 가리켰을 가능성도 있다.

12 Fanning, *Revelation*, 443에 따르면, 산은 여자가 있는 위치를 의미하며, 왕은 짐승의 역할이나 임무를 의미한다. 하지만 Beale, 『요한계시록(하)』, 1451 에 따르면, 머리, 산, 왕 등은 모두 동일한 것을 지칭하는 것으로 권세, 특히 압제하는 권세를 의미한다.

로마 제국과 관련이 있었습니다. 마지막 날에는, 로마처럼 하나님과 하나님의 백성을 대적하는 세력으로 나타납니다. 그리고 일곱 왕은 일곱 왕을 의미할 수도 있고, 일곱 제국을 의미할 수도 있습니다.[14] 다섯은 이미 망했고, 하나는 현재 있고, 다른 하나는 아직 나타나지 않았습니다. 요한

---

13 Osborne, 『요한계시록』, 776에 따르면, 로마는 일곱 언덕(아벤티네, 카에리네, 카피코리네, 에스크리네, 파라티네, 큐리날, 비미날)에 살고 있는 민족들을 합병해 시작했고, 도미티아누스 통치 때는 축제를 열어서 건국을 축하했다. 그래서 음녀가 일곱 산 위에 앉아 있는 모습은 로마 제국의 권좌를 차지하고 있다는 의미일 수 있다. 일곱 산이 로마를 상징함에 관한 자세한 설명은 Aune, 『요한계시록 17~22』, 130~31을 참조하라.

14 이 구절에서 일곱 머리는 다니엘 7:17~27에 짐승이 네 머리와 열 뿔을 가지고 있다는 표현과 관련이 있다. 다니엘에서 머리는 제국을 지칭하고, 뿔은 왕을 지칭한다. 그렇기에 George E. Ladd, *A Commentary on the Revelation of John* (Grand Rapids: Wm. B. Eerdmans Publishing Company, 1972), 227~28; John F. Walvoord, 『예수 그리스도의 계시』, 전준식 옮김 (서울: 교회연합신문사, 1987), 336; Robert L. Thomas, *Revelation 8~22: An Exegetical Commentary* (Chicago: Moody Press, 1995), 296에서는 일곱 머리가 일곱 제국을 지칭한다고 하고, Osborne, 『요한계시록』, 776~79; Aune, 『요한계시록 17~22』, 136; Craig R. Koester, 『요한계시록 II—10~22장』, 최흥진 옮김, 앵커바이블 시리즈 (서울: 기독교문서선교회, 2019), 1263; Fanning, *Revelation*, 444~45에서는 일곱 왕을 지칭한다고 말한다. '제국 견해'는 왕이 곧 제국을 대표하거나 의인화한다고 주장한다. 하지만 '왕 견해'는 1세기 청중에게 제국보다는 왕이 더 의미가 다가온다고 주장한다. 이 두 견해에 반대하며 Beale, 『요한계시록(하)』, 1451~52에서는 일곱 산과 왕들은 1세기나 다른 세기에 특정한 일곱 왕이나 나라보다는 온 세대에 걸쳐 등장하는 '세상 정부의 탄압하는 힘'이라고 주장한다. Stephen S. Smalley, *The Revelation to John: A Commentary on the Greek Text of the Apocalypse* (Downers Grove, IL: IVP Academic, 2005), 436에서도 Beale의 견해에 동의하며 설명한다. 유대 문학에서 '산(ὄρη)'은 왕조나 제국을 상징하고(사 2:2; 렘 51:25; 겔 35:3; 단 2:35; 1 Enoch 52.1~7), 그리고 계시록 8:8; 14:1, 그리고 다니엘 7:3~7에서도 나라를 지칭한다. 그리고 문맥에서 일곱이라는 숫자는 문자적인 수 일곱이나 로마 제국 황제의 전체 수를 상징하지 않는다. 그래서 하나님의 주권에 도전하는 인류 역사에서 나타나는 탄압하는 세상의 정부를 묘사한다.

이 계시록을 기록할 당시는 여섯째 왕이 통치하고 있었습니다.15 다른 하나, 즉 일곱째 왕이 나타나는데, 그는 잠깐밖에 머물지 못합니다. 왜냐하면 하나님께서 주권적으로 그렇게 정하셨기 때문입니다.16 결국, 일곱 번째 왕 임기는 왕 자신이 결정할 수 없습니다. 하나님께서 그 임기를 정하십니다. 이 사실에서, 우리는 하나님께서 모든 것을 통제하시고, 모든 것을 결정하심을 압니다.

전에 있다가 지금은 없는 그 짐승은 여덟 번째 왕입니다(11절). 그는 무저갱에서 나온 짐승으로 적그리스도입니다. 적그리스도는 여덟째 왕이지만, 미래 나타날 일곱째 왕 계보, 곧 일곱째 왕의 계승자입니다. 일곱째 왕의 계승자라는 의미는 일곱째 왕이 하는 일, 즉 하나님의 백성을 박해하는 일을 한다는 뜻입니다.17 그는 그 역할을 잠시 하다가 마침내 멸망해 사라집니다.

머리 일곱을 설명함에 이어, 12~14절에서는 열 뿔을 설명합니다. 열 뿔은 열 왕을 의미합니다. 그런데 열 왕은 요한이 기록할 당시 아직 나라를 차지하지 못했습니다. 짐승인 적그리스도가 무저갱에서 나와 여덟

---

15 나라 혹은 제국의 견해에서는, 여섯째 왕은 로마 제국이다. 하지만 왕, 로마 황제를 지칭한다면, 여섯째 황제는 첫째 황제가 누구이냐에 따라 달라진다. 여섯째 황제에 관한 견해는 Osborne, 『요한계시록』, 777~79를 참조하라. Beale, 『요한계시록(하)』, 1455에 따르면, 요한에게 있어서 중요한 인물은 현재 통치하는 여섯째 황제인데, 독자는 그 황제가 누구인지를 알고 있었기에 우리가 황제의 수를 세어 확인하는 일이 그렇게 중요하지 않다.

16 Fanning, *Revelation*, 445, n. 56에 따르면, 계시록 17:10b에 '데이 (δεῖ)'는 요한계시록에서 하나님께서 시간을 주권적으로 결정하실 때 쓰인다(καὶ ὅταν ἔλθῃ ὀλίγον αὐτὸν δεῖ μεῖναι, "마침내 멸망하여 버릴 자다").

17 Osborne, 『요한계시록』, 779~80에서는 여덟째 왕을 로마 황제 네로와 같은 왕, 성격과 운명이 네로와 같은 왕이라고 한다. Fanning, *Revelation*, 445에서도 네로를 미래 적그리스도의 모형(type)이라고 한다. Osborne과 Fanning은 미래 네로가 부활해서 오는 게 아니라, 네로와 같은 인물이 온다고 말한다.

째 왕이 될 때, 열 왕은 일시적으로 왕권을 부여받습니다. 열 왕은 한마음으로 적그리스도를 지지합니다. 그리고 열 왕은 짐승을 중심으로 연합체를 구성하여 어린 양이신 예수님과 싸움을 벌입니다. 하지만 짐승과 그의 연합체는 어린 양과 싸움에서 처절하게 패배합니다. 그 이유는 어린 양이 만주의 주요, 만왕의 왕이시기 때문입니다. 그리고 어린 양과 함께 있는 사람들이 부르심을 받고 택하심을 받은 신실한 사람이기 때문입니다. 어린 양과 함께 있는 성도들이 신실한 사람이라는 말에서 보듯이, 전쟁에서 승리는 신실함에 달려 있습니다. 우리 싸움은 우리가 얼마나 힘을 가지고 있느냐에 달리지 않습니다. 예수님께 얼마나 신실한가에 달려 있습니다. 주님이 만왕의 왕, 만주의 주이시기 때문입니다. 그래서 우리가 이 땅의 싸움에서 승리하려면 주님께 신실해야 합니다.

열 왕은 짐승인 적그리스도의 최측근입니다. 그런데 열 왕은 문자적인 열 왕을 지칭할 수 있습니다. 얼마 전까지만 해도 열 왕을 유럽의 10개국 동맹체라고 말하기도 했습니다. 그러나 요한계시록 16:12, 14을 살피면, 10개국만으로 고정할 필요가 없습니다. 요한계시록 16:12에서 말하는 동쪽에서 오는 왕들을 지칭할 수 있고요.[18] 더 나아가 요한계시록 16:14에서 말하는 세계의 왕들을 지칭할 수도 있습니다. 열 왕은 적그리스도를 지지하는 왕들이나 지도자들 전체를 의미할 수 있기 때문입니다.

하지만 어린 양과 함께 있는 이들은 어린 양께 충성하는 백성입니다. 요한계시록 19:14에서는 그리스도의 하늘 군대 일부로 언급합니다. 어린 양과 함께 있는 성도는 어린 양께 충성하는 백성이요, 하늘 군대 일부입니다. 마지막 전쟁에서 짐승과 짐승을 따르는 세력은 어린 양과 그의 백성에게 멸망합니다. 이 전쟁은 예수님께서 재림하실 때 일어나는 아마겟돈 전쟁입니다.

---

18 Osborne, 『요한계시록』, 781. Beale, 『요한계시록(하)』, 1468에서도 실제적인 열 왕이 아니라, 미래 왕들을 큰 권세를 가리키는 비유적인 표현이라고 한다. 하지만 Thomas, *Revelation 8~22*, 300에서는 문자적으로 열을 주장하며, 열 개 제국 또는 나라라고 한다.

"짐승을 설명하고서, 이제 음녀의 운명을 설명합니다."

III. 음녀 바빌론의 운명은 짐승인 적그리스도와 그의 추종자의 반역으로 멸망이다(17:15~18).

창녀, 즉 음녀는 많은 물 위에 앉아 있습니다. 이 많은 물은 전 세계에 살고 있는 다양한 민족이나 그룹을 말합니다.[19] 그렇다면 "많은 민족 위에 음녀가 앉아 있다"라는 말은, 음녀인 바빌론이 하나님을 대항하려고 모인 미래 세계의 권력들을 조종하고 있다는 뜻입니다. 종교 · 경제 공동체인 바빌론이 여러 나라를 조정하거나 통제하는 모습입니다. 음녀의 주도하에 전 세계는 하나님을 대항하는 다국적군을 꾸립니다.

그런데 음녀가 주도하는 다국적군은 내분으로 붕괴합니다. 16절입니다. **"그리고 네가 본 그 열 뿔과 그 짐승은, 그 창녀를 미워해서 비참하게 만들고, 벌거벗은 꼴로 만들 것이다. 그들은 그 창녀의 살을 삼키고, 그 여자를 불에 태울 것이다."** 짐승인 적그리스도 그리고 그의 추종자 열 왕은 어린 양의 군대와 전쟁합니다.[20] 아마 이 과정에서 그들은 음녀인 바빌론에게 반기를 듭니다. 그래서 음녀를 공격하여 황폐하게 만듭니다. **"비참하게 만들다," "벌거벗은 꼴로 만들 것이다," "창녀의 살을**

---

19 구약에서 흐르는 물은 하나님의 백성인 유다와 이스라엘을 공격하는 앗시리아, 이집트, 바벨론, 그리고 여러 민족의 군대를 지칭할 때 사용했다(사 8:7~8; 17:12~13; 렘 46:8; 47:2). Osborne, 『요한계시록』, 776에서는 음녀가 많은 물위에 앉았다(17:1)에서 이 물이 15절에서는 로마 제국의 거민들로 나타나며, 음녀가 그들을 다스렸다는 의미로 해석한다.

20 Osborne, 『요한계시록』, 785에서는 짐승이 음녀를 대하는 감정이 내전 모티프에서 잘 나타난다고 말한다. 악의 세력은 자기를 따르는 자들까지도 괴롭히고 죽이는 사건으로 그들에게는 이미 사랑이 없음을 드러냈고, 그래서 추종자들은 언제나 기회를 엿보고 있음을 본문이 말한다. 같은 자료 786쪽에서는 큰 성 바빌론의 군대에 가담했던, 동방에서 오는 왕들이 이제는 바빌론에 등을 돌리고 잡아먹는다고 말한다.

삼킨다," 그리고 "**여자를 불에 태울 것이다**" 등 표현은 음녀가 철저하게 파괴됨을 의미합니다.[21]

내분으로 멸망하는 예는 구약 성경의 블레셋과 사울의 아들 요나단의 전쟁에서도 볼 수 있습니다(삼상 14장). 요나단은 무기를 든 병사에게 "전쟁은 군대의 수가 많고 적음이 아니라 하나님께 있다"라고 선언합니다. 그리고 산등성이에 있는 블레셋 군영으로 올라갑니다. 그때 하나님께서 블레셋 군대에 내분이 일어나게 하십니다. 그러자 블레셋 편을 들어 싸움터에 나왔던 히브리 사람들이 이제는 블레셋에 대항해 싸웁니다. 블레셋 군대도 자기들끼리 서로 정신 없이 싸우며 쳐 죽입니다. 블레셋 군대 경우처럼, 음녀를 중심으로 모인 다국적군에 내분이 일어납니다. 짐승을 중심으로 모인 무리는 음녀를 배반하고, 음녀를 중심으로 보인 무리와 싸워 파괴합니다. 이런 일이 벌어지게 된 이유는 하나님의 목적이 있었기 때문입니다.[22] 17절입니다. "**그것은, 하나님께서 당신의 말씀을 이루실 때까지, 당신의 뜻을 행하려는 마음을 그들에게 주셔서, 그들이 한마음이 되어 그들의 나라를 그 짐승에게 주게 하셨기 때문이다.**" 음녀를 중심으로 모인 다국적군은 음녀나 적그리스도의 의도에 따라 모이지 않았습니다. 하나님께서 모든 세계를 주장하시면서 그렇게 하도록 하셨기 때문입니다. 헬라어 성경 17절에는 두 번이나 하나님의 뜻, 목적을 의미하는 용어를 씁니다.[23] 17절을 원어 의미를 살려 읽어보겠습니다. "그것은, 하나님께서 당신의 말씀을 이루실 때까지, 당신의 뜻(목적)을 행하려는 마음을 그들에게 주셔서, 그들이 한마음(한뜻, 한 목적)이 되어 그들의 나라를 그 짐승에게 주게 하셨기 때문이다."

---

21 이 표현들은 예레미야 50:39~43; 에스겔 38:21을 인용함일 수 있다. Beale, 『요한계시록(하)』, 1476에서는 음녀의 철저한 황폐함을 묘사한다고 해석한다.

22 Osborne, 『요한계시록』, 788에 따르면, 좁은 의미로는 음녀에 관한 약속(17:1)에 응답이고, 넓은 의미로는 성도들의 정당화에 약속(6:9~11)을 반영한다.

23 Fanning, *Revelation*, 448.

하나님께서 당신의 말씀이 이루어질 때까지 음녀를 중심으로 하나님의 뜻과 목적을 행하도록 다국적군을 모집하셨다는 뜻입니다. 그런데 다국적군의 주도권을 짐승에게 주셨습니다. 이것으로 내분이 일어납니다. 이 세상이 사람의 뜻에 따라 움직이는 듯하지만, 사실 하나님께서 모든 일을 주장하십니다. 하나님은 이 땅에서 벌어지는 모든 사건을 통제하십니다. 심지어 당신에게 악을 행하고 반대하는 권세까지도 통제하십니다.

결론

요한계시록 17장은 큰 음녀 바빌론 멸망을 설명합니다. 음녀 바빌론은 경제·종교 공동체를 가진 존재입니다. 경제와 종교의 배경으로 다양한 세력을 규합하여 하나님을 대항하고, 하나님을 믿는 백성들을 핍박합니다. 심지어 짐승인 적그리스도를 협력자로 두면서 자기 힘을 과시합니다. 그러나 하나님은 짐승인 적그리스도 그리고 그의 세력이 반역하게 하십니다. 결국, 음녀 바빌론은 짐승과 그의 추종자들에게 멸망합니다. 그리고 짐승인 적그리스도도 결국은 만주의 주시요, 만왕의 왕이신 어린양에게 멸망합니다.

사랑하는 성도 여러분, 우리는 바빌론의 운명을 통하여 교훈을 배워야 합니다. 하나님을 대적하는 세력은 결국 멸망합니다. 자기들이 하나님을 대적하는 힘이 있는 것처럼 교만한 행동을 합니다. 하지만 그것까지도 하나님께서 마지막 전쟁에 쓰시는 도구라는 사실을 기억해야 합니다. 그래서 모든 일을 주장하시는 하나님을 경배하면서 주님께 모든 초점을 맞추어야 합니다.

계시록 18:1~8, '음녀 바빌론 멸망'
죄에서 뜸으로 멸망을 피하자

중심 내용: 멸망을 피하는 길은 음행과 사치의 죄에서 떠남이다.

I. 바빌론 멸망은 경제력을 동원해 모든 민족을 음행으로 이끌고, 사치
스러운 삶을 살게 했기 때문이다(18:1~3).

II. 멸망을 피하는 유일한 길은 그들 죄에 참여하지 않고 떠남이다(18:4~8).

서론

요한계시록 17장과 18장은 16:19에서 선포한 바빌론 멸망을 덧붙여
설명합니다. 17장은 종교 공동체로서 큰 음녀 바빌론이 적그리스도와
그의 동료들에게 멸망한다고 설명합니다. 하지만 18장은 경제 공동체로
서 바빌론 멸망과 그 멸망 탄식을 설명합니다.[1] 18장은 세 부분으로 나

---

1 Buist M. Fanning, *Revelation*, Zondervan Exegetical Commentary on
the New Testament, ed. Clinton E. Arnold et al., vol. 20 (Grand Rapids:
Zondervan Academic, 2020), 457에서는 18장이 바빌론 멸망이나 그 과정을
설명하기보다는 멸망 결과에 초점을 둔다고 말한다. Robert L. Thomas,
Revelation 8~22: An Exegetical Commentary (Chicago: Moody Press,

눌 수 있습니다.[2] 1~8절, 9~19절, 그리고 20~24절입니다. 1~8절은 성도들에게 바빌론이 멸망하기 전에 도망가라는 명령입니다. 9~19절은 왕들, 상인들, 배로 무역업에 종사하는 사람들이 바빌론 멸망에 슬퍼하는 내용입니다. 그리고 20~24절은 바빌론 멸망 결과로 도시 황폐함을 송축하는 내용입니다. 오늘 설교는 1~8절을 본문으로, 「죄에서 뜸으로 멸망을 피하자」라는 제목으로 하나님의 말씀을 나누고자 합니다.

I. 바빌론 멸망은 경제력을 동원해 모든 민족을 음행으로 이끌고, 사치스러운 삶을 살게 했기 때문이다(18:1~3).

요한은 하늘에서 큰 권세를 가진 천사가 내려오는 광경을 봤습니다. 땅은 그 영광으로 훤해졌습니다. 천사가 큰 권세를 가졌고, 땅은 그 영광으로 훤해졌다는 점으로 보아, 이는 천사가 하나님에게서 직접 왔음을 암시합니다. 모세가 시내산에 올라가서 하나님을 대면하고서 산에서

1995), 313에서는 17장은 바빌론의 가증함(종교적인 우상 숭배)을 강조한다면, 18장은 바빌론의 사치(경제적인 측면)를 강조함이 차이점이라고 말한다.

2 Grant R. Osborne, 『요한계시록』, 김귀탁 옮김, BECNT 시리즈 (서울: 부흥과개혁사, 2019), 792에서는 계시록 18장을 네 부분으로 나눈다. 큰 성 바빌론 멸망 선포(1~3절), 성도에게 도망가라는 명령(4~8절), 왕, 상인들, 무역 해상의 탄식(9~19절), 바빌론 멸망의 결과(20~24절)이다. Fanning, *Revelation*, 455에서는 세 부분으로 구분한다. 곧, 바빌론 멸망(1~3절), 세 주제를 다룬 부분(4~20절), 멸망 결과(21~24절) 등이다. G. K. Beale, 『요한계시록(하)』, 오광만 옮김, NIGTC (서울: 새물결플러스, 2020), 1489에서는 18:1~19:6을 대칭구조로 분석한다.

　A. 성도들에게 바벨론에서 나오라고 권면하는 근거인 임박한 심판(1~8절)

　　B. 왕들이 바벨론 멸망에 슬퍼함(9~10절)

　　　C. 상인들이 바벨론 멸망 슬퍼함(11~17a절)

　　B'. 선원들이 바벨론 멸망에 슬퍼함(17b~19절)

　A'. 성도들에게 즐거워하고 하나님께 영광을 돌리라고 권면하는 근거인 임박한 심판(20~19:6[8]절)

내려왔을 때, 그 얼굴은 하나님의 영광으로 환해졌습니다(출 34:29~35). 요한계시록에서는 어떤 천사도 영광을 가졌다고 말하지 않습니다. 그런데 이 천사는 하나님의 영광을 반사합니다. 그렇다면 이 천사는 하나님께 명령을 직접 받고서 나왔음을 암시합니다.[3]

그 천사는 바빌론 멸망을 선포합니다.[4] 2절과 3절입니다. "**무너졌다. 무너졌다. 큰 도시 바빌론이 무너졌다. 바빌론은 귀신들의 거처가 되고, 온갖 더러운 영의 소굴이 되고, 더럽고 가증한 온갖 새들의 집이 되었구나! 이는, 모든 민족이 그 도시의 음행에서 빚어진 분노의 포도주를 마시고, 세상의 왕들이 그 도시와 더불어 음행하고, 세상의 상인들이 그 도시의 사치 바람에 치부했기 때문이다.**" 천사는 바빌론이 무너졌다고 큰 소리로 외칩니다. 동사 부정과거형으로 "**무너졌다**($\acute{\epsilon}\pi\epsilon\sigma\epsilon\nu$)"가 두 차례 반복합니다.[5] 동사 부정과거는 바빌론 멸망이 확실하다, 바빌론 멸망은 기정사실이라는 점을 강조합니다.[6]

---

3 Beale, 『요한계시록(하)』, 797.

4 Robert H. Mounce, 『요한계시록』, 장규성 옮김, NICNT (서울: 부흥과개혁사, 2019), 414에서는 천사가 로마 운명을 선언한다고 말한다. David E. Aune, 『요한계시록 17~22』, 김철 옮김, WBC 성경주석, 52하 (서울: 솔로몬, 2004), 201에서는 바빌론이 1세기에는 로마를 표현하지만, 구약이나 유대교에서 하나님을 대적하는 지상 세력을 가리키는 데 쓰였기에 구체적으로 로마라고 함은 옳지 않다고 말한다. Osborne, 『요한계시록』, 804에서는 바빌론을 로마(1세기), 짐승의 나라(마지막 시대)로 말한다.

5 『새번역』에는 "무너졌다"가 세 차례인데, 이는 의역이다. 헬라어 성경에서는 두 번이다. "무너졌다, 무너졌다, 바빌론 큰 도시가($\acute{\epsilon}\pi\epsilon\sigma\epsilon\nu$ $\acute{\epsilon}\pi\epsilon\sigma\epsilon\nu$ $B\alpha\beta\nu\lambda\grave{\omega}\nu$ $\acute{\eta}$ $\mu\epsilon\gamma\acute{\alpha}\lambda\eta$)"이다.

6 Osborne, 『요한계시록』, 798; Mounce, 『요한계시록』, 415. Fanning, *Revelation*, 457에서는 동사 부정과거형이 하늘 관점으로 볼 때 이미 일어났다는 의미라고 말한다(이사야 21:9 참조). Aune, 『요한계시록 17~22』, 200에서는 동사 부정과거형 사용이 화자 관점에서는 아직 일어나지 않은 미래의 사건이지만, 바빌론/로마 멸망이 확실함을 강조한다고 말한다. 그래서 동사 부정과거형은 미래 사

이사야 선지자가 바빌론 멸망을 이미 예언했습니다. 이사야 21:9입니다. **"바빌론이 함락되었다! 바빌론이 함락되었다! 조각한 신상들이 모두 땅에 떨어져서 박살났다!"** 이사야 선지자는 바빌론이 페르시아의 고레스에게 무너졌다고 선언할 때 부정과거형을 사용했습니다. 이사야가 기록할 당시, 바빌론 멸망은 고사하고 나라가 생기기 전입니다. 바빌론 제국 멸망은 아직 일어나지 않은 미래 사건입니다. 하지만 이사야는 동사 부정과거형을 사용함으로, 미래 일어날 바빌론 멸망의 확실함을 강조합니다. 마찬가지로 요한도 부정과거형을 써서 바빌론 멸망이라는 미래 사건이 확실히 이뤄진다고 선언합니다. 이 선언은 예수님께서 재림하실 때 완전히 성취합니다.[7] 한때 잘나가던 바빌론은 완전히 멸망하여 황폐할 운명입니다. 세계 강대국이었던 바빌론이 완전히 멸망하여 폐허가 된다면, 하나님을 반대하는 어떤 세력도 예외일 수 없습니다.

2절에서는 바빌론이 멸망해 다시는 사람이 살 수 없는 장소로 바뀐다고 분명하게 말합니다. 2절입니다. **"바빌론은 귀신들의 거처가 되고, 온갖 더러운 영의 소굴이 되고, 더럽고 가증한 온갖 새들의 집이 되었구나!"** 2절은 세 가지 다른 표현으로 바빌론 멸망을 설명합니다. 하나는 귀신들의 거처요, 다른 하나는 온갖 더러운 영의 소굴이요, 마지막으로 더럽고 가증한 온갖 새들의 집입니다. 소굴과 집을 나타내는 용어인 '퓨라케(φυλακη)'는 감옥을 뜻합니다.[8] 이 용어는 악령들이 갇힌 지하

건이 마치 이미 일어났듯이 표현하는 '예언적 완료'라고 말한다.

7 Fanning, *Revelation*, 457.

8 2절을 표기하는 사본은 두 종류이다. 하나는 "더러운 온갖 짐승들(φυλακὴ παντὸς θηρίου ἀκαθάρτου)"가 없는 사본이고, 하나는 있는 사본이다. 이 어구가 없는 사본은 "영의 소굴이 되고 더럽고 가증한 온갖 새들의 집이 되었구나(φυλακὴ παντὸς πνεύματος ἀκαθάρτου, καὶ φυλακὴ παντὸς ὀρνέου ἀκαθάρτου καὶ μεμισημένου)"이다. 이 어구가 있는 사본은 "영의 소굴이 되고 더러운 온갖 새들의 집이 되고, 더럽고 가증한 온갖 짐승의 집이 되었구나(φυλακὴ παντὸς πνεύματος ἀκαθάρτου καὶ φυλακὴ παντὸς ὀρνέου ἀκαθάρτου

세계를 의미하거나, 각종 더럽고 가증한 야생 동물이나 새들이 거주하는 구역을 의미합니다(사 13:21~22; 렘 50:39; 51:37 참조).9 군사력과 경제력을 갖춘 가장 큰 도시 바빌론은 멸망해, 각종 부정한 영과 땅의 짐승과 공중의 새들이 살아가는 장소가 됩니다(요 19:17~18, 21 참조).10

바빌론이 심판받는 이유는, 3절에서 세 가지로 말합니다. "**이는,**11 **모든 민족이 그 도시의 음행에서 빚어진 분노의 포도주를 마시고, 세상의 왕들이 그 도시와 더불어 음행하고, 세상의 상인들이 그 도시의 사치 바람에 치부했기 때문이다.**" 첫째는 모든 민족이 바빌론 음행의 진노 포도주를 마셨기 때문입니다. 여기서 말하는 음행의 포도주는 도덕적인 음행과 종교적인 배교, 곧 우상 숭배를 가리킵니다.12 바빌론은 모든 세계를 지배합니다. 바빌론에게 지배받으니, 모든 민족은 바빌론의 부도덕

[καὶ φυλακὴ παντὸς θηρίου ἀκαθάρτου] καὶ μεμισημένου)"이다. 비잔틴 계열 사본 대부분(א 포함)은 없는 사본이다(KJV이나 NKJV). 하지만 사본 대부분은 포함한 사본이다(영어 번역본 대부분). 한글 『새번역』이나 『개역개정』은 비잔틴 계열 사본, 곧 없는 사본을 번역한다.

9 Walter Bauer, eds. Kurt Aland, Barbara Aland, and Viktor Reichmann, 『바우어 헬라어 사전―신약성경과 초기 기독교 문헌의 헬라어-한국어 사전』, 이정의 옮김 (서울: 생명의말씀사, 2017), 1610~11; Craig R. Koester, 『요한계시록 II―10~22장』, 최흥진 옮김, 앵커바이블 시리즈 (서울: 기독교문서선교회, 2019), 1302를 참조하라.

10 트라이언 황제가 주후 115년에 메소포타미아 바빌론을 방문했을 때, 그곳은 거의 버려져서 흙무더기와 돌들과 잔해들만 남아 있는 폐허로 변해 있었다고 한다(*Dio Cassius* 68.30).

11 이는("호티," ὅτι)는 2절에 대한 이유를 제시한다.

12 Beale, 『요한계시록(하)』, 1496~97에서는 이 표현이 문자적인 음행이 아니라, 종교적 우상숭배 요구라고 말하면서도 경제적 측면도 염두에 두어야 한다고 말한다. 바빌론에 종속된 나라나 왕들이 바빌론의 우상숭배에 협조하지 않으면 경제적 안전에 위협을 받기에, 동참했다는 의미로 해석한다. 하지만 Osborne, 『요한계시록』, 800에서는 경제적 측면은 이곳이 아니라, 상인들 정죄에서 나타난다고 말한다.

한 삶과 우상숭배를 따릅니다. 그 결과, 그들은 무너집니다.13 그래서 바빌론은 모든 민족이 멸망하게 죄복으로, 하나님의 심판을 받습니다.

둘째는 세상의 왕들이 바빌론과 더불어 음행했기 때문입니다.14 왕은 지도자를 지칭합니다. 왕, 지도자가 어떻게 하느냐에 따라, 일반적으로 백성은 따릅니다. 지도자가 하나님께 신실하면, 백성도 하나님께 신실합니다. 지도자가 열정적이면, 백성도 열정적입니다. 반대로 지도자가 부정적이면, 자연히 백성도 부정적입니다. 바빌론은 세상의 왕들이 도덕적 부정과 영적 배도에 빠지게 했기에, 심판받습니다.

셋째는 세상 상인들이 바빌론의 사치 바람에 부를 축적했기 때문입니다. 땅의 상인들은 로마 세계 전역을 돌아다니면서 엄청난 양의 상품을 판매하는 도매상입니다. 그들은 바빌론과 경제적인 동맹관계를 유지하면서 이윤을 얻었습니다. 이들이 모든 교역을 통제했습니다. 독점 체제를 유지하면서 바빌론 제국을 위해서는 물품과 향락을 제공했고, 피지배국 국민에게서 엄청나게 착취했습니다.15 1세기에 로마는 무역 핵심지였습니다. 당시 모든 일은 로마를 통하여 움직이는 시스템이었습니다. 로마 제

---

13 "모든 민족이 분노의 포도주를 마셨다"에서 마셨다는 완료형 '페포칸 ($\pi\acute{\epsilon}\pi\omega\kappa\alpha\nu$)'이다. 이는 '마시다($\pi\acute{\iota}\nu\omega$)'의 완료형이다. 그런데 어떤 사본에서는 '떨어지다($\pi\acute{\iota}\pi\tau\omega$)'의 완료형인 '페프토칸($\pi\acute{\epsilon}\pi\tau\omega\kappa\alpha\nu$)'으로 표기한다. Beale, 『요한계시록(하)』, 1499; Stephen S. Smalley, *The Revelation to John: A Commentary on the Greek Text of the Apocalypse* (Downers Grove, IL: IVP Academic, 2005), 422에서는 '페포칸($\pi\acute{\epsilon}\pi\omega\kappa\alpha\nu$)' 표기를 선호하고, Aune, 『요한계시록 17~22』, 203; Koester, 『요한계시록 II』, 1303; Fanning, *Revelation*, 458, n. 11에서는 '페프토칸($\pi\acute{\epsilon}\pi\tau\omega\kappa\alpha\nu$)'를 선호한다.

14 Osborne, 『요한계시록』, 800에서는 왕이 백성들을 종교적인 부정으로 이끌었다고 말한다. 하지만 Beale, 『요한계시록(하)』, 1496~97; Aune, 『요한계시록 17~22』, 206에서는 왕들의 음행은 종교적인 이미지보다는 상업적인 이미지가 더 크다고 말한다. Fanning, *Revelation*, 458에서도 종교적인 우상숭배와 물질주의 그리고 욕심의 죄가 더해진 형태라고 말한다.

15 Mounce, 『요한계시록』, 416.

국은 '파스 로마나(*Pax Romana*)'를 주장하면서 로마에 협조해야만 로마의 평화를 제공받는다고 약속했습니다.[16] 로마의 평화를 얻고자, 로마에 종속한 나라들은 로마 정책에 따라야 했고, 로마에 세금이나 물건을 바쳐야 했습니다. 로마는 세금이나 현물로 교역함으로 막대한 부를 챙겼습니다.

로마, 곧 바빌론은 자기들에게 협조하는 소수 엘리트에게 혜택을 줬습니다. 소수 엘리트만 부자가 되고, 사치스러운 삶을 살았습니다. 소수 엘리트에는 로마에 협조하는 상인들도 있었습니다. 로마에 협조함으로 상인들은 부를 창출했고, 그 부요함으로 사치스러운 생활을 했습니다. 하지만 대다수 사람은 고통과 허덕임에 살았습니다. 피지배국이나 하층 계급에 속한 사람은 착취당했습니다. 노예들은 힘에 지나는 일에 시달렸고, 무자비한 폭정에도 시달렸습니다. 코로나-19를 극복하는 데, 지난 2년 동안 한국에서만 200조 원 정도를 썼고, 미국에서만 3,000조 원을 썼고, 전 세계는 5,000조 원을 썼습니다.[17] 물론 이 돈이 코로나 백신 구매비로만 들어가지 않았습니다. 검사비, 재난 지원금 등을 포함한 액수입니다. 그런데 이 많은 돈은 지금 어디에 있나요? 전 세계는 여전히 고통을 겪지만, 일부는 이른바 돈방석에 앉았습니다. 바빌론은 모든 민족, 왕, 상인에게 음행과 사치하도록 했기에 하나님의 심판을 받습니다.

"이때 요한은 하늘에서 또 다른 음성을 듣습니다."

II. 멸망을 피하는 유일한 길은 그들 죄에 참여하지 않고 떠남이다 (18:4~8).

그 음성은 하나님의 백성에게 한 명령입니다. "**내 백성아, 그 도시에서 떠나거라**"(4절). 도시를 떠나라는 말에는 두 가지 의미가 있습니다.[18]

---

16 Beale, 『요한계시록(하)』, 1497.

17 https://cafe.naver.com/rainup/2377722, 2022년 1월 22일 접속.

하나는 문자적으로 제국 바빌론을 떠나라는 의미요. 다른 하나는 은유적으로 바빌론의 영적이고 도덕적인 가치에서 떠나라는 의미입니다.

문자적인 의미로, 바빌론이 멸망하기 전에 그 도시를 떠나야 합니다(창 19:12~22; 렘 50:8~10; 51:6~10, 45~48). 하나님은 롯에게 소돔과 고모라가 멸망하기 전에 떠나라고 명령하셨습니다. 이스라엘 백성은 바빌론이 멸망하기 전에 바빌론을 떠나라는 명령을 받았습니다. 마찬가지로 천사는 마지막 날 심판 때, 바빌론, 곧 로마 제국에 살고 있는 백성에게 떠나라고 합니다. 성도는 죄를 짓게 하는 장소가 어디든, 거기서 떠나야 합니다. 은유적인 측면에서는, 바빌론의 문화, 도덕적이고 영적인 가치나 사상에서 떠나라는 말입니다. 당시 로마는 전 세계를 통제하고 있었습니다. 그래서 실제로 로마를 떠나기는 불가능했습니다. 그렇다면 이 말은 로마인 바빌론의 영적이고 도덕적인 가치에서 떠나라는 의미일 수 있습니다. 성도는 세상의 가치에서 자기를 분리해야 합니다. 우리가 살고 있는 주위에 있는 문화, 도덕적이고 영적인 가치를 거절할 수 있어야 합니다. 세상의 것에서 자기를 분리해야 합니다. 디모데후서 2:22에서 바울은 **"그대는 젊음의 정욕을 피하라"**라고 했습니다. 이것이 바로 거룩한 삶이며, 하나님의 백성이 살아가야 할 삶의 자세입니다.

하나님의 백성이 세상의 것에서 떠나야 하는 목적은 두 가지입니다.19 하나는 죄에 참여하지 않으려 함입니다. 다른 하나는 바빌론이 받

---

18 Mounce, 『요한계시록』, 417에 따르면, 이 명령은 멸망할 성으로부터 문자적으로 도망하라는 제안이지만, 최종 완성은 마지막 세대를 향하여 '허영의 시장으로부터 영적으로 철수하라'는 요구라고 말한다.

19 Aune, 『요한계시록 17~22』, 210~11에서는 4b절을 교차 대구법으로 분석한다.

  A. 너희가 참여하지 않도록(ἵνα μὴ συγκοινωνήσητε)

  B. 그녀 죄들에(ταῖς ἁμαρτίαις αὐτῆς)

  B'. 그녀의 재앙들을(καὶ ἐκ τῶν πληγῶν αὐτῆς)

  A'. 너희가 받지 않도록(ἵνα μὴ λάβητε)

을 재앙들을 받지 않으려 함입니다. 4b절입니다. **"너희는 그 도시의 죄에 가담하지 말고, 그 도시가 당하는 재난을 당하지 않도록 하여라."** 떠나지 않으면, 바빌론의 죄, 곧 세상 죄에 빠지고, 결국 바빌론 멸망에 휩쓸립니다. 믿는 사람은 세상에서 증인으로 살아야 합니다. 그렇게 하려면, 세상 사람과는 달라야 합니다. 그들과 다른 삶을 살려면, 왕따나 고난을 겪기도 합니다. 그렇다고 해서 세상에 속해서는 안 됩니다.

5절은 바빌론을 떠나야 하는 이유를 설명합니다. 5절입니다. **"도시의 죄는 하늘에까지 닿았고, 하나님은 그 도시의 불의한 행위를 기억하신다."** 바빌론을 떠나야 하는 이유를 두 가지로 제시합니다. 닿았기 때문이고, 기억하기 때문입니다. 바빌론의 죄가 너무나 많아서 하늘에까지 닿았기 때문이요. 하나님은 바빌론의 죄를 기억하고, 반드시 보응하기 때문입니다. **"닿았다(ἐκολλήθησαν)"**는 '굳게 연결하다, 가까이 접촉하다, 밀착하다'를 뜻합니다.[20] 죄가 겹겹이 쌓여서 하늘에 거의 다다랐다는 뜻입니다. 죄가 너무 심각해서 하늘에 사무쳤다는 뜻이지요(렘 51:9). 사람이 바벨탑을 쌓아 하늘에 닿게 하고자 했듯이(창 11:1~9), 죄를 쌓아서 하늘에 닿게 했다는 말입니다. 죄가 하늘에까지 닿을 정도였으면 얼마나 가혹하고 격렬했을까요? 그래서 하나님은 그 죄를 기억하시고, 보응합니다. 하나님이 기억하면 반드시 보응하십니다. 언약을 기억하면, 하나님께서 백성을 위해서 구원을 베푸십니다(삼상 1:19; 시 25:6). 기도를 기억하면, 하나님은 반드시 응답하십니다. 반대로 악을 기억하면, 하나님이 반드시 심판하십니다(시 25:7; 렘 14:10). 바빌론의 죄, 이 세상의 죄가 극에 달했기에, 하나님은 그 악을 기억하시고 심판하십니다.

이 말씀은 성도에게 신앙에서 도덕적 측면과 영적 측면에서 타협하지 말라는 권면입니다. 당시 로마의 경제적이고 정치적인 관행은 종교

이 구조는 하나님의 임박한 심판을 피하려면 떠나야 한다고 강조한다.

20 Bauer, 『바우어 헬라어 사전』, 842.

적인 측면과 밀접하게 연결됐습니다. 그래서 성도에게 적당한 선에서 타협하라고 요구했습니다. 적당한 선에서 타협하면 평안한 삶을 살 수 있었습니다. 오늘날도 그리스도인은 하나님의 방법과 이 세상의 방법, 하나님의 가치와 이 세상의 가치 사이에서 타협하라고 요구받으면서 살아갑니다. 처음에 타협하기가 어려워도 한번 타협하면 그다음에 타협하기는 더 쉽습니다. 그러다 보면 하나님을 떠나 세상의 죄에 동참합니다. 마치 개구리가 끓는 물에 들어가 죽는지도 모르고 죽는 것과 같습니다. 끓는 물에 개구리를 놓아두면 개구리는 처음에는 가만히 있습니다. 물이 따뜻하니까요. 그러나 개구리는 뜨거운 물에 죽고 맙니다.

하나님은 바빌론의 죄를 반드시 기억하고 보응하십니다. 6절은 세 번이나 행한 대로 보응하시겠다고 말합니다. **"너희는 그 도시가 준 만큼 그 도시에 돌려주고, 그 도시의 행실대로 갑절로 갚아 주어라. 너희는 그 도시가 섞은 잔에 갑절로 섞어 주어라."** 준 만큼 돌려주며, 행한 대로 갑절로 갚아 주며, 섞은 잔에 갑절로 섞어 주라고 명령합니다.[21] 이 가르침은 바빌론이 죄에 상응하는 심판을 받는다는 뜻입니다. 갑절로 갚아 준다는 두 배로 갚아 준다는 의미라기보다는, 철저하게 갚아 준다는 의미입니다.[22]

---

21 바빌론에 보응하는 주체는 누구인가를 두고 논의가 있다. 하나님의 백성이 보복 주체로 나섬은 성경 가르침을 위배한다. 성경은 "악을 악으로 갚지 말고 하나님의 진노하심에 맡기라"라고 했다(롬 12:17, 19; 산전 5:15; 벧전 3:9). 그렇다면, 심판하는 천사일 수 있고(계 14:15, 18), 또는 바빌론을 배반하고 멸망시킨 짐승의 협력자, 열 왕일 수도 있다(계 17:15~17). 또는 하나님이 일부러 누구인지를 말씀하시지 않았을 수도 있다. Aune, 『요한계시록 17~22』, 214~15에서는 네 가지 견해를 제시한다. Thomas, *Revelation 8~22*, 323에서는 바빌론을 멸망시킨, 거짓 그리스도와 그의 협력자와 같은 하나님의 대적자들이라고 주장한다. Koester, 『요한계시록 II』, 1307에서는 청중에게 말했다면 독자에게 하나님의 심판을 선언하는 예언적 소명으로 소환함이라고 말한다. 하지만 Fanning, *Revelation*, 460에서는 심판 주체가 예수 그리스도이므로 마지막에 예수 그리스도의 군대에 참가하라는 명령이지, 직접 보복하라는 명령은 아니라고 말한다.

7~8절은 6절에서 말한 보복 원리를 더 자세히 설명합니다. "그 도시가 그렇게 자기를 영화롭게 하고, 사치했으니, 그만큼 그에게 고통과 슬픔을 안겨 주어라. 그 도시는 마음 속으로 '나는 여왕의 자리에 앉아 있고, 과부가 아니니, 절대로 슬픔을 맛보지 않을 것이다' 하고 말한다. 그러므로 그 도시에 재난 곧 죽음과 슬픔과 굶주림이 하루 사이에 닥칠 것이요, 그 도시는 불에 타버릴 것이다. 그 도시를 심판하신 주 하나님은 강한 분이시기 때문이다." 7절에서 말하는, 바빌론의 죄는 크게 두 가지로 정리할 수 있습니다. 하나는 교만입니다. 다른 하나는 사치스러운 삶입니다. 그래서 바빌론은 심판받고 사라집니다.

자기를 영화롭게 했다는 말은 교만하다는 말입니다. 교만은 하나님을 높이기보다 자기를 높이는 행위를 말합니다. 자기 영광을 추구하는 행동을 말합니다. 하나님보다 자기 영광, 자기 유익을 추구함을 말합니다. 영광은 오직 하나님께만 있습니다. 그런데 하나님께 속한 영광을 자기 것이라고 가지려 합니다. 교만은 여왕의 자리에 앉아 있는 모습으로 표현했습니다.[23] 교만은 자기를 여왕으로 여기고, 과부가 아니기에 결코 슬픔을 맛보지 않는다고 생각하는 태도입니다. 고대 이스라엘에서 과부는 남편과 가족에게서 보호와 재정 지원을 받지 못해 극한 곤경과 압제를 겪는 사람을 지칭합니다. 이들은 해를 당하기 쉬운 처지였습니다(욥 22:8~9; 24:2~3; 시 94:6 사 10:1~2; 겔 22:7; 막 12:40; 약 1:27). 바빌론은 자신이 여왕이요, 과부가 아니기에 절대로 곤경과 압제를 당하지 않는다는 교만으로 가득 차 있었습니다. 예수님은 교만한 자들에게 "**무릇 자기를 높이는 자는 낮춰진다**"라고 경고하셨습니다(눅 14:11).

---

22 Koester, 『요한계시록 II』, 1307; Osborne, 『요한계시록』, 805; Thomas, *Revelation 8~22*, 324; Fanning, *Revelation*, 461.

23 Osborne, 『요한계시록』, 806에서는 여왕을 자처하면서 음녀 행동을 한 인물을 언급하고 있다. 클라우디우스 황제의 아내 메살리나는 성적 욕망이 너무 강해 수시로 일부 신전에서 신전 창녀가 되었다고 한다.

또 다른 하나는 사치하는 삶입니다. 이는 이기적 탐욕으로 살았다는 뜻입니다. 단순히 부유한 삶을 살았다는 뜻이 아니라, 다른 사람의 피와 땀으로 자기가 호의호식했다는 뜻입니다. 다른 사람이 고통과 슬픔을 겪은 수고로 자기가 평안한 삶을 살았다는 말입니다. 교만과 사치에 따라오는 결과는 재앙입니다. 8절이 설명합니다. "그러므로 그 도시에 **재난 곧 죽음과 슬픔과 굶주림이 하루 사이에 닥칠 것이요, 그 도시는 불에 타버릴 것이다. 그 도시를 심판하신 주 하나님은 강한 분이시기 때문이다.**"재난, 죽음과 슬픔, 굶주림을 경험합니다. 재앙에 가까운 식량 위기를 경험합니다. 굶주림으로 고통과 죽음이 따라옵니다. 도시는 불에 타버립니다. 도시가 불에 탄다는 최후 심판, 최후 파멸을 뜻합니다. 고대 전쟁에서, 도시를 포위해 함락하고서는 불사름은 전형적인 행동이었기 때문입니다(렘 34:22).[24] 바빌론 심판은 갑자기, 한 날에 일어납니다. 하나님께서 심판하시는 주님이시요, 강하신 분이시기 때문입니다.

결론

성도는 바빌론을 떠나야 합니다. 이 세상의 철학과 사고, 삶의 방식과 습관을 떠나야 합니다. 바빌론이 파괴되고 사라지기 때문이요. 이 세상의 것, 곧 철학, 사고, 생활 방식과 습관도 사라지기 때문입니다. 하나님의 공의는 반드시 나타납니다. 주님께서 행한 대로 갚으시는 심판을 강행하십니다. 주님의 심판을 피하려면 이 세상 죄에서 떠나야 합니다. 심판, 고난이 이르기 전에 피해야 합니다.

---

24 Aune, 『요한계시록 17~22』, 218.

계시록 18:9~19, '음녀 바빌론 멸망에 탄식'

탄식하는 신세에 빠지지 않게 살자

중심 내용: 바빌론 멸망에 탄식은 슬퍼서가 아니라, 이익 상실 때문이다.

I. 왕들의 탄식은 바빌론 멸망이 자기들에게도 닥칠까 두려워했기 때문이다(18:9~10).

II. 상인의 탄식은 사업 동반자가 망해 수입이 감소하기 때문이다(18:11~17a).

III. 해상 영업을 하는 사람들의 탄식은 물건을 더는 운반할 수 없기 때문이다(18:17b~19).

서론

지난 설 다음 날, 수요일 아침이었습니다. 천천히 차를 몰며 교회로 올 때 한 어르신을 뵀습니다. 그 어르신은 집을 찾는 듯했습니다. 그리고 어느 집 앞에 가서 초인종을 누르셨습니다. 저는 차를 운전하고 지나가면서 거울로 보니 이번에는 음식 쓰레기통을 열고 계셨습니다. 연민의 정이 느껴, 차를 세우고 내려서 가지고 먹거리라도 드려야겠다고 잠시 생각했습니다. 그러다가 잘못 본 듯해서 그냥 계속 운전했습니다.

그러나 운전하는 동안에도 그리고 그 모습을 생각하면, 지금도 마음이 편치 않습니다. 이것이 우리에게 있는 성품입니다. 다른 사람의 아픔을 보면 함께 아파하고 슬퍼함이 당연합니다. 하나님의 형상을 닮은 우리 모습이지요.

오늘 본문에는 바빌론 멸망에 슬퍼하는 세 종류 부류를 말합니다. 땅의 왕들, 상인들, 그리고 해상 무역업에 종사하는 이들이 탄식합니다.[1] 그런데 이들 탄식은 우리가 느끼는 일반적 슬픔이나 탄식과는 다릅니다. 이들 세 부류 탄식이 무엇이며, 무엇에서 비롯했는지 살펴보겠습니다.

I. 왕들의 탄식은 바빌론 멸망이 자기들에게도 닥칠까 두려워했기 때문이다(18:9~10).

첫째 탄식은 세상 왕들이 합니다. 세상의 왕들은 바빌론이 멸망함에 가슴을 치면서 통곡합니다. 9절입니다. **"그 도시와 더불어 음행하고 방탕한 생활을 한 세상의 왕들은, 그 도시를 태우는 불의 연기를 보고, 그 도시를 두고 울며, 가슴을 칠 것입니다."** 이 왕들은 요한계시록 17:16에서 음녀 바빌론을 멸망시킨 적그리스도의 조력자들인 열 뿔, 열 왕을 지칭하지 않습니다. 오히려 바빌론과 정치, 경제, 문화 등에 동맹을 맺고 거래했던 나라의 지도자들을 말합니다.[2] 이 지도자들은 바빌론과 더

---

1 이 탄식은 에스겔 27장에서 두로에 대한 탄식과 밀접한 관련이 있다.

2 George E. Ladd, *A Commentary on the Revelation of John* (Grand Rapids: Wm. B. Eerdmans Publishing Company, 1972), 239에서는 계시록 17:16에서 열 왕과 18:9에서 세상의 왕을 구분하는데, 18:9절에서 왕은 열 왕이라기보다는 더 큰 무리로, 바빌론과 음행과 사치한 삶을 사는, 세상의 지도자들이라고 한다. Robert H. Mounce, 『요한계시록』, 장규성 옮김, NICNT (서울: 부흥과개혁사, 2019), 422~23; Grant R. Osborne, 『요한계시록』, 김귀탁 옮김, BECNT 시리즈 (서울: 부흥과개혁사, 2019), 809에서는 이 견해를 지지한다. 하지만 Robert L. Thomas, *Revelation 8~22: An Exegetical Commentary* (Chicago: Moody Press, 1995), 327에서는 계시록 18:9에서 왕과 17:2에서

불어 음행했고, 방탕한 생활, 사치스러운 삶을 살았습니다.

'음행과 방탕한 생활을 했다'라는 말은, 이들이 바빌론과 정치, 경제, 종교 등 모든 영역에서 결탁함으로 도덕적인 부패와 우상숭배에 빠졌다는 의미요, 바빌론과 결탁함으로 제공받은 평화 아래에서 사치스러운 생활을 했다는 의미입니다. 이들은 평민들이나 일반 사람의 희생 결과로 축적한 부로 호화로운 생활, 사치스러운 생활을 했습니다. 그런데 부와 평화, 그리고 안전을 제공한 바빌론이 예기치 않게 재앙을 만나 불에 타고 있는 모습을 보면서 슬퍼서 탄식합니다. 그런데 세상 지도자들은 불에 타고 있는 바빌론을 돕지 않습니다. 빨리 가서 불을 끄든지, 아니면 군사를 이끌고 가서 도와야 했습니다. 그러나 도와주지 않고 멀리 서서 바빌론이 당하는 고통에 슬퍼하고만 있습니다.

"왜 멀리 서서 슬퍼하고 있을까요?"

두려워했기 때문입니다. 큰 성 바빌론이 멸망함에 두려워했기 때문입니다. 더 정확히 표현하면, 바빌론에 임한 재앙이 자기에게 닥칠까 두려워했기 때문입니다.[3] 사실, 그들은 바빌론의 악한 행동과 그 죄에 공

세상의 왕들, 17:12~17절에서 열 뿔, 곧 열 왕을 동일시한다. Stephen S. Smalley, *The Revelation to John: A Commentary on the Greek Text of the Apocalypse* (Downers Grove, IL: IVP Academic, 2005), 451에서도 둘을 같은 그룹으로 여긴다. Craig R. Koester, 『요한계시록 II—10~22장』, 최흥진 옮김, 앵커바이블 시리즈 (서울: 기독교문서선교회, 2019), 1310에서는 1세기에 로마는 협력하는 나라의 지도자들을 왕으로 다스리도록 허락했으며, 일반적으로 왕은 지배 계층을 대표한다고 말한다.

3 Buist M. Fanning, *Revelation*, Zondervan Exegetical Commentary on the New Testament, ed. Clinton E. Arnold et al., vol. 20 (Grand Rapids: Zondervan Academic, 2020), 462; Koester, 『요한계시록 II』, 1310. Osborne, 『요한계시록』, 810에서는 "도시가 당하는 고문이 두려워서(τὸν φόβον τοῦ βασανισμοῦ αὐτῆς)"는 문자적으로 '그의 고통의 두려움 때문에'인데, 여기서 속격 τοῦ βασανισμοῦ을 목적어 용법으로 그리고 αὐτῆς를 동반 용법으로, 곧 "그들이 그와 함께 고통받음을 두려워했다"로 해석한다. Smalley, *The Revelation*

범자였습니다. 그들은 바빌론과 함께 음행했고, 함께 방탕한 생활을 했습니다.4 바빌론에 내려진 심판은 곧 그들에게도 닥칠 심판입니다. 그래서 그들은 낙담하여 거리를 두면서 슬퍼합니다.

10절에, **"화를 입었다. 화를 입었다. 큰 도시야! 이 강한 도시 바빌론아! 너에게 심판이 한 순간에 닥쳤구나"**라고 탄식합니다.5 강하고 무너지지 않을 듯했지만, 바빌론이 무너졌습니다. 아무리 강력하고 견고하더라도, 하나님의 심판에 무너집니다. 하나님이 세우시지 않으면 이 땅의 모든 것은 무너집니다. 권력도, 부도, 부귀영화도 무너집니다. 그것도 순식간에 무너집니다. 영원할 것 같아도, 눈 깜박할 사이에 무너집니다. 그렇기에 무너지는 것을 의지하지 말고, 영원한 주님을 의지해야 합니다.

"둘째 탄식은 상인들이 합니다."

II. 상인의 탄식은 사업 동반자가 망해 수입이 감소하기 때문이다 (18:11~17a).

상인들이 슬퍼한 이유도 바빌론 멸망에 슬픔이 아닙니다. 그들 상품을 살 사람이 없기 때문입니다. 사업 동반자가 무너졌기 때문입니다.

---

to John, 452에서는 목적어 용법, 곧 "바빌론이 받은 고통"으로 해석한다. 지도자들이 두려워하는 이유는 바빌론 멸망이 곧 자신들에게 닥칠 멸망을 표시한다고 여겼기 때문이다. David E. Aune, 『요한계시록 17~22』, 김철 옮김, WBC 성경주석, 52하 (서울: 솔로몬, 2004), 220에서는 바빌론에 둔 이유는 바빌론이 당한 갑작스러운 멸망과 그들도 마땅히 받아야 할 심판에 거리를 두려는 시도를 반영한다고 말한다.

4 G. K. Beale, 『요한계시록(하)』, 오광만 옮김, NIGTC (서울: 새물결플러스, 2020), 1514에서는 왕들이 두려워한 배경에는 경제적 이유가 있다고 말한다. 바빌론에 임한 경제적 손실이 곧 자기들에게 닥칠 손실을 의미하기 때문이다.

5 탄식이 18장에서 세 차례이다(10, 16, 19절). Aune, 『요한계시록 17~22』, 220에서는 11:8에서 큰 성이 예루살렘을 지칭하기에, 여기 18절에서 말하는 큰 성도 로마가 아니라 예루살렘을 가리킨다고 말한다.

11절입니다. "그리고 세상의 상인들도 그 도시를 두고 울며, 슬퍼할 것입니다. 이제는 그들의 상품을 살 사람이 하나도 없기 때문입니다." 바빌론은 상인들의 주 고객이었습니다. 역사가들은 1세기 로마의 과도한 사치와 낭비를 기록했습니다. 로마 황제 네로가 연 잔치에 이집트에서 수입한 장미가 쓰였는데, 한 번에 거의 1억 원이 들었다고 합니다. 비텔리우스는 공작새의 뇌 그리고 꾀꼬리의 혀를 별미라며 좋아했는데, 1년도 안 된 재위 기간에 약 200억 원을 음식에만 사용했다고 합니다. 한 로마인은 엄청난 재산을 탕진한 후에 쥐꼬리만 한 돈으로 살 수 없다고 자살했는데, 쥐꼬리만 하게 남은 돈이 자그마치 3억 원이었다고 합니다.6 로마의 과소비, 사치, 낭비를 책임지고 공급한 사람들이 바로 상인들입니다. 이들은 지중해 항구를 출입했습니다. 남쪽으로는 아프리카 해변을 지나 오늘날 탄자니아까지 갔습니다. 동쪽으로는 아라비아반도와 인도까지 항해했는데, 거기서 중국에서 온 상품을 가져다 공급했습니다(Aelius Aristides, *Or.* 26.11~12).7 로마인에게 이 상품을 공급해 사치와 방탕한 삶을 살게 했습니다. 그러나 상인들은 바빌론 멸망으로 이른바 VIP 고객을 잃었습니다. 바빌론 멸망은 상인들에게서 경제적 수입의 원천이 사라졌다는 의미입니다. 그들 상품을 살 사람이 한 명도 없다는 뜻입니다. 그래서 슬퍼하고 탄식합니다.

11절에 "그들 상품", 곧 '상인들의 상품'이라는 표현이 있습니다. 상인들이 로마에 제공한 상품을 12~13절이 자세히 설명합니다. "그 상품이란, 금과 은과 보석과 진주요, 고운 모시와 자주 옷감과 비단과 붉은 옷감이요, 각종 향나무와 각종 상아 기구와, 값진 나무나 구리나 쇠나 대리석으로 만든 온갖 그릇이요, 계피와 향료와 향과 몰약과 유향이요, 포도주와 올리브 기름과 밀가루와 밀이요, 소와 양과 말과 병거와 노예와 사람의 목숨입니다." 무려 29가지입니다. 이것들은 로마 제국 당시

---

6 Mounce, 『요한계시록』, 424.

7 Koester, 『요한계시록 II』, 1311.

지도층이 선호하는 물품이었습니다. 이 상품은 여섯 그룹으로 구분할 수 있습니다.[8]

첫째 부류 상품은 금, 은, 보석, 진주와 같은 귀금속입니다. 금과 은은 구약 성경 시대에 값비싼 교역 물품이었습니다(겔 27:12, 16). 금은 부를 상징했는데, 로마인은 은에도 눈을 돌리기 시작했습니다. 침상, 사치스러운 욕조, 거울, 접시 등을 만들 때 은을 사용했습니다. 보석과 진주는 여성들의 장신구로 많이 쓰였고, 부유한 여성들은 진주를 치렁치렁 매달고 다님으로 부를 과시했습니다. 율리우스 카이사르는 정부인 세르빌리아에게 하나에 2천만 원이나 호가하는 진주를 선물했습니다. 금과 은은 주로 스페인에서 수입했고, 보석과 진주는 인도, 아프리카, 소아시아에서 수입했습니다.[9]

둘째 부류 상품은 고가의 사치스러운 옷감입니다. 고운 모시, 자주 옷감, 비단, 붉은 옷감 등입니다. 고운 모시는 부자가 입는 옷으로, 어떤 모시옷은 7,000데나리온이나 했습니다. 1데나리온이 일반 노동자의 하루 품값이었으니, 일반 노동자가 이 모시옷 한 벌을 살려면 약 22년 6개월 동안 일해서 어디에도 쓰지 않고 모아야 했던 금액입니다. 자주

---

8 Osborne, 『요한계시록』, 812~16에서는 29가지 상품을 여섯 가지로 구분한다. 곧, 보석과 귀금속, 사치스러운 옷감, 값비싼 나무와 건축재료, 향료와 향수, 식품류, 그리고 동물과 종들 등이다. Mounce, 『요한계시록』, 424에서도 여섯 가지로 구분하는데, 귀금속과 보석들, 고가의 옷을 위한 옷감, 장신구, 향료, 음식류, 동물과 사람 등이다. 이들 구분에는 별 차이가 없다. 단지 용어 차이가 있을 뿐이다. 플리니우스(Pliny the Elder)는 로마 제국에서 가장 값비싼 27가지 물품 목록을 열거했다(*Nat.* 37.204). 그런데 그중 18가지는 요한계시록 18장 상품 목록에 있다. 에스겔 27:12~24에는 두로 무역 상품 29개를 열거하는데, 그중에 15가지는 요한계시록에도 있다. 요한계시록 목록과 에스겔 목록의 차이점은 에스겔에서는 지리적 나라별로 상품을 나열한다면, 계시록에서는 종류별로 나열한다는 점이다. Koester, 『요한계시록 II』, 1311~12를 참조하라.

9 Osborne, 『요한계시록』, 812~13; Koester, 『요한계시록 II』, 1312~13; Aune, 『요한계시록 17~22』, 221~22.

옷감은 특별히 고가품으로 작은 조개에서 한 번에 한 방울씩 추출해 만들었습니다. 한 벌의 옷을 만드는 데 수많은 조개가 사라졌습니다. 비단은 중국에서 수입한 품목입니다. 그리고 붉은 옷감은 갈라디아나 북아프리카에서 서식하는 곤충으로 염색해 들여왔습니다. 이 다양한 옷감은 수입품이고 고가품이라서, 일반 시민은 상상할 수도 없고, 모두 귀족들의 지위와 부의 상징으로 쓰였습니다.[10]

셋째 부류 상품은 각종 향나무, 각종 상아 기구, 값진 나무, 구리, 쇠나 대리석으로 만든 값비싼 장신구입니다. 북아프리카에서 수입한 향나무로 만든 식탁은 나뭇결이 아름답고 향기가 있어, 고가품 같은 경우는 하나에 30억 원에서 60억 원 정도였습니다.[11] 향나무로 만든 식탁 하나를 구매하려면 강남에 있는 아파트 두 채나 세 채를 팔아야 합니다. 지방에 있는 아파트를 약 3억 원으로 치면, 약 10채에서 20채를 팔아야 수입 향나무로 만든 식탁 하나를 구매할 수 있었습니다. 상아 선호도는 너무 높아, 한때 북아프리카의 코끼리 수가 줄어들어 멸종 위기에 처할 정도였습니다.[12] 구리, 쇠, 대리석도 모두 수입품으로서 장신구나 집 짓는 데 쓰였습니다. 쇠는 평화로운 시기에는 농업 도구나 형상을 세울 때 사용했지만, 전쟁 때는 검과 같은 무기를 만드는 데 썼습니다. 대리석은 부잣집을 장식하는 도구로 황제가 소유권을 갖고, 로마인만 쓰게 허락했습니다.[13]

넷째 부류 상품은 계피, 향료, 향, 몰약, 유황과 같은 향신료입니다. 향신료는 모두 수입품입니다. 이것들도 값비싼 물품들입니다. 사람들은 향수를 바르고, 값비싼 옷을 입었고, 침대에 몰약과 침향, 계피를 뿌렸

---

10 Osborne, 『요한계시록』, 813; Mounce, 『요한계시록』, 424; Koester, 『요한계시록 II』, 1313; Aune, 『요한계시록 17~22』, 222~23.

11 Osborne, 『요한계시록』, 813; Aune, 『요한계시록 17~22』, 224.

12 Osborne, 『요한계시록』, 813; Koester, 『요한계시록 II』, 1314; Aune, 『요한계시록 17~22』, 224~26.

13 Koester, 『요한계시록 II』, 1314; Osborne, 『요한계시록』, 814.

습니다. 신들에게 경의를 표하거나 장례 시에 향을 많이 사용하기도 했습니다.14 예수님이 금, 몰약, 유향을 동방박사에게서 선물 받았는데, 이것들은 당시 값비싼 선물이었습니다.

다섯째 부류 상품은 포도주, 올리브기름, 밀가루, 밀과 같은 식료품입니다. 식료품은 사치스러운 물품이라고 할 수는 없고, 모든 계층이 사용하는 물품입니다. 하지만 이것들도 수입품이고, 모든 계층의 사람이 사용했기에, 엄청난 양을 수입해야 했습니다. 특히 고운 밀가루는 일반 시민은 사용할 수 없는 고가품으로, 부자들만 사용했습니다. 밀은 당시 로마인의 주식 재료였습니다. 당시 로마는 80~100만 명 정도가 살았을 테니, 수입하는 밀의 양도 엄청났습니다.15

마지막 여섯째 부류 상품은 소, 양, 말, 병거, 노예와 사람의 목숨입니다. 소와 양은 고기나 우유를 제공할 뿐 아니라 양모나 노동력도 제공했습니다. 말은 로마 당시 인기가 많았는데, 군사용이나 경주용으로 사용했고, 운송에도 사용했습니다. 부자들은 화려한 마차를 소유했고, 마차를 온갖 보석으로 장식했습니다.16 그리고 "노예와 사람의 목숨"으로 번역한 헬라어 표기는 '몸과 사람의 영혼(σωμάτων, καὶ ψυχὰς ἀνθρώπων)'입니다. 몸과 사람의 영혼은 노예들을 지칭하는 관용어입니다.17 노예는 보통 전쟁 노예나, 아니면 가난, 채무로 팔린 사람들입니

---

14 Osborne, 『요한계시록』, 814; Koester, 『요한계시록 II』, 1315~16; Aune, 『요한계시록 17~22』, 226~27.

15 Koester, 『요한계시록 II』, 1316~17; Aune, 『요한계시록 17~22』, 227~28; Osborne, 『요한계시록』, 814~15.

16 Osborne, 『요한계시록』, 815; Aune, 『요한계시록 17~22』, 228~29; Koester, 『요한계시록 II』, 1318~19.

17 Fanning, *Revelation*, 464에서는 몸 그리고 사람의 영혼(σωμάτων, καὶ ψυχὰς ἀνθρώπων)에서 '카이(καί)'를 동격으로 해석하면서 몸, 즉 사람의 영혼으로 해석한다. 이 표현은 몸은 실제로 하나님에 의하여 살아있는 혼을 가지고 있는 사람이라는 뜻이다. Osborne, 『요한계시록』, 815에서도 설명을 보충하

다. 1세기에는 로마에 가장 큰 노예 시장이 있었습니다. 그래서 로마인은 수많은 사람을 종으로 수입했습니다. 부자들은 신분에 따라 얼마든지 종을 소유할 수 있었기 때문입니다.

14~17절은 상인이 바빌론 멸망에 슬퍼하는 이유를 다시 제시합니다. 12~13절에서 언급한 고가 사치품을 더는 매매할 수 없기 때문입니다. 로마는 엄청난 사치품을 소비했습니다. 탈무드에 따르면, "열 개 분량의 부가 세계에 내려왔다. 로마가 그 중 아홉을 받았고, 다른 모든 세계가 하나를 받았다"(*Qidd.* 49).[18] 파레토의 법칙을 알고 있지요. 파레토 법칙은 8:2 비율 법칙입니다. 1897년 이탈리아 경제학자 Vilfredo Pareto가 통계 자료를 분석한 결과를 발표했습니다. 인구 20%가 돈 80%를 가지고 있고, 나머지 인구 80%가 남은 돈 20%를 나누어 가지고 있다는 내용입니다.

『탈무드』에도 비슷한 법칙이 있는데, 78:22 법칙, 곧 7.8 대 2.2 법칙입니다. 정사각형과 그 정사각형 안에 원을 그릴 때, 비율이 78 대 22입니다. 공기의 성분 중 질소가 78%이고 산소와 기타 성분이 22% 비율로 이루어져 있고요. 사람의 신체도 수분이 78%이고 다른 물질이 22% 비율로 이루어져 있답니다. 이 법칙을 유대인은 상술에 적용합니다. 돈을 빌려주고 싶어 하는 사람이 78%이고, 빌려 쓰려는 사람이 22%입니다. 은행이 이 원리를 이용합니다. 은행은 돈을 빌려주고 싶어

는 용법으로 여겨 '즉, 다시 말해'로 해석한다. 긍정적인 면에서는 종들도 가축이 아니라 인간이라는 점을 강조한다면, 부정적인 측면에서는 그들이 사람으로 살고 있는 종족에 불과하다는 점을 강조한다. Koester, 『요한계시록 II』, 1318에서는 몸들은 단독으로 사용했을 때는 노예를 지시하는 상투적 표현이지만, 이 본문에서는 노예 거래의 품위를 떨어뜨리는 특성을 강조한다고 말한다. 하지만 Beale, 『요한계시록(하)』, 152에서는 몸은 노예를 지시하는 그리스어 관용어이고, 사람의 영혼은 노예를 가리키는 히브리어 관용어라고 말한다. 에스겔 27:12~24절에서 노예는 상품 목록 처음에 있지만, 계시록 18:12~13에서는 맨 마지막에 나오는데, 그 이유는 요한이 인간의 영혼을 가축과 같은 범주로 놓은 세상의 가치관을 고발하기 때문이라고 말한다.

18 Mounce, 『요한계시록』, 424.

하는 78%의 돈을 저축이란 명목으로 받아, 빌려 쓰려는 사람 22%에게 대출이란 명목으로 주면서 이자로 운영하는 사업체입니다.[19]

그런데 로마 시대는 8:2 비율도 7.8:2.2 비율도 아니라, 무려 9:1 비율로 사치스러운 삶을 살았습니다. 이 모든 것은 상인들의 손을 거쳐서 제공됐습니다. 로마인이 사용한 사치 상품을 14절은 **"네가 마음으로 탐하던 실과'**로 표현합니다. 마음이 탐하는 실과는 바빌론이 존재하는 목적이 하나님의 영광이 아니고, 경제적인 부요, 자기만족임을 의미합니다.[20] 인간이 존재하는 목적은 소유하는 물질이 아닙니다. 하지만 바빌론의 존재 목적은 "얼마나 값비싼 물건을 가지고 있느냐?"였습니다. 그래서 그들은 항상 값이 나가고 사치스러운 것들을 가지고 싶어 했습니다. 물질이 인생의 목적인 사람은 얼마를 가지고 있느냐에 따라 인간을 판단합니다. 하지만 가지고 있는 것, 화려하고 찬란한 것들은 사라집니다. 고운 모시옷도, 자주색 옷도, 빨간 옷도 한순간에 사라집니다. 금과 보석 진주도 한순간에 사라집니다. 아무리 많은 재물도 한순간에 사라집니다. 상인들은 한순간에 사라지는 것을 보면서 슬퍼하고 있습니다. 인생무상을 깨닫고 주님께로 돌아가야 했습니다. 그러나 그들은 주님께로 돌아오기는커녕 사라지는 것에 대한 안타까움으로 슬퍼합니다. 낙심하며 탄식합니다.

"셋째 부류는 해상 교역을 통하여 생활하는 모든 사람입니다."

III. 해상 영업을 하는 사람들의 탄식은 물건을 더는 운반할 수 없기 때문이다(18:17b~19).

모든 선장, 선객, 선원, 바다에서 일하는 사람들은 모두 해상 교역으로 생활하는 사람을 지칭합니다.[21] 이들은 바다를 생계 수단으로 삼은

---

19 임유진 편저, 『탈무드 유머』 (서울: 미래문화사, 2010), 159~60.

20 Fanning, *Revelation*, 465; Beale, 『요한계시록(하)』, 1521.

사람이었으리라 생각합니다. 당시 로마의 상인들은 모든 상품을 수입할 때 배를 사용했습니다. 그래서 물건들을 수송하는 배는 그들 생계 수단이었습니다. 그런데 바빌론이 멸망함으로 그들도 생계 수단을 잃었습니다. 이들도 멀리 서서 불에 타는 바빌론을 봅니다. 그리고 탄식합니다. 이들이 머리에 먼지를 뿌리면서 슬피 울고 있습니다. 머리에 먼지를 뿌리는 행위는 애곡이나 슬픔을 뜻하는 행위입니다. 이들도 애곡하고 슬퍼합니다. 그런데 이들 탄식도 단순히 바빌론의 멸망에 안타까움이 아닙니다. 바빌론의 멸망이 자기들 삶에 영향을 주기 때문이요, 직장을 잃었기 때문입니다.

결론

우리는 바빌론 멸망에 탄식하는 사람을 세 부류로 나눠서 살폈습니다. 모두 바빌론의 멸망 그 자체에 탄식하거나 슬퍼하지 않습니다. 바빌론 멸망이 자기들에게 나쁜 영향을 주기 때문입니다. 자기들 사업 터전, 곧 직장을 잃게 했기 때문입니다. 자기들 이익이 사라졌기 때문입니다. 이것이 바로 물질을 인생 목적으로 삶은 자들의 특징입니다. 물

---

21 Fanning, *Revelation*, 466에서는 선장(κυβερνήτης)은 선주보다는 배 키를 잡는 조타수나 키잡이를 말하며(Walter Bauer, eds. Kurt Aland, Barbara Aland, and Viktor Reichmann, 『바우어 헬라어 사전—신약성경과 초기 기독교 문헌의 헬라어-한국어 사전』, 이정의 옮김 [서울: 생명의말씀사, 2017], 870 참조), 선객(ὁ ἐπὶ τόπον πλέων)을 여행객으로, 선원(κυβερνήτης)은 일반 뱃사람, 그리고 바다에서 일하는 사람들(τὴν θάλασσαν ἐργάζονται)은 어부로 여긴다. Mounce, 『요한계시록』, 427에서도 같은 의미로 보며, 바다에서 일하는 사람은 생업을 위해서 일하는 사람이나 낚시나 진주를 캐서 파는 사람을 가리킨다고 말한다. 하지만 Osborne, 『요한계시록』, 818에서는 선객을 제외하고는 위 견해를 동의한다. 그는 선객이 상인을 가리킨다고 말하는데, 그 이유는 세 번째 부류는 해상 교역을 통해 이득을 얻는 사람을 지칭하기 때문이다. Koester, 『요한계시록 II』, 1321에서는 선장은 배를 소유하거나 다른 사람의 배를 조정하는 사람으로, 선객은 상업 목적으로 여러 항구를 돌아다니는 사람으로 여긴다.

질 자체가 나쁘지는 않습니다. 물질을 인생의 목적, 삶의 목적으로 삼고 사는 삶이 문제입니다. 큰 성 바빌론은 물질 만능의 사고를 대변합니다. 오늘날 한국 모습입니다. 물질 만능으로 살아갈 때, 주위에는 그런 부류 사람만 들끓습니다.

이 땅의 것을 사모할 때, 하나님이 주신 인간성이 바뀝니다. 이웃의 아픔을 아픔으로 느끼고 슬퍼하는 것이 아니라, 자기 이익 유무에 따라 슬퍼합니다. 물질을 추구하지 말고, 물질을 허락하신 하나님을 경외합시다. 성도 여러분, 인생의 목적을 점검하고 다시 바로 정립합시다.

계시록 18:20~24, '음녀 바빌론 멸망에 기쁨'
하나님께서 공의로 심판하심에 기뻐하자

중심 내용: 바빌론의 멸망이 주는 교훈은 하나님이 공의의 주님이시며 당신 백성을 보호하고 보상하는 분이심을 신뢰하게 한다.

I. 기뻐하는 이유는 바빌론 멸망이 하나님의 공의로 심판 결과이기 때문이다(18:20).

II. 바빌론 멸망은 큰 맷돌이 바다에 내쳐져 사라짐이다(18:21~23a).

　1. 바빌론 멸망은 큰 맷돌이 바다에 내쳐지는 상징으로 서술된다(18:21).

　2. '바다에 던져져 흔적도 없어' 일상생활과 특별한 날의 기쁨도 사라졌다(18:22~23a).

III. 바빌론 멸망 이유는 경제적인 거물, 마술로 유혹, 그리고 핍박과 살인 때문이다(18:23b~24).

서론

　18장은 대칭 구조를 이루고 있습니다.[1] 1~8절과 20~24절은 비슷한

---

[1] Craig R. Koester, 『요한계시록 II―10~22장』, 최홍진 옮김, 앵커바이블 시리

내용입니다. 그 사이에서 9~19절은 세 그룹, 곧 왕들, 상인들, 해상 업계에 종사하는 사람들 등이 바빌론 멸망에 탄식하는 내용입니다. 20~24절은 바빌론 멸망을 즐거워하라는 권면으로 시작하여, 멸망의 의미와 이유를 설명합니다. 바빌론의 멸망이 주는 교훈은 하나님이 하시는 일로 그분을 알게 합니다. 하나님은 당신 백성을 보호하시고, 백성이 당한 일을 공의로 보복하시는 심판주이십니다.

I. 기뻐하는 이유는 바빌론 멸망이 하나님의 공의로 심판 결과이기 때문이다(18:20).

바빌론 멸망에 탄식하는 내용에 이어, 갑자기 하늘과 성도들과 사도들과 예언자들에게 즐거워하라는 요청이 들립니다.[2] "즐거워하라"고 요청

즈 (서울: 기독교문서선교회, 2019), 1330~31에서는 18장을 대칭구조로 분석한다. 곧, A(18:1~3)-B(18:4~20)-A'(18:21~24)이다. A와 A'는 바빌론 패망(1~2, 21~23절)과 그 이유를 설명한다(3, 23b~24). 하지만 B는 익명의 음성으로 바빌론을 정죄하면서 패망을 슬퍼하는 자들을 조롱하는 모습을 서술한다. David E. Aune, 『요한계시록 17~22』, 김철 옮김, WBC 성경주석, 52하 (서울: 솔로몬, 2004), 182~85에서도 Koester 분석과 같다.

하지만 필자는, Robert H. Mounce, 『요한계시록』, 장규성 옮김, NICNT (서울: 부흥과개혁사, 2019), 410에서 18:1~8, 9~20, 21~24로 구분하고, G. K. Beale, 『요한계시록(하)』, 오광만 옮김, NIGTC (서울: 새물결플러스, 2020), 1489에서는 18:1~8, 9~19, 18:20~19:6로 구분한 데 기초해, 18:1~8, 9~19, 20~24로 구분하고서 ABA'로 분석한다.

[2] 20절이 9~19절의 연속인지, 아니면 새로운 시작인지는 학자마다 다르다. Robert L. Thomas, *Revelation 8~22: An Exegetical Commentary* (Chicago: Moody Press, 1995), 341에서는 20절 음성은 4절 음성과 연속선상에 있다고 말한다. Aune, 『요한계시록 17~22』, 235~36; Buist M. Fanning, *Revelation*, Zondervan Exegetical Commentary on the New Testament, ed. Clinton E. Arnold et al., vol. 20 (Grand Rapids: Zondervan Academic, 2020), 467에서는 음성이 해상 무역에 종사한 사람이 한 말이 아니라, 하늘에서 갑자기 내려온 삽입절로(interjection) 여겨야 한다고 말한다. Koester, 『요한계시록 II』,

받은 대상은 하늘에 있는 존재만이 아닙니다. 땅에 있는 존재도 포함합니다. 하늘은 천사뿐 아니라 죽임을 당하고 하늘에서 하나님과 함께 있는 성도들을 지칭합니다. 하지만 땅에 있는 사람들은 성도들, 사도들, 예언자들입니다. 구약 성경에서 "성도와 예언자"는 때때로 하나님의 백성과 하나님의 대변인을 의미합니다. 본문에서 성도들은 구원받는 모든 성도를 의미합니다. 그리고 사도들과 선지자들은 교회의 기둥인 두 진영의 지도자들을 말합니다. 그렇다면, 성도들, 사도들, 선지자들은 핍박받는 모든 성도와 교회 지도자를 지칭합니다.[3] 이들에게 즐거워하라고 말한다.

그 이유는 하나님께서 성도들을 위해서 바빌론을 심판하셨기 때문입니다.[4] "하나님께서는 그대들을 위하여 그 도시를 심판하셨습니다"(20b

---

1323에서도 뱃사람의 애곡에 포함되지 않고, 익명의 음성으로 여겨야 한다고 말한다. Mounce, 『요한계시록』, 428에서는 갑작스러운 변화는 요한계시록의 자유로운 문체와 어울린다고 말한다.

3 Mounce, 『요한계시록』, 428; Thomas, *Revelation 8~22*, 341~42에서는 이 구절이 계시록 12:12과 병행 구절로, 성도들, 사도들, 예언자들 등은 영화롭게 된 자들, 곧 하늘에 거하는 자들이지 땅에 있는 믿는 자들이 아니라고 주장한다. Aune, 『요한계시록 17~22』, 237에서도 이 세 그룹이 모두 순교해 하늘에 있음을 시사한다고 말한다. Grant R. Osborne, 『요한계시록』, 김귀탁 옮김, BECNT 시리즈 (서울: 부흥과개혁사, 2019), 820~21에서도 계시록 12:12과 병행 구절로 그 구절에서 하늘에 있는 자들이 이 본문에서는 성도들, 사도들, 예언자들 등으로 명시한다고 말한다. Mounce는 성도, 사도들, 선지자들 등이 하늘에 있는 영화로운 이들이라고 말한다면, Osborne은 성도가 하늘과 땅의 하나님의 모든 백성을, 사도들이 초대 교회의 열두 사도를, 선지자가 그리스도인 선지자로 말한다. 하지만 Beale, 『요한계시록(하)』, 1529에서는 하늘과 땅에 있는 사람은 구원받은 공동체 전체를 대표하는 용어라서, 그리스도인의 특수 집단이 아니라, 전체를 가리킨다고 말한다. Koester, 『요한계시록 II』, 1323에서는 하늘에 있는 이를 별로 말하지 않고, 성도는 기독교 공동체 전체를, 사도들은 더 제한된 그룹으로 12사도 그리고 그 후 사도로 불리는 더 광범위한 그룹을, 선지자는 구약의 선지자들과 연속선상에서 사역하는 기독교 선지자들이라고 말한다. Fanning, *Revelation*, 467에서는 성도는 하나님의 백성을, 사도들은 12사도를, 선지자들은 구약 선지자를 포함한 신약 선지자들을 지칭한다고 말한다.

절). 바빌론의 음행과 사치에 협력한 사람들, 곧 세상의 왕들, 상인들, 해상 무역에 종사한 사람들은 모두 바빌론의 멸망에 슬퍼했습니다 (18:9~19). 하지만 하나님께 신실한 이들은 바빌론 멸망에 기뻐하라는 소리를 듣습니다.5 그 이유는 하나님께서 의인의 고난을 기억하시고 보상하는 날이기 때문입니다. **"하나님께서는 그대들을 위하여 그 도시를 심판하셨습니다"**라고 번역한 부분을 헬라어 성경 표현에 따라 다시 번역하면 **"왜냐하면 하나님이 너희 심판을 그녀로부터 행하셨기**[심판하셨기] **때문이다**(ὅτι ἔκρινεν ὁ θεὸς τὸ κρίμα ὑμῶν ἐξ αὐτῆς)"입니다. 이 문장은 해석하기 어렵습니다.6 본문을 해석하는 데, 19:2에서 도움받을 수 있습니다. **"그분 심판은 참되고 의로우시다. 음행으로 세상을 망친**

---

4 Beale, 『요한계시록(하)』, 1530에서는 '호티(ὅτι)절'을 즐거워해야 하는 근거절로 여긴다. (Thomas, *Revelation 8~22*, 342도 참조하라.

5 구약에서는 하나님의 통치나 구속에 기뻐하라는 요청이 자주 등장한다(시 96:10~11; 사 44:23; 49:13). 하지만 이 구절에서는 하나님의 신원이나 변호를 기뻐하라고 한다.

6 **"왜냐하면 하나님이 너희 심판을 그녀로부터 행하셨기**[심판하셨기] **때문이다**(ὅτι ἔκρινεν ὁ θεὸς τὸ κρίμα ὑμῶν ἐξ αὐτῆς)"는 동해 보복 법칙, 곧 탈리오 법칙(*lex talionis*)을 말한다. Fanning, *Revelation*, 467에서는 세 가지 해석을 말한다. 1) 바빌론이 이들을 심판했고, 하나님이 이제 보복하신다(속격 목적어 용법). 2) 하나님께서 바빌론이 받기에 합당한 심판을 그녀에게 내리신다(속격 지시나 용도 용법), 3) 심판은 심판 선언이 아니라, 실제적 심판이나 처벌이다. Beale, 『요한계시록(하)』, 1532~33에서는 여섯 가지 해석을 제공한다. 1) 하나님은 그를 심판하셨으며 너희 정당함을 입증하셨다. 2) 하나님은 너희를 위하여 그에게 심판을 내리셨다. 3) 하나님은 그를 심판하시는 중에, 너희 대의를 인정하셨다. 4) 하나님은 바벨론이 너희에게 내렸던 심판을 그에게 선언하셨다. 5) 하나님은 너희를 위하여 그에게 혹독한 심판을 집행하셨다. 6) 하나님은 너희에게 임한 그에게서 (나온) 심판을 심판하셨다. 같은 자료 1530에서, 즐거워하는 이유는 바빌론이 심판받았기 때문이 아니고, 하나님의 공의, 곧 그 심판 본질이 의롭기 때문이라고 말한다. Osborne, 『요한계시록』, 821에서도 이 장면은 법정 장면으로, 형벌 자체가 아니라, 하나님의 공의, 곧 죄인에게 공정하게 선고하고 형벌함에 방청객이 즐거워한다는 의미라고 말한다.

그 큰 창녀를 심판하셨다. 자기 종들이 흘린 피의 원한을 그 여자에게 갚으셨다"(계 19:2). 하나님이 큰 창녀 바빌론을 심판하셨습니다. 바빌론이 하나님 종들의 피를 흘렸기에, 피의 원한을 갚으시려 함입니다.

그렇다면, 요한계시록 18:20 해석도 비슷합니다. "그대를 위하여 그 도시를 심판했다"라는 표현은 바빌론이 성도들을 핍박하고 성도들의 피를 흘렸기에, 하나님께서 성도들의 피의 원한을 갚아 주시려고 바빌론을 심판하셨다는 뜻입니다. 바빌론이 성도들을 가혹하게 대하고, 그들을 피 흘려 죽였습니다. 구약 시대에는 바빌론이 이스라엘을 멸망시키고, 하나님의 백성을 괴롭혔습니다. 하나님의 성전을 파괴했습니다. 하나님의 백성을 포로로 잡아갔습니다. 눈을 빼고, 잔인한 방법으로 죽였습니다. 로마 시대에도 하나님의 교회를 그렇게 대했습니다. 예수님을 믿는다는 이유로 성도의 살가죽은 벗겨졌습니다. 불 속에 던져 죽였습니다. 손톱 아래를 바늘과 같은 도구로 쑤셔 고문했습니다. 성도들이 받은 핍박과 피 흘려 죽음을, 하나님께서 보상하십니다. 즐거워해야 하는 이유는 단순히 바빌론이 멸망했기 때문이 아닙니다. 하나님의 공의로운 심판 때문입니다. 하나님께서 공의로 죄인에게 형벌하셨기 때문입니다. 이제 하나님께서 당신 법정에서 바빌론이 지은 죄를 판결하십니다. 하나님께서 공의로운 심판을 집행하십니다. 바빌론의 멸망을 즐거워하라고 했을 때, 성도들은 이기적인 복수심으로 즐거워하지 않고, 하나님께서 죄를 반드시 처벌하시는 공의로운 심판에 즐거워합니다.

II. 바빌론 멸망은 큰 맷돌이 바다에 내쳐져 사라짐이다(18:21~23a).

1. 바빌론 멸망은 큰 맷돌이 바다에 내쳐지는 상징으로 서술된다(18:21).

21절은 바빌론 멸망을 은유적으로 표현합니다. 그것은 힘센 천사가 큰 맷돌을 들어 바다에 던지는 환상입니다.7 큰 맷돌(μύλινον μέγαν)은 사람이 손으로 돌릴 수 있는 작은 맷돌이 아닙니다(마 24:41). 마가복음에 쓴 연자 맷돌을 말합니다(막 9:42). 연자 맷돌은 매우 큰 돌이라, 매우 무겁습니다. 그래서 나귀나 노새가 돌렸습니다. 이 맷돌은 크고 무겁기에 많은 양의 곡식을 갈 때 사용했습니다. 힘센 천사가 바다에 던진 맷돌의 무게는 작게는 500kg에서 크게는 수천kg이 나가기에, 아무도 맷돌을 바다에서 던질 수 없습니다.8 큰 맷돌처럼, 큰 도시 바빌론이 바다에 던져졌습니다. 큰 맷돌이 바닷속 깊이 던져져 가라앉으면, 다시는 떠오르지 않습니다. 마찬가지로 바빌론이 멸망하고서 흔적도 찾을 수 없이 사라집니다. 21절은 그 사실을 말합니다. "그 큰 도시 바빌론이 이렇게 큰 힘으로 던져질 터이니, 다시는 그 흔적도 찾을 수 없을 것이다." 큰 힘으로 "던져질 테니(βληθήσεται)"는 동사 미래형입니다. 미래형은 하나님의 심판이 미래에 이뤄진다는 말입니다. 하나님 심판은 두 단계로 이뤄집니다. 첫 단계는 내란, 곧 적그리스도와 그의 동료들이 바빌론을 배반할 때 이뤄집니다(계 17:16). 둘째 단계는 그리스도께서 재림할 때 이뤄집니다(계 19:11~12).9

7 계시록에 힘센 천사를 세 차례 쓴다. 계시록 5:2; 10:1~2, 18:21 등이다. 5:2에서는 "인을 떼기에 합당한 분이 누구인가?"라고 외쳤고, 10:1~2에서는 땅과 바다를 딛고 작은 두루마리를 펴고 들고 있는 권세를 가진 천사로 묘사한다. G. B. Caird, *The Revelation of St. John*, Black's New Testament Commentaries, ed. Henry Chadwick (New York: Harper & Row Publishers, 1966), 230~31에 따르면, 첫째와 둘째는 구속 관점에서 쓰였고, 셋째인 이 구절에서는 그 내용의 완성을 표시한다. Osborne, 『요한계시록』, 821에서는 처음 두 구절에서 힘센 천사가 마지막 때를 기록한 두루마리를 가지고 있다면, 이 구절에서는 그 두루마리에 기록한 심판을 집행하는 자로 묘사한다고 말한다. Beale, 『요한계시록(하)』, 1534; Fanning, *Revelation*, 468에서는 이 환상이 예레미야 51:63에 근거한다고 말한다.

8 Walter Bauer, eds. Kurt Aland, Barbara Aland, and Viktor Reichmann, 『바우어 헬라어 사전—신약성경과 초기 기독교 문헌의 헬라어-한국어 사전』, 이정의 옮김 (서울: 생명의말씀사, 2017), 1004; Osborne, 『요한계시록』, 822. Thomas, *Revelation 8~22*, 344에서는 연자 맷돌 지름이 약 1.2~1.5m이고, 두께가 약 30cm이고, 무게는 약 500kg 이상 수천kg까지라고 말한다.

9 Osborne, 『요한계시록』, 822.

큰 맷돌이 바다에 던져지는 광경에 주목할 점은 두 가지입니다. 하나는 큰 맷돌, 곧 연자 맷돌이 크고 무겁다는 점입니다. 그처럼 바빌론도 큰 도시입니다. 연자 맷돌이 아주 무거워 아무도 들 수 없듯이, 아무도 바빌론을 넘어뜨릴 수 없습니다. 그렇기에 한 번 바다에 던져지면, 다시는 건질 수 없습니다. 또 하나는 큰 맷돌을 들 수 있을 정도로 힘센 존재라야 던질 수 있다는 점이다. 하나님의 심판을 집행하는 힘센 천사가 이 큰 돌을 들어 던질 수 있습니다. 그런데 하나님의 권능은 힘센 천사를 능가할뿐더러, 상상할 수도 없는 권능입니다. 하나님은 아무리 큰 성 바빌론도 능히 물리치시고 멸망하게 하십니다. 하나님께서 당신 능력으로 큰 성 바빌론을 심판하셨기에, 아무도 하나님의 손에서 바빌론을 건져낼 수 없습니다.

2. '바다에 던져져 흔적도 없어' 일상생활과 특별한 날의 기쁨도 사라졌다(18:22~23a).

바빌론이 바다에 던져져 흔적도 찾아볼 수 없는 상태를 22~23a절은 설명합니다. "거문고를 타는 사람들과 노래를 부르는 사람들과 피리를 부는 사람들과 나팔을 부는 사람들의 노랫소리가 다시는 네 안에서 들리지 않을 것이요, 어떠한 세공장이도 네 안에서 하나도 보이지 않을 것이요, 맷돌 소리도 다시는 네 안에서 들리지 않을 것이다. 등불 빛도 다시는 네 안에서 비치지 않을 것이요, 신랑과 신부의 음성도 다시는 네 안에서 들리지 않을 것이다." 22~23a절은 바빌론이 바다에 던져져 흔적도 찾을 수 없는 상태를 다섯 가지 은유로 표현합니다.[10] 첫째, 음악

---

10 21절에 "다시는 그 흔적도 찾을 수 없을 것이다(οὐ μὴ ⋯ ἔτι)"라는 표현이 22~23a절에 반복하는데, 흔적도 찾아볼 수 없는 대상에 이어서 흔적도 볼 수 없다 (οὐ μὴ ⋯ ἔτι) 표현이 다섯 차례 반복한다(『새번역』은 "들리지 않는다, 보이지 않는다"로 번역함). Osborne, 『요한계시록』, 822~24에서는 흔적도 없이 사라지는 대상을 다섯 종류로 구분한다. 필자도 이에 따르는데, 헬라어 표현에 일치하기 때문이다.

소리조차 들리지 않습니다. 바빌론 멸망을 노랫소리가 들리지 않는 상태로 표현합니다. 거문고, 노래, 피리, 나팔 등을 불며 흥겨워하는 노랫소리가 다시 들리지 않습니다. 일상생활에서 즐거움을 제공하는 노랫소리가 사라진다는 뜻입니다. 인생에서 음악이나 예술이 없다면, 어떨까요? 그리스도인에게 찬송이 없다면, 어떨까요? 음악이 없는 도시, 예술이 없는 도시, 즐거움이 없는 도시는, 삭막하고 바람 소리만 윙윙거릴 뿐입니다.[11] 바빌론이 한때 풍부했고 흥청망청했지만, 이제 황량한 사막처럼 삭막한 도시로 바뀌었습니다.

둘째, 상업 활동이 끊깁니다. 바빌론의 멸망을 상업 활동이 끊긴 상태, 어떤 세공장도 다시는 볼 수 없는 상태로 묘사하고 있습니다. 고대 사회는 도시마다 자기들 물건을 만들었습니다.[12] 그러면 도시들이 서로 교역, 물물교환이나 화폐를 사용하여 이것들을 매매하면서 살았습니다. 그런데 세공업자들이 물건을 만들지 못한다는 말은 경제 활동이 없어졌다는 말입니다. 시장마다, 가정마다 물건을 만드는 소리가 사라집니다. 바빌론은 경제 중심지였기에 언제나 북적북적 그렸습니다. 물질적으로 풍요로웠던 바빌론이 이제는 경제 활동이 멈춘 상태입니다.

셋째, 맷돌 소리도 멈춥니다. 여기서 맷돌은 연자 맷돌이 아니고, 집에서 여인이 곡물을 갈 때 사용하는 작은 맷돌입니다. 고대 아낙네들이나 종들은 곡식을 맷돌에 넣고 빻아서 음식을 만들어 생활했습니다. 그

---

11 Koester, 『요한계시록 II』, 1325에 따르면, 사람들은 신들에게 영광을 돌리려고, 경기와 잔치 때 여흥을 돋우려고 악기를 연주했다. 하지만, 장례식에는 악기를 연주하지 않았다. 연주자 침묵은 곧 하나님의 심판을 상징한다. Mounce, 『요한계시록』, 431에서도 비슷한 견해를 제시한다. 이사야에서 즐거워하는 자의 소리가 끊기고 악기 연주의 그침은 우주적인 심판을 표시한다(사 24:8).

12 Osborne, 『요한계시록』, 823. Aune, 『요한계시록 17~22』, 239에서는 고대 도시에 다양한 기술과 재주를 가진 사람들이 많았다면서, 그 종류를 열거한다. 철공, 벽돌 제조, 유리 제조, 목공, 향수 제조, 장막 제조, 방적, 직조, 가죽 제조, 염색, 도자기 제작, 새기는 기술, 조각, 석공 등이 있었다고 한다.

런데 맷돌 소리가 멈췄습니다.13 맷돌을 돌리지 못하다 보니 가정에 먹거리가 없습니다. 생활필수품인 곡식이 사라졌습니다. 경제 활동이 없다 보니, 먹을 것조차 없는 상황입니다.

넷째, 등불 빛도 다시 비추지 않습니다. 일반적으로 맷돌 소리는 낮에 들리고, 밤에는 등불이 어둠을 비춘다고 합니다. 그런데 등불의 빛이 사라졌습니다.14 등불 빛은 가정에서 사용하는 등잔이기에, 이것이 사라짐은 가정 일상생활이 사라졌다는 말입니다.15

다섯째, 특별한 생활도 사라집니다. 신랑과 신부의 음성도 다시는 들리지 않는다고 했습니다. 고대 결혼은 기쁨과 즐거움의 상징이었습니다. 그래서 이스라엘에서는 3일 또는 7일 동안 잔치를 벌였습니다. 그런데 이런 특별한 기쁨도 사라집니다.16

---

13 Aune, 『요한계시록 17~22』, 240에서는 맷돌 소리가 모든 가정에서 매일 맷돌을 돌리면서 낟알을 으깨는 소리라고 한다. 밀가루는 당시 표준 식단이었는데, 종이나 부인이나 딸들이 날마다 맷돌질하면서 밀을 으깨어 식사를 준비했는데, 이 소리가 그쳤다는 말은 식량이 떨어졌다는 뜻이다. Koester, 『요한계시록 II』, 1326에서는 맷돌 소리 멈춤이 일상생활의 끝을 뜻한다고 말한다. Osborne, 『요한계시록』, 823에서는 맷돌 소리 그침이 가정사를 가리키는지 사업을 가리키는 것인지 구분하기 어렵지만, 18장이 경제를 다루고 있다는 점에서 네 번째 등불 빛이 가정사를 다룬다는 점에서, 넓은 의미로 사업으로 이해가 타당하다고 말한다.

14 Thomas, *Revelation 8~22*, 346에서는 1세기에 도시나 로마조차도 가로등은 없었고, 밤에 길을 걸을 때 횃불을 사용했다고 한다. 물론 부유층은 집안을 밝힐 충분한 도구를 가졌다. 이 구절에서 말하는 등불 빛(φῶς λύχνου)은 가정에서 사용하는 가장 작은 등잔을 가리킨다고 한다.

15 Koester, 『요한계시록 II』, 1326~27; Osborne, 『요한계시록』, 824. Aune, 『요한계시록 17~22』, 240에서는 초저녁에 가정에서 등불 빛이 새어 나와 사람이 살고 있음을 표시했다고 했다. 그렇다면 등불 빛이 사라졌다는 말은 가정에서 사람들이 더는 존재하지 않는다는 의미이다.

16 Fanning, *Revelation*, 469에서는 등불이 사라지고 신랑·신부의 음성이 사라지는 현상을 각각 일상생활과 특별한 날이 사라지는 현상으로 이해한다.

"그러면 왜 이런 일상생활과 특별한 기쁨이 사라질까요? 23b~24절이 세 가지 이유를 제시합니다."[17]

III. 바빌론 멸망 이유는 경제적인 거물, 마술로 유혹, 그리고 핍박과 살인 때문이다(18:23b~24).

첫째, 상인들이 땅의 세도가로 행세했기 때문입니다(23b절). **"그것은 네 상인들이 땅의 세도가로 행세하고." "땅의 세도가로 행세했다**(ὅτι οἱ ἔμποροί σου ἦσαν οἱ μεγιστᾶνες τῆς γῆς)"의 문자적인 의미는 '땅의 위대한 사람이다,' 또는 '땅의 왕족들이다'는 뜻입니다.[18] 상인들이 귀족들이요, 왕족들이라는 표현이 이사야서에서도 나옵니다. 이사야 23:8입니다. **"빛나는 왕관을 쓰고 있던 두로, 그 상인들은 귀족들이요."** 두로 상인을 귀족으로 표현했듯이, 바빌론 상인을 귀족들, 왕들로 표현했습니다. 이 표현을 『새번역』은 '세도가로 행세한다'로 번역합니다.

이는 바빌론 상인이 전 세계에 엄청난 영향력을 행사하고 있다는 뜻입니다.[19] 그들은 세계 무역에서 거물급 인사입니다. 세계 거물급 인사

Aune, 『요한계시록 17~22』, 241에서는 신랑·신부의 즐거움이 사라짐을 성적 기쁨이 사라짐으로 여긴다. 예레미야 선지자는 예루살렘 황폐를 등불 빛과 잔치 소리가 사라지고 맷돌 소리가 끊김으로 표현했다(렘 25:10).

17 Mounce, 『요한계시록』, 432; Osborne, 『요한계시록』, 825; Stephen S. Smalley, *The Revelation to John: A Commentary on the Greek Text of the Apocalypse* (Downers Grove, IL: IVP Academic, 2005), 464; Thomas, *Revelation 8~22*, 346, 347; Fanning, *Revelation*, 469.

18 "땅의 세도가(οἱ μεγιστᾶνες τῆς γῆς)"에서 세도가에 해당하는 '메기스마테스'는 '메가스(μέγας)'의 최상급이다. 메가스는 권위나 지위를 나타내는 의미로, 신적 존재와 관련이 있거나 지위가 높은 사람을 지칭한다. 그래서 최상급으로 쓰일 때는 우두머리, 권세자, 위대한 사람, 귀족으로 해석되며 공동체에서 제일 높은 사람을 지칭할 때 쓰인다. 자세한 내용은 Bauer, 『바우어 헬라어 사전』, 946을 참조하라.

로서 바빌론은 세계에 막대한 영향력을 행합니다. 모든 나라는 바빌론 영향력에, 하나님에게서 멀어졌습니다.[20] 상인이 존재하는 목적은 모든 나라에 필요를 채워주는 청지기로서 섬기는 일입니다. 그런데 그들이 이제 주권자가 되었습니다. 물질 힘으로 자기 세력을 과시했습니다. 그래서 특정인, 특정 국가의 이익을 위해서 다른 지역을 지배하고 착취했습니다. 인생의 목적이 하나님을 섬기고 하나님의 은혜를 즐거워하는 것인데, 상인들은 자기를 섬기고, 자기 배를 위해 살아가는 쾌락을 섬기도록 조장했습니다.[21] 물질적 풍요를 누리는 사람이나 직장에서 승진해 높은 자리에 오를수록 섬겨야 합니다. 지위가 있다고 폭군의 마음을 가져서도, 지배하려고 해서도 안 됩니다. 교회에서 나이가 많다고, 힘이 있다고 통제하려고 해서는 안 됩니다. 섬기는 자의 마음, 선한 청지기의 마음을 가져야 합니다.

둘째, 모든 민족이 마술에 속아 넘어갔기 때문입니다(23c절). **"모든 민족이 네 마술에 속아 넘어갔기 때문이고."** 마술(τῇ φαρμακείᾳ)은 바빌론이 모든 민족에게 사용한 속임수를 말합니다.[22] 마술로서 바빌론은 모든 민족에게 하나님을 버리고 우상을 숭배하도록 영향력을 끼쳤습니

---

19 Fanning, *Revelation*, 469.

20 Koester, 『요한계시록 II』, 1327에 따르면, 상인들을 땅의 귀족으로 설명하는 이유는 상인들이 가장 정직하지 못하고, 저속한 자들로, 세리와 고리대금업자의 부류에 넣기에 합당하다고 여겼기 때문이라고 말한다. Aune, 『요한계시록 17~22』, 241에서는 로마가 지중해 세계를 경제적으로 지배함을 착취하는 관점에서 단죄한다고 말한다.

21 Beale, 『요한계시록(하)』, 1539.

22 Bauer, 『바우어 헬라어 사전』, 1584에 따르면, 마술은 요술이나 술법을 의미하지만, 때때로 독약이나 약물 제조를 뜻하기도 한다. 또한 이 용어는 무엇을 달성하려고 쓰는 방법이나 수단과 함께 쓰이기도 한다. Koester, 『요한계시록 II』, 1328에 따르면, 마술은 요한계시록에서는 속임수, 우상숭배와 관련이 있으며(계 2:20; 12:9; 20:10), 사람들을 자기들 영향력 아래로 모이게 하는 로마의 능력을 부정적 의미로 사용했다고 주장한다.

다.23 마술로 모든 민족을 속였다는 말은, 다양한 방법을 동원해 모든 민속이 하나님에게서 벌어지게 했다는 뜻입니다. 이세벨과 같은 거짓 선지자가 성도들을 거짓 가르침으로 가르치며 유혹했습니다. 그래서 하나님을 떠나 우상숭배를 하게 했습니다. 둘째 짐승인 거짓 선지자는 모든 사람을 미혹하여 음행과 우상숭배로 이끌었습니다. 짐승인 적그리스도의 우상을 만들고 섬기게 했습니다. 이 모든 것이 마술로 모든 민족에게 속임수를 썼다는 표현이 뜻하는 바입니다.

셋째, 바빌론이 성도들을 죽였기 때문입니다(24절).24 24절입니다. "**예언자들의 피와 성도들의 피와 땅에서 죽임을 당한 모든 사람의 피가 이 도시에서 발견되었기 때문이다.**" 요한계시록 18:20에서도 성도들과 사도들과 선지자들의 피를 흘렸다고 서술합니다. 요한계시록 16:6에서도 "성도들과 선자자들의 피를 흘렸다'라는 표현이 있습니다. 여기서도 마찬가지로 성도들과 선지자들의 피를 흘렸기에, 바빌론이 심판받습니다. 반면, "땅에서 죽임을 당한 모든 사람의 피"는 믿는 사람뿐 아니라 믿지 않는 사람들의 피를 포함합니다.25 바빌론은 성도들의 피와 아울러 믿지 않는 모든 사람의 피를 흘렸습니다. 여러 나라를 정복했습니다. 경제적인 핍박을 했습니다. 주후 70년경, 로마와 유대인 전쟁이 있었습니다. 티투스

---

23 Beale, 『요한계시록(하)』, 1540에 따르면, 여기서 강조점은 마술 행위가 아니라, 사람들이 우상숭배를 하게 속였다는 점에 있다. Osborne, 『요한계시록』, 825에서는 마술을 음행과 우상숭배와 연결 짓는다. 이세벨의 교훈과 유혹도 일종의 마술 영역이라고 말한다.

24 24절이 '호티(ὅτι)'로 시작하지 않아도, 셋째 이유를 제시한다(Thomas, *Revelation 8~22*, 347; Smalley, *The Revelation to John*, 465; Fanning, *Revelation*, 469).

25 Osborne, 『요한계시록』, 825; Mounce, 『요한계시록』, 432; Beale, 『요한계시록(하)』, 1543; Koester, 『요한계시록 II』, 1329; Aune, 『요한계시록 17~22』, 242; Smalley, *The Revelation to John*, 466; Fanning, *Revelation*, 467. 하지만, George E. Ladd, *A Commentary on the Revelation of John* (Grand Rapids: Wm. B. Eerdmans Publishing Company, 1972), 243; Thomas, *Revelation 8~22*, 348에서는 모든 세대에 성도의 순교와 연결 짓는다.

장군이 이끄는 로마 군대는 팔레스타인을 정복하고 예루살렘 성전을 파괴했습니다. 예루살렘 멸망은 주후 70년이지만, 전쟁은 주후 66~73년에 있었습니다. 이때 유대인 약 110만 명이 죽었습니다. 티투스는 승리하고서 유대인 포로를 가이사랴 빌립보, 베리투스, 안디옥 등으로 끌고 와서 들짐승의 밥이 되게 하거나 검투사로 싸우다가 죽게 했습니다(Josephus, *J. W.* 7.2.23~24; 3.37~40; 5.100~111).[26] 바빌론이 멸망한 이유는 성도들의 피와 아울러 모든 사람의 피를 흘린 죄 때문입니다.

결론

바빌론 멸망은 이 땅에서는 일상생활과 특별한 생활이 무너짐을 의미합니다. 그 이유는 하나님의 공의로운 심판 때문입니다. 하나님은 성도들이 당하는 고난을 기억하시고 보상하십니다. 그래서 성도들을 핍박하는 바빌론을 공의로 판결하시고, 심판하십니다. 우리가 기뻐하고, 즐거워해야 하는 이유는 단지 바빌론 멸망 자체가 아닙니다. 하나님께서 악인을 벌하시겠다고 하신 약속, 악인을 공의로 심판하신다는 약속이 이뤄지기 때문입니다.

---

[26] Aune, 『요한계시록 17~22』, 242~43.

계시록 19:1~10, '할렐루야와 초청'
여호와를 찬양하자

중심 내용: 하나님을 찬양해야 하는 이유는 하나님의 의로운 심판과 어린 양의 혼인 잔치가 이르렀기 때문이다.

I. 여호와를 찬양해야 하는 이유는 의롭게 심판하시기 때문이다(19:1~5).

II. 여호와를 찬양해야 하는 이유는 어린 양의 혼인 잔치에 신부와 손님으로 초대받았기 때문이다(19:6~9).

결론(19:10)

서론

  월드컵이나 올림픽 개회식에 초청받으면, 기분이 어떨까요? 그것도 VIP로 초청받는다면요? 그거야 특권 중 특권일 수 있습니다. 달라스 카우보이 주 경기장은 관중 10만 명을 수용합니다. 12~13년 전에 바르셀로나FC 대 맥시코 대표팀 친선경기가 달라스 카우보이 주 경기장에서 열렸습니다. 당시 바르셀로나팀은 메시, 이니에스타, 그리고 바로셀로나 감독 사비가 선수로 뛸 때, 최고 전성기를 누렸습니다. 그때 저는 초청을 받아서 카우보이 주 경기장 VIP실에서 경기를 관전했습니다. 성현이가 초등학교 때 축구했었는데, 성현이 팀의 코치가 달라스 카우보이 수 경기장의 재정 담당 총책임자였기에 가능했던 일이었습니다. 세계 최고 감독과 선수를 직접 본다는 것, 그리고 세계에서 몇 번째 가지 않는 큰 주 경기장 VIP실에서 관전은 특권 중의 특권이었습니다.

오늘 본문은 "할렐루야, 여호와를 찬양하라"라는 권면으로 시작합니다. 그리고서 여호와를 찬양해야 하는 이유를 제시합니다.[1] 어린 양의 혼인 잔치에 VIP로 초청받았기 때문입니다. 이 얼마나 놀라운 축복일까요? 우리도 주님께서 재림하실 때, VIP로 어린 양의 혼인 잔치에 초청받습니다. 오늘 본문 핵심은 '할렐루야, 여호와를 찬양하라!'입니다.

I. 여호와를 찬양해야 하는 이유는 의롭게 심판하시기 때문이다(19:1~5).

요한계시록 18:20은 성도들에게 '즐거워하라'라고 권면합니다. 왜냐하면 하나님께서 바빌론을 심판하셨기 때문입니다. 성도들을 위해서, 하나님은 바빌론을 심판하셨습니다. '즐거워하라'라는 권면에 반응하여 할렐루야 합창단이 등장하여 하나님을 찬양합니다.[2] 할렐루야 찬양은 요

---

[1] Buist M. Fanning, *Revelation*, Zondervan Exegetical Commentary on the New Testament, ed. Clinton E. Arnold et al., vol. 20 (Grand Rapids: Zondervan Academic, 2020), 472에서는 계시록 19:1~10을 바빌론 멸망을 말하는 17:1~19:10의 마지막 부분으로 여기고, 계시록 19:11~21을 19:11~21:8의 첫 서론 부분으로 여긴다. 하지만 G. K. Beale, 『요한계시록(하)』, 오광만 옮김, NIGTC (서울: 새물결플러스, 2020), 1546에서는 계시록 19:1~6(또는 8절까지 확장 가능)을 18장의 마지막 단락(18:20~24)의 연속이면서 바빌론 멸망의 결론으로 이해한다. David E. Aune, 『요한계시록 17~22』, 김철 옮김, WBC 성경주석, 52하 (서울: 솔로몬, 2004), 258에서는 계시록 19:1~8과 9~10절을 17:1~18:24과 21:9~22:5절을 넘어가는 이행문 역할을 하는 단락으로 여긴다. 하지만 Stephen S. Smalley, *The Revelation to John: A Commentary on the Greek Text of the Apocalypse* (Downers Grove, IL: IVP Academic, 2005), 475에서는 계시록 19:1~5를 19:6~20:15의 서론으로 여긴다.

한계시록 19:1~10에서 네 번이나 등장합니다. 1~5절에 세 번이 나오고, 6~10절에 한 번 나옵니다. 1~5절은 하나님께서 바빌론에 승리하심을 찬양한다면, 6~10절은 어린 양 혼인 잔치를 찬양합니다.

1~5절에서 세 차례 할렐루야 찬양은 18장에서 세 차례 탄식과 대조를 이룹니다. 18:9~19은 세 그룹, 곧 세상 왕들, 상인들, 해상 무역 종사자들이 큰 음녀 바빌론 멸망에 슬퍼하며 탄식했습니다. 하지만 19:1~5은 다른 세 그룹이 바빌론을 심판하시는 여호와 하나님을 찬양합니다. 1~5절을 더 자세히 살펴봅시다. 1~3절은 하늘에 있는 허다한 무리가 할렐루야를 외치고 있습니다. 4절은 24 장로와 네 생물이 할렐루야를 외칩니다. 그리고 5절은 하늘 보좌로부터 음성이 땅에 있는, 하나님의 종들에게 할렐루야 찬양에 동참하라고 요청합니다. 하늘과 땅에 있는 성도들, 그리고 모든 천군 천사가 할렐루야, 여호와를 찬양합니다. 할렐루야(הַלְלוּיָהּ)는 히브리어의 두 단어, '할랄'과 '야'가 합쳐진 단어입니다. '할랄'은 찬양하다는 뜻이고, '야'는 여호와를 의미합니다. 그래서 할렐루야는 '여호와를 찬양한다'는 뜻입니다.[3]

하늘에 있는 큰 무리가 우렁찬 음성으로 여호와를 찬양합니다.[4] 1절

---

2 Grant R. Osborne, 『요한계시록』, 김귀탁 옮김, BECNT 시리즈 (서울: 부흥과개혁사, 2019), 830; Robert H. Mounce, 『요한계시록』, 장규성 옮김, NICNT (서울: 부흥과개혁사, 2019), 434; Fanning, *Revelation*, 477; Robert L. Thomas, *Revelation 8~22: An Exegetical Commentary* (Chicago: Moody Press, 1995), 353. Beale, 『요한계시록(하)』, 1546~47에서는 18:20에서 성도들에게 '즐거워하라'라고 한 권면이 19:1~3, 6~7에서 이뤄짐으로 여기며, 19:1절의 "이 일"은 18:20~24절과 밀접하게 관련이 있다고 주장한다.

3 Mounce, 『요한계시록』, 435; J. G. S. S. Thomson, "Hallelujah," in *Baker Encyclopedia of the Bible*, ed. Walter A. Elwell, vol. 1 (Grand Rapids: Baker Book House, 1988), 918.

4 천상에 있는 '큰 무리'가 누구를 지칭하는가에 관해서는 학자들 간에 의견이 분분하다. Aune, 『요한계시록 17~22』, 265; Thomas, *Revelation 8~22*, 355~56에서는 큰 무리를 천사들로 여기며, Beale, 『요한계시록(하)』, 1447;

입니다. "이 일이 있은 뒤에 내가 들으니, 하늘에 있는 큰 무리가 내는 우렁찬 음성과 같은 소리가 이렇게 울려왔습니다. "할렐루야, 구원과 영광과 권력은 우리 하나님의 것이다." 여호와 하나님을 찬양하는 근거는 구원과 영광과 권력이 여호와 하나님께 있기 때문입니다. 하나님은 영광과 찬양을 받으시기에 합당하십니다. 왜냐하면 하나님은 구원의 주님이시며, 모든 영광과 찬양은 오직 하나님께 속해 있기 때문입니다. 그래서 구원의 주님께 영광과 찬양을 돌려야 합니다.

"하나님께 영광과 찬양을 돌려야 하는 이유는 무엇일까요?"

하나님께서 의롭게 심판하시기 때문입니다. 2절입니다. "그분 심판은 참되고 의로우시다. 음행으로 세상을 망친 그 큰 창녀를 심판하셨다. 자기 종들이 흘린 피의 원한을 그 여자에게 갚으셨다." 하나님께서 바빌론을 심판하심을 "참되고 의롭다"라고 찬양합니다. '참되고 의롭다'는 도덕적으로 참되고, 법적으로 의롭다, 정당하다는 뜻입니다.[5] 하나님께 영광과 찬양을 돌려야 하는 이유는, 하나님께서 바빌론을 심판하시기에 도덕적으로나 법적으로 아무런 문제가 없을뿐더러 당연하기 때문입니다.

"하나님께서 바빌론을 심판하심에 왜 도덕적으로나 법적으로 아무런 문제가 없을까요? 왜 바빌론 처벌이 당연할까요?"

바빌론이 행한 여러 가지 죄악 된 일 때문입니다. 바빌론은 음행으로 세상을 유혹하고 망하게 했습니다. "음행으로 세상을 망친 그 큰 창녀를 심판하셨다." '세상을 망친'에서 '망쳤다($\check{\epsilon}\phi\theta\epsilon\iota\rho\epsilon\nu$)'는 망하게 했다, 파괴했다는 뜻입니다. 그런데 이것이 도덕적·종교적으로 쓰일 때는 망상과 부도덕으로 썩게 함, 유혹하여 타락하게 함, 그리고 더 나아가 영

Osborne, 『요한계시록』, 832에서는 성도로 여긴다. Craig R. Koester, 『요한계시록 II—10~22장』, 최흥진 옮김, 앵커바이블 시리즈 (서울: 기독교문서선교회, 2019), 1357에서는 천사와 성도를 포함한다고 말한다. Fanning, *Revelation*, 477에서는 누구인지는 분명하지 않지만, 하나님은 분명히 아니라고 말한다.

5 Osborne, 『요한계시록』, 833.

원한 멸망으로 인도함 등을 말합니다.6 결국, 바빌론은 온 세상을 유혹하여 도덕적·종교적으로 타락하게 한 장본인입니다. 게다가 그들을 영원한 멸망으로 이끌었습니다. 온 세상을 음행으로 오염시켜 멸망하게 했기에, 하나님께서 바빌론을 심판하심이 당연하다고 선포합니다.

또 다른 이유는 바빌론이 하나님의 종들을 피 흘려 죽였기 때문입니다. "**자기 종들이 흘린 피의 원한을 그 여자에게 갚으셨다.**" 바빌론은 하나님의 백성을 핍박했고 죽였습니다. 성도들의 피를 흘렸기에 흘린 피에 책임져야 합니다. 그래서 하나님은 바빌론을 심판하셨습니다. 그러므로 하나님께서 성도들의 피를 흘린 바빌론을 심판하심은 참되고 의롭습니다.

또 다른 이유가 있다면 성도들의 간청 때문입니다.7 요한계시록 6:9~10에서 성도들은 하나님께 간청합니다. "**그 어린 양이 다섯째 봉인을 뗄 때, 나는 제단 아래에서, 하나님의 말씀 때문에, 또 그들이 말한 증언 때문에, 죽임을 당한 사람들의 영혼을 보았습니다. 그들은 큰 소리로 부르짖었습니다. '거룩하시고 참되신 지배자님, 우리가 얼마나 더 오래 기다려야 지배자님께서 땅 위에 사는 자들을 심판하시어 우리가 흘린 피의 원한을 풀어 주시겠습니까?**" 복음을 전한다는 이유로, 신앙을 지킨다는 이유로, 성도들은 핍박받으며 죽임을 당했습니다. 죽임을 당한 성도들이 하나님께 간청합니다. "언제 자신들이 흘린 피의 원한을 풀어 주시겠냐?"라고, 그리고 피의 원한을 갚아 주시는 일을 "언제까지 더 기다려야 합니까?"라고 하나님께 간청합니다. 이렇게 간청한 이유는 하나님께서 당신 백성의 원한을 갚아 주신다고 약속하셨기 때문입니다(신 32:43; 왕하 9:7). 이 약속에 따라, 하나님께서 당신 백성의 원한을 갚아 주십니다.

---

6 Walter Bauer, eds. Kurt Aland, Barbara Aland, and Viktor Reichmann, 『바우어 헬라어 사전—신약성경과 초기 기독교 문헌의 헬라어-한국어 사전』, 이정의 옮김 (서울: 생명의말씀사, 2017), 90~91.

7 Osborne, 『요한계시록』, 833~34; Mounce, 『요한계시록』, 436; Beale, 『요한계시록(하)』, 1550.

위 세 가지 이유로, 하늘에 있는 큰 무리가 "할렐루야"라고 외치며, 여호와 하나님의 심판을 참되고 의롭다고 찬양합니다. 큰 무리의 할렐루야 찬양을 들은 24 장로와 네 생물은 보좌에 앉아 계신 하나님께 엎드려 경배합니다. 그러면서 "아멘, 할렐루야"라고 외칩니다(4절). '아멘'은 진실하다, 옳다는 뜻입니다.8 24 장로와 네 생물은 큰 무리의 찬양에 동조하면서 주님의 심판이 옳다며 하나님을 경배하며 찬양하고 있습니다. 24 장로와 네 생물은 천상의 보좌 가까이서 하나님을 섬기는 천사들의 지도자들입니다. 이들은 어린 양이 두루마리를 취할 때 그 앞에 엎드려 어린 양이 인을 떼기에 합당하다고 경배했습니다(계 5장). 이제 이들은 보좌에 앉으신 하나님께 엎드려 경배합니다. 큰 무리의 찬양에 동참하면서, 바빌론을 심판하신 '여호와 하나님을 찬양합니다.'

이때 보좌에서 음성이 하나님의 모든 종에게 "할렐루야, 하나님을 찬양하라"라고 격려합니다.9 1~3절에 '큰 무리'가 하늘에 있는 성도들을 지칭한다면, 5절에 '하나님의 모든 종'은 땅에 있는 성도들을 지칭합니다.10 땅에 있는 성도 중 하나님을 경외하는 이들은 하나님을 찬양해야

---

8 K. R. Snodgrass, "Amen," in *Baker Encyclopedia of the Bible*, ed. Walter A. Elwell, vol. 1 (Grand Rapids: Baker Book House, 1988), 69.

9 Beale, 『요한계시록(하)』, 1553에서는 '보좌에서 나오는 음성'이 예수 그리스도의 음성이라고 말한다. 하지만 Fanning, *Revelation*, 479에서는 하나님일 수는 없다고 한다. 그 이유는 '내 하나님'이 아니고 '우리 하나님'이기 때문이다. 만약 예수님이라면, '내 하나님'이라고 말했어야 했다는 것이다. Thomas, *Revelation 8~22*, 361~62에서도 Fanning과 같은 이유로 음성의 주체가 하나님도 어린 양이신 예수님도 아니라고 말한다. Aune, 『요한계시록 17~22』, 271~72; Osborne, 『요한계시록』, 835에서는 이 음성이 누구 음성인지를 결정하기가 불가능하지만, 이 음성에 신적 권위가 있다고 말한다.

10 Mounce, 『요한계시록』, 437; Aune, 『요한계시록 17~22』, 272; Osborne, 『요한계시록』, 835. Beale, 『요한계시록(하)』, 1553에서는 그리스도인들을 총체적으로 칭하는 표현이라고 말한다. Beale의 견해에 따르면, 1절에 '큰 무리'와 6절에 '하나님의 모든 종'은 모두 그리스도인의 전체를 지칭한다. Osborne, 『요한계

합니다. 작은 자나 큰 자나 모든 계층의 사람들도 하나님을 찬양해야 합니다. 성도들은 이 땅의 전쟁터에서 살아가고 있습니다. 승리나 기쁨보다는 고난을 더 많이 겪습니다. 하지만 어떤 환경에 있든지, 하나님을 찬양해야 합니다. 하나님께서 최후 승리를 거두시기 때문입니다. 성도들이 흘린 피를 보상하시고, 원수를 갚아 주시기 때문입니다.

"세 차례 할렐루야 찬양은 하나님께서 바빌론을 심판하심이 참되고 의롭기 때문입니다. 이때 네 번째 할렐루야 찬양이 흘러나옵니다."

II. 여호와를 찬양해야 하는 이유는 어린 양의 혼인 잔치에 신부와 손님으로 초대받았기 때문이다(19:6~9).

6절입니다. "**또 나는 큰 무리의 음성과 같기도 하고, 큰 물소리와 같기도 하고, 우렁찬 천둥소리와 같기도 한 소리를 들었습니다. '할렐루야, 주 우리 하나님, 전능하신 분께서 왕권을 잡으셨다.'**" 6절에서 울려 퍼지는 음성은 큰 무리의 음성과 같고, 큰 물소리와 같으며, 우렁찬 천둥소리와 같은 소리로 표현합니다. 이렇게 세 차례나 음성을 시각적 · 청각적으로 표현한 이유는, 이 소리가 엄청나게 컸음을 강조합니다. 엄청나게 큰 음성이 '주 하나님, 전능하신 하나님께 할렐루야'를 외치며 찬양합니다.

그들이 큰 소리로 하나님께 영광을 돌리는 이유는 어린 양의 혼인 잔치가 이르렀기 때문입니다. 음행과 피로 만국을 파괴하고, 성도들을 핍박한 바빌론은 심판받아 멸망합니다. 하지만 핍박받는 성도들을 위한 어린 양의 혼인 잔치는 이제 시작합니다. 그래서 큰 음성은 할렐루야를 외치며 하나님을 찬양합니다.

어린 양 혼인 잔치에, 성도들은 신부 자격으로 참석합니다. 마태복음 5:12에서 예수님은 "**너희는 기뻐하고 즐거워하여라. 하늘에서 받을 너희**

시록』, 835에 따르면, 첫째는 천상 무리, 둘째는 24 장로와 제 생물, 셋째는 땅 위에 있는 성도이다. 이는 Beale보다 Osborne의 견해가 더 설득력이 있다.

의 상이 크기 때문이다. 너희보다 먼저 온 예언자들도 이와 같이 박해받 았다"라고 했습니다. 박해받고 핍박받는 성도에게, 예수님은 기뻐하고 즐거워하라고 격려하셨습니다. 그 이유는 하늘에서 받을 상이 크기 때 문입니다. 하늘에서 받을 큰 상이 바로 어린 양 혼인 잔치에 참여입니 다.11 하나님은 핍박받고 고난받는 성도들을 어린 양의 혼인 잔치에 신 부의 자격으로 참여하게 하심으로 보상하십니다.

그런데 어린 양의 혼인 잔치에 참여하는 신부는 스스로 단정히 차려 입었습니다. 신부들은 빛나고 깨끗한 모시옷으로 아름답게 단장했습니 다.12 모시옷(세마포 옷)은 고대 세계에서 사치품이었습니다. 요한계시록 18:12에 열거된 사치 품목에 모시옷도 포함합니다. 바빌론은 "고운 모

---

11 Mounce, 『요한계시록』, 442에서는 어린 양 혼인 잔치를 천년왕국 이후 복된 기간을 의미한다고 말한다. Smalley, *The Revelation to John*, 482에서는 구원의 메시아적인 기간으로 여긴다. George E. Ladd, *A Commentary on the Revelation of John* (Grand Rapids: Wm. B. Eerdmans Publishing Company, 1972), 246~50; Osborne, 『요한계시록』, 845; Aune, 『요한계시록 17~22』, 274~75에서는 새 예루살렘을 상징한다고 말한다. R. H. Charles, *A Critical and Exegetical Commentary on the Revelation of St. John: With Introduction, Notes, and Indices; also the Greek Text and English Translation*, vol. 2, International Critical Commentary, ed. Samuel R. Driver, Alfred Plummer, and Briggs Charles A (Edinburgh: T. & T. Clark, 1975), 126에서는 새 하늘과 새 땅이라고 한다. Thomas, *Revelation 8~22*, 366에서는 천년왕국과 새 하늘과 새 땅 모두를 포함한다고 말한다. 하지만 Fanning, *Revelation*, 481에서는 천년왕국이라고 한다.

12 구약에서 하나님과 이스라엘을 신랑과 신부 이미지로 표현했다(사 54:5; 겔 16:7~14). 신약에서는 그리스도와 교회 관계를 신랑과 신부로 언급한다(막 2:19~20; 고후 11:2). 성경은 약혼과 혼인을 서로 혼용해 쓰는데, 그 이유는 고대 관습 때문이다. 약혼 기간에 혼인 계약이 이미 이루어진다. 법적으로는 부부이지 만, 결혼식을 하고서야 함께 산다. 결혼에 관해서는 B. J. Beitzel, "Marriage, Marriage Customs," in *Baker Encyclopedia of the Bible*, ed. Walter A. Elwell, vol. 2 (Grand Rapids: Baker Book House, 1988), 1405~10; Osborne, 『요한계시록』, 844~45를 참조하라.

시와 자주 옷감과 비단과 붉은 옷감"으로 묘사되는 붉은색 모시옷을 좋아했습니다. 그리고 온갖 보석으로 치장하고 있었습니다. 이는 바빌론(로마)의 사치와 향락을 강조합니다. 하지만 어린 양의 신부가 입은 모시옷은 빛나고 깨끗한 모시옷입니다.13 붉은색이 아니라 흰색 모시옷입니다.

7절 후반부와 8절에, 어린 양의 신부가 단장한 옷을 표현합니다. **"어린 양의 혼인날이 이르렀다. 그의 신부는 단장을 끝냈다. 신부에게 빛나고 깨끗한 모시옷을 입게 하셨다. 이 모시옷은 성도들의 의로운 행위다."** 어린 양의 혼인 잔치가 이르렀기에, 신부가 단장을 마쳤습니다. **'그의 신부는 단장을 끝냈다'**에서 '끝냈다($\dot{\eta}\tau o\acute{\iota}\mu\alpha\sigma\epsilon\nu$)'는 부정과거 능동형으로 신부가 스스로 단장했다는 사실을 강조하고 있습니다. 그런데 **'신부에게 빛나고 깨끗한 모시옷을 입혔다($\dot{\epsilon}\delta\acute{o}\theta\eta$)'**는 신적 수동태입니다.14 신적 수동태는 하나님께서 신부에게 빛나고 깨끗한 모시옷을 입히셨다는 뜻입니다.

하나님께서 성도를 어린 양 혼인 잔치에 참여하게 하시지만, 신부 스스로가 모시옷을 단장해야 들어갑니다. 어린 양 혼인 잔치에 들어갈 수 있는 자격은 하나님께서 주십니다. 어린 양의 혼인 잔치에 초청받은 신부는 스스로 정결한 삶을 살아야 합니다. 두 표현은 서로 모순처럼 보이지만, 모순이 아닙니다. 모시옷은 성도들의 올바른 행실입니다. 이것은 하나님이 성도들을 위하여 행하신 옳은 행실이면서도 또한 성도들에 의하여 행해진 옳은 행실입니다.15 이 사실에서 볼 때, 어린 양의 혼인

---

13 Aune, 『요한계시록 17~22』, 277.

14 Osborne, 『요한계시록』, 845에 따르면, 수동형 '에도테($\dot{\epsilon}\delta\acute{o}\theta\eta$)'는 요한계시록에서 자주 쓰인다. 기수 네 명(6:2, 4, 8), 짐승 행동(13:5, 7, 14, 15), 다른 많은 사건(6:11; 7:2; 8:3; 9:1, 3, 5; 11:1~3; 16:8; 20:4)에 쓰인다. 모두가 신적 수동태로, 하나님께서 통제하심을 뜻한다. 하나님께서 악인과 의인의 모든 삶을 주권적으로 이끄심을 나타낸다.

15 "이 모시옷은 성도들의 의로운 행위다($\tau\grave{\alpha}$ $\delta\iota\kappa\alpha\iota\acute{\omega}\mu\alpha\tau\alpha$ $\tau\hat{\omega}\nu$ $\dot{\alpha}\gamma\acute{\iota}\omega\nu$)"에

잔치는 하나님의 은혜로 이루어지면서도, 그 은혜에 성도들의 올바른 반응으로도 이루어집니다.16 이것은 마치 잔치에 초청받을 때, 조정장을 받은 사람은 합당한 옷을 입음과 같습니다. 잔치에 초청받았는데, 합당한 옷을 입지 않으면 쫓겨납니다. 마태복음 22:11~13입니다. **"임금이 손님들을 만나러 들어갔다가, 거기에 혼인 예복을 입지 않은 사람이 한 명 있는 것을 보고 그에게 묻기를, '이 사람아, 그대는 혼인 예복을 입지 않았는데, 어떻게 여기에 들어왔는가?' 하니, 그는 아무 말도 하지 못했다. 그 때에 임금이 종들에게 분부했다. '이 사람의 손발을 묶어서, 바깥 어두운 데로 내던져라. 거기서 슬피 울며 이를 갈 것이다.'"** 혼인 잔치의 손님 중 한 사람이 쫓겨났는데, 이는 초청받지 않았기 때문이 아니라, 잔치에 합당한 예복을 입지 않았기 때문입니다.

어린 양 혼인 잔지에, 구원받은 사람이 신부로 참여합니다. 그런데 혼인 잔치에 참여하는 신부는 스스로 단장해야 합니다. 성도가 올바른 행실로 준비할 때, 비로소 어린 양 혼인 잔치에 신부로 참여할 수 있습니다. 요한계시록 19:7~8은 이 두 가지를 모두 강조합니다. 마태복음 22장은 부정적인 측면, 곧 준비되지 않으면 잔치에 참여할 수 없고 쫓겨난다고 합니다. 하지만 요한계시록 19장은 부정적인 측면은 언급하지 않고, 긍정적인 측면을 강조합니다. 참석하려고 신부들이 준비를 마쳤다고 기록합니다. 이는 환난이라는 어려움을 겪는 성도에게 신실함을 유지하라는 권면 말씀입니다.

서 "성도들의 의로운 행위"는 속격으로 주어 용법(성도들이 행한 의로운 행실)이나 목적어 용법(성도들을 의롭게 하는 하나님의 의로운 행위)으로 해석할 수 있다. Beale, 『요한계시록(하)』, 1559~73, 특히 1572~73에서는 두 가지 가능성 모두를 지지한다. 아울러 7가지 이유도 제시한다. Osborne, 『요한계시록』, 846에서는 Beale의 견해를 기초로 '총체적 용법'이라고 말한다.

16 『개역개정』 이사야 61:10은 하나님의 은혜에 대한 인간의 반응을 이렇게 표현한다. "내가 여호와로 말미암아 크게 기뻐하며 내 영혼이 나의 하나님으로 말미암아 즐거워하리니 이는 그가 구원의 옷을 내게 입히시며 공의의 겉옷을 내게 더하심이 신랑이 사모를 쓰며 신부가 자기 보석으로 단장함 같게 하셨음이라."

성도들은 어린 양의 혼인 잔치에 손님으로 초대받았습니다(19:9).[17] 9 절입니다. **"어린 양의 혼인 잔치에 초대받은 사람은 복이 있다고 기록하여라."** 복은 어린 양의 혼인 잔치에 청함을 받는 사람에게 주어집니다. 여기서 어린 양의 혼인 잔치에 초청받은 사람도 성도입니다.[18] 그렇다면 성도는 어린 양의 혼인 잔치에 참여하는 신부이자 초청받은 손님입니다. 이 은유적 표현은 고대 사회에서 자주 사용하는 표현 방법이었습니다.[19] 요한계시록 17:14은 이렇게 표현합니다. **"그들이 어린 양에게 싸움을 걸 터인데, 어린 양이 그들을 이길 것이다. 그것은, 어린 양이 만 주의 주요 만왕의 왕이기 때문이며, 어린 양과 함께 있는 사람들이, 부르심을 받고 택하심을 받은 신실한 사람들이기 때문이다."** 어린 양과 함께 있는 사람들이 부르심을 받고 택하심을 받았다고 표현합니다. '부르심을 받고 택하심을 받았다'라는 말은, 초청과 동시에 선택됨을 의미합니다. 하나님의 신부로 선택받은 사람이 어린 양의 혼인 잔치에 초청받습니다. 구원받지 못한 사람은 어린 양의 혼인 잔치에 초청 자체를 받지 못합니다. 그래서 천국 잔치에 신부와 손님으로 초청받은 성도는 자기를 깨끗이 지켜야 합니다.

결론(19:10)

요한이 이 말씀을 전하는 천사에게 경배하려고 하자,[20] 천사는 자신

---

17 이 문맥에서 9~10절은 같은 천사가 한 말로 6~18절과 9~10절로 나뉜다. 하지만, 내용 면에서는 6~9절과 10절이 나뉜다.

18 Osborne, 『요한계시록』, 847.

19 Osborne, 『요한계시록』, 847. Mounce, 『요한계시록』, 443~44에서는 신부인 동시에 손님으로 표현법은 묵시문학의 일반적인 특징이라고 말한다. 비슷한 예가 히브리서에서 나온다. 히브리서에서 예수님은 대제사장이면서 속죄 제물이다.

20 Thomas, *Revelation 8~22*, 375에 따르면, 계시록 19:10은 당시 성행한 천사 숭배 사상을 반대하는 의도라고 말한다. 하지만 Osborne, 『요한계시록』,

도 요한처럼 증인이요, 종이라면서 오직 "하나님께만 경배를 드리라"라고 권합니다. 여기서 말하는 증인은 예수님의 증인이라는 뜻이요. 애인의 말씀을 전하는 증인이라는 뜻입니다. 천사도 요한처럼 하나님의 말씀을 전하는 증인이요, 동료요, 종입니다. 그러므로 천사는 경배 대상이 아닙니다. 경배 대상은 오직 하나님과 어린 양이신 예수님입니다. 그 사실을 요한계시록 4장과 5장에서 이미 보여줬습니다.

성도들이 섬기고, 예배하고, 경배해야 하는 대상은 오직 하나님이시며, 어린 양이신 예수님밖에는 없다는 사실을 기억해야 합니다. 예배는 성도의 특권입니다. 하나님께 드리는 예배는 선택받고, 초청받은 성도들의 특권입니다. 그래서 성도들은 예배드리는 일에 온몸과 온 정성, 온 마음을 쏟아야 합니다. 여호와 하나님은 찬양받기에 합당하신 분입니다. 그분 심판은 의롭기 때문입니다. 그분께서는 성도들에게 어린 양의 혼인 잔치에 신부로, 그리고 손님으로 참여할 수 있는 특권을 주셨기 때문입니다. 그러므로 성도들은 초청받은 신부와 손님답게 합당한 옷, 곧 의로운 행실로 준비해야 합니다.

849에 따르면, 계시록에서는 천사 숭배 사상과 관련한 내용이 없을뿐더러 경고하는 말도 없다고 말한다. Aune, 『요한계시록 17~22』, 285에서는 천사 숭배 사상보다는 묵시문학에 나오는 문학적인 모티프라고 주장한다. Mounce, 『요한계시록』, 444에서도 천사 숭배 사상을 반대하려는 의도라는 견해를 반대하면서, 요한의 엎드림을 사도행전 10:25에서 고넬료가 베드로에게 엎드린 것과 같은 이유라고 말한다.

계시록 19:11~21, '백마를 탄 자와 초청'

심판 결과를 제대로 알자

중심 내용: 백마를 탄 자의 성품, 사역, 심판 등은 거짓 삼위일체와 그
들을 따르는 무리에 대한 심판과 어린 양이신 그리스도의
주권을 나타낸다.

I. 백마를 탄 자의 성품과 사역은 어린 양이 심판주로서 자격과 능력을
지니심을 나타낸다(19:11~16).

  1. 백마를 탄 자의 일곱 성품은 어린 양이 세상의 심판주로서 합당
  한 자격을 지니심을 나타낸다(19:11~13).

  2. 백마를 탄 자의 사역은 어린 양이 세상을 정복하는 심판자로서
  능력을 지니심을 나타낸다(19:14~16).

II. 심판 결과, 곧 둘째 초청에서 거짓 삼위일체와 그들 군대는 멸망하고
수치를 겪는다(19:17~21).

서론

요한계시록 16:13~16에서 거짓 삼위일체는 아마겟돈 전쟁을 벌이려고
준비합니다. 그들은 온 천하 왕들에게 하나님과 최후 결전에 참여하라고

유혹하고 촉구합니다. 거짓 삼위일체가 추종자들과 함께 최후 결전을 하려고 모였을 때, 어린 양이신 주님은 하늘 군대를 이끌고 이 땅에 오십니다. 그리고 거짓 삼위일체와 그들 군대를 멸망시킵니다. 이날은 '하나님의 큰 날', 구약 성경 용어로 '여호와의 날'입니다. 이 전쟁으로, 어린 양이신 그리스도는 당신이 만왕의 왕이요, 만주의 주이심을 선포합니다. 반대 무리의 두목인 적그리스도 그리고 거짓 선지자를 사로잡아 영원한 불못으로 던지십니다. 그리고 거짓 삼위일체를 추종한 사람들은 공중의 새들의 먹잇감이 됩니다. 오늘 본문은 이 사실을 기록하고 있습니다.

요한계시록 19장에, 초청을 두 차례 기록합니다. 첫째 초청은 1~10절에 언급한 어린 양의 혼인 잔치에 참여하라는 초청입니다. 둘째 초청은 17~21절에서 새들에게 하나님의 큰 잔치에 참석하여 거짓 삼위일체를 추종한 악인의 시체를 먹으라는 초청입니다. 둘째 초청은 어린 양이신 주님께서 백마를 타고 당신 군대를 이끌고 오기 직전에 시작합니다.

I. 백마를 탄 자의 성품과 사역은 어린 양이 심판주로서 자격과 능력을 지니심을 나타낸다(19:11~16).

1. 백마를 탄 자의 일곱 성품은 어린 양이 세상의 심판주로서 합당한 자격을 지니심을 나타낸다(19:11~13).

요한은 하늘 문이 열리는 광경을 봤습니다.[1] 하늘 문이 열리자, 요한

---

1 하늘 문이 열리는 광경은 새로운 환상이나 계시가 시작한다는 표시이다. 계시록 4:1에서 하늘 문이 열림은 하나님께서 하늘 보좌에 앉으셔서 집행하시는 심판이 시작한다는 전조였다. 에스겔 1:1에서는 하나님의 환상이 에스겔 선지자에게 보일 때 하늘 문이 열렸다. 하늘 문이 열림에 관한 설명은 Grant R. Osborne, 『요한계시록』, 김귀탁 옮김, BECNT 시리즈 (서울: 부흥과개혁사, 2019), 851~52; Robert H. Mounce, 『요한계시록』, 장규성 옮김, NICNT (서울: 부흥과개혁사, 2019), 47~48; Craig R. Koester, 『요한계시록 II-10~22장』, 최흥진 옮김, 앵커바이블 시리즈 (서울: 기독교문서선교회, 2019), 1408; David

은 예수님께서 백마를 타시고 재림하시는 장면을 봅니다. 예수님은 전사로서 그리고 심판주로서 재림하십니다. 2000년 전에 예수님은 모든 민족을 구원하시려고 구세주로서 이 땅에 오셨습니다. 가까운 미래에 예수님은 구세주를 거절한 모든 민족과 사탄의 세력을 심판하시는 주님, 곧 심판주로서 이 땅에 다시 오십니다. 재림 때, 예수님은 백마를 타고 오십니다.2 흰색은 일반적으로 의인들의 옷이나 순결을 가리킵니다(계 3:4~5; 6:11; 7:9, 13~14). 하지만 본문은 순결함보다는 군마를 타고 오시는 정복자로서 모습을 나타냅니다. 고대 세계에서 그리고 요한계시록에서 흰말은 승리를 상징하고, '흰말을 탄다'라는 표현은 세상을 정복하여 승리한다는 의미가 있기 때문입니다.3

E. Aune, 『요한계시록 17~22』, 김철 옮김, WBC 성경주석, 52하 (서울: 솔로몬, 2004), 312~13을 참조하라.

2 요한계시록에서 예수님의 재림한 이미지는 신약 다른 책에서 이미지와는 사뭇 다르다. Aune, 『요한계시록 17~22』, 313에 따르면, 예수님께서 백마를 타시고 재림하신다는 개념이 초기 기독교에는 알려지지 않았고, 단지 헬라-로마 세계에서 천상의 말을 탄 자의 이미지는 사람을 곤경에서 구원하시는 구원자로 알려졌다. 그래서 백마를 탄 자는 예수님이 아니고, 계시록 12:7에서 천군을 이끌고 용과 용의 부하들과 싸웠던 미가엘로 해석함이 자연스럽다고 말한다. 하지만 Buist M. Fanning, *Revelation*, Zondervan Exegetical Commentary on the New Testament, ed. Clinton E. Arnold et al., vol. 20 (Grand Rapids: Zondervan Academic, 2020), 485~86에서는 계시록에서 백마를 탄 예수님의 재림 모습이 신약 다른 책에서 모습과 다름을 인정하면서도(마 24:27, 37; 행 1:11; 고전 1;7; 15:20~28; 빌 3:20~21; 살전 4:13~18; 살후 1:6~10; 딤전 6:14; 딛 2:13; 히 9:28; 벧전 4:7; 5:4; 요일 2:28), 요한계시록에서 예수님께서 백마를 타시고 재림하시는 모습은 신약보다는 구약 선지서들과 시편에서 크게 영향받았다고 말한다. Mounce, 『요한계시록』, 446; Stephen S. Smalley, *The Revelation to John: A Commentary on the Greek Text of the Apocalypse* (Downers Grove, IL: IVP Academic, 2005), 488에서도 백마를 탄 메시아 이미지는 신약보다도 유대 전통에서 영향을 받았다고 주장한다(출 15:3~4; 사 63:1~3; 슥 9:9~10; 2 Apoc. Bar. I72:1~6; *Pss. Sol.* 17:21~29).

3 G. K. Beale, 『요한계시록(하)』, 오광만 옮김, NIGTC (서울: 새물결플러스,

재림 시 흰말, 곧 백마를 타신 전사 메시아 표현이 11~13절에 일곱 가지로 나옵니다. 1) '신실하신 분, 참되신 분'입니다. 이 표현은 예수님이 약속에 신실하시고, 참된 메시아이심을 뜻합니다.[4] 예수님은 당신을 따르는 이들을 보호하시며. 그들이 당한 원통한 일을 갚아 주시겠다고 약속하셨습니다. 이 약속을 지키시는 신실하시고 참된 분입니다. 2) '의로 심판하시며 싸우시는 분'입니다. 예수님은 공의로운 분이심과 동시에 공의로 싸우시는 분입니다.[5] 예수님은 세상을 심판하실 때 개인적인 생각이나 편견으로 심판하시지 않으십니다. 공평함과 정의로 심판하십니다. 예수님은 공의로 악인을 심판하시고, 공의로 싸우십니다.

3) '눈이 불꽃 같은 분'이십니다. '눈이 불꽃 같다'라는 표현은 예수님이 모든 것을 분별하는 통찰력을 가지셨고, 그분에게 어떤 것도 감출 수 없다는 뜻입니다.[6] 예수님은 사람의 뜻과 마음을 살피고, 각 사람의

2020), 1585에서는 흰색을 신적 거룩함과 순결함뿐만 아니라, 심판을 의미하기도 한다면서 본문에서 흰말은 심판을 소개한다고 말한다. Osborne, 『요한계시록』, 852에서는 흰색이 의인의 옷을 묘사하지만(계 3:4~5; 6:11; 7:9, 13~14), 본문에서는 정복자로서 모습을 나타낸다고 말한다. Mounce, 『요한계시록』, 447~48도 참조하라. Koester, 『요한계시록 II』, 1408에서는 승리한 군대 지휘관들이 흰말을 탔는데, 그리스도도 승리하시려고 오시기에 그렇다고 말한다.

4 Fanning, *Revelation*, 486; Beale, 『요한계시록(하)』, 1585~86; Osborne, 『요한계시록』, 852.

5 Walter Bauer, eds. Kurt Aland, Barbara Aland, and Viktor Reichmann, 『바우어 헬라어 사전—신약성경과 초기 기독교 문헌의 헬라어-한국어 사전』, 이정의 옮김 (서울: 생명의말씀사, 2017), 1279에 따르면, '싸운다(πολεμέω)'는 표현은 문자적으로 '전쟁하다, 싸우다'를 뜻하며, 비유적으로는 적대 감정을 극복하고, 이겨낸다는 뜻이다. Beale, 『요한계시록(하)』, 1586에서는 '싸운다(πολεμέω)'는 표현이 문자적인 전투가 아니라, 법적 싸움과 재판을 가리킨다고 말한다. 하지만 Aune, 『요한계시록 17~22』, 314~15; Koester, 『요한계시록 II』, 1409~10; Robert L. Thomas, *Revelation 8~22: An Exegetical Commentary* (Chicago: Moody Press, 1995), 383; Fanning, *Revelation*, 486에서는 법적 판결과 실제적 싸움을 모두 포함한다고 주장한다.

행위대로 심판하십니다(계 2:18). 이 표현이 특별히 심판 문맥에 쓰였기에, 예수님은 하나님을 대적하는 무리의 마음이나 행동을 다 아시고 심판하신다는 뜻입니다. 4) '머리에 많은 면류관을 쓰고 있는 분'입니다. 관(διαδήματα)은 권위를 나타냅니다. 여기서 관은 큰 보석이 달린 왕관이 아니고 천으로 된 띠이기에, 여러 지역을 통치함을 나타내려고 하나 이상의 관을 쓰기도 합니다.[7] 예수님이 셀 수 없는 많은 면류관을 쓰심은 참된 통치자는 용이나 짐승이 아니라 당신 자신이심을 강조합니다.[8]

5) '아무도 알지 못하고 오직 메시아만 아는 이름을 가진 분'입니다.[9] 이름은 개인의 참된 본성이나 역할을 드러냅니다. 그래서 감춰졌다는

---

6 Osborne, 『요한계시록』, 853; Mounce, 『요한계시록』, 448; Koester, 『요한계시록 II』, 1411; Fanning, *Revelation*, 486.

7 Bauer, 『바우어 헬라어 사전』, 343에 따르면, 관(διαδήματα)는 왕의 머리에 두른 장식, 왕관, 머리띠 등을 의미하며, 페르시아인 왕위 표시로 터번에 흰색 무늬를 넣은 푸른 띠로서 왕의 표징을 의미한다. Koester, 『요한계시록 II』, 1411; Aune, 『요한계시록 17~22』, 316에서는 마카비1서와 『요세푸스의 전쟁사』를 인용하면서 두 개 관은 이집트와 아시아를 통치함을 상징적으로 나타낸다고 말한다(1 Macc 11:13; Josephus, *Ant.* 13.113).

8 Beale, 『요한계시록(하)』, 1588~89에 따르면, 용은 일곱 머리에 일곱 면류관을 쓰고(12:3), 바다에서 올라온 짐승인 적그리스도는 열 뿔에 열 면류관을 쓴다(13:1). 이들이 쓴 제한된 왕관은 어린 양이신 예수님이 셀 수 없는 많은 관과 대조를 이룬다. 그리스도의 많은 왕관은 그리스도만이 진정한 우주의 왕이시라는 점을 강조한다. Mounce, 『요한계시록』, 448~49; Aune, 『요한계시록 17~22』, 316도 같은 견해를 말한다.

9 쾨스터, 『요한계시록 II—10~22장』 1412~13에서는 이름에 관한 세 가지 견해를 제공하면서 만왕의 왕이요, 만주의 주라는 견해가 타당하다고 주장한다. Osborne, 『요한계시록』, 854; Thomas, *Revelation 8~22*, 385에서는 종말이 이를 때까지 그 이름이 감춰져 있다고 말하고, Beale, 『요한계시록(하)』, 1591~92; Smalley, *The Revelation to John*, 490에서는 아무도 알지 못하는 이름은 유대인들이 성경을 읽을 때 발음하지 않았던 거룩한 테트라그라마톤인 네 글자 'YHWH'를 가리킨다고 말한다.

말은 그의 성품이나 참된 의미가 마지막까지 알려지지 않음을 의미할 수 있습니다.[10] 마지막 때가 이를 때, 그분 이름의 참뜻을 압니다. 6) '피로 물든 옷을 입으신 분'입니다. 피로 물든 옷 이미지는 이사야서에서 이미지와 같습니다. 이사야 63:3은 메시아가 이 땅에 오실 때, 대적의 피가 튀어 메시아 의복을 더럽힌다고 예언했습니다. "**나는 혼자서 포도주 틀을 밟듯이 민족들을 짓밟았다. 민족들 가운데서 나를 도와 함께 일한 자가 아무도 없었다. 내가 분 내어 민족들을 짓밟았고, 내가 격하여 그들을 짓밟았다. 그들의 피가 내 옷에 튀어서 내 옷이 온통 피로 물들었다.**" 이사야서에서 여호와 하나님은 포도주 틀을 밟듯이 민족들을 짓밟으십니다. 그 결과, 짓밟힌 민족의 피가 옷에 튀어서 입고 있는 옷을 더럽혔습니다. 이사야서에서와 마찬가지로, 메시아 의복에 묻은 피는 원수들의 피일 수 있습니다.[11] 예수님께서 재림하실 때 세상 대적자들은 예수님을 대적합니다. 이때 예수님은 그들을 물리쳐 승리하실 때, 대적의 피가 튀어서 예수님 옷에 묻습니다.

7) '하나님의 말씀'이라는 '이름을 가지신 분'입니다. 하나님의 말씀은 일반적으로 그리스도인들이 증언하는 복음의 메시지를 가리킵니다(행 4:31; 6:2; 8:14; 11:1). 그런데 이 구절에서는 메시아의 심판 문맥에 쓰

---

10 고대에는 이름에 참된 본질이 담겨 있다고 생각했다. 그래서 이름을 앎은 그를 제압하는 힘을 가짐을 뜻한다고 생각했다. 그래서 귀신들이 예수님을 '하나님의 거룩한 자'(막 1:2~4)와 다른 이름으로 부름은 귀신들이 예수를 억압할 힘을 얻으려는 시도였다.

11 메시아 의복에 묻은 피가 누구 피인지에 관해 세 가지 견해, 곧 그리스도의 피, 대적자의 피, 순교자의 피 등이 있다. Osborne, 『요한계시록』, 855~56; Mounce, 『요한계시록』, 449~50; Aune, 『요한계시록 17~22』, 320; Smalley, *The Revelation to John*, 49; Fanning, *Revelation*, 487에서는 이사야 63:3과 관계에서 원수들의 피라고 한다. 하지만 Koester, 『요한계시록 II』, 1414~15에서는 예수 그리스도의 피라고 하고, G. B. Caird, *The Revelation of Saint John*, Black's New Testament Commentaries, ed. Henry Chadwick (Peabody, MA: Hendrickson Publishers, 1966), 243에서는 순교자의 피라고 한다.

인 '하나님의 말씀'입니다. 그렇다면, '하나님의 말씀'은 심판을 집행하는 준엄한 칼과 관련이 있습니다.12 예수님이 재림하셔서 심판하실 때, 주님의 말씀은 예리한 칼 역할을 합니다(계 19:15).

"일곱 가지 성품을 계시하고서, 이제 다섯 가지 사역을 말합니다."

2. 백마를 탄 자의 사역은 어린 양이 세상을 정복하는 심판자로서 능력을 지니심을 나타낸다(19:14~16).

14~16절에서는 예수님의 사역을 다섯 가지로 표현합니다.13 다섯 가지 사역은 모두 심판과 관련이 있습니다. 예수님은 죄인에게 심판을 선고하실 뿐 아니라 선고 내용을 직접 집행하십니다. 첫째 사역은 하늘 군대를 지휘하시는 군대 장관으로서 사역입니다. 메시아가 세상을 심판하시러 이 땅에 다시 오실 때, 하늘 군대가 그분 지휘에 따라옵니다.14 하늘 군대는 희고 깨끗한 모시옷을 입고 있습니다. 그리고 흰 말을 타고 있습니다. 예수님은 하늘 군대의 군대 장관으로서 이 땅에 오셔서

---

12 Beale, 『요한계시록(하)』, 1597; Aune, 『요한계시록 17~22』, 321; Osborne, 『요한계시록』, 856.

13 학자마다 예수님의 사역(활동)을 약간 다르게 구분한다. Osborne, 『요한계시록』, 856~60에서는 네 가지로 구분한다. 그는 입에서 나오는 칼과 철장을 하나로 간주한다. 하지만 Mounce, 『요한계시록』, 451에서는 14절을 하늘 군대를 지휘하는 군대 장관으로서 예수님 모습을 사역으로 여기지 않고, 15절에서 세 가지 그리고 16절에서 한 가지, 모두 합쳐 네 가지로 구분한다.

14 학자들은 하늘 군대가 천사로 구성되는지, 성도들로 구성되는지, 아니면 천사와 성도들 모두로 구성이 되는지를 두고 논의한다. Koester, 『요한계시록 II』, 1417; Osborne, 『요한계시록』, 857; Mounce, 『요한계시록』, 451; Beale, 『요한계시록(하)』, 1602~03; Fanning, *Revelation*, 488에서는 천사와 성도로 구성한다고 말한다. Aune, 『요한계시록 17~22』, 323에서 천사로 구성이 자연스럽다고 말한다. Beale, 『요한계시록(하)』, 1602; Smalley, *The Revelation to John*, 493~94; Thomas, *Revelation 8~22*, 388에서는 하늘과 땅에 있는 성도들로 구성한다고 말한다.

사탄의 세력을 물리치십니다. 전쟁은 하나님 주권에 달렸습니다. 하나님
은 여호수아가 여리고를 정복하려고 할 때 친히 군대 장관으로서 여리
고를 정복하셨습니다(수 5:13~15). 마찬가지로 예수님은 하늘 군대의 군
대 장관으로서 악의 세력을 정복하십니다.[15]

둘째 사역은 입에서 나오는 날카로운 칼로 모든 민족을 치는 사역입
니다. 검은 통치자들이 지닌 권세를 상징합니다.[16] "그리스도의 입에서
예리한 검이 나와 모든 민족을 치신다"라는 표현은 최후 권세가 그리스
도께 있다는 뜻입니다. 구약 성경이나 초기 그리스도인은 그리스도의
심판을 입에서 나오는 칼로 비유하곤 했습니다. 이사야 49:2에서 선지
자는 입에서 나온 날카로운 칼을 심판과 연결 짓습니다. **"내 입을 날카
로운 칼처럼 만드셔서, 나를 주님의 손 그늘에 숨기셨다. 나를 날카로운
화살로 만드셔서, 주님의 화살통에 감추셨다."** 요한계시록 2:16에서 니
골라당을 따르는 자들이 회개하지 않으면, 주님은 입에서 나오는 칼로
그들과 싸우시겠다고 말씀하셨고, 데살로니가후서 2:8에는 불법한 자들
을 입에서 나오는 기운으로 죽이신다고 말씀하셨습니다.

셋째 사역은 쇠지팡이로(ῥάβδῳ σιδηρᾷ) 모든 민족을 다스리는 사역
입니다. '쇠지팡이'는 목자들의 막대기, 징계의 막대기, 통치자의 막대기
를 의미합니다.[17] 목자는 이 막대기로 양 떼를 칠 뿐 아니라 양을 습격

---

15 하늘 군대가 전쟁에 참여하는가에 관한 논의가 있다. Mounce, 『요한계시
록』, 451; Thomas, *Revelation 8~22*, 387에서는 하늘 군대가 전쟁에서 아무
역할도 하지 않는다고 말한다. 하지만 Osborne, 『요한계시록』, 857, 862~63,
에서는 전쟁을 언급하지 않고 순식간에 끝나는 듯하지만, 전쟁에 참여한다고
말한다. 그 예로, 계시록 12:5에서 그리스도의 탄생 기록을 생략하고 승천을
곧바로 언급하는데, 그렇다고 탄생이 없다는 말은 아니다. 그리고 12:7~9은 미
가엘과 사탄의 전쟁을 언급하고, 17:4과 19:14은 하늘 군대가 악의 군대를 정
복하는 역할을 한다고 표현한다.

16 Osborne, 『요한계시록』, 858에 따르면, 검은 로마 제국 당시 황제나 그의
수하 통치자들이 지닌 권세를 상징한다.

하는 맹수를 물리치기도 합니다.[18] 그리스도는 쇠지팡이로 모든 민족을 다스리십니다. '다스린다(ποιμανέω)'는 목양한다, 지키다, 보호하고 다스리다 등을 의미합니다. 하지만 때때로 '파괴하고 진멸한다'도 뜻합니다 (잠 9:12; 렘 22:22; 계 2:27).[19] 이 구절에서는 보호하고 양육한다는 뜻이 아니라, 하나님의 백성을 약탈하는 원수들을 진멸하고 멸망시킨다는 뜻입니다(계 2:27; 12:5).[20]

넷째 사역은 하나님의 진노 포도주 틀을 밟는 사역입니다(참조. 사 63:2~6). '하나님의 진노 포도주 틀'은 요한계시록 14:19~20과 16:19에 언급합니다. 두 구절 모두 하나님께서 세상을 심판하시는 문맥에 있습니다. 하나님 심판의 엄격함은 만국이 피를 흘려 말굴레까지 닿을 만큼 차오름에서 발견할 수 있습니다.

다섯째 사역은 '왕들의 왕, 군주들의 군주'로서 사역입니다. 그분 옷과 넓적다리에 '왕들의 왕', '군주들의 군주'라는 이름이 있습니다. 넓적다리는 말을 탄 기수가 칼을 두는 위치입니다.[21] 이 넓적다리에 '왕들의 왕', '군주들의 군주'라는 이름을 둠은 세상 통치자가 바빌론도, 로마 제국도, 적그리스도도 아니고, 어린 양이신 예수 그리스도이심을 나타냅니다. 예수님은 전사로서 하나님의 모든 대적들을 물리치고 당신이 통치자이심을 모든 세상이 알게 하십니다.

---

17 Bauer, 『바우어 헬라어 사전』, 1366~67.

18 Mounce, 『요한계시록』, 452.

19 Bauer, 『바우어 헬라어 사전』, 1277~78.

20 Osborne, 『요한계시록』, 859.

21 Aune, 『요한계시록 17~22』, 328에서는 헬라-로마의 문헌에 동상의 다리에 문구를 새긴 예들이 있다고 말한다. Beale, 『요한계시록(하)』, 1608에서는 허벅지를 가린 옷의 한 부분에 이름이 쓰였다고 말한다. 허벅지는 용사들이 칼을 차는 곳이고(출 32:27; 삿 3:16, 21), 맹세할 때 손을 넣던 자리이기 때문이다(창 24:2, 9; 47:29).

예수님 사역을 종합하면, 재림 시 예수 그리스도는 백마를 타고 하늘 군대를 이끌고 친히 이 땅에 오십니다. 그는 모든 민족을 입에서 나오는 날카로운 칼로 치십니다. 그리고 그는 철장으로 모든 민족을 다스리며, 하나님의 진노를 모든 민족에게 쏟으십니다. 거짓 삼위일체와 그들의 군대에 승리하심으로 모든 민족이 예수 그리스도가 만왕의 왕이요, 만주의 주님이시라는 사실을 알게 하십니다.

II. 심판 결과, 곧 둘째 초청에서 거짓 삼위일체와 그들 군대는 멸망하고 수치를 겪는다(19:17~21).

이때 요한은 또 다른 장면을 봅니다(17~18절). 그 장면은 천사가 공중의 모든 새에게 하나님의 큰 잔치에 모이라고 소리치는 모습입니다. 17~18절입니다. **"나는 또 해에 한 천사가 서 있는 것을 보았습니다. 그는 공중에 나는 모든 새에게 큰 소리로 외치기를, '하나님의 큰 잔치에 모여라. 왕들의 살과, 장군들의 살과, 힘센 자들의 살과, 말들과 그 위에 탄 자들의 살과, 모든 자유인이나 종이나 작은 자나 큰 자의 살을 먹어라'라고 했습니다."** 요한계시록 19장에는 잔치에 초청을 두 차례 말합니다. 하나는 다가올 어린 양의 혼인 잔치에 초청이요, 다른 하나는 살육 잔치에 초청입니다.[22] 하나님께 신실한 성도들은 어린 양의 혼인 잔치에 신부와 손님으로 초대받습니다. 하지만 각종 새는 사탄을 추종하는 무리의 시체를 먹는 큰 잔치에 초청받습니다(겔 39:17~20).[23]

---

22 Beale, 『요한계시록(하)』, 1610; Fanning, *Revelation*, 489~90에서는 새들에게 하나님의 큰 잔치에 오라는 초청은 '어린 양의 혼인 잔치'에 오라는 초청을 섬뜩하게 패러디한다고 말한다.

23 이 장면은 에스겔 39장에서 곡과 마곡 전쟁의 모형(typology)이다. 하나님은 곡의 군대가 이스라엘을 침략하도록 허락하신다. 그러나 곡 군대는 이스라엘 산지에서 패배해 멸망하고, 각종 새와 들짐승들의 먹잇감이 된다. 차이점은 에스겔 39장에서는 곡과 마곡 군대가 패망하고 매장한 다음에 있을 일이라고

하나님의 군대에 대항하는 모든 이는 죽은 후에 매장되지 못하고 새들의 먹잇감이 됩니다.24 시체가 매장되지 못함은 고대인에게는 아주 치욕스러운 일이었습니다. 특히 개나 새에게 뜯어 먹힘은 가장 비참한 상태에 빠졌다는 표였습니다(이세벨 사건).25 하나님을 대항하는 자는 모두 이렇게 수치스러운 최후를 맞습니다.

이때 요한은 또 다른 장면을 봅니다(19~21절). 전쟁에서 패배한 무리가 형벌을 받는 장면입니다. 요한계시록 19장에는 전쟁을 기록하지 않습니다. 19절은 사탄의 군대들이 어린 양과 그분 군대를 대항하여 싸우려고 모임을 언급합니다. 그리고 20절은 전쟁이 끝난 후 결과를 언급합니다. 19절과 20절 사이에 전쟁이 있었다고 짐작할 수 있습니다. 15절에 주님의 입에서 나오는 칼로 모든 민족을 치시겠다고 했습니다. 어린 양의 입에서 나온 검이 악의 무리를 순식간에 멸망시켰음을 알 수 있습니다. 전쟁은 순식간에 끝납니다. 그 결과 짐승인 적그리스도와 그의 거짓 선지자는 붙잡힙니다. 그리고 불못에 던져집니다.26 20절입니다.

말하지만, 계시록 19장은 사건이 일어나기 말한다. 점이다. 곡과 마곡 전쟁은 계시록 20:7에서 언급한다. 그래서 학자들은 에스겔 39장의 곡과 마곡 전쟁이 아마겟돈 전쟁을 의미하는지, 아니면 천년왕국 후에 있는 마지막 전쟁을 의미하는지에 다른 견해를 말한다.

24 새들에게 먹히는 시체가 전쟁에 참여한 군대의 시체인지, 아니면 모든 민족의 시체인지에 관한 논의가 있다. Osborne, 『요한계시록』, 861~62에서는 전쟁에 참여한 군대의 시체라고 하고, Mounce, 『요한계시록』, 454~55; Koester, 『요한계시록 II』, 1422에서는 모든 민족의 시체라고 말한다.

25 Mounce, 『요한계시록』, 455; Osborne, 『요한계시록』, 865.

26 '불못(τὴν λίμνην τοῦ πυρὸς)'이라는 용어는 요한계시록 19~21장에만 나오고, 신약성경 다른 데에는 나오지 않는다. 영원한 징벌의 장소인 불못은 구약, 유대 문헌, 헬라-로마 문헌에는 병행 구절이 없다. 단지 고대 애굽 문헌에는 언급하는데, 불못은 지하 세계에 있다. 하지만 계시록에서의 불못은 애굽의 지하 세계에서 유래했다기보다는 불과 유황으로 멸망한 소돔과 관련된 전승에서 유래했다고 여김이 더 타당하다. 불못은 일시적으로 거주하는 무덤이나 음

"그러나 그 짐승은 붙잡혔고, 또 그 앞에서 기이한 일들을 행하던 그 거 짓 예언자도 그와 함께 붙잡혔습니다. 그는 짐승의 표를 받은 자들과 그 짐승 우상에게 절하는 자들을 이런 기이한 일로 미혹시킨 자입니다. 그 둘은 산 채로, 유황이 타오르는 불바다로 던져졌습니다." 적그리스도와 거짓 선지자에 관한 자세한 기록은 요한계시록 13장에 있습니다. 거짓 선지자는 짐승인 적그리스도의 표를 받게 했고, 짐승의 우상에게 절하 게 미혹한 장본인입니다. 하나님을 배반하고 그리스도를 따르지 못하게 유혹한 자들입니다.

그들은 산 채로 유황이 타는 불못에 던져집니다. 이들이 '산 채로' 불 못에 던져졌다는 표현은 이들이 불못에서 영원히 고통을 당한다는 점을 강조합니다.27 죽으면 그만이라고 생각하는 사람에게, 이 말씀은 경종을

부를 가리키는 스올(구약성경)이나 하데스(신약성경), 귀신의 영역인 무저갱(τῆς ἀβύσσου)보다는 불에 들어가는 영벌을 의미하는 게헨나와 관련이 있다. 게헨 나는 인신 제사를 드리는 제의의 신전이 있는 곳으로(왕하 16:3; 23:10; 렘 7:31), 예루살렘 남쪽 비탈의 힌놈의 골짜기에서 유래했다. 당시 힌놈 골짜기는 쓰레기 소각장이었고, 불에 타는 쓰레기로 불이 꺼지는 일이 없었다고 한다. 예 수님의 가르침에 게헨나는 불어 들어가는 영벌을 상징하며, 죽은 악한 자들이 거주하는 장소이다(막 9:43, 45, 47; 마 10:28). 불못을 게헨나의 연장으로 여기 는 표현은 묵시문학에도 있다(단 7:9~11; 에녹1서 54.1; 90.24~27; 에녹 2서 10.2; 「시빌의 신탁」 2.196). 불붙은 유황은 극도로 뜨거울 뿐 아니라 냄새도 지 독하다고 한다. 자세한 내용 Osborne, 『요한계시록』, 863~64; Aune, 『요한계 시록 17~22』, 334~36; Koester, 『요한계시록 II』, 1425~26; Mounce, 『요한 계시록』, 456; Duane F. Watson, "Gehenna (Place)," in *The Anchor Bible Dictionary*, ed. David Noel Freedman, vol. 2 (New York: Doubleday, 1992), 926~28; W. A. Elwell, "Gehenna," in *Baker Encyclopedia of the Bible*, ed. Walter A. Elwell, vol. 1 (Grand Rapids: Baker Book House, 1988), 844를 참조하라.

27 Beale, 『요한계시록(하)』, 1616에 따르면, "산채로 불에 던져진다"라는 표 현은 의식을 가진 채 계속 처벌을 받는다는 사실을 시사한다. Osborne, 『요한 계시록』, 863~64도 보라. Smalley, *The Revelation to John*, 499에서는 심판의 맹렬함을 의미한다고 말한다.

울립니다. 죽으면 끝이 아닙니다. 죽은 후에 영원히 고통을 겪습니다. 남은 자들은 주님의 칼에 맞아 죽고 새들의 먹잇감이 됩니다. '남은 자들'은 거짓 삼위일체를 추종한 무리입니다(계 16:14). 18절에서 이들을 왕들, 장군들, 힘센 자들, 말들과 그 위에 탄 기마병들, 모든 자유인, 종, 그리고 작은 자와 큰 자를 지칭합니다. 이들은 적그리스도와 거짓 선지자들이 던져진 불못에 곧바로 던져지지 않습니다. 주님의 칼에 맞아 죽고, 매장되지 못한 채 새 먹잇감이 됩니다. 21절입니다. "그리고 **남은 자들은 말 타신 분의 입에서 나오는 칼에 맞아 죽었고, 모든 새가 그들의 살점을 배부르게 먹었습니다.**" 이들은 20장에 나오는 백보좌 심판 후에 불못에 던져집니다(계 20:14).

결론

예수님은 재림하십니다. 성경의 많은 부분은 예수님의 재림을 기록하고 있습니다. 주님은 재림하실 때, 하늘 군대를 이끌고 심판하시는 주님으로서 사역하십니다. 주님께서 재림하실 때, 두 차례 초청하십니다. 첫째 초청은 믿는 이에게 하시는 초청입니다. 성도에게, 어린 양의 혼인 잔치에 신부와 손님으로 참여하라는 초청입니다. 하지만 둘째 번째 초청은 새들에게 한 초청입니다. 새들에게 하나님을 믿지 않고 대적하는 자들의 시체를 먹으라는 초청입니다. 둘째 초청은 믿지 않는 자들이 겪을 고통과 수치를 나타냅니다. 왜냐하면 그들에게는 심판과 멸망의 때이기 때문입니다. 그리고 그들 시체는 매장되지 못하고 새들에게 먹잇감이 돼 갈기갈기 찢기기 때문입니다.

계시록 20:1~6, '천년왕국'
천년왕국 선물을 기대하자

중심 내용: 천년왕국은 하나님께 충성하고 신실한 이가 받는 선물이다.

I. 사탄을 천 년 동안 감금은 민족들을 미혹하지 못하게 하려 함이다 (20:1~3).

II. 천년왕국은 성도가 하나님과 어린 양께 충성한 보상으로 제사장과 왕으로서 섬기는 은혜 기간이다(20:4~6).

서론

창세기 2장과 3장에, 하나님은 에덴동산을 창설하시고 아담과 하와를 그곳에서 살게 하셨습니다. 아담과 하와는 에덴동산에서 하나님을 섬겼으며, 하나님의 창조물들을 다스리는 권세를 지녔습니다. 그러나 뱀의 유혹으로 죄를 짓고 에덴동산에서 추방됐습니다(창 3장). 에덴동산 삶으로 회복이 천년왕국입니다. 요한계시록 20장에, 아담과 하와를 유혹한 옛 뱀을 천 년 동안 무저갱에 가두는 장면이 나옵니다. 무저갱에 갇힌 옛 뱀인 사탄은 세상과 단절되고, 세상에 아무런 영향을 미치지 못합니다. 이 세상은 예수 그리스도의 자비로운 통치를 받는데, 이것을 천년왕국이라고 부릅니다. 천년왕국은 죄가 통치하지 못하고 오직 하나님의 은혜가 통치하는 곳입니다. 부활한 성도는 하나님을 섬기고, 그리스도와 함께 만국을 다스립니다. 오늘은 「천년왕국 선물을 기대하자」라는 제목으로 하나님의 말씀을 전하겠습니다.

I. 사탄을 천 년 동안 감금은 민족들을 미혹하지 못하게 하려 함이 다(20:1~3).

천사가 아비소스 열쇠와 큰 사슬을 가지고 하늘에서 내려오는 광경을 요한이 봤습니다.[1] 아비소스는 곧 무저갱입니다.[2] 무저갱 열쇠는 요한계시록 9:1에 언급합니다. 9장에 따르면, 하늘에서 한 천사가 무저갱 열쇠

---

[1] 계시록 20:1은 "내가 보매(Καὶ εἶδον)"로 시작한다. Buist M. Fanning, *Revelation*, Zondervan Exegetical Commentary on the New Testament, ed. Clinton E. Arnold et al., vol. 20 (Grand Rapids: Zondervan Academic, 2020), 499에서는 이 구절이 시간 순서, 곧 앞 환상의 연대적 줄거리를 다시 이어간다고 말한다. Robert H. Mounce, 『요한계시록』, 장규성 옮김, NICNT (서울: 부흥과개혁사, 2019), 457~58에 따르면, 천 년 기간은 부활한 순교자들에게만 적용이 되고, 본문이 구체적인 언급을 하고 있지 않지만, 천 년 기간을 그리스도의 재림 이후에 있을 지상 통치를 묘사함으로 이해가 타당하다고 말한다. Robert L. Thomas, Revelation 8–22: An Exegetical Commentary (Chicago: Moody Press, 1995), 404~05에서도 연대적 연결이라고 말한다. 한편, G. K. Beale, 『요한계시록(하)』, 오광만 옮김, NIGTC (서울: 새물결플러스, 2020), 1621에서는 계시록 20:1~6을 상징적으로 해석하면서, 예수님의 재림 이후가 아니라 교회 시대 전체 과정이라고 말한다. Stephen S. Smalley, *The Revelation to John: A Commentary on the Greek Text of the Apocalypse* (Downers Grove, IL: IVP Academic, 2005), 500~01에서는 계시록 19~20장은 연대적인 연속보다는 다양한 관점에서 승귀하신 그리스도의 승리를 묘사한다고 말한다. Grant R. Osborne, 『요한계시록』, 김귀탁 옮김, BECNT 시리즈 (서울: 부흥과개혁사, 2019), 875에서는 이야기 연결성을 인정하지만, '카이 에이돈'으로 시간 순서를 단정함에 부정적인 견해를 제시한다. 그는 19~21장에서 그리스도의 재림, 최후의 심판, 그리고 새 하늘과 새 땅은 확실한 시간 순서이지만, 20:1~10에서 천년왕국은 다르게 판단해야 한다고 말한다.

를 받아서 문을 여니, 무저갱에서 큰 용광로의 연기가 나오면서 황충, 곧 메뚜기 떼들이 나옵니다. 그 메뚜기 떼는 전갈과 같은 권세를 지녀서, 하나님의 인을 받지 않는 사람을 다섯 달 동안 괴롭게 했습니다. 무저갱을 열었던 그 천사가3 열쇠와 큰 사슬을 가지고 내려옵니다. 여기서 열쇠는 여는 열쇠가 아니라, 닫는 열쇠입니다.4 그리고 '쇠사슬(ἄλυσιν μεγάλην)'은 용이 무저갱에 던져질 때 저항하지 못하게 완전히 묶는 도구입니다.5 천사가 열쇠와 큰 사슬을 가지고 내려온 목적은 용을 결박하여 무저갱에 던지고, 문을 닫은 다음에 천 년 동안 감금하려 함입니다.

---

2 아비소스(abyss, ἄβυσσος)은 문자적으로는 끝이 없는 깊은 구멍, 무저갱, 음부를 지칭한다. 아비소스는 고대 세계에서는 끝이 없는 깊은 곳으로 원시적인 바다(창 1:2)나 대양의 깊은 곳(시 33:7; 77:16)을 지칭했다. 고대 중근동 지역에서 아비소스는 하늘의 거대한 궁창과 반대 의미로 쓰였다. 은유적으로는 스올의 동의어인 음부로 표현됐다(시 71:20). 신약에서는 귀신이 예수님에게 자신을 아비소스로 보내지 말라고 간청한다(눅 8:31). 로마서 10:7에서는 음부, 죽은 자가 거하는 지하 세계를 지칭하고, 계시록 20:3에서는 귀신과 더러운 영이 머물러 있는 장소로 나온다. 자세한 내용은 Walter Bauer, eds. Kurt Aland, Barbara Aland, and Viktor Reichmann, 『바우어 헬라어 사전―신약성경과 초기 기독교 문헌의 헬라어-한국어 사전』, 이정의 옮김 (서울: 생명의말씀사, 2017), 3; B. J. Beitzel, "Bottomless Pit," in *Baker Encyclopedia of the Bible*, ed. Walter A. Elwell, vol. 1 (Grand Rapids: Baker Book House, 1988), 375를 참조하라.

3 Osborne, 『요한계시록』, 875; Mounce, 『요한계시록』, 458; Fanning, *Revelation*, 499에서는 계시록 9장과 20:1에서 천사는 같은 천사라고 말한다.

4 Osborne, 『요한계시록』, 875에 따르면, 열쇠는 감옥의 영원한 감독자가 사용하는 것으로 요한계시록에서 4번 사용했는데, 계시록 1:18; 3:7; 9:1; 20:1 등이다. 계시록 3:7에서 열쇠는 '다윗의 열쇠'로서 마태복음 16:19에서 '천국의 열쇠'와 비슷하고, 나머지 3번은 모두 하나님께서 주권적으로 악의 세력을 통제하심을 나타낸다. 더 자세한 설명은 Beale, 『요한계시록(하)』, 1638~40를 보라. Beale은 사탄을 결박함을 그리스도 재림의 결과가 아니라, 부활의 직접적인 결과라고 말한다.

5 Bauer, 『바우어 헬라어 사전』, 76; Mounce, 『요한계시록』, 458, n. 55; Koester, 『요한계시록 II』, 1441 등을 참조하라.

용의 이름은 옛 뱀, 곧 악마요 사탄입니다. 용의 이름은 옛 뱀입니다. 옛 뱀(ὁ ὄφις ὁ ἀρχαῖος)은 창세기에 나오는 뱀, 곧 하와를 유혹한 뱀을 생각할 수 있습니다.6 옛 뱀은 아담과 하와를 유혹함으로 이 세상을 죄와 혼돈의 세계로 빠뜨린, 악의 화신입니다. 용, 곧 옛 뱀의 또 다른 이름은 악마와 사탄입니다. 이 구절은 요한계시록 12장에 나옵니다. 용이 만국을 다스릴 메시아를 잉태한 여자, 곧 하나님의 백성을 핍박합니다. 하늘에서 미가엘과 그의 천사들과 싸움에서 진 후, 용은 땅으로 내쫓깁니다. 땅으로 내쫓긴 용은 악마나 사탄으로 불리며 온 세계를 미혹합니다. 그리고 하나님의 백성을 밤낮으로 참소하고 헐뜯습니다. 결국, 악마나 사탄은 미혹하는 자요, 참소하는 자라는 뜻입니다. 용은 세상을 미혹하여 하나님의 사람들을 핍박하고 참소하는 옛 뱀이요, 악마와 사탄입니다. 그런데 용의 이름은 밝혀지고 있지만, 19장의 백마를 탄 자이신 어린 양 예수님의 이름은 아무도 모릅니다(계 19:12). 어린 양의 이름은 어린 양이신 예수님밖에는 알 수 없습니다. 그분 이름은 마지막 때에야 드러납니다. 이렇게 대조한 이유는 고대 풍습에 기인할 수 있습니다. "고대에는 신이나 귀신의 이름을 아는 것이 그를 제압하는 어떤 힘을 가진다는 생각이 존재했다"라고 여겼습니다.7 용의 이름은 밝히고, 어린 양의 이름은 비밀에 부칩니다. 이는 어린양이 힘으로 용을 제압하고 통제하신다는 뜻입니다.8

---

6 옛 뱀은 에덴동산에서 하와를 유혹한 뱀을 지칭한다(창 3:15; 고후 11:3 참조). 창세기는 뱀을 사탄 또는 악마와 동일시하지는 않는다. 단지 유대 전통은 옛 뱀을 사탄 또는 악마와 동일시한다(Wis 2:23~24; 1 En. 13:1~3; 3 Bar. 9:7; Apoc, Ab. 23:1~14). 바울도 유대인 전통을 반영한다(고후 11:3; 롬 16:20). 자세한 내용은 Fanning, *Revelation*, 358을 참조하라.

7 Mounce, 『요한계시록』, 449.

8 Osborne, 『요한계시록』, 876에서는 용의 이름 목록을 법정 선고문에 포함한 공적 죄목이라고 한다. David E. Aune, 『요한계시록 17~22』, 김철 옮김, WBC 성경주석, 52하 (서울: 솔로몬, 2004), 361에서는 이름을 붙인 의도를 용의 정체를 정확하게 알리려는 보충 설명 용법으로 보면서도, 고대 초자연적인

이 용을 제압하는 행동은 동사 부정과거형 다섯 개로 묘사합니다.[9] 그 다섯 개는 2~3절에 있습니다. "**그는 그 용, 곧 악마요 사탄인 그 옛 뱀을 붙잡아 결박하여, 아비소스에 던지고 닫은 다음에, 그 위에 봉인을 하여 천 년 동안 가두어 두고, 천 년이 끝날 때까지는 민족들을 미혹하지 못하게 했습니다. 사탄은 그 뒤에 잠시 동안 풀려나오게 되어 있습니다.**" 다섯 동사는 '붙잡다', '결박하다', '던지다', '닫다', '봉인하다' 등입니다. '붙잡았다(ἐκράτησεν)'와 '결박했다(ἔδησεν)'는 강압적으로 체포해 꼼짝하지 못하게 사슬로 묶는 행동을 표현합니다.[10] 그리고 나머지 세 개는 '던졌다', '닫았다', '봉인했다' 등은 사탄인 용을 무저갱에 완전히 감금했음을 표현합니다. 동사 부정과거형 다섯 개를 사용한 목적은 사탄이 천 년 동안 완전히 감금되어 무저갱에서 도망칠 있는 어떤 기회나 여지도 없다는 사실을 강조합니다.[11] 천 년 동안, 사탄은 절대로 땅에 접근할 수 없습니다.

존재들을 제어하려는 주술에서는 그 존재에게 내리는 명령에서 그 존재와 관련된 모든 이름을 열거한다고 말한다.

9 Fanning, *Revelation*, 499.

10 Bauer, 『바우어 헬라어 사전』, 855~56, 333~34.

11 천 년 동안 사탄의 봉인에 관해, '전천년주의자'는, 예로 Thomas, *Revelation 8~22*, 407~08; Fanning, *Revelation*, 499~50에서는 미래 천년왕국 시대에 사탄이 땅에서 완전히 제거됨으로 이해한다. 그들은 '닫고', '봉인하는 것'이 사탄이 땅에서 완전히 제거되어 아무것도 행사할 수 없음을 표현한다고 이해한다. '후천년주의자'는 미래 천년왕국을 주장하지만, 그리스도께서 재림하기 직전에 이 천년 기간이 끝난다고 말한다. 하지만 '무천년주의자'는 사탄의 결박은 그리스도의 부활 직후 시작했고, 그리스도의 초림과 재림 사이 기간에 지속한다고 말한다. 그들은 천 년 동안 사탄의 봉인은 교회 시대에 사탄의 세력이 약해짐으로 이해한다. Beale, 『요한계시록(하)』, 1640~41을 보라.

계시록 20:3는 무천년 견해에 반대한다. 용이 천 년 동안 결박돼 천 년이 끝날 때까지 민족들을 미혹하지 못하다가, 그 후에 잠시 풀려난다. 예수님의 초림과 재림 사이에 사탄 감금됐다가 잠시 풀려 난다는 표현을 어떻게 해석할 수 있는가? 요한계시록 12장에서 사탄은 하늘에서 땅으로 추방된다(12:7~9). 그리고 자기 때가 얼마 남지 않음을 알고서 땅에 사는 사람들을 핍박하고 미혹한다용을 무저갱에 감금한 목적은 천 년 동안 민족들을 '미혹하지 못하게 하려(μὴ πλανήσῃ)'입니다. 심판 결과로 감금이 아니고, 민족들을 미혹하지 못하게 하려는 감금입니다. 사탄이 받을 최종 심판과 처벌은 천 년이 지난 후에 이뤄집니다(계 20:10). 사탄은 창세 이후로 끝없이 사람을 유혹해 하나님을 대항하게 했습니다. 이런 활동은 예수님께서 이 땅에 오신 후에도 여전했고, 더 강해졌습니다. 예수님을 시험한 일에 대표적입니다. 예수님이 사십일을 금식하신 후, 광야에서 사탄에게 시험받습니다. 사탄이 예수님을 시험할 때 사용한 전략은, 인간이 타락한 이후에 가지고 있으며 갈망하는 '육신의 정욕', '안목의 정욕', '이생의 자랑' 등입니다(마 4:1~11; 요일 2:16). 사탄은 예수님에게 쓴 전략을 지금도 쓰고 있습니다. 모든 사람에게는 '육신의 정욕'과 '안목의 정욕'이 있습니다. 키가 크고 잘생긴 남성을 좋아하고, 예쁜 여성을 좋아함이 그 예입니다. '이생의 자랑'도 예외가 아닙니다. 다른 사람에게 자기를 나타내고 싶은 마음, 공동체에서 무시당하기를 싫어하며 자기를 드러내고 싶은 마음이 바로 '이생의 자랑'입니다. 육신의 정욕, 안목의 정욕, 이생의 자랑은 물질을 추구하는 마음, 사업이 잘되거나 월급이 올라가기를 바라며 직장에서 승진을 바람으로 나타납니다. 소득, 사업 번창, 승진 등이 문제라고 말씀드리는 게 아니라, 우리 모두에게 이런 욕망이 있다는 점을 말씀드립니다.

이 땅에서 예수님만이 사탄의 이런 전략을 이기셨습니다. 예수님이 이기신 비결은 모든 것을 하나님 중심으로 살았기 때문입니다. 하나님

(12:12). 계시록 20:2~3은 이들이 땅에서 무저갱으로 천 년 동안 던져져, 더는 미혹하지 못한다고 말한다. 12장에서 말한, 얼마 남지 않은 자기 때가 무저갱에 던져지기 전 기간과 일치한다. 계시록 12장이 19:11~21에 예수님의 재림으로 이어지고, 결국 사탄은 무저갱 속으로 던져진다(20:1~3). 이런 연속적인 연결이 자연스러운 해석이다.

세대주의자는 아니어도 미래주의자인 Osborne, 『요한계시록』, 878~80; Mounce, 『요한계시록』, 459~60에서도 사탄 결박을 사탄이 땅에 발휘하는 영향력 감소가 아니라, 완전히 중단됨을 뜻한다고 말한다.

이 바라시는 바를 추구하셨기 때문입니다. 하나님 중심으로 살아갈 때 사탄의 유혹을 물리칠 수 있습니다. 하지만 모든 사람이 순간순간 하나님께 초점을 두며 살 수 없다는 데 문제가 있습니다. 사탄은 인간의 이런 연약함을 알기에, 창세 이후로 마지막 때까지 사람의 연약한 그 순간을 파고들어 유혹하고 미혹합니다. 하지만 천 년 동안 감금된 상태로는 더는 민족들을 유혹하거나 미혹할 수 없습니다. 무저갱에 감금 상태에서, 사탄은 외부 세계와 단절되어 더는 영향력을 끼칠 수 없기 때문입니다. 사탄이 민족들을 미혹하는 활동을 하지 못하기에, 지상은 예수 그리스도의 자비로운 통치를 받습니다.

천 년이 지나면, 사탄은 무저갱 감옥에서 잠시 풀려납니다.12 이 말은 천 년이 지나고서 잠시 풀려나는 기간에, 사탄은 다시 미혹하는 활동을 벌인다는 뜻입니다. 그때 많은 사람은 사탄에게 미혹돼 하나님을 대항합니다. 그래서 사탄과 함께 영원한 심판을 받습니다.

II. 천년왕국은 성도가 하나님과 어린 양께 충성한 보상으로 제사장과 왕으로서 섬기는 은혜 기간이다(20:4~6).

사탄이 천 년 동안 무저갱에 갇힌 기간을 '천년왕국'이라고 부릅니다. 물론 성경에는 '천년왕국'이라는 용어를 쓰지 않습니다. 하지만 사탄의 유혹이나 영향력이 없고 예수님의 자비로운 통치만 있는 기간이 바로 천년왕국입니다. 요한은 천년왕국 기간에 보좌에 앉아 심판할 권세를 가진 사람들을 봤습니다.13 이들은 그리스도와 함께 천 년 동안 다스리

---

12 일부는 적그리스도가 3년 반 동안 통치하기에 짧은 기간이 삼 년 반이라고 말한다(Justin, *Dial.* 32; Irenaeus, *Adv. Haer.* 5.25.3; 5.30.4; Augustine, *Civ.* 20.8). Beale, 『요한계시록(하)』, 1652~54에서는 계시록 20:3에 '잠깐'과 12:12에 '얼마 남지 않은 때'는 달라도 어느 정도 중첩하는 기간이라고 한다. 12:12에 얼마 남지 않은 때는 삼 년 반을 의미하며, 20:3에 잠깐은 삼 년 반의 끝이라고 말한다.

는 권세를 받았습니다. 4절입니다. "내가 또 보좌들을 보니, 그 위에 사람들이 앉아 있었는데, 그들은 심판할 권세를 받은 사람들이었습니다. 또 나는, 예수의 증언과 하나님의 말씀 때문에 목이 베인 사람들의 영혼을 보았습니다. 그들은, 그 짐승이나 그 짐승 우상에게 절하지 않고, 그들의 이마와 손에 그 짐승의 표를 받지 않은 사람들입니다. 그들은 살아나서, 그리스도와 함께 천 년 동안 다스렸습니다."

천 년 동안 그리스도와 함께 다스리는 사람이 누구인지는 4b절에서 말합니다.14 이들은 순교자입니다. 예수님의 증언과 하나님의 말씀 때문에 목이 베인 사람입니다. 그리고 이마와 손에 그 짐승의 표를 받지 않고 죽은 사람입니다. 요한은 예수님의 증언과 하나님의 말씀 때문에, 그리고 이마와 손에 짐승 표를 받지 않았기에, 순교한 이들이 보좌에 앉아 그리스도와 함께 다스린다고 말합니다. 이들이 순교했다는 사실을 알 수 있는 두 표현이 있습니다. 하나는 '목이 베인 사람들의 영혼'이

---

13 Koester, 『요한계시록 II』, 1445~56; Beale, 『요한계시록(하)』, 1659~61; Smalley, *The Revelation to John*, 506에서는 다니엘 7:9과 연결해 해석하면서, 성도들이 심판할 권리를 받은 게 아니라, 하나님께서 성도들을 위해서 심판하신다고 말한다.

14 George E. Ladd, *A Commentary on the Revelation of John* (Grand Rapids: Wm. B. Eerdmans Publishing Company, 1972), 263; Mounce, 『요한계시록』, 462~63; Thomas, *Revelation 8~22*, 413~14에서는 '보좌에 앉아 심판할 사람'과 '목이 베인 사람들의 영혼'을 다른 두 집단의 신자라고 말한다. Thomas는 보좌에 앉아 심판할 권세를 받은 사람이 계시록 19:14에 나오는 하늘 군대라고 말한다. Fanning, *Revelation*, 501, n. 14에서는 "보좌에 앉은 자들(they seated on them, ἐκάθισαν ἐπ' αὐτοὺς)"에 관한 '분명한 지시 대상이 없다(no definite referent)'는 점을 들면서 이들이 하늘 군대라는 견해에 반대한다. 하늘 군대라면 분명히 언급했다고 말하며, 두 집단이 아니라 한 집단이라고 말한다. Osborne, 『요한계시록』, 881에서도 "카이(καί)"를 설명을 보충하는 용법, 곧 "내가 또 보좌들을 보니, 그 위에 사람들이 …. 곧, 목이 베인 사람들의 영혼들이(Καὶ εἶδον θρόνους καὶ ἐκάθισαν ἐπ' αὐτοὺς ··· καὶ τὰς ψυχὰς τῶν πεπελεκισμένων)"로 해석하면서 한 그룹이라고 주장한다.

고, 다른 하나는 "그들은 살아나서"입니다. '영혼(τὰς ψυχὰς)'이라는 단어는 일반적으로 죽은 사람을 지칭합니다.15 영혼이 육체에서 이탈된 상태를 가리키는 용어입니다. 그리고 '살아나다(ἔζησαν)'는 죽은 사람이 육체적으로 다시 살아난 것, 곧 몸의 부활을 의미합니다.16 이들은 우승 숭배에 타협을 거부하고, 신실하게 하나님과 그리스도에게 헌신하고 충성하는 사람입니다. 그래서 죽음을 맞이한 사람입니다.

"여기서 우리는 순교한 사람들만 그리스도와 함께 천 년 동안 왕으로서 통치하는지를 생각해야 합니다."

이 구절에서 '순교자들'은 대환난 동안 순교한 사람과 모든 시대 성도를 포함한다고 이해해야 합니다. 로마 제국은 두 가지 처형 방식을 썼습니다.17 하나는 칼이나 도끼로 목을 치는 방법입니다. 다른 하나는 산 채로 화형에 처하거나 십자가에 못 박게 하거나 야수들에게 내어주

---

15 영혼(τὰς ψυχὰς)는 죽은 사람을 지칭하는 용어로, 일반적으로 비물질적이고 영혼이 육체에서 이탈한 상태를 뜻한다. Fanning, *Revelation*, 502; Bauer, 『바우어 헬라어 사전』, 1656~58을 참조하라.

16 전천년주의자는 "죽은 자들이 살아나다(ἔζησαν)"를 죽은 사람이 천년왕국 전에 몸의 부활을 경험하는 것으로, 첫째 부활과 동일시한다. 무천년주의자는 '살아나다'와 '첫째 부활'을 사람이 죽어, 그 영혼이 하나님께로 감으로 해석한다. 후천년주의자 중 일부는 무천년주의자와 같이 해석하고, 일부는 초기 핍박 후에 이 세상에서 기독교의 미래 승리를 지칭한다고 해석한다. 그래서 천 년 동안 다스림을, 전천년주의자는 부활한 성도들이 이 땅에서 그리스도와 함께 천 년을 다스림으로 해석하고, 무천년자는 죽은 영혼들이 하늘에서 그리스도와 함께 오순절부터 예수님의 재림까지 다스림으로 해석하며, 후천년주의자는 이 땅에서 기독교의 미래 승리를 그리스도와 함께 다스림으로 해석한다. Beale, 『요한계시록(하)』, 1657~68에서는 '죽은 자들이 살아나다'를 '살아있는 영혼'으로 해석하면서 영적 부활, 영혼이 주님께로 올라가 물질적인 몸의 부활을 기다리는 중간기 상태로 여긴다. 하지만 Osborne, 『요한계시록』, 884; Mounce, 『요한계시록』, 464~66에서는 부활은 문자 그대로 몸의 부활로 해석하면서도, 천 년은 상징적으로 해석한다.

17 Osborne, 『요한계시록』, 883; Aune, 『요한계시록 17~22』, 368을 참조하라.

는 처형입니다. 칼이나 도끼로 목을 치는 방법을 참수형이라고 합니다. 이 방법은 로마의 상층민에게 사용했습니다. 그런데 최상층은 저형뇌는 경우가 거의 없었고, 추방됐다고 합니다. 하지만 산 채로 화형을 처하거나 십자가에 못 박게 하거나 야수들에게 내어주는 방식은 악랄한 처형 방식입니다. 이 방식은 주로 외국인과 하층민에게 행했습니다. 그리고 그리스도인들에게 행했습니다.

그런데 "목이 베인 사람들"에서 쓴 용어 πεπελεκισμένων는 칼이나 도끼로 목이 베이는 방식, 곧 참수형을 말합니다.[18] 이 처형 방식은 그리스도인에게는 거의 적용하지 않았습니다.[19] 그런데 이 구절에는 목이 베인 사람들, 곧 참수형을 당한 사람들입니다. 그렇다면 '목이 베인 순교자'라는 표현은 그리스도께 충성하다가 죽은 사람들을 가리키는 일반 표현일 가능성이 큽니다. 신실한 모든 성도가 다 순교하지는 않습니다. 순교가 하나님을 섬기는 사람들의 일반 운명도 아닙니다. 어떤 성도는 순교 대신 핍박을 받으며 살았습니다(계 7:3~8; 14:1~5). 그리고 순교가 예수님과 함께 다스리는 조건도 아닙니다(고전 6:2~3; 딤후 2:12; 히 2:5~9). 디모데후서 2:12입니다. "우리가 참고 견디면, 우리도 또한 그분과 함께 다스릴 것이요, 우리가 그분을 부인하면, 그분도 또한 우리를 부인하실 것입니다."

많은 사람은 순교 대신 핍박과 고난을 겪으며 살았고, 이들도 그리스도와 함께 통치한다고 성경은 말씀하고 있습니다. 계시록 2:26~28입니다. "이기는 사람, 곧 내 일을 끝까지 지키는 사람에게는, 민족들을 다스리는 권세를 주겠다. 그는 쇠지팡이로 그들을 다스릴 것이고, 민족들은 마치 질그릇이 부수어지듯 할 것이다." 이 말씀은 두아디라 교회에게 주어진 말씀

---

18 Bauer, 『바우어 헬라어 사전』, 1206.

19 Aune, 『요한계시록 17~22』, 369에서는 예외가 있었다고 증언한다. 참수형에 하층인 로마 시민이 있었고, 상층민에도 로마 시민이 아닌 자들이 있었음을 증거하고(Garnsey, *Status*, 266~68), 참수에 순교한 그리스도인의 예도 말한다(Sherwin-White, *Letters*, 798).

입니다. 두라디라 교회 성도 중 이기는 사람, 곧 끝까지 주님께 충성하는 사람은 민족을 다스리는 권세를 받습니다. 두라디라 교회뿐 아니라 빌라델비아 교회 성도에게도 이기는 사람에게 아버지 하나님과 함께 주님께서 주시는 보좌에 앉게 하시겠다고 약속했습니다(계 3:21).[20] 그리고 바울도 성도가 세상을 심판한다고 예언했습니다(고전 6:2). 그렇다면 이 구절에서 순교자는 하나님께 신실했던 많은 사람의 대표일 수 있습니다. 대환난 기간에 순교한 사람들뿐 아니라, 모든 시대에 걸쳐 신실한 모든 성도를 포함합니다.[21] 순교를 당하거나 핍박을 받은 사람들, 그리고 하나님께 신실한 사람들은 마지막 때에 부활하여 그리스도와 함께 만국을 통치합니다.

죽은 성도의 부활을, 성경은 '첫째 부활'이라고 말합니다.[22] **"이 첫째 부활에 참여하는 사람은 복이 있고 거룩합니다. 이 사람들에게는 둘째 사망이 아무런 세력도 부리지 못합니다. 이 사람들은 하나님과 그리스도의**

---

[20] Fanning, *Revelation*, 502.

[21] Osborne, 『요한계시록』, 881~82에 따르면, 구약시대, 신약시대, 교회 시대, 환난 시대 동안 견딘 사람들 모두를 포함한다. Beale, 『요한계시록(하)』, 1664~65에서는 "짐승과 그의 우상에게 경배하지 아니하고 그들의 이마와 손에 그의 표를 받지 아니한 자들"이란 표현이 13:15~17에 있는데, 이 어구는 순교만이 아니라 다양한 정도의 고난을 염두에 두고 한 설명이라고 말한다. 16~17절은 믿는 사람들에게 가하는 경제적인 제재를 언급하기 때문이다.

[22] Beale, 『요한계시록(하)』, 1673~74에서는 첫째 부활을 성도들의 영적 부활로 이해한다. 하지만 Fanning, *Revelation*, 505~06에서는 첫째 부활이 영적인 부활이 아니라, 죽은 사람의 물리적이고 몸의 부활을 의미한다고 말한다. 특히 하나님의 신실한 백성이 육체적 죽음에서 예수님처럼 변화된 몸의 부활을 의미한다고 말한다. Osborne, 『요한계시록』, 884~86; Mounce, 『요한계시록』, 469에서도 첫째 부활을 성도들의 생명 부활이라고 말한다. 단지 차이점은 Mounce는 첫째 부활을 순교자의 부활로 이해한다면(G. B. Caird, The *Revelation of Saint John*, Black's New Testament Commentaries, ed. Henry Chadwick [Peabody, MA: Hendrickson Publishers, 1966], 255에서도 순교자의 부활로 이해한다), Osborne, 『요한계시록』, 886에서는 모든 성도의 부활로 이해한다(Thomas, *Revelation 8~22*, 419; Fanning, *Revelation*, 506에서도 모든 성도의 부활로 이해한다).

제사장이 되어서, 천 년 동안 그와 함께 다스릴 것입니다"(계 20:6). 첫째
부활에 참여하는 성도는 복이 있고 거룩합니다. 복이 있고 거룩한 이유
를 세 가지로 제시합니다. 첫째 이유는 둘째 사망의 세력이 그들을 다스
리지 못하기 때문입니다. 둘째 이유는 하나님의 제사장이 되기 때문입니
다. 그리고 셋째 이유는 예수님과 함께 천 년을 다스리기 때문입니다.

첫째 복은 둘째 사망의 세력이 다스리지 못합니다. 둘째 사망은 불못
을 의미합니다. 요한계시록 20:14에서 불못을 둘째 사망이라고 표현했
습니다. 둘째 사망, 곧 불못은 적그리스도와 거짓 선지자가 사로잡혀
던져진 곳입니다(계 19:20). 용인 사탄이 던져질 곳입니다(계 20:10). 그
리고 생명책에 기록되지 못한 사람이 가는 곳입니다(계 20:14). 그리고
이곳은 5절에 '나머지 죽은 사람들'이 가는 곳이기도 합니다. '나머지
죽은 사람들'은 그리스도를 믿지 않고 죽은 사람들입니다.23 이들은 전
년 동안은 부활하지 못합니다. 그러나 천 년이 끝날 때 부활하여 둘째
사망, 곧 불못으로 들어갑니다. 결국, 둘째 사망은 불못에 던져지는 영
원한 죽음을 의미합니다. 성도들은 첫째 사망은 경험합니다.24   그러나
둘째 사망은 절대 경험하지 않습니다. 그래서 예수님은 '몸을 죽여도
영혼을 죽이지 못하는 자를 두려워하지 말라'라고 말씀하십니다(마
10:28). 예수님이 말씀하신 '몸을 죽인다'는 첫째 사망입니다. '영혼을
죽이는 것'은 둘째 사망입니다. 둘째 사망은 그리스도인에게 아무런 권

---

23 Osborne, 『요한계시록』, 707~08; Koester, 『요한계시록 II』, 1451; Ladd,
A Commentary on the Revelation of John, 267~68; Thomas, *Revelation
8~22*, 418~19; Smalley, *The Revelation to John*, 508; Fanning, *Revelation*,
506에서는 '나머지 죽은 사람들'을 비신자들을 지칭한다고 말한다. 하지만
Beale, 『요한계시록(하)』, 469; Aune, 『요한계시록 17~22』, 394, 397에서는 첫
째 부활을 순교자들의 부활이라고 말하고, 나머지 죽은 사람들을 신자와 비신
자 모두를 포함하는 일반적인 부활이라고 말한다.

24 성경은 '첫째 부활'과 '둘째 사망'이라는 용어는 사용하지만, '둘째 부활'
과 '첫째 사망'이라는 용어는 사용하지 않는다.

세도 행사하지 못합니다. 그렇기에 주님만이 둘째 사망을 주관하시기에, 주님만 경외해야 합니다.

둘째 복은 하나님의 제사장이 됨입니다. 제사장은 하나님과 백성을 중재하는 임무를 수행합니다. 개인이 아니라 민족으로서 제사장의 특권은 출애굽기 19:6에서 처음으로 주어졌습니다. 이스라엘 민족이 하나님의 말과 언약을 지키면, 하나님을 섬기는 제사장 나라가 된다고 약속했습니다. 이 약속이 베드로전서 2:9에서는 모든 교회에게 주어졌습니다. 제사장의 가장 큰 사역은 하나님을 섬기는 일입니다. 천년왕국에서 성도는 하나님을 섬기는 제사장입니다. 그리고 새 예루살렘에서도 하나님을 섬기는 제사장 사역을 합니다(계 22:3).

셋째 복은 그리스도와 함께 천 년간 다스리는 복입니다. 왕으로 다스리는 복은 이미 말씀을 드렸습니다. 그리스도께서 제사장-왕으로서 사역했습니다. 승리한 성도도 천년왕국에서 그리스도처럼, 제사장과 왕 지위에 참여합니다. 제사장으로 하나님을 섬기고, 왕으로서 그리스도와 함께 민족들을 다스립니다. 왕과 제사장의 사역은 천년왕국뿐 아니라 새 하늘과 새 땅에서도 합니다.

결론

성경은 천년왕국이라는 용어를 사용하지 않습니다. 그러나 사탄이 천년 동안 무저갱에서 감금돼 더는 만국을 미혹하지 못합니다. 사탄이 만국을 미혹하지 못하면, 이 세상은 에덴동산과 같은 상태로 회복합니다. 에덴동산은 죄가 없고 하나님과 교제하는 장소였기 때문입니다. 사탄이 미혹하지 못하는 천 년 기간을 천년왕국이라고 부릅니다. 이 천년왕국 동안, 신실하게 섬긴 성도는 제사장으로서 하나님을 섬기고, 그리스도와 함께 왕으로서 민족들을 다스립니다. 또한 둘째 사망, 곧 영원한 불못을 경험하지 않습니다. 천년왕국뿐 아니라 새 하늘과 새 땅에서 제사장과 왕의 사역을 계속합니다. 주님은 성도들의 충성과 수고를 기억하십니다. 천년왕국 동안 제사장과 왕의 지위는 성도들의 충성과 수고에, 하나님께서 보상하시는 선물입니다. 주님께서 보상하실 날을 바라보며, 오늘도 주님께 충성을 다하는 성도 여러분이 되시길 축복합니다.

계시록 20:7~15, '백보좌 심판'
영원한 불못에 던져지지 않게 행동하자

중심 내용: 사탄과 그 군대도 불못에 던져지고, 몸으로 부활한 비신자
도 백보좌 심판으로 영원한 불못에 던져진다.

I. 사탄과 그의 군대는 불에 멸망돼 불못으로 던져져 영원히 고통을 받
는다(20:7~10).

II. 백보좌 심판에서, 몸으로 부활한 비신자는 불못으로 던져진다(20:11~15).

서론

　요한계시록 20장을 해석하는 데, 학자들은 서로 다른 여러 견해를 말
합니다. 이 장을 해석하는 데 관심 대상은 두 개 사건 또는 용어입니
다. '천년왕국'과 '백보좌 심판'입니다. '천년왕국'이라는 용어가 성경에
직접 쓰이지는 않지만, 사탄이 천 년 동안 무저갱에 갇혀 있기에 지상
은 자연스럽게 천 년 동안 죄의 통치를 받지 않습니다. 그래서 이 기간
을 천년왕국이라고 부릅니다. 미래주의자 중 세대주의자는 예수님의 재
림 이후에 천년왕국이 세워진다고 말합니다. 하지만 무천년주의자는 천

년이라는 기간은 상징이며, 예수님의 초림과 재림 기간 사이에 사탄에 게 제한적으로 미혹 받는 기간이라고 말합니다.

또 다른 용어는 '백보좌 심판'입니다. 거의 모든 학자가 백보좌 심판 을 인정하지만, 심판받는 대상이 누구냐를 두고는 견해를 달리합니다. 일부는 믿는 사람과 믿지 않는 사람 모두가 심판받는 일반 심판이라고 말합니다. 생명책에 기록된 사람은 새 하늘과 새 땅에 들어가고, 생명 책에 기록되지 않는 사람은 행위에 따라 심판받고 영원한 불못에 던져 진다고 이해합니다. 다른 견해는 믿지 않는 사람만 받는 심판이라고 여 깁니다. 저는 백보좌 심판이 믿지 않는 사람만 대상으로 하는 심판으로 여깁니다. 그 이유는 첫째 부활이 믿는 사람의 부활이고, 둘째 사망이 그들에게 없습니다. 그런데 백보좌 심판에는 둘째 부활이 일어나고서, 행위에 따라 심판받은 후에 불못으로 던져지기 때문입니다. 그리고 19 장부터 21장까지는 시간 배열로 구성하기 때문입니다. 예수님이 재림하 시고, 첫째 부활이 이루어져 부활한 사람은 천년왕국에서 제사장과 왕 으로 다스립니다. 천년왕국 후에 곡과 마곡의 전쟁이 일어나며, 그 후 에 백보좌 심판이 있습니다. 이때 둘째 부활, 곧 악인의 부활이 일어나 고, 백보좌 심판을 받고서 불못에 던져집니다. 그리고 새 하늘과 새 땅 에 들어갑니다. 이렇게 이해함이 19~21장을 가장 자연스럽게 해석한다 고 생각합니다.

I. 사탄과 그의 군대는 불에 멸망돼 불못으로 던져져 영원히 고통 을 받는다(20:7~10).

천 년이 지나면, 사탄은 무저갱에서 잠시 풀려납니다. 이 사건은 20:2~3에서 이미 언급했습니다. 이제 말씀대로 사탄은 잠시 풀려납니다.[1]

---

[1] Grant R. Osborne, 『요한계시록』, 김귀탁 옮김, BECNT 시리즈 (서울: 부흥 과개혁사, 2019), 888에서는 사탄이 가석방되고, 그 후 미혹하는 사역 영향력이

"왜 사탄은 천 년이 지난 후에 임시 석방될까요? 하나님께서 천 년이 지난 뒤에 사탄을 잠시 가석방하시는 이유는 무엇일까요?"

사탄의 계략이나 인간의 부패함은 시간이 지나도 절대 변하지 않는다는 사실을 보여주시려 함입니다.[2] 그리고 하나님께서 사탄과 비신자들을 심판하셔서 영원한 불못에 던지심이 합당함을 보여 주려 함입니다. 사탄은 무저갱에 감금되는 동안 자기 죄를 돌이켜 보아야 했습니다. 그리고 사람들을 미혹하여 하나님을 대항하게 한 죄를 회개했어야 했습니다. 그러나 사탄은 가석방된 후에도 여전히 사람을 미혹하는 일을 계속합니다. 천 년 동안 사탄이 미혹하는 일을 하지 못함은 자기 계획이나 생각이 바뀌었기 때문이 아닙니다. 무저갱에 감금돼 있었고, 무력한 상태였기 때문입니다. 임시 석방 후 미혹하는 사역을 다시 시작함은 사탄의 계략이 절대 변하지 않음을 보여줍니다.

하나님을 믿지 않는 사람들도 마찬가지입니다. 그들은 천 년 동안 그리스도와 함께 낙원의 삶을 살았습니다. 그리스도와 함께하는 시간과 은혜가 얼마나 행복한 것인지를 몸소 경험했습니다. 그러나 사탄이 임시 석방으로 풀려나자, 그리스도와 함께했던 시절을 모두 잊어버립니다. 사탄 주위로 모여들며 사탄을 추종합니다. 이 사실을 7~8절이 있는 그

예수님의 초림과 재림 사이에 약해진다는 무천년설을 지지하기 어렵게 한다고 주장한다. Buist M. Fanning, *Revelation*, Zondervan Exegetical Commentary on the New Testament, ed. Clinton E. Arnold et al., vol. 20 (Grand Rapids: Zondervan Academic, 2020), 514에 따르면, 사탄의 악한 계획과 인간의 부패함을 반박할 수 없는 증거는, 계시록 19:11~21과 20:7~10절에서 사탄이 하나님의 목적을 반복해 저항함이다. 또한 4~6절과 7~10절 내용이 서로 연결되어 전개하는데, 이것은 계시록 11:11~21:8이 연대적으로 연결되어 있음을 나타낸다. G. K. Beale, 『요한계시록(하)』, 오광만 옮김, NIGTC (서울: 새물결플러스, 2020), 1700~01에 따르면, 무저갱을 옥이라고 지칭하는 이유는 마귀가 천 년 동안 거주한 영역이 중요한 면에서 저지당한다는 사실을 강조하기 때문이다.

2 Robert H. Mounce, 『요한계시록』, 장규성 옮김, NICNT (서울: 부흥과개혁사, 2019), 471; Osborne, 『요한계시록』, 888~89, 894; Fanning, *Revelation*, 514.

대로 말합니다. "천 년이 끝나면, 사탄은 옥에서 풀려나서, 땅의 사방에 있는 민족들, 곧 곡과 마곡을 미혹하려고 나아갈 것입니다. 그리고 전쟁하려고 그들을 모을 것인데, 그들 수는 바다의 모래와 같을 것입니다." 사탄은 임시 석방되자마자, 자기 사악한 계획을 실행합니다. 땅의 사방에 있는 모든 민족을 유혹하고 미혹하려고 나갑니다.[3] 그리고 하나님의 백성과 일전을 벌이려고 연합군을 모집합니다. 비신자들도 마찬가지입니다. 사탄의 미혹에 빠져 바다의 모래와 같이 수많은 사람이 사탄의 연합군에 가입합니다. 그리고 하나님을 대적하며, 하나님의 백성을 공격하려고 준비합니다.[4] 변하지 않는 사탄의 계략과 인간의 부패함은 결국

---

3 Osborne, 『요한계시록』, 889에서는 사탄의 목적은 두 가지로 말하는데, 하나는 만국을 미혹하려 함이고, 다른 하나는 만국을 모아 전쟁하려 함이다.

4 곡과 마곡의 전쟁이 천년왕국 이전 전쟁인가, 아니면 이후 전쟁인가를 두고 논의가 있다. Beale, 『요한계시록(하)』, 1702~03에서는 계시록 16:12, 14과 19:19, 그리고 20:8에 전쟁이 동일한 전쟁이라고 주장한다. 그리고 1908쪽에서는 계시록 11:7~10에 전쟁도 같은 전쟁이라, 요한계시록에서 네 차례 언급하는 전쟁이 모두 같은 전쟁이라고 한다. David E. Aune, 『요한계시록 17~22』, 김철 옮김, WBC 성경주석, 52하 (서울: 솔로몬, 2004), 382에서는 계시록 20:7~10에 관한 네 가지 다른 견해를 제시한다. 1) 곡과 마곡은 마귀의 군대다. 2) 곡과 마곡은 부활하여 심판받는 나머지 죽은 자들을 나타낸다. 3) 19:17~21에 말하는 만국 멸망은 땅의 거민이 다 죽었다는 말이 아니기에, 곡과 마곡이 이끄는 군대는 그때 살아남은 나머지 사람들이다. 4) 20:7~10에서 신화적 은유 언어를 사용함은 이야기의 논리적 순서를 반드시 따를 필요가 없다는 의미이다. Osborne, 『요한계시록』, 890~91에서는 Aune가 제시한 셋째 견해를 지지하면서, Beale의 견해, 곧 네 구절이 동일한 전쟁이라는 견해를 반박한다. Osborne은 계시록 16:14~16과 19:17~21의 전쟁과 20:7~10의 전쟁을 나눈다. 그 이유로 1) 첫째 전쟁은 짐승인 적그리스도가 주도했고, 둘째 전쟁은 사탄이 주도했다. 2) 첫째 전쟁은 주님의 입에서 나오는 검에 적그리스도가 전패했고, 둘째 전쟁은 하늘에서 내려오는 불에 사탄이 멸망한다. 3) 첫째 전쟁이 끝날 때는 짐승과 거짓 선지자는 불못에 던져지고, 둘째 전쟁이 끝날 때는 사탄이 불못에 던져진다. 이런 점에서 같은 전쟁이 아니라, 다른 두 전쟁으로 곡과 마곡의 전쟁은 천년왕국 이후 전쟁이라고 한다. Fanning, *Revelation*, 516에서는 19:17~21과 20:7~10이 유사점보다, 차이점이 더 크다고 말한다. 1) 19:17~21

그들이 하나님의 심판, 영원한 불못에 들어가야 하는 이유를 드러냅니다. 하나님께서 회개할 기회를 주시지만, 거부하는 자들에게는 반드시 신속하게 대응하십니다.

이 구절에 '곡과 마곡'을 언급합니다. 에스겔 38~39장에서 '곡과 마곡'은 평안히 거주하는 이스라엘 백성을 약탈하고 침략하는 나라의 우두머리를 말합니다.5 이스라엘이 여러 나라에서 고국으로 돌아와 평안히

은 에스겔 39:4, 17~20의 이미지를 사용하지만, 20:7~10에서 언급하는 곡과 마곡을 언급하지 않는다. 2) 19:17~21은 새들에게 군인들의 시체를 먹으라고 초청하지만, 20:7~10은 시체나 초청을 말하지 않는다. 3) 19:17~21에서는 군인들이 검에 죽지만, 20:9에서는 불에 죽는다. 3) 19:17~21절에서 짐승과 거짓 선지자는 살아서 불못에 던져지고, 사탄의 운명은 말하지 않지만, 20:10에서는 사탄도 짐승과 거짓 선지자가 있는 불못에 던져진다. 그래서 Fanning은 19:17~21과 20:7~10이 에스겔의 이미지를 사용하지만, 각각 다른 시간에 다른 관점에서 에스겔의 예표론(typology)을 사용한다고 말한다. Robert L. Thomas, *Revelation 8~22: An Exegetical Commentary* (Chicago: Moody Press, 1995), 423~24에서는 계시록 16:14은 아마겟돈 전쟁 준비를 말하고(19:17~21), 이 전쟁은 천년왕국 이전에 발생했으며, 20:7~10의 전쟁은 천년왕국 이후에 발생한 전쟁이라, 서로 다른 두 전쟁이라고 한다. Mounce, 『요한계시록』, 472에서도 계시록 20장 전쟁을 16장 그리고 19장 전쟁과 구분하면서, 20장의 전쟁은 천년왕국 이후 전쟁이라고 한다.

5 Walter Bauer, eds. Kurt Aland, Barbara Aland, and Viktor Reichmann, 『바우어 헬라어 사전—신약성경과 초기 기독교 문헌의 헬라어-한국어 사전』, 이정의 옮김 (서울: 생명의말씀사, 2017), 315에 따르면, 사탄의 미혹에 끌려 모여든 군대를 '곡'과 '마곡'이라고 한다. 곡과 마곡은 에스겔 38~39장에 나온다. 에스겔에서 '곡'은 북쪽 땅의 왕을 지칭하고, '마곡'은 '곡'이 통치하는 땅으로 나오지만, 계시록 20:7에서 곡과 마곡은 땅의 사방에서 나오는 민족들, 곧 사탄의 연합국을 지칭한다. Thomas, *Revelation 8~22: An Exegetical Commentary*, 423~24에서는 곡과 마곡은 마지막 시대에 메시아를 대적하는 자를 예표한다고 말한다. Stephen S. Smalley, *The Revelation to John: A Commentary on the Greek Text of the Apocalypse* (Downers Grove, IL: IVP Academic, 2005), 512에서는 곡과 마곡이 상징적인 용어로 하나님의 교회를 마지막으로 공격하려고 전 세계에서 미혹되어 모여든 적의의 민족들이라고 말한다.

거주할 때, 곡과 마곡이 많은 민족의 무리를 연합해서 이스라엘을 침략합니다. 그런데 본문에서 곡과 마곡은 연합군의 우두머리가 아니라, 사방에서 나오는 여러 민족을 지칭하는 용어입니다. 곧, 그리스도와 그리스도를 따르는 무리들을 반대하여 모인 민족들, 곧 사탄의 연합군을 상징하는 용어입니다. 사탄의 연합군은 모여서 성도들의 진과 하나님께서 사랑하시는 도시를 둘러쌉니다. 9절에 "그들이 지면으로 올라가서"라는 표현은 예루살렘으로 올라감을 뜻합니다. '예루살렘으로 올라간다'라는 표현은 두 가지의 의미로 해석할 수 있습니다.6 하나는 예루살렘이 이스라엘의 중앙에 있는 산 위 언덕에 있기에 '올라간다'로 표현했습니다. 다른 하나는 예루살렘이 지닌 정치 · 사회적인 지위 때문입니다. 우리는 서울로 갈 때, 보통 서울로 '올라간다'라고 합니다. 서울 남쪽에 있는 사람도 그렇게 말하고, 서울 북쪽에 있는 사람도 그렇게 말합니다. 이유는 서울이 차지하는 위치, 곧 나라의 수도로서 차지하는 위치 때문입니다.

Craig R. Koester, 『요한계시록 II―10~22장』, 최흥진 옮김, 앵커바이블 시리즈 (서울: 기독교문서선교회, 2019), 1455~57에서는 사탄의 연합국인, 땅의 사방에서 나오는 백성이 누구를 지칭하는가에 관한 다섯 가지 견해를 제시한다. 1) 일반적인 나라들, 2) 요한계시록 19:11~21의 전쟁에서 살아남은 나라들, 3) 전쟁에서 죽임을 당하고 천년왕국 후에 곧바로 소생하는 나라들, 4) 지하 세계로부터 온 존재들, 5) 천년왕국 기간에 태어난 복음을 거절한 자들 등이다. Koester는 일반적인 나라 견해를 지지한다. 에스겔 38~39장에서 곡과 마곡은 "여러 민족 가운데 흩어져 살다가 돌아온 사람들이 돌아와서 이스라엘의 산지에 안전하게 살고 있을 때" 이스라엘을 약탈하려고 침략한다(겔 38:8~9, 11). 이 이미지는 계시록 20:7과 유사하다. 하나님의 백성이 천년왕국 기간에 평안히 살고 있을 때, 사탄은 잠시 가석방되고, 이때 사탄의 연합군은 성도의 진과 도시인 예루살렘을 공격한다. 그렇다면, 사탄의 연합군들은 천년왕국 동안에 사는 사람과 그 기간에 태어난 불신자들로 구성된 전 세계에서 나온 적대적인 나라들일 가능성이 크다.

6 Aune, 『요한계시록 17~22』, 384~85에서는 올라간다는 표현을 세 가지 의미로 설명한다. 1) 예루살렘이 지리적으로 산 위에 위치하기에 올라간다는 표현을 사용했다. 2) 예루살렘이 세상의 중심이라는 사상에서 올라간다는 표현을 사용했다. 3) 전쟁의 맥락에서 예루살렘을 공격한다는 의미에서 올라간다는 용어를 사용했다고 주장한다.

이 거대한 연합군은 예루살렘에 올라가서 "성도들의 진과 하나님께서 사랑하시는 도시"를 포위합니다.7 예루살렘은 천년왕국 때 그리스도께서 통치하는 수도 역할을 합니다.8 그래서 사탄의 군대는 수도인 예루살렘을 공격합니다. 이때 "하늘에서 불이 내려와서" 공격하는 연합군들을 삼켜 버립니다. 요한계시록 19:17~21처럼, 사탄의 연합군이 공격하지만, 전쟁은 순식간에 끝납니다. 19장은 예수님께서 재림하실 때 적그리스도와 그의 군대가 하늘의 군대와 싸웁니다. 이때 적그리스도의 군대는 예수님의 입에서 나오는 검에 순식간에 패망합니다. 하지만 이 구절은 천년왕국 후 사탄과 그의 군대가 하나님의 백성을 공격하는 전쟁입니다. 사탄의 군대는 하늘에서 내려오는 불에 순식간에 태워집니다. 적그리스도의 군대는 예수님의 입에서 나오는 검에, 사탄의 군대는 하늘에서 내려오는 불에 심판받습니다. 적그리스도와 거짓 선지자의 군대처럼, 사탄의 군대도 제대로 전쟁 한 번 해보지 못하고 전멸합니다. 하나님의 초자연적인 개입으로 대적은 제대로 전쟁을 해보지 못하고 멸망하는 유사한 사건이 구약 성경에 많이 있습니다.9 히스기야 왕 시절에 앗시리아 왕 산헤립이 앗시리아 군을 이끌고 예루살렘을 공격할 때, 히스기야 왕이 기도합니다. 그러자 다음날 하나님이 개입하셔서 앗시리아

---

7 Fanning, *Revelation*, 515에서는 성도들의 요새와 사랑하는 도시로 같은 의미로 본다. Koester, 『요한계시록 II』, 1459에서는 '성도들의 진'은 그리스도인 공동체로, '사랑하는 성'은 예루살렘성 또는 시온성을 지칭한다고 여긴다. 하지만 때때로 진과 성은 같은 의미로, 본문에서는 지상의 예루살렘 성이라기보다는 그리스도인의 공동체를 지칭하는 은유적인 표현이라고 말한다. Aune, 『요한계시록 17~22』, 386~88에서는 '성도들의 진'을 성도들이 군대를 이룬다는 용어이며, "사랑하는 성"은 지상의 예루살렘으로 이해한다. '성도들의 진'에 관한 몇 가지 견해는 Aune, 『요한계시록 17~22』, 38을 참조하라.

8 Osborne, 『요한계시록』, 892에서는 "천년왕국 기간에 예루살렘이 수도로 복원이 되었다"라고 주장한다.

9 하나님께서 기적적으로 개입하신 사건은 열왕기하 7:5~15; 이사야 37:33~38; 시편 46:4~7; 48:1~8에 있다.

군 십팔만 오천 명을 죽이십니다(사 37:33~38). 하나님께서 초자연적 개입에, 사탄과 그의 군대는 전멸합니다.

사탄은 패하고서 영원한 불못에 던져져 짐승과 거짓 예언자들과 함께 영원히 고통받습니다. 거기에서 영원히, 밤낮으로 고통을 당합니다(βασανισθήσονται).10 요한계시록에서 하나님은 대적들에게 여러 번 회개할 기회를 주셨습니다. 하지만 그때마다 그들은 회개하지 않고, 오히려 회개할 기회를 거절합니다. 그 결과, 그들은 하나님의 영원한 심판에 불못으로 던져질 수밖에 없습니다. 하나님께서 그들을 불못에 던지심은 사랑이 없기 때문이 아닙니다. 하나님이 회개할 기회를 주셨는데도 그 기회를 거절했기 때문입니다. 하나님의 은혜를 거절하는 자들에게 주어지는 결과는 영원한 불못입니다. 그래서 영원한 불못은 하나님께서 거룩하심과 공의로움으로 역사하시는 결과를 나타냅니다. 예수님은 마태복음에서 마귀와 그의 천사들이 영원한 불을 경험한다고 말씀하셨습니다(마 25:41).

II. 백보좌 심판에서, 몸으로 부활한 비신자는 불못으로 던져진다 (20:11~15).

이때 요한은 크고 흰 보좌와 보좌 위에 앉으신 분을 봤습니다.11 크

---

10 '고통을 당하다'로 번역한 헬라어는 '바사니조(βασανίζω)'이다. 이 단어는 고통을 받거나 괴롭힘을 당함을 표현한다. 일반적으로 법정에서 심문받을 때 겪는 괴로움을 말하지만, 비유적으로는 모든 형태의 고통과 괴로움을 의미하며, 특히 정신적·심적 고통을 받을 때 쓰였다. Bauer, 『바우어 헬라어 사전』, 254를 참조하라.

11 백보좌에 앉으신 분이 누구신지에 관한 견해는 두 가지이다. 하나님이시거나, 어린 양이신 예수님이라는 견해이다. Fanning, *Revelation*, 517에서는 계시록에서 보좌에 앉으신 분을 하나님이시라고 자주 말하기에(4:2~3; 5:7, 13; 6:16; 7:10), 백보좌에 앉으신 분은 하나님이라고 주장한다. Koester, 『요한계시록 II』, 1460; Aune, 『요한계시록 17~22』, 391; Thomas, *Revelation 8~22*, 429에서는 하나님이시라는 견해를 지지한다. 하지만 Osborne, 『요한계시록』, 900에서는 요한계시록에서 하나님과 어린 양이 모두 보좌에 앉은 심판자로 나

고 흰 보좌는 이른바 백보좌입니다. '크고 흰 보좌'는 하나님의 최고 권위를 지칭하는 표현입니다.[12] '크다(μέγαν)'는 보통 사이즈가 크거나 방대한 것, 혹은 지위와 권위가 높고 고귀한 것을 가리키는 데 사용했습니다.[13] 그리고 '희다(λευκὸν)'는 순결함과 거룩함뿐만 아니라 승리를 뜻하기도 합니다.[14] 그래서 백보좌는 크고 웅장할 뿐 아니라 하나님의 거룩함이 곁들어 있는 권위를 상징합니다.

하나님의 위대한 보좌, 곧 하나님의 권위 앞에 이 세상의 땅과 하늘은 사라져서 더는 찾을 수 없습니다. '사라지고, 그 자리마저 찾아볼 수 없다'라는 표현은 완전한 파멸을 뜻할 수 있습니다(계 16:20). 이사야 51:6은 '하늘과 땅이 연기처럼 사라지고, 옷처럼 해어진다'라고 했습니다. 예수님은 "내 말은 영원하지만, 하늘과 땅은 없어진다"라고 하셨습니다(마 24:35). 계시록 21:1에서, 요한도 "이전 하늘과 이전 땅이 사라진다"라고 말합니다. 아마 불에, 하늘과 땅이 사라집니다. 베드로는 "'늘과 땅이 불로 멸망한다"라고 말합니다. "그러나 주님의 날은 도둑같이 올 것입니다.

오고(계 4:2; 5:6), 신약 다른 책에서도 예수님이 최후의 심판대 증인이시라는 사실(마 10:32~33; 막 8:38)로 볼 때, 본문은 하나님과 아들 두 분이 다 심판에 관여하신다고 말한다(하나님을 심판자로 언급은 마태복음 6:4; 18:35; 로마서 14:10에서 언급되고, 예수님을 심판자로 언급은 마태복음 7:22~23; 25:31~46; 고린도후서 5:10; 디모데후서 4:1에서 언급됨). Mounce, 『요한계시록』, 475; Beale, 『요한계시록(하)』, 1717; Smalley, *The Revelation to John*, 516에서는 하나님과 어린 양이신 예수님 두 분 모두라는 견해를 지지한다.

[12] Fanning, *Revelation*, 517; Osborne, 『요한계시록』, 900.

[13] '크다(μέγαν)'는 측도의 의미로, 길이, 넓이, 높이, 수량의 큼, 수량이 풍부한 것을 지칭한다. 또한 비유적으로 권위와 지위가 높은 것, 또는 고귀하고 값진 것을 지칭하기도 한다. 자세한 내용은 Bauer, 『바우어 헬라어 사전』, 945~46를 참조하라.

[14] Bauer, 『바우어 헬라어 사전』, 899~900에 따르면, '희다(λευκὸν)'는 흰색을 뜻하고, 빛과 같이 번쩍이는 광채가 남도 뜻한다. Osborne, 『요한계시록』, 900~01에서는 순결함과 거룩함을 뜻한다고 말한다.

그날에 하늘은 요란한 소리를 내면서 사라지고, 원소들은 불에 녹아버리고, 땅과 그 안에 있는 모든 일은 드러날 것입니다. 이렇게 모든 것이 녹아버릴 터인데, [여러분은] 어떠한 사람이 되어야 하겠습니까? 여러분은 거룩한 행실과 경건한 삶 속에서 하나님의 날이 오기를 기다리고, 그날을 앞당기도록 하여야 하지 않겠습니까? 그날에 하늘은 불타서 없어지고, 원소들은 타서 녹아버릴 것입니다"(벧후 3:10~12). 요한계시록 20:9에 불이 내려와 사탄의 군대를 불태운다고 했습니다. 이때 땅과 하늘도 불태워질 수 있습니다. 하늘과 땅의 소멸은 새로운 하늘과 땅의 회복을 의미합니다. 새 하늘과 새 땅은 옛 하늘과 옛 땅의 소멸로 시작합니다.15

요한은 백보좌 앞에 죽은 사람들이 서 있는 모습을 봤습니다. 큰 자나 작은 자나 할 것 없이 죽은 사람은 모두가 하나님의 보좌 앞에 서 있습니다. 이들은 하나님의 마지막 심판을 받으려고 서 있는 비신자들입니다.16 마지막 때가 되면 믿지 않고 죽은 사람들은 백보좌 심판대 앞에서 심판받습니다. 백보좌 앞에는 여러 책과 다른 책도 있습니다. 다른 책은 '생명의 책'으로 하나님의 백성이라는 명부, 곧 시민권자의 이름을 기록한 책, 이른바 호적부를 말합니다. 모세는 이스라엘 백성들을 위해서 간청하면서 죄지은 자들을 용서하지 않으시려거든 차라리 자기 이름을 책에서 지워달라고 간청했습니다. 모세가 말한 자기 이름이 기록된 책은 하나님이 통치하는 이스라엘 공동체의 일원이라는 명부를 말합니다. 모세가 이름을 지워 달라고 간청함은 하나님의 백성 명부에서 자기 이름을 제외해 달라는, 곧 자기를 하나님의 백성 공동체에서 제외해 달라는 의미입니다. 마찬가지로, '생명의 책'은 하늘의 시민권의

---

15 Beale, 『요한계시록(하)』, 1039; Osborne, 『요한계시록』, 899, 901; Thomas, *Revelation 8~22*, 430; Fanning, *Revelation*, 516~17.

16 이 모습은 부활 전, 몸에서 나간 영혼이 심판받으려고 서 있는 모습일 수도 있고, 부활한 형태로 서 있는 모습일 수 있다. Fanning, *Revelation*, 518에서는 13절에 "죽은 자들을 내놓는다"라는 표현에서 부활의 모습으로 백보좌 앞에 서 있다고 말합니다.

명부와 같은 기능을 합니다.17 예수님을 믿는 사람들은 하늘의 시민으로 하늘 시민권의 명부에 이름을 올립니다(빌 3:20). 반대로 불신자들은 하늘의 시민권 명부에 이름을 올릴 수 없습니다(계 13:8). 하늘의 시민권 명부인 생명책에 이름이 기록되지 않는 사람은 누구나 불못에 던져집니다(14절). 백보좌 앞에 생명의 책 외에 '여러 책'이 있습니다. 이 여러 책은 죽은 사람들이 살아 있을 때 행한 일들을 기록한 행위의 책일 가능성이 큽니다. 죽은 사람은 행위록에 기록된 대로 자기 행위에 따라 심판받습니다. 이들은 예수님을 믿지 않고 죽은 사람들입니다.18 생명의 책에 이름이 없기에 행위록에 기록된 대로 심판받습니다. 하나님은 백

---

17 Fanning, *Revelation*, 519. Koester, 『요한계시록 II』, 1462에서는 생명책에 이름이 기록됨은 보호를 의미하지만, 없거나 지워짐은 죽음을 뜻한다고 한다.

18 George E. Ladd, *A Commentary on the Revelation of John* (Grand Rapids: Wm. B. Eerdmans Publishing Company, 1972), 272; Fanning, *Revelation*, 517~19에 따르면, 백보좌 심판은 첫째 부활에 참여하지 못한 비신자를 대상으로 한다. 주요 이유 중 하나는 12~13절에서 하나님께서 부정적 선언을 죽은 자에게 말씀하시기 때문이다. 요한복음 5:29은 두 종류 부활을 말한다. 곧, 생명의 부활과 심판의 부활이다. 생명의 부활은 생명의 책에 기록된 사람들에게 주어지고 심판의 부활은 악인들에게 주어지는데, 본문에서 바다와 사망과 죽은 사람들은 내놓음은 심판의 부활과 관련이 있다고 말한다. Thomas, *Revelation 8~22*, 430에서는 죽은 자의 부활을 두 번째 부활로 여긴다. 두 번째 부활에 참여하는 자는 사탄의 군대에 참여한 자들, 천년왕국 후 마지막 반역에 동참하여 사라진 자들, 천년왕국 전 첫째 부활에 참여하지 못한 자들, 그리고 모든 세대에 악인으로 죽은 자들까지도 포함한다고 말한다.

하지만 신자와 불신자 모두를 포괄하는 심판이라는 주장에 조금은 차이가 있다. Beale, 『요한계시록(하)』, 1719; Smalley, *The Revelation to John*, 516~17에서는 신자들과 불신자들 모두를 가리키는 포괄적인 언급으로 보고, Mounce, 『요한계시록』, 476~77에서는 백보좌 심판이 천국에 들어간 순교자들을 제외한 인류 전체에 대한 보편적인 심판이라고 주장한다. 하지만, Osborne, 『요한계시록』, 902에서는 신자와 비신자 모두를 포함하는 보편적인 심판으로 보면서도, 12절과 13~15절을 구분한다. 12절은 의인으로 죽은 자들의 심판이고, 13~15절은 악인으로 죽은 자들의 심판이라고 한다.

보좌에 앉으셔서 심판하실 때, 임의로 심판하시지 않습니다. 각 사람이
삶에서 남긴 증거에 따라 심판하십니다. 예수님을 믿지 않고 숙은 사람
들은 그 책에 기록된 대로 그들이 행한 행위에 따라 심판받습니다.[19]

이때 바다가 죽은 사람들을 그 속에서 내놓고, 사망과 지옥도 그 속
에 있는 죽은 사람들은 내놓습니다. '바다'는 정상적으로 매장되지 않은
상태를 상징하는 용어입니다.[20] 그들은 바다에서 혹은 사막에서 죽은
사람들입니다. 물고기나 새, 또는 불에 태워진 사람들의 시체는 찾을
수 없습니다. 죽음과 사망은 정상적인 방법으로 매장한 사람들을 지칭
합니다.[21] 정상적으로 죽었던지, 아니면 비정상적으로 죽었던지, 불신자
들은 모두 물리적인 몸을 입은 형태로 부활합니다.

이들이 부활하는 이유는 자기들 행위에 따라 심판받아야 하기 때문
입니다.[22] 이들은 자기들이 행한 대로 심판받습니다. 심판을 받은 후에
불못으로 던져집니다. 악인들만 심판받고 불못에 던져지는 게 아니라,
사망과 지옥도 불못에 던져집니다. 고린도전서 15:26은 **"죽음을 맨 마
지막으로 멸망 받은 원수"**로 묘사합니다. 이사야 25:8에서도 **"주님께서**

---

19 행위에 따른 심판은 구약이나 신약에서 자주 언급한다(시 62:12; 렘 17:10;
롬 2:6; 벧전 1:17).

20 고대인은 죽은 자들이 가는 곳이 두 곳이라고 생각했다. 하나는 바다에서
죽은 자들이 가는 '불명확한 거처'와 땅에서 죽은 자들이 가는 '적절한 거처'로
음부이다. 민간 신앙에서는 '바다에서 죽은 자들의 영혼은 음부로 내려가지 못
하고, 물속에 머문다'라고 한다(Achilles, Tatius, *Leuc. Clit.* 5.16.2). Aune, 『요한
계시록 17~22』, 395; Koester, 『요한계시록 II』, 1463을 참조하라.

21 Fanning, *Revelation*, 519에 따르면, 바다는 비정상적으로 죽은 자들을,
사망과 음부는 정상적으로 죽은 자들을 지칭한다. Osborne, 『요한계시록』, 903
에서는 '바다'와 '사망과 음부'는 동의어로 둘 다 악의 화신을 가리킨다고 말한
다. Beale, 『요한계시록(하)』, 1720~21에서는 '바다'와 '사망과 음부'는 죽은 자
들의 영역을 가리키는 여러 명칭 중 하나로, 악한 세력들을 다스리는 영역을
가리킨다고 말한다.

22 Koester, 『요한계시록 II』, 1463.

죽음을 영원히 멸하신다"라고 했습니다. 사망과 지옥이 불못에 던져짐은 더는 사망과 죽음이 없다는 뜻입니다. 이 의미는 죄의 영향력이 영원히 사라진다는 뜻이기도 합니다. 그러므로 새 하늘과 새 땅에서는 죄가 없는 영원한 평화가 지속합니다.

영원한 불못에 던져져 영원히 고통을 받는 대상을, 요한계시록은 몇 가지로 말합니다. 1) 사탄의 동료들인 적그리스도와 거짓 선지자입니다(계 19:20). 그들은 어린 양이신 예수 그리스도께서 지상 재림을 하실 때, 그리스도와 그의 군대에 대적한 우두머리입니다. 그들 군대는 예수 그리스도의 입에서 나오는 칼에 전멸하고, 그들은 영원한 불못에 던져져 고통을 당합니다. 2) 사탄입니다(계 20:10). 천년왕국 후에 사탄은 잠시 임시 석방이 됩니다. 그는 많은 민족을 미혹하여 예루살렘을 공격하여 하나님의 백성을 멸하려고 합니다. 하늘에서 불이 내려와서 모든 사람을 태우고, 사탄은 적그리스도와 거짓 선지자들이 던져진 불못으로 던져집니다. 3) 생명책에 이름이 기록되지 못한 비신자들이 불못에 던져집니다(계 20:15). 4) 사망과 지옥이 불못에 던져집니다(계 20:14). 그 결과, 더는 죄와 사망이 이 세상을 다스리지 못합니다. 그래서 새 하늘과 새 땅은 하나님의 은혜만 넘칩니다. 주님과 함께 영원히 행복하게 사는 곳입니다.

결론

백보좌 심판은 하나님을 믿지 않는 죄인들만 심판하는 자리입니다. 하나님은 믿지 않는 자들을 그들 행위에 따라 심판하십니다. 믿지 않는 사람들은 부활해 심판받습니다. 정상적으로 죽어 무덤에 매장된 사람도, 비정상적으로 죽어 시체를 찾을 수 없는 사람도, 부활해 심판받습니다. 그들은 부활하여 하나님의 백보좌 심판대 앞에 섭니다. 그리고 둘째 죽음인 영원한 불못으로 던져집니다. 불못에서 영원히 고통과 괴로움을 받습니다. 하나님과 영원히 분리되어 영원히 고통받습니다. 하지만 이 땅에서 그리스도를 위해 충성한 사람들은 하늘의 생명책에 기록되기에, 불못에 던져지지 않습니다. 그들은 천년왕국에서 그리스도와 함께 왕으로 누리고, 또한 새 하늘과 새 땅에서도 왕으로서 그리고 제사장으로서 하나님을 영원히 섬깁니다.

계시록 21:1~8, '새 하늘과 새 땅'

새로운 세상에서 누릴 즐거움을 바라자

중심 내용: 새 하늘과 새 땅은 신실한 자들이 유업으로 받는 곳으로, 거기에는 죽음, 슬픔과 고통이 없다.

I. 새 하늘과 새 땅의 모습은 신부가 신랑을 맞으려고 단장한 아름다움에 비유한다(21:1~2).

II. 새 하늘과 새 땅의 의미는 하나님이 영원히 함께함이며, 슬픔과 죽음을 더는 겪지 않음이다(21:3~4).

III. 새 하늘과 새 땅의 복은 하나님의 자녀로서 신실한 자들이 받는 유업이다(21:5~8).

서론

새 하늘과 새 땅에 관한 이야기는 요한계시록 21:1~22:5에 기록합니다. 21:1~2에서, 요한이 본 새 하늘과 새 땅, 그리고 그 수도인 새 예루살렘을 묘사합니다. 3~8절에서는 보좌에서 들리는 소리를 서술합니다. 그리고 21:9~22:5에서는 천사가 요한에게 새 예루살렘의 모습을 자세히 보여주면서 설명한 바를 기록합니다. 오늘 본문 21:1~8은 요한이 보고 들은 새 하늘과 새 땅에 관한 이야기입니다. 그런데 자세히 보면, 새 하늘과 새 땅에 관한 이야기라기보다는 새 예루살렘에 관한 이야기입니다. 새 예루살렘은 새 하늘과 새 땅의 수도입니다. 새 예루살렘을 알면, 곧 새 하늘과 새 땅을 알 수 있습니다. 그 수도가 곧 그 나라를 대표하기 때문입니다.

I. 새 하늘과 새 땅의 모습은 신부가 신랑을 맞으려고 단장한 아름다움에 비유한다(21:1~2).

요한은 새 하늘과 새 땅을 봅니다(1절). 왜냐하면 옛 하늘과 옛 땅이 사라졌기 때문입니다. 옛것이 사라져야 새것이 옵니다. 옛것이 사라지지 않는 한, 새것이 올 수 없습니다. 우리 성품도 마찬가지입니다. 옛 성품인 자기중심적인 육신의 성품이 사라질 때, 비로소 이웃을 배려하는 새 성품인 영적 성품이 시작합니다. '옛 하늘과 옛 땅'은 우리가 현재 살고 있는 하늘과 땅입니다. 요한은 우리가 살고 있는 하늘과 땅이 사라지는 광경을 봤습니다. '사라지다(ἀπῆλθαν)'[1]는 동사 부정과거형으로 '완전히 사라졌다'는 점을 강조합니다. 요한이 본 것은 옛 하늘과 옛 땅이 아닙니다. 새로운 하늘과 새로운 땅이었습니다. 왜냐하면 옛 하늘과 옛 땅은 완전히 사라졌기 때문입니다(계 20:11).

---

1 '사라지다(ἀπέρχομαι)'는 완전히 사라짐, 또는 한 곳에서 다른 곳으로 감을 뜻한다. 그런데 이 동사가 완전한 파괴를 의미하는지, 아니면 단순히 지나감을 의미하는 지는 모호하다. Walter Bauer, eds. Kurt Aland, Barbara Aland, and Viktor Reichmann, 『바우어 헬라어 사전—신약성경과 초기 기독교 문헌의 헬라어-한국어 사전』, 이정의 옮김 (서울: 생명의말씀사, 2017), 159; J. Schneider, "ἔρχομαι, ἔλευσις, ἀπε-, δι-, εἰσ-, ἐξ-, ἐπ-, παρ-, παρεισ-, περι-, προσ-, συνέρχομαι," in *Theological Dictionary of the New Testament*, ed. Gerhard Kittel and Gerhard Friedrich, trans. Geoffrey W. Bromiley, vol. 2 (Grand Rapids: Wm. B. Eerdmans Publishing Company, 1964), 675~76을 보라.

"요한이 본 '새 하늘과 새 땅'은 무엇을 지칭할까요?"

'새 하늘과 새 땅'에 관한 두 가지 견해가 있습니다.[2] 하나는 현재 우리가 살고 있는 하늘과 땅은 사라지고, 완전히 다른 새 하늘과 새 땅이 만들어진다는 견해입니다. 다른 하나는 현재 우리가 살고 있는 하늘과 땅이 리모델링이 되어 새로운 모습으로 나타난다는 견해입니다. 현대 많은 학자는 완전히 다른 새 하늘과 땅이 생기기보다는, 리모델링을 하여 질적으로 새로운 모습을 한 새 하늘과 새 땅을 주장합니다.[3] 어떤

---

[2] 새 나라에 관해, 유대인의 묵시문학에서도 두 가지 개념이 있다. 하나는 현재 세계가 완전히 파괴되고 새로운 하늘과 새로운 땅이 창조된다는 사상(1 Enoch 72.1; 83.3~4; 91:16; 2 Bar 18.5~10)이고, 다른 하나는 하늘과 땅이 쇄신되어 질적으로 업그레이드가 된 하늘과 땅이 존재한다는 견해이다(Jub. 1.29; 4:26; 23:18; 1 Enoch 45.4~5; 2 Bar 32.2~6; 57:1~3; T. Levi 18.5~10). David E. Aune, 『요한계시록 17~22』, 김철 옮김, WBC 성경주석, 52하 (서울: 솔로몬, 2004), 418~21을 참조하라.

[3] Grant R. Osborne, 『요한계시록』, 김귀탁 옮김, BECNT 시리즈 (서울: 부흥과개혁사, 2019), 915~16; G. K. Beale, 『요한계시록(하)』, 오광만 옮김, NIGTC (서울: 새물결플러스, 2020), 1729~30; Craig R. Koester, 『요한계시록 II─10~22장』, 최흥진 옮김, 앵커바이블 시리즈 (서울: 기독교문서선교회, 2019), 1489~90; Stephen S. Smalley, *The Revelation to John: A Commentary on the Greek Text of the Apocalypse* (Downers Grove, IL: IVP Academic, 2005), 524; Buist M. Fanning, *Revelation*, Zondervan Exegetical Commentary on the New Testament, ed. Clinton E. Arnold et al., vol. 20 (Grand Rapids: Zondervan Academic, 2020), 529에서 이 견해를 지지한다. 하지만, Aune, 『요한계시록 17~22』, 418; Robert L. Thomas, *Revelation 8~22: An Exegetical Commentary* (Chicago: Moody Press, 1995), 439~40에서는 완전한 새로운 것이라고 말한다. '새로운'을 뜻하는 형용사로 '네오스(νέος)'와 '카이노스(καινός)'가 있다. '네오스(νέος)'는 전에는 없었는데 이제 새롭게 존재하는 것을 그리고 시간적인 의미에서 새로운 것을 뜻한다면, '카이노스(καινός)'는 시간이 아니라 질적인 면에서 새로운 것을 가리킨다. 그러나 때때로 동의어로 쓰이는 경우도 있다(J. Behm, "καινός, καινότης, ἀνακαινίξω, ἀνακαινόω, ἀνακαίνωσις, ἐγκαινίζω," in *Theological Dictionary of the New Testament*, ed. Geoffrey W. Bromiley, trans. Geoffrey W. Bromiley, vol. 3 [Grand Rapids: Wm. B. Eerdmans

견해를 주장해도, 문제는 되지 않습니다. 분명한 점은 새 하늘과 새 땅은 현재 우리가 살고 있는 하늘과 땅과는 질적으로 다른 세상이라는 점입니다.4 지금 하늘과 땅은 죄와 죽음이 통제하는 세상입니다. 그래서 슬픔과 고통이 끊임없이 다가옵니다. 그러나 새 하늘과 새 땅은 죄와 죽음이 더는 통제하지 못하는 세상입니다. 그래서 슬픔이나 고통, 그리고 죽음은 더는 존재하지 않습니다.

요한은 바다도 없어지는 광경을 봤습니다. '바다도 존재하지 않는다'라고 했는데, 이것은 무슨 뜻일까요? 요한계시록에서 '바다'는 몇 가지 다른 의미로 쓰입니다.5 그중 중요한 한 가지는 바다는 실제 바다라는

Publishing Company, 1967], 447~54; H. Haarbeck, "νέος," in *The New International Dictionary of New Testament Theology*, ed. Colin Brown, vol. 2 [Grand Rapids: Zondervan Publishing House, 1975], 674~76; H. Haarbeck, G. H.-Link, and Colin Brown, "καινός," in *The New International Dictionary of New Testament Theology*, ed. Colin Brown, vol. 2 (Grand Rapids: Zondervan Publishing House,1975), 669~74 보라). 그래서 '새롭다'는 용어만으로 의미를 결정하기는 어렵다.

4 Fanning, *Revelation*, 529~30에서는 새 창조가 주는 의미를 네 가지로 정리한다. 1) 옛 창조와 새 창조는 급격한 변화가 있다. 죽음, 어두움, 부패, 위협, 분쟁은 생명, 빛, 보호, 안전한 공동체, 하나님의 친밀함으로 대체된다. 2) 우주에 대한 이원론적 개념이 존재하지 않는다. 물리적 존재와 이 땅은 악이고, 영적이며 하늘의 것은 선이라는 개념이 더는 존재하지 않는다. 3) 옛 창조와 새 창조 사이에 연속성이 존재한다. 급격한 변화는 있지만, 여전히 연결되는 것이 있다. 새 예루살렘은 옛 예루살렘의 이름을 사용하고 있다. 4) 연속성에서도 새 창조는 옛 창조보다 훨씬 탁월하게 대체된다. 새 창조는 하나님이 원 창조에서 계획했던 것보다 훨씬 우월하고 탁월하다.

5 Beale, 『요한계시록(하)』, 1732에서는 요한계시록에서 '바다' 개념을 다섯 가지로 정리한다. 1) 악의 출처(12:18), 2) 성도들을 박해하는 만국(12:18; 13:1; 17:1~6), 3) 죽은 자들의 거처(20:13), 4) 세상 사람들의 우상 숭배적인 교역 활동 장소(19:10~19), 5) 이 세상의 한 부분인 수역(5:13; 7:1~4; 8:8~9; 10:2, 5~6; 14:7; 16:3) 등이다. 그는 '바다가 없어졌다'라는 표현이 다섯 가지 모두와 관련이 있다고 주장한다. 하지만 Osborne, 『요한계시록』, 916에서는 처음 두

점입니다. 다른 중요한 점은 악을 상징합니다. 짐승이 바다에서 나옴이 대표 예입니다(계 13:1). 요한이 "바다도 없어졌다"라고 했을 때, 그 바다는 실제 바다를 의미할 수도 있지만, 악을 상징하는 바다를 의미할 수도 있습니다. 상징으로 해석한다면, 새 하늘과 새 땅에서는 더는 죄와 악이 존재하지 않는다는 의미입니다. 그 이유는 죄과 죽음의 원흉인 사탄의 거짓 삼위일체가 불못에 던져졌기 때문입니다.

요한은 또한 거룩한 도성, 곧 새 예루살렘이 하늘에서 내려오는 광경을 봤습니다(2절). 새 예루살렘은 새 하늘과 새 땅의 수도입니다.6 구약성경은 하나님께서 새로운 세상을 만드실 때, 예루살렘이 새로운 세상의 중심이 된다고 예언했습니다(사 2:1~5; 18:7; 24:23). 특히 이사야 65장은 하나님께서 새 하늘과 새 땅을 창조하실 때 예루살렘이 즐거움과 기쁨의 중심지가 된다고 했습니다(사 65:17~19). 옛 예루살렘이 하나님의 옛 창조의 중심이었듯이, 새 예루살렘은 하나님의 새 창조의 중심이 됩니다.7 요한은 수도인 새 예루살렘을 묘사합니다. 그는 새 예루살렘을 신부에 비유합니다.8 **"나는 또 거룩한 도성 새 예루살렘이, 남편을 위하**

가지가 관련이 있다고 보면서, 악의 상징으로 해석한다. Aune, 『요한계시록 17~22』, 422; Fanning, *Revelation*, 530에서도 바다와 악을 연결해 이해한다.

6 Fanning, *Revelation*, 531은 '새 예루살렘'과 '새 하늘과 새 땅'의 관계를 '부분과 전체의 관계(a part-to-whole relationship)'로 해석한다. 새 예루살렘은 새 창조(새 하늘과 새 땅)의 핵심이다. 그러면서도 새 예루살렘은 새 하늘과 새 땅과 똑같지 않다고 말한다. 새 예루살렘과 새 하늘과 새 땅은 서로 관련이 있고 연결되지만, 별개 것일 수 있다.

7 Osborne, 『요한계시록』, 917~18에 따르면, 새 하늘과 새 땅은 과거 하늘과 땅의 연속성이 있다고 주장하면서, 이분법은 이제 더는 존재하지 않는다고 말한다. 과거에는 하늘과 땅의 이분법이 존재했지만, 이제는 새 예루살렘이 하늘에서 땅으로 내려와서 하늘과 땅이 하나로 연합됐다고 주장한다.

8 새 예루살렘이 성도가 거하는 장소인가, 아니면 성도를 나타내는 상징인가? Robert H. Mounce, 『요한계시록』, 장규성 옮김, NICNT (서울: 부흥과개혁사, 2019), 484에서는 새 예루살렘을 실제 도시라기보다는 완전하고 영원한 상태에

여 단장한 신부와 같이 차리고, 하나님께로부터 하늘에서 내려오는 것을 보았습니다"(2절). 신랑을 맞으려고 단장하는 신부처럼, 새 예루살렘은 아름답게 단장하고 하늘에서 내려옵니다. 새 예루살렘 단장은 요한계시록 21:9~22:5에서 자세히 설명합니다.

요한계시록 19:7~8은 구원받은 이, 곧 성도를 신부로 표현했습니다. 7~8절을 읽겠습니다. "**기뻐하고 즐거워하며, 하나님께 영광을 돌리자. 어린 양의 혼인날이 이르렀다. 그의 신부는 단장을 끝냈다. 신부에게 빛나고 깨끗한 모시옷을 입게 하셨다. 이 모시옷은 성도들의 의로운 행위다.**" 예수님께서 재림하실 때 성도들은 어린 양의 신부로서 어린 양의 혼인 잔치에 참여합니다. 19장에서 성도는 어린 양의 신부이고, 성도의 단장은 의로운 행실입니다. 하지만 이 구절에서는 예루살렘이 신부이고, 신부인 예루살렘은 보석으로 단장합니다(계 21:18~21; 사 54:11~12; 61:10; 62:1~5).

고대 헬라 세계에서, 신부는 주로 '옷과 보석'으로 단장했습니다. 신부의 아버지는 신부의 옷, 진주, 보석을 사려고 돈을 저축했습니다(Pliny, *Ep.* 5.6.7). 디모데전서 2:9에서, 바울은 여자들에게 "땋은 머리, 금, 진주, 비싼 옷으로 단장하지 말라"라고 권면합니다. 물론 바울의 권

있는 교회를 상징한다고 말한다. 고린도전서 3:16~17에서 하나님의 백성을 하나님이 거주하는 성전으로 여기듯이, 요한계시록에서 "하나님의 백성이 도시(예루살렘)이다"라고 주장한다. Beale, 『요한계시록(하)』, 1735~37에서도 새 예루살렘을 교회로 여기는데, 새 예루살렘에 이스라엘의 지파와 사도의 이름이 기록되어 있기 때문이다. Thomas, *Revelation 8~22*, 442에서는 신부와 도시는 새 예루살렘의 두 가지 특성을 의미한다고 주장한다. 신부는 하나님과 성도와 개인관계를 나타낸다면, 도시는 하나님과 그분 백성인 공동체의 관계를 나타낸다. Aune, 『요한계시록 17~22』, 425~26에서는 구약에서 이스라엘을 여성이나 신부로 묘사하듯이, 새 예루살렘을 신부로 묘사한다고 말하고, Osborne, 『요한계시록』, 919에서는 새 예루살렘과 바빌론과 대조하여, 바빌론이 성도들과 장소둘 다를 가리키듯이, 새 예루살렘도 성도를 상징하면서도 성도들이 거주하는 거처를 의미한다고 말한다. Fanning, *Revelation*, 538에서도 새 예루살렘은 하나님의 백성이면서도 장소라고 주장한다.

면은 신부와 관련이 없습니다. 단지 바울의 권면에서 보면, 그 당시 일상생활에서 여성들이 진주, 비단옷, 보석으로 장식함이 '일반적인 관례이었고, 미덕으로 여겼다'는 점을 알 수 있습니다. 평상시에 그랬다면, 신부가 결혼식을 올리려고 단장함은 더 했겠지요.9 새 예루살렘이 새 하늘과 새 땅의 수도로 각종 보석으로 아름답게 단장한 모습을, 요한은 신랑을 맞으려고 단장한 신부의 아름다운 모습으로 비유합니다.

"1~2절에서 요한이 본 새 하늘과 새 땅의 모습을, 3~8절에서는 음성으로 더 자세히 듣습니다."

II. 새 하늘과 새 땅의 의미는 하나님이 영원히 함께함이며, 슬픔과 죽음을 더는 겪지 않음이다(21:3~4).

요한이 새 예루살렘이 하늘에서 내려오고 있는 모습을 보고 있을 때, 하늘 보좌에서 들리는 큰 음성을 듣습니다. 이 음성은 하나님께서 하신 말씀은 아닌 듯합니다. 왜냐하면 '**하나님이 그들과 함께 계실 것이요**'라는 표현에서 하나님을 3인칭으로 묘사하기 때문입니다.10 만약 하나님이 직접 말씀하셨다면, "내가 그들과 함께 있겠다"라고 하셨겠지요. 큰 음성은 새 예루살렘의 의미를 설명합니다. 새 예루살렘을 '하나님의 집(ἡ σκηνὴ τοῦ θεοῦ)'으로 묘사합니다. '집'은 헬라어로 '스케네(σκηνή)'입니다.11 이 용어는 천막이나 오두막 등 유목민이 거처하는 천막을 지

9 Aune, 『요한계시록 17~22』, 426; Osborne, 『요한계시록』, 919에서는 신부, 곧 예루살렘의 단장은 음녀 바벨론의 단장과 의도적으로 대조를 이루게 한다고 말한다.

10 Koester, 『요한계시록 II』, 1495; Osborne, 『요한계시록』, 920; Fanning, *Revelation*, 532.

11 Mounce, 『요한계시록』, 485; Osborne, 『요한계시록』, 920은 '스케네'가 성전이나 하나님의 임재와 영광을 가리키는 히브리어 '세키나'에서 파생했다고 말한다. 하지만, Koester, 『요한계시록 II』, 1496에서는 이 견해에 반대한다. 이

칭합니다(창 4:20; 12:8). 또한 이스라엘이 애굽에서 탈출하여 광야에서 생활알 때 백성 가운데 거하신 하나님의 회막이나 성전을 의미하기도 합니다(출 27:21; 29:4; 레 1:1).[12]

하나님의 회막이 사람들 가운데 있음은, 하나님이 백성과 함께하시며 위로하신다는 의미입니다(겔 37:27). 하나님께서 에덴동산을 만드시고 아담과 하와와 함께하셨듯이, 새 예루살렘에서 당신 백성과 함께하십니다. 하나님은 새 하늘과 새 땅에서 백성과 함께하십니다. 여기서 '사람들'이란 용어가 나오는데, 이 용어는 단수인 이스라엘 백성이 아니라 복수로 모든 민족을 지칭합니다.[13] 복수로 표현은 새 예루살렘이 한 민족이 아니라, 다양한 민족이 있음을 의미합니다. 예수님 안에서 새 언약의 백성은 이스라엘 백성에게 국한되지 않고, 믿음을 가진 모든 민족에게 확장합니다. 하나님은 믿음을 가진 모든 민족의 하나님으로서, 그들 수고를 위로하십니다. 왜냐하면 그들은 당신 백성이고, 하나님은 그들 하나님이시기 때문입니다(엡 2:14~22).

"하나님께서 백성과 함께하시는 결과는 무엇일까요? 새 하늘과 새 땅이 주는 의미는 무엇일까요? 두 가지입니다(4절). 사실, 두 가지는 하나를 다르게 표현할 뿐입니다."

하나는 당신 백성이 흘리는 모든 눈물을 닦아 주심입니다. '눈물을 닦아 주신다'라는 말은 고통과 아픔을 없애 주신다는 뜻입니다. 이 표현이 요한계시록 7:17에도 있습니다.[14] **"보좌 한가운데 계신 어린 양이**

유는 '세키나'는 2세기 이전에 쓰이지 않았기 때문이다.

12 Bauer, 『바우어 헬라어 사전』, 1403.

13 백성은 복수형 λαοί이다. 이는 이스라엘 백성보다는 세상의 모든 사람을 지칭하는 용어이다. Osborne, 『요한계시록』, 921을 보라. Koester, 『요한계시록 II』, 1497에서는 이 단어가 모든 민족을 구속한다는 의미라고 말한다. Fanning, *Revelation*, 522에서는 믿는 이스라엘은 다양한 민족이 하나님의 복에 참여하게 하는 통로 역할을 계속한다고 주장한다.

그들의 목자가 되셔서, 생명의 샘물로 그들을 인도하실 것이고, 하나님께서 그들의 눈에서 눈물을 말끔히 씻어 주실 것입니다." 7장에서 하나님이 그들을 생명 샘으로 인도하고 그들 눈물을 닦아줄 수 있었던 이유는, 어린 양이 그들 목자이시기 때문입니다. 마찬가지로 목자로서 하나님은 모든 민족의 눈물을 닦아 주십니다(시 23). 목자로서 하나님은 성도를 푸른 초장으로 인도하시고, 성도가 어려움에 밤낮 흘리는 눈물, 고통, 아픔을 기억하시고 눈물을 닦아 주십니다.

또 다른 결과는 죽음도, 슬픔도, 울부짖음도, 고통도 사라집니다. 이 표현은 주님께서 슬픔의 원천을 제거하신다는 뜻입니다.[15] 죽음은 죄의 결과로 세상에 들어왔습니다(창 3; 롬 5:12). 죄의 결과로, 인류는 죽게 되었고, 죽는다는 두려움에 사로잡혔습니다(히 2:15). 그런데 이제는 더는 죽음이 없습니다. 죽음이 없기에, 슬픔도 울부짖음도 없습니다. '슬픔($\pi\acute{\epsilon}\nu\theta o\varsigma$)'은 죽음으로 또는 사랑하는 이를 잃음으로 겪는 깊은 고뇌를 말합니다. 하지만 '울부짖음($\kappa\rho\alpha\upsilon\gamma\acute{\eta}$)'은 슬픔과 절망에 크게 소리 내어 울음을 말합니다. "슬픔도 울부짖음도 없다($o\check{\upsilon}\tau\epsilon\ \pi\acute{\epsilon}\nu\theta o\varsigma\ o\check{\upsilon}\tau\epsilon\ \kappa\rho\alpha\upsilon\gamma\acute{\eta}$)"는 죄, 고난, 죽음이 없기에 오는 자연스러운 결과입니다.[16]

"왜 눈물도 없고, 죽음이나 슬픔도 없을까요?"

그 이유는 "이전 것들이 다 사라져 버렸기 때문입니다." 옛 하늘과 옛 땅이 사라졌기 때문입니다. 악의 원천인 바다도 사라졌기 때문입니다. 성도가 겪은 아픈 기억이나 역사는 사라지기 때문입니다.

"그때 요한은 보좌에 앉으신 분에게서 들리는 음성을 직접 듣습니다."

---

14 요한계시록 7:17은 이사야 25:8을 인용한다.

15 Osborne, 『요한계시록』, 922.

16 Bauer, 『바우어 헬라어 사전』, 1208, 856~57; Fanning, *Revelation*, 533, n. 26.

III. 새 하늘과 새 땅의 복은 하나님의 자녀로서 신실한 자들이 받는 유업이다(21:5~8).

보좌에 앉으신 분은 하나님이십니다.[17] 요한계시록에서 하나님께서 직접 말씀하신 경우는 두 차례입니다. 1:8절과 이 구절입니다.[18] 하나님이 직접 하늘 보좌에서 말씀하심은 하나님께서 주권과 위엄으로 선포하신다는 뜻입니다. 하나님의 선포는 다섯 가지로 요약할 수 있습니다.[19] 첫째, 새로운 질서가 세워진다는 선언입니다. **"내가 모든 것을 새롭게 한다."** '모든 것을 새롭게 한다($\kappa\alpha\iota\nu\grave{\alpha}$ $\pi\omega\iota\hat{\omega}$ $\pi\acute{\alpha}\nu\tau\alpha$)'는, 옛것을 사라지게 하시고 새로운 것을 만드신다는 뜻입니다.[20] 옛 질서는 사라지고, 새 질서가 생깁니다. 새 질서의 주인은 하나님이십니다(사 65:17).

둘째, '다 이루었다'입니다. 하나님께서 구원의 역사를 다 이루셨다는 의미입니다. 하나님께서 구원의 역사를 다 이룰 수 있었던 이유는 당신이 알파와 오메가요, 처음이며 마지막이기 때문입니다. 이 호칭은 하나님께서 만물의 창조주이시며, 만물을 주관하고 운행하시는 분임을 의미

---

17 Beale, 『요한계시록(하)』, 1749; Fanning, *Revelation*, 534.

18 Beale, 『요한계시록(하)』, 1408; Smalley, *The Revelation to John*, 413에서는 16:17도 하나님 음성이라고 주장한다.

19 Osborne, 『요한계시록』, 923~26에서는 다섯 가지 약속을 언급하지만, 내용은 필자가 말하는 바와 다르다. Fanning, *Revelation*, 535에서는 다섯 가지 약속을 두 가지 약속으로 구분한다. 하나는 영적인 생명수를 주신다는 약속이고(6절), 다른 하나는 이기는 자에게 복을 주신다는 약속이다(7절).

20 여기서도 '새롭게 한다'는 질적인 면에서 새로운 것을 의미하는 '카이노스($\kappa\alpha\iota\nu\acute{\alpha}$)'로 표현한다. 완전히 새로운 질서라기보다는 옛 질서를 질적으로 쇄신한다는 의미이다. 하지만 학자들은 해석에 차이를 보인다. Aune, 『요한계시록 17~22』, 432에서는 완전한 새 질서를 주장하고, Fanning, *Revelation*, 534에서는 쇄신을 주장한다. Osborne, 『요한계시록』, 923~24에서는 연속성과 불연속성 모두를 주장한다.

합니다.21 하나님은 역사를 주관하십니다. 그래서, 그분은 당신 계획대로 모든 역사를 다 이루십니다.

셋째, '생명수 샘물을 마시게 하겠다'입니다. 주님은 목마른 이에게 당신께로 오라고 초청하십니다. 목마름은 생명의 갈증을 느낌을 말합니다.22 영적으로 갈증을 느끼는 이가 주님께로 오면, 그 갈증을 해소할 수 있습니다. 왜냐하면 주님께서 생명수의 샘물을 마시게 하시기 때문입니다. 주님은 '생수의 근원'이십니다. 생명의 물은 하늘 보좌로부터 흘러나옵니다. 그래서 병든 자, 목마른 자가 주님께 나아오면, 다 낫습니다. 주님께로 나아오면, 회복하고 만족합니다.

넷째는 '이기는 자에게 하나님의 상속자가 되게 해 주시겠다'는 약속입니다. 이기는 자에게 '이것들을' 상속받게 하겠다고 하셨습니다. '이것들은' 예수님께서 일곱 교회에게 이기는 자는 주시겠다는 일곱 가지 약속과 관련이 있습니다.23 1) 생명나무의 열매를 먹습니다(2:7). 2) 사망의 해를 받지 않습니다(2:11). 3) 감춰진 만나와 흰 돌을 받습니다(2:17). 4) 만국을 다스리는 권세를 받습니다(2:26). 5) 그 이름이 생명책에서 지워지지 않습니다(3:5). 6) 하나님의 성전에 기둥이 됩니다(3:12). 7) 그리스도와 함께 그분 보좌에 앉습니다(3:12). 이 모든 것은 이기는 자, 곧 믿음을 끝까지 지키는 자에게 주어지는 유업이며 선물입

---

21 Mounce, 『요한계시록』, 488에서는 알파와 오메가, 처음과 끝을 시간의 관점뿐 아니라 만물의 원천이며, 근원임을 가리킨다고 말한다. Osborne, 『요한계시록』, 925에 따르면, 하나님의 호칭은 처음과 마지막을 주장한다는 의미도 있지만, 처음과 마지막 사이에 만물을 조종하신다는 의미도 있다. 그래서 역사를 주관하신다는 의미를 강조하려고 처음과 마지막을 사용했다고 말한다.

22 Fanning, *Revelation*, 535에 따르면, 이 갈증은 영적 갈증인데, 이 구절은 이사야 49:10을 인용한다. 이사야 49:10은 양의 필요를 채워주고, 생명의 물로 인도하는 목자와 관련이 있다. Mounce, 『요한계시록』, 926에서도 이 구절을 영적 갈증과 연결하고, 그 배경을 이사야서라고 한다(사 55:1; 44:3; 49:10).

23 Mounce, 『요한계시록』, 488.

니다. 그런데 가장 큰 복은 하나님께서 그들 하나님이시고, 그들은 하나님의 자녀라는 사실입니다.[24] 하나님의 백성이 되고 하나님의 자녀가 될 때, 일곱 교회에게 주어진 일곱 복은 자연스럽게 이뤄집니다.

다섯째, '불신자는 지옥으로 떨어진다'입니다. 불신자는 이러한 복을 받지 못합니다. 대신 둘째 사망인 불못에 던져집니다. 8절입니다. **"그러나 비겁한 자들과 신실하지 못한 자들과 가증한 자들과 살인자들과 음행하는 자들과 마술쟁이들과 우상 숭배자들과 모든 거짓말쟁이가 차지할 몫은, 불과 유황이 타오르는 바다뿐이다. 이것이 둘째 사망이다."** 8절에 '그러나'는 대조하는 접속사입니다. 하나님께 신실한 자들은 당신께서 준비하신 새 하늘과 새 땅을 유업으로 받습니다. '그러나' 하나님을 저항하고 악을 선택하는 사람은, 영원한 사망인 불못을 유업으로 받습니다.[25] 사람들은 주님을 의지하며 살기, 어려움을 인내하면서 살기보다 핍박을 피하며 살기를 선택합니다. 왜냐하면 그 길이 넓고, 쉽기 때문입니다. '그러나' 그러한 선택의 결과는 후회요, 절망이며, 영원한 심판입니다. 하나님은 요한을 통하여 직접 다시 한번 성도들에게 바르게 선택하라고 촉구합니다.

---

24 Osborne, 『요한계시록』, 927에서는 자녀가 되는 복은 아브라함 언약(창 17:7)과 다윗 언약(삼하 7:14)에 주어진 내용을 종합한 복이며, 두 언약 성취는 새 하늘과 새 땅에서 최종적으로 이루어진다고 말한다. Fanning, *Revelation*, 535~36에서는 양자 개념은 신구약에서 가르치는 언약의 개념과 일치하며(창 17:7; 렘 31:33; 겔 34:24), 다윗 언약(삼하 5:14)의 성취라고 말한다.

25 Fanning, *Revelation*, 536에서는 8절에서 여덟 가지로 악 묘사가 비신자들의 악한 행동에 있는 일반 특성을 묘사한다고 말한다. 하지만, Osborne, 『요한계시록』, 929에서는 첫째 언급 '비겁한 자들(δειλοῖς)'은 세상의 압력에 굴복해 믿음을 떠나는, 교회 안의 사람들을 가리킨다고 말한다. Koester, 『요한계시록 II』, 1503에서도 비슷한 견해를 견지하면서 믿음을 버리는 행위, 헌신 부족을 나타낸다고 말한다. Mounce, 『요한계시록』, 489에서는 여덟 가지 모두는 믿음을 고백했다가 배교한 자들을 가리킬 수 있다고 주장한다. Beale, 『요한계시록(하)』, 1760~63에서도 일부 구절이 믿지 아니하는 자들을 언급해도 전체적으로 그리스도인을 언급한다고 말하면서 그들 삶이나 교리가 모순을 일으키는 사람들을 지칭한다고 말한다.

결론

요한계시록의 처음 독자는 로마 제국의 핍박에서 고통스럽게 살아가는 성도였습니다. 상인 조합에 가입하지 않아서, 경제적인 혜택을 누릴 수 없었습니다. 황제 숭배에 참석하지 않는다는 이유로, 로마 제국에게 온갖 종류 핍박을 받았습니다. 성도는 이런 어려운 상황에서 살아가고 있었습니다. 이들에게 하나님은 직접 위로하시면서 올바른 선택을 하도록 격려하십니다. 이 권면의 말씀은 어려움에서 생활하는 오늘날의 성도들에게도 동일합니다. 잠시 안전과 물질을 선택해, 영원한 것을 버릴 것인가, 아니면 영원한 것을 얻으려고 잠시 안전과 물질 어려움에도 인내하면서 살아갈 것인가? 성도는 선택해야 합니다. 영원한 것을 선택하는 성도에게, 하나님은 그들 하나님이 되시고, 새 하늘과 새 땅으로 위로하시고, 유업으로 보상하십니다.

계시록 21:9~22:5, '새 예루살렘'

빛나는 성전에서 복을 누리자

중심 내용: 새 예루살렘은 단장한 신부의 모습으로 하나님과 어린 양이
함께하는 새 에덴동산이다.

I. 새 예루살렘은 신랑을 맞으려고 단장한 신부의 모습이다(21:9~10).

II. 새 예루살렘은 각종 보석으로 단장했고, 하나님과 어린 양이 빛이자
성전이시다(21:11~27).

  1. 새 예루살렘 외부는 각종 보석으로 단장된 아름답고 장엄한 모습
  이다(21:11~21).

  2. 새 예루살렘 내부는 성전과 빛이 없는데, 하나님과 어린 양이 빛
  이자 성전이시기 때문이다(21:22~27).

III. 새 예루살렘은 에덴동산을 질적으로 다르게 완성한다(22:1~5).

서론

  우리나라에서는 몇 월에 결혼을 가장 많이 할까요? 결혼정보회사 웅
달샘이 2014년에 조사한 바에 따르면, 결혼을 가장 많이 하는 달은 '결

혼의 달'인 5월이 아니라 10월입니다. 10월이 13.2%로 1위이고, 11월
은 12.5%로 2위입니다. 그리고 결혼의 달인 5월은 11.7%로 3위입니다.
통계청 관계자는 봄보다 가을 결혼이 많은 이유로 '해를 넘기지 말자'
는 심리와 '날씨가 좋은 계절에 식을 올리려는 수요가 맞물렸기 때문'
이라고 설명합니다.

결혼식장에서 가장 아름다운 사람은 신부입니다. 신부는 아름다운 모
습으로 결혼식을 하려고 수개월 전부터 몸매 관리하고 피부 관리도 하
고, 결혼식 날에는 이른 새벽부터 단장합니다. 요한계시록 21:2에서
"하늘에서 내려온 거룩한 도성인 새 예루살렘은 남편을 위해서 단장한
신부와 같다"라고 했습니다. 그렇다면 신랑을 맞으려고 단장한 신부는
어떤 모습일까요?

"오늘 본문은 단장한 신부인 새 예루살렘의 모습을 설명하고 있습니다."

I. 새 예루살렘은 신랑을 맞으려고 단장한 신부의 모습이다(21:9~10).

일곱 대접을 가진 일곱 천사 중 하나가 요한에게 새 예루살렘 환상
을 보여줍니다.[1] 이 천사는 요한계시록 17:1에서 큰 음녀 바빌론 심판

---

[1] David E. Aune, 『요한계시록 17~22』, 김철 옮김, WBC 성경주석, 52하
(서울: 솔로몬, 2004), 464~65에서는 계시록 21:9~22:9과 17:1~19:10의 병행
구조 틀에서 볼 수 있다고 말한다. Buist M. Fanning, *Revelation*, Zondervan
Exegetical Commentary on the New Testament, ed. Clinton E. Arnold et
al., vol. 20 (Grand Rapids: Zondervan Academic, 2020), 537에서는 이 구절
이 17장과 대조를 이룬다고 주장하면서, 17장이 큰 음녀 바빌론 심판이라면,
이 구절은 어린 양의 신부인 하나님의 거룩한 도시의 아름다움이라서, 대조라
고 말한다. Grant R. Osborne, 『요한계시록』, 김귀탁 옮김, BECNT 시리즈 (서울:
부흥과개혁사, 2019), 938에서는 세 가지 측면에서 계시록 17:1~3과 21:9~10
의 평행 요소를 말한다. 1) "두 부분 모두 일곱 대접을 가진 일곱 천사 중 하
나가 요한에게 환상을 보여준다." 2) "두 부분 모두 요한은 '일곱 천사 중 하나
가 나아와서 내게 말하여 이르되 이리 오라. … 네게 보이리라'라고 말한다."

환상을 보여줬습니다. 17장에서 큰 음녀인 바빌론의 멸망과 이 본문에 어린 양의 신부인 새 예루살렘의 아름다움은 서로 대조를 이룹니다. 대조 목적은 큰 음녀인 바빌론을 따르면, 때, 바빌론처럼 멸망으로 떨어지지만, 주님을 따르면, 새 예루살렘에 들어가 하나님이 주시는 영원한 복을 얻는다는 사실을 강조하려 함입니다.2 새 예루살렘을 두 가지로 표현합니다.3 하나는 신부로서 새 예루살렘이고, 다른 하나는 장소로서 새 예루살렘입니다. 신부로서 새 예루살렘은 하나님께서 사랑하시는 대상으로서 하나님과의 친밀감을 강조합니다. 하지만 장소로서 새 예루살렘은 하나님께서 사랑하는 성도가 사는 안식처입니다.

천사는 요한을 높은 산 위로 데리고 갑니다. "산"은 유대인 사고에서 중요한 역할을 합니다.4 모세는 시내산에서 하나님을 만남으로 이스라

---

3) "천사가 말한 다음 두 부분은 똑같이 '성령으로 나를 데리고'라고 말하는데, 이것은 새로운 환상이 시작된 것과 그 과정에서 성령의 중심적인 역할을 강조한다"라고 주장한다.

2 Robert L. Thomas, *Revelation 8~22: An Exegetical Commentary* (Chicago: Moody Press, 1995), 457.

3 계시록 21:2은 '직유법'으로 새 예루살렘을 '어린 양의 신부처럼'이라고 묘사하고, 이 구절은 '은유법'으로 새 예루살렘을 '어린 양의 신부이다'라고 묘사한다. Osborne, 『요한계시록』, 938~19에서는 "만약 21:2에서 은유가 직유와 의미가 비슷하다면, 거룩한 성과 성도들을 완전히 똑같이 여기기는 불가능하다. … 하나님의 성은 성도들로 구성되지만, 성도들만으로 한정시킬 수는 없다."라고 한다. Craig R. Koester, 『요한계시록 II—10~22장』, 최흥진 옮김, 앵커바이블 시리즈 (서울: 기독교문서선교회, 2019), 1525에서는 새 예루살렘을 신부가 신랑 집에 갔을 때 결혼식에 비유한다. Beale, 『요한계시록(하)』, 176에서는 계시록 17:1~3과 21:9~10절의 병행을 말하면서, "바벨론이 하나님을 대적하는 사회경제적이고 종교적인 문화를 상징하듯이, 새 예루살렘으로 묘사된 신부는 하나님 편에 있는 구속함을 받은 공동체를 가리킨다"라고 주장한다.

4 Osborne, 『요한계시록』, 939에서는 산은 이스라엘의 중요한 위치를 차지하고, 계시적 기능을 한다고 주장한다. Aune, 『요한계시록 17~22』, 477~78에서는 산을 계시와 환상 체험에 적절한 곳으로, 헬라-로마 문헌에서도 계시가

엘 민족에서 신정정치가 시작합니다. 엘리야는 갈멜산에서 하나님의 위대하심과 여호와 하나님만이 유일하심을 백성에게 선포했습니다(왕상 18). 예수님은 지시하신 산에서(마 28:16) 제자들에게 '모든 민족을 제자 삼아' 교회를 세우라는 큰 사명을 선포하셨습니다. 이처럼 산은 이스라엘 역사에 중요한 사건과 관련이 있습니다. 천사는 산에서 요한에게 신부로서 새 하늘과 새 땅의 수도인 새 예루살렘 모습을 보여줍니다.

"새 예루살렘 모습은 11~27절에 묘사합니다. 외부 모습은 11절부터 21절까지이고, 내부 모습은 22절부터 27절까지 자세히 설명하고 있습니다."

II. 새 예루살렘은 각종 보석으로 단장했고, 하나님과 어린 양이 빛이자 성전이시다(21:11~27).

1. 새 예루살렘 외부는 각종 보석으로 단장된 아름답고 장엄한 모습이다(21:11~21).

먼저, 요한은 새 예루살렘 성의 아름다움을 표현합니다(11절). 새 예루살렘의 아름다움을 '지극히 귀한 보석과 수정처럼 맑은 벽옥'으로 묘사합니다. '벽옥'은 요한계시록에서 매우 중요한 보석입니다. 4:3에서, 하늘 보좌에 앉으신 하나님의 모습을 '벽옥과 홍옥'으로 표현합니다. 새 예루살렘의 성벽을 구성할 때 사용한 재료도 벽옥입니다(계 21:8). 또한 첫째 성벽 기초석도 벽옥입니다(계 21:19~20).

"새 예루살렘은 각종 귀한 보석과 벽옥으로 만들어졌습니다."

그러나 새 예루살렘이 아름다운 이유는 보석 때문이 아닙니다. '하나님의 영광'으로 싸여 있기 때문입니다.[5] 구약성경에서 '하나님의 영광'

흔히 산 위에서 주어진 예를 제시한다고 말한다.

5 Osborne, 『요한계시록』, 940에 따르면, 하나님의 영광은 백성 가운데 거하시는 하나님의 세키나 임재를 가리킨다. 하지만 Beale, 『요한계시록(하)』,

은 '구름'으로 표현하곤 합니다. 모세가 언약을 맺으려고 시내산에 올라 갔을 때, 구름, 곧 하나님의 영광이 시내산을 덮었습니다(출 24:15~18). 이스라엘 백성이 광야에서 회막을 완성했을 때, 구름이 회막을 덮고 하나님의 영광이 성막에 가득 찼습니다(출 40:34~35). 솔로몬이 성전을 완성하고 봉헌할 때, 하나님의 영광이 성전에 가득 찼습니다(왕상 8:10~11). 이사야 선지자가 소명 받을 때도 하나님의 영광이 온 땅과 성전에 가득 찬 모습이었습니다(사 6:1~4). 이렇듯, 구약 성경은 하나님의 영광을 구름에 비유했습니다. 그런데 새 예루살렘은 하나님의 영광을 구름이 아니라, 귀중한 보석과 수정과 같이 맑은 벽옥에 비유합니다. 이 '하나님의 영광'은 너무도 아름답고 귀하기에, 그 어떤 말로도 다 표현할 수 없습니다. 그래서 요한은 하나님의 영광을 가장 아름다운 보석과 벽옥으로 표현합니다. 새 예루살렘이 아름다운 이유는 하나님의 영광 때문입니다. 이는 하나님께서 백성과 함께하신다는 표현입니다. 사람의 재산과 지위가 그 사람을 아름답게 하지 않습니다. 하나님께서 그 사람의 마음에 있다는 사실이 그 사람을 아름답게 만듭니다.

하나님의 영광으로 싸인, 새 예루살렘의 성벽과 문과 기초석을 묘사합니다(12~14절). 성벽에는 열두 대문이 달려 있습니다. 열두 대문에는 열두 천사가 지키고, 이스라엘의 열두 지파의 이름이 적혀 있습니다. 대문은 동서남북에 각각 세 개씩 있습니다.6 그리고 성벽은 열두 개의 주춧돌, 곧 기초석 위에 세워졌습니다. 그 기초석에는 어린 양의 열두 사도 이름이 적혀 있습니다. 고대 성벽은 안전과 번영을 상징했습니다. 적군에게 포위됐을 때, 성벽은 성과 주민을 보호했습니다. 새 예루살렘

1771에서는 하나님의 영광을 신부의 단정함이라고 말한다.

6 민수기 2:1~31은 성막을 중심으로 이스라엘의 열두 지파가 진을 치는데 동서남북 각각 세 지파씩 진을 쳤다고 한다. 있다. 에스겔 48:30~35에서도 예루살렘의 성문들이 동서남북 세 개씩 있으며, 각 문에 지파의 이름이 기록되어 있다고 한다. 하지만 계시록에서는 동서남북 각 지파의 이름이 있다고는 말하지만, 지파 이름은 말하지 않는다.

에서 성벽도 비슷한 의미입니다. 새 예루살렘의 성벽은 외부 세력에게 침략받고 고난 겪은 성도에게 안전을 제공합니다.[7]

"도성에 열두 문이 있고, 열두 지파의 이름이 있다"라는 표현은 하나님께서 이스라엘 백성에게 하신 약속이 성취됐다는 뜻입니다.[8] 구약 성경은 마지막 때 이스라엘 백성은 포로로부터 돌아와 약속의 땅에 산다고 자주 약속했습니다. 열두 지파의 이름은 이스라엘 백성에게 한, 하나님의 약속이 새 예루살렘에서 성취됐음을 나타냅니다. 그런데 이 약속은 믿는 모든 사람에게 확장합니다. 열두 기초석에 열두 사도 이름이 적힘이 바로 그 증거입니다. 이스라엘 백성에게 한 구속 약속이 이제 모든 사람에게도 확장합니다.[9] 그래서 새 예루살렘에는 믿는 이스라엘 백성과 믿는 모든 사람이 들어갈 수 있습니다.

---

7 Robert H. Mounce, 『요한계시록』, 장규성 옮김, NICNT (서울: 부흥과개혁사, 2019), 494; Fanning, *Revelation*, 539~40에서는 성벽이 안전을 의미한다고 말하지만, Osborne, 『요한계시록』, 941에서는 원수가 없기에 방비보다는 하나님의 영광을 드러내는 표현으로 여김이 더 타당하다고 말한다. Thomas, *Revelation 8~22*, 462에서는 도성에 대적이 없기에, 그 목적은 도시 방어가 아니라, 도시의 거주민들이 영원히 안전함을 나타내려 함이라고 말한다.

8 Fanning, *Revelation*, 540. Aune, 『요한계시록 17~22』, 483에서도 구약과 초기 유대교 문헌에서 이스라엘 열두 지파 이름과 새 예루살렘의 문들을 관련지음은 이스라엘 열두 지파 회복을 의미한다고 말한다. Thomas, *Revelation 8~22*, 463에서는 열두 지파 언급이 영원한 도시에서 민족 이스라엘의 특별한 역할이 있음을 강조한다고 말한다. Mounce, 『요한계시록』, 494에서는 열두 지파 언급이 구약 시대에 하나님의 백성과 신약 교회의 연속성을 강조한다고 말한다.

9 Fanning, *Revelation*, 540, n. 63에서는 열두 지파와 열두 사도는 상호보완하지만, 동일하지 않다고 말한다. 하지만 Osborne, 『요한계시록』, 943에서는 열두 지파와 열두 사도 언급은 두 언약 공동체 연합을 강조한다고 말한다. Mounce, 『요한계시록』, 495에서는 열두 지파와 열두 사도 언급은 이스라엘과 교회의 통일성을 나타낸다고 말한다. Beale, 『요한계시록(하)』, 1776~79에서는 열두 지파와 열두 사도의 총수가 24인데, 24는 성전에서 하나님의 임재 앞에 있는 하나님의 백성을 가리키는 완전한 수라면서 이스라엘 지파와 교회가 통합했다는 사실을 증명한다고 말한다.

이제 요한은 성 규모를 언급합니다(15~17절). 천사는 금으로 된 갈대 잣대로 측량합니다. 잣대는 보통 3미터가 조금 넘는 길이의 갈대로 만들었습니다.[10] '금으로 된 자'는 갈대 잣대에 금을 도금한 잣대를 말합니다. 잣대로 가로, 세로, 높이를 재니, 똑같이 일만 이천 스타디온이었습니다. 일만 이천 스타디온은 2,300~2,400km입니다. 한반도 직선거리는 1,146km이니, 한반도 2배 이상 거리입니다. 에스겔서에 나오는 미래 성전은 정사각형으로 각각 500규빗, 약 250미터 크기입니다(겔 42:15~20; 45:2). 그런데 새 예루살렘은 일만 이천 스타디온입니다. 요한계시록 14:20에서 하나님께서 땅의 포도를 거두어 술 틀에 밟으니, 피가 천육백 스타디온이나 퍼져 나갔다고 했습니다. 천육백 스타디온은 이스라엘의 국경 길이었다고 합니다. 그런데 일만 이천 스타디온은 로마 제국 국경 길이와 같습니다.[11] 새 예루살렘은 우리가 상상할 수 없을 정도로 큰

---

10 Mounce, 『요한계시록』, 495; Osborne, 『요한계시록』, 943.

11 Osborne, 『요한계시록』, 945. Fanning, *Revelation*, 542에서는 예루살렘의 길이, 넓이, 높이가 정육면체라는 점에서 문자적 표현이라기보다는, 비유적 표현이라고 주장한다. 그는 모든 세대의 하나님의 백성이 이 도시에 산다는 측면에서, 그리고 하나님께서 새 하늘과 새 땅을 창조하실 때 그분께서 계획한 양식이나 크기 대로 만들 수 있다는 측면에서 문자적으로 해석해야 하지만, 높이 2,300~2,400km을 이해할 수 없기에 비유적으로 해석해야 한다고 주장한다. Beale, 『요한계시록(하)』, 1783, 1788에서는 길이, 넓이, 높이가 일만 이천 스타디온이라 함은 하나님 백성의 완전성을 표현하는 비유적인 표현이라고 주장한다. Thomas, *Revelation 8~22*, 4767~68에 따르면, 솔로몬의 지성소가 길이, 넓이, 높이가 같은 정육면체이니(왕상 6:19~20), 그렇다면 새 예루살렘의 거대한 정육면체 구조 크기를 이 세상의 측면에서 만드는 일이 불가능하다고 해서, 새 창조에서도 불가능하다고 제한함은 타당하지 않다. Aune, 『요한계시록 17~22』, 492~93에서는 유대인이 성전을 정육면체 모양으로 만들려고 한 증거를 제시한다. 초기 유대교는 종말론적인 예루살렘의 크기가 공상에 가까울 정도라 크다는 점을 논의했다는 증거도 제시한다(시빌 신탁서 5.252). 그러면서 요한이 거룩한 성을 그렇게 묘사함은 전승 영향을 받았기 때문으로 여긴다. 필자는 문자적으로 충분히 가능하다고 생각한다. 새 하늘과 새 땅은 우리 현재 몸이 가는 곳이 아니라, 변화된 몸, 곧 예수님처럼 변화된 몸인 시공간을 초월하

도시이며, 각 족속에서 나온 모든 성도를 수용할 수 있는 정도로 큰 성
입니다. 그리고 성벽의 높이는 144규빗, 곧 약 70미터 정도입니다.12

성벽은 모두 보석으로 꾸며졌습니다(18~21절). 성벽 재료는 벽옥이고,
성안은 맑은 수정과 같은 순금으로 되어 있습니다. 성벽과 성을 벽옥이
나 순금으로 색칠한 게 아닙니다. 재료 자체가 벽옥과 순금입니다. 성
벽은 열두 기초석 위에 세워졌는데, 열두 기초석 재료는 열두 가지 다
른 보석입니다.13 그리고 열두 대문도 열두 진주로 됐습니다. 각 대문은

는 몸이 가는 곳이다. 그렇다면. 왜 길이, 넓이만 생각해야 하는가? 과거 초대
성도들이 공중 100m 높이 아파트와 그곳에서 살고 있는 사람을 상상했겠는가?
그러나 오늘날은 그것이 문제가 되지 않는다. 현재 우리 사고로 새 예루살렘의
모양을 평가함은 옳은 방법이 아니다. 만약 초기 유대교에서 새 예루살렘의 모
습을 정육면체 모양으로 생각했다면, 2,300~2,400km 높이 정육면체인 새 예루
살렘은 문자적으로 가능할 수 있다.

12 성벽을 잴 때, 치수가 사람의 치수, 곧 천사의 치수라고 한다. 이 표현에 관
해, Osborne, 『요한계시록』, 946에서는 천사가 사람의 측량 방법을 써서 측량했
다는 의미로 이해한다. 하지만 G. B. Caird, *The Revelation of St. John*, Black's
New Testament Commentaries, ed. Henry Chadwick (New York: Harper &
Row Publishers, 1966), 273~74에서는 사람의 치수는 사람의 표준 규빗에 다른
측량이 아니라, 사람 모습을 한 천사의 팔뚝 길이로 쟀다는 뜻이라고 주장한다.
하지만 Beale, 『요한계시록(하)』, 1784에서는 사람의 측량은 문자적인 의미보다는
상징적인 표현, 곧 하나님께서 사람과 더불어 거하신다는 사실과 구속받은 백성의
안전을 위협하는 요소가 없다는 보장의 의미로서 측량을 의미한다고 말한다.

13 Koester, 『요한계시록 II』, 1539에서는 보석 배경을 네 가지로 제시한다.
1) 결혼의 비유적 표현, 2) 제사장의 비유적 표현, 3) 창조의 비유적 표현, 4)
황도대의 12궁도 등이다. 그가 자기 견해를 밝히지는 않지만, 황도대의 12궁도
개념은 배제한다. Beale, 『요한계시록(하)』, 1794~96에서는 성벽의 기초석인 열
두 보석은 이스라엘 12지파를 상징하는 대제사장의 흉배에 있는 열두 보석과
연결 지으면서(출 28:17~20; 39:8~14), 요한계시록에서 열두 보석을 열두 지파
가 아니라 열두 사도에 사용함은 참 이스라엘인 교회의 중요성을 강조하는 의
미라고 말한다. 그는 열두 지파는 사도들의 기초 위에 서 있는 교회를 대표한
다고 말한다(계 21:12~14). Osborne, 『요한계시록』, 950에서도 비슷한 견해를
제시하면서 열두 보석은 계시록 1:6; 5:10; 20:6와 연계하면서 교회의 제사장

한 개의 진주로 만들었습니다. 그렇다면 진주 하나가 엄청나게 큰 진주입니다. 도시의 넓은 거리는 수정과 같은 순금으로 만들어져 있습니다.

"성 크기와 모습은 새 예루살렘의 아름다움, 위대함, 장엄함을 설명합니다. 이제 성안을 묘사합니다."

2. 새 예루살렘 내부는 성전과 빛이 없는데, 하나님과 어린 양이 빛이자 성전이시기 때문이다(21:22~27).

새 예루살렘 성안에서 보이지 않는 게 두 가지입니다. 하나는 성전이 없습니다. 다른 하나는 해와 달의 빛이 없습니다. 요한은 성전을 볼 수 없었습니다. 그 이유는 주 하나님과 어린 양이 성전 자체이기 때문입니다.[14] 성전은 하나님께서 당신 백성과 함께하심을 상징적으로 나타내는

으로서 속성을 표현한다고 이해한다. Aune, 『요한계시록 17~22』, 498~99에서도 대제사장의 흉배와 연결해 열두 기초석을 해석한다. Mounce, 『요한계시록』, 497~9에서도 열두 기초석의 보석을 대제사장의 흉패에 붙은 열두 보석과 연결하면서 옛 언약에서 대제사장에게만 제한된 특권이 하나님의 모든 백성에게 확장함을 나타낸다고 말한다. 하지만 Fanning, *Revelation*, 543에서는 열두 기초석과 대제사장의 흉배에 있는 열두 보석과 연결은 인정하면서도, 열두 기초석은 새 예루살렘에 살고 있는, 하나님의 백성과 함께하는 하나님의 영광스러운 존재를 상징한다고 말한다.

14 구약성경은 마지막 날 이스라엘이 회복할 때 하나님의 성전도 지어진다고 예언했다(사 60:12; 63:18; 겔 37:26~27; 슥 6:12~15). 그래서 유대인은 새 성전이 세워진다고 기대했다(Tob. 13:10; Jub. 1:15~18; 5 Q15 1:3). 특히, 에스겔 33~48장에서 새 성전이 세워진다고 예언했다. 그런데 이 구절에서는 새 예루살렘에서 성전이 없다고 한다. 어떻게 조화할 수 있을까? 에스겔서의 성전은 천년왕국 동안에 세워질 성전을 의미한다. 예수님께서 재림하실 때 이스라엘 백성을 회복하실 것이다. 회복한 이스라엘은 이 땅의 예루살렘에서 천 년 동안 하나님의 통치를 받는데, 에스겔서의 성전은 천년왕국에서 하나님이 통치하는 성전의 모습을 의미한다고 말할 수 있다. Fanning, *Revelation*, 544을 보라. Aune, 『요한계시록 17~22』, 501~02에서는 구약 성경과 초기 기독교 사상에는 반-성전 성향이 있었는데, 이를 반영함으로 이해할 수 있다고 말한다. Beale, 『요

장소입니다. 하나님께서 새 예루살렘에서 당신 백성과 함께하십니다(계 21:3). 그래서 성전이 필요가 없습니다. 또 다른 이유는 새 예루살렘 자체가 성전이기 때문입니다.15 예레미야 3:14~18은 하나님께서 이스라엘과 모든 민족을 회복하실 때 성전을 볼 수 없다고 했습니다. 예레미야 3:16~17을 보겠습니다. "**그때가 이르러서, 너희가 이 땅에서 번성하여 많아지면, 아무도 다시는 주의 언약궤를 말하지 않을 것이다. 나 주의 말이다. 그것을 다시는 마음에 떠올리지도 않을 것이며, 기억하거나 찾지도 않을 것이다. 그것이 필요도 없을 것이다. 그때에는 누구나 예루살렘을 주의 보좌라고 부를 것이며, 뭇 민족이 그리로, 예루살렘에 있는 주 앞으로 모일 것이다. 그들이 다시는 자기들의 악한 마음에서 나오는 고집대로 살지 않을 것이다.**" 그 이유는 예루살렘이 주님의 보좌, 곧 주님의 성전이 되기에, 예레미야 선지자는 성전을 생각하지 않는다고 말합니다.

요한은 또한 새 예루살렘에는 "해와 달이 필요가 없다"라고 말합니다. 이사야 선지자는 미래 예루살렘에 관해 예언했습니다. '하나님의 영광스러운 빛이 비취기에 예루살렘은 더는 해와 달이 필요가 없다'라고 예언했습니다(사 24:23; 60:2, 19~20). 이사야 60:19입니다. "**해는 더 이상 낮을 밝히는 빛이 아니며, 달도 더 이상 밤을 밝히는 빛이 아닐 것이다. 오직 주님께서 너의 영원한 빛이 되시고, 하나님께서 너의 영광이 되실 것이다.**" 야고보 선생은 하나님을 '빛들의 아버지로'라고 불렀습니다(약 1:17). 그래서 '하나님께는 변함이 없고 회전하는 그림자'도 없습

한계시록(하)』, 1810~12에서도 구약과 초기 기독교에서 물리적인 성전에 대한 부정적 견해를 제시하면서, 요한이 성전을 배제한 이유는 성전은 물리적 구조가 아니라 하나님과 그리스도의 임재로 성취됐기 때문이라고 말한다. Osborne, 『요한계시록』, 952~53에서도 반-성전 성향을 언급하면서 새 예루살렘이 지성소 역할을 하고, 하나님과 어린 양이 성전이기 때문으로 해석한다.

15 Fanning, *Revelation*, 544에서는 성전이 없는 배경이 예레미야 3:14~18이지만, 또한 시편 132:17과 이사야 60:19(메시아와 하나님이 이스라엘의 빛이 되신다)을 근거로 출애굽기 27:20을 해석한 미드라쉬(midrash) 해석 결과라고 주장한다.

니다. 요한도 요한일서에서도 **"하나님은 빛이시요, 하나님 안에는 어둠이 전혀 없다"**라고 고백했습니다. 하나님은 빛이시요, 하나님께는 어둠이 전혀 없기에, 새 예루살렘에는 해와 달이 필요 없습니다.[16]

하지만 새 예루살렘에 들어올 수 없는 게 있습니다. 그것은 속된 것, 곧 '가증한 일과 거짓을 행하는 사람'입니다. '속된 것($πᾶν$ $κοινὸν$)'은 부정하거나 더러운 것, 또는 하나님께 받아들일 수 없는 것을 말합니다.[17] 이 용어는 아마 짐승의 나라에서 발견되는 특징인 더러운 것과 관련이 있습니다(계 17:4). 속된 것은 더러운 것이기에, 더러운 것은 거룩한 도성인 새 예루살렘에 들어갈 수 없습니다. '가증한 일($βδέλυγμα$)'과 '거짓말($ψεῦδος$)'도 적그리스도의 예배와 사역과 관련이 있습니다. 요한계시록 17:4~5에서 큰 음녀는 '가증한 물건과 더러운 것들이 가득 찬 금잔'을 들고 있습니다. 그 이마에는 '땅의 음녀들과 가증한 것들의 어미'라는 이름이 적혀 있었습니다. 그리고 '거짓을 행하는 사람($ψεῦδος$)'은 성도를 박해하는 유대인을 지칭하는 용어로 쓰였습니다(계 3:9). 거짓은 남을 속이고 유혹함은 사탄의 특징입니다. 그렇다면 이들은 믿지 않는 사람입니다.[18] 이들은 새 예루살렘에 들어갈 수 없습니다. 오직 어린 양의 생명책에 그 이름이 쓰인 사람만 들어갈 수 있습니다.

---

16 24절에 '땅의 왕들이 그들의 영광을 도성으로 들여올 것이다'라고 한다. 구약성경은 땅의 왕들이 그들 재물을 하나님의 도성으로 가지고 온다고 했다. 그런데 이 구절은 그들이 재물 대신 그들 영광을 가지고 들어온다고 말한다. 이 뜻은 하나님께 예배하고 경배하려고 성으로 들어온다는 뜻이다. 많은 사람은 하나님께 예배드리고 경배하려고 예루살렘으로 들어온다. 땅에 있는 모든 영광과 명예는 주님께 드린다. Osborne, 『요한계시록』, 955~56을 보라.

17 Bauer, 『바우어 헬라어 사전』, 836에 따르면, '속된 것($κοινὸν$)'은 일반적이며 평범한 것을 의미하나, 제의 용어로 쓰일 때는 불결하거나 부정한 것을 의미한다.

18 Beale, 『요한계시록(하)』, 1818에서는 구원받지 못한 자를 포함하지만, 특히 신앙고백을 했지만 죄악된 삶의 방식으로 살면서 신앙고백과 모순된 삶을 사는 거짓 신자들을 지칭한다고 말한다. Osborne, 『요한계시록』, 959에서는 두 집단, 곧 거짓 그리스도인과 거짓말을 하는 이방인을 모두 묘사한다고 말한다.

III. 새 예루실렘은 에덴동산을 질석으로 나르게 완성한다(22:1~5).

새 예루살렘은 에덴동산의 완성입니다. 천사는 요한에게 새 예루살렘 안에 있는 생명수 강을 보여줬습니다. 이 강은 하나님의 보좌와 어린 양의 보좌에서 흘러나와 도시 한가운데로 흘러갑니다. 창세기에서는 강이 에덴동산에서 흘러나옵니다. 에스겔 47장에서는 성전에서 강이 흘러나옵니다. 그러나 새 예루살렘에서는 하나님과 어린 양의 보좌에서 생명수 강이 흘러나옵니다. 강 양쪽에는 열두 종류의 열매를 맺는 생명나무가 있습니다.19 나무에서 달마다 열매를 맺습니다. 나뭇잎은 민족들을 치료하는 약으로 쓰입니다. 다시는 저주를 받을 일이 없습니다.

에덴동산에서 아담과 하와는 생명나무 대신 먹지 말라고 한 선악을 알게 하는 나무 열매를 따 먹었습니다. 그 결과 낙원이었던 에덴동산에

---

19 '열두 종류의 열매를 맺는 생명나무가 있다'에서 '생명나무(ξύλον ζωῆς)'는 단수형이다. 이 단수는 일반 단수인가, 아니면 집합 단수인가? Mounce, 『요한계시록』, 504; 504, n. 83에서는 집합 단수로 보아 많은 생명나무가 있다는 의미로 해석한다. Fanning, *Revelation*, 554에서도 나무를 집합 단수로 여긴다. 그 이유를 제시하려고, 창세기 2:9와 에스겔 47:12절을 인용한다. 에스겔 47:12에서 과일나무는 단수이다(πᾶν ξύλον). 하지만 마지막에는 '그 과일' 먹고, '그 잎'을 '약재'로 쓴다고 할 때는 복수이다(ὁ καρπὸς αὐτῶν …. καὶ ἀνάβασις αὐτῶν ….). Osborne, 『요한계시록』, 967~68에서도 창세기 2:9과 에스겔 47:12를 인용하면서 집합 단수로 해석한다. 집합 단수로 해석이 본문 문맥과 일치하는 듯하다. 계시록 22:2에서 강 양쪽에 열두 종류의 열매를 맺는 나무가 있다고 한 것으로 보아서, 강 양쪽에 생명나무들이 있다고 보아야 자연스럽다.

Aune, 『요한계시록 17~22』, 520에서는 생명나무가 달마다 열두 가지 다른 열매를 맺는다고 말한다. 하지만, Osborne, 『요한계시록』, 968에서는 생명나무가 달마다 열매를 맺지만, 열두 가지 열매를 맺지는 않는다고 말한다. 하지만 Beale, 『요한계시록(하)』, 1838에서는 새 하늘과 새 땅에는 해와 달이 없기에 태양 주기에 따르는 달, 곧 12개월로 계산에 의문을 제기하면서, '달마다 열두 가지 열매를 맺는다'라는 표현을 구원의 충만함을 강조하는 의미로 해석한다.

서 추방됐습니다. 추방될 때, 하나님은 그들이 생명나무의 열매를 따 먹지 못하도록 천사가 지키게 했습니다. 하지만 새 예루살렘에는 마음껏 생명나무 열매를 따 먹을 수 있습니다. 새 예루살렘에는 더는 저주가 없습니다. 아담과 하와는 저주받아 에덴동산에서 추방됐습니다. 하지만 새 예루살렘에서는 더는 저주가 없기에, 추방되는 일도 없습니다. 대신 항상 주님 얼굴을 뵐 수 있습니다. 구약에서는 하나님 얼굴을 볼 수 없었습니다. 하나님 얼굴을 보면 죽었습니다. 그러나 새 예루살렘에서는 주님 얼굴을 직접 볼 수 있습니다.

결론

새 예루살렘은 에덴동산의 최종 회복을 의미합니다. 새 예루살렘은 과거 에덴동산보다 질적으로 뛰어난 곳입니다. 그곳에는 밤, 등불, 햇빛도 필요 없습니다. 주님께서 빛이시기 때문입니다. 그곳에서는 성전도 없습니다. 주님이 항상 함께하시기 때문입니다. 새 예루살렘은 영생의 치료 능력이 준비된 곳입니다. 풍성한 양식이 있습니다. 이 땅에서는 수고해도 충분히 보상받지 못합니다. 그러나 새 예루살렘은 풍성히 보상받습니다. 그리고 주님을 항상 보면서 예배드릴 수 있습니다. 하나님과 어린 양께 나아가고 싶을 때 언제나 나아갈 수 있습니다. 게다가 하나님과 함께 영원히 다스립니다. 하나님을 섬기고 하나님의 얼굴을 볼 수 있을 뿐 아니라, 영원히 다스리는 축복을 누립니다. 이것이 바로 하나님께서 성도들을 위해 준비하신 새 하늘과 새 땅입니다.

새 하늘과 새 땅은 큰 음녀 바빌론과 대조를 이룹니다. 사탄을 따르는 사람은 큰 바빌론과 함께 멸망합니다. 하지만 고난에서도 주님을 따르는 사람은 아름다운 새 하늘과 새 땅을 선물로 받습니다.

계시록 22:6~21, '주 예수님 재림'

하나님 경외로 주님 재림 때 복을 누리자

중심 내용: 복은 하나님만 경외하면서 예수님 재림을 준비하는 이가 받는다.

I. 복은 주님 재림을 준비하며 하나님만 경외하는 이가 받는다(22:6~11).

II. 이유는 주님께서 각 사람이 행한 대로 상주시는 주권자이시기 때문이다(22:12~17).

III. 주님께서 하신 예언을 가감하면 새 예루살렘에서 누리는 복을 빼앗긴다(22:18~19).

결론(22:20~21)

서론

요한계시록 22:6~21은 결론입니다.[1] 결론에서 핵심 주제는 예수님의

---

1 계시록 22:6~21은 에필로그이다. Robert H. Mounce, 『요한계시록』, 장규성 옮김, NICNT (서울: 부흥과개혁사, 2019), 507에 따르면, 화자가 누구인지 결정하기가 어렵지만, 핵심은 그리스도의 음성이며 그리스도 재림의 임박함을 강조함이다. Robert L. Thomas, *Revelation 8~22: An Exegetical Commentary*

재림입니다. 예수님의 재림을 자주 말합니다. "내가 오겠다"(7절). "때가 기끼이 있다"(10절). "내가 곧 가겠나"(12절). "어서 오십시오"(17절). "그렇다 내가 곧 가겠다"(20절). "아멘 오십시오, 주 예수님"(21절). 핵심 사상 또 하나는 복이나 상입니다. 주님의 재림을 기대하고 준비하는 이가 복을 받습니다. 하지만 주님의 임박한 재림을 알리는데도 계속 악을 저지르면 또 다른 상, 곧 재앙과 심판을 받습니다. 요한계시록을 마치면서 요한은 성도들에게 주님의 임박한 재림을 기대하며, 하나님을 경외하면서 거룩한 삶으로 복 받을 준비를 하라고 권면합니다.

I. 복은 주님 재림을 준비하며 하나님만 경외하는 이가 받는다(22:6~11).[2]

천사는 요한에게 예언의 말씀이 믿음직하고 참되다고 말합니다.[3] "믿

(Chicago: Moody Press, 1995), 493에서도 핵심은 예수님의 임박한 재림이라고 말한다. G. K. Beale, 『요한계시록(하)』, 오광만 옮김, NIGTC (서울: 새물결플러스, 2020), 1862~63에서는 6~11절은 천사가 말하고, 12~16절은 교회가 말하고, 17~21절은 그리스도가 말하신다고 설명하며, 에필로그 핵심을 "거룩한 삶을 살라"라고 말한다.

2 David E. Aune, 『요한계시록 17~22』, 김철 옮김, WBC 성경주석, 52하 (서울: 솔로몬, 2004), 526에서는 계시록 22:6~9를 21:9~22:5의 결론임과 동시에 22:10~20의 서론으로 여긴다. Grant R. Osborne, 『요한계시록』, 김귀탁 옮김, BECNT 시리즈 (서울: 부흥과개혁사, 2019), 976에서는 22:6~9절이 결론과 서론 역할을 하지만, 22:10~21의 서론 역할이 더 강조되기에 6~9절을 10~21절과 함께 묶어야 한다고 주장한다.

3 R. H. Charles, *A Critical and Exegetical Commentary on the Revelation of St. John: With Introduction, Notes, and Indices; also the Greek Text and English Translation*, vol. 2, International Critical Commentary, ed. Samuel R. Driver, Alfred Plummer, and Briggs Charles A (Edinburgh: T. & T. Clark, 1975), 445에서는 예수님이 화자라고 말하지만, Aune, 『요한계시록 17~22』, 526; Mounce, 『요한계시록』, 509; Craig R. Koester, 『요한계시록 II—10~22장』, 최홍진 옮김, 앵커바이블 시리즈 (서울: 기독교문서선교회, 2019), 1576; Thomas, *Revelation 8~22*, 495; Buist M. Fanning, *Revelation*, Zondervan Exegetical Commentary on the New Testament, ed. Clinton E. Arnold et al., vol. 20

음직하고 참되다"라는 표현은 '신뢰할 만하다'라는 뜻입니다. 예언의 말씀이 신뢰할 만한 이유는 하나님의 말씀이기 때문입니다. 하나님은 선지자들을 통하여 예언의 말씀을 종들에게 주셨습니다.4 예언의 말씀은5 하나님이 예수님에게, 예수님은 천사에게, 천사는 요한에게, 요한은 종들에게 주어졌습니다(계 1:1~2). 예언의 내용은 '미래에 속히 일어날 일들'입니다.6 미래에 속히 일어날 일들은 주님의 재림과 밀접하게 관련이

(Grand Rapids: Zondervan Academic, 2020), 557에서는 22:6~9의 화자가 천사라고 주장한다. Beale, 『요한계시록(하)』, 1866에서는 6절의 화자는 천사이고, 7절의 화자는 예수님이라고 주장한다.

4 '예언자의 영(τῶν πνευμάτων τῶν προφητῶν)'이 성령인가, 아니면 예언자의 영인가를 두고 학자들은 논의한다. Stephen S. Smalley, *The Revelation to John: A Commentary on the Greek Text of the Apocalypse* (Downers Grove, IL: IVP Academic, 2005), 567~68에서는 선지자의 영으로 해석해야 하는 두 가지 이유를 제시한다. 1) 예언자는 유대인이든 그리스도인이든 예언자의 직을 지닌 사람으로, 그들 사역은 성령에게서 영감을 받는다. 2) 예언자는 속격 소유 용법 (genitive of possession)으로 하나님의 영에 의하여 소생하는 영을 가진 사람을 뜻한다. 이런 점에서 성령보다는 예언자의 영으로 해석이 낫다고 한다. Aune, 『요한계시록 17~22』, 527에서는 영(πνεῦμα)이 복수(πνευμάτα)일 때는 하나님의 영이 아니고 개별 선지자의 정신적인 기능을 의미한다고 주장하면서, 선지자들의 영으로 여기는 견해를 지지한다(고전 14:32 참조). Mounce, 『요한계시록』, 510에서도 복수형으로 쓰인 점을 강조하면서 선지자의 능력으로 해석한다.

또한 '자기의 종(τοῖς δούλοις αὐτοῦ)'도 선지자인가, 아니면 모든 성도인가도 논의한다. Osborne, 『요한계시록』, 980~81에서는 계시록에서 그 용어가 통상적으로 신자를 가리키고(계 1:1; 2:20; 7:3; 19:2, 5, 10; 22:3, 9), 두 번만 (10:7; 11:18) 선지자를 가리키기에, 모든 신자로 여겨야 한다고 주장한다. 하지만 Aune, 『요한계시록 17~22』, 528에서는 10:7과 11:8이 선지자를 언급하기에, '자기의 종'은 선지자와 동의어로 간주해야 한다고 주장한다.

5 예언의 말씀은 계시록에 기록한 모든 말씀을 의미한다(계 22:7, 9, 10, 18~19).

6 "곧 일어날 일들(ἃ δεῖ γενέσθαι ἐν τάχει)"은 마지막 일어날 사건, 즉 재림의 임박함을 강조한다. Osborne, 『요한계시록』, 981에서는 '곧(ταχύ)'은 속도나 시간을 의미할 수 있는데, 계시록에서는 속도보다는 시간 개념으로 쓰여

있습니다. 예수님은 재림 전 시기와 상황을 강조하셨다면(막 13:7), 바울이나 사도들은 예수님 재림의 임박함을 강조했습니다(롬 13:11; 살전 4:15; 5:2; 히 10:25; 벧전 4:7). 그런데 사도 시대 이후 지금까지 예수님의 재림은 늦춰지고 있습니다. 그 이유를 묻는 이들에게 베드로는 이렇게 대답합니다. **"사랑하는 여러분, 이 한 가지만은 잊지 마십시오. 주님께는 하루가 천 년 같고, 천 년이 하루 같습니다. 어떤 이들이 생각하는 것과 같이, 주님께서는 약속을 더디 지키시는 것이 아닙니다. 도리어 여러분을 위하여 오래 참으시는 것입니다. 하나님께서는 아무도 멸망하지 않고, 모두 회개하는 데에 이르기를 바라십니다"**(벧후 3:8~9). 재림이 늦춰지는 이유 첫째는 하나님의 시간과 사람의 시간 차이 때문입니다. 둘째 이유는 하나님께서 영혼이 회개하여 구원받기를 바라시며 오래 참으시기 때문입니다.

하지만 주님은 **"곧 오겠다"**라고 약속하셨습니다. 재림 약속을 기억하며, 예언의 말씀을 지키는 사람은 복이 있습니다.7 복은 어려움과 핍박에서도 예언의 말씀을 신실하게 준수하고 지키는 이가 받습니다.8 '예언의 말씀을 지킴'은 주님의 재림을 준비함을 뜻합니다. 성도들은 예수님

종말이 가까이 왔음을 강조하기에, 재림의 임박함을 강조한다고 주장한다. 그는 비록 말씀이 주어지고 2천 년이 지났지만, 하나님의 주권으로 마지막 때가 정해졌기에, 성도는 하나님 약속의 확실성을 붙잡고 주님이 정한 때를 기다려야 한다고 말한다. 하지만 Aune, 『요한계시록 17~22』, 530에서는 재림의 임박함보다 필연성을 강조한다고 말하는데, '데이(δεῖ)'는 필연성을 강조하기 때문이다.

7 요한계시록에서는 복을 일곱 차례 말한다(계 1:3; 14:13; 16:15; 19:9; 20:6; 22:7, 14). 1) 1:3은 예언의 말씀을 읽는 자, 듣는 자, 그리고 지키는 자가 받을 복을, 2) 14:13은 주 안에서 죽는 자가 받을 복을, 3) 16:15은 깨어 자기 옷을 지키는 자가 받을 복을, 4) 19:9은 어린 양의 혼인 잔치에 청함을 받은 자가 받을 복을, 5) 20:6은 첫째 부활에 참여하는 자가 받을 복을, 6) 22:7은 두루마리에 적힌 예언의 말씀을 지키는 자가 받을 복을, 7) 22:14은 겉옷을 깨끗이 빠는 자가 받을 복을 말한다. 처음 다섯 개의 복은 하나님이 주시는 복이고, 나머지 두 개는 그리스도께서 주시는 복이다. 자세한 내용은 Osborne, 『요한계시록』, 982~90을 참조하라.

의 임박한 재림을 준비해야 합니다. 그리스도인으로서 합당한 삶을 살면서 재림을 준비해야 합니다. 도덕적으로 선한 삶을 살면서 재림을 준비해야 합니다.

천사는 "예언의 말씀을 지키라"라고 말하면서 8~11절에서 세 가지를 명령합니다.

첫째 명령은 "하나님께만 경배하라"입니다(8~9절). 요한은 자기에게 예언의 말씀을 전한 천사 앞에 엎드려 경배하려고 합니다. 그러자 천사는 "하나님께만 경배하라"라고 권면합니다. **"그가 나에게 말했습니다. '이렇게 하지 말아라. 나도, 너와 너의 동료 예언자들과 이 책의 말씀을 지키는 사람들과 같은 종이다. 경배는 하나님께 드려라'"**(9절). 여기서 '경배(προσκυνῆσαι)'라는 용어는 일반적으로 신적 존재에게 드리는 예배를 의미합니다.[9] 요한이 천사에게 예배를 드리려고 엎드렸습니다. 그러자 천사는 예배와 경배를 받기에 합당한 분은 오직 한 분 하나님밖에는 없다며, 하나님께만 경배하라고 권면합니다.[10] 이 땅 통치자나 권세자, 그리고 적그리스도나 천사들도 경배할 대상이 아닙니다. 오직 하나님만 경배해야 합니다. 물론 이 땅 통치자나 지도자를 존경해야 합니다. 하지만 존경이 경배나 예배의 방식으로 이뤄져서는 안 됩니다. 영광은 하나님의 소유이기 때문입니다. 그래서 천사는 "하나님께만 경배하라"라고 했습니다.

---

8 '지키다(τηρέω)'는 요한계시록에 자주 쓰이는데(1:3; 2:26; 3:3; 12:17), 모두 인내하면서 말씀을 신실하게 준수하고 순종한다는 뜻이다. Walter Bauer, eds. Kurt Aland, Barbara Aland, and Viktor Reichmann, 『바우어 헬라어 사전─신약성경과 초기 기독교 문헌의 헬라어-한국어 사전』, 이정의 옮김 (서울: 생명의말씀사, 2017), 1512~13; Osborne, 『요한계시록』, 982; Fanning, *Revelation*, 558를 참조하라.

9 Bauer, 『바우어 헬라어 사전』, 1337~38.

10 요한은 19:10에서도 천사에게 경배하려고 했다. 천사를 경배함은 우상숭배 죄이다. 그래서 천사는 다시 한번 하나님만 섬기라고 권면한다.

둘째 명령은 "예언의 말씀을 봉인하지 말라"입니다(10절). 10절입니다. **"또 그가 나에게 말했습니다. '때가 가까이 왔으니, 이 책에 적힌 예언의 말씀을 봉인하지 말아라.'"** 다니엘서 8:26, 그리고 12:4, 9에서는 "마지막 때까지 이 말씀을 은밀히 간직하고, 이 책을 봉인하여 두라"라고 했습니다. 요한계시록 10:4에서도 "일곱 천둥이 말한 것을 인봉하라"라고 했습니다. 여기서 '봉인하다', '인봉하다'는 비밀을 지킴, 또는 하나님의 예언을 드러내지 않음을 뜻합니다.[11] "봉인하라"라는 명령은 사람이 하나님의 비밀을 알게 하지 말라는 명령입니다. 그런데 본문에서는 "봉인하지 말라($\mu\grave{\eta}$ $\sigma\phi\rho\alpha\gamma\acute{\iota}\sigma\eta\varsigma$)"라고 했습니다. 사람이, 청중이 하나님의 비밀을 알게 하라는 명령입니다. 요한에게 한 명령은 하나님의 계획, 하나님의 비밀을 사람에게 알리라는 명령입니다.

"이유는 무엇일까요?"

"때가 가까이 왔기" 때문입니다. 주님의 재림 때가 가까이 왔기 때문입니다. 주님의 때가 가까이 왔기에, 더는 감춰둘 필요가 없습니다. 모든 사람은 예언의 내용을 알고, 재림을 준비해야 합니다.

셋째 명령은 "선택하라"입니다(11절). 11절입니다. **"이제는 불의를 행하는 자는 그대로 불의를 행하고, 더러운 자는 그대로 더러운 채로 있어라. 의로운 사람은 그대로 의를 행하고, 거룩한 사람은 그대로 거룩한 채로 있어라."** 사람은 불의를 행하든지, 선을 행하든지 선택해야 합니다.[12] 선택하라는 명령은 악인과 의인에게 모두에게 주어졌습니다. 악인

---

11 Bauer, 『바우어 헬라어 사전』, 1479.

12 Mounce, 『요한계시록』, 513에서는 종말이 너무 가까워서 사람들의 특성과 습관을 바꿀 시간이 없다는 점을 강조한다고 말한다. Aune, 『요한계시록 17~22』, 584에서는 이 구절이 다니엘 12:10을 간접 인용함으로 반의 형태, 즉 불법을 행하게 두라는 의미로 이해한다. Beale, 『요한계시록(하)』, 1879에서는 택함을 받은 자에게 한 경고로 여긴다. 언약 공동체 중 대다수는 배교했고, 예언자의 말에 민감히 반응하지 않았지만, 대다수가 겪고 있는 영적 무감각에서 나오라는 충격 요법을 택함을 받은 남은 자들에게 사용한다고 말한다. Osborne, 『요한계시록』,

들에게 불의를 행하고 더러운 일을 행할지, 아니면 불의에서 돌이킬지를 결정하라고 촉구합니다. 하지만 의인에게는 악이 기승을 부리는 이 세상에서 마지막까지 인내하면서 의로운 행실과 거룩한 삶을 살라고 격려합니다. 악인이든 의인이든 무엇이 올바른 행실인지 선택해야 합니다. 그들 선택에 따라 미래 운명은 결정됩니다. 재림이 확실하기에, 각자는 자기 행동이나 선택에 깊이 생각해야 합니다.

"왜 이런 권면을 할까요? 예수님의 말씀에서 그 답을 찾을 수 있습니다."

II. 이유는 주님께서 각 사람이 행한 대로 상주시는 주권자이시기 때문이다(22:12~17).

예수님께서 재림하실 때, 각 사람이 행한 바에 따라 상을 주시기 때문입니다. 12절입니다. **"보아라, 내가 곧 가겠다. 나는 각 사람에게 그 행위대로 갚아 주려고 상을 가지고 간다."** 성도는 예수님의 재림을 잘 준비해야 합니다. 주님께서 갑자기 다시 오시기 때문입니다. 그리고 각 사람이 행한 바에 따라 상을 주시기 때문입니다. '각 사람에게 그 행위대로 상을 준다'에서 상은 두 가지를 의미합니다. 의인에게는 복을 주시나, 악인은 처벌하신다는 의미입니다. '상($\mu\iota\sigma\theta\acute{o}\varsigma$)'이라는 용어는 행한 일에 대한 보수로 상과 벌 모두를 의미합니다.[13] 악을 행하는 자들에게

986~87에서는 11a절이 이방인뿐만 아니라 반역하고 패역하는 교인에게 루비콘 강을 건너 하나님의 진노를 경험한다고 경고하면서, 요한과 교회 지도자들은 악인에게는 악한 행동에 경고하고, 의인에게는 의로운 삶을 살도록 격려하라는 의미로 해석한다. Fanning, *Revelation*, 560에서는 11절을 악인에게 목이 곧은 상태로 죄를 짓든지, 아니면 돌아서든지 하라고, 의인에게도 양자택일하라는 반어적 도전으로 여긴다. 도전에 반응이 결국 그들 영원한 운명을 결정한다.

13 Bauer, 『바우어 헬라어 사전』, 992~93. Osborne, 『요한계시록』, 989에 따르면, '행한 바에 따라 상을 준다'라는 표현이 요한계시록에서 신자들(계 2:23; 11:18; 14:13; 20:12)에게 비신자들(계 18:6; 11:18; 20:13)에게도 쓰이고, 구약과 신약에서도 신자와 비신자 모두(대하 6:23; 렘 17:10; 마 16:27; 롬 2:6; 14:12; 고후 5:10)에게 쓰인다고 말한다.

는 죄의 대가로 처벌하십니다. 하지만 선을 행하는 자들에게는 선한 삶의 내가보 상을 수십니다. 이 말은 행위로 구원을 얻는다는 뜻이 아니라, 행위에 따라 상급을 주시겠다는 뜻입니다.14 구원은 은혜로 받으나, 상과 벌은 행위에 따라 받습니다.

"왜 예수님께서 각자 행위에 따라 상을 주실까요?"

예수님은 인간의 모든 역사를 주관하시기 때문입니다. 예수님은 알파와 오메가, 처음과 마지막, 시작과 끝입니다. '알파와 오메가, 처음과 마지막, 시작과 끝'은 하나님과 예수님에게 쓰였습니다.15 이 구절에서는 예수님에게 쓰였습니다. 예수님은 하나님과 같이 창조주시라, 모든 피조물의 처음과 끝을 통제하십니다. 모든 역사를 주관하시고 통제하십니다. 그렇기에 예수님은 각 사람이 한 행위에 따라 상을 주십니다.

14~15절은 예수님이 악인과 의인, 각 사람에게 주시는 상을 더 자세히 말합니다. 14~15절입니다. **"생명나무에 이르는 권리를 차지하려고, 그리고 성문으로 해서 도성에 들어가려고, 자기 겉옷을 깨끗이 빠는 사람은 복이 있다. 개들과 마술쟁이들과 음행하는 자들과 살인자들과 우상 숭배자들과 거짓을 사랑하고 행하는 자는 다 바깥에 남아 있게 될 것이다."** 14절에 따르면, 하나님의 상은 '자기 겉옷을 깨끗이 빠는 사람(οἱ πλύνοντες τὰς στολὰς αὐτῶν)'이 받습니다. 이 표현은 요한계시록 7:14에도 있는데, 자기 두루마기를 빨고, 어린 양의 피로 깨끗하게 한다고 표현합니다. '자기

---

14 Beale, 『요한계시록(하)』, 1887에서는 이사야 62:11에서 성에 들어감을 구원과 연결 짓는다.

15 Osborne, 『요한계시록』, 989~90에서는 '알파와 오메가' 칭호가 요한계시록에서 ABAB 순서로 하나님과 그리스도의 속성을 나타낸다고 말한다. 1:8에서는 하나님을 가리키고, 1:17과 2:8은 그리스도를 가리키고, 21:6은 하나님을 가리키고, 22:13은 그리스도를 가리킨다. 그래서 하나님과 그리스도 두 분이 역사의 주인이심을 강조한다고 말한다. Koester, 『요한계시록 II』, 1585에서는 하나님이 구원자, 심판자, 통치자 역할을 그리스도를 통하여 행하심을 알파와 오메가의 칭호로 나타낸다고 말한다.

두루마기를 빤다'라는 표현은 죄 상태를 깨끗하게 씻으려고 그리스도께로 돌아오는 반응을 강조합니다. 이 표현은 현재형으로 쓰여, 죄로부터 주님께로 계속 돌아오기, 주님께 초점을 맞추며 깨끗하게 살기를 뜻합니다.[16]

겉옷을 깨끗이 빠는 사람에게 주어지는 복은 두 가지입니다.[17] 하나는 새 예루살렘의 중앙에 있는 생명나무의 열매를 취할 수 있는 특권입니다. 다른 하나는 새 예루살렘의 성문을 통과하는 특권입니다. 논리적으로는 성문을 통과한 다음에 생명나무의 실과를 취해야 합니다. 그런데 이 구절은 반대 순서로 표현합니다. 이 반대 순서로, 영적으로 깨끗할 때 두 축복을 모두 받음을 표현하고자 합니다.

하지만 죄를 계속 짓는 사람은 성 바깥에 남아 있어야 합니다. '성 바깥에 남아 있다'라는 표현은 새 예루살렘 성에 들어가지 못한다는 뜻입니다. 구약 성경에서, 이 표현은 언약 공동체에서 제외됨을 뜻합니다(레 24:14; 민 15:36). 고대에 예루살렘 성문 밖은 쓰레기가 불태워진 곳, 곧 힌놈의 골짜기(게헨나)가 있는 곳입니다.[18] 그렇다면 성 바깥에 남아 있는 상태는 불못에 던져진다는 뜻입니다. 15절은 성 바깥에 남아 있는 자들의 여섯 가지 항목을 기록합니다. 개를 제외한 나머지 다섯 가지, 곧 마술쟁이들, 음행하는 자들, 살인자들, 우상 숭배자들, 거짓을 사랑하고 행하는 자들은 모두 불못 속에 던져질 운명에 처한 상태입니다. 이 구절을 21:8과 연결하면, 성 바깥에 남아 있는 상태는 결국 불못에 던져질 처지입니다.[19]

---

16 Mounce, 『요한계시록』, 514에서는 지속적 행동을 암시하는 현재형으로 설명한다. Aune, 『요한계시록 17~22』, 588에서는 옷을 빠는 행동을 도덕적·영적 정결을 가리키는 은유로 여긴다. Fanning, *Revelation*, 561에서는 영적 깨끗함을 의미한다고 말한다.

17 Fanning, *Revelation*, 561에서는 두 가지 특권을, 옷을 깨끗이 빠는 목적으로 여긴다.

18 Osborne, 『요한계시록』, 992.

먼저, '개'를 말합니다. 개(κύνες)는 여러 가지 더러운 행동을 하는 사람들을 지칭하는 은유적 표현입니다. 고대 세계에서, 개는 사랑스러운 애완동물이 아니라, 비열하고 썩은 고기나 먹는 동물을 지칭했습니다.[20] 주로 거리에 돌아다니면서 쓰레기를 뒤지는 더러운 짐승을 개로 표현했습니다. 이것이 비유적으로 쓰일 때는 부정하고, 불결한 사람을 지칭합니다. 유대인이 이방인을 개로 불렀던 이유도 부정한 사람으로 여겼기 때문입니다. 그들이 가는 곳은 성 바깥, 곧 영원한 불못입니다.

이 말씀을 하시는 예수님은 '다윗의 뿌리요, 그의 자손이요 빛나는 새벽별'입니다. "다윗의 뿌리와 자손, 그리고 빛나는 새벽별"은 메시아를 지칭하는 용어입니다.[21] 모든 세대의 사람들에게 구원의 빛을 비추어 주는 메시아를 지칭할 때 다윗의 뿌리 또는 빛나는 새벽별로 표현했습니다. 그런데 "다윗의 뿌리, 곧 자손, 빛나는 새벽별"을 표현할 때 예수님은 '나'라는 1인칭을 사용하셨습니다. 1인칭 "나"는 하나님께서 사용하시는 표현입니다. 하나님께서 모세에게 "나는 스스로 있는 자다(I am that I am)"라며 당신을 소개하실 때 '나'를 사용하셨습니다. 그런데 요한복음에서 이 표현은 예수님에게 사용합니다. 예수님께서 자신이 부활이요 생명이라고 하실 때 '나'를 사용하여 "나는 부활이요, 생명이다"라고 하셨습니다(요 11:25).[22] 그렇다면 예수님이 곧 하나님이십니다. 예

---

19 Osborne, 『요한계시록』, 992; Beale, 『요한계시록(하)』, 1894; Fanning, *Revelation*, 562.

20 Fanning, *Revelation*, 561~62; Osborne, 『요한계시록』, 992; Mounce, 『요한계시록』, 515; Bauer, 『바우어 헬라어 사전』, 878. Aune, 『요한계시록 17~22』, 593~94에 따르면, 구약과 초기 유대교는 개에 이중적인 태도를 보였다. 경비견이나 양 떼를 지키는 개는 긍정적으로 여기지만, 사람들이 역겨워하는 습성을 지니고 있었기에 경멸의 대상이기도 했다.

21 Mounce, 『요한계시록』, 515; Osborne, 『요한계시록』, 994; Fanning, *Revelation*, 562~63.

22 요한복음에는 '나 선언('I am' statement)'이 7차례 쓰인다. 1) 나는 생명의

수님은 메시아이시며 하나님이십니다. 메시아이신 예수님은 복과 저주를 내리는 심판주이십니다.

예수님의 소개를 들은 성령, 신부, 백성은 "어서 오십시오"라며 예수님의 재림을 초청합니다. 그리고 '목이 마르고, 생명의 물을 마시려는 사람들'에게는, 생명의 물을 거저 받으라고 초청합니다. 17절에 네 차례 초청이 나옵니다.[23] "오십시오, 오십시오, 오십시오, 거저 받으십시오." 처음 두 개 초청은 믿는 자에게 합니다. 믿는 자들은 주님의 재림을 사모하며, 주님께 "어서 오십시오"라고 초청합니다. 하지만 나머지 두 개는 믿는 자와 믿지 않는 자 모두에게 하는 초청일 수 있습니다. 구원받지 못한 자들에게는 주님께로 돌아오라는 초청이요. 구원받은 자들에게는 더 철저히 헌신하라는 초청입니다.

떡이다(6:35), 2) 나는 세상의 빛이다(8:12), 3) 나는 양의 문이다(10:7, 9), 4) 나는 선한 목자다(10:11, 14), 5) 나는 부활이요 생명이다(11:25), 6) 나는 길이요 진리요 생명이다(14:6), 7) 나는 참된 포도나무다(15:1, 5).

23 Osborne, 『요한계시록』, 995에서는 성령은 성령과 성령을 받은 선지자들 모두를 지칭하고, 신부는 계시록 21:9~10의 교회로, 듣는 자는 현재 교회, 목마른 자는 초청에 반응할 준비가 되어 있는 비신자와 거짓 그리스도인으로 여긴다. Fanning, *Revelation*, 563에서는 성령은 성령, 신부는 모든 시대에 하나님의 구속받은 사람의 영적 존재, 듣는 자는 교회들(1:3), 그리고 목이 마른 사람과 생명의 물을 원하는 사람은 영적인 삶을 추구하는 사람들로 여긴다. Aune, 『요한계시록 17~22』, 600~02에서는 성령은 그리스도의 영, 신부는 교회, 듣는 자는 잠재적 독자, 목이 마른 자와 생명의 물을 원하는 사람은 도덕적 · 영적으로 갈망하는 사람을 지칭한다고 말한다. Mounce, 『요한계시록』, 516에서는 영은 성령, 신부는 교회, 그리고 듣는 자, 목이 마르고, 물을 원하는 사람은 모두 생명수를 갈급하는 사람이라고 말한다. Beale, 『요한계시록(하)』, 1904~07에서는 성령은 성령, 신부는 하나님의 참 백성을 의미하며, 첫째 명령은 성령이 교회를 대표하는 예언자적 지도자들을 통하여 말씀하심이고, 둘째 명령은 듣는 개개 신자가 둔한 다른 신자들에게 말함이며, 나머지는 신자들에게 끝까지 견디고 이기도록 영감을 주는 권면이라고 말한다. Thomas, *Revelation 8~22*, 511~13에서는 영은 선지자들의 영, 신부는 하나님의 백성, 듣는 자는 공동체인 교회와 교회를 구성하고 있는 개인, 그리고 영적으로 갈급한 사람이라고 말한다.

III. 주님께서 하신 예언을 가감하면 새 예루살렘에서 누리는 복을 빼앗
   긴다(22:18~19).

이제, 이 예언의 말씀에 내용을 덧붙이거나 빼지 말라고 경고합니다.
이 예언의 말씀에 무엇인가를 덧붙이면, 요한계시록에 기록된 재앙들을
그에게 덧붙이십니다. 예언의 말씀에서 무엇을 없애 버리면, 생명나무와
거룩한 도성에서 누릴 몫을 없애 버립니다. 예언의 말씀을 함부로 변경
해서는 안 된다고 경고하십니다. 신명기 4:2에서도 하나님께서 하신 명
령에 가감하지 말라고 경고했습니다. 이 경고는 하나님의 말씀을 자기
목적이나 유익을 위해서 왜곡시킬 때 그 죄에 상응하는, 하나님의 저주
를 받는다고 선포합니다. 이는 아마 배교하거나 거짓 가르침을 가르치
는 사이비 종파나 니골라당, 또는 이세벨과 같은 거짓 선지자들에게 하
는 경고입니다.[24] 게다가, 개인 목적이나 유익을 위해서 하나님의 말씀
을 왜곡하는 자에게 하는 경고입니다. 하나님의 말씀을 왜곡하는 자는
배교자나 다름없습니다. 하나님의 말씀을 왜곡하는 자는 거짓 교사나
다름없습니다. 그러므로 우리는 우리 목적이나 유익을 위해 하나님의
말씀을 가감하지 말아야 합니다.

결론(22:20~21)

요한계시록에 기록된 예언의 말씀을 주신 분은 예수님이십니다. 예수
님은 곧 다시 오겠다고 약속하셨습니다. 재림하겠다고 약속하셨습니다.
그러므로 우리는 주님의 재림을 기다리며 준비해야 합니다. 도덕적으로
깨끗한 삶을 살면서 준비해야 합니다. 주님의 재림을 기다리는 자에게,
재림을 준비하는 자는 하나님께서 준비하신 복을 받습니다.

---

24 Osborne, 『요한계시록』, 997.

참고 자료

※ 자료마다 저자 이름을 표기함.

곽철호. 『패턴으로서의 고난받는 종의 전형—신약의 이사야 53장 해석과 사용』. 김석근 옮김. 이천: 성서침례대학원대학교출판부, 2017.

박윤선. 『정암 박윤선의 요한계시록 강해—참 교회의 승리와 구원의 완성』. 수원: 영음사, 2019.

임유진 편저. 『탈무드 유머』. 서울: 미래문화사, 2010.

Arnold, Bill T. "בכר." In *The New International Dictionary of Old Testament Theology and Exegesis*, ed. Willem A. VanGemeren. Vol. 1, 658~59. Grand Rapids: Zondervan Publishing House, 1997.

Aune, David E. *Revelation 1~5*. Word Biblical Commentary, ed. David A. Hubbard and Glenn W. Barker, vol. 52. Dallas, TX: Word Books, 1997.

Aune, David. 『요한계시록 1~5』. 김철 옮김. WBC 52상. 서울: 솔로몬, 2003.

Aune, David. 『요한계시록 6~16』. 김철 역. WBC 52상. 서울: 솔로몬, 2004.

Aune, David. 『요한계시록 17~22』. 김철 역. WBC 52하. 서울: 솔로몬, 2005.

Bailey, Mark, and Tom Constable. *The New Testament Explorer: Discovering the Essence, Background, and Meaning of Every Book in the New Testament*. Swindoll Leadership Library, ed. Charles R. Swindoll and Roy B. Zuck. Nashville, TN: Word Publishing, 1999.

Baucknan, Richard. 『요한계시록 신학』. 이필찬 옮김. 켐브리지 신약신학 시리 즈. 서울: 한들출판사, 2000.

Bauer, Walter. Edited by Kurt Aland, Barbara Aland, and Viktor Reichmann. 『바우어 헬라어 사전—신약성경과 초기 기독교 문헌의 헬라 어-한국어 사전』. 이정의 옮김. 서울: 생명의말씀사, 2017.

Beale, G. K. *The Book of Revelation: A Commentary on the Greek Text.* New International Greek Testament Commentary, ed. I. Howard Marshall and Donald A. Hagner. Grand Rapids: Wm. B. Eerdmans Publishing Company, 1999.

Beale, Gregory K. 『요한계시록(상)』. 오광만 옮김. NIGTC. 서울: 새물결플러 스, 2016.

Beale, Gregory K. 『요한계시록(하)』. 오굉만 옮김. NIGTC. 서울: 새물결플러 스, 2016.

Behm, J. "καινός, καινότης, ἀνακαινίξω, ἀνακαινόω, ἀνακαίνωσις, ἐγκαινίζω." In *Theological Dictionary of the New Testament*, ed. Geoffrey W. Bromiley. Translated by Geoffrey W. Bromiley. Vol. 3, 447~54. Grand Rapids: Wm. B. Eerdmans Publishing Company, 1967.

Beitzel, B. J. "Bottomless Pit." In *Baker Encyclopedia of the Bible*, ed. Walter A. Elwell. Vol. 1, 375. Grand Rapids: Baker Book House, 1988.

Beitzel, B. J. "Marriage, Marriage Customs." In *Baker Encyclopedia of the Bible*, ed. Walter A. Elwell. Vol. 2, 1405~10. Grand Rapids: Baker Book House, 1988.

Caird, G. B. *The Revelation of Saint John.* Black's New Testament Commentaries, ed. Henry Chadwick. Peabody, MA: Hendrickson Publishers, 1966.

Carson, D. A., Douglas J. Moo, and Leon Morris. An *Introduction to the New Testament.* Grand Rapids: Zondervan Publishing House, 1992.

Charles, R. H. *A Critical and Exegetical Commentary on the Revelation of St. John: With Introduction, Notes, and Indices; also the Greek Text and English Translation.* Vol. 1. International Critical Commentary, ed. Samuel R. Drivaer, Alfred Plummer, and Briggs Charles A. Edinburgh: T. & T. Clark, 1975.

Charles, R. H. *A Critical and Exegetical Commentary on the Revelation of St. John: With Introduction, Notes, and Indices; also the Greek Text and English Translation.* Vol. 2. International Critical Commentary, ed. Samuel R. Driver, Alfred Plummer, and Briggs Charles A. Edinburgh: T. & T. Clark, 1975.

Deissmann, Adolf. *Light from the Ancient East.* Trans. Lionel R. M. Strachan. London: Hodder & Stoughton, 1910.

Elwell, W. A. "Gehenna." In *Baker Encyclopedia of the Bible*, ed. Walter A. Elwell. Vol. 1, 844. Grand Rapids: Baker Book House, 1988.

Fanning, Buist M. *Revelation.* Zondervan Exegetical Commentary on the New Testament, ed. Clinton E. Arnold et al., vol. 20. Grand Rapids: Zondervan Academic, 2020. 『강해로 푸는 요한계시록』. 정옥배 옮김. 존더반신약주석. 서울: 도서출판 디모데, 2022.

Fohrer, Georg. "Σιών, Ἰερουσαλήμ." In *Theological Dictionary of the New Testament*, ed. Gerhard Friedrich. Translated and Edited by Geoffrey W. Bromiley. Vol. 7, 292~319. Grand Rapids, MI: Wm. B. Eerdmans Publishing Company, 1971.

Glasson, Thomas F. *The Revelation of John.* Cambridge Bible Commentary. Cambridge: University Press, 1965.

The Greek New Testament. 5th rev. ed. Edited by Barbara Aland, Kurt Aland, Johannes Karavidopoulos, Carlo M. Martini, and Bruce Metzger. Deutsche Bibelgesellschaft; American Bible Society; United Bible Societies, 2014.

Guthrie, Donald. *New Testament Introduction*. Rev. ed. Downers Grove, IL: InterVarsity Press, 1990.

Haarbeck, H. "νέος." In *The New International Dictionary of New Testament Theology*, ed. Colin Brown. Vol. 2, 674~76. Grand Rapids: Zondervan Publishing House, 1975.

Haarbeck, H., G. H.-Link, and Colin Brown. "καινός." In *The New International Dictionary of New Testament Theology*, ed. Colin Brown. Vol. 2, 699~74. Grand Rapids: Zondervan Publishing House, 1975.

Hughes, Philip E. *The Book of the Revelation*. Grand Rapids: Wm. B. Eerdmans Publishing Company, 1990.

Keener, Craig S. *Revelation*. NIV Application Commentary, ed. Terry Muck. Grand Rapids: Zondervan Publishing House, 2000.

Koester, Craig R. 『요한계시록 I—서론, 1~9장』. 최흥진 옮김. 앵커바이블 시리즈. 서울: 기독교문서선교회, 2019.

Koester, Craig R. 『요한계시록 II—10~22장』. 최흥진 옮김. 앵커바이블 시리즈. 서울: 기독교문서선교회, 2019.

Ladd, George E. *A Commentary on the Revelation of John*. Grand Rapids: Wm. B. Eerdmans Publishing Company, 1972.

Lohse, Eduard. "Σιών, Ἰερουσαλήμ." In *Theological Dictionary of the New Testament*, ed. Gerhard Friedrich. Translated and Edited by Geoffrey W. Bromiley. Vol. 7, 319~38. Grand Rapids, MI: Wm. B. Eerdmans Publishing Company, 1971.

MacAthur, John F. 『존 맥아더, 계시록을 해설하다—때가 가깝기에』. 김광모 옮김. 이천: 성서침례대학원대학교출판부, 2017.

Michaels, J. Ramsey. *Revelation*. IVP New Testament Commentary Series, ed. Grant R. Osborne, vol. 20. Downers Grove, IL: InterVarsity Press, 1997.

Morris, Leon. *The Book of Revelation: An Introduction and Commentary.* Tyndale New Testament Commentaries, ed. Leon Morris, vol. 20. Downers Grove, IL: InterVarsity Press, 1987.

Morris, Leon. *The Gospel According to John.* New International Commentary on the New Testament, ed. F. F. Bruce. Grand Rapids: Wm. B. Eerdmans Publishing Company, 1971.

Mounce, Robert H. *The Book of Revelation.* Rev. ed. New International Commentary on the New Testament, ed. Gordon D. Fee. Grand Rapids: Wm. B. Eerdmans Publishing Company, 1997.

Mounce, Robert H. 『요한계시록』. 장규성 옮김. NICNT. 서울: 부흥과개혁사, 2019.

Mounce, Robert H. 『우리는 무엇을 기다리는가?―요한계시록 주석』. 곽철호 옮김. 이천: 성서침례대학원대학교출판부, 2017.

Olson, Mark J. "Parthians." In *The Anchor Bible Dictionary*, ed. David Noel Freedman. Vol. 5, 170~71. New York: Doubleday, 1992.

Osborne, Grant R. *Revelation.* Baker Exegetical Commentary on the New Testament, ed. Moisés Silva. Grand Rapids: Baker Academic, 2002.

Osborne, Grant R. 『요한계시록』. 김귀탁 옮김. BECNT 시리즈. 서울: 부흥과 개혁사, 2012.

Potter, D. S. "Pergamum." In *The Anchor Bible Dictionary*, ed. David Noel Freedman, 5, 228~30. New York: Doubleday, 1992.

Sasse, Hermann. "κοσμέω κόσμος κόσμιος κοσμικός." In *Theological Dictionary of the New Testament*, ed. Geoffrey W. Bromiley. Translated by Geoffrey W. Bromiley. Vol. 3, 867. Grand Rapids: Wm. B. Eerdmans Publishing Company, 1965

Schneider, J. "ἔρχομαι, ἔλευσις, ἀπε-, δι-, εἰσ-, ἐξ-, ἐπ-, παρ-, παρεισ-, περι-, προσ-, συνέρχομαι." In *Theological Dictionary of the New Testament*, ed. Gerhard K Translated by Geoffrey W. Bromiley. Vol. 2, 666~84. Grand Rapids: Wm. B. Eerdmans Publishing Company, 1964.ittel and Gerhard Friedrich.

Schoemaker, Paul J. H. 『빛나는 실수—성공을 위한 숨은 조력자』. 김인수 옮김. 세계 N. 1 MBA 와튼스쿨 비즈니스 시리즈. 서울: 매일경제신문사, 2014.

Scott, E. F. *The Book of Revelation*. New York: Scribner's, 1940.

Smalley, Stephen S. *The Revelation to John: A Commentary on the Greek Text of the Apocalypse*. Downers Grove, IL: IVP Academic, 2005.

Snodgrass, K. R. "Amen." In *Baker Encyclopedia of the Bible*, ed. Walter A. Elwell. Vol. 1, 69. Grand Rapids: Baker Book House, 1988.

Stott, John. 『내가 사랑하는 교회에게—소아시아 일곱 교회에 보내는 주님의 편지』. 윤종석 옮김. 서울: 포이에마, 2012.

Swete, H. B. *The Apocalypse of St John*. 3rd ed. London: Macmillan Company, 1917.

Thomas, Robert L. *Revelation 1~7: An Exegetical Commentary*. Chicago: Moody Press, 1992.

Thomas, Robert L. *Revelation 8~22: An Exegetical Commentary*. Chicago: Moody Press, 1995.

Wall, Robert W. *Revelation*. New International Biblical Commentary on the New Testament, ed. W. Ward Gasque, vol. 18. Peabody, MA: Hendrickson Publishing Company, 1991.

Wallace, Daniel B. *Greek Grammar Beyond the Basics: An Exegetical Syntax of the New Testament*. Grand Rapids: Zondervan Publishing House, 1996.

Wallace, Daniel B. 『월리스 중급 헬라어 문법』. 김한원 옮김. 서울: IVP, 2019.

Walvoord, John F. "Revelation." In *Bible Knowledge Commentary: An Exposition of the Scriptures by Dallas Seminary Faculty*, ed. John F.

Walvoord and Roy B. Zuck. New Testament ed., 925~91. Wheaton, IL: Victor Books, 1983.

Walvoord, John F. *The Revelation of Jesus Christ.* Chicago: Moody Press, 1966. 『예수 그리스도의 계시』. 전준식 옮김. 서울: 교회연합신문사, 1987.

Watson, Duane F. "Gehenna (Place)." In *The Anchor Bible Dictionary*, ed. David Noel Freedman. Vol. 2, 926~28. New York: Doubleday, 1992.

Wilcock, Michael. *The Message of Revelation: I Saw Heaven Opened.* Bible Speaks Today: New Testament, ed. John R. W. Stott. Downers Grove, IL: InterVarsity Press, 1975.

Yates, Richard Shalom. "Analysis of New Testament Books." Dallas, TX: Dallas Theological Seminary, Spring 2001.